船舶工程技术手册

（修订版）

德文版主编 汉斯海因里希·迈尔-彼得（Hansheinrich Meier-Peter）
弗兰克·伯恩哈德(Frank Bernhardt)

中文版主审 陈 刚 宋新新

上海交通大学出版社
SHANGHAI JIAO TONG UNIVERSITY PRESS

内容提要

本手册由德国汉堡的海港(Seehafen)出版社组织德国船舶工程界的21位技术权威,历经数年编写而成。

本手册旨在为业界人士提供切实有效的技术解决方案。全手册共分13个章节,内容涉及轮机制造、动力推进、导航、船舶电站、检测与控制、保障与废弃物排放、空调与通风、船舶制造、消防与安全救生、船舶维护、船损分析以及相关的管理条例与标准文献等方面。

目前国内该领域尚无如此篇幅的巨作,本手册对了解先进的船舶工程技术有很好的参考价值。

图书在版编目(CIP)数据

船舶工程技术手册 /(德)迈尔-彼得(Meier-Peter,H.),(德)伯恩哈德(Bernhardt,F.)主编;王平庚等译. —2版. — 上海 :上海交通大学出版社,2014
ISBN 978-7-313-11003-9

Ⅰ. 船…　Ⅱ. ①迈…②伯…③王…　Ⅲ. 船舶工程-技术手册　Ⅳ. U66-62

中国版本图书馆CIP数据核字(2014)第057397号

船舶工程技术手册
(第二版)

主　　编:汉斯海因里希·迈尔-彼得
　　　　　弗兰克·伯恩哈德
译　　者:王平庚等
出版发行:上海交通大学出版社
地　　址:上海市番禺路951号
邮政编码:200030
电　　话:021-64071208
出 版 人:韩建民
印　　制:山东鸿杰印务集团有限公司
经　　销:全国新华书店
开　　本:710mm×1000mm 1/16
印　　张:76.25　插页22
字　　数:1281千字
版　　次:2009年11月第1版
　　　　　2014年5月第2版
印　　次:2014年5月第4次印刷
书　　号:ISBN 978-7-313-11003-9/U
定　　价:580.00元

《船舶工程技术手册》中文版编译出版委员会

《船舶工程技术手册》德文版原著

主　编

汉斯海因里希·迈尔-彼得教授、工学博士(Prof. Dr. -Ing. Hansheinrich Meier-Peter)
弗兰克·伯恩哈德教授、工学博士(Prof. Dr. -Ing. Frank Bernhardt)

参编者

冈特·阿克曼教授、工学博士(Prof. Dr. -Ing. Günter Ackermann)
罗兰德·贝伦斯教授、工学博士(Prof. Dr. -Ing. Roland Behrens)
弗兰克·伯恩哈德教授、工学博士(Prof. Dr. -Ing. Frank Bernhardt)
彼得·博伊教授、工学博士(Prof. Dr. -Ing. Peter Boy)
施特凡·克劳森工学硕士(Dipl. -Ing. Stefan Claußen)
哈克·奥科·迪德里希斯教授、双工学硕士(Prof. Dipl. -Ing. Dipl. -Ing. (FH) Hark Ocke Diederichs)
诺贝特·G·埃勒斯工学硕士(Dipl. -Ing. Norbert G. Erles)
约阿希姆·哈内教授、工学博士(Prof. Dr. -Ing. habil. Joachim Hahne)
卡尔-海茵茨·霍赫豪斯工学博士(Dr. -Ing. Karl-Heinz Hochhaus)
彼得·F·科姆工学硕士(Dipl. -Ing. Peter F. Kehm)
施特凡·克吕格教授、工学博士(Prof. Dr. -Ing. Stefan Krüger)
艾克·莱曼大学教授、双工学博士(Uni. Prof. Dr. -Ing. Dr. -Ing. E. h. Dr. h. c. Eike Lehmann)
彼得·路德维希教授、工学博士(Prof. Dr. -Ing. habil. Peter Ludwig)
汉斯海因里希·迈尔-彼得教授、工学博士(Prof. Dr. -Ing. Hansheinrich Meier-Peter)
沃尔夫冈·普拉尼茨工学博士(Dr. -Ing. Wolfgang Planitz)
米夏埃尔·拉赫教授、工学博士(Prof. Dr. -Ing. Michael Rachow)
赫尔穆特·绍尔工学与理学博士(Dr. -Ing. Dr. sc. techn. Helmut Sauer)
克里斯蒂安·沙尔夫爱特工学博士(Dr. -Ing. Christian Scharfetter)
霍尔格·施泰因博克工学硕士(Dipl. -Ing. Holger Steinbock)
霍尔格·瓦特尔教授、工学博士(Prof. -Ing. Holger Watter)
伊夫斯·维尔德工学博士(Dr. -Ing. Yves Wild)

中文版序

现代船舶工程是庞大的系统工程。《船舶工程技术手册》是一部较为全面反映现代船舶工程各领域进展的专业文献，在国际船舶工程界具有重要影响。本手册于2007年由德国海港出版社修订再版，其内容分13章，涵盖30个专业，集中体现了当代船舶工程技术水平，共有21位专家参加了本次修订编撰工作。

上海交通大学出版社和《船舶工程》编辑部联手引进出版本手册是一项非常有意义的工作。

经过几代人持续不懈的努力奋斗，我国船舶工业实现了历史性的跨越，取得了全球举足轻重的地位。要实现我国船舶工业健康可持续发展并实现世界造船第一大国、世界造船强国的国家目标，促进科技进步、开展自主创新是重要驱动力。全面系统地了解本领域科技发展前沿及其在工程技术上的应用，是实现自主创新的重要前提条件，也是船舶工业企事业单位的领导者和工程技术人员的迫切需要。相信本手册在我国的出版将有助于满足这样的需求，为相关领域的工程技术人员提供一本高水平的工具类专业参考书。

我国有着长达18000公里的漫长海岸线，有着300万平方公里广袤的海洋经济专属区，提升全民的海洋权益意识是重要紧迫而又长期艰巨的任务。希望本手册能为我国普通读者尤其是具有理工教育背景的中青年读者了解船舶工程技术进而提升海洋意识，提供一个新的选择与途径。

本手册在我国的出版拜赐于业界专家学者的共同努力，他们来自于上海交通大学、大连理工大学、哈尔滨工程大学、上海海事大学、江苏科技大学、中国船舶重工集团公司第701、703、704、726研究所以及中国船舶工业集团公司708研究所。在此，向为本手册在我国出版作出贡献的所有专家学者和相关人员表示衷心感谢，向原编著者和出版商表示衷心感谢！

在此，向《船舶工程》编辑部主任宋新新先生表示特别的谢意！他热情执着、勤勉敬业的工作有力地推动了本手册在我国的出版。

衷心希望并相信，由我国学者和工程技术专家编撰并具有世界影响力的船舶工程技术工具书与学术专著会更多面世，以不辜负几代造船人的努力，以不辜负这伟大的时代。

是为序。

陈 刚

2009年11月2日

中文版前言

2007年11月在荷兰鹿特丹欧洲港口展览会上，德国港口出版社的市场部经理苏哈奈克先生找到我，希望我把这本书翻译成中文，推荐给中国地区的读者。当时，我就觉得，这是一桩大好事。当然工作量很大，需要组织人力投入……

中国造船业正在蓬勃地发展。按造船完工量来统计，目前已经排在世界第二位。而拥有1000多家规模以上的造船厂和从事造船的人数堪称世界第一。

造船技术的关键是船舶设备制造技术，在这方面中国需要深入地了解来自工业发达国家的成功经验。因此，通过引进版权，把代表欧洲先进的船舶设备制造和使用技术介绍给中国的专业读者，正是符合了当前的需求。

《船舶工程技术手册》内容涉及到船用柴油机、蒸汽轮机、燃气轮机、压缩机、风机、螺旋桨、传动装置、离合器、泵、热交换器、过滤装置、分离器、管路系统、航行物料、推进技术、电气技术、电站、电子报警及安全保护装置、监测控制装置、饮用水系统、废气系统、环保装置、液压系统、压载水系统、舱底水系统、润滑油系统、制冷与空调系统、消防救生系统、货物装载系统以及维修保养。《船舶工程技术手册》对现代船舶制造的总体设计也进行了系统阐述。手册还增加了相关的标准、规范以及常用的实用工具资料。

《船舶工程技术手册》是由21位当今德国船舶技术界的专家集体完成的。这部手册系统、全面，经过了多次修订再版。在国际船舶工程领域有良好的声誉，是难得的一部经典。

经过了2年的努力，我和上海市工程翻译协会的同仁们，终于将这部专著的中文译本奉献给中国造船行业的广大专业读者。如果从中能够汲取一些先进技术来推进中国造船技术的整体水平，我由衷地感到欣慰。

在此，我要感谢上海市工程翻译协会的同仁们。

宋新新

2009年9月于上海

修订版说明

德文版《船舶工程技术手册》“Handbuch Schiffsbetriebstechnik”是德国海港出版社(Seehafen)组织德国船舶工程界汉斯海因里希·迈尔-彼得先生和弗兰克·伯恩哈德先生等21位技术权威,历经数十年编撰,经多次修订,最终成书并多次再版。该手册是欧洲船舶工程专业领域的经典工具书,有着良好的美誉,在国际船舶工程领域影响深远。

2009年中国造船工程学会《船舶工程》编辑部引进版权,组织行业专家和学者共同完成了《船舶工程技术手册》中文版编译工作,并委托上海交通大学出版社出版发行。在之后的三年中,《船舶工程技术手册》在国内船舶行业得到专业读者充分肯定,发行取得了巨大成功。

近年来,国际海事技术发展迅速,造船及海事的相关标准和规范不断更新。2012年中国造船工程学会《船舶工程》编辑部着手对《船舶工程技术手册》的内容更新修订,并为中文版中的内容勘误,使之更准确、更完美。

《船舶工程技术手册》修订版共有14个章节,内容涉及轮机制造、动力推进、导航、船舶电站、检测与控制、保障与废弃物排放、空调与通风、船舶制造、消防与安全救生、船舶维护、故障分析,以及相关的管理条例与标准文献等。该著作对了解国际先进的船舶设备技术有较高的参考价值。

历经2年的努力,修订完善的《船舶工程技术手册》即将出版,向为这本书的编译工作付出辛劳的专家和学者们致以深切的感谢!特别是要向上海市工程翻译协会的同仁们、中国造船工程学会《船舶工程》编辑部的同仁们、上海交通大学出版社的专职审校同仁们致以深切的感谢!也要向参与本书编译工作的特邀编委致谢!是在大家共同努力下,才会有这本书的正式出版。

欢迎并接受广大读者对本书的批评和指正。

《船舶工程技术手册》编译委员会

2013年12月19日

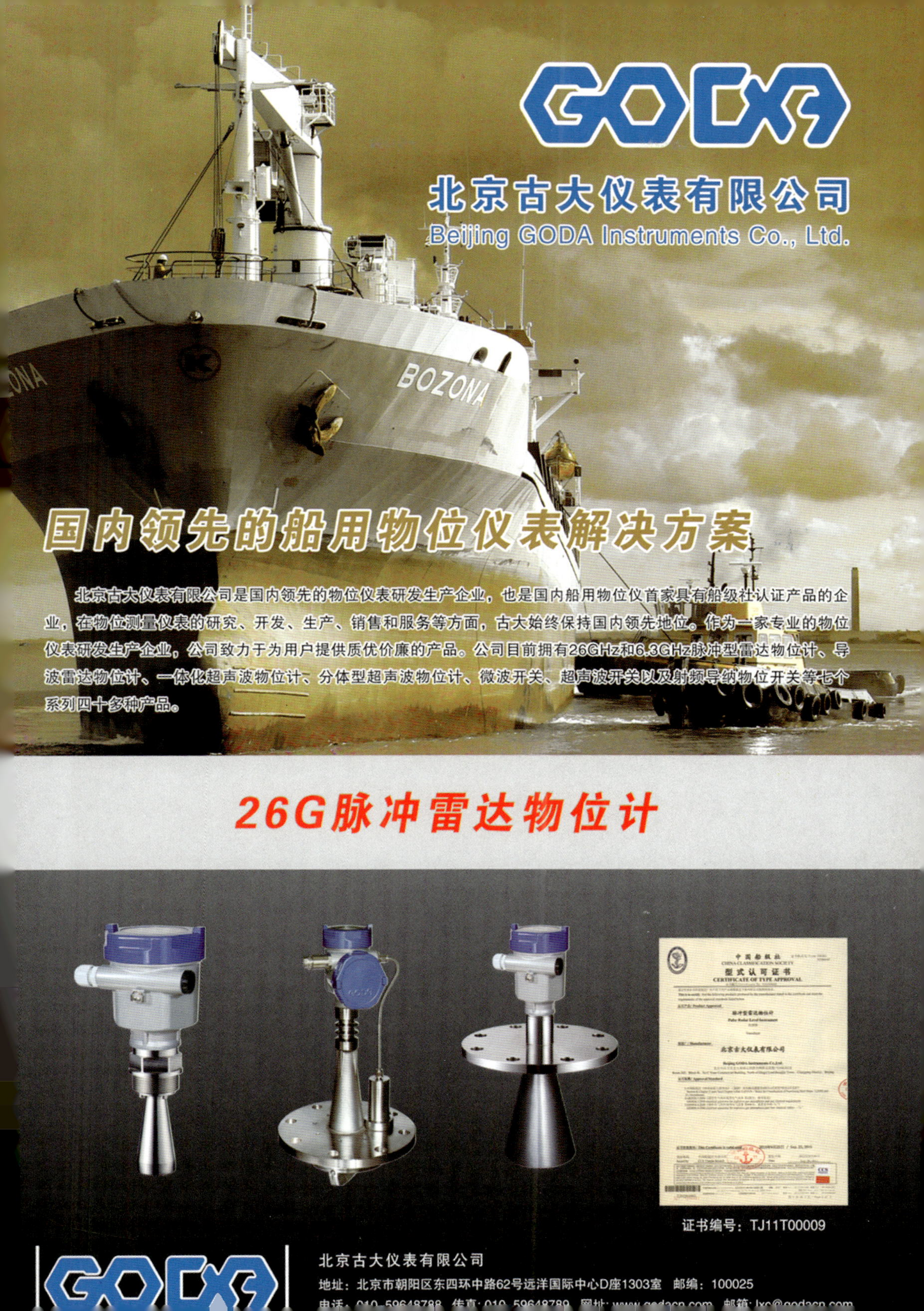

北京古大仪表有限公司
Beijing GODA Instruments Co., Ltd.
国内领先的船用物位仪表解决方案
北京古大仪表有限公司是国内领先的物位仪表研发生产企业，也是国内船用物位仪首家具有船级社认证产品的企业，在物位测量仪表的研究、开发、生产、销售和服务等方面，古大始终保持国内领先地位。作为一家专业的物位仪表研发生产企业，公司致力于为用户提供质优价廉的产品。公司目前拥有26GHz和6.3GHz脉冲型雷达物位计、导波雷达物位计、一体化超声波物位计、分体型超声波物位计、微波开关、超声波开关以及射频导纳物位开关等七个系列四十多种产品。
26G脉冲雷达物位计
证书编号：TJ11T00009
北京古大仪表有限公司
地址：北京市朝阳区东四环中路62号远洋国际中心D座1303室　邮编：100025
电话：010-59648788　传真：010-59648789　网址：www.godacn.com　邮箱：lxc@godacn.com

第 1 章　机械设备

符号一览表

符号	单位	含义
A	m^2	面积
a	m/s	声速
B	(°)	喷射角
b_e	kg/(kW・h)	耗油率
c	m/s	速度
c	kJ/(kg・K)	比热容
c_p	kJ/(kg・K)	p 为常数时的定压比热容
D	m,mm	孔径
d	m,mm	管径
E	kJ	能
F	N	力
H	m,mm	行程
H	kJ	焓
H_o	kJ/kg	比燃烧值(高热值)
H_u	kJ/kg	比热值(低热值)
h	kJ/kg	比焓
I	m^4	面积矩
J	kg・m^2	惯性矩
J		进速系数
K		
k	W/(m^2・K)	恒定传热系数
l	m	长度
M	N・m	力矩
M	kg/kmol	摩尔质量
m	kg	质量
$\dot{m}$	kg/s	物质流量
n	r/min	转速

（续表）

符号	单位	含义
P	kW	功率
P_e	kW	有效功率
P_i	kW	指示功率
p	N/m^2, bar	压力
p_{me}	N/m^2, bar	平均有效压力
Q	N·m	螺旋桨力矩
Q	kJ	热量
$\dot{Q}$	kW	热流
q	kJ/kg	比热容
R	kJ/kg·K	气体常数
R	N	阻力
R_T	N	船舶总阻力
r	m	半径
S	N	推力减额
S	kJ/K	熵
s	kJ/kg·K	比熵
s	m	行程
T	N	推力
T	K	温度
t	s	时间
t		推力减额系数
U	kJ	内能
u	kJ/kg	比内能
u	m/s	圆周速度
V	m^3	容积
V_H	m^3	行程容积
$\dot{v}$	m^3/s	体积流量

（续表）

符号	单位	含义
v	m^3/kg	比容
v	m/s	船速
W	kJ	功
w	kJ/kg	比功
w	m/s	速度
w		伴流系数
x	kg/kg	（湿蒸汽的）蒸汽含量
x	kg/kg	空气的水载荷
x, y, z		坐标
α	(°)	角
α	$W/(m^2 \cdot K)$	传热系数
β	(°)	角
δ		间隙
ε		压缩比
ξ		
η		效率
η	$kg/(m \cdot s)$	动力黏度
κ		等熵指数
λ	$W/(m \cdot K)$	导热系数
λ_v		燃烧空气比
λ_L		充气系数
μ		流量系数
υ	m^2/s	运动黏度
π		压力比
ρ	kg/m^3	密度
σ	N/mm^2	表面应力、法向应力
τ	N/mm^2	剪切应力

（续表）

符号	单位	含义
φ	(°)	角、曲柄转角
Ψ		
Ω	s^{-1}	激励频率
ω	s^{-1}	角速度、旋转频率
ϑ	℃	温度
λ_{Pl}		连杆比

下标	含义	下标	含义
A	出口	K	锅炉
ab	输出	L	空气
Abg	废气	Mot	电动机
AK	废气锅炉	m	平均值
a	外	max	最大
B	(蒸汽发生器)燃料	mech	机械
krit	临界状态	min	最小
D	蒸汽	N	标称值
E	进口、端		额定值,基准值
e	有效	S	饱和状态
el	电	Spw	给水
F	液	Seaw	海水
FW	淡水	T	涡轮
G	发电机	th	热
H	主(发动)机	U	环境状态
Hzg	加热	Ü	过热
h	行程	V	蒸发、损失
i	内	zu	输入
c	压缩	Zyl	气缸

1.1 船用柴油机

彼得·博伊(Peter Boy),罗兰德·贝伦斯(Roland Behrens)
译:王平庚 金晓剑 李东亮 校:王伟勇 刘维亭

1.1.1 柴油机的工作原理

现今,商用船舶(内燃机船)几乎全部采用柴油机驱动。只有小型运动艇和较小的渡船属于例外,前者采用以汽油为燃料的发动机,后者采用以燃气为燃料的发动机作为驱动装置。

柴油机的特点在于内部形成混合气。燃油被喷射进工作气缸内形成均匀分布的高浓度灼热油气混合气体。气体压缩后温度高于燃料的自燃温度,因此它能非常迅速地燃烧。燃烧时释放的热量使气体的温度骤然升高,因而使气缸内的压力上升到最高燃烧压力(发火压力)。在随后的气体膨胀过程中,在工作活塞上做功。

曲柄机构

柴油机属于活塞式发动机,它利用工作活塞的行程运动将在工作气缸内燃烧所产生的热量(压力)转换成机械能。通过铰接在工作活塞上的一个由连杆和曲拐构成的曲柄连杆传动机构将活塞的行程运动转变为曲轴的旋转运动。

活塞式发动机的传动机构基本上由工作活塞、(传动)连杆和带曲拐的曲轴组成(见图 1.1.1)。活塞式发动机的运动学和几何形状用以下特征参数描述:

- 行程缸径比

$$s/D$$

- 连杆比

$$\lambda_{Pl}=r/l \tag{1.1.1}$$

- 压缩比

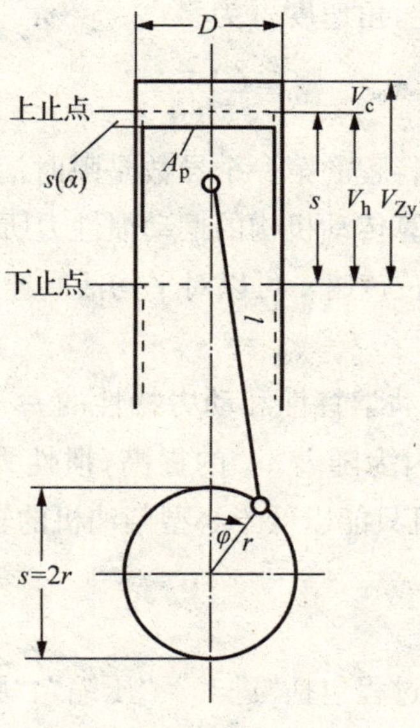

图 1.1.1 曲柄机构

$$\varepsilon = V_{max}/V_{min} = (V_h + V_C)/V_C \tag{1.1.2}$$

其中,容积 V_{min} 相当于压缩容积 V_C(活塞在上止点位置),最大气缸容积 V_{max} 等于行程容积 V_h 与压缩容积 V_C 之和。气缸的行程容积 V_h 用下式求算:

$$V_h = \frac{\pi D^2}{4} \cdot s \tag{1.1.3}$$

一台具有 z 个气缸的柴油机的总行程容积用下式计算:

$$V_H = V_h \cdot z \tag{1.1.4}$$

活塞式发动机的气缸容积 V_{Zyl} 随着工作活塞的运动周期性地在极限值 V_{min} 与 V_{max} 之间变化。它适用以下关系式:

$$V_{Zyl}(\varphi) = V_C + \frac{\pi D^2}{4} \cdot s(\varphi) \tag{1.1.5}$$

活塞行程 $s(\varphi)$ 与曲轴旋转角 φ 的关系不是线性关系,而是从上止点开始近似遵循如下关系式:

$$s(\varphi) = r\left[(1-\cos\varphi) + \frac{\lambda_{Pl}}{4}(1-\cos 2\varphi)\right] \tag{1.1.6}$$

曲轴的旋转角(曲柄转角)φ 与旋转速度或角速度 ω 之间存在如下关系:

$$\omega = \frac{d\varphi}{dt} = 2 \cdot \pi \cdot n \tag{1.1.7}$$

在柴油机制造行业中,转速 n 一般不表示为旋转频率(s^{-1}),而是表示为每

分钟的转数(r/min)。因此,角速度 ω 为

$$\omega=\frac{2\cdot\pi\cdot n}{60} \tag{1.1.8}$$

根据曲柄转角的活塞行程的第一个导数是瞬时活塞速度,第二个导数是瞬时活塞加速度。后者是计算传动机构的摆动惯性力所必需的参数。

根据活塞行程 s 和旋转转速 n 可以对平均活塞速度

$$v_m=2\cdot s\cdot n \tag{1.1.9}$$

进行计算。这是柴油机运动学特性和动力特性的一个重要特征参数。平均活塞速度只能有限地提高,因为随着 v_m 的提高,惯性力、摩擦和磨损也在增大。因此,长行程的大型柴油机只能以低于小型柴油机的转速运转。

四冲程柴油机

四冲程柴油机的工作过程包括“进气”、“压缩”、“膨胀”和“排气”四个冲程。其中每一个冲程都引发活塞做一次从下止点到上止点或从上止点到下止点的运动,也就是各产生一个行程和曲轴旋转半转。因此,四冲程柴油机完成一次完整的工作循环需要曲轴旋转两转。为了进行换气,四冲程柴油机有一套阀门控制机构,每个气缸多半各配有两个进、排气阀。现代柴油发动机的发火压力达到 $p_z=200$ bar。四冲程柴油发动机一个工作循环的压容曲线和配气相位图如图 1.1.2 所示。

进气行程

在进气行程过程中,活塞从上止点运动到下止点,并通过已打开的进气阀吸入空气(1)。为了充分利用气柱的惯性和达到一定的增压效果,在下止点之后当活塞已重新向上行走时短时间关闭进气阀(2)。在非增压柴油机上,“关闭进气阀”会使气缸压力略低于外界压力,而在增压柴油机上,压力根据增压度会高于外界压力。

压缩行程

当活塞从下止点运动到上止点时,随着进气阀的关闭,开始压缩被封闭在气缸中气体,同时被压缩的气体根据热力学定律开始升温。现代四冲程柴油机的压缩终点压力(3)完全可以达到 $p_c=140\sim165$bar,由此得压力升高比为 $p_z/p_c=1.1\sim1.3$。

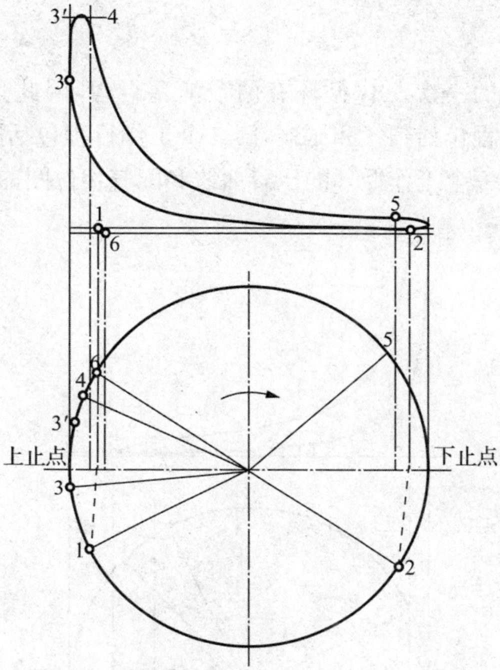

图 1.1.2 四冲程柴油机的压容曲线和阀门配气相位图

膨胀行程

当喷油开始后在上止点附近进行燃烧时，被封闭在气缸中的气体温度随之上升，气缸中的压力随后达到发火压力(4)，这种情况一般在上止点之后很快出现。当活塞向下行走时，燃过的气体发生膨胀，并在活塞上做功。排气阀在下止点之前被打开(5)，以便能快速喷出燃过的气体，并在到达下止点前释压。

排气行程

从下止点向上行走到上止点的活塞通过被打开的排气阀将燃过的气体排入排气集管。在非增压柴油机上排气集管将废气排放到大气中，在增压柴油机上废气被引至废气涡轮增压器的废气涡轮，并于其中膨胀释放出功并使废气压力降到外界压力。排气集管中的背压根据管路中的流动阻力以及废气涡轮中所需要的压差相应地进行调整。由于废气流动的惯性作用，排气阀在上止点之后才关闭(6)。

二冲程柴油机

二冲程柴油机的一次工作循环有两个活塞行程，因此只需要曲轴旋转一转。第一个工作行程包括扫气和压缩，第二个工作行程包括膨胀和排放燃过气体。二冲程柴油机一个工作循环的压容曲线和配气相位图如图 1.1.3 所示。

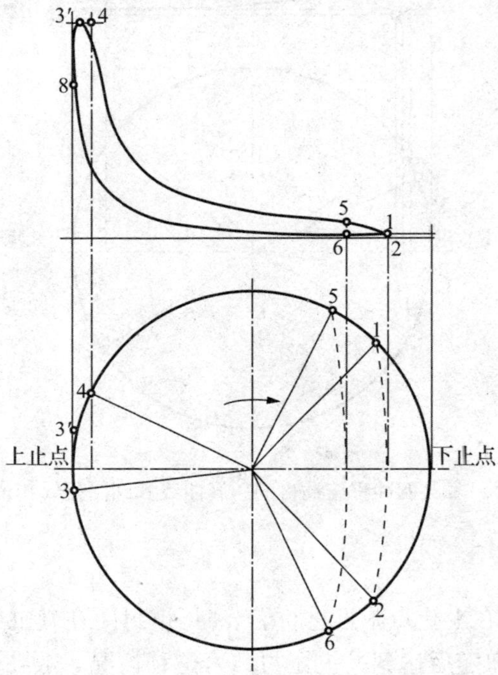

图 1.1.3 二冲程柴油机的压容曲线和阀门配气相位图

二冲程柴油机的压缩、燃烧和膨胀过程基本上与四冲程柴油机的情况相同。但废气的排放和气缸充入新鲜空气的过程则有所不同。

当打开排气机构(在新型柴油机上是排气阀，在较老式的柴油机上是排气口)(5)时，废气随之开始排出，气缸中的压力随即下降。当打开进气机构(进气口)(1)时，新鲜空气在扫气压力 p_S 下进入气缸，并通过排气阀将留存的燃过气体从气缸中排放出去。由于燃过气体的排放和新鲜空气的吸入不是利用活塞的运动强制进行的，因此，换气时必须从进气侧至排气侧有压差存在，才能用新鲜空气对气缸进行扫气。所需压差由扫气泵产生，用以把空气压缩到扫气压力 p_S。当关闭进气机构(2)和排气机构(6)时，在活塞的向上行程中开始进行压缩。

二冲程柴油机没有上述扫气泵提供处于扫气压力下的空气就不能运转。

新型二冲程柴油机运行的发火压力为 $p_Z = 140 \sim 160$ bar。

1.1.2 热力学基础

任何发动机工作过程的目的都是将燃料的能量转化为尽可能高效率的机械功。但是，实际的结果在很大程度上取决于热力学过程的完成（理论循环过程）。而关于最大可能输入的热量（燃烧计算热量）以及可供每一行程使用的工作气体量（换气）的问题也有很大关系。对于采用内部燃烧方式的发动机来说，工作过程基本上由两个分过程构成：

- 封闭系统的高压过程，在这一过程中，气缸充气量被压缩、点火，进而燃烧和膨胀；
- 开放系统的换气过程，在这一过程中，用新鲜混合气或新鲜空气替换燃烧过的废气。

上述两个过程阶段的每一个具体过程都是很复杂的，只能部分地，而且只有付出很高的代价，才能精确地用计算方法确定。但是利用简单的模拟方法，如模拟理论循环过程，以较小的计算工作量就能了解那些影响过程效率的基本因素。为了进行精确的定量分析，可通过观察和研究使理论循环过程适应真实的循环过程，例如，观察开放式标准理想循环或研究工作气体的物质转换。

理论标准理想循环

最简单的内燃机循环过程模型是封闭式内部可逆的循环过程，它是在燃烧过程中通过输热并结合升高工作介质的温度取代化学变化。放热取代换气，将循环过程返回原点。一般选用具有理想气体特性的空气作为工作介质。

卡诺循环

在热力学上，卡诺循环是热力机效率最高的理想循环过程，因为只在循环温度最高时给它输送热量（q_B），它只在温度最低时放出热量（q_A）。根据图1.1.4，卡诺循环在 T-s 关系曲线图上沿着两根等温线和等熵线进行。按照热力学第一定律，封闭循环过程适用 $dq = du + dw$。沿顺时针方向积分，所得输送或放出热量 dq 仅在容积变化功 dw 的范围内变化，这就是说，$dq = dw$，因为内能的积分趋于零，这就是说，$du = 0$（状态参数）。据此，理论热效率服从于

$$\eta_{th}=\frac{获得的机械功\ w}{需消耗的热量\ q_B}=\frac{\sum q}{q_B}=\frac{q_B-q_A}{q_B}=1-\frac{q_A}{q_B} \qquad (1.1.10)$$

因为,等温线膨胀时所输送的热量为 $q_B=R\cdot T_3\cdot \ln(V_4/V_3)$($T$-$s$ 关系曲线图上的面积 $34ba$),而在等温线压缩时所放出的热量为 $q_A=R\cdot T_1\cdot \ln(V_1/V_2)$($T$-$s$ 关系曲线图上的面积 $21ba$)。

另外,等熵线适用高温的 T_o 和低温的 T_u

$$T_o/T_u=T_3/T_2=(V_1/V_4)^{\kappa-1}=(V_2/V_3)^{\kappa-1}$$

因此,$V_4/V_3=V_1/V_2$

由此得 $q_A/q_B=T_u/T_o$,所以,卡诺效率为

$$\eta_{thC}=1-T_u/T_o \qquad (1.1.11)$$

举例:$T_o=2\,000\mathrm{K}$;$T_u=294\mathrm{K}$　　$\eta_{thC}=0.85$

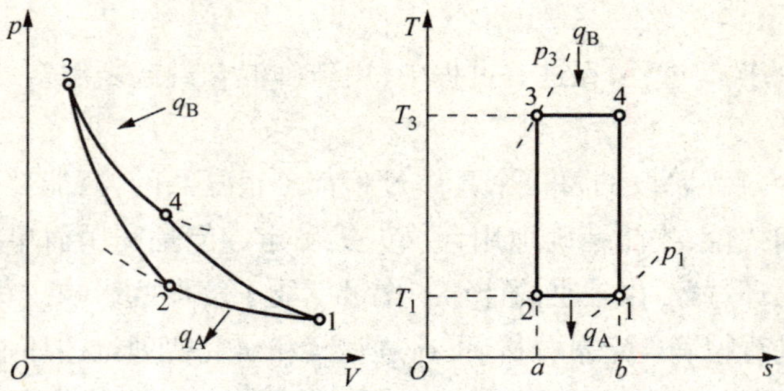

图 1.1.4　卡诺循环

卡诺循环的特征在于,其效率与输送的热量无关。此外显而易见的是,对输热与温升相关联的所有过程而言,效率随着温升而提高。

由于在真实的活塞式发动机中不能实现等温线和等熵线的状态变化,卡诺循环不利于活塞式发动机,这是因为人们需要在两个容积极限之间进行工作,进行一次卡诺循环过程只产生微小的平均压力或微小的功,因为在 p-V 关系曲线图上等温线与等熵线只有微小的斜度差,而且所包围的面积(表示容积变化功的一个量度)也很小。这也是狄塞尔原来的理想(进行卡诺循环)在实践中未能实现的原因,因为很小的功率就需要很大的机器,其机械损失抵消了良好的热力学效率。

等容循环

已知等容循环效率的表达式为

$$\eta_{thGR}=1-1/\varepsilon^{\kappa-1} \tag{1.1.12}$$

这个表达式意味着,等容循环过程中的效率仅取决于压缩比 ε 和等熵线指数 κ,与输送的热量无关。效率随 ε 和 κ 的增大而提高。而当输热增加时,气缸最高压力随之升高。在汽油机上,由于燃烧过程通常是很自然的,因此等容循环被认为是理想的奥托循环(见图 1.1.5)。

举例:$\varepsilon=9$; $\kappa=1.4$ $\eta_{thGR}=0.585$

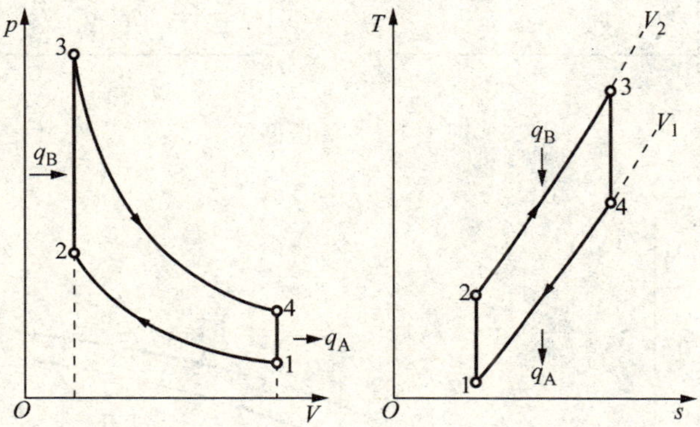

图 1.1.5 等容循环

等压循环

等压循环的效率表达式为

$$\eta_{thGD}=1-1/(\kappa\varepsilon^{\kappa-1})\cdot(\varphi^{\kappa}-1)/(\varphi-1) \tag{1.1.13}$$

式中,$\varphi=V_3/V_2=T_3/T_2$ 喷射比或膨胀比。

可见,等压循环的效率不仅与压缩比 ε 有关,而且也与喷射比 φ 有关,而 φ 又与输送的热量有关,如 p-V 关系曲线图中所示。在一台预定的发动机上,其压缩比(ε=常量)是预定的,κ=常量,其 η_{thGD} 随着 q_B 的增大而递减。由此可知,等压循环的热效率 η_{th} 与负荷有关。如图 1.1.6 所示的 p-V 和 T-s 关系曲线,随着 q_B 的升高或负荷的增大,膨胀越来越不充分,而且由于等容线的陡度大于等压线的陡度,因此当膨胀比增大时,损耗热量 q_A 相对较大(见图 1.1.7)。

现今,由于采用了新式喷油技术,为了限制气缸压力和达到较低的循环温度,等压循环在柴油机领域已是人们努力追求的循环方式,所以它可以堪称是理想的狄塞尔循环(见图 1.1.8)。

举例 $\varepsilon=14$; $\kappa=1.4$

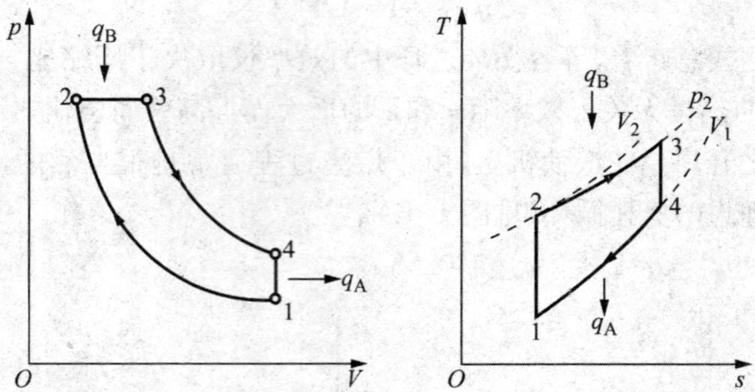

图 1.1.6　等压循环

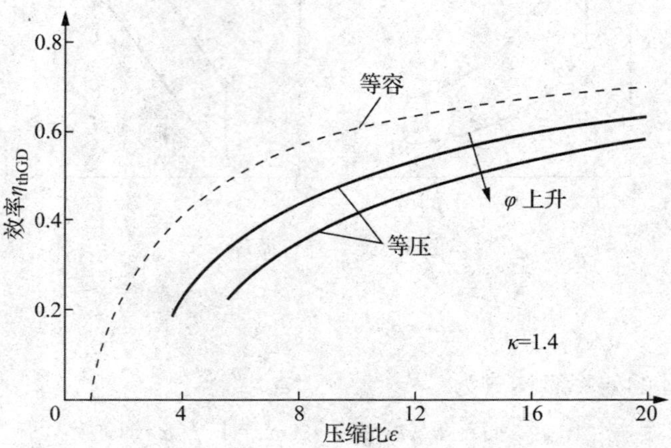

图 1.1.7　等压循环的热效率

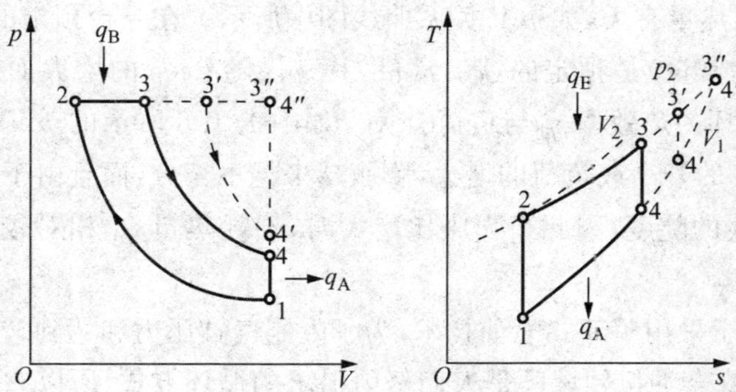

图 1.1.8　等压循环

φ	1.1	1.5	2.0	2.5	3.0
η_{thGD}	0.645	0.620	0.592	0.566	0.546

混合循环(Seiliger 循环)

因为在真实的循环过程中气缸内的最高压力一般都高于压缩终压力，所以人们对于柴油机中的循环过程往往也选择一种由等容和等压循环组合而成的混合循环(见图 1.1.9)。其效率表达式为：

$$\eta_{thS}=1-1/\varepsilon^{\kappa-1}\cdot(\varphi^{\kappa}\cdot\phi-1)/[\phi-1+\kappa\phi\cdot(\varphi-1)] \qquad (1.1.14)$$

压力上升率

$\phi=T_3/T_2=p_3/p_2$

膨胀比/喷射比

$\varphi=T_{3'}/T_3=V_{3'}/V_3$

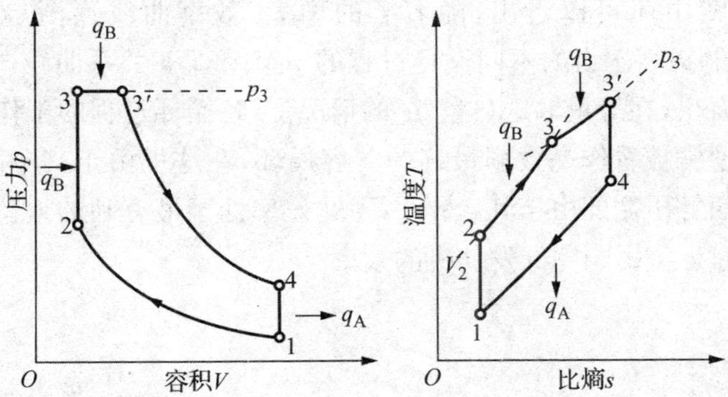

图 1.1.9 混合循环

可由混合循环的效率表达式导出其他循环的效率。因此，等容循环最后的商数等于 1，而等压和混合循环最后的商数则大于 1。这意味着，在最高压力没有限制的诸循环中，等容循环必定达到最高效率。

图 1.1.10 为混合循环的热效率随压缩比 ε 和最高压力 p_3 而变化的曲线。图中，作为混合循环的极限，同时也画出了等容和等压循环的变化曲线。当 ε 的值相等时，混合循环的效率介于等容循环与等压循环之间。

逐渐增大等容输送热量的百分比，亦即逐渐提高最高压力，可以逐渐接近等容循环的效率。如果像柴油机平时所做的那样限定最高压力，则效率随着等压阶段的增大而提高，因为最高压力是在压缩比较高的状态下达到的。

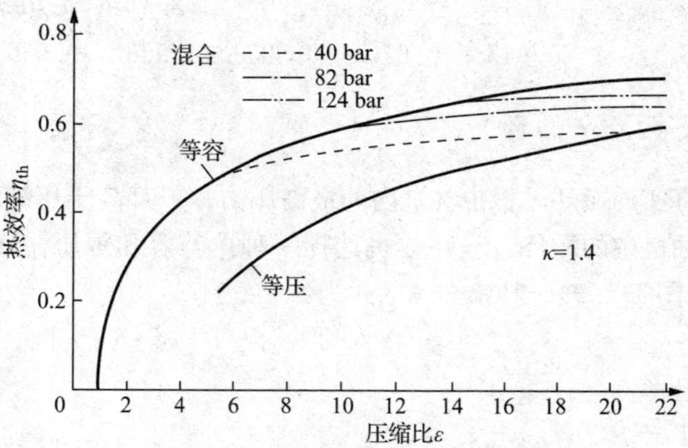

图 1.1.10　混合循环的热效率

另外从图中还可以看出，随着 ε 的增大，效率曲线逐渐趋于平坦。图 1.1.11 为限制最高压力的不同循环过程的 p-V 和 T-s 关系曲线。从 T-s 关系曲线中还可看出，在等量输送热量 q_B 的情况下，各循环过程的工作增益即效率各不相同。通常被看作是效率最好的等容循环，在这里由于其 ε 很小，因此其效率最差。而等压循环由于其 ε 最大，因此效率处于最有利的地位。所使用的工作气体通过 κ 值影响完好发动机的效率。

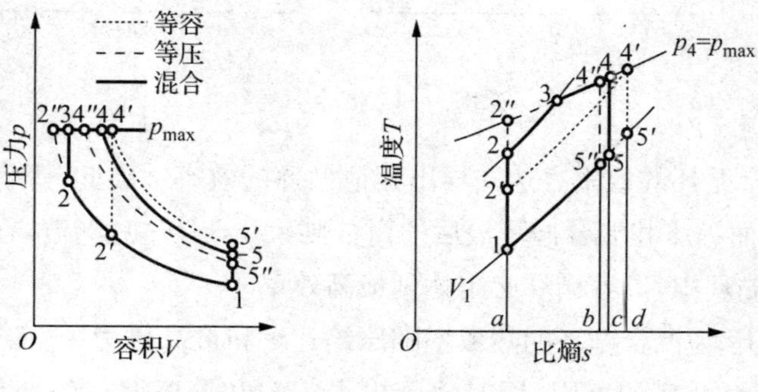

图 1.1.11　限制气缸压力的标准理想循环

上述举例不仅证明在限制最高气缸压力时等压循环达到最高效率，而且根据下表还证明，最高气缸压力所需温度明显低于同等气缸压力下的其他标准理想循环。

循环	最高 气缸压力/bar	压缩比	最高循环温度/K	效率
等容	124	14.0	2595	0.652
混合*	124	19.7	2470	0.687
等压	124	31.3	2415	0.702

* 输热沿等容线和等压线各达到一半。

现在，低循环温度在这方面也起重要作用，因为已经证明，通过采用一种合适的循环，对 NO_x 废气排放也会产生有利的影响。事实上，大型柴油机的发展已经证明，不仅由于燃烧重油的原因，而且为了减少 NO_x 废气排放，近年来在没有等量提高最高压力的情况下，压缩比已有明显的上扬。这一点结合高压喷油是可以做到的，因为通过高喷油压力可以缩短喷油持续时间以及燃烧持续时间，因此可以延后燃烧开始。这意味着，今天特别是对高速和中速柴油机而言，典型的气缸压力曲线获得了延后的燃烧开始点。

开放式标准理想循环

因为只能有条件地利用简化的标准理想循环对真实循环过程进行表述，所以为了进一步逼近，在许多情况下人们利用开放式标准理想循环，其特点是考虑通过燃烧进行工作介质的化学转变。常用的开放式标准理想循环是指由下列边界条件规定的完好发动机的循环：

- 开放式循环；
- 等熵压缩，取 c_v 和 $c_p = f(T)$；
- 按照预先规定的规律燃烧；
- 燃烧产物处于化学平衡状态和完全燃烧；
- 在下止点无损耗换气；
- 真实的发动机几何尺寸；
- 真实的燃烧空气比；
- 隔热的燃烧室壁。

采用混合气压缩的等容循环的结果如图 1.1.12 所示，其中考虑了完全燃烧时的分解。从中也可看出空气燃油比对指示效率有着并非微不足道的影响。

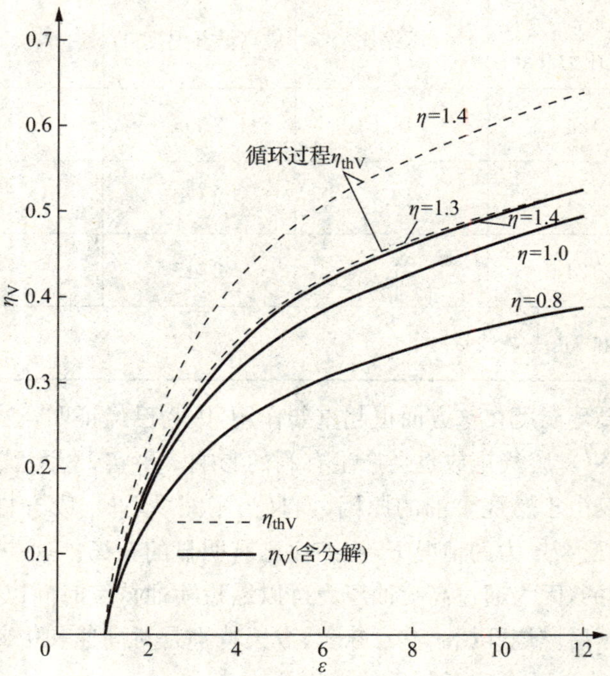

图 1.1.12　等容循环的指示效率

真实循环过程

较之迄今研究过的标准理想循环，真实的发动机循环过程显示出有更多的损耗，掌握这方面更详尽的知识可能有助于改进发动机的循环。对真实循环的计算结果越是精确，进行理想化研究工作量就越少。然后必须逐一考虑以下诸项额外损耗：

- 理想循环过程中的损耗（实际气缸充气量）；
- 由于燃烧不理想造成的损失（燃烧不充分或燃烧不良）；
- 不密封；
- 热损耗；
- 换气损失（充气系数）；
- 摩擦损失（首要的是与转速有关的摩擦损失）。

平均压力与功率

简化的循环与真实的循环之间的区别如图 1.1.13 所示，图中的平均压力

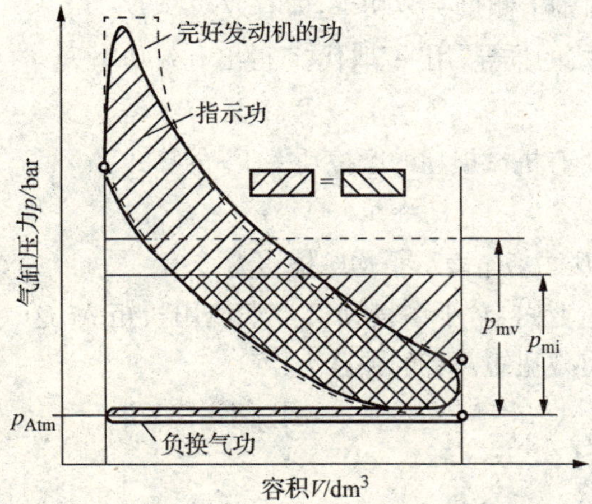

图 1.1.13　一真实循环(四冲程)的压容曲线

p_{mv}和 p_{mi}是根据相对于发动机行程容积 V_h 的有关循环的容积变化功求得的。

平均压力是在工作行程中设为恒量的理论压力，是根据 p-V 关系曲线的面积与发动机的行程容积得出的。矩形面积 $p_m \cdot V_h$ 相当于真实或完好机器的 p-V 关系曲线图中被围成的面积。

一台发动机的指示功率 P_i 是气体在燃烧时释放的能量。它总是小于完好发动机的功率。它不能在曲轴上测得，而是可以利用气缸内的压力测量和画出一张 p-V 关系曲线图(示功图)，根据从图上得出的示功图面积进行计算。同时根据示功图面积确定平均指示压力 p_{mi}。然后计算一台具有规定气缸数的发动机的指示功率 P_i：

$$P_i = A_i/t = p_{mi} \cdot V_h \cdot z \cdot f \cdot i \tag{1.1.15}$$

式中：A_i—指示功/工作循环(N·m)

t—时间/工作循环(s/AS)

p_{mi}—平均指示压力/工作循环(N/m^2/AS)

V_h—气缸容积(m^3)

z—气缸数

f—旋转频率，单位：转数/秒＝$n/60$(s^{-1})

n—转/分(r/min)

i—工作循环/曲轴转数(AS/r)

$i=1$—在二冲程活塞式发动机上

$i=1/2$—在四冲程活塞式发动机上

可直接在曲轴上测量有效功率，即有效功率 P_e。

仿照 P_i 算式的推导，用"e"取代"i"得出有效功率 P_e 的算式：

$$P_e = p_{me} \cdot V_h \cdot z \cdot f \cdot i \tag{1.1.16}$$

并进而得出包括所有机械损耗的摩擦功率 P_r 的算式：

$$P_r = p_{mr} \cdot V_h \cdot z \cdot f \cdot i \tag{1.1.17}$$

p_{me} 表示平均有效压力，p_{mr} 表示平均摩擦压力。

在发动机制造业内，对小型发动机常常使用扭矩 M 这一概念。曲轴上的平均有效压力与有效扭矩两者的关系为：

$$P = M \cdot \omega \quad (\omega = \text{圆频率} = 2 \cdot \pi \cdot f)$$

然后得出

$$P_e = M \cdot 2 \cdot \pi \cdot f = p_{me} \cdot V_h \cdot z \cdot f \cdot i \tag{1.1.18}$$

对于预先规定的某一发动机来说，这意味着扭矩与平均有效压力互成正比。在发动机制造业内，平均有效压力 p_{me} 的具体量度也用"负荷"这一概念表示。

制造商提供的性能参数和耗油量一般都涉及 ISO 3046/1 的标准订货条件。根据当前的有效版本，所述标准订货条件为：

空气压力：1bar

空气温度：298K(25℃)

空气相对湿度：30％

充气冷却剂温度：298K(25℃)

不过，对于无限航行范围的船舶柴油机动力装置来说，上述订货条件是不可用的，根据 IACS(国际船级社联合会)的要求，上述应用范围适用以下标称订货条件：

空气压力：1bar

空气温度：318K(45℃)

空气相对湿度：60％

海水温度：305K(32℃)(充气冷却器入口)

给定功率如果有公差，则应规定公差。不幸的是，今天许多进气温度为 25℃到 45℃的柴油机制造商都没有减功率，虽然在这一范围内由于压气机功较高致使进气压力下降了约 0.2bar。另外，与进气压力相关，在热带地区也达不到预先规定的较低的进气温度。如果在现场没有考虑空气不足和提高了的进气温度这两个因素，将会导致发动机过热和达不到要求的功率。即使减功率也始终不能达到足够的卸压。因此,最有意义的是需要根据“现场”条件专门设计涡轮增压器,为了获得较高的换气功,与牺牲一定的油耗和发动机适度减功率结合起来考虑。

给定功率通常理解为持续功率(MCR),船用主发动机运行期间一般都限定到这一功率,但船用主发动机可能输出一定的超负荷功率,根据 ISO 3046-1,如果没有另行规定,该超负荷功率应当指定为相应转速下 1 h 时间内连续的或 12 h时段范围内断续的 110%的持续功率。这一超负荷功率对于发电用的发动机有重要意义(见 ISO 8528-1)。

与此无关,在偏离标准状态的环境条件下,减功率的数额和耗油量的变化可以根据 ISO 3046-1 的附件换算成当地的条件。大多数柴油机制造商都把这项换算制成图表。

耗油量涉及 ISO 3046-1,并有+5%的公差,这一公差计入柴油机制造商的耗油量数据。虽然 ISO 对耗油量做了规定,但是不明确是否有或有多少泵直接用柴油机驱动。一般情况下,每一配属的泵可计入约 1%的额外耗油量或节省耗油量。

与功率相关的发动机特性参数

在发动机领域内要做许多与特征参数和比对特征参数有关的工作,可以认识它们彼此之间明确的相互关系。

在 i,s/D 给定以及平均活塞速度 $v_m=2\cdot s\cdot f$ 和 p_{me}不能任意升高的前提条件下,发动机的气缸功率(kW/Zyl)等于 $P_{ez}\sim 1/n_0^2$,其中发动机的额定转速为 n_0。这意味着,高气缸功率只有在低转速下才能达到,当预先给定额定转速时,只有经过特征参数 v_m,s/D 和 p_{me}才能提高气缸功率。

小型柴油机为进行对比所采用的行程容积功率(kW/L)在给定特征值 v_m 和 p_{me}的情况下与发动机尺寸成反比,因此,在当发动机几何尺寸相似时,在同等的 v_m 和 p_{me}的情况下,其单位功率重量(kg/kW)与活塞行程成反比。活塞比功率(kW/cm^2)是热负荷和动负荷的一个量值,同时也是表示柴油机发展水平的一个特征值,在不考虑冲程因数 i 的情况下它与发动机尺寸无关,现在的这一特征值表明,大型船用柴油机,特别是今天的大型低速二冲程柴油机正处于其发展水平的巅峰。这一特征值也常常被活塞制造商引用,以区别活塞冷却和活塞结构形式。同样的说法也适用于图表中经常出现的比功率 $P_{sp}^{*}=v_m\cdot p_{me}$,因为它与活塞比功率存在一种正比关系。

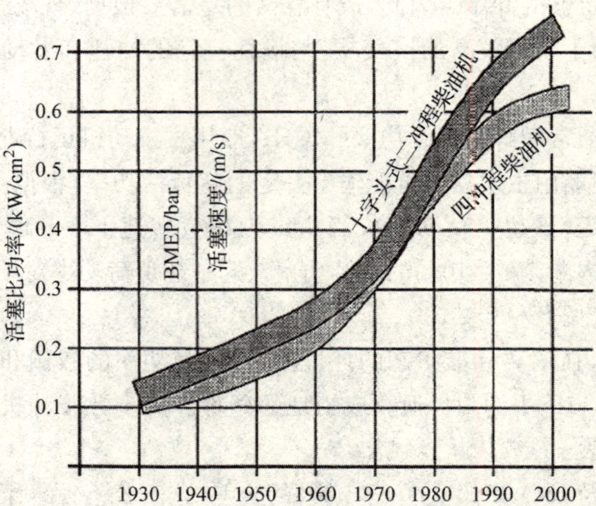

图 1.1.14　船用柴油机活塞比功率的发展

效率和油耗率

效率

如前所述，发动机的实际循环与理论标准理想循环相比有一系列偏差。相对效率 η_G 可以表述实际循环逼近理论标准理想循环的程度，其定义为：

$$\eta_G = P_i / P_v = p_{mi} / p_{mv} \tag{1.1.19}$$

这里需要说明的是，有些场合要额外引用考虑不完全燃烧的所谓转化率 η_U，因此它也可以被称为

$$\eta_G \cdot \eta_U = P_i / P_v = p_{mi} / p_{mv} \tag{1.1.20}$$

但由于机械损耗，在曲轴上不可能吸收全部指示功率，只能吸收有效功率 P_e。其差值产生摩擦功率，因此，$P_e = P_i - P_r$。

P_e 与 P_i 之比被称为机械效率 η_m。

$$\eta_m = P_e / P_i \tag{1.1.21}$$

利用已经导出的包括理论上确定的损耗在内的完好发动机的效率 η_{th} 可以建立一条从燃烧时单位时间的输热直到曲轴有效功率的作用链：

$$\text{指示效率}\quad \eta_i = \eta_{th} \cdot \eta_G \tag{1.1.22}$$

$$\text{有效效率}\quad \eta_e = \eta_{th} \cdot \eta_G \cdot \eta_m = \eta_i \cdot \eta_m \tag{1.1.23}$$

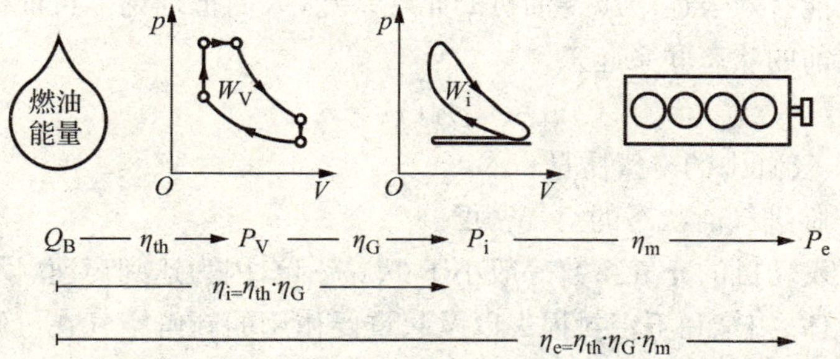

图 1.1.15 功率与效率的关系

油耗率 b_e

除了上文提到的效率以外，为了判断和比较发动机，最主要的是功率相等的发动机，还需要引用油耗率。油耗率是所投入的能量转换成有效功率的一个量度。功率相等时，b_e(kg/kW·h)的值越低，损耗越小，输送的燃油被利用得也就越好。

b_e 的定义为

$$b_e = m_K / P_e \tag{1.1.24}$$

其中 m_K 是每小时的油耗量。

有时也使用指示油耗率这一概念：

$$b_i = m_K / P_i \tag{1.1.25}$$

利用每小时的输热 $Q_{zu} = m_K \cdot H_u$ 可以得到效率与油耗率之间的关系式如下：

$$\eta_e = P_e / (m_K \cdot H_u) = 3\,600 / (b_e \cdot H_u) \tag{1.1.26}$$

或者相应地得到

$$\eta_i = P_i / (m_K \cdot H_u) = 3\,600 / (b_i \cdot H_u) \tag{1.1.27}$$

平均压力 p_{me} 的关系式

平均压力与柴油机特征参数的关系式也称为柴油机的基本公式。这一基本公式建立效率、充气系数与燃烧空气比的关系。

充气系数 λ_L

实际循环偏离理论标准理想循环的偏差还包括用充气系数 λ_L 所概括的充气损失。充气系数表示进气行程中发动机行程容积被新鲜充入物质充填的百分比。为了能有效表述增压柴油机的充气系数，人们把理论上可能的充入物质与临进气之前的状态联系起来。

$$\lambda_L = m_{LZ}/(V_h \cdot \rho_{LE}) \tag{1.1.28}$$

式中：m_{LZ}—气缸中的空气质量；

ρ_{LE}—临进气前状态的空气密度。

非增压发动机的充气系数一般小于 1($\lambda_L<1$)，因为达到声速、反流过程、气缸中残留气体、扫气和不密封损失以及起重要作用的新鲜空气在气缸壁上被升温和为解决气缸充气量不足而设的进气机构等，都会引起进气节流损失。增压发动机因为残留气体扫气，其充气系数 λ_L 在理论上取大于 1 的值。流动和升温损失等于气缸中的理论充气质量与关闭控制机构时的充气质量两者之差。

流动损失与充气的惯性力以及管路、通道和控制机构（阀门）的阻力有关。这里可以看到，虽然充气的密度低，但由于流速高和吸入气流的加速度高，仍会出现明显的损失（与 v_m 和活塞速度的瞬时变化有关）。

泄漏损失发生在密封不充分之处，例如发生在活塞环上和阀门上。

充入新鲜空气时气缸中尚存的残留气体妨碍气缸重新充分充入新鲜空气。扫气损失等于吸入的新充气质量与关闭控制机构后气缸内存在的新充气质量之差。扫气流增大后，留在气缸内的充气质量也增大，原因是残留气体减少和气缸冷却改善了。

充气系数随着平均活塞速度 v_m 的提高而下降，因为节流损失随着 v_m 的提高而增加。

大型柴油机的容积(D^3)与表面面积(D^2)之比较大，因此一般会因为空气受热升温较少而达到相对较高的充气系数。

燃烧空气比 λ_V

在发动机燃烧过程中，气缸中实际存在的空气质量 m_{LZ} 与化学计量的空气质量 $m_{Lst}=m_K m_{min}$ 之比被称为燃烧空气比 λ_V。

$$\lambda_V = m_{LZ}/(m_K \cdot m_{min}) \tag{1.1.29}$$

其中的 m_{min} 表示最低空气需要量，根据燃油混合得出，其数值在 13.8 到 14.6$kg_{空气}/kg_{燃油}$ 的范围内。大型无空气涡流直接喷射柴油机的燃烧空气比为 2.0～2.2，可视为常量。而大型二冲程低速柴油机则适用较高的规定值。

柴油机的基本公式

利用上文所述特征值可以用柴油机的基本公式表达平均有效压力和平均

指示压力的关系式：

$$p_{me}=\eta_e \cdot \lambda_L \cdot \rho_{LE} \cdot H_u/(\lambda_V \cdot m_{min}) \tag{1.1.30}$$

$$p_{mi}=\eta_i \cdot \lambda_L \cdot \rho_{LE} \cdot H_u/(\lambda_V \cdot m_{min}) \tag{1.1.31}$$

原则上可以根据这一关系式推导出空气-功率的论断。但也必须认识到，功率的提高严格受制于效率和充气系数的改善。要明显提高平均有效压力，只有通过提高空气密度 ρ_{LE} 和与之相应地通过增压以及同时进行充气冷却才能做到。

1.1.3　柴油机的构造

基本概念和名称

基本概念和名称在不同的标准中都广泛地做了规定。在 ISO 1204 中阐述了旋转方向的定义、气缸的编号以及左旋和右旋发动机的规定。不过对于船用柴油机来说，例如关于气缸的计数方法，通常则是使用其他的和与此相反的标准或规范。

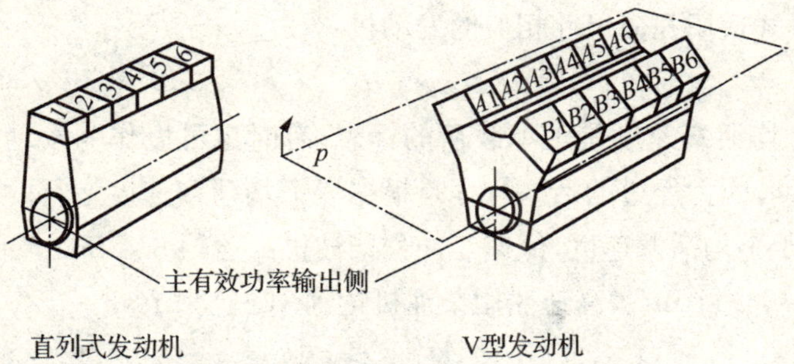

图 1.1.16　根据 ISO 1204 的柴油机名称

关于旋转方向的名称需要注意的是，左旋发电机配右旋柴油机，反之亦然。对于船用螺旋桨来说，左旋螺旋桨与左旋的发动机相配，反之亦然。

在 ISO 7967 第 1～9 部分中规定了内燃机活塞的构件和系统的定义。另外，这方面可能还要引用 ISO 2710 活塞式内燃机的定义。

对比特征参数

为了在技术上对柴油机进行对比，人们动用所谓的发动机对比特征参数，可用以来表述负荷、发展水平和耐磨性能，无须弄清其设计特点。

在众多的对比参数和特征参数中，除了已经论及的以外，还可以提出以下几种用于船用柴油机：

行程缸径比 *s/D*

今天的低速柴油机一般都具有一个高行程缸径比，因为要用它来与被直接驱动的螺旋桨的转速匹配。现在，中速柴油机的发展也趋向于采用较高的行程缸径比，以达到较好的重油适用性（高燃烧室）、较高的压缩比和较好的油耗。较好的重油适用性，也就是高燃烧室，要求压缩比与行程缸径比两者之比要低。另外，特别是小缸径柴油机需要长行程，以便能够以可以接受的行程容积来实现同样低油耗下的高发火压力。高行程缸径比带来较为紧凑的燃烧室（表面面积/容积比较为有利）与较好的相对效率和废气排放状况。几何尺寸相似，最重要的是行程缸径比相同。

平均活塞速度

平均活塞速度 v_m 用做计算和比较参数，v_m 是惯性力所致传动机构负荷的一个量度，下式适用几何尺寸相似的发动机：

$$\sigma_M \sim v_m^2 \tag{1.1.32}$$

因此，平均活塞速度是轴承载荷的标志，有时也可以作为发动机磨损或预期寿命的量度，因为经过的活塞行程是根据以平均活塞速度运行的运行小时数确定的。关于平均活塞速度，低速二冲程柴油机高达约 8.5 m/s，而今天的中速柴油机则为 10～11 m/s，高速船用柴油机达到 12～13 m/s。

平均有效压力

平均有效压力与增压密切相关，就是说，平均压力越高，要求的进气压力越高，后者影响最高压力。但高平均压力也意味着气缸套上和活塞环上的磨损加重。与其他工作参数结合起来，平均压力是发动机热负荷和机械负荷的一个指数。高平均有效压力也意味着较大的输热量（冷却水、润滑油）。今天低速二冲程柴油机的平均有效压力最高达到 20 bar，中速和高速柴油机则高达近 29 bar。

发火压力

发火压力是代表机械负荷的一个量度，它主要关系到传动机构负荷和轴承负荷。在行程容积相同的情况下，小缸径发动机承受的发火压力较高。发火压力与压缩终压力一起都是表示活塞环负荷或活塞环磨损和活塞环槽磨损的一个量度。因为在很多情况下没有压缩压力，所以压缩比和/或进气压力与发火压力结合起来可以表述活塞环负荷。高发火压力还意味着低油耗及高热力学效率，但也意味着高 NO_x 排出量。今天在中高速范围内批量生产中，190～200 bar仍然是批量生产中的极限。今天低速二冲程发动机的发火压力已经超过 160 bar。

压缩比

今天的新型柴油机都具有相对较高的压缩比。在发动机负荷保持均衡和伴随着喷油时间缩短发动机负荷较低的情况下，压缩比当然保证低油耗。与高发火压力相联系，发火跳跃以及活塞环负荷在高压缩比下保持极限状态。此外，高压缩比由于与之相联系的高压缩终了温度和压力有利于改善重油适用性。

进气压力

当燃烧空气比不变时，每一平均有效压力 p_{me} 都要求一定的进气压力 p_L（$p_{me} \approx 0.9 \sim 1.1 \times p_L/b_e$）相匹配。高进气压力使发动机的压气机工作特性曲线发生紧缩，因为压气机有发生喘振的倾向。发动机的进气压力越高，它对于偏离计算状态（进气温度）的反应就越灵敏，因为压气机效率明显下降，导致空气不足和发动机的高热负荷。高进气压力还导致与低油耗和良好的重油适用性相关联的高发火压力。

p_L/p_{me}

进气压力 p_L 与平均有效压力 p_{me} 之比是表示发动机热负荷的一个量度。与平均有效压力相比的高进气压力，亦即高空气燃油比，是表明构件冷却良好和构件温度低的一个标志。高进气压力的问题已在上文中述及。

p_z/p_{me}

当发火压力 p_z 与平均有效压力 p_{me} 两者之比低时，有利于燃用重油，但不利于油耗。当上述两者之比高时，机械负荷升高（发火跳跃），较大的活塞环槽和活塞环端面磨损加重。

废气温度与废气排放率

废气温度与废气排放率结合起来提供燃烧室部件的热负荷信息。中速柴油机的废气排放率应当至少在 7.1～7.3 kg/(kW·h)的范围内。在热带地区燃用重油时的废气温度不应超过 350℃至 360℃，因为温度更高时废气涡轮上会有沉积物沉淀下来，导致进气量减小，进而引起压气机喘振。这种情况下可能引起在稳定运转状态进行涡轮冲洗的问题，因为涡轮只允许在低的部分负荷范围内进行冲洗。

结构形式和机型

柴油发动机制造中有很多不同的机型，今天作为船用柴油机只有直列式发动机和 V 型发动机两种机型。

主要构件

机体

发动机机体(曲轴箱、机架、机座、底架)的功用是承受在气缸中作用的气体压力、不平衡的传动机构惯性力和惯性矩、曲轴的内弯矩、导轨压力以及发动机轴承上的轴转矩和反作用力。发动机机体最重要的功能应当是支承曲轴、构成发动机的基座和容纳气缸或气缸体。同时必须保证在连续运转中具有足够的强度，气缸盖密封垫、气缸套上及曲轴和凸轮轴上的变形最小。曲轴箱的结构原则上要根据装入曲轴的方式而定。这主要取决于为了能够安装和拆卸曲轴需要移动的部件的尺寸和重量。

四冲程长筒活塞发动机

图 1.1.17 为四冲程长筒活塞发动机曲轴箱结构的各种不同方案。由于制造成本的原因，现在包括大活塞直径柴油机的所有知名柴油机制造商都已经转向采用悬挂式曲轴的箱体，即转向曲轴箱结构。

曲轴箱原则上用铸铁制造，在今天大负荷的条件下，由于发火压力高，只能用球墨铸铁制造。现在已知的一个例外是 MAN Pielstick 柴油机，因为拥有知识产权，所以优先采用焊接结构。在图 1.1.18 中可以看到一个比较老式的结构实例，还有一个同样比较老式的结构 SWD(Stork Werkspoor 柴油

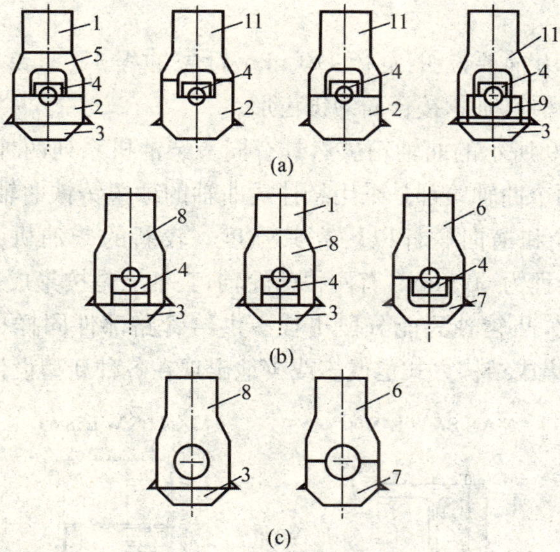

图 1.1.17 四冲程发动机机体结构

1—气缸体；2—底架；3—油底壳；4—轴承盖；5—机架；6—气缸体曲轴箱；7—曲轴箱油底壳；8—曲轴箱；9—轴承座；10—隧道式曲轴箱；11—气缸支架

(a) 采用固定式曲轴的曲轴箱 (b) 采用悬挂式曲轴的曲轴箱 (c) 隧道式曲轴箱

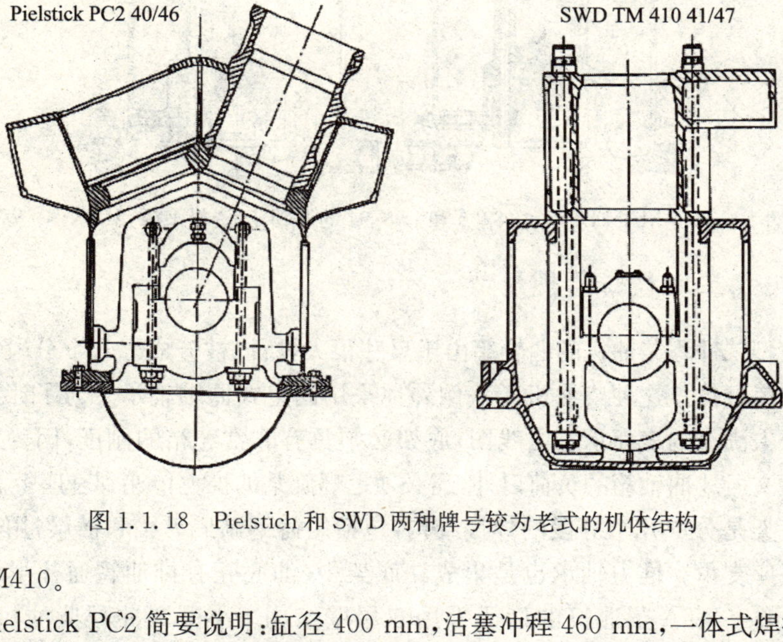

图 1.1.18 Pielstich 和 SWD 两种牌号较为老式的机体结构

机)TM410。

Pielstick PC2 简要说明:缸径 400 mm,活塞冲程 460 mm,一体式焊接曲轴箱,采用悬挂轴承座,上轴承盖采用压紧螺栓,上下横向导轨,横向用横向联杆拉紧。

SWD TM410 简要说明：缸径 410 mm，活塞冲程 470 mm，铸造底架结构，高对开面，拉杆螺栓，轴承接合面为锯齿形。

如图 1.1.19 所示的曲轴箱虽然具有同一柴油机系列两种类似的箱体，但其结构不同。两个曲轴箱都是采用悬挂式曲轴的球墨铸铁曲轴箱，配有穿过曲轴箱的拉杆螺栓和横向联杆以提高其强度。较新的柴油机 L48/60，缸径为 480 mm，活塞冲程为 600 mm，有两根凸轮轴，其轴承是按集成在曲轴箱内的概念设计的。因此，凸轮轴只能分段更换。供给管路部件同样也集成在曲轴箱内。今天，这种集成结构方式也或多或少地出现在各种新型设计中。

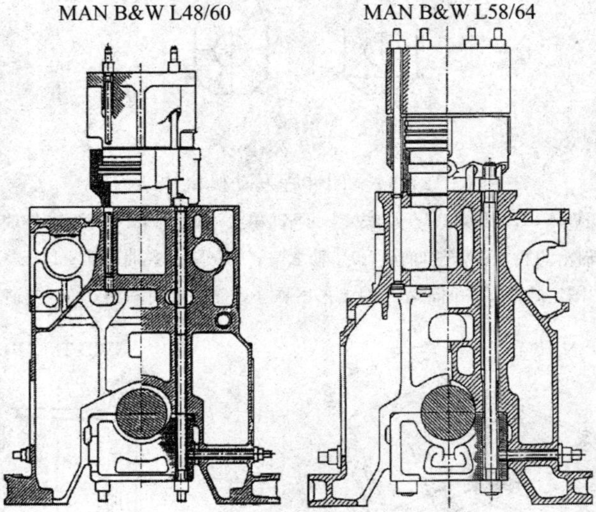

图 1.1.19　MAN B&W L48/60 和 L58/64 的曲轴箱(资料来源：MAN B&W)

十字头式二冲程柴油机

大型二冲程柴油机的曲轴箱由于尺寸很大，所以被分成好几个分段：底架、机座和气缸体。这种柴油机无一例外地采用固定式曲轴轴承。为了让主轴承得到令人满意的表面承压曲线图，底架必须具有非常充裕的刚度，因为它除了承受上文所述曲轴箱的负荷以外，还必须把螺旋桨的推力传递到基座上。

底架是分成几个分段的焊接结构，包括用铸钢制成纵梁和横梁，用焊入的支承底座支承。推力轴承也是集成在底架中，油底壳有排油管通往滑油循环槽。Sulzer RTA 柴油机的横梁采用双层壁结构。小型二冲程柴油机(例如 MAN B&W MC35，缸径为 350 mm)底架由一个整件构成，也可以采用铸件。

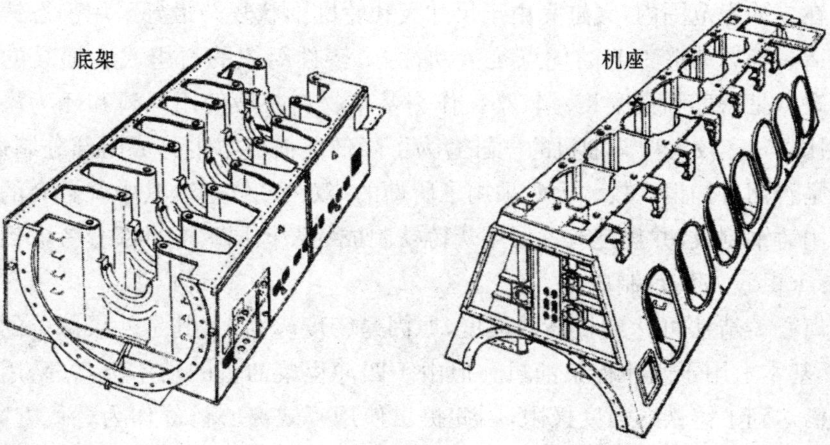

图 1.1.20 MAN B&W MC 发动机的底架和机座(资料来源:MAN B&W)

A 形机座结构根据其尺寸同样也是分段焊接的,其中,防爆阀位于排气端,曲轴箱盖位于凸轮轴端。气缸体和机架用拉杆螺栓与底架连接。小型柴油机的机座也可以采用灰铸铁结构。气缸体通常为球墨铸铁结构,根据尺寸大小将两个或多个气缸组合成一个气缸体。机架也支承十字头的导轨。

气缸套

气缸套的基本功能是限定燃烧空间,进行活塞(必要时包括十字头)导向,安排换气控制的开口(如二冲程柴油机)。气缸套原则上分为湿式缸套、干式缸套和集成在曲轴箱中的缸套。在船用柴油机范围内,为了能在大修时拆卸,只采用湿式气缸套。

对气缸套提出下列要求:

- 高耐磨性——磨损导致出现高油耗、不允许的高漏气量、较高的活塞环和活塞温度,并在极端情况下造成发动机停机故障;
- 良好的滑动性,尤指活塞环和活塞的滑动性;
- 热负荷和机械负荷引起的变形很小(壁厚与冷却)。

由于燃烧室范围内温度和气体压力影响所造成的气缸套的任何扩张都会导致气体通过活塞环进入曲轴箱的漏气量增加和该范围内温度的升高。

大型柴油机只用铸铁材料。但今天人们正在逐渐转向只用磷光体或通过磷光体和越来越多的生成碳化物的元素产生一层明显的硬质相,这种情况下如果有尽可能完备的珠光体基质,材料多半也应当具有最大强度。

在二冲程范围内，气缸套由于尺寸大和轮廓形状复杂最好采用静态铸造工艺制造。静态铸造工艺的优点是滑动性好，铸件组织的石墨成套模具的成型好。缺点是密度和强度相对较小。作为基本材料一般使用以磷和硼为添加物的GJL 250。较大型柴油机的气缸套为了降低更换成本也分成两部分制造，取决于是否拥有知识产权。为此采用了所谓的"双铸气缸套"，其中气缸套的上半部分用铸钢制成，并规定有一层用灰铸铁制成的摩擦层。下半部分考虑到成本用Tarkalloy灰铸铁制成。

离心铸造法可达到较高的强度，原因是密度较高，尤其是外层部分的密度较高，基本上用于四冲程柴油机。但由于四冲程柴油机的功率提高，采用片状石墨已达到了铸铁的强度极限，因此提出使用复式离心铸件作为替代方案，即外层为达到良好的滑动性采用球状石墨灰铸铁和内层采用片状石墨灰铸铁的组合方案。用这种方法最终将会在内部得到一种珠光体灰铸铁（Beinit灰铸铁）。但今天由于强度要求更高，对复合铸造提出了更多的要求。

当将来负荷有更大的提高时，在有完备的珠光体基质的情况下使用纯球墨铸铁是满足更高强度要求的一种方法，同时也可以建立硬质相位。不过当前对这种材料尚有保留。分段复合铸造可能是一种替代办法。

在进行表面处理，特别是进行二冲程气缸套的表面处理时，重要的是在光滑的表面上没有被破坏的硬质相位生成，被破坏的硬质相位向外冒出并破坏（划伤）摩擦层。采用离心铸造时这种风险不大，因为离心铸造产生的硬质相位比较精细。气缸套一般都要进行珩磨，并可能按照30 000运行小时的时间间隔进行再珩磨（无超差活塞环），这种情况下力求达到的使用寿命为90 000运行小时。在极少情况下气缸套的工作面镀铬，而且不能与镀铬的活塞环组合，因为采用这样的组合不能与表面磨合或配合。一般用精密磨床加工，随后进行珩磨。较老式的柴油机是进行单一（分级）珩磨。今天，通常约60°的高峰珩磨分为两级，平均粗糙度Ra为0.8～1.5 μm，高峰部分微小的粗度在磨合过程中消失。高峰珩磨需要部分地再次进行重磨。

大型二冲程缸套以及其他四冲程缸套（PC4）往往还要进行精密车削或钻削加工（Ra在下部为0.8～2.0 μm，上部为3 μm）。由于油黏合和表面相对粗糙，上述缸套只能配以灰铸铁环或等离子涂膜（因含有钼成分，自润滑性能好）的活塞环。平台珩磨以前主要应用于四冲程范围，近10年来有越来越多的二冲程制造商也转向这种表面加工法（大深度珩磨）。如果活塞环采用铬陶瓷，由于精密车削时的表面粗糙度太大和环的自润滑性能很差，原则上只能采用经珩磨的表面。

Sulzer RTA 的缸套直到不久前一直用"波浪式切削"法进行车削加工，这种方法是使用加大的刀具压力进行工作。尖峰被部分地磨除(半波浪式切削)。MAN B&W 对其二冲程柴油机基本上是采用波浪式切削和尖峰横切珩磨(半珩磨)进行缸套加工。

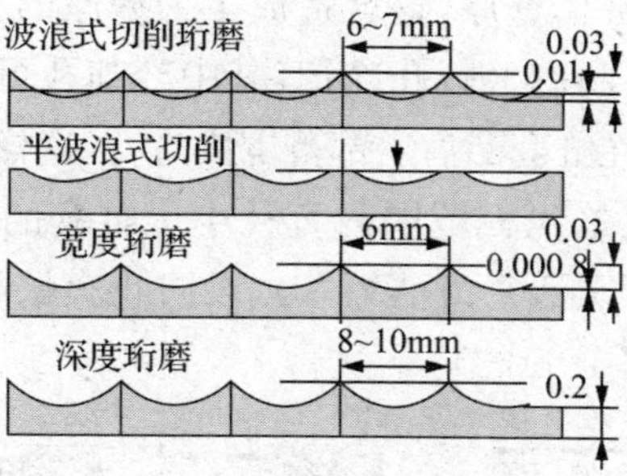

图 1.1.21　气缸套的表面加工

在二冲程范围内只使用天然硬度的缸套，而四冲程气缸套的表面处理则有很大不同。四冲程柴油机如果用重油运转，缸套还需少量渗氮，以降低活塞环和缸套的磨损，同时提高缸套的抗交变强度。不过，通过选用适当的基本材料，更重要的是采用火焰环，以及使用有铬陶瓷保护层的活塞环，现在基本上可以不要渗氮，返回到采用未经处理的(天然硬度的)缸套。但柴油机制造商大多数还是保留渗氮作为强度储备。激光漩涡硬化缸套(MAN B&W)现在也已失去意义，因为用铬陶瓷环和未经硬化的缸套也能达到高缸套使用寿命。煤气发动机可以使用镀铬工作面。

当利用新型铬陶瓷活塞环不仅使活塞环，而且使缸套明显减少了磨损时，大型柴油机缸套上的腐蚀性磨损仍然是个问题。因为腐蚀性侵蚀的结果必然是剥蚀性磨损，所以过去人们试图尽可能提高缸套的温度，但考虑到气缸油结焦的风险，温度只能限定在约 200℃。相对浓缩但腐蚀性较小的硫酸侵蚀缸套表面上的硬质相位，并造成相对均匀但不太大的磨损，而当含水量、硫酸浓度低时则侵蚀硬质相位的硬质层。这必然导致硬质相位破裂，然后造成强烈的侵蚀磨损。如果使用所谓"低硫"燃油和高碱值(BN)气缸油运行，则产生的不是想象中的 $CaSO_4$(硫酸钙)，而是由没有充分利用的添加剂、废气和水生成 $CaCO_3$(碳酸钙)，也会在缸套表面上造成显著的磨损。特别是活塞环的等离子涂膜显然受到强烈的侵蚀，因此人们在采用铬陶瓷环时还是把缸套温度降低，以求在活塞环与缸套之间得到一层较好的润滑膜。

今天，中速柴油机缸套配合使用铬陶瓷活塞环时，计算缸套的磨损从 0.01 下降到 0.005 mm/1 000 运行小时。低速柴油机相应的值约为 0.01 mm/1 000 运行小时。

四冲程缸套为一体式结构。但 MAN B&W 32/40 柴油机属于例外。按大多数柴油机的结构，缸套的成形强度主要来自机体，而对于大多数 Wärtsilä 柴油机来说，强度则来自缸套壁厚，这就造成了大壁厚的大锥体形缸套凸肩。今天许多缸套采取在缸套凸肩上打孔冷却，其中冷却孔可径向、切向或斜切向布置。今天，冷却一般是在缸套凸肩上部范围内进行，这样可使机体免予进水。

在缸套中插入在火焰隔板范围内直径小于缸套的圆筒形衬套或环(火焰环、刮环、防磨环、定径环、活塞清洁环等)，以防止火焰隔板范围内积碳和降低油耗(见图 1.1.22 和图 1.1.23)。

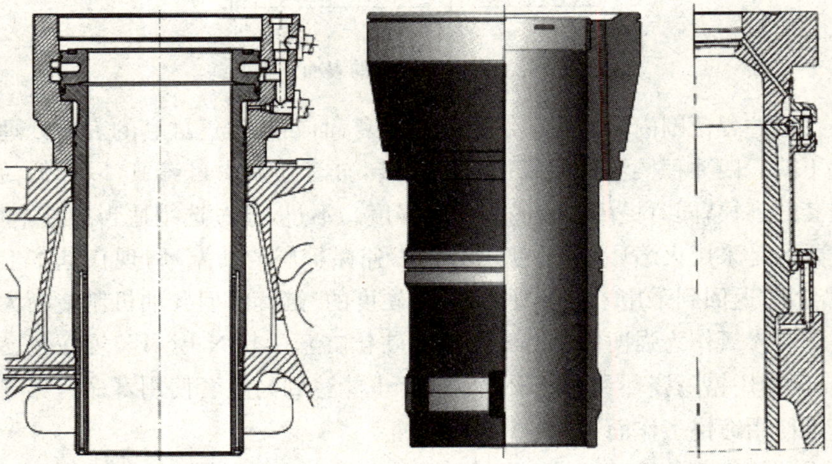

图 1.1.22　MAN B&W 的 32/40 型、带抗磨环的 Wärtsilä Vasa46 型和 MAN B&W MC60 型气缸套(资料来源：MAN B&W，Wärtsilä)

十字头式柴油机的一个特点是将气缸润滑与传动箱润滑分离。其优点在于传动箱可以使用非熔合的、价格相当便宜的润滑油，同时也没有燃烧残留物留在传动箱内。

气缸油采用含有有效碱性添加剂的熔合润滑油，以减少化学腐蚀性磨损。碱性用碱值(Base Number，范围 0～70)表示。实践中选用的碱值根据燃油的硫含量而定。

直流扫气十字头式柴油机的缸套在整个范围内设有多个孔(润滑油孔)，多半是在上部范围内设 6～8 个孔，从缸套凸肩看去占用行程的 20%～40%。今

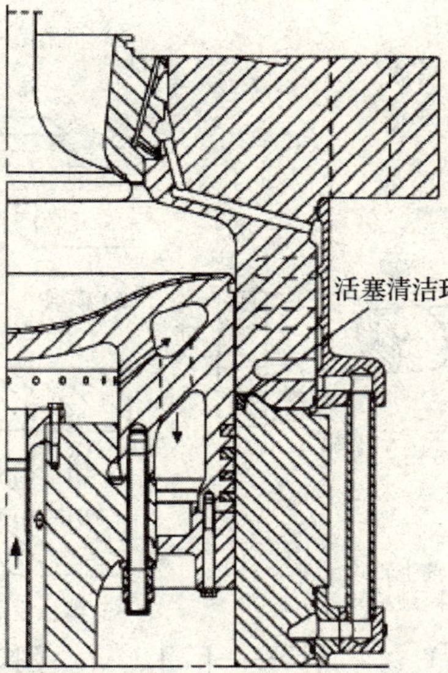

图 1.1.23 MAN B&W 公司的 MC 柴油机的活塞清洁环(资料来源:MAN B&W)

天润滑油孔的布置必须保证不再穿过冷却水腔。在缸套的工作面上,润滑油孔有一倾角很小的锯齿形环流槽用于配油。润滑接管配有止回阀,因此燃过气体不能把油从润滑油孔中排出。

人们正在考虑结合采用新品种的油料,取消润滑槽。

曲轴

曲轴最重要的功能是承受和传递连杆传动力,传递扭矩到飞轮和输出轴,接受用于质量平衡的平衡锤,并驱动操纵机构和辅助推进装置。

在船用柴油机范围内使用组合式曲轴、半组合式曲轴、自由锻曲轴、模锻和部分模锻曲轴。低速二冲程柴油机几乎只采用半组合式曲轴,中速柴油机偏向于采用自由锻曲轴。曲轴按每一曲柄安装轴承。V 型发动机在一个曲柄颈上配有两个连杆,其中轴颈必须具有相应的长度。确定曲柄布置顺序时要注意点火顺序必须尽可能均匀,要注意质量平衡,还要注意扭转振动。

曲轴承受气体压力、惯性力和振动负荷。曲轴的设计主要是必须保证有足够的抗弯和抗扭强度,有足够的承载能力,并保证轴承支承部位的润滑。弯曲应力由气体压力和惯性力引起,应力峰值主要出现在止点位置附近。发火压力在曲柄的过渡圆角处引起压应力。惯性力在换气的止点上引起拉应力。由曲

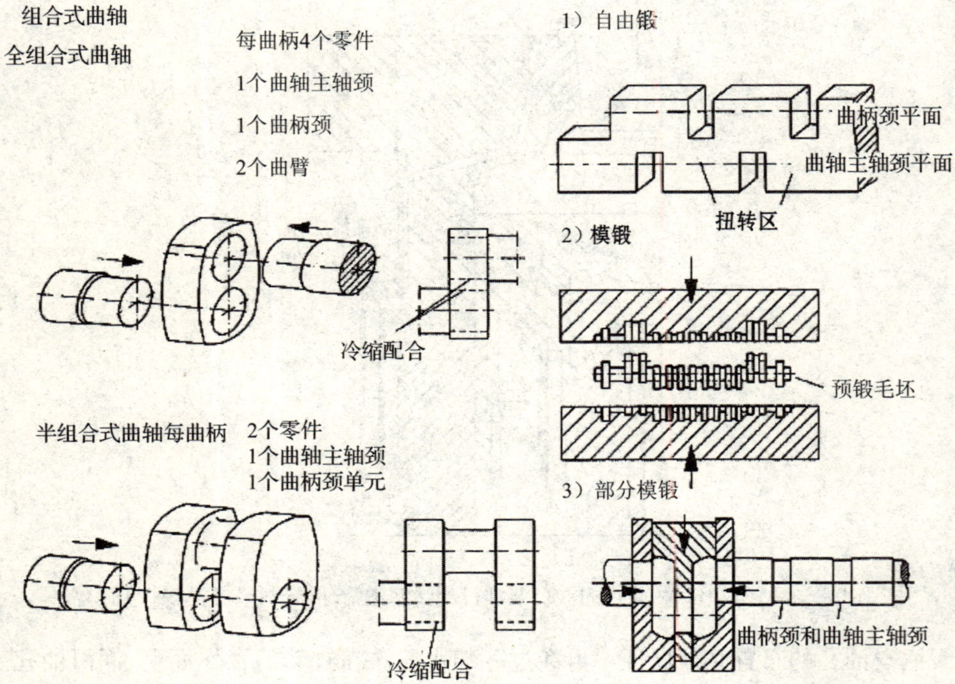

图 1.1.24　曲轴的结构

轴传递的脉动扭矩和扭转振动使曲轴产生扭转应力。与由扭转振动引起的扭转交变应力相比，由切向力波动引起的扭转应力多半较小。

为了进行近似计算，人们多半只考虑被设为铰接支点的两个轴承之间的那一部分。因此可计算曲柄臂中点的额定弯曲应力。对于已知的曲轴结构，曲柄颈过渡圆角上的应力最大值可利用基于经验值的应力集中系数根据额定应力进行求算，并与用类似方法求得的最大扭转应力合计为基准应力。以此假定同时出现最大扭转和弯曲应力。

用做船舶推进发动机时，曲轴必须符合包括相应安全系数的船级社（例如德国劳氏船级社）的计算规范。

作为材料，用调质钢，例如用 CK45V 钢制造小的非高负荷轴，用 34CrNiMo6V 钢制造较高负荷柴油机的曲轴，用 42CrMo4V 钢制造高速大功率柴油机的曲轴，例如用 51CrMoV4 钢制造高负荷现代船用柴油机的曲轴。船用柴油机的曲轴一般不淬火，表面抛光到最高 0.14 μm 的表面精度。

为平衡惯性力和轴承支承部位卸载所需要的平衡锤要么锻接或焊接，要么用膨胀螺栓连接。四冲程平衡锤的安装实例如图 1.1.25 所示。

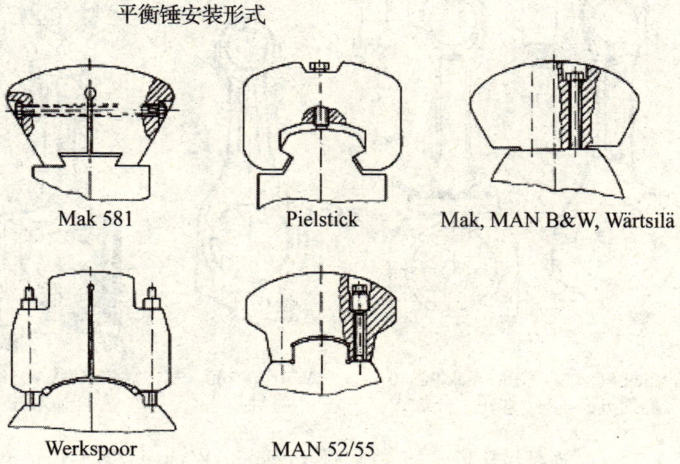

图 1.1.25 四冲程柴油机的平衡锤的安装

连杆、曲柄杆、十字头

二冲程柴油机的连杆和曲柄杆的基本功能是把活塞作用力和活塞运动传递到曲轴,必要时布置向活塞输送滑油的油孔。连杆和曲柄杆承受气体压力和惯性力。设计的基本要求是达到足够的机械强度,具有轴承支承部位的承载能力,并且相对于结构高度和侧向力引起的摩擦具有最佳长度。

连杆

插入活塞销后始终处于闭合状态的连杆孔,经过连杆体与连杆头相连接。连杆头一般是对开式的,以便能安装到非对开式的曲轴上。

不同的连杆类型证明了近年来发火压力的提高。发火压力越高,要求曲柄轴颈的直径就越大。今天人们已经在船用(柴油机)连杆和杆体对开上基本是从原始的正对开发展到了不同对开角的斜对开,同时能在不同高度上装配对开件。在高发火压力下,为了增加连杆上和活塞内的支承面以承受高气体压力,也使用分级式连杆(见图 1.1.26)。

采用斜对开和使用戴帽螺钉时,通过啮合吸收对接缝上的横向力,以防止对接缝发生移动,为此,连杆轴承盖必须设计成刚性的和抗变形的。经过连杆上的一个纵向孔由曲柄轴颈向连杆孔供给润滑油,润滑油多半还经过一个喷嘴作为冷却油使用。

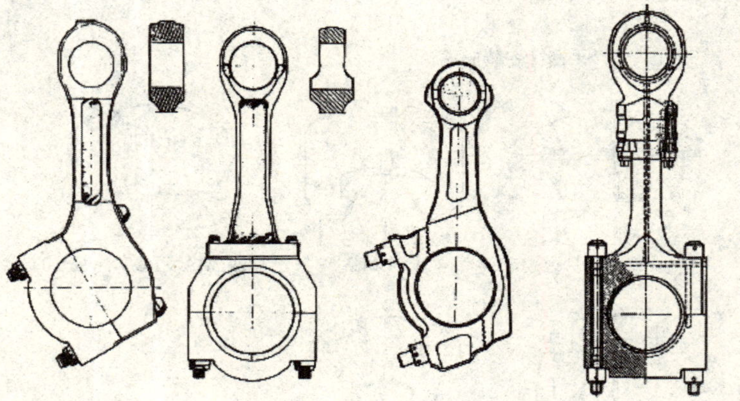

图 1.1.26　连杆结构形式(资料来源:Pielstick,Wärtsilä,MAN B&W)

曲柄杆、十字头

曲柄杆上的下圆孔多半被设计成连杆头,而上圆孔则用叉杆支承十字头,或不用叉杆而配以宽型支承架,并像连杆头那样提供一个对开式的轴承体。在曲柄杆头与曲柄杆体之间的一部分布置一块填隙片用以调整压缩容积。上眼环由曲轴经过曲柄杆杆体上的一个孔进行润滑,或者通过铰接管越过十字头进行润滑(见图 1.1.27)。

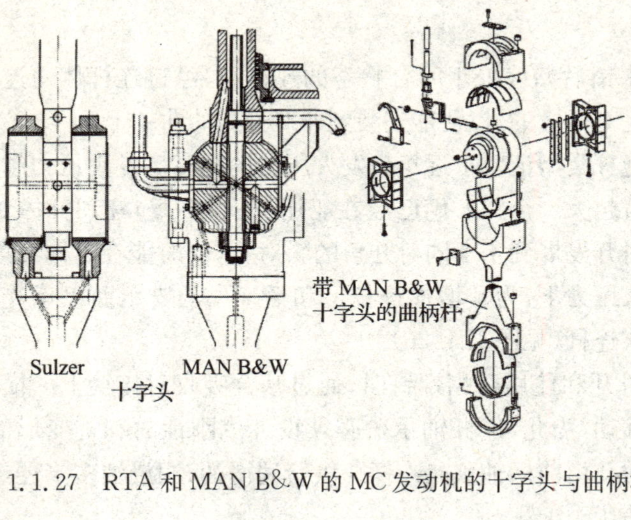

图 1.1.27　RTA 和 MAN B&W 的 MC 发动机的十字头与曲柄杆

活塞

柴油机的活塞必须具备以下功能：

- 传递气体压力(垂向)和活塞法向力(四冲程)；
- 进行运动导向(四冲程)；
- 固定密封环(活塞环)；
- 限定和形成燃烧室；
- 散热(活塞环、滑油和水)。

活塞承受负荷，负荷来自：

- 气体压力和惯性力；
- 燃烧室的热流；
- 杆体上的和环槽中的摩擦力；
- 与运行方向横交的运动(“摆动”)(四冲程)。

在四冲程活塞上，活塞顶部必须固定活塞环，传递气体压力，并将投射到燃烧室的热量经过活塞环继续传导到气缸套，并传给活塞冷却油。活塞裙具有十字头的功能，并承担运动导向。

活塞顶部承受燃烧室的高交变温度，同时因对流和辐射而被加热。但温度幅度根据有效功能很快下降。散热中，有40%～60%经过活塞环部分传给气缸壁，其余则经过活塞环壁传给活塞冷却油。很少一部分转向新鲜气体。

根据上文提出的要求得出对活塞材料的要求如下：

- 低密度，以求减小惯性力(结构重量)；
- 高导热率；
- 高耐热性，因为高温时出现疲劳断裂和变形问题，导致热压裂纹；
- 良好的耐磨性能，包括高温下良好的耐磨性能，其中环槽是关键区域；
- 温度改变时热膨胀很小，装配间隙与此有关。

四冲程柴油机

大型柴油机基本上采用下列材料：

- 共晶 Al/Si 合金；
- 球墨铸铁(GGG70)；
- 钢活塞体(例如 38MnSiVS5)和锻造钢活塞顶(例如 42CrMo4)。

有以下几种不同的活塞结构形式：

- 整体铝活塞；
- 带环槽镶圈的整体铝活塞；
- 整体 GGG 活塞；
- 采用钢活塞顶和铝活塞裙的组合式活塞；
- 采用钢活塞顶和球墨铸铁活塞裙的组合式活塞(重油运行)；
- 采用钢活塞顶和钢活塞裙的组合式活塞(发火压力 200 bar 以上)；
- 适用于煤气发动机的电子束焊接(EB)铝活塞；
- 摩擦焊钢活塞顶和钢活塞裙；
- 镍镉钛铝合金活塞顶、隔板和钢底部的三段式活塞(高温燃烧)(Wärtsilä)。

大型船用柴油机的活塞冷却一般只采用孔冷却或谢克式冷却，其中冷却油输送如图 1.1.28 所示，一般是经过连杆和滑座(MAN B&W)或经过连杆和销孔进行。其他活塞冷却方案，如冷却管道和喷油冷却，只有整体铝活塞可能采用，由于耐磨性差，不适合于船用。

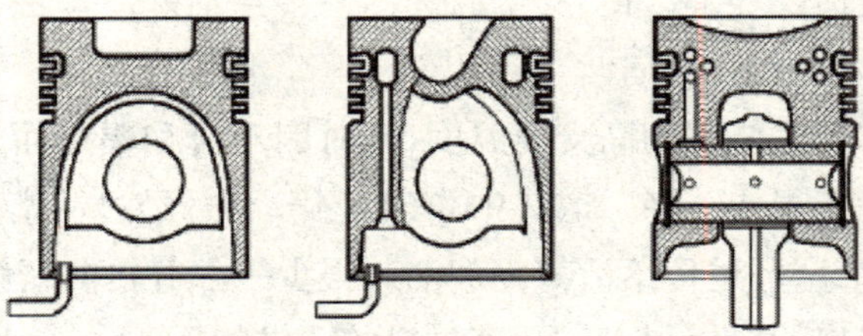

冷却方式 结构形式	适宜的使用场合				
喷油冷却					
冷却盘管					
冷却管道					
冷却腔					
冷却油 的输送	曲轴箱上的喷嘴	小连杆孔上的喷嘴	经过连杆和销孔	经过连杆和滑座	经过伸缩管
冷却油量	3~8L/(kW·h)		2~5L/(kW·h)		

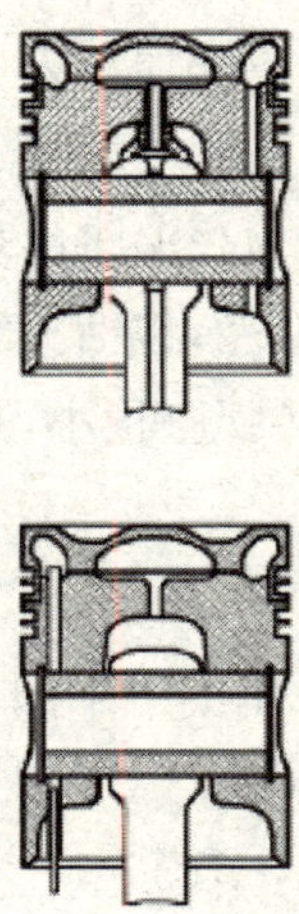

图 1.1.28 活塞冷却方案(四冲程)

在燃用重油的大型四冲程柴油机中，原则上使用组合式活塞。在活塞冠的支承构件上采用谢克式冷却时，一般是在活塞裙上采取双重配合，就是说，活塞冠在环槽镶圈范围对中，并支撑在环槽镶圈下和活塞裙上侧。孔冷却显然是为适应高发火压力而开发的，它位于活塞裙上侧，并在该处对中，因此环槽镶圈部分不受约束。

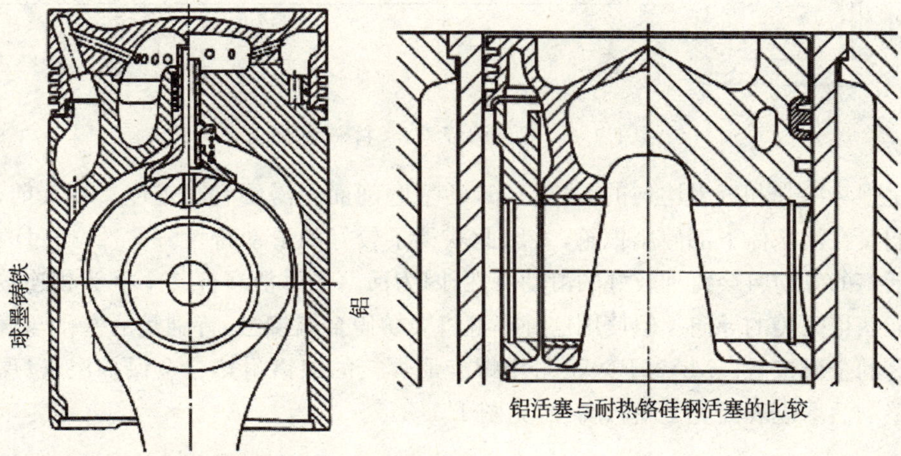

铝活塞与耐热铬硅钢活塞的比较

组合时活塞与球墨铸铁活塞裙和铝活塞裙的比较

图 1.1.29 球墨铸铁(GGG)与铝活塞裙以及耐热铬硅钢与铝活塞的比较(资料来源：MAN B&W, Mahle)

今天只有非重油柴油机的活塞选用铝作为下部材料，为的是减小惯性力。球墨铸铁活塞裙由于工作可靠性较差已逐渐被锻钢活塞裙所取代(Ferrocomp/Mahle)。320 mm 以下较小直径所用的中心螺环要求高压缩高度。今天，中心螺环与钢活塞下部和谢克式冷却结合，并允许高达 300 bar 的发火压力。耐热铬硅钢活塞一般作为组合式活塞，其活塞直径小于 170 mm，最高压力达 180 bar（见图 1.1.29 和图 1.1.30）。

二冲程柴油机

在二冲程范围内，由于构件温度高，一直用水冷却，而 B&W 较长时间来则用油冷却活塞。较老式的 Sulzer 柴油机仍用水冷却活塞，而今天提供的产品则无一例外地采用油冷却。

大型二冲程柴油机的活塞与四冲程活塞相反，一般都设计成圆柱形活塞。这种活塞在其火焰隔板范围内大都有一圆锥形磨削面。孔冷却式柴油机由于

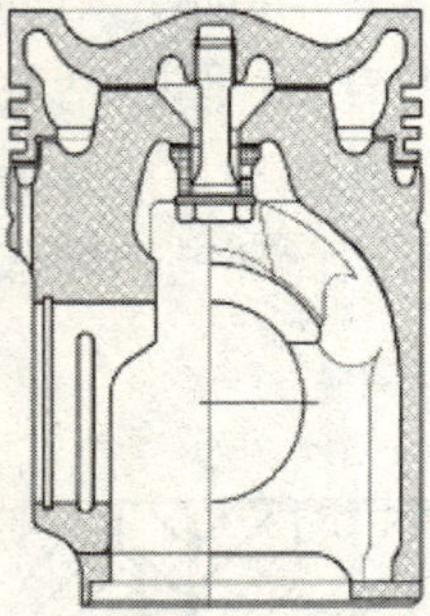

组合式活塞的结构比较(250~400 mm)

活塞顶	钢活塞顶 采用常规冷却	钢活塞顶 采用孔冷却	钢活塞顶 采用常规冷却	钢活塞顶 采用孔冷却
活塞下部	挤压铝	挤压铝 带毂衬套	球墨铸铁（GGG） 薄壁	球墨铸铁（GGG） 厚壁
重量	100%	120%	110%~120%	≥ 150%
发火压力	100%	130%	100%	165%

图 1.1.30　四冲程活塞(资料来源：Mahle)

是强势冷却和近乎均匀的温度分布，活塞磨削面不需要有圆锥度。不久前，人们又在活塞体下部使用铜箍，并因此获得了较好的滑动特性。估计，通过改进活塞的导向将会得到较好的滑动特性，因为活塞经过活塞杆与十字头相连接不能获得完美的导向。但使用这种环箍将会妨碍金属接触，特别是活塞裙与气缸套的金属接触。MAN B&W 采用螺旋形焊接的镍铬耐热合金保护层，以保护整个活塞冠表面免受高温腐蚀(见图 1.1.31)。

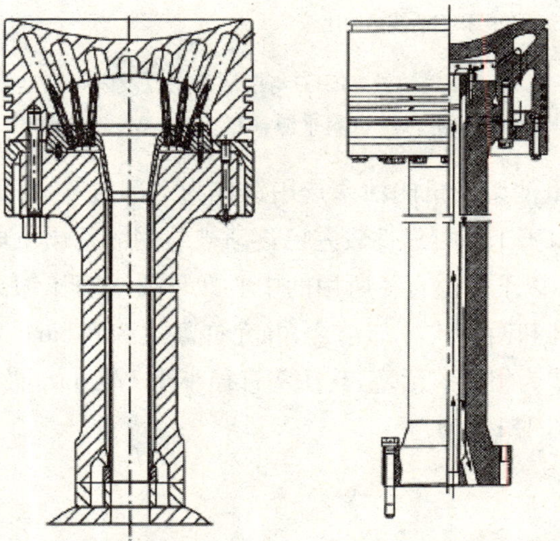

带活塞杆的活塞　　MAN B&W活塞与活塞杆

图 1.1.31　二冲程活塞(资料来源：Wärtsilä Sulzer，MAN B&W)

活塞环

内燃机的压缩环应当相对曲轴箱和扫气空气通道密封燃烧室(密封压力

环),同时控制滑油消耗量,让滑油均匀分布在气缸工作表面,并把一部分活塞热量散发到气缸壁上。四冲程柴油机上的刮油环还应当相对燃烧室密封曲轴箱。

压缩环

压缩环原则上必须始终在一个位置上,即在环对接缝处分开,以防止环受热时卡住,为防漏泄损失,对接缝间隙不允许太大,在环组范围内可以有所不同。压缩环本身对气体压力(见图 1.1.32)和环与缸套之间的流体动力滑油薄膜起密封作用。

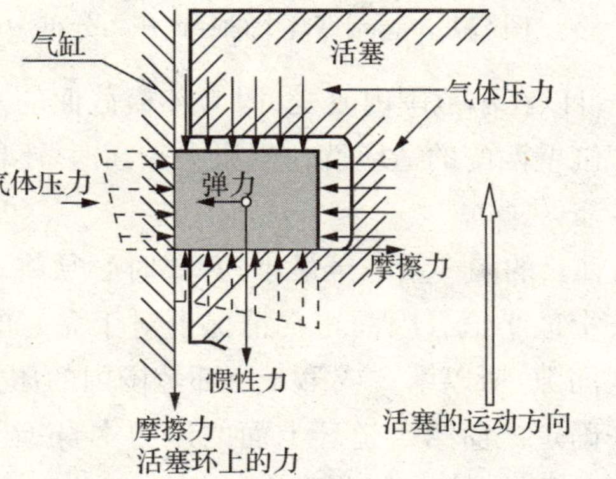

图 1.1.32 活塞环的密封作用

但压缩环也有一定的径向预应力,以便在启动柴油机时将工作面压紧到气缸壁上。这样将会保证在启动时立即进行密封,在气缸压力下加载时压缩环不会离开气缸壁,并在达到高转速时开始颤动。以前中速柴油机活塞环上的径向压力分布一般都具有正量特性[见图 1.1.33(a)],今天的活塞环则只有圆形或负量特性[见图 1.1.33(b)和(c)],而二冲程柴油机的活塞环不仅有负量特性,且在对接缝处完全卸压[见图 1.1.33(d)]。负量特性不仅能补偿向着对接缝方向逐渐增大的气体压力,而且还能补偿由热负荷引起的环的曲率变化。

环后空腔内和上方活塞环槽内的气体压力产生固有压紧力,使环的预应力增大 4 倍。

由此得出结论,第 1 道环必须承担环组的大部分密封作用。另外,据此可以得知,特别是当气缸压力逐渐上升时,活塞环这种构件只要改进型面设计、材料和工作面保护层就能适应已经提高了的要求。其理由是:

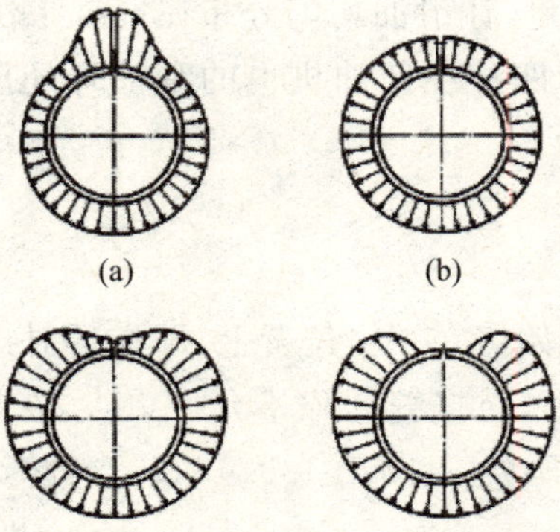

图 1.1.33　活塞环上的径向压力分布

(1) 环的尺寸可以在小范围内改变，因为环横截面的高度和宽度可在有限的限度内保持与气缸壁匹配的适应性。当压力较高时，不能使用横截面明显增大的环。

(2) 为了将曲轴箱的漏气量减至最小，必要时必须将环对接缝处存在的对接缝间隙限定到一个最小值。因为正常情况下对于完好的环组来说这一对接间隙是仅有的漏气间隙，所以第 2 或第 3 道环范围内的压力本身可由进入下部环腔中的气体量来确定。而第 1 道环上面的压力本身等于气缸压力。单纯由传动机构运动产生的压力与由纯时间相关的流动过程产生的压力互相耦合。因此不难看出，在每一阶段稳定的环位置即环座上，始终保证曲轴箱方向上的气流的压差，要求尤其在第 1 道环的上侧与下侧之间有一个特别大的压差。因此，尽可能好的气密性要求决定第 1 道环必须承担大部分的密封作用，与气缸压力的高度无关。实际上，由第 1 或第 2 道环构成的环组合被视作最为可靠。

大型柴油机仅使用矩形横截面的压缩环。当前几乎无一例外使用的典型工作型面（见图 1.1.34）。

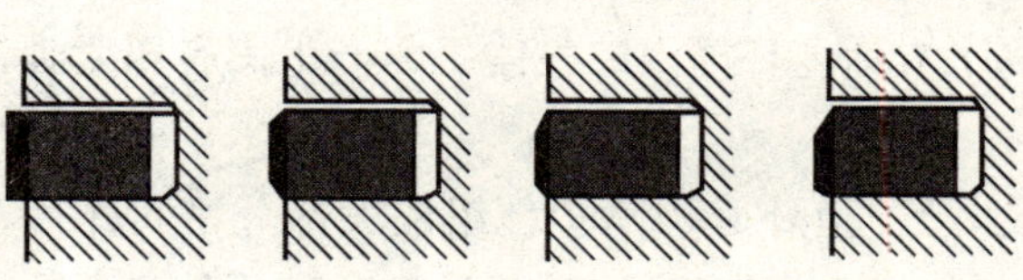

图 1.1.34　第 1 道环槽的环工作型面

现今安装非对称鼓形环的越来越多，特别是四冲程柴油机，这是因为它在气缸工作表面上构成一层较厚的润滑油膜。同时在工作面上还能达到一定的降压，这在出现最大压力的许多情况下是必要的。由于降压，环后的容积应尽可能小，以便升压时尽可能缩短充气时间和活塞环迅速加压。有时甚至可能有必要使用特别减压的活塞环，这种情况下必须非常精确地匹配槽中的轴向间隙，以保证根据环后的容积迅速生成压力。活塞环降压越多，环后生成压力必然越迅速。否则就会导致环毁坏，届时环不仅失去其密封作用，而且还可能出现烧损痕迹和腐蚀现象。

非对称鼓形活塞环型面的另一个优点在于，上工作边在长时间的运行时间过后不会输油进入燃烧室。

四冲程柴油机

基于基本材料和保护层领域内的发展，新型四冲程柴油机达到了高度的可靠性。上压缩环最常用的基本材料是含有片状石墨的非合金铸铁。当需要较高的强度时，例如当最高压力很高时，球墨铸铁可满足所有要求，其他环使用标准铸铁。对于特殊的应用场合，例如镀铬气缸工作表面，则选用合金铸铁。中速柴油机的活塞环根本不使用钢制的。

在工作面上，必须用一耐磨层保护基本材料，以便能经得起中速柴油机所遇到的腐蚀性工作条件。今天，一般首选铬陶瓷保护层，尤其用在第1道环槽中，在下部环槽中还使用硬质铬层工作。今天，使用有铬陶瓷保护层的活塞环，燃用重油时的使用寿命可达20 000运行小时，燃用柴油时可到30 000运行小时。这分别相当于工作面磨损10 mm/1 000h和5 mm/1 000h。由于铬陶瓷活塞环的使用寿命长，在活塞环使用期间会在活塞环槽下侧壁和塞环端面发生磨损。特别是活塞环槽的磨损可能导致提前失效。这种情况下提出了第1道环（也许还有第2道环）侧面镀铬与硬化处理活塞环槽相结合面的组合方案。在今天要求减少滑油消耗的情况下，环和槽侧壁镀铬被认为存在问题，因为为了保持碱值(BN)和不必进行换油，正在力求燃用粗柴油时滑油耗率达到0.4 g/(kW·h)，燃用重油时达到0.6 g/(kW·h)。

中速柴油机今天都无一例外地使用柔性刮油环。采用镀铬工作面和软管弹簧的双顶相式刮油环已被证明是技术上最好的解决方案。

对接缝一般采用正对接形式。最近也有采用气密对接缝的，以求在不断磨损的情况下漏气量尽量较少，但对接缝的保护层仍有问题。如果采用低磨损刮

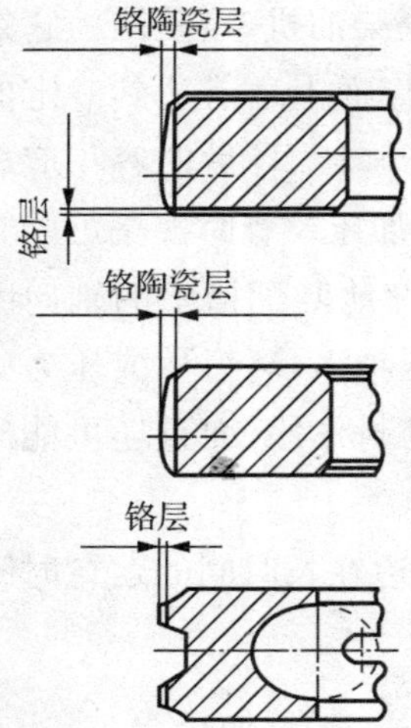

新型四冲程活塞环装配

图 1.1.35　活塞环装配

油环,气密环就没有必要了。

图 1.1.35 为一新型中速柴油机活塞环的装配,其中有两个优化非对称鼓形压缩环和一个双梯形顶相式刮油环。

图 1.1.36 分别为测量所得完好稳定活塞环(图的上部)和不稳定活塞环(图的下部)第 1、2、3 道压缩环前和刮油环前的压力分布。如前所述,要求稳定的活塞环组有清楚的压力梯度,并可从图的上部看出,这样可以保证活塞环位置处在相应的活塞环槽的下侧壁,滑油不能向上流动。在由于第 1 道活塞环磨损所造成的不稳定的活塞环组上也可清楚地看出,第 1 与第 2 道活塞环之间的压力在一定阶段内处在相应的气缸压力之上,因此第 1 道活塞环不能升离环槽侧壁。因此,漏气量继续增大、

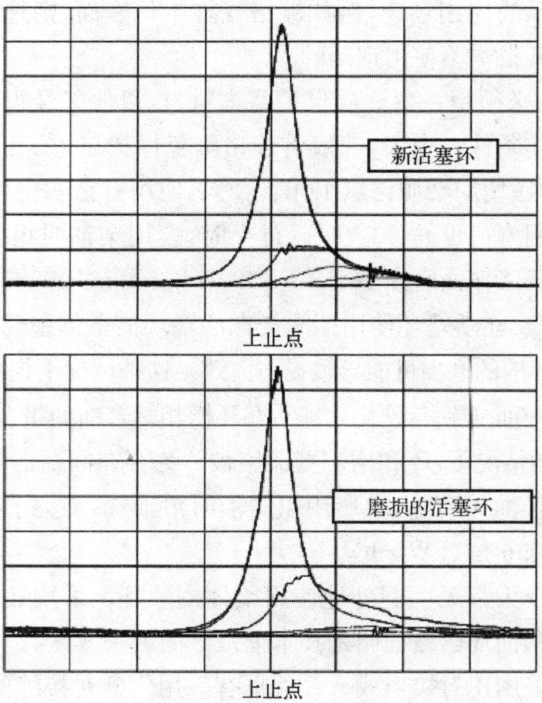

图 1.1.36　活塞环组上的压力变化曲线

活塞积碳，致使活塞黏着，而且由于压缩环作用降低，油耗明显上升。这种情况的典型事例是冲出环槽，以及某些情况下发生的环断裂。

从图 1.1.37 和图 1.1.38 中分别可以看出一种侧面镀铬的新型铬陶瓷活塞环在一个稳定活塞环组上经历了 30 000 运行小时后的情形，以及一个在高压力梯度下承受高负荷而被磨损的活塞环的情形。

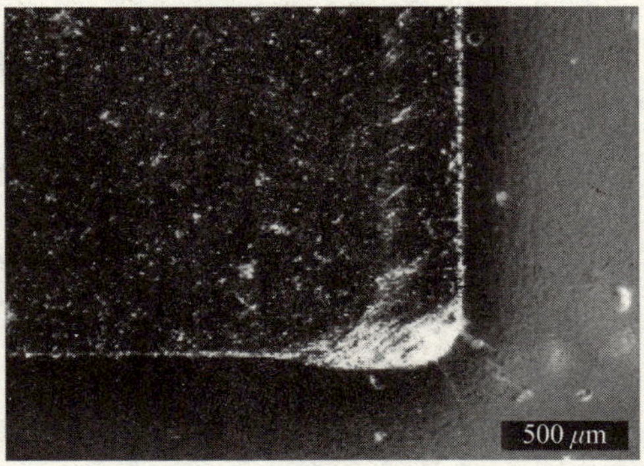

图 1.1.37　30 000 运行小时后的活塞环

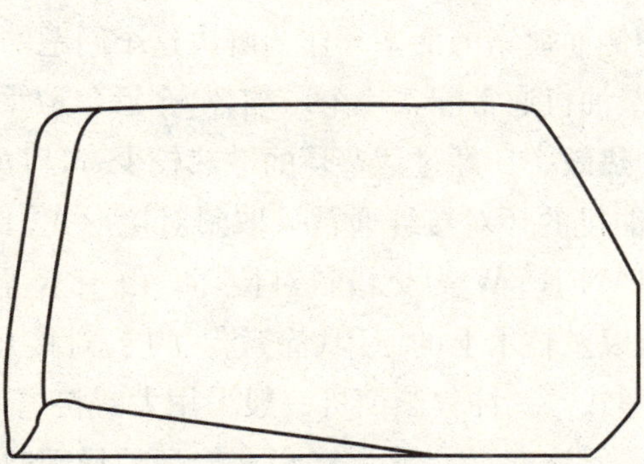

图 1.1.38　磨损的活塞环

二冲程柴油机

与四冲程柴油机不同，二冲程柴油机只使用压缩环，因为气缸套的润滑要经过单独的气缸加油器精确配量，以便能省掉刮油环。使用活塞环时的图形不同。除了几何形状不同以外，使用的保护层也不相同。相同之处是气缸的表面加工。在基本材料方面也是一致的。第 1 道环槽大多数使用未调质处理的蠕墨铸铁，而下部环槽使用的是加合金元素的片状石墨铸铁。

表 1.1.1　二冲程活塞环的结构形式(资料来源:Federal Mogul Goetze)

工作面几何形状	保护层	对接缝结构形式
矩形	无保护层	正对接
斜面形	铝青铜	同向斜对接
内相斜面形	RIAS,钼＋镍石墨	交错斜对接
鼓形	钼	气密搭接
非对称鼓形	铬陶瓷	
	铬	

由于材料特性不同,二冲程活塞环的磨损值相差很大。因此,摩擦层的磨损在 10～20 mm/1 000h(铬陶瓷工作面)与 160 mm/1 000h(无保护层环)之间,预期使用寿命至少为 20 000 运行小时。引人注目的是气缸套磨损与所使用的环保护层有明显的关系。

二冲程柴油机的活塞通常采用镀铬的槽侧壁。大直径活塞环的磨损值虽然较高,但人们采用侧面镀铬的活塞环作为解决这个问题的对策。

今天的二冲程柴油机通常配备 4 个压缩环,今后争取采用包括 3 个环的环组,因为鉴于良好的热效率和经过活塞环的散热较少,可以放弃使用其他的环。

大型二冲程柴油机的环对接缝通常采取斜对接形式,其中 Wärtsilä Sulzer 为同向斜对接环,MAN B&W 为交错斜对接环。由于不再使用回流扫气和对接尖端的过热危险,以及技术上的原因(涂敷保护层、对接),Wärtsilä Sulzer 已经转为采用正对接形式。二冲程柴油机一般采用大对接缝间隙,以便能补偿变大了的缸套椭圆度。但这样又会导致缸套上较高的局部热负荷。原则上活塞环应在运行中转动。

最近,MAN B&W 大型柴油机的顶活塞环采用了利用径向分布的开口控制漏气的气密环。这样,当因磨损的缸套椭圆度过大导致活塞环不能转动时,可避免由于火焰穿过对接缝造成缸套过热。需要的气流因而不穿过对接缝,而是经过周向分布的开口到达下部活塞环。如此也会使周向的温度分布均匀。没有摩擦保护层的活塞环则提供一层铝青铜作为磨合层。

这方面值得注意的还有关于将第 1 道活塞环设计成真正气密的环以便能解决缸套上漏气问题的考虑(见图 1.1.39)。

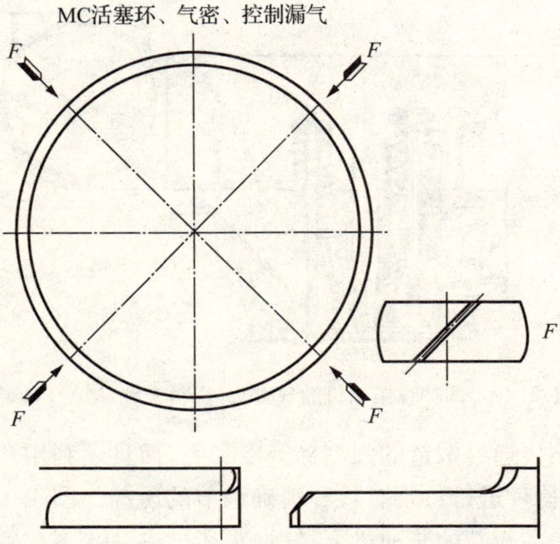

图 1.1.39　MAN B&W 的气密顶活塞环(资料来源:MAN B&W)

气缸头、气缸盖

气缸头或气缸盖(二冲程柴油机)构成燃烧室的上部终端。气缸头是一个承受高负荷的构件,因为它承受发火压力,同时还承受很大的热负荷。因此,它必须设计得机械结构坚固,同时又能很好地且又均匀地散发燃烧室壁板上的热量。为了很好地散热就不能有很厚的壁厚以经受住高发火压力。因此,在结构上必须为燃烧室壁板设计具有足够刚度和不能妨碍充分冷却气缸头的支撑。

为此,四冲程柴油机采用双底结构或斜拉的支撑肋条和缸底。为了在新型柴油机工作时的高发火压力下达到足够的刚度,气缸头的高度最大达到气缸直径的 1.5 倍。图 1.1.40 为一新型四冲程气缸头。

四冲程柴油机的气缸头分别装配了两个排气和进气阀及其气流管道。在气缸尺寸较大的情况下,排气阀往往安装在自冷却的阀室内,以便在检修排气阀时不必拆下整个气缸头。进气阀很少使用阀室。总的来说,使用阀室的趋势正在逆转,因为近年来阀的使用寿命明显更长,气缸头的安装程序也已简化。

低速二冲程柴油机的排气阀(采用直流扫气)始终配有一个冷却阀罩安装在气缸盖中。

除了换气机构外,气缸头/盖内还安装喷油阀、启动阀、安全阀和示功器连接孔。

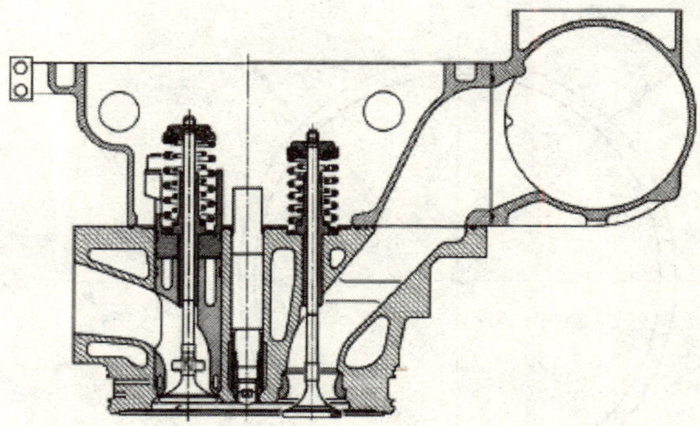

图 1.1.40 四冲程柴油机的气缸头(资料来源:MAN B&W)

气缸头/盖不仅通过锻造的强制穿流冷却腔,而且还利用孔冷却进行冷却,其中孔冷却能对构件进行特别有效和精确调节的冷却。图 1.1.41 为用孔冷却的二冲程气缸头,在较新的柴油机上,气缸头还被进一步下移,以减少向缸套凸肩散热。但这样需要明显增高活塞上的火焰隔板(见图 1.1.22)。

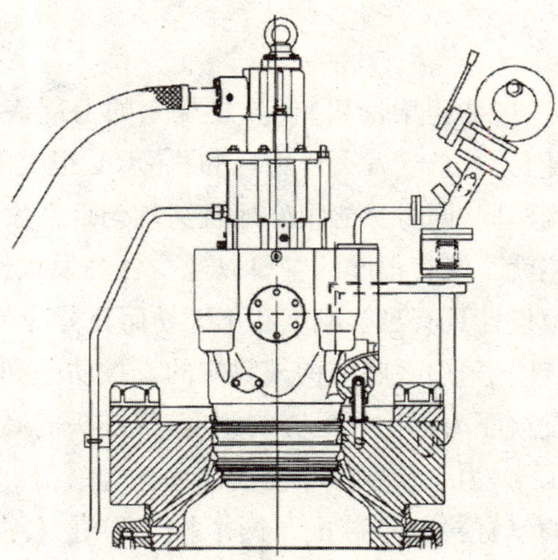

图 1.1.41 二冲程柴油机上带排气阀罩的孔冷却气缸盖

气缸头是一个很复杂的铸件,多半用球墨铸铁或 SiMo 合金灰铸铁制成。

气缸头用牵条螺栓或长拉杆螺栓与气缸体或曲轴箱连接,同时经过气缸头密封垫将气缸套压紧其底座上。此时必须注意要有足够高的预应力比,以免气缸头在发火压力下升起和高温燃过气体窜过。

气缸头密封件由一个嵌入气缸套上缘的环槽中或环形凸肩中的软钢圈构

成。必须仔细选择密封圈半径，保证气缸头螺栓的预应力不会在气缸套凸肩上引起弯矩，否则在温度交变应力下气缸套凸肩特别会趋向于产生裂纹。

阀门

今天只使用盘形阀控制换气（见图 1.1.40）。燃用重油时，为了避免高温腐蚀，必须采用优质阀材料。基体材料采用铁基合金或镍基合金。

铁基合金用做四冲程柴油机进气阀的基本材料，部分用做二冲程柴油机排气阀的基本材料，但其铬含量相对于燃油灰分高于 30%时才耐腐蚀，并且不再是可淬硬的，因此不适合于阀座的冲击条件。摩擦焊的阀采用马氏体 X45（碳含量 0.4%～0.5%）阀杆和镍镉钛铝合金阀盘，在其整个摩擦焊缝范围内阀杆镀铬，以防接缝腐蚀，而纯 X45 四冲程阀在铸造时就在阀杆上渗氮。阀杆的润滑部分是通过阀杆上的纵向沟槽进行的。铁基合金二冲程排气阀往往用斯特莱特硬质合金 Stellit 6 铠装，有几种型号为了避免阀盘腐蚀采用防腐蚀的镍保护层（因康镍合金 Inconel 625）。也使用带有 Colmenoy 铜镍合金阀座铠装的 X45 排气阀，但因其硬度很差，所以附加一层薄镍层（三菱）。镍层也会防止灰积碳附着。阀杆部分一般不进行表面处理，因为采用液压传动不会出现侧向力，简单的导向套管可能导入富含雾化气缸油的阻隔空气。气缸油也具有防止低温腐蚀的保护作用。

含有镍铬化合物的镍基合金，如尼蒙克镍基合金 Nimonic 80A、81、90 虽然价格昂贵，但在许多方面，诸如耐腐蚀性和韧性，都能满足重油阀的要求。其硬度是通过析出铌的元素达到的，虽不是太高，但在斯特莱特硬质合金 Stellit 6 的范围内，足以使用。而表面沉积，即使延滞发生，也会导致结成典型的铺地石板，由于其表面粗糙度大，因而是有益的。磨损降低到铬成分被硫化的情形。但尼蒙克镍基合金（Nimonic）阀的烧损只有铁基合金烧损的一半。由于铸造尼蒙克镍基合金（Nimonic）的滑动性不好，阀杆必须镀铬，或者如 HVOF（高速给氧——High Velocity Oxigen Fuelled）工艺中那样用火焰喷射陶瓷。长时间以来，不仅 MAN B&W，而且 Wärtsilä Sulzer 都已将无铠装的全尼蒙克镍基合金 Voll-Nimonic 80A 排气阀作为标准件用于其柴油机。由于尼蒙克镍基合金（Nimonic）不是可淬硬的，在四冲程柴油机的碰撞范围内必须采用一种可淬硬的材料。如果在四冲程范围内尼蒙克镍基合金（Nimonic）阀盘必须进行铠装，则可以使用尼蒙克镍基合金 Nimonic 81 作为阀盘材料。

主要使用以下阀基体材料：

- CrSi 钢，如 X45 CrSi9 3(铁素马氏体)的热传导性好，但耐腐蚀性差，用于进气阀和活塞裙排气阀；
- CrNi 钢(奥氏体)用于排气阀；
- X53 CrMnNiN21 9 用于排气阀；
- X20 CrNiN21 12 用于排气阀；
- X65 CoCrW 经表面硬化用于二冲程排气阀；
- NiCr 合金 Nimonic 80A、81 或 90 用于二冲程和四冲程柴油机排气阀。

双金属阀已在四冲程柴油机上获得成功，其中阀杆用可淬硬的马氏体 CrSi 钢制成，而阀头则用耐高温的奥氏体钢或非常抗腐蚀的 NiCrCo 合金Nimonic 81 锻造。阀头与阀杆用摩擦焊相互连接。

阀座用硬质合金铠装，以延长使用寿命和避免阀座磨损，特别是适合于燃用重油时的阀。适用于重油柴油机的铠装阀往往用价格便宜的耐高温韧性铁基合金制成，再给这种铁基合金加上硬度足够的高钴含量的铠装(斯特莱特硬质合金 Stellit 6、Stellit 12、Stellit 20)。进气阀常用斯特莱特硬质合金 Stellit 6 铠装。因为在许多情况下用斯特莱特硬质合金 Stellit 12 铠装的排气阀已不再满足重油柴油机的要求，所以人们越来越多地转向耐腐蚀性和硬度更好、但很脆的镍铠装(Colmenoy 6 或 Alloy 60、Colmenoy 56)阀。近来也使用 Colmenoy 56 铠装的全尼蒙克镍基合金(Voll-Nimonic)阀。阀座铠装的硬度与焊接方法有关。氧乙炔焊铠装的硬度胜于气体(氩)保护焊铠装，因为焊接材料更多地与基本材料相融合。因此，比如说，氧乙炔焊的斯特莱特硬质合金 Stellit 6 大致相当于氩保护焊的斯特莱特硬质合金 Stellit 12。阀座铠装的硬度取决于座圈的硬度。一般情况下，人们是使座圈硬，让阀略软些。当前正在试验验证确定采用铬陶瓷铠装的尼蒙克镍基合金(Nimonic)阀。

阀的尺寸取决于柴油机的结构和换气的热力学要求。阀门打开时要克服阀门弹簧作用于气缸内部的弹力，这就是说，处于关闭状态时，阀座在燃烧冲程中被气缸压力压向它在气缸头上的对应接触面。这一对应接触面只在低负荷状态下直接贴紧气缸头材料。正常情况下使用由耐磨的 CrMo 合金材料制成的硬或软嵌入式座圈，座圈在排气阀上被直接冷却。为了适应燃用重油的情况，座圈要进行硬化，加上等离子涂膜的硬保护层，或者，例如用斯特莱特硬质合金 Stellit 6 铠装。座圈也可以集成在阀罩中，单独冷却。这种情况下，被冷却的座圈大都用钎焊与灰铸铁阀罩相连接。阀罩可以经过气缸头或本身的冷却水输送管进行冷却。二冲程柴油机原则上使用阀室(亦参见图 1.1.41)，其上的座圈一般用锻钢制成,并提供一层焊接的斯特莱特硬质合金(Stellit)保护层,一般采用孔冷却。阀室可以是一体式的,也可以是对开式的结构形式。

阀门在燃烧阶段经过阀盘底受热升温,排气阀另外还在燃过气体排出过程中受热升温。接受热量的75%以上经过阀座继续散发,其余多达20%的热量在扫气和重叠阶段散发。因此,在发火压力下受热升温的阀上必须具有良好的承载比率。必须注意,在座圈的配合面与阀座之间要有一个界定为若干角分的角差,保证一般四冲程柴油机在阀门关闭时首先在外边缘上发生线接触,起良好的气密作用(见图1.1.42)。在逐渐升高的气缸压力作用下,四冲程柴油机上相对较薄的阀盘起拱,密封和热传导面变大。这种柴油机在任何情况下都要避免内侧承载。研磨阀座时,承载宽度应当等于外侧阀座宽度的约25%~50%。

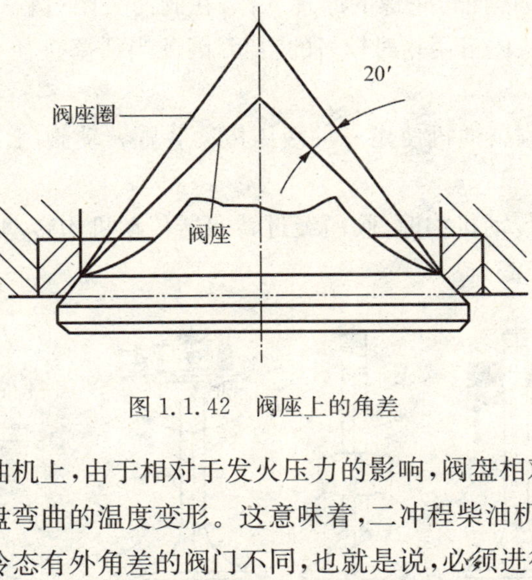

图 1.1.42 阀座上的角差

在二冲程柴油机上,由于相对于发火压力的影响,阀盘相对较厚,因此阀盘主要发生导致阀盘弯曲的温度变形。这意味着,二冲程柴油机的阀门与大多数四冲程柴油机在冷态有外角差的阀门不同,也就是说,必须进行内侧承载研磨。应当避免手工研磨,因为不能研磨轴和不能考虑角差。任何情况下都要避免使用研磨膏研磨尼蒙克镍基合金(Nimonic)阀盘,因为那样会损伤配合表面,并可能在使用期间发生较轻的腐蚀。通常必须注意尼蒙克镍基合金(Nimonic)和斯特莱特硬质合金(Stellit)适用不同的油石。

阀门在阀杆上配有一个合金灰铸铁阀门导向装置,通过过度冷却用冷缩装配方法装入气缸头中。阀门在阀门导向装置中的空隙必须尽可能小,以便阀门在阀座上能达到最佳对中,并对废气起到良好的密封作用。另一方面,空隙也不允许太狭窄,以至于阀门被卡住或咬住。阀杆必须保证充分但不太富裕的润滑。经过阀门导向装置只发散阀门热量的一小部分(5%～10%)。但在气缸头或阀罩中必须用冷却水对阀门导向装置范围进行充分冲洗。

对于排气阀,特别是在燃用重油的情况下,阀门必须转动着竖立在阀座上,以防造成碳或灰混杂物的沉积,最终引起熔蚀或阀门损坏。通常还要安装阀门转动装置,以防阀盘上不均匀的温度分布和产生相应的热应力。

旋转叶轮(参见图 1. 1. 40)只在排气阀上安装,已经应用到二冲程柴油机上。虽然昂贵,但有一个很大的优点,即阀门在关闭过程中仍在转动,并可进行制动。鉴于有节流作用,旋转叶轮只在缸径大于 300 mm 的四冲程柴油机上使用,因为这种情况下一部分节流作用回落。

"旋转顶盖(Rotocap)"旋转装置应用得非常广泛,但有一个决定性的缺点,即在阀门打开时转动,关闭时不转动。进气阀优先选用这种旋转装置。回转自动装置(MHW)按照回转陀螺的原理工作,在阀门关闭过程中转动阀门。回转自动装置在气缸头内占用相对较多的空间,因此当活塞直径小于 250 mm 时不便使用。

三菱的二冲程柴油机使用一种液压传动装置转动阀门。传动经过冲程转换泵进行。

装有转向器传动机构时,阀门经过转向器传动机构转动,转动在阀门关闭时进行(见图 1. 1. 43)。

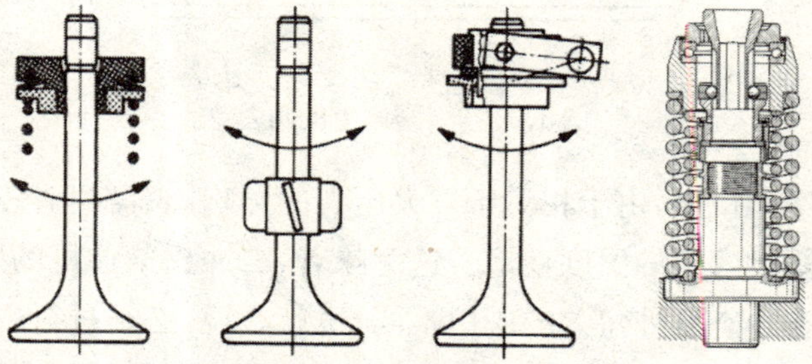

图 1. 1. 43　阀门转动装置

另一种避免碳或灰混杂物沉积的方法是特别设计的阀座。图 1. 1. 44 为 MAN B&W 的 W 形阀座。这里,通过狭小的密封区设计可以在关闭阀门时避开微粒,并防止其进入。另外,利用关在空腔中的扫气空气可实现对阀座的充分冷却。

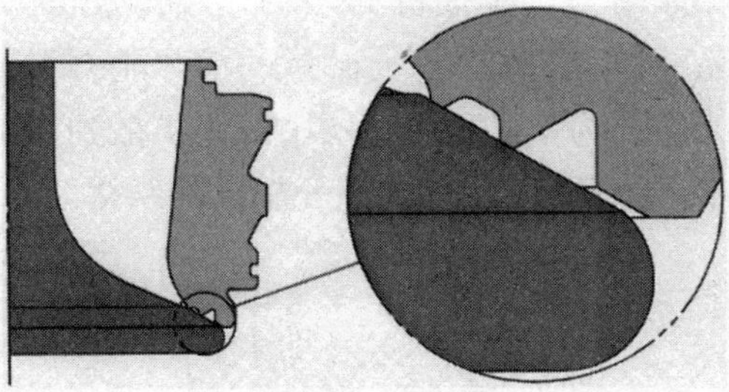

图 1.1.44 采用 W 形阀座的二冲程柴油机排气阀

轴承

今天柴油机内的传动机构轴承全是滑动轴承。滚动轴承仅用于外围设备，例如泵和辅助驱动装置。

柴油机中所用的滑动轴承具有以下特点：

- 高抗冲击载荷能力，取决于轴与轴瓦之间承载和减振能力俱佳的油膜；
- 在很长的使用寿命中承受高转速和高相对速度的能力；
- 结构简单的薄壁轴瓦，为便于装配可拆分为对开轴瓦；
- 合理的制造和加工到最终尺寸的方法，无需装入柴油机中进行再加工。

曲轴主轴承、连杆轴承和十字头轴承以对开轴瓦的形式装入，活塞销轴承则当成轴套使用。这两种形式也见于凸轮轴轴承、控制传动轮的轴承和平衡轴的轴承。采取导轨形式的十字头导轨装置代表一种特殊情况。

理论上在轴承中用滑油将滑动偶件完全隔开可以期望达到几乎无限的使用寿命。但实际上在运行条件下混合摩擦阶段是不可避免的，因此总会出现轴承磨损。特别是在燃用重油的情况下，必须计及腐蚀性侵蚀。支承层除了必须具有高强度以便能承受很大的特殊压力以外，还必须具有良好的自润滑性能，以便能经受住短时间的缺油阶段。此外，它还应当包埋随滑油进入轴承间隙的灰尘微粒，以免形成凹槽和加重磨损。这些要求很难一并满足。

今天柴油机的滑动轴承几乎全是用复合材料制成的。基体由钢背轴瓦构成，然后在上面浇铸支承层（青铜）或包覆金属（铝）。支承层的材料适合用铅青铜（例如 CuPb10SN10、CuAl8）或者铝合金（例如 AlSn20Cu）。这样的轴承构成称为双层或二元轴承，具有高负荷能力和中等自润滑性能，包埋微粒的能力较差。铅锡合金（巴氏合金）只适合于低轴承负荷，尽管其自润滑性能很好。

三层轴承是在其支承层上再电镀一层摩擦层（第三层），摩擦层由铅锡合金

(例如 PbSn10Cu2)构成。在重油柴油机上,为了达到较好的耐腐蚀性,摩擦层采用锡锑合金(例如 SnSb7)。为了使三元轴承的承载能力不至于明显降低,摩擦层只有百分之几毫米厚。为了避免摩擦层中的锡扩散到支承层,支承层上电镀一层 1～2 μm 厚的镍层。图 1.1.45 为三元轴承的结构。

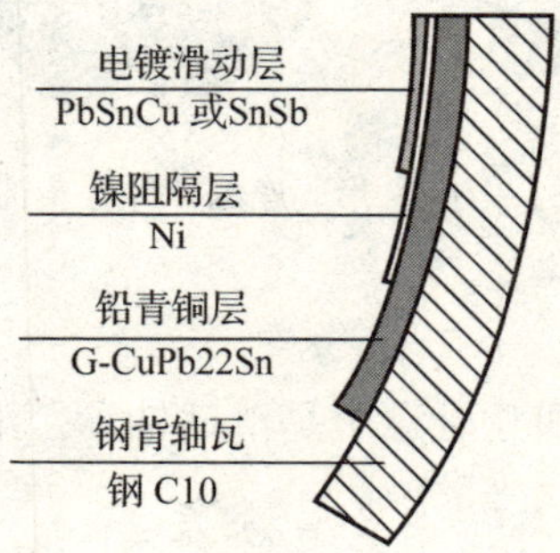

图 1.1.45 三元轴承的结构

在二冲程柴油机上,也部分使用基于巴氏合金的厚层轴承。其优点在于能容忍边缘支架的公差,边缘支架是鉴于二冲程柴油机底架和曲轴的大变形而出现的。另一优点是能顺利地包埋较大的灰尘微粒。但这种轴承因为材料的负荷能力较小,因此必须考虑承受低特殊压力,在设计上留有充分裕量。二冲程柴油机的十字头轴承承受特别的负荷,因为它不可能经受负荷变换,而且因为进行回转运动不可能形成流体动力润滑油膜。图 1.1.46 为十字头轴承。这里特别需要自润滑性能,轴承支承面的设计留有充分裕量。为了弥补上述不足,某些柴油机正在进行流体静力润滑设计。

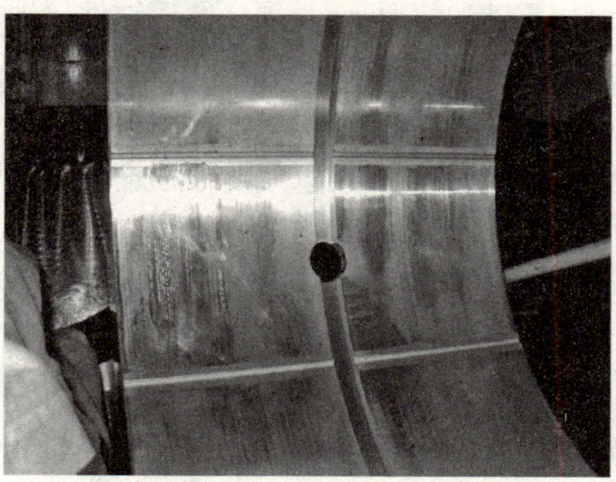

图 1.1.46 十字头轴承的表面

另一种可承受高负荷的轴承类型是有槽滑动轴承(见图 1.1.47)。其支承层大多用铝,个别用青铜制成,在切线方向有凹槽型面分布。凹槽的深度约为 25 μm,用摩擦层材料填实。支承层在横向用横档支撑,不影响在纵向的包埋能力。凹槽中在支承层与摩擦层之间有一层镍阻隔层。有槽滑动轴承用在四冲程柴油机上。只有用显微镜(至少放大 5×)才能判断有槽滑动轴承的磨损。横档在全新状态的可视宽度约为轴承宽度的 25%。如果横档的宽度大面积地增长到 50%以上,摩擦层会在轴承较大范围内凸出于凹槽之外或者横档被埋入,则轴承必须更换。

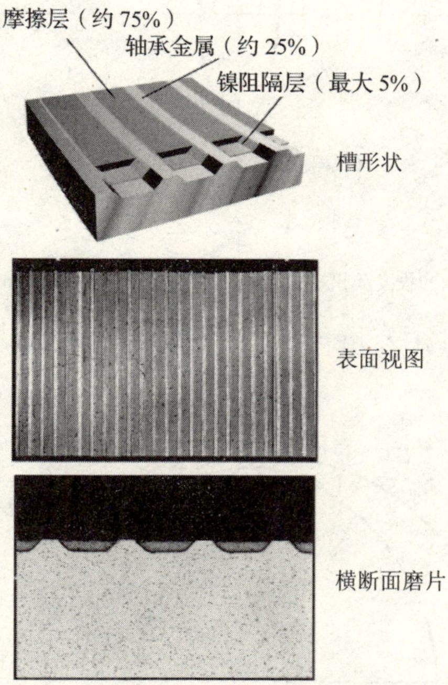

图 1.1.47 铝制有槽滑动轴承(资料来源:Miba)

负荷最大的滑动轴承叫做阴极真空喷镀轴承。其摩擦层是在高真空中通过阴极雾化“喷镀”上的。这样获得的摩擦层晶粒非常细,特别能承载和抗磨。不过阴极真空喷镀轴承对轴承几何尺寸和润滑剂净度的要求很高。

柴油机滑动轴承的平均轴承间隙通常在轴承内径的约 1/1 000 的数量级内。

活塞式发动机中的滑动轴承的负荷是不稳定的。因此,与作用在轴承上的力和旋转角相对应,轴中心点的偏心率不断发生变化。位移轨迹可以在假设几个边界条件的情况下通过求解雷诺微分方程得出,然后得最小润滑间隙的位置和大小。图 1.1.48 为连杆轴承上力的变化曲线，从图 1.1.49 中可以看出相关的位移轨迹。另外还可以得出轴承的摩擦功率、滑油流量和润滑油膜压力。

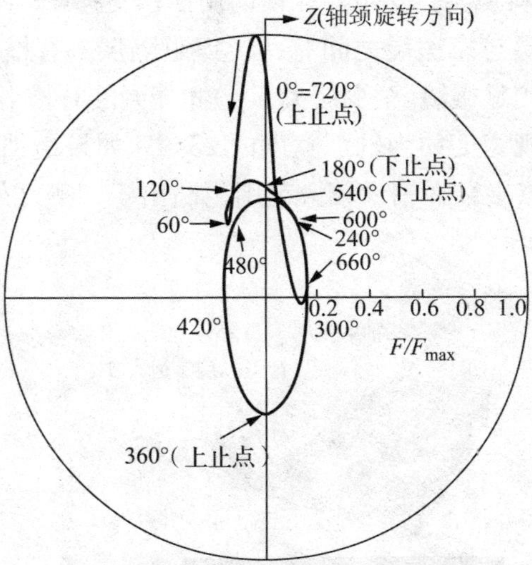

四冲程发动机缸径/冲程 250/300 mm;1 000 r/min

图 1.1.48　连杆轴承的极性力曲线图，数据用最大力的比值表示(资料来源：Miba)

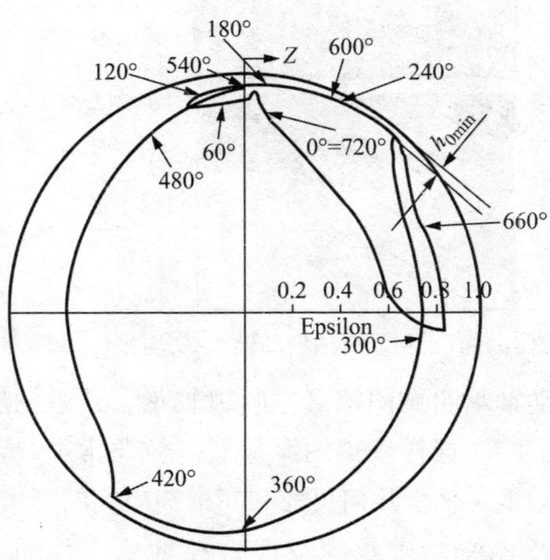

图 1.1.49　连杆轴承的轴颈位移轨迹，轴瓦固定

安装规程、磨损评估说明和更换标准由轴承制造商提供，例如参考文献[1.1.15 和 1.1.16]。此外，柴油机制造商的维护和修理说明书中也包括与此有关的说明。

柴油机上由于各种不同的原因引起轴承损坏。除了尺寸偏差以外,装配误差、过载、污垢过多或滑油不足也有关系。轴承制造商还提供大量的样本供损坏评估之用[1.1.17和1.1.18]。

装船使用的柴油机

在不同制造商提供的各种船用柴油机中,特别是在中下功率范围内,这里只能举出几个实例加以说明。

船用高速柴油机

一般来说,船用高速柴油机的特征在于高功率密度,而且高功率密度部分是在一个较高的转速范围内达到的。其转速在 1 000 r/min 以上,而平均活塞速度小于 13 m/s。一般限于在高速船上和船用机组中使用。

MTU 8000 简要说明:球墨铸铁曲轴箱,采用集成的充气管路与集中布置的凸轮轴和主输油管道,气缸单元(动力单元)由球墨铸铁气缸盖、冷却水套、带防磨环的气缸套、活塞和连杆构成,组合式活塞采用锻造钢活塞顶和钢罩壳,经过喷嘴油冷却,2 个活塞环,1 个刮油环,带转动装置的进、排气阀各 2 个,冷却式座圈,锻造曲轴带螺接配重,共用油轨(Common Rail)喷油,4 个涡轮增压器进行自动计量增压,操作组件(Service Modul)在柴油机自由端,分支单回路冷却,启动空气马达。

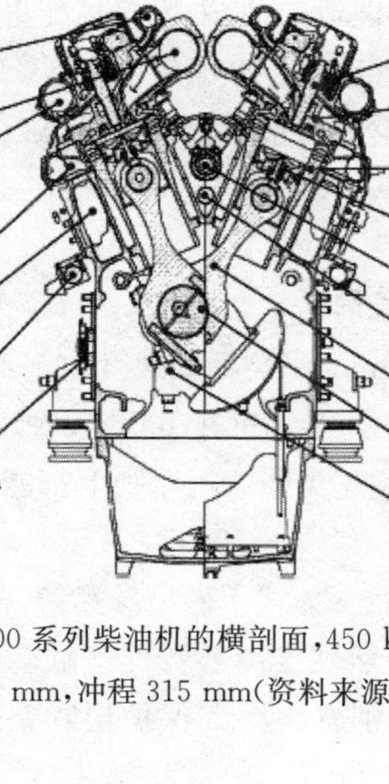

图 1.1.50 MTU 8000 系列柴油机的横剖面,450 kW/Zyl,1 150 r/min,缸径 265 mm,冲程 315 mm(资料来源:MTU)

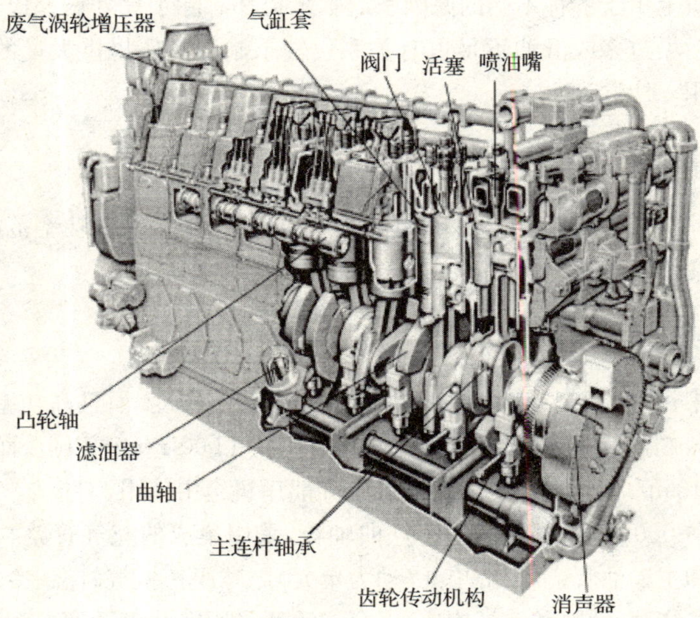

图 1.1.51　Caterpillar 3606 柴油机，2030 kW，1 000 r/min，缸径 280 mm，冲程 300 mm（资料来源：Caterpillar）

Caterpillar 3606 简要说明：干砂型灰铸铁曲轴箱，感应淬火的气缸套，模块组装式凸轮轴，铝凸轮轴轴承、主轴承和连杆轴承，悬挂式曲轴，配用液压拉紧的主轴承螺栓，感应淬火的锻造曲轴，采用焊接配重，阀门用斯特莱特硬质合金铠装并带有转动装置，感应淬火的冷却座圈，活塞环有铬陶瓷保护层，常规喷油，喷油压力 1 350 bar，水冷却式废气涡轮增压器。

船用中速柴油机

中速柴油机应理解为长筒活塞柴油发动机，今天只按四冲程方式工作。转速在 300 r/min 到 1 200 r/min，平均活塞速度 10～11 m/s，气缸尺寸在 200 mm 与 640 mm 之间。今天的中速柴油机在 100 kW 到 2 150 kW/Zyl 功率范围内的平均有效压力高达 29 bar。这类柴油机原则上都能燃用重油，作为船用主机和船用辅机使用。

MaK M32 C 简要说明：一体式干砂型球墨铸铁曲轴箱，曲轴箱内集成充气管路，带有“校准组件”的天然硬度离心铸件气缸套，带钢活塞冠和球墨铸铁活塞裙的组合式活塞，2 个分别有铬陶瓷保护层和铬保护层的压缩环，1 个刮油环，带阀门转动装置的进、排气阀各 2 个，排气阀座圈冷却，杆体对开的三段式连杆，分段组合式凸轮轴，双回路充气冷却器，喷嘴用滑油冷却，双回路冷却，单管式或选装的脉冲增压器(见图 1.1.52)。

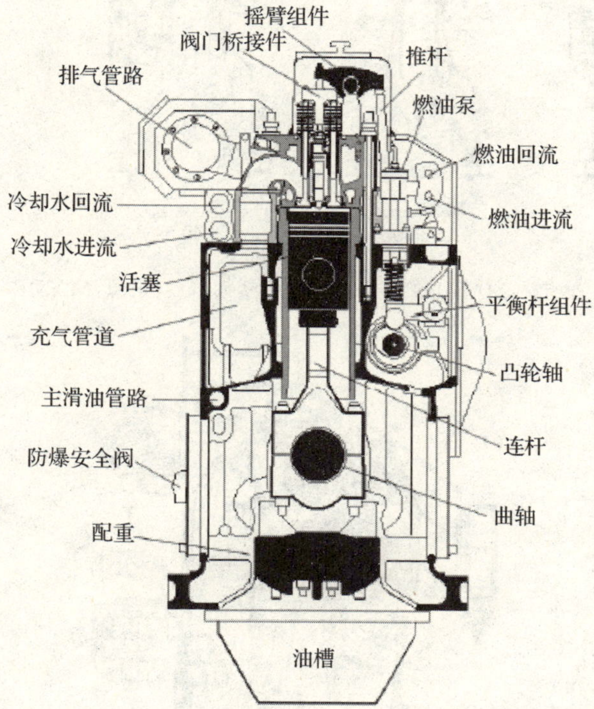

图 1.1.52 Caterpillar MaK M32C 的横剖面，480 kW/Zyl，600 r/min，缸径 320 mm，冲程 480 mm(资料来源：Caterpillar MaK)

在中速柴油机(见图 1.1.53)领域，近年来船用柴油机制造商的数目明显减少。大型公司，如 MAN B&W、Wärtsilä 和 Caterpillar MaK 开发了功率范围更高的柴油机系列，从结构上来看，彼此间的差别不大。图 1.1.54 所示为 MAN B&W 生产的这类柴油机系列的一个实例，包括直列式发动机 L58/64、L48/60、L40/54 和 L32/40，气缸功率从 1 390 kW 至 500 kW，转速从 428 r/min 到 750 r/min，其中 L32/40 因其阀门和喷油装置拥有阀门控制机构和两个凸轮轴，有点儿超出了范围。

Wärtsilä 64 简要说明：一体式干砂型球墨铸铁曲轴箱，配有横向连杆，曲轴箱内集成充气管道，船用发动机连杆，厚层轴承，双活塞喷油泵，锻造曲轴，焊接配重。

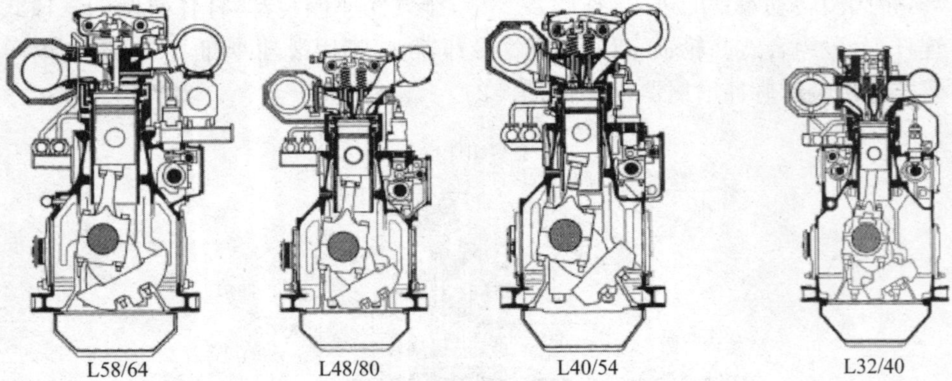

图 1.1.53 MAN B&W 中速柴油机系列(资料来源:MAN B&W)

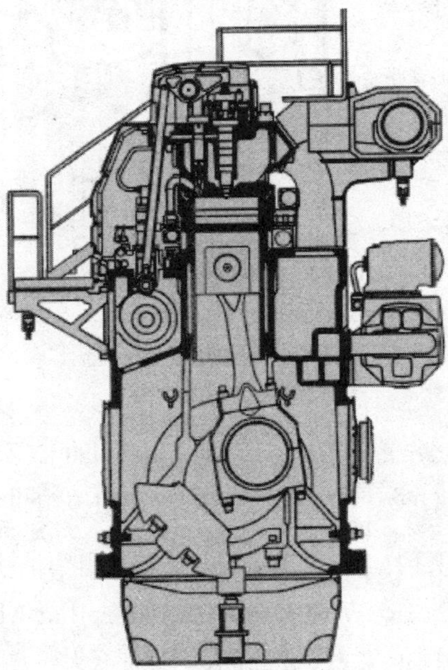

图 1.1.54 Wärtsilä64 柴油机,2 150 kW/Zyl,333.3 r/min,
缸径 640 mm,冲程 900 mm(资料来源:Wärtsilä)

船用低速柴油机

今天,人们把大容量发动机(Cathedral 机器)称为低速柴油机,这种柴油机以 57 r/min 至 210 r/min 的额定转速直接驱动船用螺旋桨或陆用工作母机。现在,船用低速柴油机仅指活塞直径从 350 mm 到 1 080 mm 和冲程 3 200 mm

以下的二冲程十字头式柴油机。平均活塞速度在 6.1 m/s 到 8.6 m/s 的范围内，在额定工作状态大多数发动机在 8 m/s 的范围内。由于这种柴油机的研发重点在于即使是使用劣质燃油的情况下其运行可靠性高、使用使命长和油耗低，因此这种机器的空间需求和重量居于第二位。

Sulzer RTA 84CT 简要说明(见图 1.1.55)：焊接底架，底架中集成推力轴承，气缸体和 A 机座用预张紧的拉杆螺栓固定在底架中。经齿轮传动机构传动的组合式凸轮轴，带旁通阀的喷油泵，通过凸轮液压驱动的排气阀，孔冷却的气

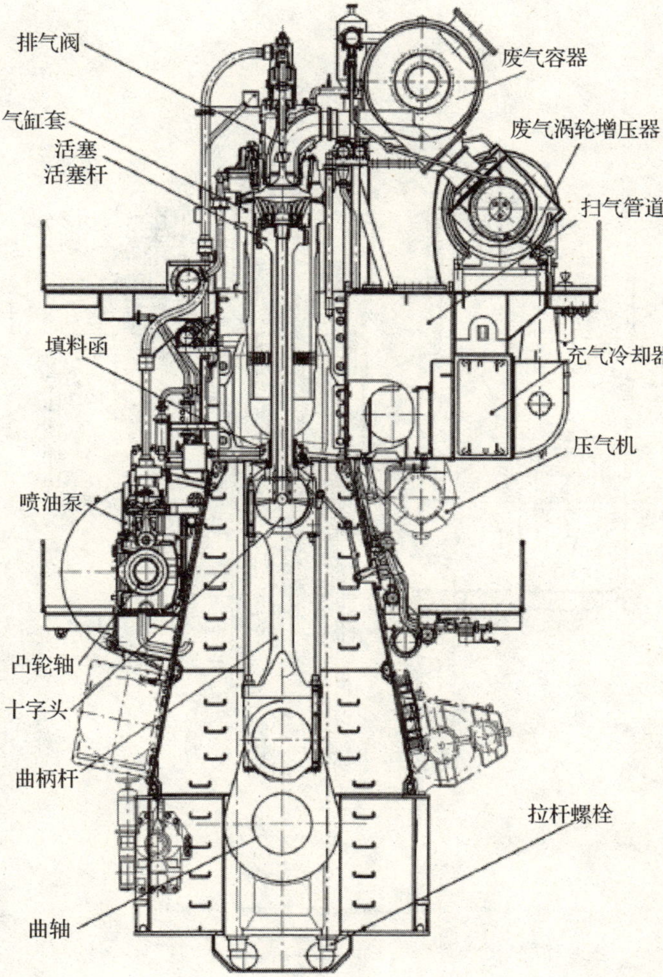

图 1.1.55　Sulzer RTA 84C 柴油机，4 050 kW，102 r/min，缸径 840 mm，冲程 2 400 mm(资料来源：Wärtsilä Sulzer)

缸头，带阀室和气动弹簧的尼蒙克镍基合金 Nimonic 80A 排气阀，带低负荷电动压气机的定压增压装置，油冷却和孔冷却活塞，短活塞裙，直流扫气，十字头采用工作表面流体静力润滑，厚层巴氏合金主轴承，半组合式曲轴。

MAN B&W K98MC(见图 1.1.56)简要说明：焊接底架，底架中集成推力轴承，铸铁气缸体，A 机座用预张紧的拉杆螺栓固定在底架上。经过链传动机构传动的凸轮轴，斜边控制的喷油泵，通过凸轮液压驱动的排气阀，气动弹簧排气阀，在凸肩上打孔的孔冷却气缸套，锻造气缸头，带旋转叶轮和阀室的尼蒙克镍基合金 Nimonic 80A 排气阀，带低负荷电动压气机的定压增压装置，油冷却

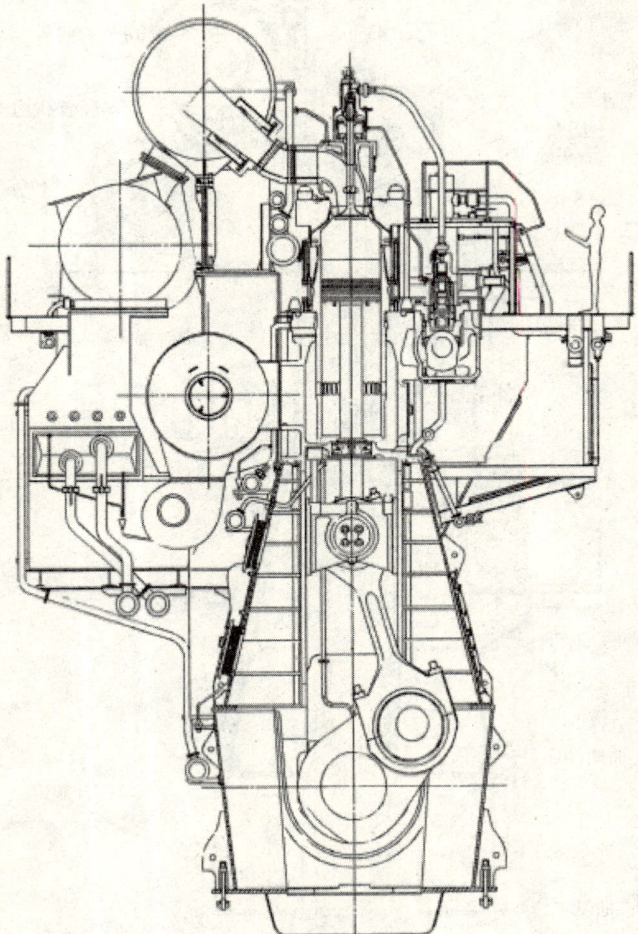

图 1.1.56　MAN B&W 的 K98MC 柴油机，5 720 kW/Zyl，缸径 980 mm，冲程 2 660 mm(资料来源：MAN B&W)

和组合式活塞，短活塞裙，直流扫气，锻造十字头，巴氏合金主轴承，半组合式曲轴。

1.1.4 换气

换气包括新鲜空气的进入和废气的排出。在四冲程和二冲程柴油机上，对换气起作用的是活塞和/或一个压气机。通过控制气体交换开始和结束进、排气过程。流动横截面的大小、开启和关闭点以及控制机构的密封性决定燃烧的效率 η_G 和充气系数 λ_L，因而也最后决定柴油机的有效功率，其中充气系数是换气的一个重要成功因素。换气也会影响废气排放(NO_x 和 HC)和油耗率。

原则上有滑阀配气、阀门配气和气口配气及其组合，大型柴油机只用阀门配气和气口配气。

四冲程柴油机的换气

船用四冲程柴油机的换气只经过阀门控制机构进行，阀门控制机构主要满足以下要求：

- 开启截面大；
- 开启后关闭过程的时间需求小；
- 有利于流动的结构形式；
- 密封作用好；
- 稳定性高。

在今天仍在使用的凸轮控制的阀门传动机构中，由凸轮决定的冲程：

- 在凸轮轴位于下部的情况下经过挺杆、推杆和摇臂；
- 在凸轮轴位于下部的情况下经过摇臂、拉杆或杯形挺杆传递给阀门，并可克服阀门弹簧的弹力将阀门升起。在大型船用柴油机上，由于可接近性好和使用了单缸缸头，因此凸轮轴位于下部(见图 1.1.57)。

如果观察与相关控制时间对应的阀升程曲线图，在理想情况下阀门必须准确地在止点上开启和关闭，并有一矩形函数关系。由于在理想情况下会产生无限高的加速度，阀门传动机构中因而会产生与之相应的高作用力，因此在理想的发动机上阀门必然会逐渐开启，随之流入和流出的气柱必然分别会被加速。同时，开启时间点也被定在相关的止点之前。因为在换气过程结束时气柱还有

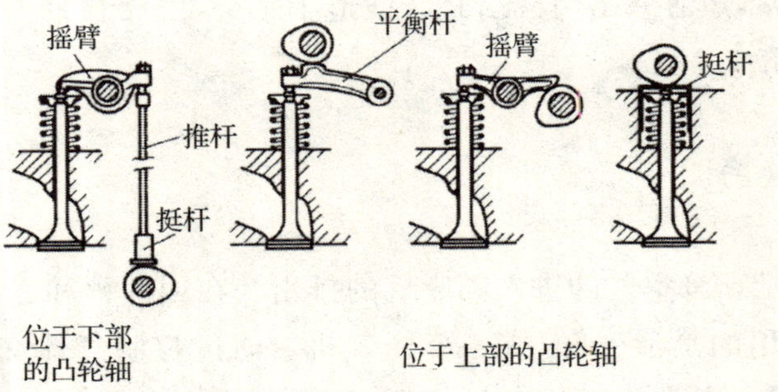

图 1.1.57 阀门传动机构

运动能量，这取决于平均活塞速度或发动机转速，因此，还可以通过在相关的止点之后关闭一次再利用这一能量（补充充气效应）。

在增压柴油机上，人们在上止点换气中预先规定一次阀门开度重叠，以便除了残余气体扫气外，再给限定燃烧室的部件进行一次热卸载（见图 1.1.58）。

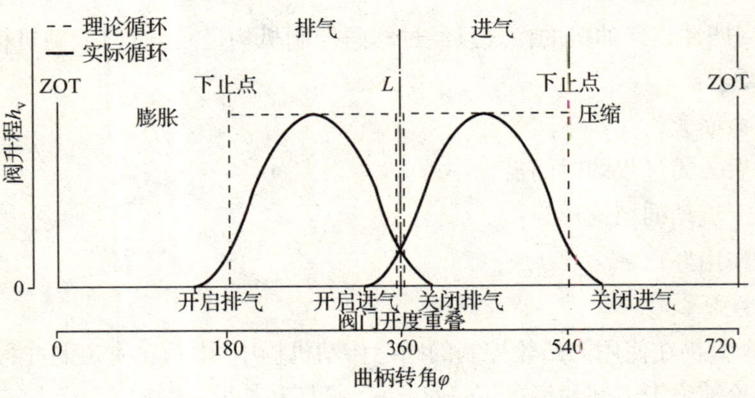

图 1.1.58 四冲程柴油机的阀升程曲线图

在非增压四冲程柴油机上，不可能在不损失膨胀功、排气功和进气功的情况下进行换气。只有在增压式四冲程柴油机上才有可能真正建立换气循环，只有如此涡轮开启截面与活塞排气功才能影响损失功。对于当前定压增压的或类似定压增压的四冲程柴油机，人们一般可以这样考虑，即至少不出现换气损失，或者在正常情况下真正建立换气循环。同样，人们还要着眼于在“关闭进气”时气缸中的压力近似等于进气压力。另外，关于阀门控制时间，原则上可以确定，提早“开启排气”导致高膨胀损失，但减少排气功。推迟“开启排气”则产生正好相反的结果。提早“关闭进气”在低转速下使气缸充气良好，但在额定转速范围内造成充气损失，反之亦然。与此无关，非常早的“关闭进气”时间点（下止点之前）导致所谓的米勒过程（Miller-Verfahren），经过这一过程可能产生内部热力制冷，因而也会造成 NO_x 排放的明显减少。大阀门开度重叠产生高扫气损失，伴之以高空气消耗量，但也会导致大范围的残留气体扫气、良好的部件冷却和较大的气缸充气。增压四冲程柴油机上换气循环的情形如何以及相对于理想循环出现了怎样的偏差（见图 1.1.59）。

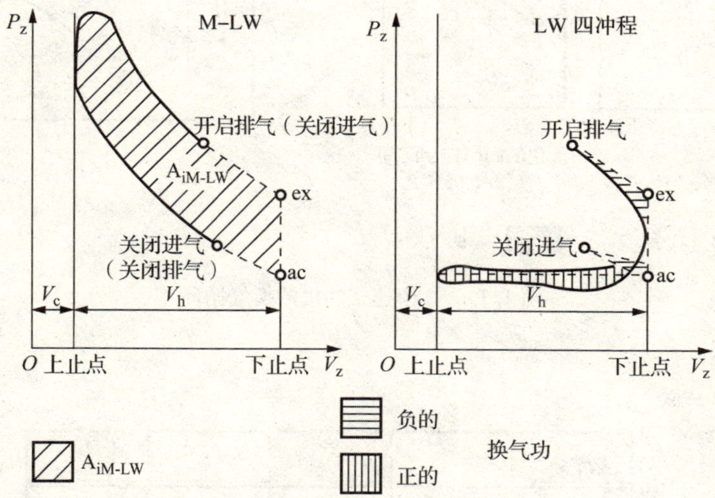

图 1.1.59 四冲程柴油机换气比较

图 1.1.60 清楚地表明，换气一方面通过阀门控制时间得以优化，另一个面脉冲增压与定压增压可以产生完全不同的结果。如前所述，涡轮截面经过活塞排气功对换气循环的大小有决定性的影响。

图 1.1.61 表明中速柴油机采取二阶段增压和上文所述米勒过程时不寻常的换气循环，其中“关闭进气”的时间点在下止点之前 65°。

阀门凸轮形状决定阀门升程曲线，其中根据传动比，凸轮剖面形状和阀门开启功能不是必须无条件地完全相同。原则上有两种类型的凸轮。圆弧凸轮，又称为协和凸轮，其形状由若干圆弧段组成，凸轮剖面在过渡位置上存在不连续性，会引起加速度跃变，因而产生冲击力。因此又称为有冲击凸轮。现已取代圆弧凸轮的无冲击凸轮，其曲率的变化是连续性的。这样的阀门升程如图 1.1.62 所示。

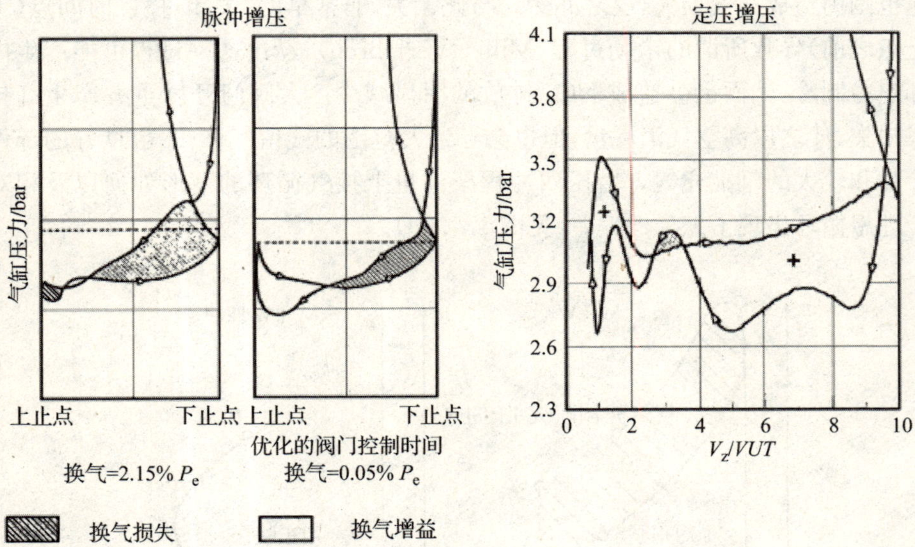

图 1.1.60　中速柴油机的换气循环

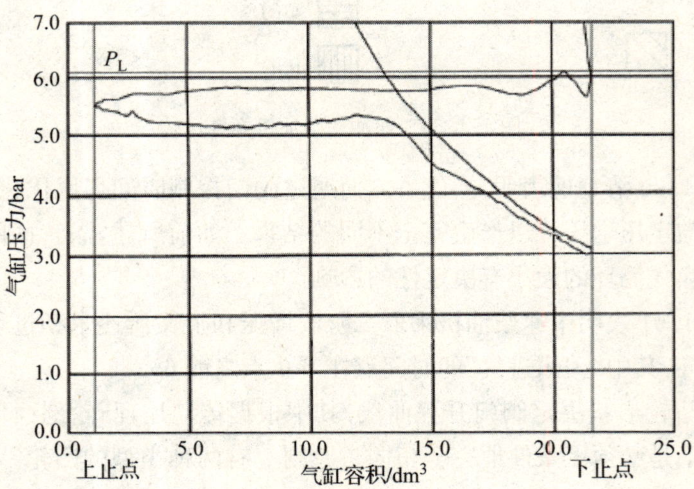

图 1.1.61　四冲程柴油机有米勒过程时的换气循环

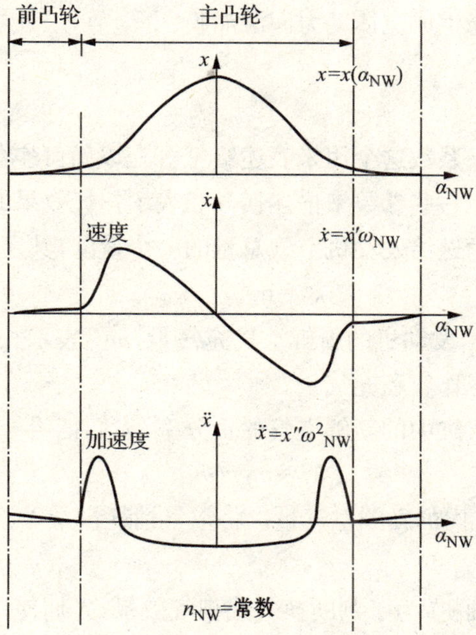

图 1.1.62 无冲击凸轮的运动特性

二冲程柴油机的换气

由于二冲程工作过程的工作循环发生在两个活塞冲程或一转期间，相对而言只有很短的时间可用于换气，因而换气机构的横截面必须很大。因此，二冲程工作过程特别适合采用气口配气，因为换气时没有任何部件必须运动。有不同类型的气口配气，也有气口配气与阀门控制机构组合起来使用的。同时，换气还必须在下止点的时间范围内进行。由于在这一阶段的活塞速度很低，活塞可能起不到任何进、排气作用，所以换气可以只在扫气管道、气缸与废气容器之间的一个正扫气压差期间完成。为了建立扫气压差，原则上需要一个扫气泵，以便在换气阶段让处于大气压力下的新鲜空气进入气缸，扫出废气，并用新鲜空气充填气缸空间。因为换气阶段在下止点之前开始，过了下止点后才结束，所以有一部分膨胀和压缩行程(在纯气口配气的发动机多达 30%)未被利用。结果，与行程容积有关的充气系数明显较小，这在明显更小的二冲程柴油机平均有效压力下是很容易察觉的。

除了换气质量原则上较差以外，气口配气的二冲程工作过程的缺点还在于，开有气口的气缸套的形状稳定性较差，油积碳会堵住气口，气口范围内的活塞环不能附着或不能生成流体动力润滑油膜。

扫气参数

除了已知的充气系数这个用来表述给气缸充以新鲜空气的参数以外，二冲程柴油机还使用其他一些参数来描述换气和表示扫气效果的特征。

空气消耗量是输送给发动机空气总量的一个量度，其定义如下：

$$\lambda_a = m_{Lges}/m_{Lth} \tag{1.1.33}$$

其中 m_{Lges} 表示输送给发动机的新鲜空气充气量，m_{Lth} 表示相对于进气前的状态理论上可能的气缸工作容积充气量。

为了表述留在气缸中的新鲜空气的百分率，人们把给气效率定义为

$$\lambda_z = m_{LZ}/m_{Lges} \tag{1.1.34}$$

其中 m_{LZ} 是留在气缸内的新鲜空气量。将空气消耗量乘以给气效率又得到充气系数。

对于二冲程柴油机，为了判断换气或扫气效果，人们使用扫气效率 λ_s

$$\lambda_s = m_{LZ}/(m_{LZ} + m_{RG}) \tag{1.1.35}$$

其中 m_{RG} 意味着留在气缸内的残余废气量。另外，再说充气系数这一通用参数，人们也引用很少使用的充气效率或“相对总充气量”：

$$\lambda_t = (m_{LZ} + m_{RG})/m_{Lth} \tag{1.1.36}$$

扫气系统

对于船用二冲程柴油机（见图 1.1.63），过去曾提出过不同的扫气方法，这些方法可以无例外地归结为以下几种：

- 横流扫气；
- 回流扫气；
- 直流扫气。

截至 20 世纪 70 年代中期，所有二冲程船用柴油机制造商都是提供行程缸径比为 1.7～2.1 的柴油机，扫气方面在没有重大损失的情况下实现了横流扫气（Fiat，Sulzer）和回流扫气（MAN），这一时期的第一次石油危机由于油价猛涨引起了柴油机发展中的一次转变。在随后的若干年中，不仅充气压力和最大气缸压力有了明显提高，而且在造船领域还特别采取了旨在大力改善动力装置推进效率的措施。螺旋桨的直径被大幅度地增加，以便能够以较低的转速获得明

显的效率增益。对于直接驱动的二冲程柴油机来说，这意味着它必须均衡由低转速和低平均活塞速度引起的功率损失。在保持平均活塞速度的情况下，只有通过增大冲程才能达到这一要求。这导致了经过所谓“长行程”、“超长行程”向“超超长行程”柴油机的发展，行程缸径比高达 4，在这样高的行程缸径比下不可能再用直流和回流扫气成功地进行扫气，因此，今天所有的制造商都转向了用直流扫气的柴油机，而这种长行程柴油机不仅因为它非常接近四冲程柴油机的完全扫气而具有非常良好的扫气效果(见图 1.1.64)，而且还因为有可能是很长的喷射行程而非常适合于燃用劣质重油。

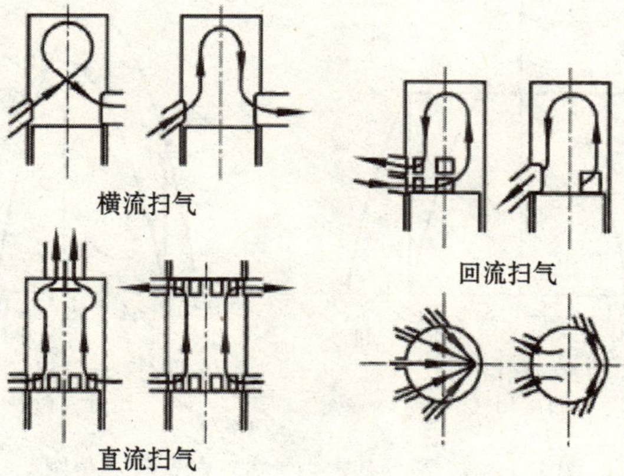

图 1.1.63　二冲程柴油机的扫气方法

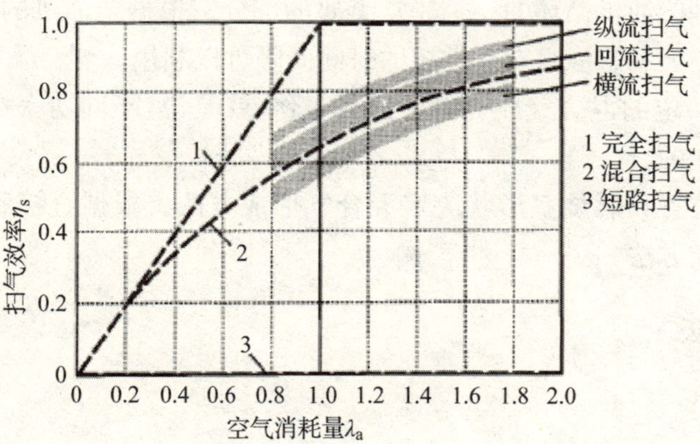

图 1.1.64　不同扫气方法的扫气曲线

另外，采用直流扫气时，可以运用非对称控制进行可能的补充充气，并允许取消排气口，实现更大的有效行程。今天的船用柴油机进行直流扫气时，预设一个中心进气阀。但也考虑布置这样的进气阀有利于偏离中心的集中喷油。这种进气阀在今天已经部分实现纯液压驱动，这样，与新型喷油系统（如共用油轨喷油系统）结合起来可以取消凸轮轴（MAN B&W 的 ME 柴油机；Wärtsilä Sulzer 的 RT-Flex 柴油机）。

与采用纯气口配气的回流扫气和采用气口与阀门组合配气的直流扫气相对应的配气相位图如图 1.1.65 所示。

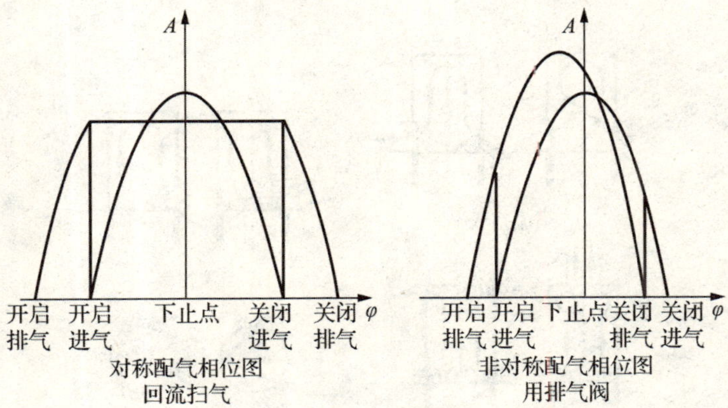

图 1.1.65 两种基本扫气方法的配气相位图

1.1.5 柴油机混合气形成方法和系统

混合气形成是柴油机循环的一个非常重要的部分。根据柴油机的转速，喷油、混合气形成、点火和燃烧只有非常短的时间间隔可以利用。

柴油机利用一定的混合气成分调节进行工作，就是说，不同功率标定的空气燃油比不是不变的。

燃油射束的位置和燃烧室形状决定混合气形成方法。根据直接和间接喷油区分混合气形成方法。

混合气形成方法

间接喷油

间接喷油用于燃烧室燃烧方法。此时燃烧室分为两个腔室，彼此通过旁通孔相互连通。全部燃油量被喷入到副燃烧室中。由于副燃烧室内的空气量有限,喷入的燃油只有一部分燃烧,其余部分通过燃烧热量进行热处理,在该处富含氧的大气中,剩余燃油的转化实际上是不迟缓的。旁通孔中燃油射束的高流动速度加快主燃烧室内的混合气形成,并缩短混合气形成的所需时间。

最常见的燃烧室燃烧方法是预燃室燃烧方法和涡流室燃烧方法。这两种方法的喷油都是利用一个节流栓塞喷嘴在相对较低的喷油压力(最大 300 bar)下进行的。由于在低喷油压力下混合气的形成非常强势,如果高速柴油机没有高效的喷油系统可供使用,燃烧室燃烧方法适合用于车用高速柴油机。今天,燃烧室燃烧方法越来越多地被直接喷油所排挤,因此采用燃烧室燃烧方法的柴油机没有新的发展。

燃烧室燃烧方法的优点是点火延迟很短,在总的低压力水平下的能量释放受控。由此所产生的结果是噪声小和传动机构负载低。另外,由于压力和温度较低,与直接喷油相比,氮氧化物排放量较少。通过优化副燃烧室的形状还可以减少其他有害物质的排放量。

燃烧室燃烧方法的缺点是,与直接喷油相比,耗油量高出 5%~10%,由于燃烧室之间的过流损失和高流动速度以及较大的燃烧室表面引起的热量损失较大,由于表面面积容积比不利,需要非常高的 18∶1 到 24∶1 的压缩比。另外,为了进行冷启动,需要用启动辅助装置进行预热,例如,需要一个电热塞或一个启动空气预热器。

预燃室燃烧方法

预燃室燃烧方法的特征在于一个相对于主燃烧室尽可能居中布置的副燃烧室(见图 1.1.66)。单孔喷嘴(节流栓塞喷嘴)向着预燃室轴线方向喷油。在容积可以达到压缩容积约 25%~40%的预燃室内,在活塞向上行程中产生一股强烈的空气流穿过旁通孔支持混合气形成。在短时的点火延迟后,在高温的预燃室壁的作用下点火。为了强化混合气形成和优化预燃,可以在预燃室内另外插入一个缓冲销。

带有旁通孔(烧嘴)的预燃室下部必须用耐高温材料制成,因为旁通孔上的热负荷特别高。旁通孔边上的温度和强度代表预燃室燃烧方法的极限。

在船舶工程中,只有少数大型高速柴油机或较老式的辅助柴油机采用预燃室燃烧方法。

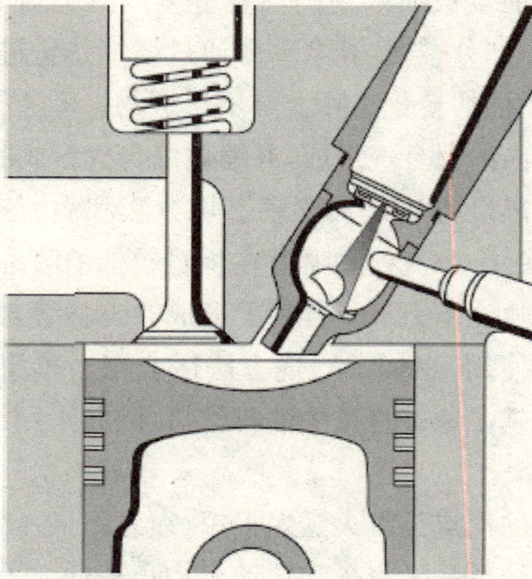

图 1.1.66 有预燃室时的混合气形成[1.1.5.1]

直接喷油

直接喷油的燃烧室只有一个不分隔的燃烧室，燃油用一个多孔喷嘴直接喷入燃烧室(见图 1.1.67)。这种混合气形成方法一直用于中型和大型柴油机，但自从效率高和价格上有利的喷油系统也可用于小型高速船柴油机以来，它也越

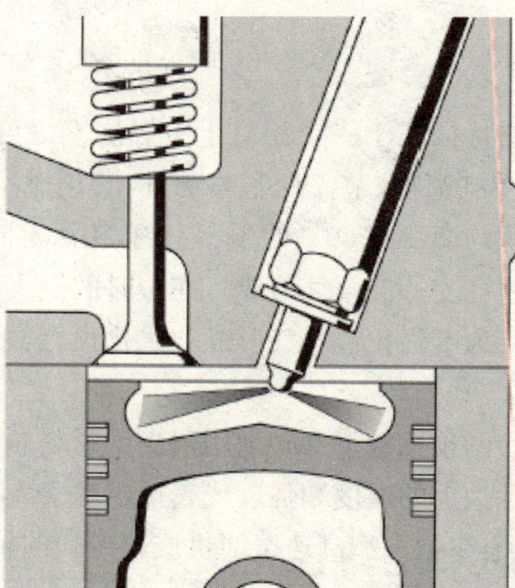

图 1.1.67 直接喷油[1.1.5.1]

来越多地排挤小型高速船柴油机上的燃烧室燃烧方法。

喷油嘴燃油射束的布局和定向要保证能占据尽可能多的燃烧室容积份额(参见 1.1.6 节)。在配有 4 个阀门的四冲程柴油机上,喷嘴布置在气缸头的中心位置,因此可形成对称的喷油图。二冲程柴油机是在燃烧室边缘上布设 2 个或 3 个喷油嘴,因为气缸盖的中部被排气阀占用。

喷油系统

喷油系统包括一个压气机,有时还包括一个蓄压器、一根高压管路和一个喷油阀及配套的调节机构。根据喷油系统的结构,这些部件的每一个也有可能在其他的部件中出现。

喷油系统的功用是:

- 产生高压和输送燃油;
- 定时控制喷油;
- 调节喷油量;
- 同时对各个气缸进行测量。

有不同的喷油系统可供使用,它们正处在不断发展之中。在所有的系统中都是利用活塞泵产生高压。喷油系统可根据产生高压的方式分为:

- 喷油同步、各个气缸不连续产生压力的系统:
  - 单一喷油泵;
  - 泵连喷嘴系统;
  - 系列(整体组合)喷油泵。
- 与喷油不相关、在蓄压器内产生压力和输油的系统,产生压力与喷油开始和喷油量调节不相关:
  - 共用油轨(Common Rail)系统。

另外,喷油系统也可根据调节的方式分为:

- 边缘控制系统——供油泵活塞上的控制边缘随活塞位置开通进流孔或排流孔,并因而确定喷油时间和喷油量:
  - 斜边调节的机械系统。
- 时间控制系统——经过机械(低速二冲程柴油机)或电磁控制阀确定喷油时间和喷油量:
  - 旁通阀调节的系统(机械);
  - 带电磁阀的系统(电子)。

新型船用柴油机的喷油压力在 1 000～2 000 bar 之间。

压力与喷油同步产生

喷油泵输送并配量喷射燃油量。喷油泵活塞通常用一个凸轮传动，凸轮以与柴油机工作过程相关的转速转动。喷油凸轮与换气凸轮一起位于一根凸轮轴上或一个单独的喷油凸轮轴(例如系列喷油泵喷油系统)上。不同形状的喷油凸轮如图 1.1.68 所示。如果凸轮轮廓形状在工作区内有一凹形曲率，则称之为凹形凸轮。

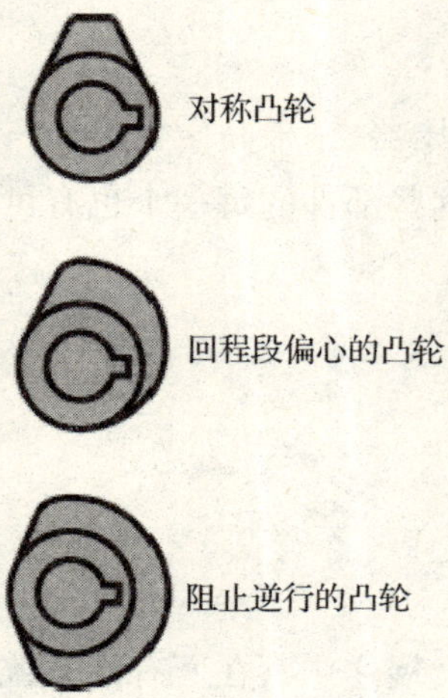

图 1.1.68　喷油凸轮形状[1.1.5.1]

喷油泵每°NW 的供油量分配取决于泵的活塞速度，而泵的活塞速度则是由凸轮轮廓形状、凸轮转速和凸轮上的工作区预先给定的。

所达到的喷油压力高度主要取决于泵活塞的冲程速度，而泵活塞的冲程速度则是由凸轮轮廓形状和凸轮转速预先给定的。泵活塞作用在凸轮上的力取决于泵缸中的压力、凸轮加速度和所移动的质量，最终必定被凸轮轴的传动力矩所克服。凸轮材料应力的量度是赫氏点接触应力，其数值不得超过 2 000 N/mm^2。可靠的设计所取的赫氏点接触应力为约 1 800 N/mm^2。凸轮的工作区是基于赫氏点接触应力的极限值限定的，因为凸轮尖端处的凸轮半径较小，在高压力下凸轮尖端会超过这一极限值。在设定喷油泵供油开始和供油结束时注意不要离开凸轮的工作区，否则凸轮会因为超负荷和材料疲劳而被毁坏。

凸轮经过滚柱推杆将力传送到泵活塞，滚柱推杆可以集成在泵中，也可以单独布置。通过将推杆滚柱布置在平衡杆中，平衡杆支承在一根偏心轴上(见图 1.1.69)，可以在运行中通过转动偏心轴调整滚柱在凸轮上的支承点，并进而调整活塞的冲程起点和喷油泵的供油开始与供油结束。

有时也可以在滚柱推杆或平衡杆与泵之间布置一根支承在球形承座上的挺杆(“骨状物”)，允许偏离挺杆和泵活塞的中线(见图 1.1.70)。

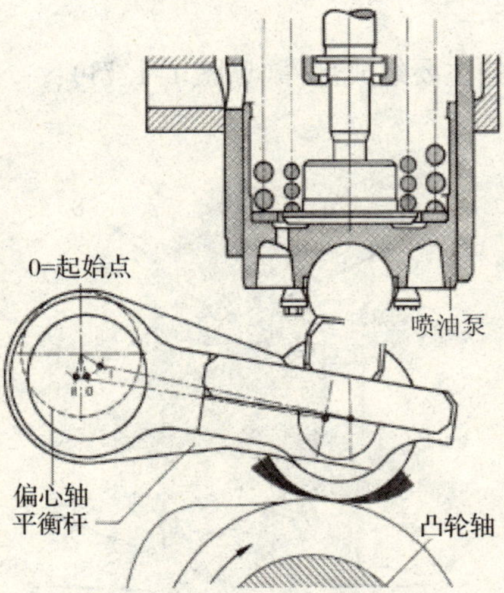

图 1.1.69 带平衡杆的喷油泵传动装置
(资料来源:MAN B&W 柴油机有限公司)

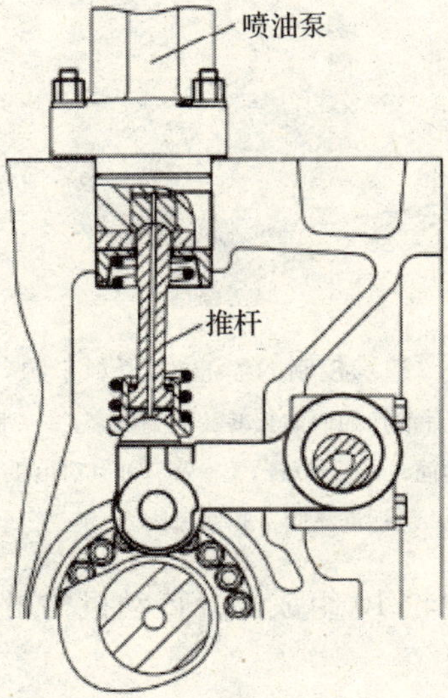

图 1.1.70 带推杆的喷油泵传动装置(资料来源:MaK)

边缘控制的喷油泵

边缘控制喷油泵的主要组成部件(见图1.1.71)：

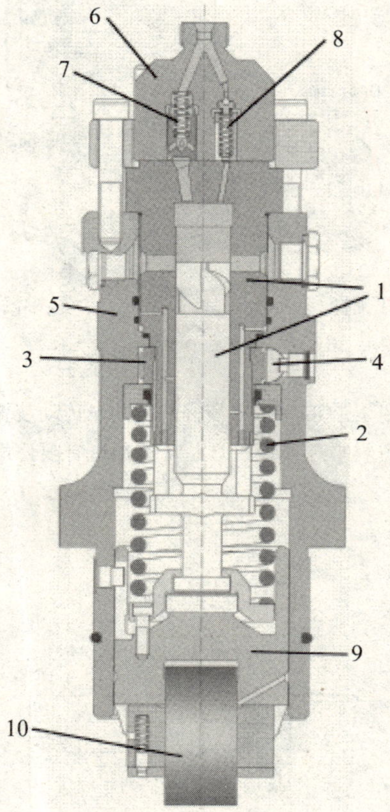

图1.1.71　边缘控制的喷油泵(资料来源：Wärtsilä)

1—泵元件，包括带有油孔和回油孔的套筒和活塞；2—带弹簧座的泵弹簧；
3—带齿环的调节套筒；4—调节杆；5—带有油孔、回油孔和漏油孔的泵壳；
6—带等压阀的泵头，包括进流阀7和回流阀8；9—壳挺杆；10—挺杆滚轮

由壳挺杆9和挺杆滚轮10组成的泵传动机构可以集成在泵内，也可以是独立的。

由于有高压作用，喷油系统的所有部件相互间都是金属密封的。在制造、维修和加工密封面时必须极其谨慎。新型高喷油压力重油喷油泵上的泵元件必须设计成具有高压密封面的刚性整体元件。泵元件的套筒和活塞以1～3

μm 的间隙磨配,只允许一起更换。虽然间隙很小,沿活塞仍会出现一定的漏油量,漏油集结在套筒的环槽中,并排放到泵的吸入腔,或卸压后排出泵外,以免燃油污染泵传动机构范围内的滑油。特别是燃用重油时的喷油泵在套筒的下部范围内有注入发动机润滑油的密封油槽。润滑油的压力高于套筒同一高度上的燃油压力,因此,润滑油向上游动,不会有燃油到达泵的弹簧腔中。但在润滑油与燃油(重油)之间的混合区内可能出现不相容,由于氧化漆膜的形成使活塞不能运动,造成油泵故障。

为了达到低喷油黏度,重油要加热到最高 160℃。所有密封和间隙设计都必须考虑这样高的温度。

单独润滑调节杆和调节套筒,防止燃油浸入,并保持清洁和活动自如。

泵柱塞(见图 1.1.72)在其上部有一环槽,该环槽经过两道对立的垂直槽与泵元件的压缩室连通。从垂直槽开始有一朝下走向的控制斜边切入环槽上方活塞的剩余侧面。

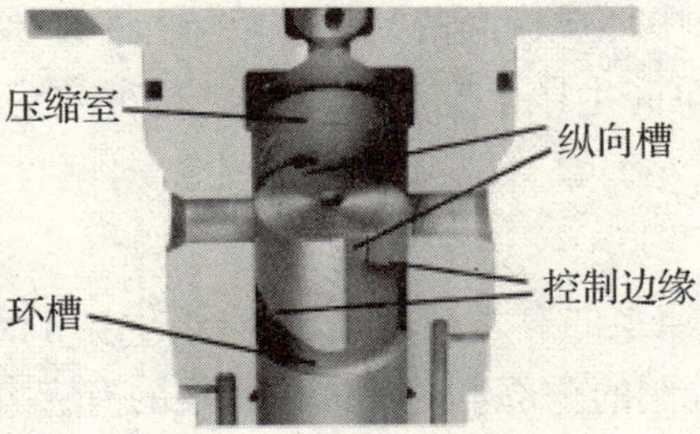

图 1.1.72 包括套筒和活塞的喷油泵元件

柱塞行程相位如图 1.1.73 所示。在泵柱塞的下止点上给油和回油孔开启,处于供油压力下的燃油可以流入泵室。泵柱塞的上边缘在向上行程中关闭给油孔,泵室开始形成压力。这一时间点被称为几何供油开始点。开启压力阀(进流阀)形成压力,然后开启喷油阀。当控制斜边越过回油孔时,有效行程结束。然后,经过控制斜边之下的垂直槽和空腔建立起压缩室与吸入腔之间的连接,高压可进入吸入腔被解除。这一时间点被称为供油结束点。在剩余行程中不再有压力形成。越过上止点后,泵弹簧的作用是使柱塞准确地跟随在挺杆运动之后,然后从新向下运动。通过柱塞的上边缘越过给油孔后,燃油再由吸入腔流入泵室,并从新开始循环。

供油结束时,由于泵的压缩室与吸入腔之间的大压差而在控制边缘与回

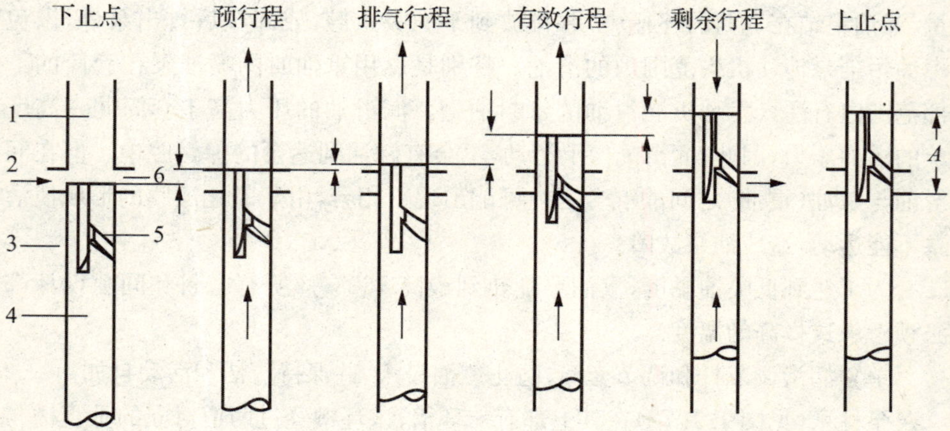

图 1.1.73　边缘控制喷油泵的活塞行程相位[1.1.5.1]

1—压缩室；2—给油孔；3—泵缸；4—泵柱塞；5—控制边缘；6—回油孔

油孔之间张开的缝隙中形成极高的流动速度，这将会导致活塞在控制边缘附近、在回油孔上和在泵壳上产生空泡和剥蚀。这种效应可通过控制边缘和回油孔的几何优化而减小。泵壳必须在回油孔方向用含有硬质合金的缓冲螺钉保护。

压力阀可减小喷油泵的有害空间。进流阀的作用相当于止回阀。没有压力阀，喷油管路和喷油阀的全部容积都被视为泵的有害容积。为了把该容积充满并升压到喷油压力，必须在供油开始后付出能量。另一方面，喷油结束时，管路中必须出现突然的压力降，降到喷油嘴的开启压力以下，以保证在没有二次喷射器的情况下安全关闭喷嘴针阀。为此，喷油结束时管路中的燃油必须能膨胀到一定的容积。经过回流阀达到这一目的。供油结束时关闭进流阀后，喷油管路与泵室之间产生压差，该压差在回流阀上产生的作用力大于阀门弹簧的关闭力。回流阀可使管路中的燃油回流到泵室，直到管路中达到一定的压力为止，该压力被称为“位置压力”，此时阀门弹簧的关闭力便将回流阀关闭。位置压力必须这样确定，即由于喷油管路中发生压力波动，当压力波动到最大压力值时也不超过喷嘴的开启压力，另一方面也没有达到燃油的气化压力，否则就会发生空泡。位置压力通常为 100～200 bar。位置压力在各个气缸之间的离散意味着喷油开始点的离散，因此必须避免。

如果喷油管路很短，而且注油时泵室的负压很低，这种情况下只能放弃在喷油泵中使用压力阀。

低速二冲程柴油机使用边缘控制喷油泵时，流入泵室的燃油流量也要经过吸入阀控制，所以泵缸中只有回油孔。

通过用调节杆和调节套筒的齿轮转动柱塞可以改变给油和回油孔之前柱塞上边缘与下控制斜边之间的垂向间距。如此通过转动柱塞获得不同的泵元件供油量，如图 1.1.74 所示。因为供油量(喷油量)与负荷(平均压力)成正比，所以通过转动泵柱塞可以控制柴油机的负荷。

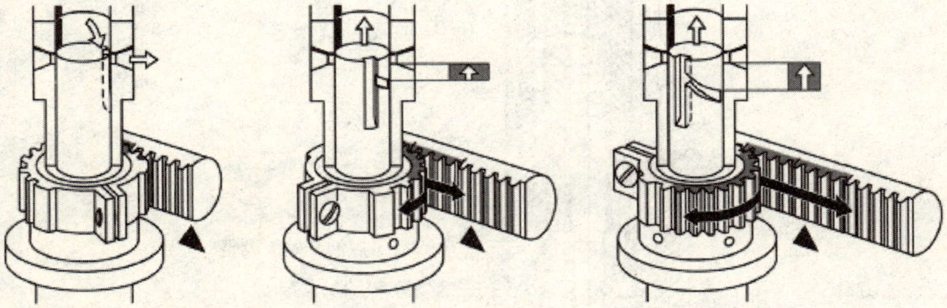

图 1.1.74　供油量调节机构[1.1.5.1]

要柴油机停机，应当这样转动柱塞，即让柴油机的垂直槽与回油孔持续接通(零供油)。

柱塞的上控制边缘决定了凸轮位置对应的供油开始点，而下控制斜边则决定供油结束点。与柴油机用途联系起来设计控制边缘的线型可以根据负荷情况改变供油开始点。

在使用边缘控制的喷油泵时，为了能根据负荷调整供油开始点，需要采取一些补充措施。因为只有通过柱塞的上控制边缘越过回油孔才决定供油开始，所以，要调整供油开始，回油孔必须沿着“推迟”方向向上移动。相应地向下移动时，则向“提早”方向调整供油开始，因为回油孔这时相对于凸轮位置提早被控制边缘关闭。为了实现上述这一过程，泵缸装配后仍可轴向位移，并经过多头螺纹用一个相应的带外齿的螺母和第二齿条进行控制。图 1.1.75 为 MAN B&W 制式的这类喷油泵。

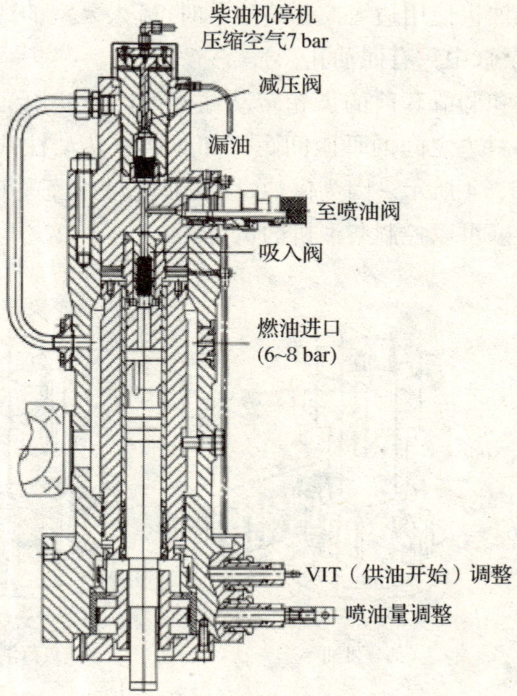

图 1.1.75　供油开始点可变的喷油泵
（资料来源：MAN B&W 柴油机股份公司）

机械阀门控制的喷油泵

只有低速二冲程柴油机采用机械阀门控制的喷油泵。图 1.1.76 为 Wärtsilä Sulzer 公司的一种喷油泵。该泵除了压力阀的进流阀(1)和回流阀(2)以外，还有一个吸入阀(3)和一个压力阀(4)。该泵在吸入阀和旁通阀关闭时供油。两阀经过平衡杆(5)控制，平衡杆支承在偏心轴(6)上，受泵柱塞的滚柱推杆(7)操纵。吸入阀控制供油开始，旁通阀控制供油结束。在泵柱塞的上止点位置上，旁通阀关闭，吸入阀开启。在柱塞的向上行程中，通过平衡杆的运动关闭吸入阀(供油开始)。通过继续柱塞的向上行程，经过第二平衡杆开启旁通阀，于是泵的压缩室与吸入腔接通。泵室的压力崩溃(供油结束)。通过转动相关的偏心轴，在运行过程中相对于凸轮位置调整两阀的关闭和开启时间点。这样便可以非常灵活地调节喷油时间点和喷油持续时间。调节的管理办法由柴油机制造商预先规定。

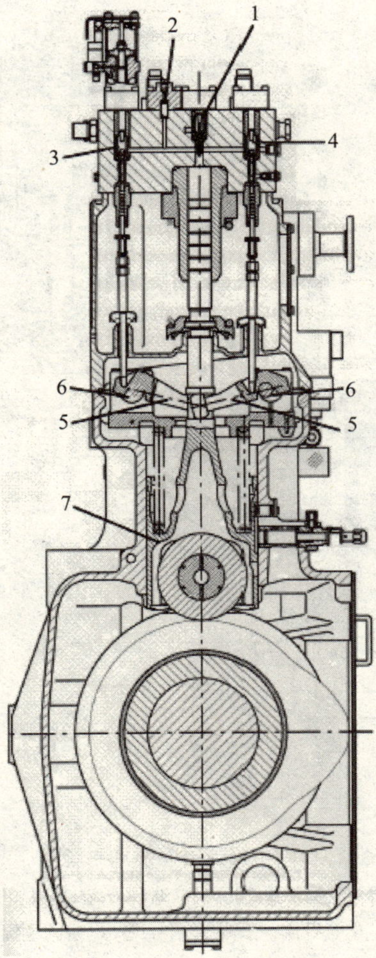

图 1.1.76 旁通阀调节的喷油泵(资料来源:瑞士 Wärtsilä)

泵连喷嘴喷油系统

在泵连喷嘴喷油系统中,喷油阀和喷油泵在一个壳体内,该壳体安装在气缸头的中心位置。由于壳体直径相对较大,这种结构形式需要在气缸头中占据很大空间。它省去了喷油管路和压力阀。传动机构类似于换气阀的传动机构,只是因为传动力矩大得多,所以必须设计得非常坚固。泵连喷嘴喷油系统液力充沛,没有有害空间,因此在相应地设计了传动机构的情况下,其喷油压力非常高。这种系统现在都配备了电磁阀控制(见下文),只是偶尔用于中速和大型高速柴油机。图 1.1.77 表示泵连喷嘴喷油系统的功能原理。

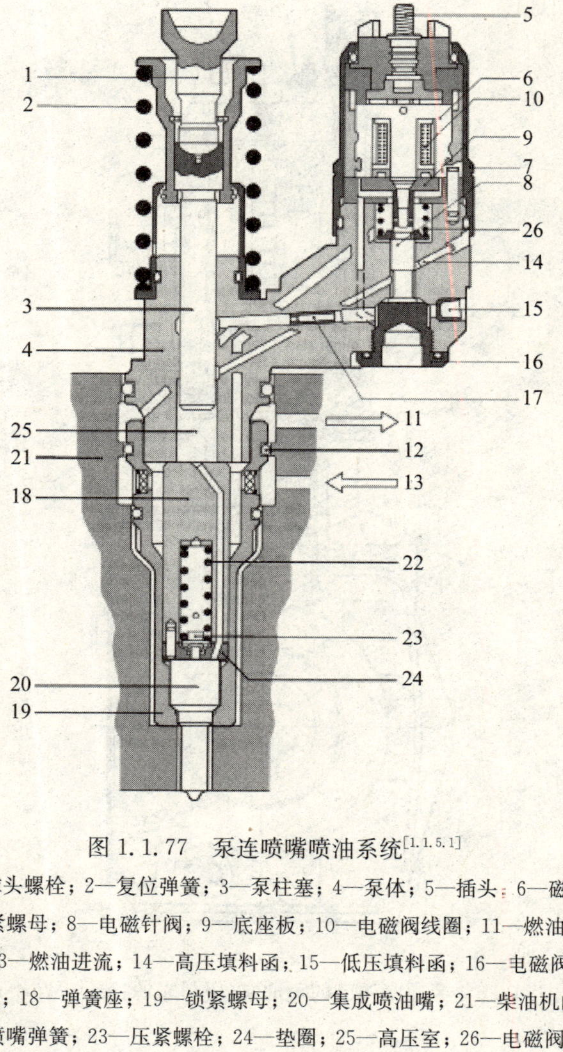

图 1.1.77 泵连喷嘴喷油系统[1.1.5.1]

1—球头螺栓；2—复位弹簧；3—泵柱塞；4—泵体；5—插头；6—磁芯；7—电磁阀锁紧螺母；8—电磁针阀；9—底座板；10—电磁阀线圈；11—燃油回流(低压)；12—密封件；13—燃油进流；14—高压填料函；15—低压填料函；16—电磁阀行程限制器；17—节流阀；18—弹簧座；19—锁紧螺母；20—集成喷油嘴；21—柴油机的气缸头；22—喷嘴弹簧；23—压紧螺栓；24—垫圈；25—高压室；26—电磁阀弹簧

电磁阀控制的喷油泵

电磁阀控制的喷油泵拥有一个电子控制的电磁阀取代斜边控制或机械阀门控制机构，电磁阀控制泵室中燃油的进入和排出。图 1.1.78 为电磁阀控制的喷油系统。

当使用蒸馏燃料工作时，直接经过一个电磁体控制阀门.使用重油时需要在中间连接一个液压伺服系统，以保证在高黏度下达到足够的操纵力。供油开始时电磁阀关闭，供油结束时电磁阀重新开启。供油持续时间也由电磁阀的关

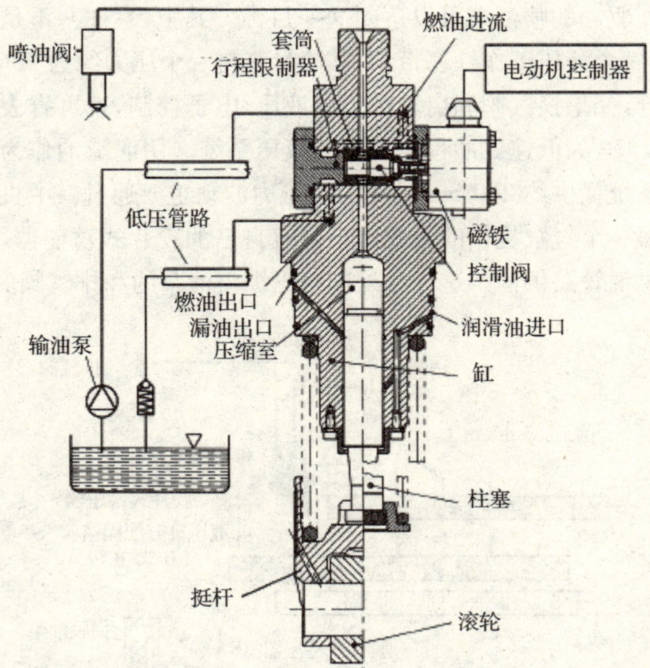

图 1.1.78 电磁阀控制的喷油系统(单体泵系统)(资料来源:Bosch)

闭持续时间决定。调整喷油时间除了柴油机燃烧的热力需求以外,只受凸轮允许工作区的限制。

阀体上的力用液压平衡,所以控制时只需要具备加速力和密封力。出于安全原因,不论是泵室的注入还是排放,都必须经过电磁阀进行,以便在关闭状态阀门被卡住的情况下不会以最大喷油量继续喷油。因为阀门关闭时泵室不注油,所以可能出现发动机必须承受的最大喷油量的一次性喷油现象。

电磁阀泵在结构上的优点是其结构高度较低,这是因为柱塞没有控制边缘,只需要具备密封所必需的最小长度,允许电磁阀安装在泵壳的一侧。

使用电磁阀控制的喷油泵可以进行分级或提前喷油。还可以在部分负荷状态下(周期性地)关断单一的泵,使发动机的其余气缸达到更有利运转特性[1.1.5.2]。

液压驱动的喷油泵

内燃机的发展目标是使喷油时间和喷油压力脱离其与凸轮转速和凸轮形状的关系,只根据燃烧的热力需求确定这些参数。

利用液压驱动的喷油泵可以达到这一目标。其中，泵柱塞不是用一个凸轮带动，而是用一个液压工作柱塞带动，其能量来自一个压力约为 200 bar 的伺服油系统。这样，如果换气阀和启动阀也用液压/电子控制，就可省去发动机的凸轮轴。图 1.1.79 为低速二冲程柴油机的液压系统。用润滑油作为液压液。有一液压泵向系统提供约 200 bar 的压力。压力波动主要通过一中央膜片式蓄能器消除。为每一个气缸提供的分配阀箱带有自己的膜片式蓄能器，由一条沿发动机布设的供油管路供油。这一分配阀箱操纵喷油泵的和排气阀的驱动装置。

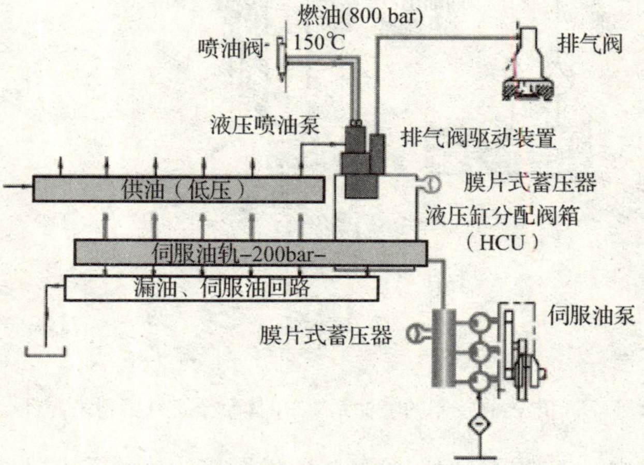

图 1.1.79　低速二冲程柴油机的液压系统
（资料来源：MAN B&W 柴油机股份公司）

图 1.1.80 示出了穿过分配阀箱和喷油泵的截面图。液压工作柱塞的直径大于喷油泵柱塞的直径。供油开始时，电子控制的比例阀打开液压油通往工作柱塞的进油口，喷油开始。控制器根据柱塞行程确定喷油量。当达到预计的喷油量时，控制阀关闭通往工作柱塞的进油口，并打开液压油的排油口，液压油由工作柱塞压缩室流到没有压力的回流管路。喷油结束，泵柱塞和工作柱塞在约 10 bar 的燃油供油压力作用下返回其初始位置。

通过作为比例阀的控制阀的功能，可以有目的地节流通往工作柱塞进油口和排油口的液压液。因此，泵柱塞的冲程速度是可以改变的，喷油压力和喷油特性曲线也可以个别进行调整。图 1.1.81 表明不同的喷油压力曲线与用液压驱动的喷油系统所达到的相关的阀门升程[1.1.5.3]。

即使在低发动机转速下也有可能达到最大喷油压力和实现多点喷油。用上述喷油系统即使在低速航行时也能达到非常稳定的喷油。因此，与常规的喷

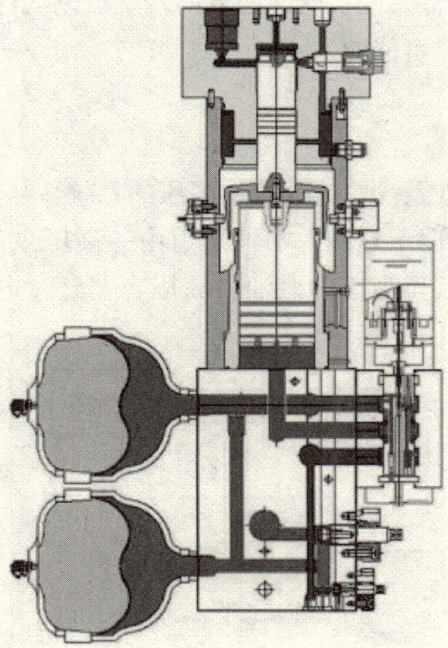

图 1.1.80　分配阀箱和液压驱动的喷油泵
(资料来源:MAN B&W 柴油机股份公司)

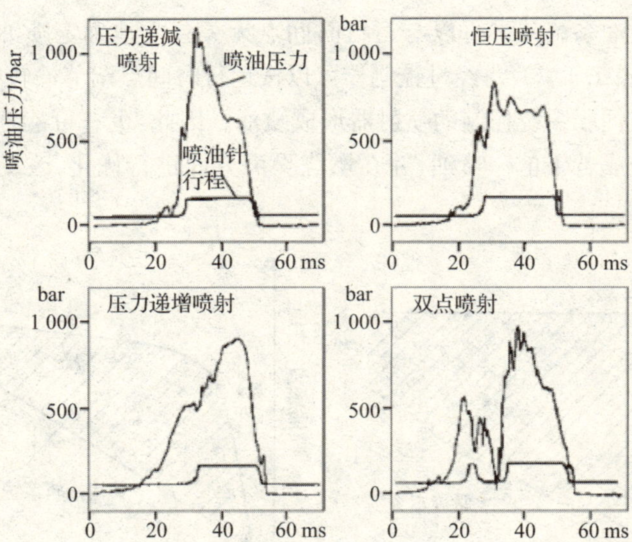

图 1.1.81　喷油压力曲线和喷嘴针阀升程
(资料来源:MAN B&W 柴油机股份公司)

油系统相比，最高与最低发动机转速两者的跨度可以从约 1∶6 提高到约 1∶9。

气缸关闭同样也是可能的。

蓄压器喷油系统

蓄压器喷油系统涉及(准)连续产生高压的系统。从图 1.1.82 中可看到共用油轨(CR)系统的原理示意图。喷油压力由一高压泵产生，储存在一高压容器(“共用油轨”)中。获得高压的燃油由高压容器经过电磁阀控制喷油计量分配到气缸。

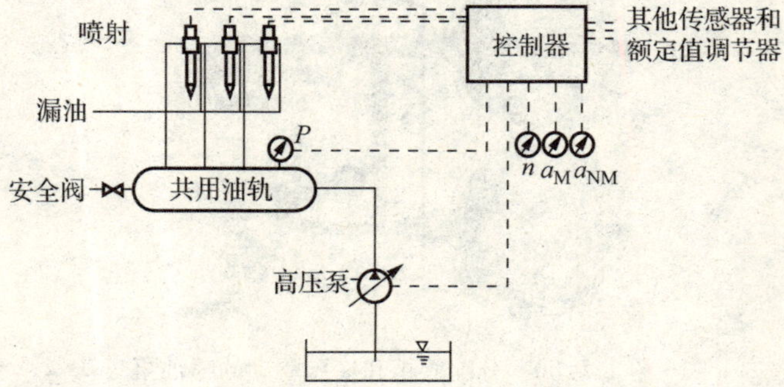

图 1.1.82　共用油轨喷油系统的结构(示意图)

用这种喷油系统几乎可以与运行时间点无关独立地确定喷油压力和喷油持续时间(见图 1.1.83)。经过控制器可以按运行时间点调节油轨中的压力，并经过电磁阀或伺服系统控制的喷射器形成喷油。因此，也有可能把一个工作循环的总喷油分成若干单一喷油，并在燃烧噪声方面进行优化，改变燃油消耗或有害物质排放。

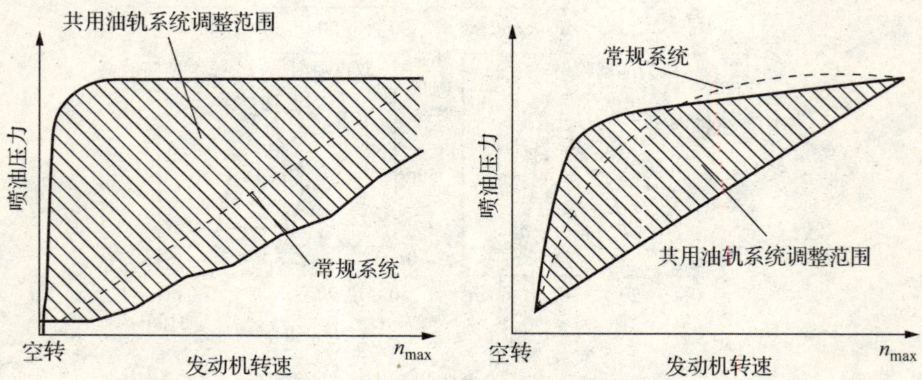

图 1.1.83　共用油轨喷油系统的工作特性

为了在压力调节机构发生故障的情况下保护系统承受压力的部件避免过载，必须在油轨上安装一个限压阀，以把系统压力限定到一个允许的最高值。

油轨可以分成若干单一的蓄压器，这样做在结构上的优点如图 1.1.84 所示。此外还需要往往各不相同的容积和中间蓄压器，以利液压缓冲。

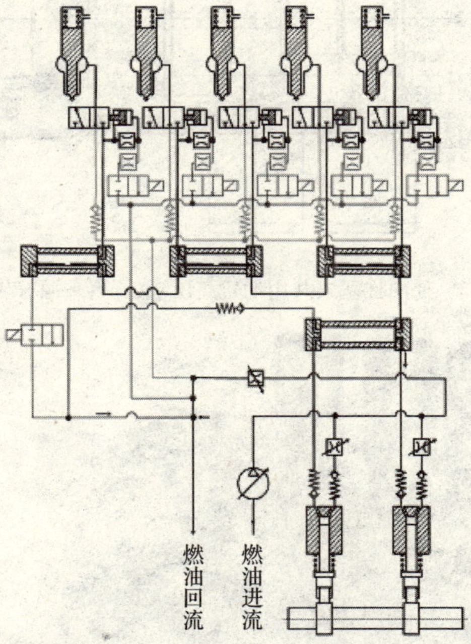

图 1.1.84　带单一蓄压器的共用油轨喷油系统
（资料来源：MAN B&W 柴油机有限公司）

高压泵

作为高压泵使用的是各种不同结构形式的柱塞泵。图 1.1.85 为L′Orange公司的一种最大油轨压力为 1 200 bar 的径向柱塞泵。

压力更高（1 600 bar）时要用直列式泵。仍然采用凸轮轴传动换气阀的中速四冲程柴油机，常常采用基于系列喷油泵的单一泵（见图 1.1.84），它利用一种多头凸轮传动以提高供油能力和供油的均匀性。二冲程柴油机的共用油轨高压泵不再拥有凸轮轴，但需要一个带有凸轮轴的专用传动箱。图 1.1.86 示出了 Wärtsilä Sulzer 公司的二冲程柴油机所使用的高压泵。

所有高压泵都用一种高效的吸入节流阀调节机构工作。

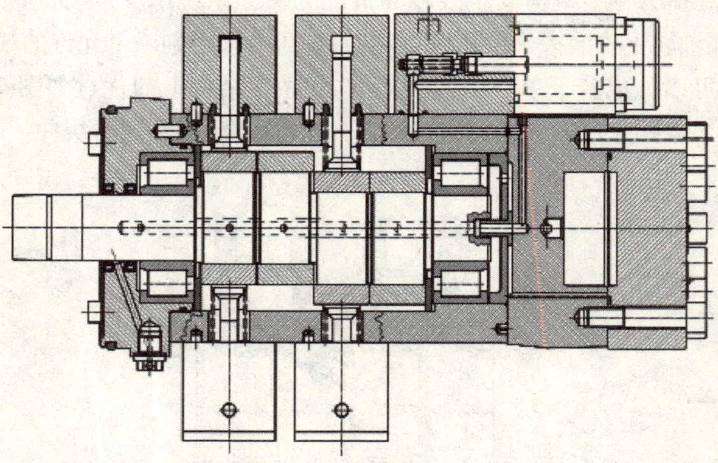

图 1.1.85 径向柱塞式共用油轨高压泵(资料来源:L′Orange)

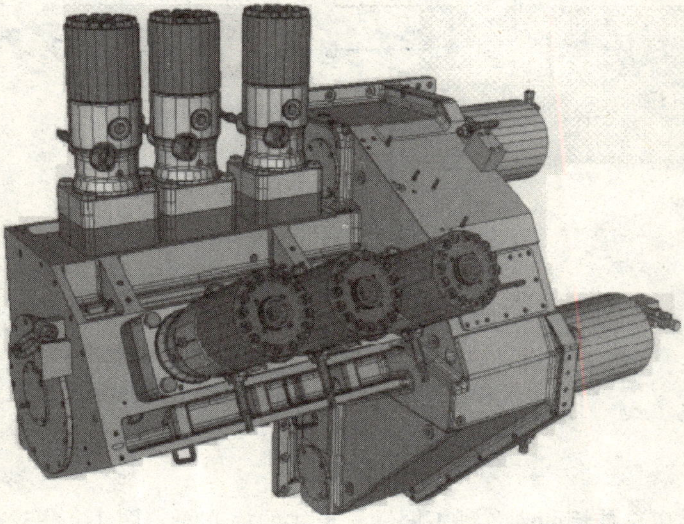

图 1.1.86 带有传动装置的燃油高压泵(左)和
伺服油泵(右)(资料来源:瑞士 Wärtsilä)

喷射器

各种共用油轨喷射器的不同之处主要在于,高压下的燃油是否随时都处在喷油嘴上,还是只在喷油时到达喷嘴。

前者又被称为单回路喷射器[1.1.5.4],如图 1.1.87 所示。喷油嘴(2)的喷嘴针阀(1)经过一柱塞杆(3)与控制柱塞(4)相连接。高压作用在喷嘴针阀的承压凸肩上和控制柱塞的上表面上。表面要调整得能在静止状态让液压合力正好关闭和密封喷嘴。控制柱塞上方的压缩室(5)经过一进流节流阀(6)注油。电磁动作的控制阀(7)开通控制柱塞上方压缩室的排流节流阀(8),以顶起喷嘴针阀。因为排流节流阀的流动横截面大于进流节流阀的横截面,所以当开启排流节流阀时燃油不能足够快地从油轨流入压缩室,压力下降。喷嘴针阀承压凸肩上的方向朝上的力超过正在下降的控制柱塞的作用力,喷嘴针阀升离阀座,喷油开始。如果用电磁阀重新关闭排流节流阀,控制柱塞的压缩室内重新形成油轨压力,控制柱塞的关闭力超过承压凸肩上的开启力,喷嘴针阀关闭,喷油结束。经过调整进流和排流节流阀的横截面,可以调整喷嘴针阀的开启和关闭特性。这种喷射器结构形式的优点是反应时间短,缺点是对针阀阀座的密封性要求极高,因为针阀阀座在静止阶段持久地处在高压下。

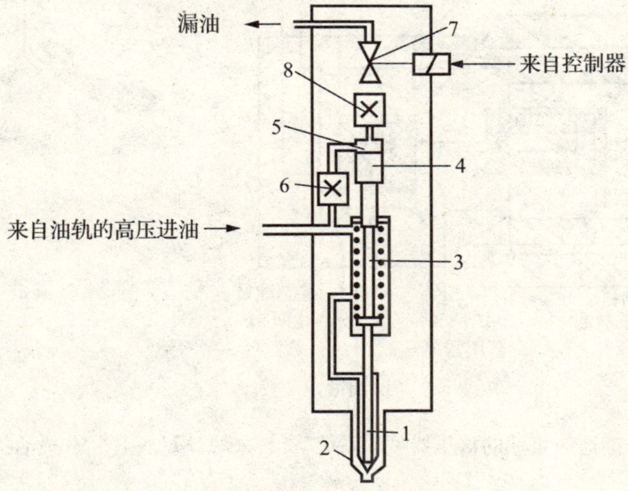

图 1.1.87　共用油轨喷射器

双回路喷射器除了电磁驱动的 2/2 通路阀以外,还拥有一个液压控制的 3/2 通路阀,后者控制流至喷油阀的燃油流量。3/2 通路阀的控制介质可以是燃油,也可以是伺服液。喷油阀仅在喷油时用燃油加压,喷油间歇时没有压力。因此,3/2 通路阀与喷油阀可以在空间上分隔开来,并用一喷油管路连接。作为喷油阀,可以使用常规喷油系统中的阀门。图 1.1.88 所示为一个能适应重油的双回路系统,使用燃油作为伺服液。其中,转换阀集成在顶部(见图 1.1.84)。转换阀的功能见图 1.1.89。2/2 通路阀关闭时,基于面积比,油轨压力将 3/2 通路阀的转换柱塞向右推压到它的底座上。如果操纵

2/2通路阀开启排流节流阀，则燃油流出，通过进流节流阀的流量太小，转换柱塞上方的压缩室内压力下降，分配柱塞向左移动，离开底座。于是，具有油轨压力的燃油可以经过喷油管路到达喷油阀，喷油开始。喷油管路的减压孔同时被关闭。喷油随排流节流阀的关闭而结束。转换柱塞上方重新形成满负荷油轨压力，转换柱塞被向右推压到它的底座上。于是，到喷油阀的燃油流量中断，转换柱塞中喷油管路的减压孔经过环形槽开通。喷油阀上的压力迅速消失，喷油阀关闭。

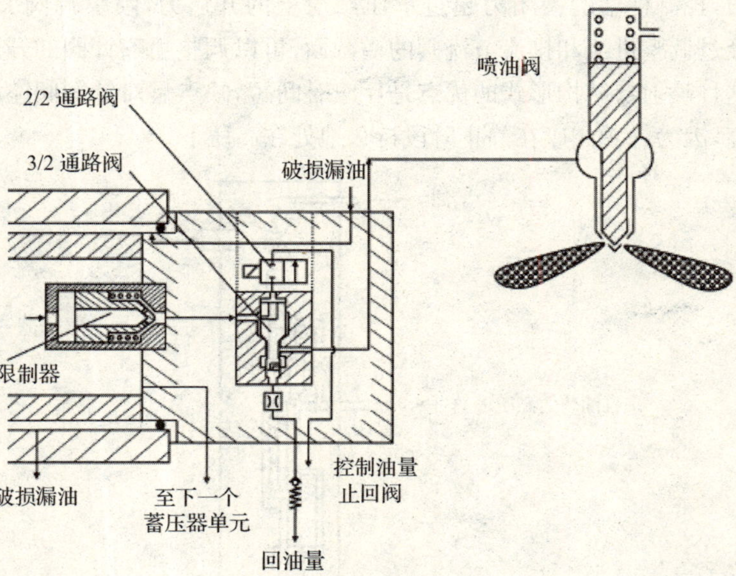

图 1.1.88　能适应重油的蓄压器喷油系统（资料来源：MAN B&W 柴油机有限公司）

所有共用油轨喷射器根据其工作原理在转换过程中产生的漏油量不算太多。最多为喷油量的35％。

出于安全原因，共用油轨喷油系统必须配备流量限制机构，用来当处于“喷油”位置的转换机构被意外卡住时防止向发动机气缸持续喷油。流量限制器如图 1.1.88 所示，它由一个弹簧加载的柱塞构成，该柱塞位于油轨与喷射器之间，流动作用使它克服弹簧力向着阀座方向移动。在穿流间歇时，弹簧向相反方向推压柱塞。如果超过最大允许流量，柱塞继续顺流动方向移动，并关闭排出口。喷射器发生故障时，燃油进流将它关闭。因为油轨压力将限制器柱塞保持在底座上，喷射器保持关闭状态，直到油轨压力消退，弹簧再回到起始位置为止。

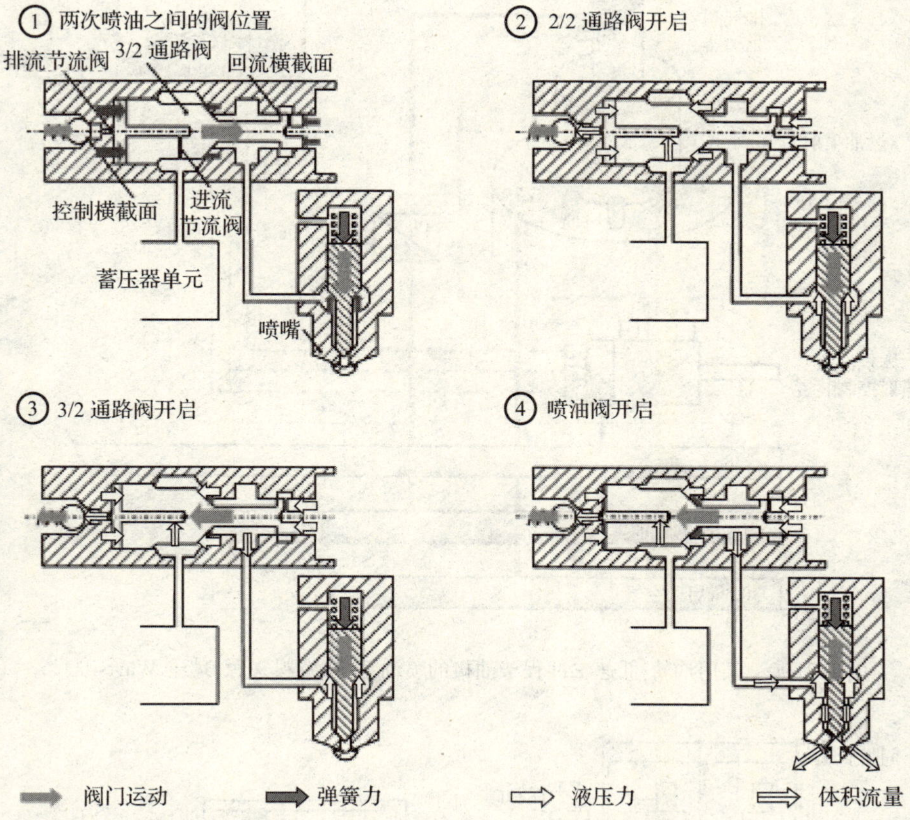

图 1.1.89 双回路蓄压器喷油系统转换阀的功能
(资料来源:MAN B&W 柴油机有限公司)

低速二冲程柴油机的共用油轨喷油系统

Wärtsilä Sulzer 公司的低速二冲程柴油机所采用的一种共用油轨喷油系统(见图 1.1.90)由于燃油在柱塞内预先分成若干份,因而在油轨压力下也可防止持续喷油。每一发动机气缸所拥有的柱塞容积相当于一个气缸的所有喷油阀的最大允许总喷油量。

每一个喷油阀(根据发动机的大小每一个气缸有 2 或 3 个喷油阀)经过一个固有的喷油阀得到由柱塞供给的燃油。控制阀在 200 bar 的伺服油压力下运动,受电磁阀控制(见图 1.1.91)。因此,喷油阀可以逐一开启或关闭,而且,例如在部分负荷状态下,由于相应地改善了混合气形成,发动机可以用 1 个或 2 个喷油阀正常运转。喷油时,燃油经过控制阀转到喷油阀,直至达到由控制器

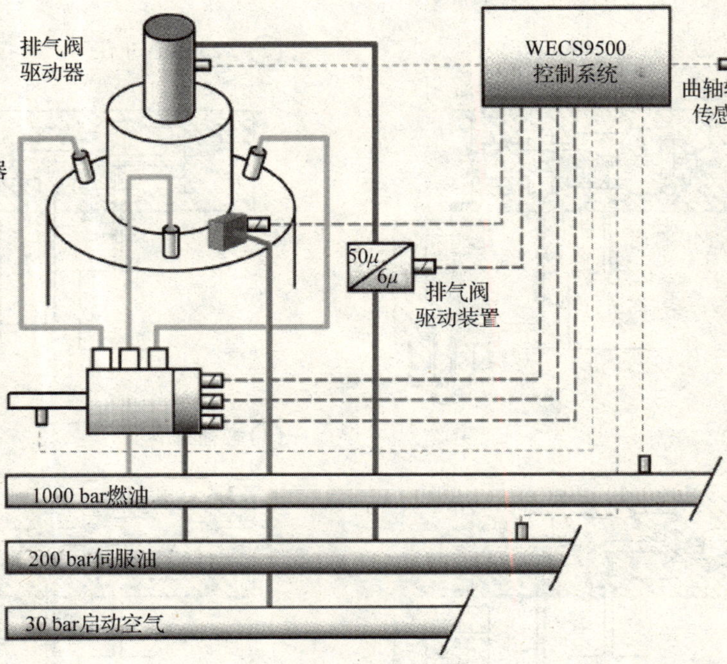

图 1.1.90 共用油轨-低速二冲程柴油机的喷油系统(资料来源:瑞士 Wärtsilä)

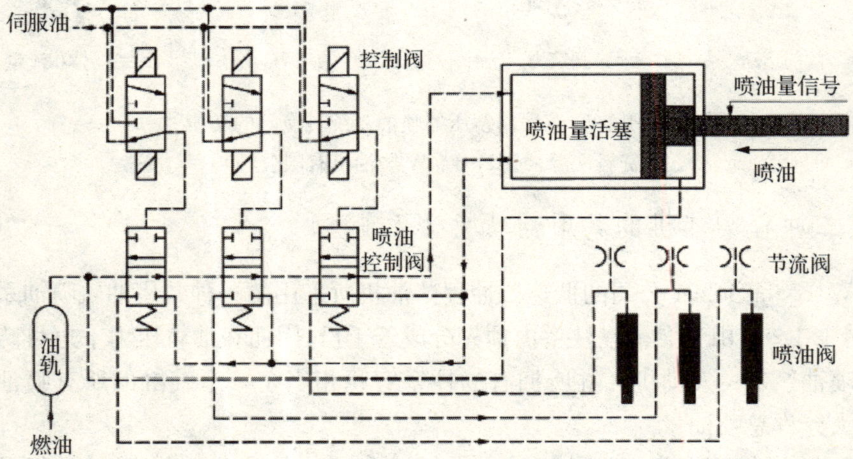

图 1.1.91 共用油轨喷油系统的控制(资料来源:瑞士 Wärtsilä)

根据柱塞运动测量结果计算的每一工作行程所需燃油量为止。

在喷油间歇期间由油轨向柱塞注油。如果转换机构被卡住在“喷油”位置,最多可以喷出相当于柱塞容积的油量。

喷油嘴

喷油嘴将燃油雾化并散布在燃烧室内。此外，喷油嘴还影响喷油过程。今天，在船用柴油机制造业只使用向内开启的喷油嘴。直接喷油的柴油机需要多孔喷嘴，而间接喷油时则使用节流栓塞喷嘴。

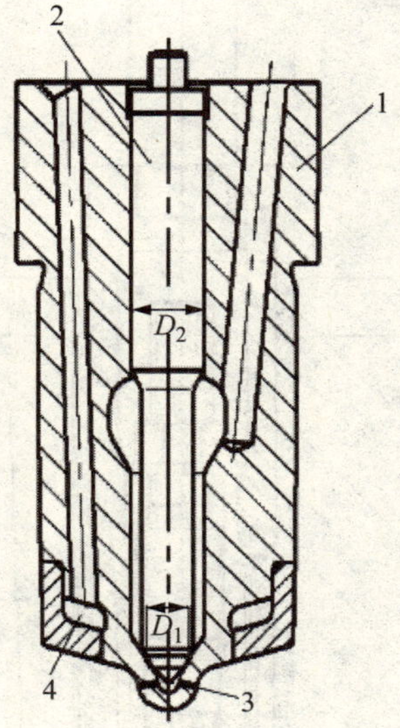

图 1.1.92 喷油嘴

喷油嘴(见图 1.1.92)由喷嘴体(1)和喷嘴针(2)构成，用淬硬钢制成的喷嘴针(2)以约 1～5 μm 的微小间隙磨配在喷嘴体(1)内，以保证喷油高压下在针座上达到足够的密封性。因此，喷嘴体和喷嘴针始终是成对的，只能一起更换。喷嘴针的顶尖用位于喷嘴针上方喷嘴支架中的喷嘴弹簧压在并密封于喷嘴体内的针座上。在常规喷油系统中只通过喷油压力的作用开启和关闭喷嘴，在共用油轨喷油系统中还可以进行液压预调。喷嘴针下面的喷嘴圆形空腔被称为盲孔。顺着喷嘴针座向下在喷嘴圆形空腔中钻削或酸蚀成喷油孔(3)。喷油孔的角度、长度、孔径、数量和形状对混合气形成有显著影响。因此，要针对发动机的用途精确确定这几个数据，而且必须以微小的公差付诸实施。

喷油体积流量遵循的定律是：

$$\dot{V}=\frac{dV}{dt}=\mu\cdot A_D\cdot\sqrt{\frac{2}{\rho}\cdot(p_D-p_{Zyl})} \tag{1.1.37}$$

式中：$\dot{V}$ 为体积流量；μ 为流量系数；A_D 为喷油孔横截面积；ρ 为燃油密度；p_D 为喷油孔前的压力；p_{Zyl} 为气缸中的压力。

流量系数 μ 在整个使用寿命期间因喷油孔进口边磨损而发生变化。因此，在新型喷油嘴上，盲孔的进口边在制造时已用流体酸蚀方法钝化，因而改善了喷嘴喷射特性的长期稳定性。根据发动机尺寸，喷油孔的直径在 0.2～2 mm 之间。

喷嘴的开启压力根据由针座外径 D_1 和针导套直径 D_2 构成的环形面积和喷嘴弹簧的预张力得出。喷嘴开启压力在 250～450 bar 之间，随发动机机型而定。喷嘴针阀开启时，燃油压力作用在整个针端面上，因此，关闭压力总是小于

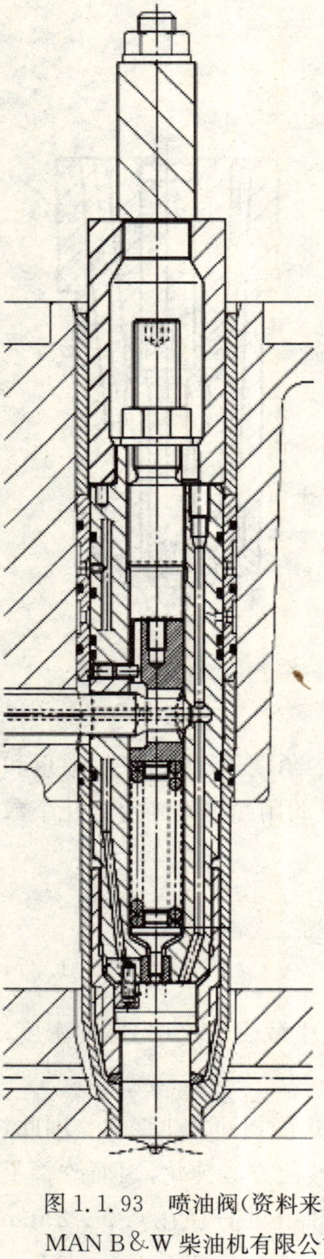

图 1.1.93　喷油阀(资料来源:MAN B&W 柴油机有限公司)

开启压力。

图 1.1.93 为一中速四冲程柴油机的喷油阀,它由喷嘴、喷嘴支架、喷嘴弹簧和紧固螺钉构成。喷嘴开启压力可以通过预张紧喷嘴弹簧利用螺纹销进行调整。也有其他的设计,其开启压力可用校准的淬硬钢垫圈置于喷嘴弹簧之下进行调整。

燃用重油时往往需要对喷嘴针尖进行回火处理,以避免部分负荷状态下发生冷腐蚀和满负荷时发生积碳。为此设有通道(见图 1.1.92 中的(4)),安插在喷嘴体内近针尖处,发动机润滑油经过喷嘴支架中的孔穿流其中。

喷嘴针座以下的盲孔空腔在喷油结束后注入燃油,这部分燃油不再参与形成混合气,而是通过喷油孔转入燃烧室中。在低速二冲程柴油机中,盲孔可具有若干 cm^3 的容积。这部分燃油仅有部分参与燃烧,大部分作为未燃烧的碳氢化合物进入废气中(见废气排放一节)。在四冲程柴油机上,另一部分特别是在部分负荷状态下凝结到燃烧室壁上,并污染和稀释润滑油。为了减少有害气体排放和更好地维护润滑油,需要力求减小盲孔容积。为此,要设计相应的喷嘴圆形空腔和针座形状,极端情况下要穿过针座钻削喷油孔("座孔喷嘴")。为了避免碳氢化合物排放,MAN B&W 公司的喷油嘴通过将圆锥形针尖改成为柱塞形滑阀阀芯从而缩小了盲孔[1.1.5.5](见图 1.1.94)。由此还得出了更有利于部分负荷特性的喷油孔开启特性曲线。这种结构形式被称为"滑阀"(Slide Valve)。

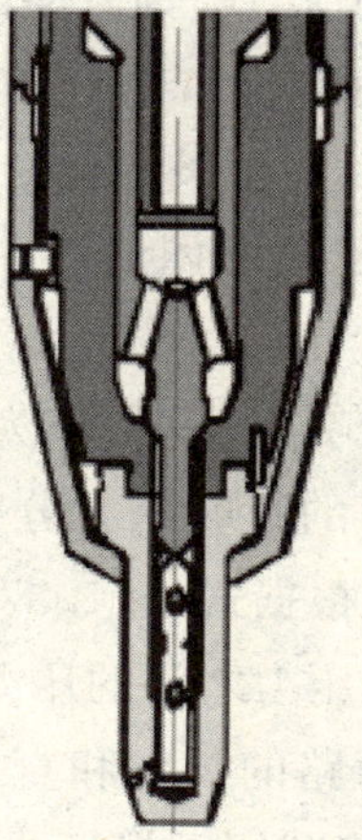

图 1.1.94 二冲程柴油机无盲孔的喷油阀“滑阀”
（资料来源：MAN B&W 柴油机股份公司）

1.1.6 混合气形成、点火和燃烧

柴油机中的混合气形成和发动机燃烧是不稳定的，总是因换气过程而中断。混合气形成和发动机燃烧发生在一个与外界环境隔绝的燃烧室内。可供混合气形成和发动机燃烧利用的时间与发动机转速有关，只有几微秒。

同所有内燃机的情形一样，燃油中所含能量通过碳氢化合物与燃烧空气中所含氧气的氧化作用变成二氧化碳和水而释放出来。

混合气形成

柴油机的燃烧首先从混合气形成开始。混合气形成包含准备燃油进行燃烧的物理和化学过程。

喷油过程

由于在喷油管路中有因燃油和管路的弹性以及燃油的惯性所引起的波动过程，所以喷油开始在时间上与喷油泵的供油开始不是完全一致的。喷油开始总是迟于供油开始。供油开始与喷油开始（燃烧室中的第一滴油滴）的时间差称为喷油延迟。

供油开始后喷油泵压缩室中形成压力引起压力波，压力波以声速穿过压力阀和喷油管路到达喷油嘴。喷油延迟的长度主要由压力波在泵与喷嘴之间的

运动时间决定。因此,发动机的所有喷油管路的长度同等有着重要意义,因为不然的活,可能出现(相对于曲柄转角)与相应的燃烧顺序不同的喷油开始。喷油延迟在很大程度上与发动机的运行条件有关。

实际的供油开始因喷油泵给油和回油孔中的节流过程而略早于几何供油开始(控制边缘关闭油孔)。

前行的压力波在关闭的喷嘴上反射,作为过压波返回到喷油泵,并在喷油泵上再次反射。喷油管路中的瞬时压力分布和喷嘴上的压力由前行波和返回波与静压叠加而成。因为根据式(1.1.37),喷射的燃油体积流量与喷嘴针座上的燃油压力与燃烧室中压力之间的压差有关,所以压力波动也影响喷油量的变化。精心调整喷油管路的长度和直径可以优化喷油量的变化。当反射条件受到干扰时,例如由于减压阀损坏或调整不当,喷嘴可能重新开启,并进行一次补喷("二次喷射")。这在燃烧技术和热力学上是不利的,所以必须避免。

燃油射束的扩展

以高速从喷嘴孔中喷出的燃油射束的能量被用来将燃油射束分解成微滴并尽可能均匀地分布在燃烧室中。在燃烧室中的射入深度取决于与喷油压力成正比的射束脉冲。混合气形成的质量主要与喷油嘴的功能和几何图形有明显的关系。射束分解时自由表面的形成是由喷嘴针阀范围内的一次分解和喷嘴远处范围内气动力所致二次分解引起的。一次分解发生的原因是穿过喷嘴孔的燃油的湍流运动,此时孔的几何图形有很大的影响。另外,燃油的温度和成分也起作用,因此这与射束在何种程度上形成空泡和气泡有关。喷射射束真正雾化成中等细度的和最终雾化成显微细度的油滴是由二次分解完成的。作用在油滴上的空气和惯性力使油滴变形并最终分解成极小的微滴。图 1.1.95 表明在喷嘴近处的射束分解和射束爆发。已经分解但尚未气化的射束中油滴的大小为 2～50μm,并具有对射束而言典型的静态分布。平均油滴大小在下列情况下较小:

- 当喷油孔直径小时;
- 当出口速度高时;
- 当燃烧室内空气密度大时;
- 当燃油黏度低时;
- 当燃油表面张力小时。

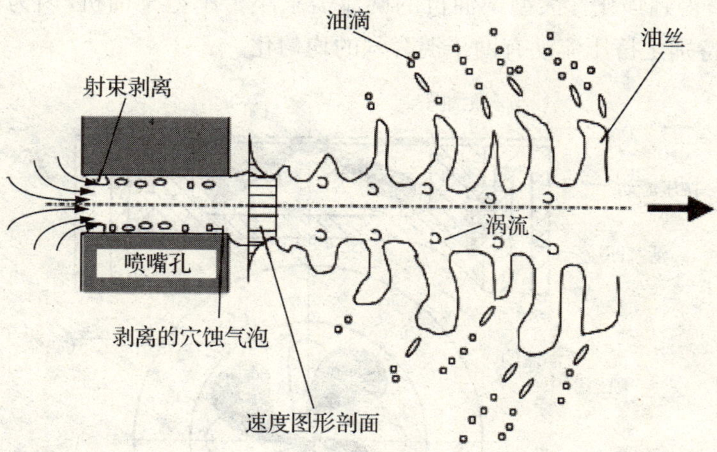

图 1.1.95　喷嘴近处的射束爆发和射束分解[1.1.6.1]

燃烧室内的空气运动由于油滴与空气之间的相对速度提高可能对射束分解发生负面影响。

大头棒形的喷油射束由尚未完全剥离的射束核心和射束外层构成,射束核心由速度较高的大油滴形成,射束外层由空气含量较高的细粒小油滴形成(见图 1.1.96)。当新喷射的小油滴在射束尖端的背风区向前突进时,射束外层不断得到射束核心的补充。射束边缘的细粒小油滴在高压缩温度下迅速气化,并与周围的空气混合。因此产生非常不均匀的混合气,在射束核心油脂很浓并有燃油小油滴,向射束外层逐渐变得淡薄并成气态。这样的层状分布导致在射束外层存在一有利于点火的区域。

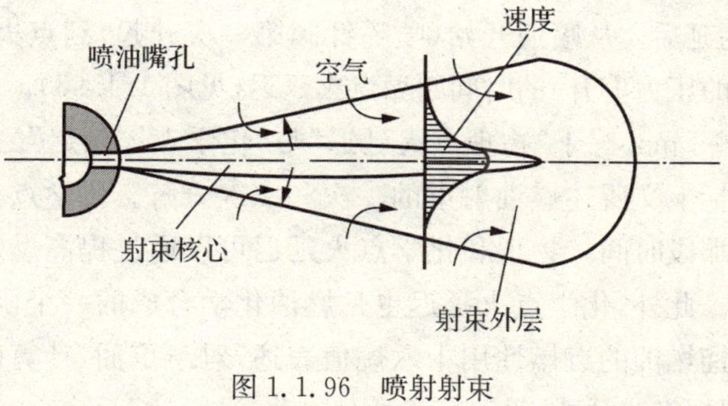

图 1.1.96　喷射射束

为了能够向射束充分进气,重要的是射束不在其根部切向喷向燃烧室壁。进气可以通过强劲的空气运动,通过旋流或在上止点之后挤入的挤压流动(见

图 1.1.97)得到强化。大型柴油机的旋流需求小于小型柴油机,因为其喷射行程较长。特别是挤压流动有助于混合气的均匀化。

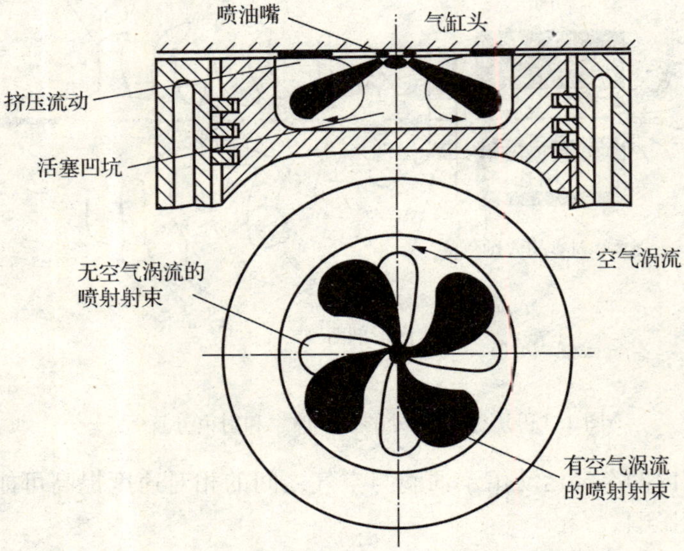

图 1.1.97　燃烧室中的空气运动[1.1.6.2]

点火

点燃喷入高温压缩空气中的燃油与分子与在热激励作用下形成点火原子团的速度有关。自燃条件不但受燃烧室内的压力和局部温度的影响,而且也受与二次分解衔接的升温、扩散过程相关的局部燃油烟雾浓度的影响。

以上所述喷射燃油的准备过程需要时间。点火不是随着喷油开始而立即开始,而是略为延后。从喷油开始(喷嘴针阀第一次升起)到点火开始(气缸中第一次可测到的压力上升)的时间叫做点火延迟(见图 1.1.98)。点火延迟的持续时间约为 1～5 ms,等于“物理点火延迟”与“化学点火延迟”之和[1.1.6.3]。物理点火延迟包括上文所述燃油射束的一次和二次分解。化学点火延迟是形成点火原子团的那段时间。物理和化学点火延迟可以通过提高燃烧室内的压力和温度而缩短。此外,化学点火延迟也是燃油化学合成的一个函数,表述为燃油点燃性。蒸馏燃油的点燃性用十六烷值表述,对于重油,计算碳芳香度指数(CCAI)可以根据经验公式(见运行消耗品一节)进行计算。

燃烧室内导致点火和燃烧的过程特别复杂。近来的研究已经明确了以下关系:

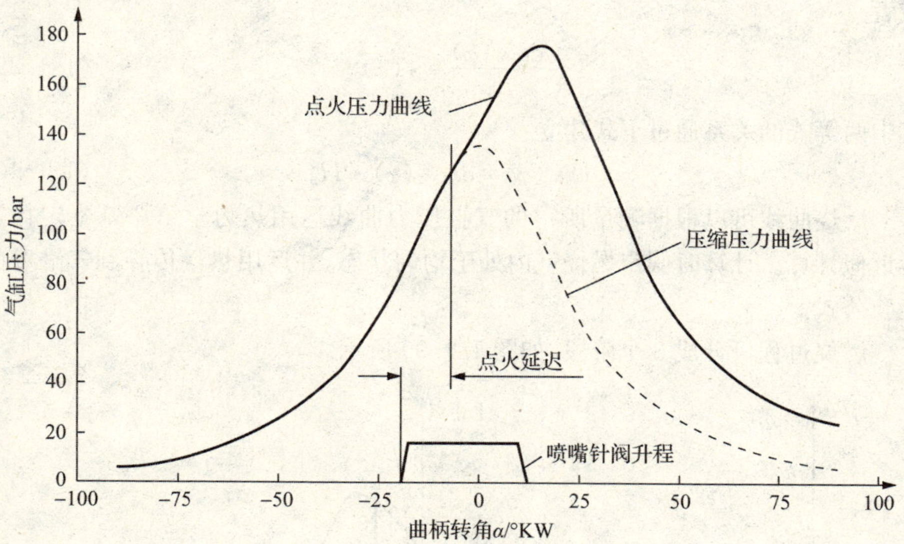

图 1.1.98 点火延迟

- 点火总是在气化的混合气中进行，混合气一般来自喷射的燃油；
- 点火后，其余经历了准备过程的混合气很快转入燃烧；
- 燃烧过程中燃烧室内的混合过程持续不断地进行；
- 燃烧受混合过程的强烈影响。

燃油在点火延迟时间仅需被喷入燃烧室，并在燃烧室准备点火。在部分负荷状态下，点火延迟有时可比喷油时间长。这意味着，总喷油量的大部分在点火之前进入燃烧室，并在燃烧室准备点火。点火时，经过准备过程的油量很快充分燃烧，并在气缸中引起很高的压力上升和最高压力。高压力上升和高最高压力意味着强烈的噪声辐射（“敲击”）、高一氧化氮生成以及增强的传动机构和发动机结构热负荷与机械负荷。为了优化发动机运行，要力求短的点火延迟。

燃烧过程

燃烧曲线

燃烧随时间的变化过程，也就是在燃烧室内的能量转化过程，用燃烧曲线来描述。燃烧曲线定义为每 KW 燃烧的燃油量或每 KW 转换的能量。

$$\frac{\mathrm{d}m_{\mathrm{BV}}(\varphi)}{\mathrm{d}\varphi}=f(\varphi) \tag{1.1.38}$$

或者

$$\frac{dq_{BV}(\varphi)}{d\varphi}=f(\varphi) \tag{1.1.39}$$

其中两等式的关系通过下式建立：

$$dq_{BV}(\varphi)=dm_{BV}(\varphi)\cdot H_u \tag{1.1.40}$$

燃烧曲线可以根据测量所得的气缸压力曲线运用热力学第一基本定律进行近似计算。计算时假定燃烧室内处于均匀状态，并运用热量传导到气缸壁的经验公式。

燃烧过程可分成 3 个阶段，如图 1.1.99 所示。

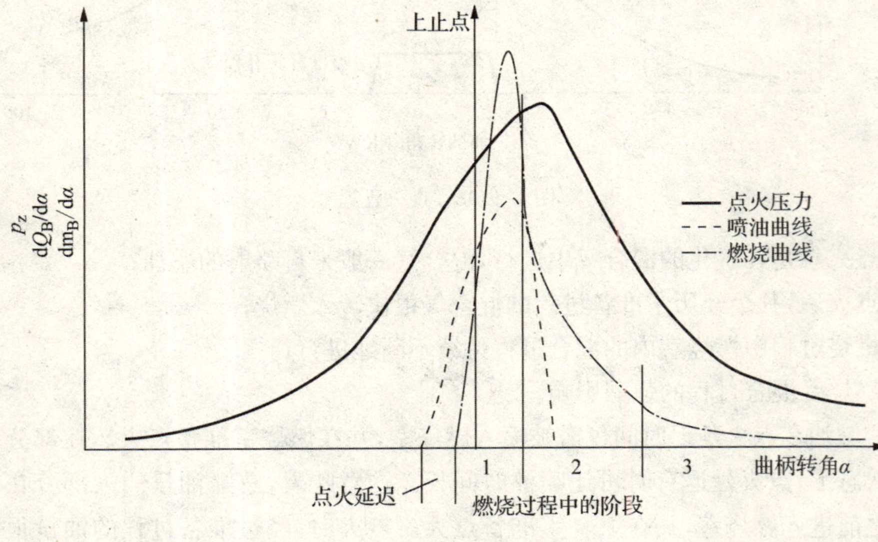

图 1.1.99　燃烧过程的 3 个阶段

第一阶段开始点燃在点火延迟中经历准备过程的燃油，并在燃烧了这部分油量时结束。这一阶段又叫做混合前燃烧，其过程基本不受控制。燃烧曲线在这一阶段显现一个突出的高峰，它往往高于最大喷油率。高燃烧曲线高峰引起快速压力上升和高发火压力。燃烧过程第一阶段的影响仅在点火延迟的范围内是可能的。

第二阶段的特征在于，燃烧曲线主要受燃烧室内混合过程的影响。燃烧速度与用燃油形成混合气体的速度有关，燃油在点火延迟结束后进入燃烧室。但第二阶段比第一阶段的延迟有所增加。如果在第一阶段燃油与燃过气体发生接触，则出现碳烟生成，通过随后的输氧只能部分地逆转这种碳烟生成。第二燃烧阶段又称为混合气控制燃烧。

在接下来的第三阶段中,最后经历准备过程的燃油相对缓慢地燃烧。其原因是气体温度下降,供氧减少,充气运动的旋流逐渐减少。优化燃烧曲线的目的应当是尽早和尽快结束燃烧,因为长时间的再燃烧在热力学上是不利的。

燃烧曲线的控制

可以通过影响点火延迟、控制喷油率和改变混合过程来优化燃烧曲线。

缩短点火延迟可限制燃烧开始前完成准备过程的燃油量,从而降低燃烧曲线高峰。可以通过提高喷油开始时燃烧室内的压力和温度值达到缩短点火延迟的目的。在给定的压缩比下,可以通过延迟喷油缩短点火延迟[1.1.6.4]。喷油开始对燃烧曲线的影响,如图 1.1.100 所示。

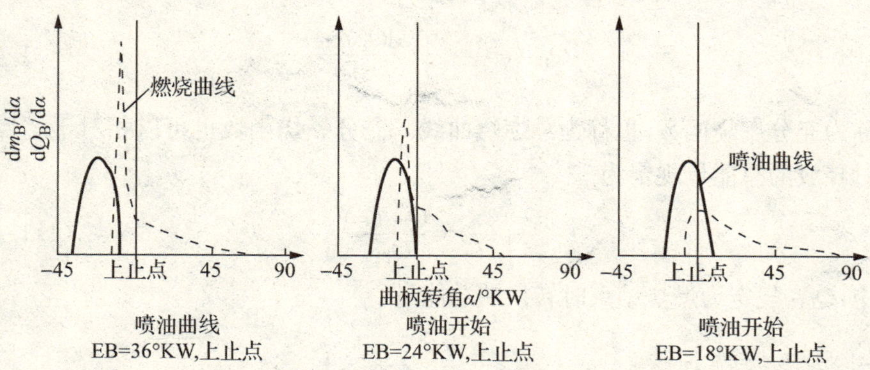

图 1.1.100 喷油开始对燃烧曲线的影响

诚然,现在需要对在第二阶段中的混合气形成提出更高的要求,因为这样可以优化转换更多的燃油量。

如果在点火延迟中只有少量燃油进入燃烧室,同样会降低燃烧曲线高峰。为此,可以通过例如特殊的喷油凸轮形状、提前喷油或控制喷油嘴横截面相应地设计喷油率。但那样必须提高第二燃烧阶段中的混合速度,通过加强气缸中的空气运动(旋流)或提高喷油压力就可以做到这一点。

通过改变混合过程本身,可以在两个阶段中对燃烧进行控制。在第一阶段可以通过选择燃烧室形状对喷油和空气运动进行调整,做到只有需要点火的那部分燃油在点火延迟中进入点火准备过程,其余部分则以含油脂的、难点火的形态出现。然后在第二阶段当然必须通过额外的空气运动加速混合过程,空气运动当然必须由燃烧本身来引起。比如说,间接的混合气形成过程就是这种情况。

加热曲线

以上所述燃烧曲线描述燃烧室内的全部能量转换。直接转换成提高压力的那部分,叫做加热曲线。燃烧曲线与加热曲线的差别在于燃烧过程中传导到燃烧室壁的那部分热量。为了根据测得的气缸压力变化曲线确定燃烧曲线,需要掌握关于热量传导到壁面上的知识和数据。如果不具备这方面的资料,仍然可以求出加热曲线,同样可对燃烧情况进行判断。

充分燃烧函数

燃烧曲线的积分

$$Q_{BV}(\varphi)=\int_{\varphi_{VA}}^{\varphi_{VE}}\frac{dQ_{BV}(\varphi)}{d\varphi} \tag{1.1.41}$$

被称为充分燃烧函数,也称为总燃烧曲线。充分燃烧函数也可以相对于燃烧结束时释放的总能量规定为

$$x_B(\varphi)=\frac{Q_{BV}(\varphi)}{Q_{BVE}} \tag{1.1.42}$$

式中:Q_{BVE}规定为燃烧结束时转换的总能量。

重油燃烧的特点

重油是柴油机工作特别需要的一种燃料。重油的成分在运行消耗品一节中说明,重油的准备在分油器一节中说明。

关于混合气形成和燃烧,使用柴油工作和使用重油工作也有一些不同。关于点火和燃烧特性,重油与柴油相比明显要复杂一些。特别是与含石蜡、烯烃和环烃的重油相比,芳香族碳氢化合物含量高的重油引起的点火问题更多。芳香族鉴于其环形分子结构,喷油后的准备过程遇到的阻力较大。如果柴油机方面不采取预防措施,小油滴的高压缩比、高喷油压力或部分负荷状态下的进气预热都会引起较长的点火延迟,伴之以相应的高点火压力梯度,都会导致发动机严重的热负荷和机械负荷。芳香族重油鉴于其在低黏度状态下的高密度,具有高 CCAI(计算碳芳香度指数)值,容易辨认。柴油机制造商对 CCAI 规定了运行极限值。重油的充分燃烧性可能较差,因此可能形成热力学上不利的“燃烧尾巴”。

重油中钠和钒的痕迹在燃烧时形成灰分,在 550℃以上的温度下液化,并构

成腐蚀性熔融物。这种熔融物主要侵蚀排气阀。为了可靠地避免高温腐蚀，气缸后的废气温度应当不超过 450℃。为此，需要空气过量大，要求空气过量在所有的负荷点上引起的燃烧空气比 $\lambda_V > 2$。

由于在重油中含有硫，在燃烧时生成二氧化硫（SO_2）和三氧化硫（SO_3）。与在燃烧时生成的水一起，最后形成硫酸。通过发火压力使硫酸的露点猛升[1.1.6.5]，通过对燃烧室周围表面适当的温度导向，以避免出现可能导致低温腐蚀[1.1.6.6]的液体硫酸凝露。

1.1.7 废气排放

完全燃烧

当完全燃烧仅由碳氢化合物和硫构成的含有 $C_X H_Y S_Z$ 成分的燃油时，根据下列反应式生成的产物只有二氧化碳（CO_2）、水（H_2O）和二氧化硫（SO_2）：

$$C_X H_Y S_Z + \left(x + \frac{1}{4}y + z\right) O_2 \Rightarrow x \cdot CO_2 + \frac{1}{2}y \cdot H_2O + z \cdot SO_2 \tag{1.1.43}$$

其中化学计量系数为

$$x = \frac{M_B}{M_C}c \qquad y = \frac{M_B}{M_H}h \qquad z = \frac{M_B}{M_S}s \tag{1.1.44}$$

式中：c、h、s 为燃油中所含成分的质量百分比。

考虑到空气中所含氧的质量百分比为 23.2%和燃油成分的分子量，由下式得出以“千克空气/千克燃油”计的化学计量空气需要量（最小空气需要量）：

$$L_{min} = \frac{1}{0.232} \cdot (2.664 \cdot c + 7.937 \cdot h + 0.998 \cdot s - o) \tag{1.1.45}$$

式中：o 是燃油中所含氧的质量百分比。

柴油机燃烧所需空气量原则上大于化学计量的空气量。空气过量用空气燃油比 λ 表示：

$$\lambda = \frac{m_L}{m_{Lmin}} \tag{1.1.46}$$

式中：m_L 是实际空气量，m_{Lmin} 是最小空气量。

不完全燃烧

不均匀的混合气形成和时间上较快的燃烧过程也会造成局部过低的化学

计量空气燃油比，出现部分燃烧的和没有燃烧的物质。其中主要是一氧化碳(CO)和部分氧化的与未燃烧的碳氢化合物，统称为 HC 排放物。在极端缺氧的情况下生成碳烟。低速二冲程柴油机的典型废气成分如图 1.1.101 所示。

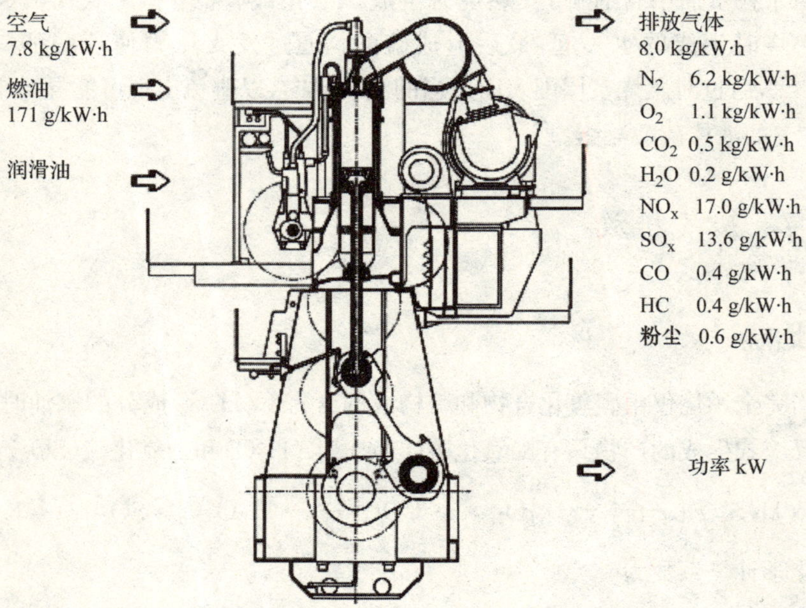

图 1.1.101　柴油机废气成分(资料来源：Wärtsilä)

一氧化碳 CO

缺氧情况下主要生成 CO。但与汽油发动机相比，柴油机废气的 CO 浓度很小。在柴油机的燃烧中也出现含油脂的混合气区。由于柴油机中的总空气燃油比较高，有足够的氧可生成 CO 氧化物。局部的高 CO 浓度在怎样的程度上通过再氧化化解，取决于总空气燃油比、燃烧进行过程和气体运动。

碳氢化合物 HC

没有燃烧的碳氢化合物部分发生在燃烧室内温度低的稀薄区域，那里发生的转化太慢。特别是在部分负荷状态发生这种情况。随着温度上升和空气燃油比降低转向满负荷状态，形成 HC 的原因逐渐消退。柴油机由于消耗能力强，不会出现点火中断，因为在喷射射束附近处于主导地位的是近乎理想的点火空气燃油比。极端的含油脂混合气出现在例如喷油射束碰撞到壁面上时，也会导致高 HC 排放。足够的气体运动对此有抵制作用。

HC 排放的另一个重要源头是在换气过程中从喷嘴盲孔中飞出部分作为冷凝物进入滑油中的燃油。为此所采取的结构上的预防措施参见 1.1.5 节。

除了没有燃烧的燃油成分以外，HC 排放中还含有部分氧化的化合物，例如甲醛和乙醛。甲醛和乙醛气味强烈，赋予柴油机废气典型的气味。浓度高时会刺激人的眼睛和黏膜。

特别是在发电机组的柴油机上，由于启动后立即加速到额定转速，特别是在吸入空气温度低时，以及在启动很少预热或没有预热的柴油机和部分负荷情况下，废气中会出现极端高的 HC 浓度，除了很强的气味刺激困扰外，“白色烟雾”在视觉上也很突出。较迟的喷油开始增强了这种效果。针对这种情况的补救办法只有达到高压缩比（高压缩温度）或预热吸入空气。

氧化氮 NO_x

氧化氮由氮气的氧化产生。为此需要有热量输入（吸热反应）。高温有利于氧化氮的形成。这取决于：

- 局部的温度；
- 局部的氧分压力；
- 可利用的时间。

在燃烧室内转换过程中完成大量基本反应。氧化氮的形成可以简化为 Zeldovich 反应，表述如下：

$$
\begin{aligned}
O_2 &\Leftrightarrow 2O \\
N_2 + O &\Leftrightarrow NO + N \\
O_2 + N &\Leftrightarrow NO + N \\
OH + N &\Leftrightarrow NO + H
\end{aligned}
\tag{1.1.47}
$$

由于燃烧室内单一成分的压力、温度和浓度不断变化，而形成氧化氮的反应过程又比较慢，因此在反应过程中达不到热平衡。因此，实际形成的氧化氮量落后于在热平衡状态可以达到的氧化氮浓度。但是可以明显地测得，低速柴油机所达到的氧化氮浓度高于中速或高速柴油机。最大的氧化氮形成出现在空气燃油比 $\lambda=1.1$ 时，尽管可以发现最高温度出现在空气燃油比 $\lambda=0.9$ 时。在循环温度和供氧方面总的来说最为有利的情况出现在 $\lambda=1.1$ 时。

除了一氧化氮 NO 外，还生成二氧化氮 NO_2。两者之和用“NO_x”表示。在柴油机中，NO_2 在 NO_x 中的百分比约为 10%。

一氧化氮的形成可以在柴油机复杂的燃烧中减少，方法是通过例如推迟喷油或冷却充气以降低燃烧温度，或者通过掺入一种惰性气体，例如掺入废气或水蒸气降低供氧量。

氧化硫 SO_x

在燃烧含硫的燃油时产生二氧化硫 SO_2，同时由于反应速度低只产生少量三氧化硫 SO_3（约占 SO_x 量的 2%）。废气中 SO_x 的浓度只受燃油中硫含量的影响。氧化硫不仅对环境有害，而且也有高度的腐蚀性。氧化硫加剧高温腐蚀，并与燃烧的水分形成硫酸，当低于露点时低浓度的酸液在缸套、柱塞环和环槽及阀杆上造成湿腐蚀损伤。

固体颗粒

柴油机排放的固体颗粒由非常复杂的各种不同的有机和无机物混合而成。其中包括来自燃油或滑油的基本碳元素碳烟、矿物质灰分、重金属、硫酸盐、水和不同的未燃烧的或部分燃烧的碳氢化合物。排放的大部分固体颗粒的直径小于 1 μm，因此能被空气气流经过长距离带走，只有很小的沉淀率。在不同的研究中，如此大小和质量的固体颗粒被按有害健康和致癌性质进行分类。

固体颗粒排放的数量级主要取决于燃油成分和燃烧质量。

由于结构复杂，固体颗粒排放的量化相当困难。作为浓烟的可察觉性也无济于事。固体颗粒排放的不同测量方法，常用的有：

1）滤纸变黑度测量

通过滤纸迁移确定的废气体积。然后用光学仪器测定滤纸的变黑度，并用一标准刻度计值。这种方法只适合于稳定态测量。这种方法的用例是博世值、Bacharach 烟灰值（ASTM）和滤纸烟灰值（FSN）。

2）不透明性测量

测量穿过一废气柱时光束强度的减弱。这种方法在一定条件下适合于不稳定态测量。用例：Hartridge 方法。

3）热滤法

通过一保持废气温度的滤器迁移废气。滤器所接受的质量用重力测定法测定，并称之为“灰尘”。

4）稀释隧道

废气部分流量用空气稀释，以模拟从废气管道中排放后的情况，然后投放到一个温度调节至52℃的滤器上。滤器所接受的质量用重力测定法测定，并称之为“固体颗粒”。

显然，鉴于测量条件不同，各种方法会得出不同的结果。在评价测量结果时始终必须考虑测量方法。

有各种不同的方式对不同测量方法的测量值进行相互换算，例如将博世值换算成固体颗粒物质流量的“MIRA 曲线”。不过这些方法仅仅是或多或少尚属较好的逼近法，因此要慎重考虑。

有害物质排放单位

定量确定气态废气有害物排放的测量技术是非常昂贵的。ISO 8178 规范了对测量技术、校准和确定测量数据的要求。

废气排放的数据规定为浓度或物质流量。如果以 pm（1×10^{-6}）或 $g/N\cdot m^3$ 为单位提供浓度，则可以通过混入空气影响测量值。因此，浓度数据中总要规定一个废气的标准氧含量。废气的标准氧含量与废气的实际氧含量不是等同的，但可使测量结果具有可比性。可用以下等式将测量值换算成标准氧含量。

$$x_{\text{bez}}=x_{\text{meß}}\frac{20.95\%-O_{2\text{bez}}}{20.95\%-O_{2\text{meß}}} \tag{1.1.48}$$

废气排放的物质流量数据通常与功率挂钩，以 g/kW·h 为单位表示。这一单位在废气排放规范中最为常用。在 ISO 8178 中还描述了废气排放浓度换算为物质流量的方法。

同时，在 ISO 8178-4 中也规定了适用不同发动机壁和运行方式的检测周期，这一规定构成测定废气排放规范中规定极限值的基础。

发动机内部减少废气排放的措施

减少废气排放的措施可以分为发动机内部措施和外部措施。发动机内部措施包括对燃烧的影响，外部措施包括废气后处理，将在后面单独讨论。

减少 NO_x 的发动机内部措施包括降低局部最高温度和/或降低局部氧浓度，而减少其余有害物质排放的措施主要是尽量优化燃油与空气的混合，力求达到尽可能完全的燃烧。

通过现代电子化的发动机电磁系统与电子控制的喷油相结合，可以支持或在某些情况下才有可能实现下文将要说明的废气排放减少措施。

发动机内部废气排放减少措施的优化在很多情况下是一种折中方案，因为对付某一种有害物质的不同措施或对付不同有害物质的多种措施往往互相影响或随之带来其他缺点。

通过推迟喷油开始以降低 NO_x

压缩正在燃烧的混合气对燃烧室内的最高压力和最高温度有很大影响。如果继续压缩燃过的高温气体，结果会造成非常高的压力和温度，并因而造成一氧化氮的高转化率。

燃烧开始时的初始压力和初始温度较低或者在上止点之前燃烧开始时缩短再压缩的时间，这样可以推迟喷油以达到较低的喷油压力和温度。通过上述措施可使 NO_x 的减少率达到 25%～30%。

这种方法的根本缺点是由于最高压力低导致效率变坏，以至于不得不以多付出高达约 5%的高燃油消耗量为代价。图 1.1.102 为"NO_x（氧化氮）与燃油消耗量关系曲线剪辑"。

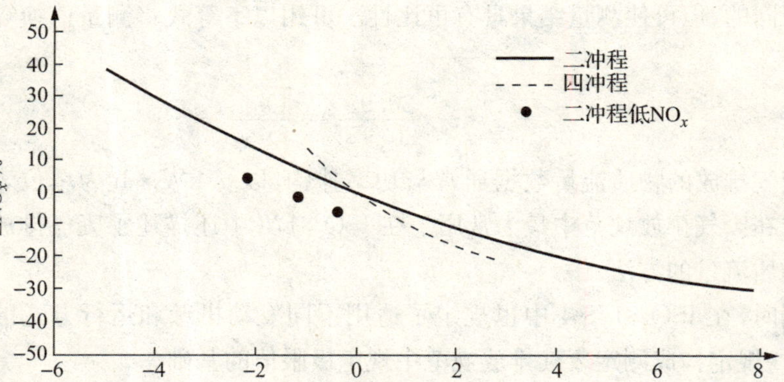

（BSFC＝brake specific fuel consumption＝比油耗）

图 1.1.102　一氧化氮排放与燃油消耗量的关系（资料来源：Wärtsilä）

如果继续推迟喷油开始达到 NO_x 极限值，则为了计及已提高的废气能量往往需要从新调整废气涡轮增压器的涡轮横截面。

通过匹配压缩比，虽然推迟了喷油开始，仍然可以重新提高最高压力，改善效率。通过升高进气压力而提高压缩比同样也会升高对 NO_x 的产生有负面影响的空气燃油比。升高几何压缩比表明是较为有利的。这对于长冲程发动机要更好一些，因为长冲程发动机的压缩比高说明燃烧室形状比较有利。

通过匹配阀门控制时间和换气以降低 NO_x

在四冲程柴油机上，可以通过缩小阀门开度重叠提高气缸中的剩余气体(惰性气体)含量，这将导致更低的燃烧速度和 NO_x 形成。可以通过运用米勒过程(Miller-Verfahren)来达到降低压缩温度的目的。为此要向着下止点之前“提早”的方向调整关闭进气阀的时间。“关闭进气”之后充气的再膨胀引起气缸充气冷却，从而减少 NO_x 的形成。运用米勒过程时，需要使用高效的涡轮增压器。缺点是发动机的部分负荷特性差，所以有效地运用米勒过程需要可变的阀门控制时间。

在二冲程柴油机上，通过推迟排气阀的开启时间点可以提高气缸中的剩余气体含量，并通过减小废气涡轮增压器的废气能量以降低空气燃油比。在一台试验柴油机上，用这种方法使 NO_x 减少了15%，耗油量降低了2%[1.1.7.1]。

改变空气燃油比对 NO_x 排放是否有或没有正面影响，取决于发动机的燃烧导向和特别设计。

通过改变阀门控制时间和换气降低 NO_x，在重油运行的情况下因废气温度升高和诸如固体颗粒和CO等有害物质增多而有一定的极限。

通过改进喷油系统以降低 NO_x

通过改变喷油喷嘴的喷油孔横截面积和通过改变喷油泵的柱塞直径可以调整喷油压力和喷油持续时间。单是改变喷油压力本身对 NO_x 排放的影响不大，但改变喷油持续时间则有正面影响。不过，由此引起缓慢燃烧会使效率变差，因而增加发动机的燃油消耗量。NO_x 降低约5%是有可能的。

通过降低进气温度以降低 NO_x

降低进气温度后因燃烧最高温度下降而引起 NO_x 排放减少。下限是与海水温度有关的充气冷却剂温度。在部分负荷运行状态下要注意低进气温度下HC排放的形成有所增强，满负荷运行状态下充气冷却器中产生大量冷凝水，必须排放出去。因此，建议根据负荷情况调节进气温度。

通过进水以降低 NO_x

进入燃烧中的水由于蒸发热和高热容量在蒸发过程中将会降低最高温度，所产生的水蒸气将会降低氧分压力。重要的是，进水不以大水滴的形式达到气缸套并冲洗掉气缸套上的润滑油膜。正确进水时观察到燃烧室内没有腐蚀问题。为了保护喷油系统，必须在水中适当掺入少量防腐油。

进水要做到让水尽可能完全作用到燃烧区火焰前锋范围内生成一氧化氮的部位。

在燃烧过程中进水的最简单的方式是湿润充气。为了避免水滴滴落，可以只在充气达到饱和状态时充入。在充气冷却器之后的空气温度低时，可进水的水量不要太多，因而 NO_x 降低也不会太多。

采用 HAM 系统(湿空气发动机系统)[1.1.7.2]可以取消充气冷却器，而代之以安装一个专用的加湿装置。通过在 ATL(废气涡轮增压器)压气机之后显著提高温度，空气可在饱和状态下携带多得多的水量，并进入燃烧室。加湿的空气以高于应用充气空气冷却时的温度进入燃烧室。由于混合气的热容量较大，平均燃烧温度上升，但废气温度相对于正常情况不上升。用这种方法可使 NO_x 降低到 70%，但比效率小于其他方法，因为水是分布在整个燃烧室内，而不是只分布在火焰前锋范围内。

喷射燃油与水的乳化液是降低 NO_x 排放的一种非常有效的方法，因为水与燃油直接进入火焰前锋，该处 NO_x 的形成受到抑制[1.1.7.3]。燃油中水的百分率与降低 NO_x 的百分率大致相当是有可能的。燃油中最高达到约 100%的水(相对于燃油量)有可能出现不发生点火中断的运行。对燃油消耗量的影响与个别发动机本身有关。为了制造乳化液需要一种专用设备，运行时必须适量掺入一种化学乳化剂。在现有的柴油机中，喷油系统的能力是一种限制。喷油系统正常情况下约有 15%～20%的体积供油储备，就是说，可以输送最大 15%～20%的水含量而不会降低功率。喷油嘴也必须与其总喷射量增加后的喷油孔横截面相匹配。这意味着，适应纯重油或纯柴油运行的喷嘴必须有大得多的横截面。喷射乳化液的一个优点是，惟独用这种方法在水含量很小的情况下就已能明显减少碳烟排放。

用一个单独的喷射系统直接喷水到燃烧室中，有可能与喷油无关，单独确定喷入的水量和喷射时间点。那样，可能达到非常大的水量，因而可能实现非常大的 NO_x 降低。喷嘴的形状也对水含量的局部分布发生影响。不适当地选择了直接喷水，除了 NO_x 减低不足外，还会出现碳烟和 HC 排放上升。

利用废气再循环降低 NO_x

废气再循环是一种非常有效的减少 NO_x 排放的手段。特别是当冷却的废气重新送去燃烧时,可使 NO_x 降低高达 85%。但在使用含硫的重油运行时,很难使用废气再循环,因为在整个换气系统中由于硫酸的露点低而出现严重的腐蚀问题,而且沉积也是问题。此外,当负荷在 50%以上时,在较高的废气再循环率(>10%)情况下可以观察到强烈的碳烟排放。

降低 HC 和固体颗粒排放

如上所述,在部分负荷状态和低燃烧温度下,主要出现 HC 排放。除了燃烧温度降低措施外,喷油嘴的盲孔容积也被认为是高 HC 排放的肇事者。

只有通过结构措施可以有效地排除增加 HC 排放的各种原因。这里需要提出的是缩小喷嘴盲孔和升高压缩比。优化喷油嘴的盲孔容积已在 1.1.5 节中做了说明。升高压缩比在喷油开始和部分负荷状下导致高温,因而也导致点火更可靠和燃油完全燃烧。

减少固体颗粒排放,由于成分复杂,不能限于一种措施来说明。为了避免碳烟排放,需要高混合气形成能量,以充分的供气达到精细的燃油分布。应当通过高喷油压力和必要时燃烧室中的空气运动的支持来准备混合气形成能量。固体颗粒排放的另一个源头是硫酸盐,硫酸盐来自燃油中的硫和进入燃烧室中的润滑油。燃油中的硫含量低和发动机的润滑油消耗量低都会促成低固体颗粒排放。此外,润滑油消耗量低对于低固体颗粒排放也是一个优点,因为其他的固体颗粒是由润滑油中的矿物质灰分构成的。

发动机外部减少废气排放的措施

在发动机外部减少废气排放的措施称为发动机外部措施或二级措施。上文所述各种废气有害物质都可以通过二级措施降低。为此,在发动机之后废气管路中需要有专门的设备。

通过 SCR 技术降低 NO_x

由于柴油机以接近于 $\lambda=2$ 的空气燃油比工作,使用不上小型汽油发动机为减少 NO_x 所用的三元催化器,因为三元催化器只在化学计量的燃烧过程($\lambda=1$)中工作。柴油机废气中的一氧化氮只能通过 SCR(选择性催化还原)催化器得以减少。用这种方法时,废气在流动中穿过由金属氧化物陶瓷孔芯构成的催化器之前与氨 NH_3 或作为氨载体的尿素混合。孔芯中流动通道的尺寸必须根据废气成分、废气的固体颗粒含量和允许的背压升高进行相应的优化。图

1.1.103 为一 SCR 催化器与串联的氧化催化器原理图。

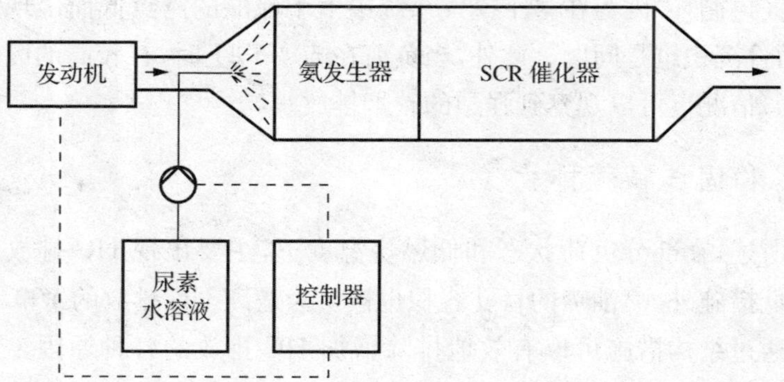

图 1.1.103 带尿素喷射器的 SCR 催化器

在催化器中一氧化氮根据下列反应式还原为氮和水：

$$4NO + 4NH_3 + O_2 \rightarrow 4N_2 + 6H_2O$$
$$2NO_2 + 4NH_3 + O_2 \rightarrow 3N_2 + 6H_2O \quad (1.1.49)$$

这一反应以催化器中的 300℃～450℃温度通风口为前提，因为超过这一温度时 NH_3 即燃烧，不可能与一氧化氮发生反应。如果温度低于 300℃，反应就会很慢，含硫的燃油(重油运行)中生成硫化铵，硫化铵堵塞并毁坏催化器。因此，二冲程柴油机的排气温度低时必须考虑把催化器直接安放在发动机后，废气涡轮增压器之前。四冲程柴油机正常情况下安装在废气涡轮增压器之后就够了。在重油运行状态下，当排气温度过低时，要及时关闭催化器。也可以预设一个燃烧器给排气加热。催化器的大小受排气体积流量、排气温度和要求达到的 NO_x 还原率的影响。

氨气在周围环境中非常讨厌，大多首选尿素作为还原剂。尿素通常使用 30%～40%的水溶液。使用尿素时，必须在催化器之前一定距离喷射到排气中，以便根据速度有充足的时间准备分解尿素，并形成 NH_3。

用 SCR 催化器可达到的 NO_x 还原率明显在 90%以上。当还原率在 90%以上时，需要非常精确的 NH_3 配量装置，以避免 NH_3 外泄，即避免没有消耗的氨气从排气管中溢出，造成污染环境的后果。为此，在催化器之后测量排气中的 NO_x 含量，并根据 NH_3 测量值配量(反馈调节)。即使在高负荷变化速度情况下也要进行这样的调节。在稳定运行状态或还原率较低的情况下，通过一个控制器进行还原剂的配量，控制器中存有必须在试验中测定的与发动机负荷相关的 NO_x 分布曲线。

在使用含硫燃油运行时必须注意,SCR 催化器中也进行强烈的 SO_2 到 SO_3 的转换,后者在水中变成硫酸,会造成排气系统中发生严重的腐蚀问题。

利用氧化催化器减少 HC 和 CO

排气中部分燃烧和没有燃烧的碳氢化合物和一氧化碳可以借助一种氧化催化器(Oxi-Kat)再还原成 CO_2 和水。氧化催化器有一层贵金属覆层,其成分取决于需要被氧化的物质的类别。可以达到约 50%～80%的还原率。

氧化催化器往往在 SCR 催化器之后装入同一个壳体内,可以附带控制可能发生的氨气外泄。使用 Oxi-Kat 氧化催化器可以预计 SO_2 按上文所述顺序非常强烈地转化成 SO_3。

催化器毒素

有些物质对催化器有降低活性和促使老化的作用。其中包括碱金属和碱土金属的氧化物,金属 Pb、Zn、Hg 与 Cd,以及 P_2O_5 和 P、Si-O 有机化合物与卤化物。排气中不允许超过这些物质的最大含量,以保证催化器有足够的工作寿命。

废气脱硫

陆上发电厂的废气脱硫装置代表技术发展的现有水平。其中,废气用石灰乳洗涤,并产生由 SO_x 和 $CaCO_3$ 石膏与 CO_2 构成的最终产物。在船上,问题除了供给石灰乳外,还有石膏的处理,尤其是石膏中混有在燃烧重油中产生的碳烟、固体颗粒和重金属等有害物质后难以处理。

在一个废气洗涤器(涤气器)中用海水洗涤废气虽然解决了毒素排出问题,但用过的海水却成了被高度污染的废水。除了 SO_2 和 SO_3 外,还有大部分的 NO_2 和 20%～25%的固体颗粒被洗出来。NO、HC 和 CO 通过涤气器后几乎没有减少。因此,由于环保的原因,这个问题没法解决,在近岸水域又不允许把废气洗涤水直接排入海中。

固体颗粒过滤

由于柴油机废气中的固体颗粒密度低、粒度小,离心式分离器的作用远远不够。

作为过滤材料,可以考虑编织滤网或整片陶瓷。两种情况的过滤效果都很好，但回收很麻烦。给滤器加载，直至达到允许的背压极限为止。然后进行回收，以便重新降低背压。通常采用热回收，热回收时聚集在滤器上的碳烟和碳氢化合物被烧掉。成问题的是来源于润滑油添加剂或重油灰分的矿物质固体颗粒成分。这些成分不能用热力清除，并且过些时间后会堵塞滤器，这是因为，每次热回收后最小背压都有所上升。只有通过机械清理或更换过滤材料才能清除不可燃烧的残留物。

现在买不到批量生产的供轿车柴油机使用的固体颗粒过滤器。这种情况下是利用废气温度点燃聚集在过滤材料上的炭烟，方法是在废气中加入添加剂，将炭烟的点火温度降低到排气温度以下。已知还有一些解决办法，就是利用一个全流式燃烧器把排气温度升高到碳烟的点火温度以上。

目前可买到的上述类型的固体颗粒过滤器适用于约每台 500 kW 以下的发动机功率。更大的发动机功率，如船上用的，市场上还找不到固体颗粒过滤器的解决办法。至于发电厂行业中可能适合于船用的静电过滤器，目前还在试验中。

废气排放规范

国际海事组织（IMO）于 1997 年通过了船舶防污染国际公约的附录Ⅳ（MARPOL73/78，Annex Ⅳ）。该附录经代表全球吨位 50％以上的 15 个 IMO 成员国批准后，于 2005 年 5 月 19 日生效。在其中的规则 13 和 14 中规定了一氧化氮和氧化硫的极限值。

关于一氧化氮的规则 13 适用于安装在于 2000 年 1 月 1 日或以后铺龙骨的船上使用的所有功率在 130 kW 以上的柴油机（赛艇发动机、应急柴油机例外）。此外，规则 13 还可应用于安装在于 2000 年 1 月 1 日或以后经过一次较大改装的船上使用的所有功率大于 130 kW 的柴油机。在上下文中“一次较大改装”意味着：

- 发动机更换为一台于 2000 年 1 月 1 日或以后制造的发动机；
- 发动机经历了一次与废气排放有关的修改；
- 发动机的额定功率提高了 10％以上。

NO_x 极限值规定与发动机的额定转速有关。图 1.1.104 为极限值曲线。

当额定转速 $n<130$ r/min 时，NO_x 极限值恒等于 17 g/(kW · h)，当 130 r/min$<n<$2 000 r/min 时，极限值遵循等式 $45\times n^{-0.2}$，如果额定转速 $n>$2 000 r/min，则极限值保持 9.84 g/(kW · h)不变。极限值是一个在整个检

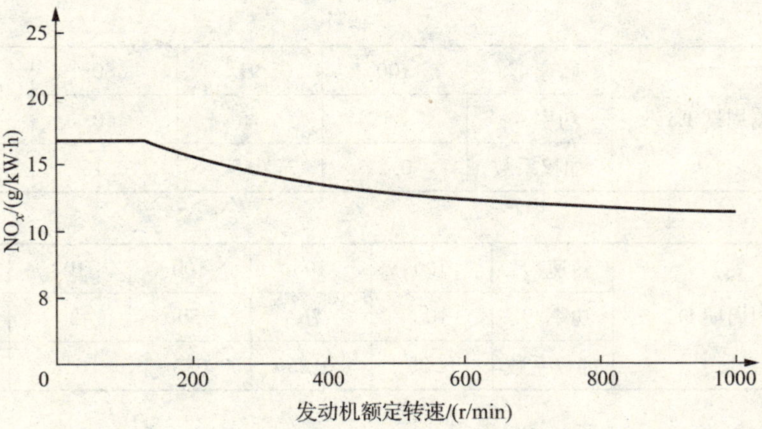

图 1.1.104 根据 MARPOL 73/78 附录Ⅳ的 NO_x 极限值

测周期范围内加权的平均值，检测周期在 ISO 8178-4 中定义，并引用到对规则 13 的执行规定中(2/1997 决议案 NO_x 技术规程)。船用柴油机使用 4 个检测周期：

- 检测周期 D2：以交变卸载为主的发电机驱动装置；
- 检测周期 E2：转速不变的螺旋桨推进发动机，包括可调螺距螺旋桨推进装置；
- 检测周期 E3：固定螺距螺旋桨推进用发动机；
- 检测周期 C1：可变转速和可变功率的辅机发动机。

表 1.1.2 列出了每一周期的加权系数。

遵守的极限值必须由柴油机制造商记录在所谓的技术文件中，并由旗籍国在 EIAPP 证书中予以确认。两个文件必须持续地随带在船上。技术文件还包括对与 NO_x 相关的部件的说明和发电机的调整，以及对给定极限值合格检验程序的说明，检验程序仅是基于对发动机装备和调整进行一次检验，而不是基于对 NO_x 排放进行一次测量。

表 1.1.2 检测周期的加权系数(转速和功率以额定转速和额定功率的%为单位表示)

检测周期 E2	转速/%	100	100	100	100
	功率/%	100	75	50	25
	加权系数	0.2	0.5	0.15	0.15

（续表）

检测周期 E3	转速/%	100	91	80	63
	功率/%	100	75	50	25
	加权系数	0.2	0.5	0.15	0.15

检测周期 D2	转速/%	100	100	100	100	100
	功率/%	100	75	50	25	10
	加权系数	0.05	0.25	0.3	0.3	0.1

检测周期 C1	转速	额定转速				中间转速			空转
	扭矩/%	100	75	50	10	100	75	50	0
	加权系数	0.15	0.15	0.15	0.10	0.10	0.10	0.10	0.15

规则14限定氧化硫的排出量。对此，允许在船上使用的重油的硫含量在全球范围限定为4.5%。在特定海域，即所谓的硫排放量控制区（SECA），燃油的硫含量限定为1.5%。自2006年7月起，SECA包括波罗的海、北海和英吉利海峡。实际上，这意味着船上必须使用两种不同的燃油航行。或者，可以使用有证书证明可将废气中 SO_x 含量限定到6.0 g/(kW·h)的废气净化设备。必须记录燃油的硫含量和进入SECA时换成低硫燃油的换油时间点。

除了适用于海运的MARPOL 73/78附录Ⅵ以外，还有不同的限制废气排放的国家规范生效。

瑞典对所有与废气排放有关的旗籍国的船舶给予航道和港口费折扣。NO_x 在75%的发动机负荷状态下的排放量考虑以一个特定的12 g/(kW·h) NO_x 排放量为基准，与最多2 g/(kW·h)成线性关系下调航道和港口费。在使用硫含量特别低的低硫燃油时，给予特别折扣。

挪威对挂挪威旗的船舶根据其环境友好性分级征收吨位税。

在美国已经颁布了适用于海运的EPA（环境保护局）废气排放规范（40 CFR 94）。该规范第一级（Tier 1）中，对于挂美国旗的船上气缸工作容积大于30L的发动机，宣布其 NO_x 极限值自2004年起受MARPOL 73/78的约束。该规范第二级（Tier 2）规定，凡气缸工作容积小于30L的发动机，新机器自2004年起，所有机器自2007年起，其 NO_x、HC、CO和固体颗粒的极限值以非陆路车辆机器(NRMM)的EPA极限值为依据。对于更大的发动机,预期最晚于2007年推出一项不仅适用于NO_x,而且适用于SO_x、HC、CO和固体颗粒的新极限值规定。其中,NO_x极限值正在讨论中,将比现行IMO极限值低30%。第二级(Tier 2)应不仅仅对挂美国旗的船只有约束力。

阿拉斯加限制海船排气的炭黑度(阿拉斯加海船废气排放标准,AAC 50.070)排气管出口处的废气烟度限定为20%。机动航行允许短时间超过规定。

除了上述废气排放规范外,还有一系列其他国家废气排放规范,主要是地区性的废气排放规范,航运业必须遵守。内河航运往往也适用国家或地区性规范,例如博登湖航运条例、莱茵河航运和勘测规则、欧洲规范97/68EG,其中极限值往往以非陆路车辆机器的EPA极限值为依据。

1.1.8 船用柴油机增压

柱塞式发动机的增压源于航空发动机的发展,目的是补偿随着飞行高度的增加而降低的空气密度和发动机功率的减小。今天,内燃机增压目的则是对于给定的发动机尺度在不提高转速的情况下提高功率。功率的提高是在增压时通过供给大量的空气而实现的。与柱塞式发动机的功率测定相对应,功率的提高是通过提高有效平均压力而实现的。根据公式(1.1.49)可以推知有效功率的关系式如下:

$$p_{me}=\eta_i \cdot \eta_m \cdot \lambda_L \cdot \rho_L \cdot \frac{H_u}{\lambda_V \cdot m_{min}} \tag{1.1.50}$$

因为热值H_u和最低空气需要量m_{min}与燃料有关,燃烧空气比是根据混合气形成方法给定的,所以,平均有效压力原则上只能受指示效率η_i、机械效率η_m、充气系数λ_L和空气密度ρ_L的影响。增压对这些参数的影响很不相同。发动机的充气系数原则上不会通过增压而有所改进,而通过残余气体压缩以及再通过改善残余气体扫气最多也只能改进$\varepsilon/(\varepsilon-1)-1$(完全残余气体扫气)。今天的柴油机的压缩比相对较高,但在这种情况下影响也很小。

如果观察指示效率η_i和机械效率η_m,则适用以下规律:

(1) 摩擦损失主要与发动机转速有关,很少随指示平均压力的上升和气缸压力提高而增加。因为平均压力随着增压而提高,摩擦损失按比例减小,这将导致机械效率的提高。

(2) 对于同等大小的发动机来说,导出热量的面积相同,热损耗的增加小于与气体压力的比例;随着增压压力的提高,热损耗相对于有效功率变得更小。

(3) 根据增压方法和涡轮增压器的效率,或多或少地对换气功发生有利的影响。

换气功的改善是增压对指示效率 η_i 的唯一直接影响,因而也是对发动机功率和油耗率的唯一直接影响。在非增压四冲程柴油机上,比如说,换气功始终是负的,也就是一种损耗功。在废气涡轮增压的柴油机上,换气功始终是正的,也就是一种有效功。在二冲程柴油机机上,换气功始终是负的,但通过增压,例如通过降低通气孔高度增压,可以减小其绝对值。

但是,比往往被过高评价的对换气功的直接影响重要得多的是增压系统对工作循环的功和效率的间接影响,因为增压系统决定压力、温度和压缩行程起始点上气缸充气的纯度。这一论断特别适合于在计算状态之外的运行情况(见图 1.1.105)。

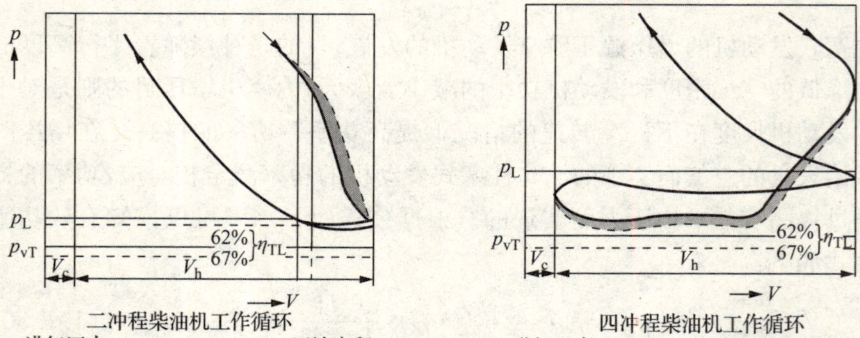

p_L=进气压力　V_c=压缩容积
p_{vT}=涡轮前废气压力　η_{TL}=涡轮增压器效率
V_h=行程容积　▬=换气功差

图 1.1.105　通过增压改善换气(废气涡轮增压器效率)

为了相应地转换更多的燃油量,从而能提高机械有效功率,要提高气缸中新鲜空气充量的密度和质量,以使增压发挥最大的间接影响。增压系统的功用主要在于提高充气的密度,这基本上要靠提高压力和/或降低温度才能做到。在实践中,涡轮增压器中的环境空气是被接近于等熵地压缩到较高的压力,尔后在充气冷却器中的回流冷却会进一步提高密度。冷却器在提高空气密度中的作用随着压气机压力比的提高而增大。

船用柴油机的废气涡轮增压

由于要求船用螺旋桨推进装置具备高推进功率,所以船用柴油机很快就采用了增压。早在 20 世纪的 50 年代末，船用发动机就由涡轮增压的柴油机取代了双作用发动机。当人们在大型二冲程柴油机上将废气涡轮增压与机械式增压(非常长的柱塞下侧、鲁茨鼓风机、柱塞式压气机)组合起来时，在船用推进发动机方面纯废气涡轮增压很快在四冲程柴油机上获得成功。今天，在使用二冲程船用柴油机的情况下，基本上都采用电动辅助鼓风机来启动并列布置在压气机与电动机之间的柴油机。对于船用柴油机，若干年来，除了可靠性和长使用寿命以外，还提出了以下要求：

- 低燃油消耗量；
- 重油运行；
- 废热利用。

这些观点对增压系统都有重要意义，同时，增压的初始目标本来就是通过提高平均有效压力继续提高与行程容积相关的有效功率。

废气涡轮增压中，要求的增压鼓风机功率由废气涡轮产生。判断指示效率所需要的状态转变如图 1.1.106 所示的四冲程柴油机的理想循环。如果

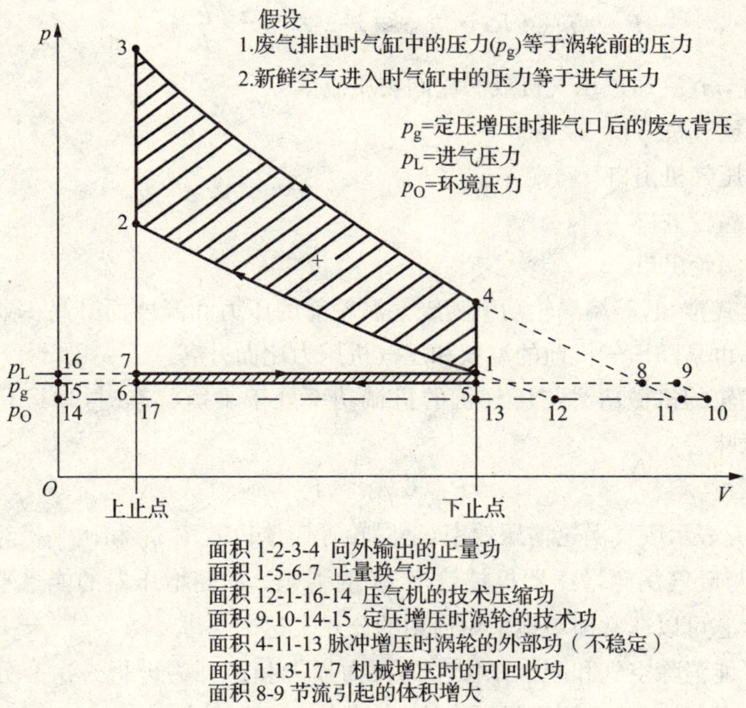

图 1.1.106 增压式四冲程柴油机的压容曲线

为了扫气在上止点上提供一阀门开度重叠，则进气压力 p_L 必须高于废气背压 p_g。废气涡轮的技术功无论如何必须大于鼓风机功，以弥补废气涡轮中的机械损失。在定压增压时产生一定的体积增大或温度升高，因为膨胀从 4 到 8 不是多元的，也就是说，是在没有输出功的情况下进行的，而是废气在排气口立即被节流降压到背压。虽然基于等焓节流，温度 T4tot 大致必须就是 T9tot，但在位置 4 和 9 测得的(静态)温度是不同的，因为位置 4 上的动能的功不可忽略不计。

自运行条件

为了确定对自运行条件的影响，必须已知等熵压气机功率和涡轮功率。

等熵压气机功率适用：

$$P_{Vs}=\dot{m}_L \cdot R_L \cdot T_1 \cdot \frac{\kappa_L}{\kappa_L-1} \cdot \left[\left(\frac{p_2}{p_1}\right)^{\frac{\kappa_L-1}{\kappa_L-1}}\right] \tag{1.1.51}$$

等熵涡轮功率适用：

$$P_{Ts}=\dot{m}_A \cdot R_A \cdot T_3 \cdot \frac{\kappa_A}{\kappa_A-1} \cdot \left[1-\left(\frac{p_4}{p_3}\right)^{\frac{\kappa_A-1}{\kappa_A}}\right] \tag{1.1.52}$$

式中：$\dot{m}_L$，$\dot{m}_A$＝通过压气机或涡轮的物质流量

指数　1 压气机进口

　　　2 压气机出口

　　　3 涡轮进口

　　　4 涡轮出口

由上式推知，等熵涡轮功率随废气涡轮前的压力和温度而升高。要求的压气机功率也是随压气机前的温度和压气机压力比而升高。

当涡轮的机械功率与压气机的机械功率处于平衡状态时，自运行条件具备。这意味着

$$P_{Ts} \cdot \eta_{ATL}=P_{Vs}$$

式中：η_{ATL}表示废气涡轮增压效率，是涡轮等熵单机效率 η_{Ts}和压气机等熵单机效率 η_{Vs}与废气涡轮增压器机械效率 η_m 的乘积。涡轮增压器的能量平衡在定压工作状态可以非常简单地采用通用的公式表达[1.1.8.3]。

为了能消除空气和废气系统中的压力损失和达到为进行一次充分的扫气所需要的空气流量 λ_α，压气机压力比 π_V 必须大于涡轮压力比 π_T。根据发动机机型，π_V/π_T(扫气压差的一种表达式)在二冲程柴油机的整个运行范围内应约

等于 1.10～1.20。因为物质流量比

$$m_{TE}/m_{VA}=1+b_e/l_e$$

在 1.0～1.035 之间，废气温度 T_{TE} 因为重油运行和排气阀的热负荷必须限定约为 400～450℃(673～723K)，所以压气机压力比 π_V 较高的二冲程柴油机总是要求有较高的涡轮增压效率。当 π_V 很小时，即在启动时和低部分负荷状态下，为了进行必要的发动机扫气，不可能达到 100%的涡轮增压效率。一个辅助鼓风机也是不可或缺的。高涡轮增压效率在部分负荷状态有重要意义。高涡轮增压效率允许安装小功率的辅助鼓风机，并限定在部分负荷状态下使用它(见图 1.1.107)。

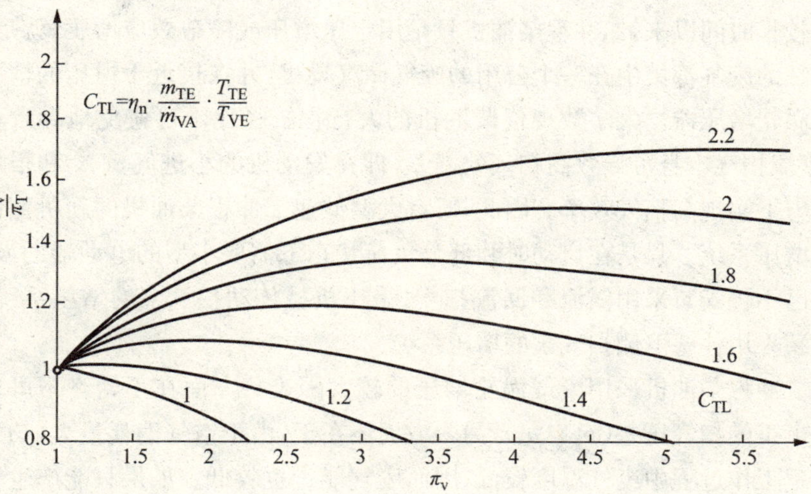

图 1.1.107　涡轮增压器平衡

但是，四冲程柴油机一般不能单独用涡轮增压器增压。四冲程柴油机多半较高的废气温度有助于涡轮增压器达到有利的能量平衡。较高的废气温度还允许使用效率较低的涡轮增压器，达到相同的 C_{TL} 值。这种情况对于小型发电机的增压特别重要，因为小型涡轮增压器当然比大型涡轮增压器的效率要低。

但是，与较高的废气温度相比，更重要的是以下两个事实：

(1) 因为四冲程换气是由柱塞强制进行的，发动机在没有上止点扫气的情况下仍能正常工作，就是说，π_V/π_T 可以为 1.05，但绝对不许如二冲程发动机那样大于 1.10～1.20。

(2) 当排气压力上升或涡轮的喷管环面积变小时，增压系统缺失的能量可以柱塞排气功(负量换气功)的形式从发动机提取。

通过柱塞排气功增大四冲程柴油机的可用废气能量的可能性，在部分负荷状态下特别重要。这种可能性主要用于不同的脉冲增压法，也可以略微用于定压增压。

当在二冲程增压中已经普遍应用定压增压时，四冲程柴油机还采用多种不同的排气系统。因为现在已经采用了最近一段时间内甚至仍然是新颖的系统，所以概述一下今天常用的系统及其优缺点可能很受欢迎。

二冲程柴油机的增压

较长时间以来，二冲程柴油机只是用定压增压或障蔽效应增压，就是说，所有气缸的废气都集中在一个公用的废气储气罐里，并在接近于恒压的情况下输送给涡轮增压器。大多数现代柴油机的大行程缸径比不可避免地导致直流扫气，直流扫气本身可导致高扫气效率 λ_s，即在发动机的小进气量 λ_a 和很小的流动阻力下实现高扫气效率。因此，所有大型低速二冲程柴油机的新机型都有同样的增压系统。只是在启动时和部分负荷状态下需要小型的电动辅助鼓风机。今天已不再安装采用横流和回流扫气、采用机械传动扫气泵的增压系统，也不再安装采用柱塞下侧扫气泵的增压系统。

二冲程柴油机采用废气涡轮增压的较大困难一方面在于始终不可避免地有一个正的扫气压差($p_2>p_3$)，另一方面还在于，由于空气消耗量大(扫气)，在二冲程工作过程中废气温度较低，因而废气能量也较低。如果只能产生很小的扫气压差，为了进行定压增压和达到可以接受的 $\eta_{\text{TIstat}}=0.5$ 的废气涡轮增压器总效率，则必须 T_3 明显大于 $2T_1$(例如，2×293K＝586K＝313℃)。涡轮与压气机功率之间这样的平衡状态，二冲程柴油机在启动时和部分负荷状态下是不能达到的。更严重的问题是，废气涡轮增压器通常在低负荷范围内的效率严重下降，并处在0.5以下，因而根本不能保证自运行。

因此很明显，二冲程柴油机采用废气涡轮增压要比四冲程柴油机晚得多。在没有采取辅助措施提供附加能量的情况下，二冲程柴油机只有结合使用脉冲方法才有可能在全部负荷范围内使用纯废气涡轮增压。二冲程柴油机只有一条运转特性曲线与发动机转速无关，这一事实本身说明，人们不能利用纯废气涡轮增压在低发动机转速下达到高增压压力，也就是说，不能达到比四冲程柴油机更好的扭矩特性。在同等的扫气压差下，虽然在高和低发动机转速下有同等的空气量穿过发动机，但分配到进入气缸的空气和进行扫气的空气却因转速的不同而不同。在同样的进气状态下，气缸的空气量大约与每秒钟的行程容积成正比，就是说，在半发动机转速下气缸的空气量只有全转速下的大约一半（略多，因为空气消耗量增大时，扫气效率较好）。由于扫气的空气量较大时，排气温度降低，最后的结果可能是，在半发动机转速和相同的平均压力下的喷油量只有全发动机转速下的一半。由于排气温度低，在低发动机转速下使用纯废气涡轮增压时可能达不到全发动机转速下那样高的增压压力。

大型二冲程柴油机最重要的应用领域是在船舶中用单发动机动力装置直接驱动螺旋桨，但在这种情况下扭矩特性问题如同在陆用发电设备中一样不起决定性的作用。当然，在采用固定螺距螺旋桨装置时，为了加速和避免所谓的运行受压抑感，一定的超过螺旋桨曲线的扭矩还是需要的。1973 年以来猛涨的油价成倍地影响了大型二冲程柴油机的设计和应用。对低燃油消耗量的要求已经加速了定压增压在这一领域中的普遍应用，这是因为满负荷的涡轮具有较好的效率，还因为与近年来不断提高的增压度相结合，定压增压方法在效率上始终领先于脉冲增压。此外，定压增压的排气管路比较简单，在废气涡轮增压器的布置上有更大的余地，因为废气涡轮增压器与承受冲击负荷的涡轮相比可能要小一些。当然，定压增压在启动时和部分负荷状态下需要一定的附加能量，以产生足够的扫气压差。许多在以前已经讨论的和大部分已经装船使用过的提供附加能量的方法（例如，与废气涡轮增压器串联的柱塞泵，柱塞下侧用来给位于进气口前的空气升压的辅件，与废气涡轮增压器并联或串联的柱塞下侧废气涡轮增压器经过戽斗式转轮的辅助传动装置，等等）中，留给新上市的发动机的很少：只在启动时和部分负荷状态（约为满负荷的 40%～50%以下）下使用的电动辅助鼓风机，近来还有通过与废气涡轮增压器转子连接的高速电机直接驱动废气涡轮增压器转子的装置。

由于油价持续攀升导致运行成本猛增，降低燃油消耗量的要求成了制约所有新发展的一个因素。这样带来的后果是，由于螺旋桨的效率较高，人们不得不降低螺旋桨转速以及在通常直接驱动的螺旋桨推进装置上的发动机转速。为了部分补偿功率损失（这当然会影响功率价格），如前所述，活塞冲程部分地已被放大到超过 4∶1 的行程缸径比。由于除了改善了扫气效果和燃烧室更紧凑以外，通过较高的有效平均压力降低了比摩擦，今天的高发火压力，经大幅度改善的废气涡轮增压器效率，再加上通过提高喷油压力，改善了燃烧效率,因此,今天才能以现在发动机机型达到和超过50%以上的有效效率。单是把废气涡轮增压器的效率从例如60%提高到70%,就使耗油量改善了2%左右。

四冲程柴油机的增压

脉冲增压的发明和同时即使在小压气机压力比和小涡轮增压效率下也能实现的上止点扫气是成功进行废气涡轮增压最重要的前提条件之一。比较相近、原理上较简单的定压增压在当时条件尚不成熟。

采用脉冲增压的目的是着眼于充分利用尽可能多的废气能量于废气涡轮中。为达到此目的,排气阀与涡轮之间连接管路中的容积要保持尽可能的小。当开启排气阀时,管路中的压力应当上升得尽可能快和高。这样可减小排气阀中的节流损失,并根据公式(1.1.51)提高在涡轮中废气焓(含热量)的可用部分。

长排气管路应当避免,或应当设计得狭窄,保证废气的压力能量通过尽可能高的压力波输送给涡轮。排气压力在排气过程开始时上升到远高于扫气和进气压力,然后适当快速地下降到远低于扫气和进气压力。为了不干扰排气过程和上止点扫气,可把排气开启时间不会相叠的气缸连接到一根公用的排气管路上。根据发动机的气缸数和点火顺序,也可以仅把2个或3个气缸连接到同一根排气管路上。只有在完全肯定有利的条件下才可以把4个气缸连在一起。各个气缸组分隔的排气管路造成分隔的涡轮区,以每工作循环2个、3个或4个排气压力脉冲给每一个涡轮区供气。这就是称为双脉冲、三脉冲和四脉冲增压的理由。

双脉冲增压

根据典型的脉冲增压原理,在气缸数不能被3除尽的情况下,如果可能,要每两个气缸与一根公用的排气管路相连接(见图1.1.108)。

不同涡轮区的不同的周期性供气以强烈的压力波动为特征,压力波动在启动时和部分负荷运行状态下产生一能量提供给涡轮。但是,随着增压压力逐渐升高,由于管路周期性的充气和排空以及由于涡轮按位置和时间部分进气所造成的损失(涡轮区出口损失,通气损失)也明显逐渐增大,以至于影响发动机的工作特性值。但这种方法的使用也受到限制,因为为了能达到必要的增压压力和足够的空气供应,需要狭小的喷嘴横截面,导致总效率降低,还因为振荡激励

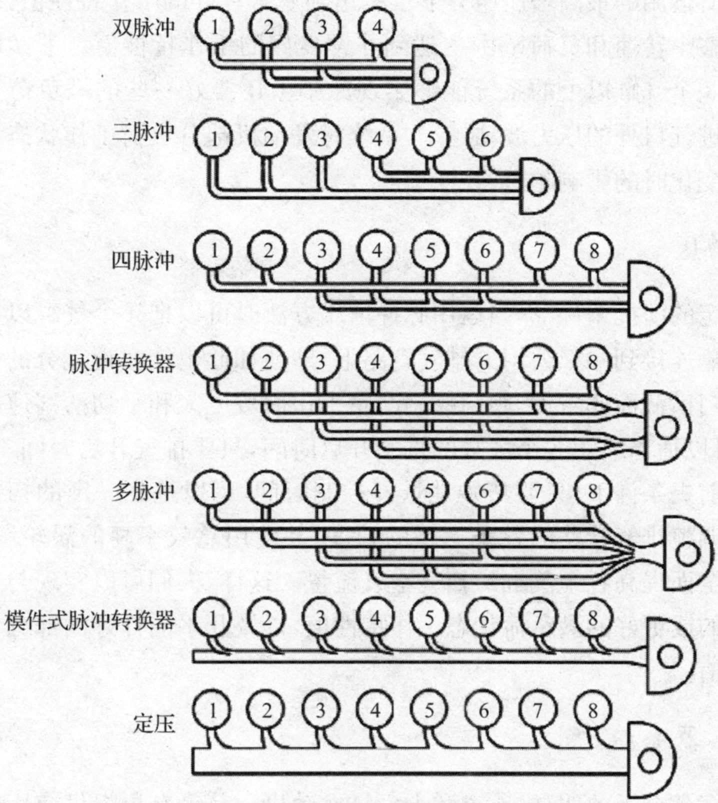

废气涡轮增压四冲程柴油机的排气系统

图 1.1.108　四冲程柴油机的排气系统

作用而出现涡轮进气的高冲击负荷。双脉冲增压在增压压力高于约 2.5 bar 时和平均有效压力超过约 15 bar 时是不可行的，因而对于现代柴油机来说也是不可行的。

三脉冲增压

当柴油机的气缸数可被 3 除尽时，可以每 3 个气缸以彼此相同的点火间隔连接到一根排气管路上。因为在这种情况下排气压力脉冲无遗漏地发生在所有管路中，所以因管路的充气和排空以及涡轮的脉动(满)负荷所造成损失不大。即使在高增压压力下，废气能量的利用率仍然很高。因此，三脉冲增压在很大程度上把部分负荷状态下和负荷发生迅速变化时脉冲增压的优点与高负荷和高增压压力下定压增压的优点结合起来。通过三脉冲增压的最佳设计，人们在今天所运用的最高增压压力下也能达到非常良好的工作特性值，即在船用柴油机的整个转速和负荷范围内达到非常良好的工作特性值。下文所述每涡轮区拥有3个气缸以上的系统能够实现原则上还要好一些的满负荷工作特性值。涡轮进气口处的压力波动越小，系统对发动机部分负荷工作状态下和负荷发生迅速变化时的影响越差。

四脉冲增压

在一定的前提条件下，当运用脉冲增压方法时可以把4个气缸以彼此相同的点火间隔连接到一根公用的排气管路上，即使如此也能实现充分的上止点扫气。在阀门横截面非常大、阀门控制凸轮工作面坡度大和平均活塞速度适中的情况下，可以适当缩短各个气缸的排气开启时间，只要排气开启时间不会相叠。在这样的前提条件下，只要巧妙地选择控制时间，可以达到一定的扫气空气流量。通过调整排气管路的各条支路的长度，并使用总效率高的涡轮增压器，可以均衡并全面提高各个气缸的扫气空气流量。这样，人们可以实现与三脉冲增压同样好的或更好的满负荷状态工作特性值，以及几乎同样好的部分负荷状态工作特性值。

脉冲转换器系统

在大多数今天的四缸、八缸和十六缸发动机上都没有再提供使用四脉冲增压的前提条件。现已为这些发动机开发了脉冲转换器系统。这里同样是每4个气缸连接到一个公用的涡轮进气口上。通过长的、与双脉冲增压相适应的管路及其在涡轮进气口上的喷嘴式总导管，可以避免各个气缸的排气和扫气的互相干扰，从而达到非常良好的工作特性值。因为涡轮进气口上的脉冲略小于三脉冲和四脉冲增压时的脉冲，所以螺旋桨工作的部分负荷特性一般情况下稍差，但尚能满足需要。

多脉冲系统

如果把多于两根与脉冲增压相适应的排气管路经过脉冲转换器连接到同一个涡轮或同一个涡轮区，这就叫做一个多脉冲系统。通过适当确定脉冲转换器和涡轮的管路尺寸，可以做到让相对较强的压力波穿过涡轮，而只有弱的压力波反射到各管路中。多脉冲系统根据原理可适用于所有的气缸数，特别是气缸数不能被3或4除尽时。它作为脉冲转换器系统或四脉冲系统允许自由选择阀门控制时间。多脉冲系统具有在满负荷状态下与定压增压相似的结果，但在部分负荷状态下和螺旋桨工作中负荷发生迅速变化时并不具有明显优势。

模件式脉冲转换器

在气缸数较多的情况下，脉冲和脉冲转换器系统的排气管路，特别是多脉冲系统的排气管路相当复杂，需要占用很多空间。这些管路在V型发动机中布置成V形。此外，这些管路在进行修理和维护工作时很难接近。发动机结构要求排气管路简单、尽可能用模件组合而成和容易接近的愿望，以及在部分负荷状态下尽可能充分利用排气脉冲的能量的愿望，导致了MPC(模件式脉冲转换器)方法。这种被称为MPC即"模件式脉冲转换器"(Pielstick)、紧凑型排气集、CMS紧凑型集管系统(Ruston)、PEARL(MWM)或单排气管线(Sulzer)的系统由一根相对较细的管子构成，管子经喷嘴式排气弯头连接着所有气缸。管子内的流速相当高，并且向着涡轮方向逐渐增速。在进入涡轮的进气口之前，流动的运动能量在使用脉冲转换器系统或使用多脉冲系统时通过一个扩散器部分地转换成压力能量，以便使涡轮进气口气室中的转向损失保持尽可能最小。

模件式脉冲转换器系统原理上在满负荷和部分负荷状态下具有同多脉冲系统大致相同的工作特性值，但系统的设计困难，因为狭窄管路中的流动很不稳定。在气缸数和点火顺序不利的情况下，各个气缸的换气可能受到压力波的干扰。在最不利的情况下，废气侧和空气侧的压力波动忽上忽下，以至于涡轮增压器转速产生波动和压气机发生喘振。为了避免发生上述问题，需要对整个增压系统的振动特性进行一次细致的分析。在这里，非常重要的是总效率高的涡轮增压器，因为涡轮增压器的充气与排气之间有一大压差，出现的压力波动的干扰作用不太引人注目。

单管增压

今天，很多发动机制造商在四冲程柴油机上采用所谓的单管增压，这是一种用明显较小的排气管直径(约0.6～0.65×活塞直径，取代纯定压增压的约1.0～1.5×活塞直径)工作的定压增压。不过这只有当反射波通过相对较大的涡轮横截面保持在极限以内时才是可行的。这种方法要求进行精心调整，特别是当有不同的气缸数和点火顺序(左旋，右旋)时。令人惊讶的是，容器虽然相对较小，产生的波度却不大。问题在于匹配阀门控制时间。因此，例如必须提早约 30°KW 关闭排气阀，以便不干扰下一个气缸的换气。这样又会出现一定的波度，因为延长了在下一个气缸排气之前排空废气容器的时间。

定压增压或障蔽效应增压

脉冲、脉冲转换器和多脉冲增压系统在高增压压力下会在排气管路中、在膨胀补偿器上、在涡轮叶片上和在排气阀上造成非常大的气体压力。

相应地加强这些构件、阀门转动机构与阀门弹簧并不总是可行的，或者对于涡轮叶片来说会与一定的效率损失相联系。为了减小气体压力和阀门传动机构的负荷，人们选用某些情况下较软的凸轮工作面和较大的管路直径。但这样也会减小排气压力脉冲的能量和部分负荷状态下脉冲增压的优点。

在高增压发动机上，其应用目的没有根据螺旋桨定律提出涉及负荷发生迅速变化和部分负荷状态的特殊要求，完全放弃利用脉冲，转而采用定压增压或障蔽效应增压系统是可取的。废气能量可以在涡轮的高膨胀压力比和高涡轮增压器效率保持不变的情况下得到很好的利用。采用定压增压还可以在设计上使涡轮达到其最佳效率。图 1.1.109 还清楚地表明，为什么涡轮

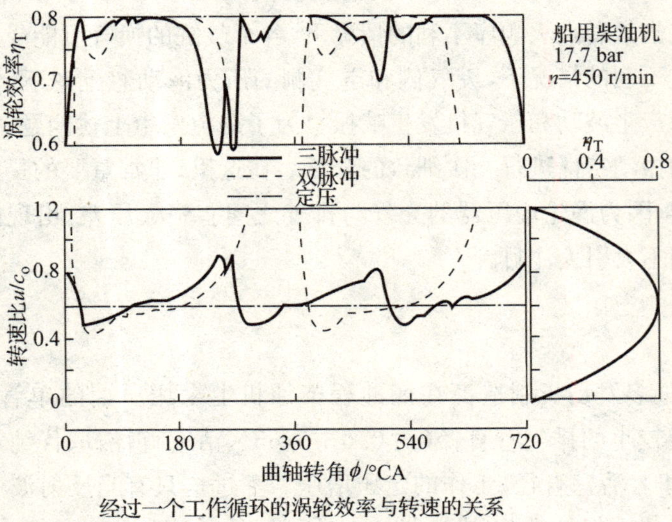

经过一个工作循环的涡轮效率与转速的关系

图 1.1.109　涡轮效率与转速的关系

效率在管路中发生压力波动时和转速 u/c_o 同时发生波动时必定比压力不变时要差。事实上，理论和经验证明，用定压系统可以达到同样好的，甚至比其他系统更好的满负荷运行结果。追溯系统不同原理上的差别比在不同程度上优化利用系统的差别更小。事实上，顺利地从模件式脉冲转换器系统、单管增压转化为废气储气罐内压力完全不变的定压增压的理论极限状态是可以想象的，基本上也是可实现的。由于需要加速的气体体积大，以及缺少运动能量和压力能量，加速特性是非常关键性的，就如同部分负荷特性不好主要是因为喷管环直径大一样。构件的热负荷不是因为部分负荷范围内的增压效率差而下降，而是甚至会升高。在部分负荷状态下还存在反流的危险。

增压空气冷却

因为压缩终了温度与压气机压力比不是呈线性关系，而是呈指数关系，所以随着压气机压力比的增大，增压空气冷却器对压缩增压空气所起的作用也在增大。因此，与涡轮增压器相类似，与柴油机相比，柴油机增压越高，增压空气冷却器的作用就越大。由于压气机压力比高，空气温度高时不仅要求较大的增压空气冷却器，而且也提供了通过使用二级冷却器利用余热的可能性。在二级冷却器中，第一级是用发动机的冷却水冷却空气。排出的热量可以与发动机高温冷却水回路中的冷却水热量一起利用。第二级是空气在低温循环的冷水中被冷却到规范规定的增压空气温度。二级冷却器也能很好地适用于部分负荷范围内增压空气的升温，以便在重油运行中使点火延迟以及气缸压力梯度保持在极限值以内。

但增压空气冷却的极限是由空气的相对湿度给定的。如果在增压空气冷却器之后不放水，以避免水冲击、气缸套上的气缸油被冲掉、形成硫酸和损坏气缸套表面，则必须保证增压空气冷却器后的相对湿度<1。最低允许温度和放水水量可根据图 1.1.110 确定。因为增压空气温度升高会引起功率下降（约 4%功率/10°进气温度），所以人们设法在增压空气冷却器之后经过附加的水分离器引离放水水量。

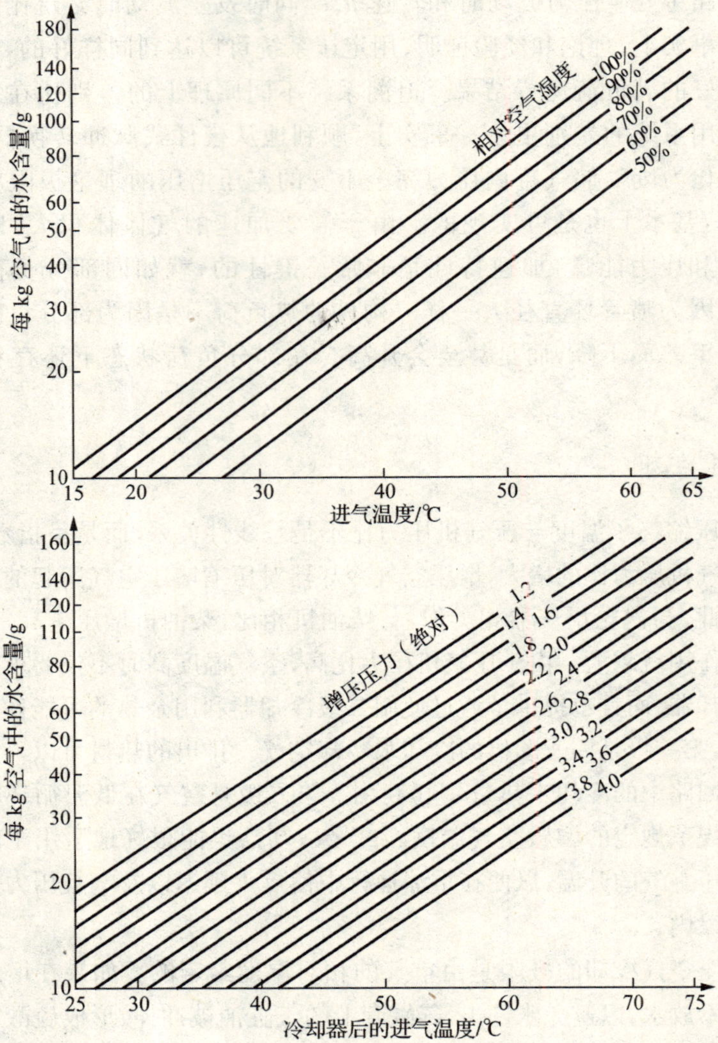

图 1.1.110　增压空气冷却器上的水分离

涡轮增压器结构形式

转子

废气涡轮增压器今天在船用范围内基本上都是单级的。目前，人们利用这种单级结构形式所达到的压气机压力比高达 4.8，个别情况下（无孔叶轮）与一轴向涡轮组合，以明显超过70%(76%)的总效率所达到的压气机压力比高达5.5(6)。在使用径向涡轮的情况下，所达到的压缩比为4.8(5.0)，总效率达到69%(70%)，这在理想的供气状况下对四冲程柴油机而言相当于达到约30 bar的平均有效压力，对二冲程柴油机而言相当于达到约20 bar的平均有效压力。

如果在特殊情况下需要达到用单级增压器达不到或不能以令人满意的工作特性达到的非常高的压力比(>5)，则可以使用两个不同大小的废气涡轮增压器，并在进气测和排气侧分别串联一个相应的中间冷却器。

在大型柴油机领域，因为进气压力已足够且耗费也不算大，二级增压已经有很长时间无人问津了，但今天仍然有人相信，在可以预见的时间内二级增压总会有使用的一天。今天，人们正在营运车和机动车领域设法引入二级调节增压。其中，在低转速和低负荷下，高压级基本上是在运行低压级的情况下进行加压，而在高转速下则是通过一高压级旁路向大得多的低压级提供增压压力。在中等转速范围内是通过调节旁通阀给两个级加压。因为在加速时首先和主要是给小的高压级加压，所以也可以明显改善加速特性。

压气机

过去，增压装置很少使用轴流式压气机。但是，考虑到成本和占用空间，现在只用轴流式压气机。

以前，虽然效率较差，而且在以接近喘振界限的最佳效率所达到的高压力下得出的特性曲线范围非常窄，但由于允许的圆周速度较高和压力系数较高，垂直叶片出口边仍被优先选用，而较长时间以来在大型柴油机领域所使用的是成本更高的叶片向后弯曲的结构形式。向后弯曲的叶片出口边，其常用的出口角$\beta_2=60°\sim70°$，由于改善了小体积流量下的流动导向，因而得出的特性曲线族范围宽，缩小了喘振范围，效率略有改进，噪声较小。由于向后弯曲，人们获得了长和逐渐变宽的流动通道，其流动减速较慢，流动分离的倾向小于径向终止的叶片。但是只达到了较小的压力比和较低的允许圆周速度(今天：$u_{max}=560$ m/s到600 m/s)。因此，如果具备高平均压力的高增压柴油机所需要的高压力比，就可以达到特性曲线族宽和最佳效率范围更宽以及离喘振界限的距离更大的要求。此外，发动机可以在效率良好的范围内以离喘振界限足够的距离和以高发动机功率正常运行。再者，在交变负荷和转速下以这样的特性曲线加速也没有多大困难。压气机转子虽然采用了向后弯曲的叶片，今天却达到了4.5和以上的压力比，效率仍然非常之好(高达86%)。

大型压气机的叶片数正常情况下为10或11，有同等数量的中间叶片（分流叶片），而在非常大的压气机上使用的叶片较少。通过每隔一个减掉一个叶片使压气机进口截面增大，从而提高最大体积流量（见通流界限）。虽然压力比高，由于采用向后弯曲的叶片和改进了消声装置，新废气涡轮增压器的噪声发射小于以前的结构形式。今天的压气机效率为$\eta_V=65\%$的大型压气机规定了通流和阻流界限（阻气门），因为在这一范围内特性曲线族中的转速曲线一般已垂直下降，所以可能失去稳定的工作点。体积流量的物理限制是由最窄的部位决定的，也就是根据结构形式是由扩散器或压气机进口截面决定的。体积流量受到该处出现的声速的限制。由此引起的结果是，在较高的转速下所有转速曲线都与这一体积流量下压气机特性曲线族的横坐标（$\pi_V=1$）相交。通过叶片数、每隔一个减掉一个叶片（中间叶片）、叶片厚度或通过增大轮毂比，可以达到经过压气机入口处横截面提高体积流量的目的。通过减少叶片数可基于流动技术原因降低可以达到的压力比。由于振动和强度原因同时根据空气动力学原理，只能在低压力比下提高轮毂比（叶片高度）。叶片厚度影响振动特性，并经过强度影响叶片的使用寿命。后者也因可铸性向下受到限制。

今天的大型径流式压气机一般都配备装有叶片的扩散器。它可以通过进一步有目的地回收一部分排流速度来改进效率。通过狭窄的扩散器还可以缩小喘振范围，因为那样会阻止空气回流到压气机叶轮。但是因为最佳气流的范围非常窄，效率会因此而迅速下降，所以压气机的工作特性曲线族变窄。扩散器叶片高度的规律原则上是，叶片较高时压气机特性曲线族向右移动喘振界限，叶片较短时压气机特性曲线族向左移动喘振界限，但会带来效率损失。装有叶片的扩散器特有的优点是能够最佳匹配压气机工作特性与发动机工作曲线，通过更换扩散器还可以再次进行匹配。

近来，大型压气机还在径向转子的进气口处建立再循环流动，以便在低压力范围（发动机部分负荷状态）改善压气机的喘振特性。总之，通过再循环流动可以使压气机特性曲线族中的喘振界限向较低的体积流量移动，但也会扩大通流界限，从而扩大工作范围。

今天，人们基本上是用一种铝合金来制造径向压气机叶轮，而500 kW以上的发动机的转轮一般是锻造的，然后整件铣削加工而成。比较老式的结构形式也分成两部分，其中径向部分在过去多数使用的垂直叶片出口边中是在锻模中锻打，而前联转子（前置转子）要么铣削，要么精密铸造。今天，压气机转子只有在直径很大的情况下由于加工的原因才分段制造，其中两个转子都是锻件。

在第一级高压力比情况下，即在以前为 4，而今为 4.5～5 的压力比下，因为铝合金的强度在材料温度超过 150～200℃时已经下滑，所以必须换用其他材料，即换用钢或者最好换用钛(自 200～220℃起，即压力比大约是 5)。由于疲劳强度和负荷变换的限制，也可以在压气机压力比明显较低的情况下，例如渡船航运中，要求采用钛转轮。较老式的两段式压气机转子的径向部分大都用钛制成，因为其中除了高圆周速度和较高的温度外还存在强度问题，特别是采用向后弯曲的叶轮时。钛转轮一般是锻造，然后铣削加工而成。为了能在较高的压力比下避免使用钛，今天人们正设法在转轮背面优先用空气冷却，但也用水(包括在压气机之前或之后减少 NO_x 的措施)或油冷却。新材料，例如压气机叶轮和涡轮叶轮用的伽玛钛铝合金也正在开发中。

为了提高压气机的效率，人们还在设法缩小压气机转子与壳体之间的间隙。人们还希望通过一层软的和适当的外壳保护层以避免启动的风险。在载货车领域已经使用这样的零间隙外壳，效率改进了约 2%。

涡轮

涡轮叶轮既有轴向结构形式，也有径向结构形式。后者的涡轮叶轮后壁在叶片之间有切口，以减小惯性矩，这特别是对小型柴油机的废气涡轮增压器有好处。这种切口在涡轮叶轮上对效率没有不利的影响，而压气机对这样的措施带来效率损失反应尤其敏感(加速流动)。

在较小的轴流式涡轮上，叶片的尺寸相应较小，缝隙和边缘区的影响比较容易察觉，对效率有不利的影响。随着直径为适应小流量而逐渐减小，径流式涡轮在效率上总是比较有利，因为转轮上的通道尺寸较大，由于采用了螺旋形外壳导向器上的转向部件较小，转轮上出现高加速度。人们将废气涡轮增压器配用径流式涡轮时的废气涡轮增压器总效率与废气涡轮增压器配用轴流式涡轮时的废气涡轮增压器总效率进行比较，其结果显示，在约 290 mm 到 340 mm 的涡轮叶轮直径下，径流式涡轮的效率明显胜过轴流式涡轮的效率。今天，在约 200 mm 以下的直径范围内，这相当于约 1 000 kW 的发动机功率，废气涡轮只采用径流式涡轮结构形式，也就是基本上采用混合流结构形式(切向迎流)，而在(直径)350 mm 以上的范围内则只采用轴流式涡轮结构形式。混合流涡轮具有较高的物质流量和较大的功率密度。混合流涡轮的流量特性在船舶通常的发动机运行状态下还可以调整得更好。近来有两种结构形式(发动机功率为 2 000 kW到 4 500 kW)。根据叶片长度比，轴流式涡轮的反应度在 30%～35%

之间，而径流式涡轮的反应度一般为50%。径流式涡轮也不使用没有导向环的涡轮机壳。

制造径流式的涡轮叶轮只采用(熔蜡铸造法)精密铸件，因为铣削加工耐高温材料的成本太高。所有耐高温合金都可以铸造。

近来，规定尺寸(ABB TPL 65 的压气机叶轮直径约 450 mm)以下的轴流式涡轮采用熔蜡铸造法用因康镍合金(Inconel)精密铸造成一个部件(整件叶轮)。这种叶轮基本上是用摩擦焊与轴焊接。今天，特别是对于较大的叶轮，通常是一个锻造的涡轮叶轮盘和分开制造的叶片。因为叶片比叶轮盘承受更高的温度，所以两者可用不同的材料制造，例如，叶轮盘用铬镍钢 16/13，叶片用因康镍合金 Inconel 713 采用熔蜡铸造法制造，或者不常见的是用尼蒙克镍基合金 Nimonic 80A 制造。在材料选择上，人们是根据预期的排放气体的进气温度而定，而进气温度则根据发动机和用途在很大的极限范围内变化。在大型二冲程柴油机上，450℃(723K)的排气温度为罕见，实际上不会超过 500℃(773K)。

叶片制作方式(整件铣削、锻模中锻打、精密铸造)取决于现有设备和件数。大型涡轮一般是铸造(熔蜡铸造法)。为了叶片与叶轮盘的连接，今天使用的是非常宽的枞树形叶片根部，其中，根部磨削成型，叶根槽口放在拉床进行拉削加工。叶片用止动挡板防止轴向偏移。

为了避免叶片振动(由喷管环形格网的回流漩涡激励，特别是由脉冲增压的气体脉冲激励)使用了减振丝(尼蒙克镍基合金 Nimonic 90，近来用因康镍合金 Inconel)，减振丝插入在 3/4 叶片高度上钻孔(蚀孔)的叶片中。这种减振丝不与叶片固定连接，只利用变形防止滑出。减振丝利用离心力驻留在叶片孔内，利用摩擦减振。多半不完全固定的枞树形叶片根部本身也有一定的减振作用。采用定压增压(激振作用很小的二冲程十字头柴油机)时常常可以不用减振丝，这对效率会产生有利的影响。为了减少间隙损耗，叶片一般都有冠状锐边，近来为了加固叶片还在叶片顶部部分加上翼片(所谓的翼障)。通过使用比较刚硬和比较厚的叶片(效率较差)或使用所谓的宽腹叶片，因为这样根据近似定理在效率近似不变的情况下叶片弦长、厚度和螺距(叶片数减少，但叶片和转子更重了)都有所增加，也许可以省掉减振丝。为了减小喷管环的侵蚀性磨损损失，人们正在设法加上特别保护层，例如激光镀膜或 HVOF 喷涂陶瓷。

下面列举的一较大蜗轮叶片的参数值表明有哪些作用力作用在涡轮叶片上。一个叶片上产生 180 kW 的功率。在相当于 16 000 r/min 的圆周速度 u=600 m/s 下，有 60 1b(25 000 g)的力(温度为 600℃时)作用在 600 g 重的叶片上。

鉴于新型涡轮增压器在部分负荷状态下效率和压力下降较多，人们正在不断寻求保证在部分负荷状态下充分供气的办法。人们还对重油运行不断提出了关于可调导向叶片或类似方案的设想，如可变多脉冲法（VMP；Caterpillar MaK）和 VRT（可变径流式涡轮几何参数）法。为了进一步提高效率，MAN B&W 公司在涡轮之后通过一个排流扩散器引导废气。

轴承

在各种可能的轴承配置中，大型柴油机的涡轮增压器实际上只使用外轴承和内轴承。

布置在轴两端的轴承称为外轴承。由于轴两端直径较小和动不平衡力较小，所以可以使用摩擦功率很小的小轴承。大多数情况下优先选用自润滑的滚动轴承。滚动轴承的优点在于摩擦小，特别是在低转速下，因此，在只用于涡轮功率很小（二冲程柴油机）的情况下却很容易启动废气涡轮增压器；其优点还在于润滑油需要量少，润滑油热量较小，有可能放弃预润滑。采用滚动轴承的增压装置始终是自供润滑油，与发动机滑油循环无关。

外轴承的主要缺点是结构长度较长，轴较粗和较重，因为轴承间距较大而不得不如此，还有轴承的对中较差，这是因为对中必须经过多次调整各个机体部件才能做到，还因为由轴承间距较大造成温度分布不均匀，致使轴的变形比较显见。另外，空气进入压气机和废气进入涡轮不如内轴承那么通畅。

内轴承是处在压气机与涡轮叶轮之间的两个径向轴承和一个轴向推力轴承。这类轴承主要适用于高速和中速四冲程柴油机上较小的涡轮增压器。内轴承允许涡轮增压器采用较紧凑和较轻的结构。涡轮的轴向进气口提供了安装到 V 型发动机上的优越条件。内轴承的缺点是动不平衡时轴承的径向支承力较大，要求较大的轴承尺寸，因而摩擦损失较大。使用滚动轴承不再存在使用内轴承时因轴直径较大致使圆周速度较高和与之相关的冷却和润滑问题。

与滚动轴承相比，滑动轴承的优点在摩擦较小，因为在正确设计的情况下由于载荷较小和圆周速度较高（80～90 m/s）可以实现全液力润滑。因此，滑动轴承一般使用寿命较长（约 3 倍，使用时间约 25 000 运行小时）。滑动轴承对冲击和颤振也不敏感。

缺点在于滑油需求量较大，因为必须带走轴承中较多的摩擦热量。与此相联系，通常需要特别冷却轴承油，并以较高的压力向轴承供油，较长时间停机后必须预润滑轴承，或由于高负荷突然停机后需要添加润滑油（在较大的发动机上没有附连的润滑油泵），因为不然的话，由于热量从高温的涡轮叶轮盘进入涡轮侧的轴承中，造成轴承中的油过热，有时会发生烧蚀。

人们已在设法通过较大的轴承实现较大的最小润滑缝隙，从而达到较高的安全性，但使用较大的轴承必须以较高的摩擦损失为代价。

滑动轴承必须用压力供油。因此，使用滑动轴承的增压装置必须与发动机的滑油循环连接，这样在按规定进行滑油养护（过滤）时不会给增压装置的轴承带来不利影响。

在今天的涡轮增压器上，明显超过了一般允许的滚动轴承圆周速度，所以新的设计一般都已转向滑动轴承（ABB公司）。其他的原因是在空气动力学和转子动力学方面更加有利。因为今天的滑动轴承都是悬浮在一弹性结构中（作为带有缓冲挤压流的动浮动轴套），因此它非常坚固，能经受住出现的动不平衡（污染、叶片损伤）。

轴向轴承原则上适用于采用径流式涡轮的涡轮增压器，因此这种情况下出现的轴向力明显较小，因而必须使在轴向轴承上的耗费更少。

按照新的轴承设计概念，单独的推力轴承布置在中间。轴的迷宫式密封用柱塞环密封取代，借此可以省去阻隔空气（MAN公司）。

发动机与压气机的协同作用

发动机的压力体积流量特性曲线族

对于表示和判断压气机与发动机的协同作用有意义的是，把所谓的发动机的通流特性与压气机的工作特性在一幅曲线图中表示出来。为此，需要发动机的工作特性曲线（发动机通流曲线），即在这种情况下进气量与发动机转速和进气压力的关系曲线以及压气机的特性曲线族，同时需要按与压气机的比例尺相同的比例建立特性曲线族，也就是说，以与增压器之前（不是发动机之前）的状态相对应的体积流量为横坐标，以压力比 p_2/p_1 为纵坐标。

二冲程柴油机

二冲程柴油机的通流特性可以相对简单地表述，因为二冲程柴油机为了计算流过的流量可以简化为用一个等效的开口 A_{eq} 来代替，在涉及流量时（从脉冲对总压力的影响以及流量系数与开口横截面的关系来看），气口开口在单位时间内是慢慢地少许打开和关闭几次，还是很快地打开和关闭多次，都是一样的。

根据下式，通过发动机的体积流量为

$$\dot{V}_1=\frac{\dot{m}}{p_1}=\mu\bar{A}_{eq}\psi_{E3}\frac{p_E}{p_1}\cdot\frac{T_1}{\sqrt{T_E}}\sqrt{2R}\frac{m^3}{s} \tag{1.1.53}$$

当增压空气冷却器后的温度 T_E 经过压气机的效率或通过增压空气冷却器的作用与压力 p_E 固定配合时，在发动机后的压力 p_3 不变的情况下，只存在一条流量曲线。如果在增压空气冷却的发动机上(例如，由于增压空气冷却器变脏或增压空气冷却不充分)温度 T_E 升高，则流量变小，流量特性曲线坡度变得更大并接近于压气机的所谓喘振界限。如果增压空气比通常冷却的温度更低，则在压气机上的压力比相同的情况下得到更大的流量，流量特性曲线因而比较平缓，离开压气机的喘振界限有较大的距离。如果环境温度或压气机前的温度 T_1 发生变化，则流量特性曲线的情况相反。当环境温度下降时，例如在冬季或破冰航行时，流量特性曲线坡度变得更大并接近于喘振界限，而当环境温度上升时，例如在热带海域航行时，流量特性曲线比较平缓，离开压气机的喘振界限有较大的距离。

但在废气涡轮增压时，排气气口后的压力 p_A 与负荷有关，所以有效扫气压差发生变化。因此，在压力体积流量特性曲线族中有不同的流量曲线，与背压或发动机负荷有关。由于发动机后的背压随着流量的增大而上升，p_2/p_1 相对于 V_1 的抛物线的坡度大于只进行机械增压或扫气的发动机(见图 1.1.111)。因为在这种情况下，从次要的影响看来，也是只产生一条工作特性曲线，所以对于废气涡轮增压的二冲程柴油机来说，不同工作特性曲线如恒定转速的工作特性曲线、螺旋桨曲线或转速降低时的工作点必须是在同一条曲线上，其时增压压力产生于涡轮与压气机之间的平衡状态。

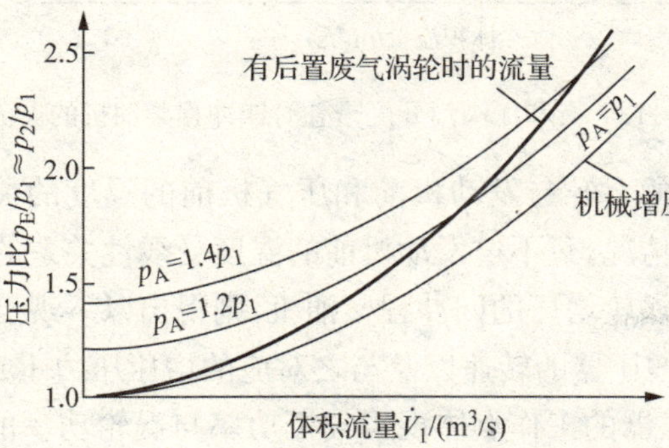

图 1.1.111 增压二冲程柴油机的通流曲线

二冲程柴油机的进气量只与进气前的状态和背压有关，但与发动机的转速无关，这一论断不涉及气缸空气量，即不涉及气缸中的燃烧空气与扫气的空气量两者之间的空气分配。当进气量相同和转速下降时，空气消耗量上升，因为相同的空气量与工作间隙数较小有关。但空气消耗量较大意味着主要是扫气空气量较大。而气缸空气量主要与增压空气状态有关，只在扫气效果发生变化的程度上受空气消耗量的影响。这一论断特别是判断转速降低时工作状态的标准。

四冲程柴油机

四冲程柴油机的体积流量是由进气量和扫气量组成的。

$$\dot{V}_1=\frac{\dot{m}_L}{p_1}=\frac{n}{2}V_H\lambda_\alpha\cdot\frac{T_1}{T_E}\cdot\frac{P_E}{p}\tag{1.1.54}$$

行程容积和发动机转速决定进气量，而空气消耗量则表明阀门开度重叠阶段流经的扫气量的份额。如果阀门开度重叠阶段为零，则空气消耗量转为充气系数。

在图 1.1.112 中，实线表示发动机没有阀门开度重叠，虚线表示发动机有阀门开度重叠和(正的)扫气压差。

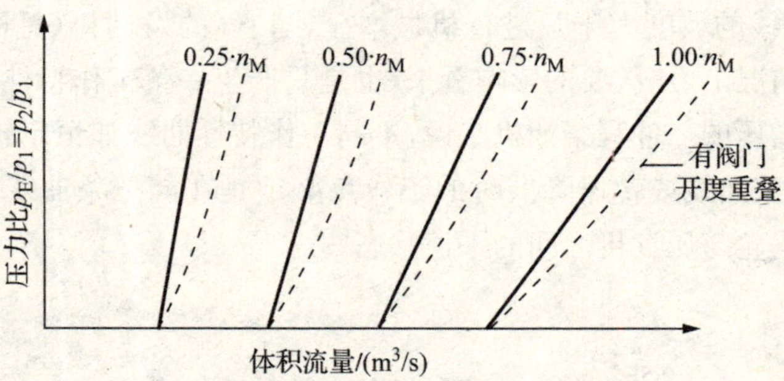

图 1.1.112　有和无阀门开度重叠时四冲程柴油机的通流曲线

流量特性曲线的上升与发动机前和压气机前的温度的关系近似于对二冲程柴油机所描述的情况，只不过发动机前的温度受线性关系的影响较大。

如果观察废气涡轮增压的四冲程柴油机，则得出以下观点，必须加以考虑：

(1) 废气涡轮增压器的转速以及与之对应的增压压力不直接与发动机转速配位，废气涡轮增压器的工作点体现压气机功率与涡轮功率的平衡状态。这主要意味着，废气涡轮增压器的转速随气体量(即通过发动机的流量 m_L)和排气温度(＝涡轮前温度)而增大，也就是随发动机功率而增大，但是不直接随发动机转速而增大。

(2) 发动机的压力比体积流量特性曲线族中转速特性曲线的移动大致与阀门开度重叠相关，因为发动机后的背压不同，而发动机背压影响扫气，因而在小负荷状态下有时可能出现反流扫气。

关于有废气涡轮增压器的四冲程柴油机的工作特性，可以针对 3 种情况：

- 发动机转速不变；
- 螺旋桨特性；
- 扭矩不变(转速降低)。

得出如下论断(见图 1.1.113)：

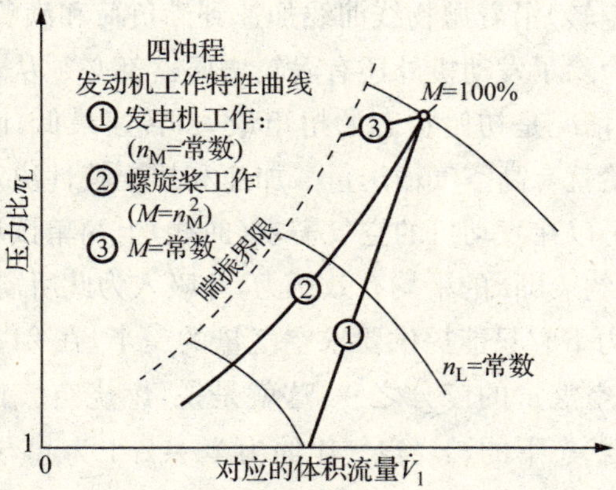

图 1.1.113 增压四冲程柴油机的通流曲线

(1) 工作点处在对应发动机转速的流量曲线上。随着扭矩的下降，输送给涡轮的能量也下降，增压器功率与涡轮功率之间在较低的压力水平上达到平衡状态，空转时增压压力只达到满负荷压力的一小部分。

(2) 除了排气的能量随着扭矩下降以外，流量也随着转速的下降而下降，因而增压压力随着转速的下降而下降逐渐加剧。

(3) 因转速较低时的流量较小，平衡状态出现在增压压力水平较低时，当然下降得不是像螺旋桨特性曲线那样快。

加速和扭矩特性

船用二冲程柴油机的加速和扭矩特性起一定的辅助作用，因为船舶的时间常数总是比推进发动机的时间常数大许多倍。船用四冲程柴油机的情况不同，因为它是作为柴油发电机组或作为柴(油机)电(力)推进装置使用的。

机械增压中与发动机轴连接的压气机始终是提供与相关发动机转速对应的增压压力，与机械增压不同，废气涡轮增压器只通过管路与发动机连接，因而其转速和增压压力与发动机转速无关，而是主要与发动机功率有关。因此，例如在空转时，特别是在小空转（即在最小发动机转速下空转）时，增压压力非常小。当在这种状态下突然要求较高的功率时，废气涡轮增压器必须通过较大的废气排放量和较高的排气温度才能达到较高的转速.所以空气供应量跟不上功率要求。

这种跟不上发动机需要的空气供应量的情况，发动机增压越高就越是严重，对改变发动机和废气涡轮增压器负荷的要求也就越高。因此，例如低负荷和低发动机转速（空转）沿着抛物线曲线加速到满负荷和满负荷转速，这是最不利的加速情况，因为除了发动机外还有涡轮增压器都必须从最低转速加速到最高转速。最简单的情况是初始状态的扭矩最大，转速最低，因为涡轮增压器只需少许加速，一开始就有高空气输送量。加速和扭矩特性决定性地与发动机增压的高度有关，这可以在发动机的空气需求（曲线）上简单读取。非增压四冲程柴油机可能只给出约 7 bar 的平均有效压力，并吸入为此所需要的空气，而在 14 bar 的平均有效压力下它只能提供要求空气量的一半，在 21 bar 的平均有效压力下只能提供要求空气量的三分之一，这就是说，燃烧空气比分别为二比一和三比一。以满负荷状态下的燃烧空气比约为 $\lambda_V=2.1$ 为起点，当负荷突然转换时，燃烧空气比降低到 $\lambda_V=1.05$ 或减低到 $\lambda_V=0.7$。因为在直接喷油的船用柴油机上，当燃烧空气比低于 $\lambda_V=1.8$ 时，转化率就急剧下降，加速过程还因不完全燃烧而受阻。

各种情况下发生的空气不足必须用涡轮增压器予以补偿，空气不足越少，涡轮增压器补偿空气不足就越快。在发电机组上，通过安装大质量的飞轮可能些许有助于在负荷突然转换时使转速突变保持在可以承受的程度。

当废气涡轮增压器转子的惯性矩小和有效平均压力 $p_e\approx10$ bar 时，原则上可认为废气涡轮增压四冲程柴油机的加速特性是令人满意的。当如寻常那样（有点有损于加速）通过一种与增压压力有关的阻挡措施或在有电子控制系统的情况下通过存储的程序限制进气程度时，当然必须考虑到会有短的烟雾脉冲。

根据相似性观察基本上得知，加速特性与转轮的直径成正比，这就是，在转子几何相似的情况下，当转轮直径较大时，较大发动机的加速时间自动变得较长。为了改进加速特性，有时使用多个小增压器比使用一个大增压器更为有利。

涡轮增压器的结构形式和材料原则上对加速和扭矩特性也有影响。因此，转子的外轴承原则上比内轴承产生更大的惯性矩，而与外轴承相连的滚动轴承则有较小的轴承摩擦。叶片向后弯曲的压气机转子有较低的压力系数，因此其加速特性比直线进口边的压气机转子较为不利。铝质压气机转子在加速特性方面比钛或钢质转子较为有利。径流式涡轮的惯性矩小于轴流式涡轮的惯性矩。

与涡轮增压器组的结构形式无关，脉冲增压与定压增压之间在加速方面的差别是相当可观的。因此，定压增压发动机的加速时间可能要比脉冲增压发动机的加速时间几乎要高 10 倍。

在很多情况下，例如像船用多发动机传动装置那样，当两台发动机中的一台发生故障或停机时，除了要有良好的加速特性以外，还要求在低转速下有高扭矩。另外，有时在加速时还要求有远在螺旋桨曲线以上的扭矩。

但在增压较高时，废气涡轮增压发动机的扭矩特性会变差。在这方面，定压增压的发动机的情况最为不利，其中，对于有阀门开度重叠的四冲程柴油机，通过使半转速下的流量大于满负荷流量的一半，只要增压压力不是如上文所述那样急剧下降，其扭矩特性将得到一定改善。但脉冲增压对扭矩特性的影响最强，因为脉冲涡轮增压时的增压压力从来都不像定压增压时那样随转速急剧下降。

为改善大型废气涡轮增压柴油机的加速和扭矩特性，下面把人们最熟知的可能办法(不求其完整性)加以归纳。但是，这些措施需要大小不等的耗费人力物力，因此其应用受到部分限制。

改善废气涡轮增压柴油机的加速和扭矩特性的可能办法：

1. 废气涡轮增压器的调节作用

1.1 压气机上的导向叶片调整

1.2 可变涡轮几何参数(VTG)：导向叶片调整，VMP(可变多脉冲)，VTR(可变径流式涡轮)，VST(可变滑动涡轮)

1.3 在高负荷状态下的空气排气，或更好的废气排气和较小的增压器

1.4 受控制的回流阀或径向工作轮进气口上的回流气口(部分负荷状态下建立压气机压力侧与吸气侧之间的连接，以及稳定的工作状态和再循环流动)

1.5 空气侧的旁通阀(必要时改进效率，增大至喘振界限的距离)

2. 从多条废气管路转接到一喷管弧，或从多条废气管路转接到一涡轮增压器
2.1 调节式增压(例如 MTU)
2.2 二级调节增压(高负荷状态下只通过低压侧的大废气涡轮增压器形成压力；低负荷状态下只通过高压侧的废气涡轮增压器形成压力，在中间范围内是二级)
3. 使用机械传动或电传动附加器压气(例如电加速器)
3.1 压气机之前或之后(Borg 报警器)
3.2 平行于压气机
3.2.1 在增压空气管路中经过喷射器
3.2.2 在压气机叶轮上
3.2.3 在扩散器中
3.3 机械压气机由串联空气输送转换为并联空气输送
4. 废气涡轮增压器的辅助传动装置
4.1 机械式，由发动机经过一超速离合器(EMD 二冲程)
4.2 通过电动机经过一超速离合器(电助(eu)ATL 和 ISG)
4.3 油压式，经过一戽斗式转轮传到废气涡轮增压器轴
4.4 从增压空气侧到排气端的旁路，有或无加热(超高压法)
5. 从一蓄压器中输送压缩空气
5.1 进入进气管路
5.2 进入带单向阀压气机的进气侧(MAN)
5.3 经过一控制阀直接进入气缸(气缸补充充气)
5.4 到压气机叶轮上(喷射辅助)(标准)
6. 运行过程中改变阀门控制时间(Miller)

根据 Zinner[1.1.8.1]，可在下列加速辅助措施中进行分级和评定：

- 使用时间间隔较长；
- 人力物力耗费较小，可任意重复；
- 人力物力耗费较大，随时备用。

第一类包括从一压缩空气储存器中输送外部压缩的空气进入增压空气管路，进入进气管路等。

第二类主要包括在废气涡轮增压器上预设调节作用的措施，其次包括例如由两个涡轮增压器转为一个。压气机上的调节叶片的主要作用在于移动

特性曲线族及其喘振界限。涡轮上的导向叶片调整或其他改变进流横截面的措施应当在部分负荷状态下通过减小横截面缩小流量时产生较高的压差，以提高涡轮功率或涡轮转速，从而提高增压压力。在四冲程柴油机上，通过缩小横截面和从而提高活塞排气功（在换气循环中有损失）给涡轮提供较大的废气能量。

第三类包括空气辅助措施，今天主要是在例如大型二冲程柴油机上使用。其中有例如置于压气机之前或之后的外部或发动机传动的鼓风机。废气涡轮增压器的各种不同的辅助传动装置也属于这一类，情况完全如同将增压空气转送到废气管路中一样，不过这种仅适合于中等负荷的方法可以通过附加加热空气（超高压方法）得到明显改进。

这种加速特性在柴油机发电及推进系统中起一种特别的作用。对于柴油机发电机组的加载，船级社规范的出发点是 50/50 的负荷转换，就是说，分两步从 0%加载到 100%的负荷。只有在船舶运行状态可以接受时，才允许例外。可转换的功率当然取决于平均有效压力的高度（见图 1.1.114）。

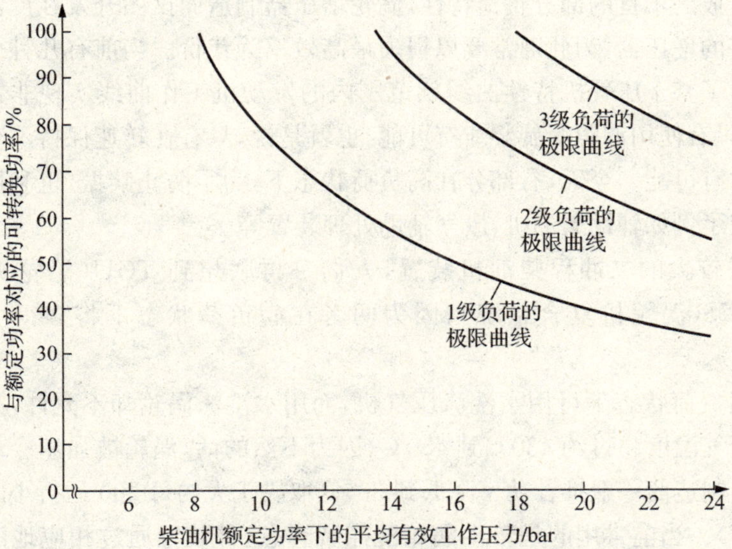

图 1.1.114　四冲程柴油机负荷分级转换的极限曲线（资料来源：德国劳氏船级社）

在负荷转换时，转速原则上必须在 5 s 内调整到允许剩余转速变化范围，并进入稳定状态，只有当剩余转速变化不超过±1%时才算达到稳定状态。在突然加载或卸载时，相对于额定转速的短暂的转速变化只允许最大到 10%。剩余转速变化（静态转速）不应超过 5%。

设计与运行

评定发动机运行参数和进行设计时，观察相似性很有助益。所以，流体机械严格的几何相似性原则上适用：

机械应力 $\sim u^2 \times D$

固有频率 $\sim u \times 1/D$

压力比 $\sim u^2 \times D; \sim n^2 \times D$

进气量 $\sim u \times D$

今天在二冲程范围内，满负荷范围内过量的增压压力越来越多地不再用于有效涡轮或类似场合，而是用来减小通气孔高度，从而改善充气系数和提高发动机功率。

100%的发动机工作点的设计一般与喘振界限的距离至少为10%(15%更好)，但如果压缩比非常高(4.5)，则为15%～20%。

为了改进具有高增压空气压力的发动机由于在部分负荷状态下压力急剧下降而造成的不良的部分负荷特性，涡轮增压器制造商试图开发在广泛的范围内效率好的增压器，为此通常要以损失最高效率为代价。当前有几种船用推进发动机为了基于压气机特性曲线族范围内的发动机工作曲线实现非常高的增压压力，只有使用调距螺旋桨才有可能，也就是说，只有在转速保持不变的运行状态下才有可能。今天，有部分在高负荷状态下，为了防止喘振，也利用杂货起货机安装了例如辅助柴油机、废气辅助处理装置等。

关于较大的二冲程柴油机装置，人们一再联想到TGU(涡轮机发电机组)和TCS(涡轮机复合系统)，因为两者在满负荷状态下将多得4.7%的功率。

在满负荷状态下可用水洗涤压气机，而用水洗涤涡轮却不允许，涡轮进气口上的废气温度超过约430℃到450℃，因为不然的话，涡轮被强烈冷却可能导致损坏。制造商一般推荐功率降低到30%(取决于大约每200运行小时的发动机工作值)。当前常用的是自动涡轮洗涤装置，这种装置通过相应地配量洗涤水防止过分强烈地冷却涡轮，并可以允许温度达到530℃。这样的温度一般是在满负荷点上才会达到。在100%的负荷状态下也可用抛丸除垢，不过没有这种必要。

1.1.9 调节和控制装置

转速调节器

柴油机的转速调节器基本上是用来在不同条件下使设定的额定转速保持不变。

这种情况下，发动机是调节对象，发动机负荷或环境条件作为干扰变量对发动机发生影响。发动机转速是调节量，喷油量是输出量或调整量。

每个转速调节器有 5 个部件：

- 转速额定值调节器；
- 转速测量器；
- 额定值实际值比较器；
- 调整量执行器；
- 稳定器。

图 1.1.115 为一转速调节器的方块图。

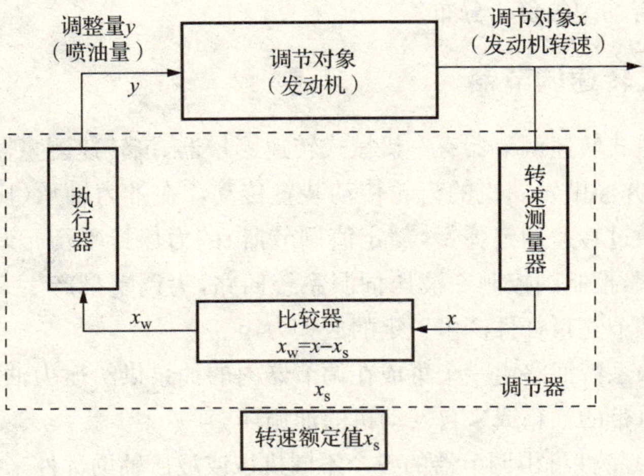

图 1.1.115 转速调节器

有机械式直接作用调节器和机械液压式调节器，后者有一个液压伺服机构接收调整量。另一类越来越被看重的是电子转速调节器，它经过一电放大器依靠电动液压执行器或气动执行器工作。

机械式直接作用转速调节器只用在装配了整体组合喷油泵的高速柴油机上[1.1.9.1]。

调节器的特性可以用比例(P)特性、积分(I)特性和微分(D)特性来描述。比例调节器的输出量与调节偏差成比例。调节偏差不可能是零。微分调节器的输出量与调节量的变化成比例,这样可提高调节过程的速度。积分调节器根据调节偏差的持续时间提高输出量。

机械液压式和电子转速调节器所具有的特性一般是P、I和D这3种特性的组合,所以又称为PID调节器。剩余调节偏差被设定得越大,调节就越稳定。

与负荷相关的剩余调节偏差用比例度或P度来表述。P度是空转转速与满负荷转速之差,相对于额定转速并根据下式计算:

$$\delta=\frac{n_{空转}-n_{满负荷}}{n_{额定}}\cdot 100[\%] \tag{1.1.55}$$

发电机驱动装置的P度一般为3%~5%,螺旋桨推进装置的P度可能高达7%,汽车发动机的P度则高达20%。

如果两台或多台发动机并车工作,例如,经过一电网或经过一机械并车传动装置并车工作,则必须强制发动机以相同的转速工作。发动机只有设定相同的P度才会有均匀的负荷分布。

机械液压式转速调节器

机械液压式转速调节器有一机械式转速测量器,该转速测量器一般包括两个离心配重,并经由发动机的齿轮传动装置传动。在推力轴承(比较器)上,离心配重的力通过转速调整弹簧(额定值调节器)的力保持平衡。调整产生的力操纵一控制阀,控制阀控制一液压伺服系统回路,为调整量产生一定的放大力矩,例如,为调节充量杆件产生一定的放大力矩。

液压伺服系统回路由一个集成在调节器内的油泵供给压力油,压力油可以来自调节器自带的油箱或来自发动机的油循环。

P、I、和D特性可由调节器的各个不同机械或液压辅助部件来实现。

机械液压式转速调节器是一种高精密度精密机械设备,其安装、修理和调整需要专门知识和设备。机械液压式转速调节器的结构和功能在参考文献[1.1.9.2]中有详细说明。其原理如图1.1.116所示。

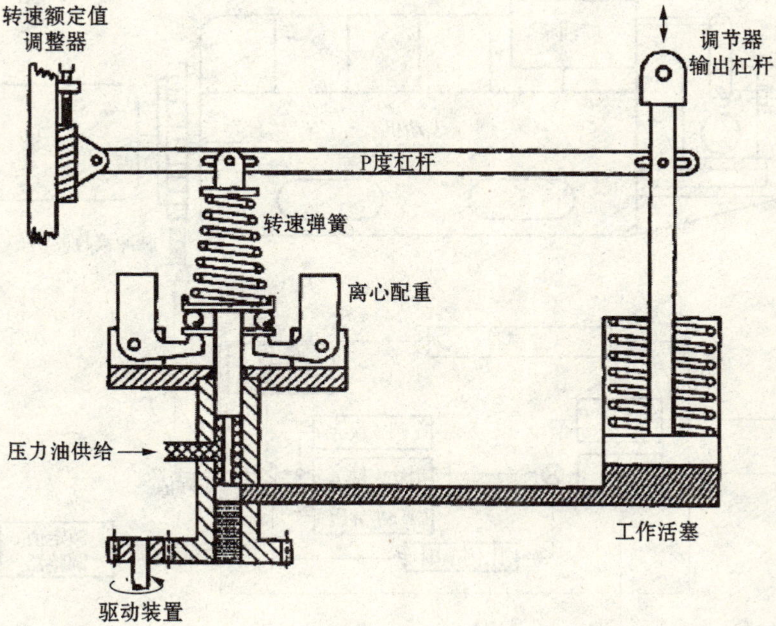

图 1.1.116 机械液压式转速调节器原理略图

电子转速调节器和控制器

电子转速调节器(见图 1.1.117)采集实际的发动机转速不是经过一机械测量器,而是经过一个电传感器进行的,该传感器感应或经过霍耳效应搜索例如飞轮上的一个槽盘或(如果有的话)一个齿轮。测量频率被转换成一个电参数,并与相应的额定值进行比较,额定值也作为电信号输送给调节器。根据比较的结果在控制器的末级产生一电流信号,并输送给执行器,执行器根据信号经过一个马达或线性磁铁在柴油机上进行充量调整。执行器输出量的反馈信号是完备的控制电路所不可缺少的。

电子调节器同样也具有 PID 特性。如果将电子调节器设计成模拟调节器,则通过使用数值采集和转换辅助设备也可能具备辅助功能,诸如启动量调整、转速限制、转速相关充量限制或温度相关转速或充量调整。借助于一干扰变量转换器可以通过将发电机电流用作调节量的方法在发电机组中提高反应速度。

模拟电子调节器的优点是调整简单,因为大多数情况下只经过电位器进行调整。

数字式电子调节器更加灵活。这种调节器的核心是一个微控制器,除了转

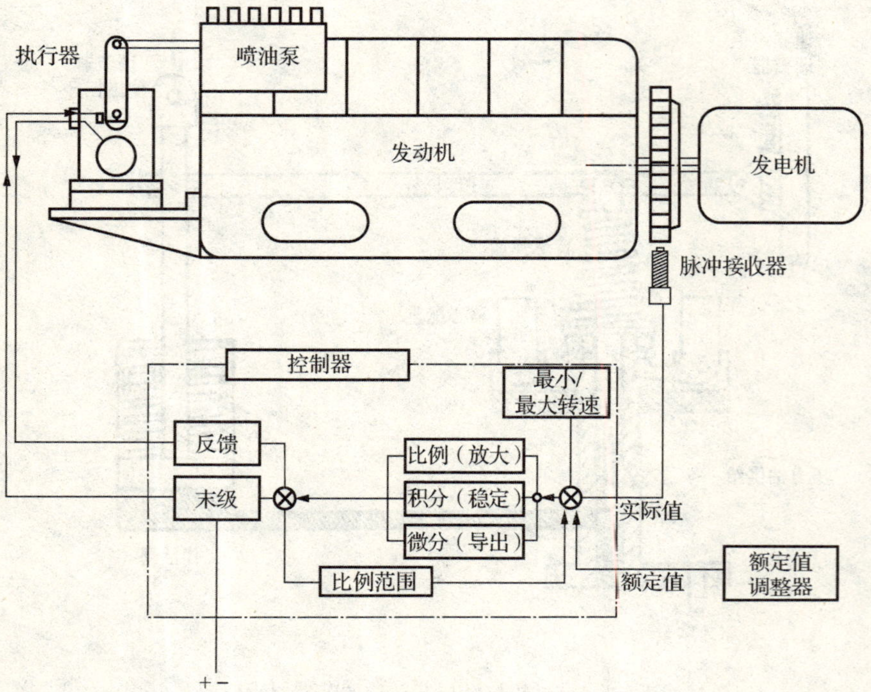

图 1.1.117　模拟电子调节器控制电路方块图

速调节以外，它的程序还能承担其他数据的采集、处理、监控和存储[1.1.9.3]。运行参数由传感器读入和处理。固定的额定值可以放到特性曲线族中，并在与其他参数的关系中进行处理。然后相应地产生输出值，例如控制喷油系统的输出值。图 1.1.118 是数字调节器的方块图。与其他系统的通信，例如与设备管理系统或状态监控系统的通信，可经过标准化的总线系统显示，例如通过 CAN 总线显示。还可以进行数据存储和数据跟踪以进行故障查找。

因此，数字式电子调节器鉴于其多样性的功能也被称为发动机控制器。

特别当发动机控制器操作为一电磁阀喷油系统或一共用油轨(CR)喷油系统时，除了喷油量以外，还可根据诸如发动机负荷或发动机转速等其他参数调整喷油率(见图 1.1.119)。这也可以说是发动机优化废气排放管理的基础。

这样，电磁阀或共用油轨喷射器的喷油开始以同样的值存在一特性曲线族中，然后对应负荷和转速的数值对产生最佳废气排放(参见 1.1.7 节)。有关发动机管理的其他参数同样也可根据一定的需要存入和并置在特性曲线族中。

如果控制一个时基喷油系统，如控制电磁阀或共用油轨系统，则除了曲轴

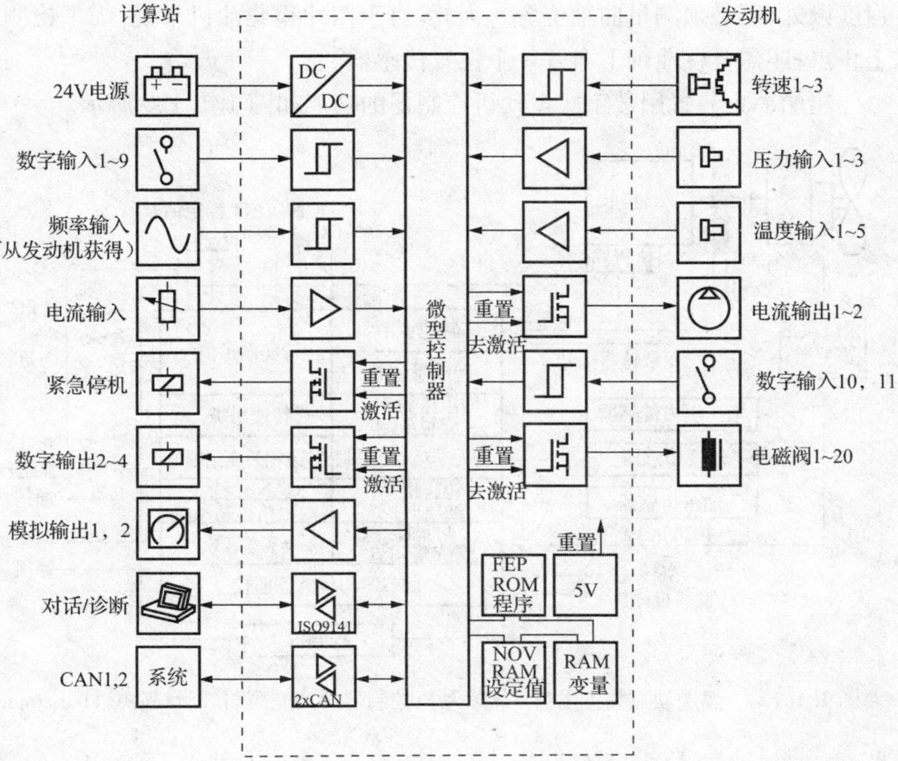

图 1.1.118 数字式转速调节器方块图

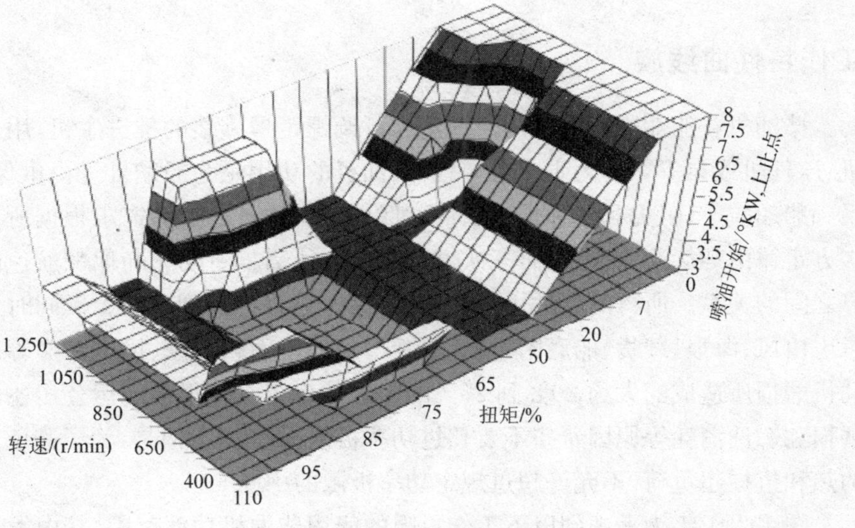

图 1.1.119 NO_x 优化管理的喷油开始特性曲线族

速度以外，还必须测量曲轴位置。为此，对于四冲程柴油机来说，为了检测点火上止点，还需要在曲轴上布置一个位置传感器。

船舶动力装置用数字式发动机控制器的功能如图 1.1.120 所示。

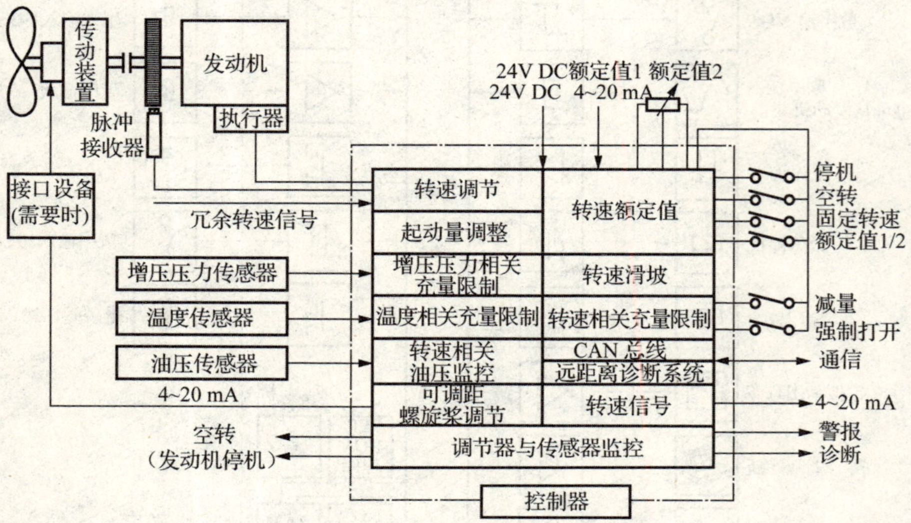

图 1.1.120　船舶动力装置用数字式发动机控制器的功能简图(资料来源：Heinzmann)

1.1.10　运行

工作特性曲线族

柴油机在船舶运行中可用于固定和可调螺距螺旋桨的推进主机，用于发动机、压气机或泵等。作为主动力装置，柴油机的功用是为船舶推进提供保证，关系到船舶航速、阻力和各种推进条件。保证船舶推进的功率需求根据所谓的三次方定律由螺旋桨曲线得出，三次方定律确立所需推进功率与船舶航速的三次方之间的关系。所得的值适用于低速船，高速船要提高到 4 以上。同时还必须考虑由风、海浪、载货、船底附生物、不断增加的表面粗糙度、撞击凹痕等以及发动机磨损所造成的大约 20％到 25％的附加功率需求。很多航运公司还考虑到磨损和燃油消耗等原因希望不要超过功率极限的 90％。但是，为了避免发动机的热和机械超负荷，不允许超过规定功率极限的 100％。

图 1.1.121 为考虑到以下工作界限的船用柴油机功率范围，其中发动机功率曲线($p_{me}\cdot n$)简化为用直线表示：

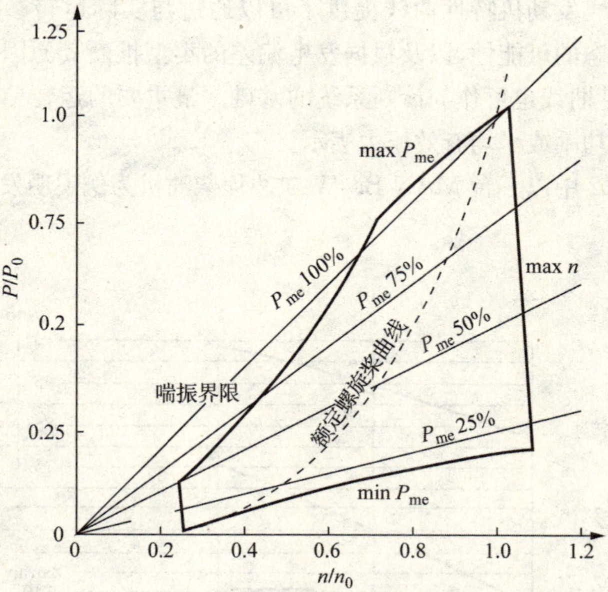

船用柴油机的功率特性曲线族

图 1.1.121 增压船舶推进发动机的负荷极限

(1) 最小转速 min n:喷油量太小且不均匀,发动机运转不稳定,有时是在扭转振动限定的临界转速范围。

(2) 涡轮增压器的喘振界限:没有调节供气,压气机范围不稳定。

(3) 最大平均有效压力:最小燃烧空气比,热极限,最大转速降低。

(4) 最大转速:惯性力引起超负荷,极限转速曲线有固定的比例范围(最大 5%)。

(5) 最小平均有效压力:因相对较高的惯性力引起运转不稳定,有轴承受损危险,有反流危险,特别是在燃烧室、进气阀、扫气气口和扫气通道变脏的情况下进行定压增压时,因空气过量较多造成气缸中有低温腐蚀的危险。

同时也可明显地看出当螺旋桨转速降低时发动机是如何强烈地减负荷。这种情况下发动机的性能需要在部分负荷状态下也具有高效率,首先是在常用的低于额定转速的运行状态下要具有高效率。还可以看出在使用可调螺距螺旋桨工作时发动机在额定转速下能够发出的功率。

发动机特性曲线

用发动机特性曲线表明发动机在不同工作条件下的运转技术性能。数据取自验收记录。发动机特性曲线提供了可以通过与实际运转参数的比较推断发动机运行状态的可能性，以及根据发生偏差的类型推断其原因的可能性。因此，发动机特性曲线也可作为诊断系统的基础。最重要的运转参数用转速相关或负荷相关的功率或平均有效压力表示。

图 1.1.122 中以一台 MAN B&W 二冲程柴油机为例说明发动机的特性曲线图。

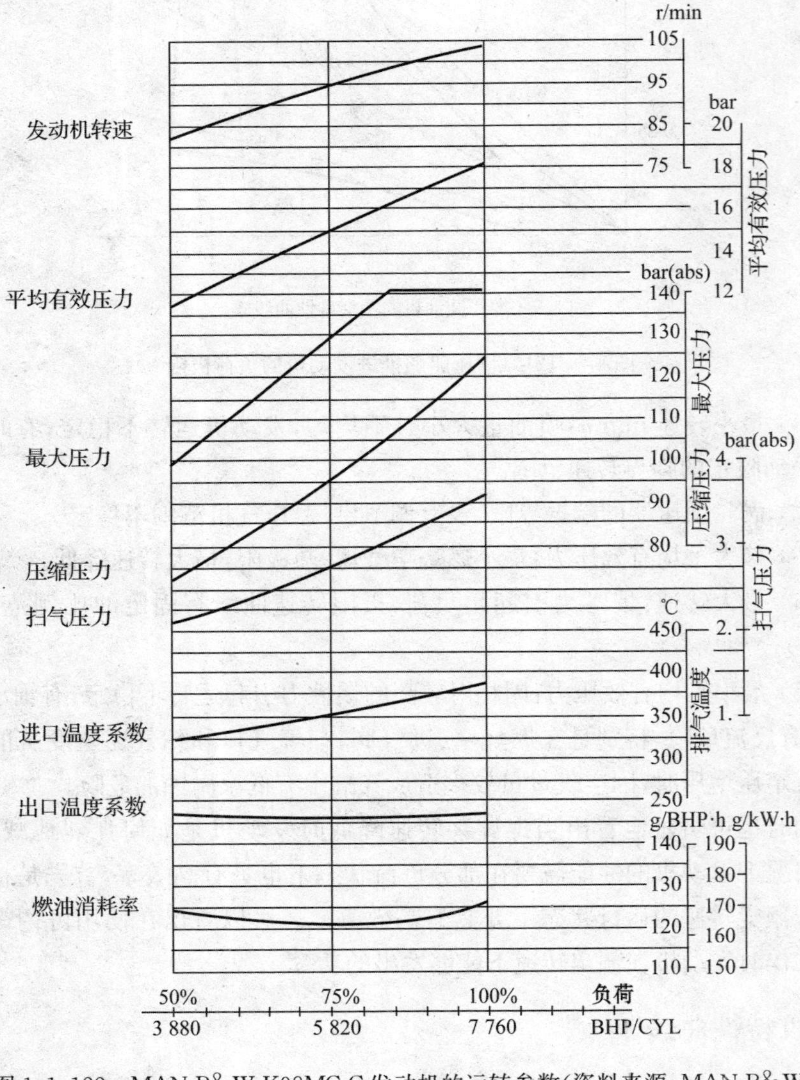

图 1.1.122　MAN B&W K98MC-C 发动机的运转参数(资料来源：MAN B&W)

在验收时记录哪些运转参数,可以查看一台 Caterpillar MaK 8M32C 柴油机的验收证书(见图 1.1.123)。

MaK | **Diesel Engine Acceptance Test Record** | Sheet 2 of 2 | Order No.: | Engine No.:

Run time min.	Fuel mm	Output Speed rpm	Output Pe kW	Output Load kN	Output Load %	Air press P0 bar (a)	Air Temp. T0 °C	Mean eff. press pme bar	Fuel consumption Quant kg	Fuel consumption Run time s	Fuel consumption Consumption g/kWh	Fuel consumption Consumption kg/h	Lubricating oil Press. bar	Lubricating oil Temp in °C	Cooling water Press. bar	Cooling water Temp. In °C	Cooling water Temp. Out °C	Charge air cooler °C Water HT In	Water HT Out	Water LT In	Water LT Out	Air In	Air Out	Exhaust gas temperature °C Cylinder 1	2	3	4	5	6	7	8	aft. Turb.	bef. Turb. 1	2	3	Turbocharger Charge air pr. bef. cool. bar	Charge air pr. aft. cool. bar	Diff. press mbar	Coolw Temp. °C	Speed rpm
60	43,5	600	3840	64,0	100	1,030	25	24,87			190,0 iso 186,8	729,5	4,8	60	2,9	75	81	81	88	38	42	204	46	390 * 391	407 407	422 413	398 399	419 419	391 384	406 401	397 397	329 331	499			2,976	2,958	18		21182
30	47,0	600	4224	70,4	110	1,029	25	27,35			191,8 iso 188,5	810,0	4,8	60	2,9	71	78	78	87	38	42	219	47	404 * 404	421 422	438 429	412 411	436 436	407 400	422 415	411 409	331 332	514			3,339	3,320	19		22115
30	39,0	600	3264	54,4	85	1,029	26	21,14			189,6 iso 186,3	619,0	4,8	58	2,9	77	82	82	87	38	41	182	44	377 * 378	392 392	408 400	386 386	404 404	375 369	392 385	386 386	339 341	485			2,363	2,347	16		19523
30	35,0	600	2880	48,0	75	1,028	27	18,66			191,3 iso 187,9	551,0	4,8	57	2,9	78	84	84	86	38	41	165	43	375 * 375	390 389	406 397	385 384	401 401	371 365	389 383	384 384	352 353	483			1,946	1,932	14		18262
30	28,0	600	1920	32,0	50	1,028	27	12,43			199,0 iso 195,3	382,0	4,8	57	2,9	85	89	89	90	38	40	115	41	383 * 382	400 399	416 406	395 394	420 420	382 375	404 397	400 398	405 406	492			0,942	0,932	10		14060
30	18,0	600	960	16,0	25	1,028	28	8,22			222,9 iso 218,6	214,0	4,6	55	2,9	86	89	89	89	38	39	68	40	384 * 384	408 408	411 402	390 389	412 413	382 377	409 402	399 399	412 415	456			0,230	0,225	5		8548

Indicator : LEHMANN & MICHELS
Type : LEMAG PREMET LS

Combustion pres [bar]	1	2	3	4	5	6	7	8
	189	188	190	189	189	188	190	188

Notes:

Specific fuel consumption including 1 lubricating oil pump and 1 cooling water pump.
* Readings from control panel
Engine elastically mounted.

Caterpillar Confidential: green

20 is basic value for crankweb deflection 1/100 mm

Example 18 (-) Example 23 (+)

Cylinder		1	2	3	4	5	6	7	8
B.O.C.		20	20	20	20	20	20	20	20
Exhaust side	cold	17	18	20	19	19,5	20	19,5	19
	warm	17	18,5	19	18	18,5	19	19	19
T.D.C.	cold	13,5	18	20	20	20	21	18,5	18,5
	warm	16	16	18,5	17	17,5	17,5	17,5	18
Camshaft side	cold	17,5	18	20,5	20	20,5	21	20,5	19,5
	warm	18,5	18	19	19	19,5	20	20	20

Measured on test bed and coupled to hydraulic brake.

Measured with overhung flywheel.

Follow MaK instructions for installation.

ISO) Calculated to ISO 3046
(a) absolut

Exhaust gas back pressure at full load 0,022 bar

Acceptance BV

Mechanic

Engineer

Approved

DICARE f. Windows / Version 2.0 / 20.06.2005

图 1.1.123 Caterpillar MaK 8M32C 验收证书

特性曲线族

为了能够判断一台柴油机的整个转速和扭矩范围以及平均压力范围,特别判断燃油消耗量,要绘制特性曲线族。因此,也要绘制相同的油耗率与转速有关的曲线(贝壳状特性曲线),而现在还要绘制相同的废气温度和相同的功率与转速有关的曲线。如果绘制了工作特性曲线,人们就可以获得和使用最佳工作范围。在这些曲线图中,除了纯经济观点以外,人们还可以通过比较观察行程容积相同的柴油机,直接了解诸如阀门截面积、控制时间和行程缸径比的设计影响。图 1.1.124 是为螺旋桨推进设计的中速船用柴油机的油耗特性曲线族。

部分负荷特性

在船用柴油机运行中,发动机与压气机和废气涡轮增压器的协同作用是决定性的,特别是在部分负荷状态下有决定性的影响。如 1.1.8 节中所述,部分

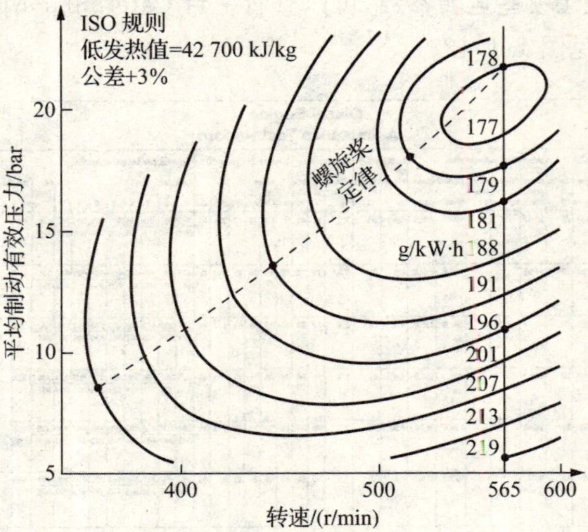

图 1.1.124　中速船用柴油机的油耗特性曲线族(资料来源:MaK)

负荷特性可分为 3 种情况:

- 发动机转速不变;
- 螺旋桨特性;
- 扭矩不变(转速降低)。

废气涡轮增压的柴油机原则上具有这样的工作特性,即根据增压方法,随着负荷的不断降低,空气不足越来越严重。空气不足的这种情况下导致燃烧空气比逐渐下降,而这又会导致不完全燃烧和增大构件的热负荷。而且,随着增压的增强,部分负荷特性变差,这种情况下以定压增压柴油机的部分负荷特性最为不利。

发动机转速减小时的特性(固定螺距螺旋桨)

在二冲程范围内只有定压增压柴油机,而四冲程柴油机所属的不同废气系统在转速减小时尚无明确的论断。但今天可以断定这种柴油机的增压系统倾向于采用满负荷增压的涡轮和尽可能简单的管路。在满负荷工作点上,使用所有这样的系统都可以获得类似的良好结果。但在发动机转速减小时却显示出有明显的差别。涡轮进气口处压力波动的幅度越小,发动机转速减小时增压压力下降得就越多。

因此,在高增压的二冲程和四冲程柴油机上,当喷油量最大时,不仅在转速降低时气缸中的燃烧空气不足,而且一般在固定螺距螺旋桨部分负荷状态下气缸中的燃烧空气也不足。有悖情理的是,气缸中的燃烧空气不足越严重,涡轮增压器和整个增压系统在满负荷范围内的效率就越佳。根据图 1.1.125 中四冲程柴油机一例可以看出其中的问题。所以说,满负荷优化的涡轮增压器设计在部分负荷范围有明显的空气不足。如果涡轮增压器设计,比如说,在部分负荷区域采用较小的增压器或较小的涡轮面积,则可以弥补部分负荷范围内的空气需要,但在满负荷范围却会超量供应空气,因此,为了不超过允许的气缸压力,必须要么排放废气,要么排放空气。排放废气可使热力情况有所改善(废气旁通阀)。在船用柴油机上,为了获得部分负荷状态下较好的结果,只需要在90%的满负荷范围内排气。即使排放的是空气而不是废气,对满负荷工作参数的影响也不大。排放废气可以用于有效涡轮的运转。但明显的是,随着平均有效压力的提高,部分负荷范围内的空气不足也同时加剧。

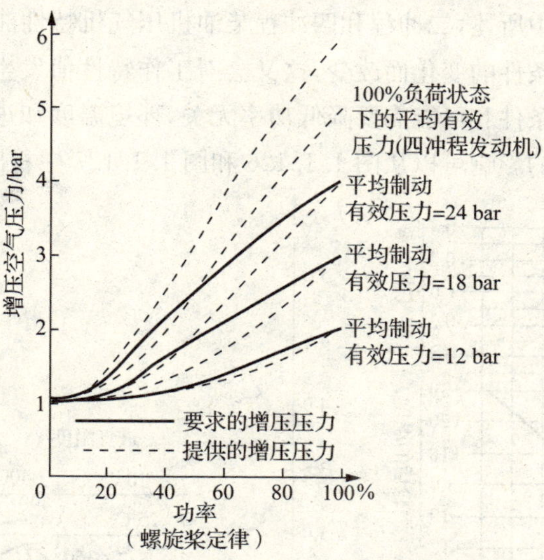

图 1.1.125 四冲程柴油机部分负荷状态下的增压压力曲线(资料来源:ABB)

为了改善这种状况,可以采取多项措施,其中大部分已在改进扭矩特性的范围内述及。用在四冲程柴油机上的一项措施是以接近可逆的方式通过在高转速下提早关闭进气阀以降低压缩的初始压力,这项措施已在许多定压增压的发动机上应用许久,并且也是属于米勒过程的一部分。这样,人们可以在不提高压缩终点压力和最高燃烧压力的情况下,通过降低涡轮喷嘴面积提高增压压力。在低转速下,提早进气关闭点不会造成相对降低气缸压力。这一措施虽然作用平常,但是简便,并可以应用在所有的排气系统上。

如果在运行中可以改变进气控制时间，就可以发挥更强的作用。不过，这种作为米勒过程闻名并在今天由于废气排放的原因到处都在研发的系统也有缺点，就是它需要一个调整机构，并且一级涡轮增压器要立即达到最大压力比，因此人们必须转向二级系统。

大型四冲程柴油机上可变涡轮几何参数（VTG）的措施迄今只在很少情况下使用过，例如在煤气发动机上。其原因主要在于，用更简单和更便宜的措施已经达到了令人满意的结果。关于几何参数可变的涡轮使用重油的适用性肯定是有理由的。此外，几何参数可变的涡轮要达到高增压度必须通过一种设备装置加以补充，用以防止涡轮横截面减小后压气机可能发生喘振。

环境条件改变后的运转

如 1.1.8 节中所述，二冲程和四冲程柴油机压气机特性曲线族中通流曲线的上升随着环境条件的变化而改变，这又会对工作特性值发生影响。与性能参数涉及哪些订货条件和可能需要降低功率无关，环境温度和进气温度对四冲程柴油机工作特性的影响可以从图 1.1.126 和图 1.1.127 中看出。

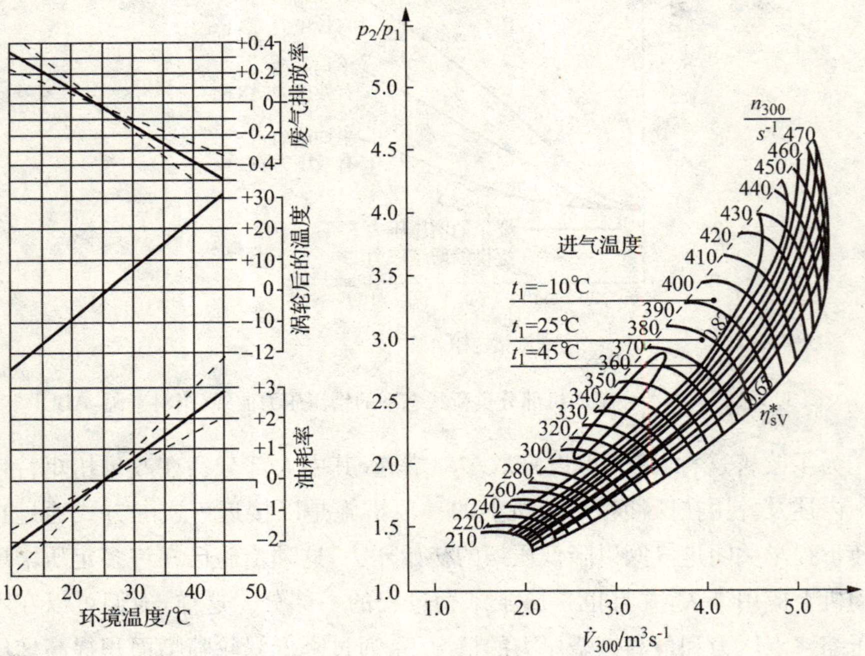

图 1.1.126　环境空气温度对四冲程柴油机工作特性值和压气机特性曲线族中运转特性曲线的影响（资料来源：Sulzer，ABB）

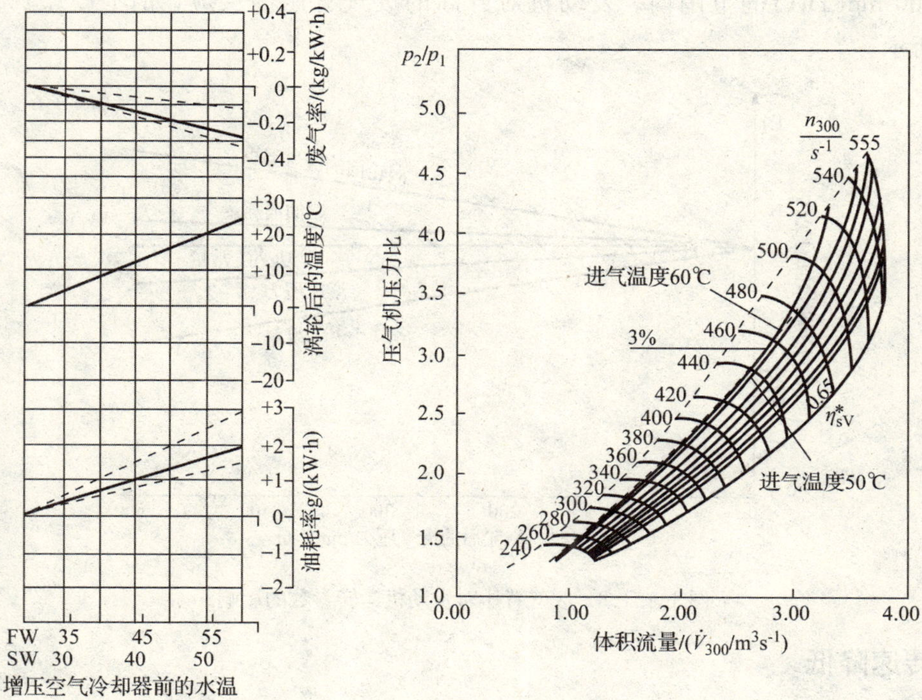

图 1.1.127 环境空气温度对四冲程柴油机运转参数和压气机特性曲线族中运转特性曲线的影响(资料来源:Sulzer,ABB)

环境空气温度

可以看出,增压空气压力随着环境温度的升高而降低,废气排放率以及空气进气率也因此而减小,结果导致燃烧空气比的缩小。由此而产生较高的热负荷,表现为涡轮后的废气温度和油耗率变坏。二冲程柴油机的情况与此类似。

进气温度

从图 1.1.127 中也可以看出,随着进气温度的升高,废气排放率下降,而废气温度水平升高时,进气压力有少许上升。还可以看出,发动机通流曲线根据 1.1.8 节中所述关系变得坡度更大,并接近于压气机的喘振界限。

废气背压

今天的高增压船用柴油机对涡轮后的废气背压反应非常敏感,当然这种情况特别适用于二冲程柴油机。因此,制造商规定的允许废气背压在 200～

300 mm H_2O 的范围内。发动机对升高的废气背压的反应，如图 1.1.128 所示。

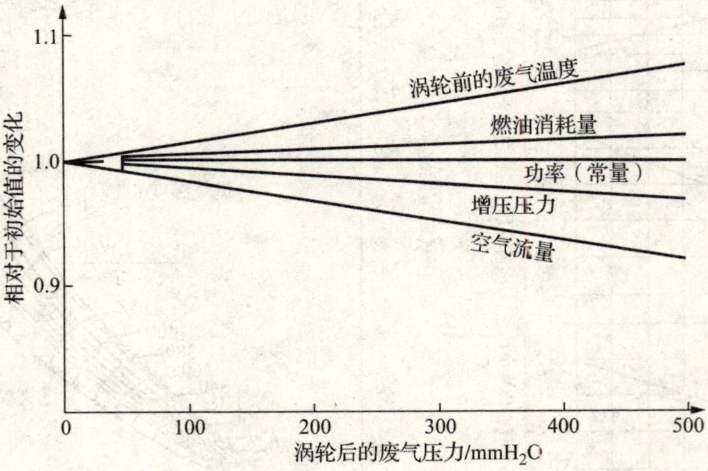

图 1.1.128　废气背压对发动机运转参数的影响

转速降低

如上所述，船舶推进柴油机设计中要考虑一定的功率储备，以便能补偿永久性的和临时性的船体阻力增加、最不利的天气条件，以及发动机由于磨损和污染造成的功率损失。研究已经表明，这一功率储备根据航行海区和租船合同条款必须在 20%～25%的范围内。这意味着，在使用固定螺距螺旋桨的情况下，在以螺旋桨额定转速和船舶额定航速航行的船厂试航中，为了能够在不降低航速的情况下弥补上述阻力增加和功率损失，发动机应当只发出其额定功率(MCR)的 80%或 75%。换句话说，一台在船厂试航中以额定转速和相应的合同航速达到其额定功率的发动机，在设计上肯定是错误的，因为这样一台发动机在船舶阻力增大时要立即以 100%的阻断进气进行一次转速降低，并达到满负荷降低的范围。如图 1.1.129 所示，一方面是发动机的功率/转速曲线图，表明持续运转、短时运转和短时超负荷运转的范围；另一方面也是发动机功率曲线图中用于推进功率设计的固定螺距螺旋桨曲线图。

如果不允许转速降低，或在设计发动机推进功率时考虑到充分的功率储备，则在船厂验收时取功率点 A_3 上的合同航速。在下一个计划的船厂周期之前，因船舶阻力增加而提出的功率加大应超过 A_2 点，最多提升到功率 A_1。如果考虑的功率储备很小或者根本就不考虑功率储备，则越过 A_1 在降低了的范

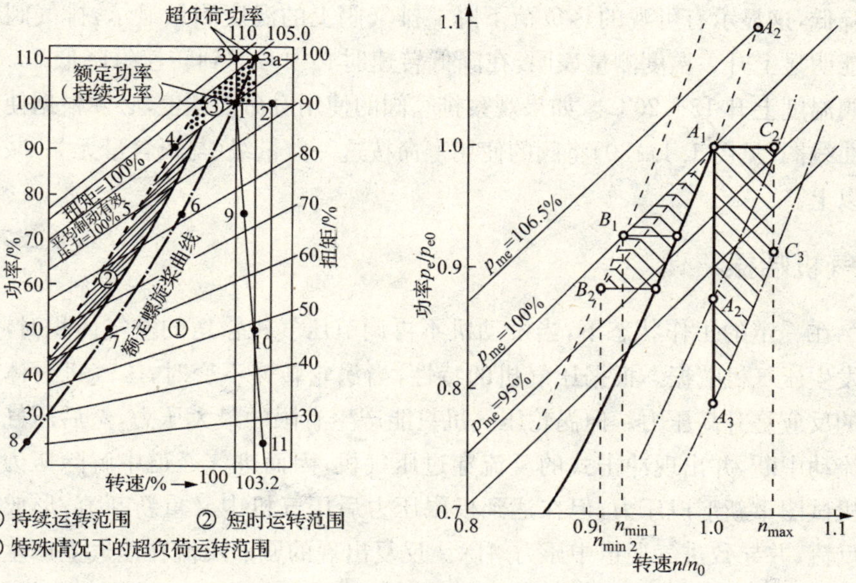

图 1.1.129　固定螺距螺旋桨装置推进功率的设计[1.1.10.3]

围内降至 B_1 点。如果转速降低太多，则必须减少充气量，并达到 B_2 点[1.1.10.3]。

这样降低了的运转状况，其特征在于降低增压压力和进气量，同时少许提高油耗率。这将导致燃烧室内构件温度升高，特别是排气阀温度升高，有过热和高温腐蚀的危险（见图 1.1.130）。但涡轮前的废气温度因扫气空气含量增加

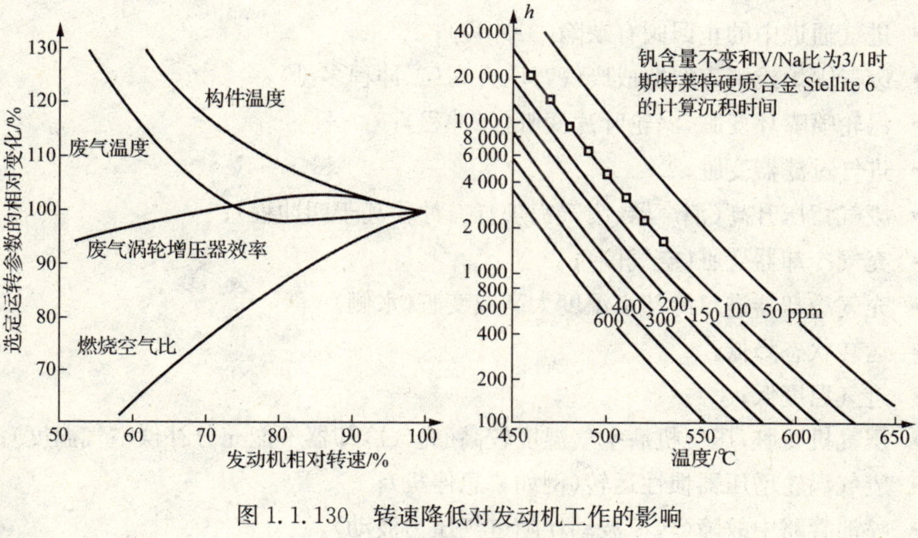

图 1.1.130　转速降低对发动机工作的影响

而降低，这显示有可观的热负荷下降。排气阀上的温度测量显示，排气阀温度可能明显上升。温度测量表明，在降低转速时必须考虑到转速每降低 10%，排气阀温度上升 15～20℃。如果观察排气阀的使用寿命期望值，必须根据使用寿命曲线图（见图 1.1.130）将阀的使用寿命按这一数量级（与钒含量无关）减少一半以上。

压气机喘振

在一定的工作状态下，当发动机不再调节压气机输送的空气体积时，就可能发生压气机喘振。根据压气机的特性，当涡轮转速不变时，压气机对体积减小的反应是升高压力。但涡轮压气机只能产生有限的最大压力，然后压气机中的流动中断，并出现冲击式的反流穿过压气机，因而进气通道中解除压力。压气机试图重新形成压力，但在达到极限压力后压气机中又重新断流，形成冲击式反流，并导致进气通道中压力解除。反复出现的剧烈反流在压气上产生人们熟知的低频和大响度的喘振噪声。这种情况下，不能保证发动机充分供气，当然这与在喘振过程中压气机中可能出现的叶片振动无关。在二冲程和四冲程船用柴油机上可能基于不同的工作状态触发喘振过程。其中包括：

- 装有多个废气涡轮增压器的发动机有不同的检修期（较差的压气机必须产生同等的进气压力，物质流量减小，喘振）；
- 低转速、低负荷，特别是二冲程（固定螺距螺旋桨工作）；
- 气口形成积炭层（二冲程）；
- 进气通道中的止回阀有缺陷（二冲程）；
- 废气锅炉或消声器造成废气背压升高（二冲程多见）；
- 涡轮喷嘴环变脏，涡轮叶片变脏（二冲程）；
- 进气过滤器变脏；
- 废气背压升高（消声器、废气锅炉）（二冲程甚于四冲程）；
- 充气冷却器变脏（空气侧）；
- 充气冷却器进口冷却水温度太高或变脏（水侧）；
- 运转状态降低；
- 进气温度低；
- 压气机变脏，压气机后空气温度较高（充气冷却器不能充分补偿空气温度）；
- 废气涡轮增压器惯性运转（例如紧急停机）；
- 喷油管路中故障（转速波动伴随进气压力波动）。

除了设计上要可靠地保证发动机工作曲线离开喘振界限有足够距离外(相对于空气体积 15%～20%),可以采取一些操作方面的补救措施,诸如:

- 较高的发动机转速(四冲程);
- 较高的进气温度(从机舱进气、空气预热);
- 较低的进气温度;
- 清洁压气机;
- 清洁涡轮(二冲程);
- 遮盖进气过滤器(移动发动机通流曲线);
- 减低发动机功率(发电机组);
- 排放空气,打开扫气空气通道、进气通道;
- 排放废气;
- 避免转速波动;
- 关闭鼓风机(二冲程)。

大多数措施可由发动机与压气机的协同作用造成。

1.1.11 现场监控

现场监控必须测定发电机的工作特性值,并与额定值进行比较。检查主要包括工作过程和辅助设备的压力和温度。如果实际值偏离额定值,要调整到额定值,并查明偏离的原因。如果出现功能方面的故障,要迅速排除故障,以避免可能造成发动机损坏。磨损、使用寿命和可靠性,它们决定性地取决于保持规范规定的额定值。

气缸监控

今天,监控气缸压力依然是监控发动机的最重要的监控方法,只是测量的方式已经发生了变化。所以,已几乎不用杆簧指示器工作,而是电子显示气缸压力,并在计算机中加以处理。迄今不能连续检查气缸压力的原因在于传感器的温度灵敏度不够,现在已经有了能进行持续监控的传感器。这就开辟了监控,特别是诊断技术的新路。

绘制示功图时要区分闭合和错位压容图与虚线压容曲线(见图 1.1.131 和图 1.1.132)。闭合压容图用来确定功率。根据示功图面积可确定平均指示压力,也可计算指示功率,这些工作今天都采用电子技术进行。这一类检查工作

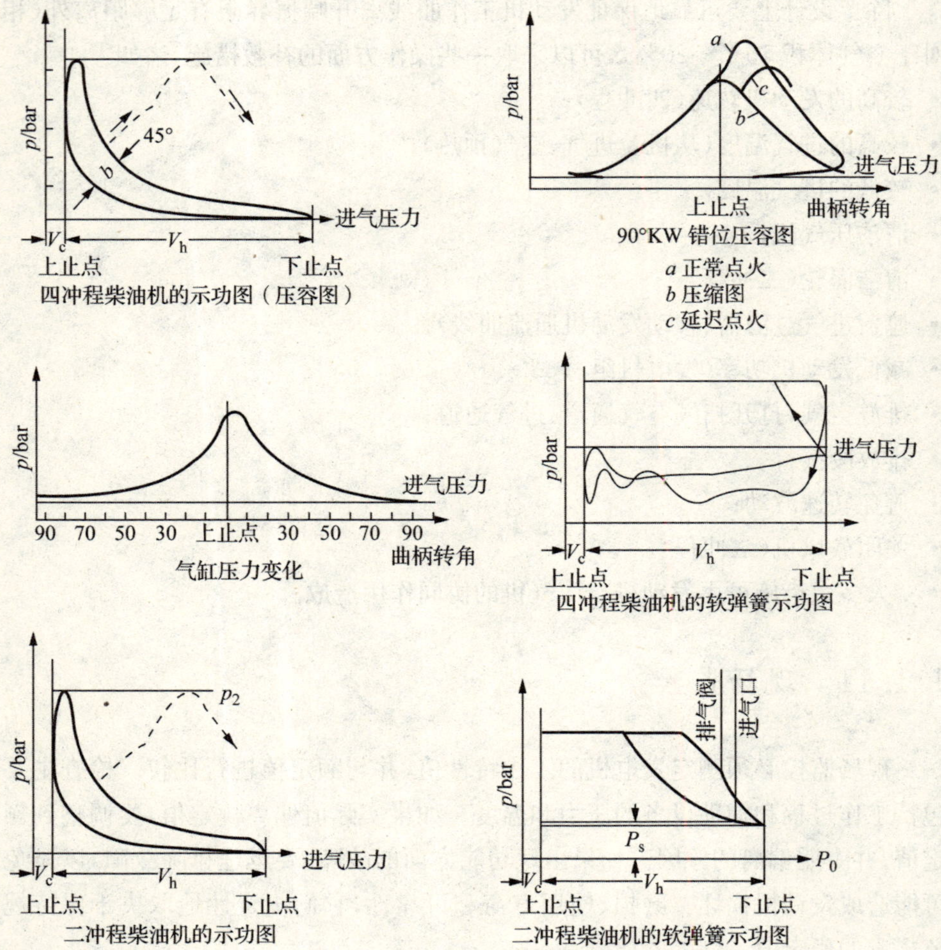

图 1.1.131　二冲程和四冲程柴油机的示功图

首先要在调整喷油泵后才有意义，以便检验为每个单一的气缸设定的供油量和供油开始是否导致所有的气缸都产生同样的功率。用错位压容图可以更好地表示上部范围内气缸压力变化的过程，同时在计入喷油压力变化历程和喷嘴针阀升程的情况下可以定性和定量地确定整个喷油和燃烧过程。不过，单是燃烧开始和燃烧过程本身也能提供关于运转和运转偏差的重要知识。手画的虚线压容曲线实际上是用来进行连续性和短时间检查，不必很费力就可以画出。测量的压缩终点压力和压缩最高压力可用以在与额定值的比较中得出关于燃烧质量和气缸密封性的初步结论（见图 1.1.132）。关于换气的补充信息可以经过所谓的软弹簧示功图获得，其中只有气缸压力变化过程的低压范围是固定的。

根据这种示功图可以确定废气和空气区段的变脏情况，如气口积炭和涡轮变脏等。

图 1.1.132 为不同气缸压力变化的示例和推荐图，其中也列出了对应错位或开放压容图的虚线压容曲线。

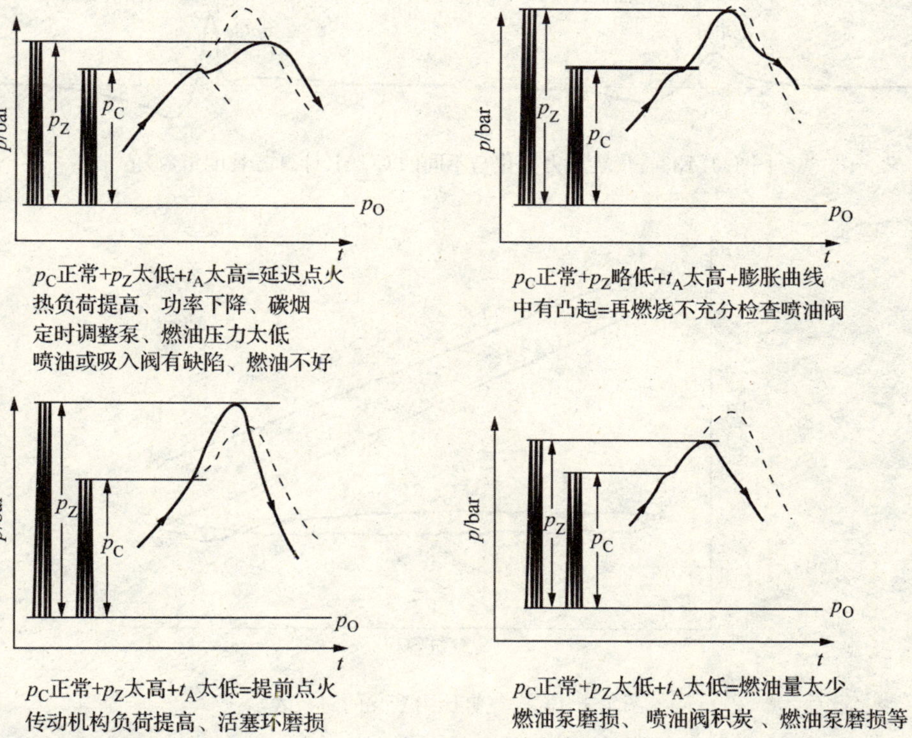

p_C正常+p_Z太低+t_A太高=延迟点火
热负荷提高、功率下降、碳烟
定时调整泵、燃油压力太低
喷油或吸入阀有缺陷、燃油不好

p_C正常+p_Z略低+t_A太高+膨胀曲线
中有凸起=再燃烧不充分检查喷油阀

p_C正常+p_Z太高+t_A太低=提前点火
传动机构负荷提高、活塞环磨损
定时调整泵、VIT指数错误

p_C正常+p_Z太低+t_A太低=燃油量太少
燃油泵磨损、喷油阀积炭、燃油泵磨损等
检查喷油泵和阀

图 1.1.132 运转发生故障时的示功图

在电子气缸压力绘图范围内不仅可以精确地画上压力变化曲线，而且可以确定第一导数。在图 1.1.133 中示出了两条压力变化曲线及其取决于高 CCAI (计算芳香度指数)值的第一导数。

气缸压力曲线图的电子处理也允许另一种表达方式。图 1.1.134 示出了闭合气缸压力曲线图的对数表达方式。压缩和膨胀分别产生了各自的直线，在直线的坡度上人们可以识别出故障，例如由于不密封造成的物质损失。此外，低压和高压部分都表示在一幅曲线图上。

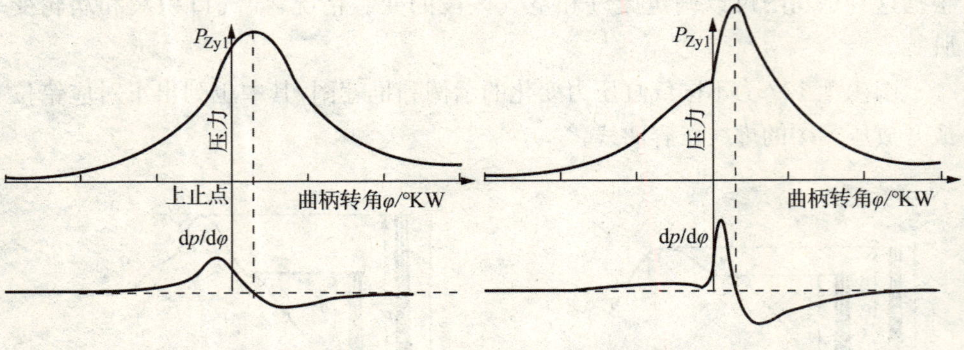

图 1.1.133　气缸压力变化与不同的 CCAI(计算芳香度指数)值

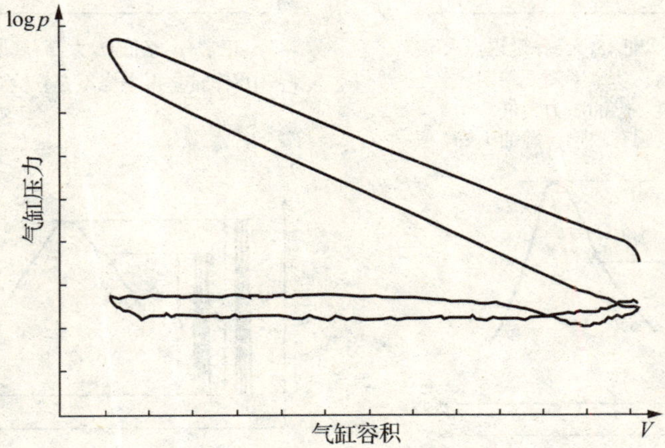

图 1.1.134　气缸压力变化的对数表示

废气温度

监控废气温度是对气缸压力测量的一项有意义的补充。将喷油泵调整到相同的供油量和供油开始，在这一前提条件下于正常的燃烧过程中，所有气缸上必定出现相同的废气温度。对此，柴油机制造商在整个使用范围内考虑到燃烧过程中始终存在的偏差、燃烧室部件磨损状态略有不同和测量误差，允许偏离额定值的 8%～10%。另外，制造商还规定了气缸前和涡轮后的最大允许废气温度，以防止燃烧室部件的热超负荷。各个气缸上出现严重偏离的废气温度，证明了燃烧过程的不均匀性。其原因可能在于空气不足、喷油系统故障或没有正确调整供油开始和供油量。测量设备的故障或损坏也会引起错误显示，被解释为偏离额定值。

船用柴油机的故障

在下面的分类一览表中再一次示范性地概括列出了发动机的若干故障及其对发动机运转参数的影响。

喷油	喷油阀针卡死	• 燃烧开始延迟 • 废气温度上升 • 气缸压力下降
	阀门弹簧疲劳	• 燃烧开始提早 • 废气温度下降 • 气缸压力上升
	喷油管路磨损	• 流动阻力增大 • 喷油量减少 • 功率下降 • 废气温度下降 • 气缸压力下降
	喷油泵磨损	• 管路中压力下降 • 漏油量增多 • 喷油量减少 • 功率下降 • 废气温度下降 • 气缸压力下降
	喷油阀积炭	• 流动阻力增大 • 功率下降 • 碳烟生成增加 • 废气温度几乎相同
	供油发生故障	• 泵前压力太低 • 压力波动 • 满负荷状态下废气值离散严重

（续表）

喷油	燃油中有水	• 进流和回流中压力波动 • 部分负荷状态下废气值离散严重
	预热温度太低	• 流动阻力增大 • 喷油量减少 • 功率下降 • 废气温度下降 • 气缸压力下降
	喷油阀磨损	• 流动阻力减小 • 功率下降 • 废气烟度增大 • 废气温度几乎相同
进气和排气阀	排气阀不密封	• 压缩压力下降 • 点火延迟上升 • 发动机运转沉重，特别是在部分负荷状态下 • 废气温度上升
	进气阀不密封	• 压缩压力下降 • 点火延迟上升 • 发动机运转沉重，特别是在部分负荷状态下 • 废气温度上升 • 进气通道积炭
	排气阀间隙太大	• 扫气降低 • 废气温度上升 • 气缸压力上升
	进气阀间隙太大	• 新鲜进气量下降 • 发动机运转沉重，特别是在部分负荷状态下 • 气缸压力下降 • 废气温度上升

（续表）

活塞环	活塞环不密封	• 油温度上升 • 发动机放气出口油雾增多 • 压缩压力下降 • 点火延迟上升 • 发动机运转沉重，特别是在部分负荷状态下 • 废气烟度增大
废气涡轮增压器	喷管环磨损	• 增压器转速下降 • 进气压力下降 • 涡轮废气温差下降 • 所有气缸的废气温度下降 • 所有气缸的压缩压力下降 • 所有负荷级下发动机运转沉重 • 废气烟度增大
	喷管环变脏	• 增压器转速上升 • 进气压力上升 • 涡轮前废气温度上升 • 涡轮废气温差上升 • 所有气缸的废气温度上升 • 所有气缸的压缩压力上升 • 增压器泵废气烟度增大
	压气机变脏	• 进气压力下降 • 涡轮前废气温度上升 • 所有气缸的废气温度上升 • 所有气缸的压缩压力下降 • 废气烟度增大 • 增压器泵 • 燃油消耗量上升
	充气冷却器变脏	• 增压器转速上升 • 进气压力上升 • 进气温度上升 • 所有气缸的废气温度上升 • 增压器泵

（续表）

废气涡轮增压器	冷却水量太小	• 增压器转速上升 • 进气压力上升 • 进气温度上升 • 所有气缸的废气温度上升 • 增压器泵

1.1.12　维修和保养

发动机设备维修和保养的目的是实现高可用性和工作可靠性。同时还要追求低维修成本。

维修和保养工作根据发动机制造商的维修和保养资料进行。除了维修和保养机组和部件以外，还要更多地关注运行消耗品的保管。

维修成本

如同运行消耗品的成本一样，维修成本也是发动机设备运行成本的组成部分。维修成本早在发动机的开发阶段就有影响，并且还会影响投资成本，例如，为了保持较低的维修费用，选择一种费用较高的结构。

维修成本由备件成本和劳务成本合成。对维修成本影响较大的，还有维修周期，维修周期用两次大修之间的时间间隔来表示。其中涉及构件使用寿命，必须根据构件使用寿命更换、检修或校正发动机构件。

维修概念

维修包括预防性维护和修理性维护。船舶发动机装置只需要预防性维护，因为只需用这一概念体现足够的工作可靠性。另外，用这一概念还可以规划设备的可用性。只有当构件失效时才进行修理性维护。但修理性维护这种方法会导致不能规划发动机设备的可用性。

此外，还可以按运行时间安排维修或按状态安排维修。

按运行时间安排维修意味着经过规定的发动机运行时后进行维修工作或更换零件。规定维修周期要保证绝对不可超过构件的使用寿命。不可能考虑不同的负荷总和。但是，如果了解预期的运行时间，就可以规划维修时间和维修成本，这也是一个优点。不希望设备的停机时间没有规划。可用性要高，工作的可靠性要有保证。遗憾的是，目前还多半不能精确掌握构件的使用寿命，这就是说，考虑到工作可靠性，总是提早进行维修。虽然如此，按时间安排维修仍被视为当今的标准维修概念。

如果按状态安排维修，维修周期在时间上不能固定，而是取决于满足规定的标准。

但是，规定维修周期要求准确地了解不同负荷和工作状态对发动机部件磨损状态的影响。为此，必须进行广泛的试验台调查研究，但首要的是必须对现场经验进行详细和精心的评估。构件使用寿命的一个重要标准是经过寿命期限所带来的功效（高周期）。功效也可以例如通过在这一段时间内所耗用的燃油量来确定。发动机制造商根据耗用的燃油量来规定特定机型的维修周期。另外，负荷总和也一并决定使用寿命。同时也要观察负荷交变的次数和高度（低周期）[1.1.12.1]。这可以通过数据记录器和诊断系统进行。有几家发动机制造商正在跟踪按状态安排维修的做法，但还没有实际应用。

维修和保养的可执行性

要尽可能简单地执行发动机设备的维修和保养。只有当维修具有可执行性时，对维修进行规范才有意义。执行困难或不适宜的维修工作容易被搁置或执行得不充分。还必须考虑维修人员必要的资质。

通过减少发动机零件总数，采用模块式结构，使用改进的专用工具（液压工具）和运用管路快速连接技术和螺接方法，可以大大改进和简化发动机设备的维修和保养[1.1.12.2]。

维修和保养资料

发动机制造商制定维修和保养资料具有个性化的特点。正常情况下，除了使用说明书以外，还提供修理或维修手册和一份备用零件明细表。

维修计划包括必须在哪一发动机运转时间过后执行何种维修工作的信息。要尽量把维修周期确定为基本运行小时数的若干倍，以便能够在长期的维修活动中同时进行重复的维修作业。

各项维修作业往往记录在所谓的工作卡片上，卡片上除了工作说明外，还包括关于所需人数（资质）的规定，关于所需工具和设备的规定，以及关于标准时间的规定。安全提示是工作卡片不可缺少的内容。

此外，维修手册中还包括关于螺栓连接拧紧扭矩的数据表和设定值的数据表。同样还应当列出可供使用的专用工具。

维修资料可以采用书本形式或准备电子版本。今天流行重要的工作连接视频定序程序。电子版本的维修资料也可以集中在维修程序系统中，该系统包括船舶运行的全部技术问题(参见第11章)。

注意，发动机独用的备件明细表由发动机制造商在所谓的发动机档案中进行管理。如果在修理或维修工作中使用外来零件，不能保证发动机档案的更新。

参考文献

[1.1.2.1] Pischinger, R.; Klell, M.; Sams, Th.: Thermodynamik der Verbrennungskraftmaschine, 2. Auflage, Springer Wien New York.

[1.1.2.2] Groth, K.: Grundzüge des Kolbenmaschinenbaus I, Verbrennungskraftmaschinen, Vieweg Braunschweig/Wiesbaden.

[1.1.2.3] Pischinger, F.: Vorlesungsumdruck Verbrennungsmotoren, RWTH Aachen 10. Auflage 1989.

[1.1.2.4] Mollenhauer, K.: Handbuch Dieselmotoren, Springer Verlag Berlin Heidelberg New York.

[1.1.3.1] Sperber, R. u. a.: Technisches Handbuch Dieselmotoren, VEB Verlag Technik Berlin.

[1.1.3.2] Cantow, F. G.: Piston Rings for Large Bore Engines, Federal Mogul Goetze, Firmenabdruck Cimac Congress , Kyoto 2004.

[1.1.3.3] Cantow, F. G.: Ringtechnologie für mittelschnelllaufende Diesel- und Gasmotoren, AE Goetze Firmenabdruck 1996.

[1.1.3.4] Mahle Kolbenkunde, Herausgeber Fa. Mahle.

[1.1.3.5] Lembcke, R.: Bilder zur Vorlesung „4 Takt Großmotoren", TU Hannover 1978.

[1.1.4.1] Groth, K.: Vortrag Symposium 1989 „Entwicklungsstand und Zukunftsaussichten mittelschnellaufender Dieselmotoren", Universität Hannover, Institut f. Kolbenmaschinen.

[1.1.5.1] Robert Bosch GmbH (Hrsg.): Dieselmotor-Management, Vieweg-Verlag, Wiesbaden 2004.

[1.1.5.2] Hlousek, J.; Bernhaupt, M.; Kögler, B.: Electronically Controlled Injection Rate Shaping for Medium Speed Diesel Engines, CIMAC-Kongress, Hamburg 2001.

[1.1.5.3] Jensen, F.-Q.: Der elektronisch gesteuerte MAN B&W ME-Motor, Firmenschrift MAN B&W Diesel A/S, 2004.

[1.1.5.4] Jorach, R. W.; Doppler, H.; Scheibe, W.; Ressel, H.: Common Rail Applications for Medium Speed Engines: The Answer from the Fuel Injection Supplier on the Customer's Demand, CIMAC-Kongress, Hamburg 2001.

[1.1.5.5] Jensen, F. Q.: Beseitigung der Partikelemission im niedrigen Leistungsbereich des Dieselmotors, Schiff u. Hafen 10/2004.

[1.1.6.1] Ruiz, F.; Chigier, N.: The Mechanics of High Speed Atomization, 3rd International Conference on Liquid Atomization and Spray Systems, London 1985.

[1.1.6.2] Kollmann, K.: Die dieselmotorische Verbrennung, in: Handbuch Dieselmotoren, 2. Aufl., Berlin 2002.

[1.1.6.3] Schmidt, F. A. F.: Verbrennungskraftmaschinen, 4. Aufl., Berlin 1967.

[1.1.6.4] Behrens, R.: Untersuchung des Zünd- und Brennverhaltens von Gas- und Schweröl in Abhängigkeit konstruktiver und betrieblicher Parameter, Hansa 129 (1992) 3.

[1.1.6.5] Teetz, C.: Beitrag zur Verminderung der Nasskorrosion im Dieselmotor, VDI Forschungsheft Nr. 626, 1984.

[1.1.6.6] Behrens, R.: Untersuchung des Verschleißverhaltens von Kolbenringen in Schwerölbetriebenen Dieselmotoren, DI Fortschr.-Ber. Reihe 18 Nr. 85, 1990.

[1.1.7.1] Holtbecker, R.; M. Geist: Exhaust emissions technology for Sulzer marine diesel engines: General aspects, Firmenschrift Wärtsilä NSD Switzerland Ltd., Winterthur 1998.

[1.1.7.2] Riom, E.; L.-O. Olsson; U. Hagström: NO_x Emission Reduction with Humid Air Motor Concept, CIMAC 2001, Hamburg.

[1.1.7.3] Velji, A.; E. Eichel; W. Remmels; F. Haug: Dieselmotoren erfüllen mit Wassereinspritzung zukünftige NO_x- und Ruβgrenzwerte, MTZ 57 (1996) 7/8.

[1. 1. 8. 1] Zinner, K.: Aufladung von Verbrennungsmotoren, Springer Berlin.

[1. 1. 8. 2] Boy, P.: Berechnung des instationären Betriebsverhaltens von mittelschnelllaufenden Schiffsdieselmotoren Diss. Universität Hannover 1980.

[1. 1. 8. 3] Meier, E.: Vortrag „Aufladesysteme für Schiffsdieselmotoren", Fortbildungskursus Schiffsmotorenanlagen 1983 Technische Universität Hamburg Harburg.

[1. 1. 8. 4] Codan, E.; Müller, E.: Anforderungen an Aufladesysteme für zukünftige Groβmotoren 6. Aufladetechnische Konferenz 1997, Technische Universität Dresden.

[1. 1. 9. 1] Robert Bosch GmbH (Hrsg.): Diesel-Einspritztechnik, VDI-Verlag, Düsseldorf 1993.

[1. 1. 9. 2] Anon.: Governing Fundamentals and Power Management, Manual 26260, Firmenschrift Firma Woodward Govenor, 2004.

[1. 1. 9. 3] Bach, I.; M. Glöckner: Digital Control of Diesel Engines, Die Bibliothek der Technik, Band 244, Landsberg/Lech 2003.

[1. 1. 10. 1] Neumeister, O.; Erbling, H. G.: Betrieb von Schiffsmotorenanlagen, VEB Verlag Technik Berlin.

[1. 1. 10. 2] Moeck, E.; Strickert, H.; Begemann, J.: Schiffsmaschinenbetrieb, 5. Auflage 1990 Verlag Technik Berlin.

[1. 1. 10. 3] Gütschow, G.: Leistungsbemessung für Motorschiffe, Schiff und Hafen Heft 10 /1972.

[1. 1. 11. 1] Mau, G.: Handbuch Dieselmotoren im Kraftwerks und Schiffsbetrieb, Vieweg Braun-schweig/Wiesbaden.

[1. 1. 11. 2] Illies, K.: Handbuch der Schiffsbetriebstechnik Teil 2, Vieweg Verlag Braunschweig/Wiesbaden.

[1. 1. 12. 1] Haussmann, G.: Entwicklung eines neuen Wartungskonzepts anhand der Betriebserfahrungen mit den Motoren der Baureihe 396, Sonderbeilage zu MTZ 7-8/1997.

[1.1.12.2] Behrens，R.：Wartungskonzept für moderne Dieselmotoren，Handbuch der Werften，Bd. 24，Hamburg 1998.

1.2　蒸汽锅炉

米夏埃尔·拉赫(Michael Rachow),汉斯海因里希·迈尔-彼得(Hansheinrich Meier-Peter)

译:王平庚　金晓剑　李东亮　校:王伟勇　刘维亭

1.2.1　蒸汽锅炉的工作原理

蒸汽锅炉是把经过燃烧系统或经过前置装置的余热而输送的热量作为动力转送到水汽循环的载热体。根据水侧热量导出的物理作用原理,有不同的蒸汽锅炉。

大水容量蒸汽锅炉

其特征是环扫火管和烟管的水容量非常大。因为水容量大,这种蒸汽锅炉的储存能力高,常常与惰性燃烧系统配合使用。因为水容量大,这种锅炉的冷态启动阶段很长,锅炉效率低,而且由于高蓄能构成了蒸汽侧和水侧锅炉损伤的特别危险。大水容量蒸汽锅炉对给水品质要求低,因为其水侧的净化良好。

这种蒸汽锅炉的典型代表是卧式和立式火管锅炉或烟管锅炉(见图1.2.1)。

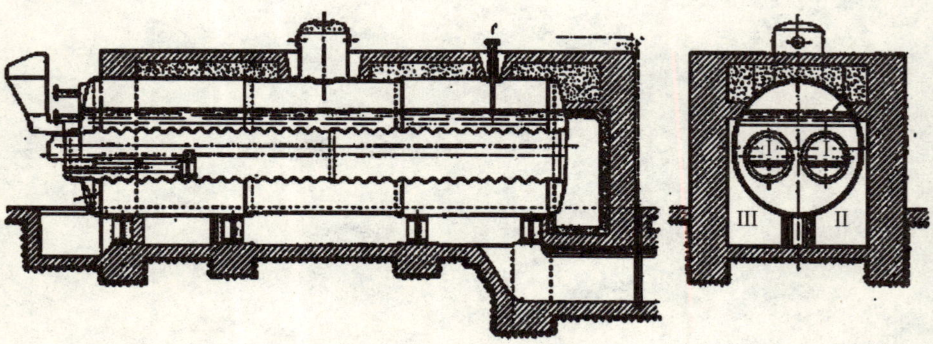

图 1.2.1　围壁波纹火管锅炉(Hupmann):Ⅰ两火管中的第一烟道,
Ⅱ和Ⅲ火管、烟管锅炉的第二和第三烟道(©:Resch 出版社,锅炉专业技术手册)

水管蒸汽锅炉

这种锅炉的特征是具有较小的比水容量(锅炉容水量/每小时蒸发量)和通过水管输送锅炉容水。

主要优点是:

- 具有较小的重量功率比;
- 适合于高蒸汽压力;
- 适合于大蒸汽产量;
- 锅炉效率高;
- 加热时间短。

缺点:

- 存贮容量小;
- 对锅炉给水质量的要求高。

水管蒸汽锅炉特别因为其良好的重量功率比和高效率已成为今天在现代船舶动力装置中仅用的蒸汽锅炉。存贮容量小的缺点可通过与负荷有关的快速燃烧系统给予补偿。高给水质量可以通过良好的锅炉给水处理达到要求,在今天的船舶运行中已不成问题。

船舶运行中的主锅炉和辅助锅炉多数是自然循环蒸汽锅炉或强制循环蒸汽锅炉,其中自然循环蒸汽锅炉主要作为主锅炉或加热辅助锅炉使用,而强制循环蒸汽锅炉则主要作为废气锅炉使用。直流式蒸汽锅炉在高蒸汽压力和高蒸汽温度情况下使用,在发电厂技术中占主导地位。

自然循环蒸汽锅炉

水循环基于下降管和上升管中不同的密度。在很少或根本没有加热的下降管中的密度大于已经被强力加热的上升管中的密度。密度差导致循环流的形成。循环流的速度则与密度差和循环系统中的流动阻力有关。为了保证水循环的稳性和热量从被加热的上升管中导出,要求一最小流量。如果达不到这一最小流量,加热管可能出现不允许的温升。

下降管和上升管应尽可能垂直布置,至少应以小于 20°角的陡度布置,以保证充分冷却。

下降管和上升管的布置要保证在各种工作状态下在最低水位以下进入上锅筒。为了减小循环系统中的流动阻力,下降管的管径往往大于上升管的管径

(见图 1.2.2)。

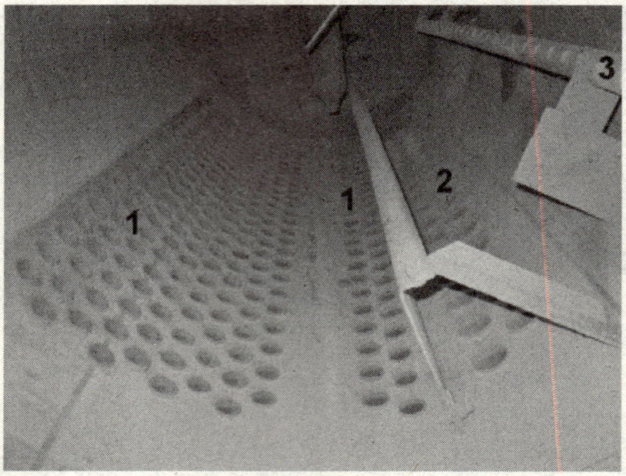

1 上升管
2 下降管
3 给水进口

图 1.2.2 自然循环蒸汽锅炉上锅筒内一瞥

工作特性

上锅筒中的水通过下降管达到下锅筒，并分布到平行布置的上升管中，水在上升管中加热，并部分蒸发。蒸汽在上锅筒的汽空间中分离，并可以抽出。水留在自然循环中。

启动阶段开始时，水正在下降管和上升管中，其温度低于沸腾状态。这些冷水在上升管中被加热，不形成蒸汽，结果在下降管中的冷水与在上升管中的热水之间的密度差很小，导致较小的循环流量。因为仅在燃烧热功率较小时出现的这部分循环流量可足以冷却被加热的管路，所以自然循环蒸汽锅炉必须在低负荷下启动(见图 1.2.3)。

如果锅炉容水已被加热到沸腾状态，在被强加热的上升管(蒸发管)中即开始形成蒸汽。随着蒸汽形成的上升，下降管与上升管之间的密度差变大，循环流的速度上升，因此可以从被加热的管路中收到更多的热量，燃烧热功率随之上升。

强制循环蒸汽锅炉

水循环依靠机械传动的泵维持其工作状态。水从锅筒流入泵，然后加压通过平行布置的蒸发管。额定水量应考虑到最多有 15%～20% 的水量在循环中

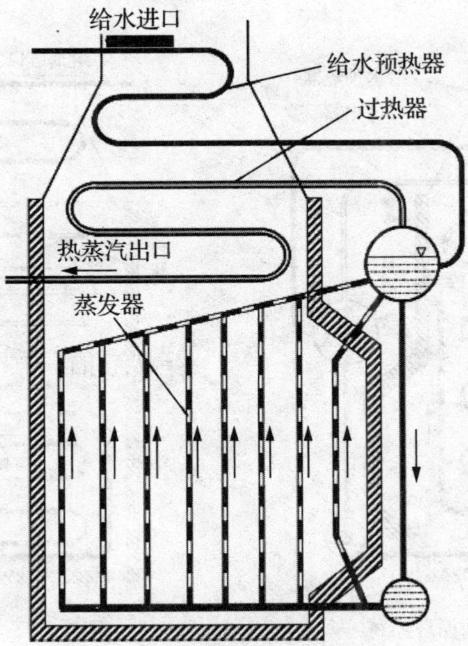

图 1.2.3 自然循环系统

蒸发。因为泵功率一般与负荷有关，所以在部分负荷范围内蒸发管中的蒸汽含量下降，因而导致蒸发管加快冷却。

平行蒸发管中不同的流动阻力利用前置的喷嘴加以平衡，因此能够在平行蒸发管中形成相同的流动和热量状况。

蒸发管可以沿着流动方向任意（上升、下降或水平）布置。

强制直流系统

锅炉给水泵强制水不经过循环而直接产生蒸汽。它首先通过给水预热器，然后通过蒸发器和过热器到达抽气口。经给水泵输送的水量以很小的时间延迟变成排出的蒸汽量。几乎不存在的存储特性导致动态特性受到限制，特别是在负荷变换时是这样。通过重叠水循环和整合存储器可以改善动态特性。发电设备因为需要动态特性以保持频率稳定，往往使用存贮器和重叠的水循环。在船舶运行中一般不采用这种系统（见图 1.2.4 和图 1.2.5）。

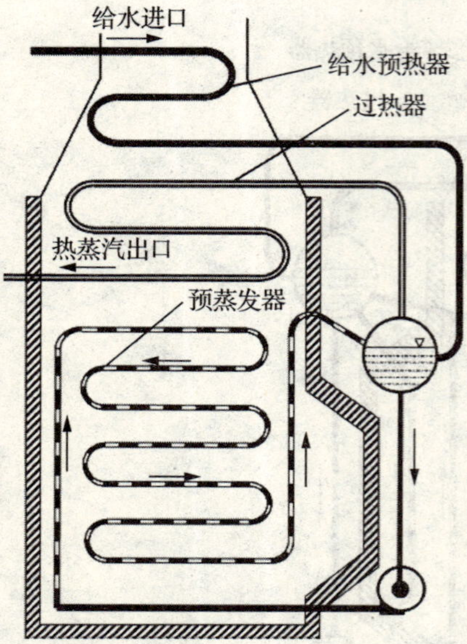

图 1.2.4 强制循环系统

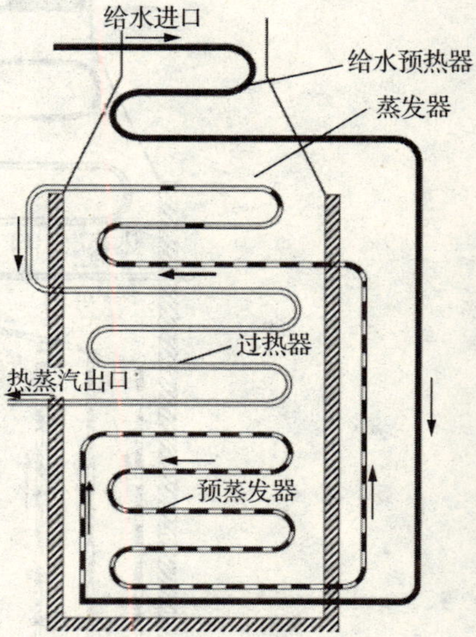

图 1.2.5 强制直流系统

1.2.2 热力学基础

蒸发过程

经由燃料输送的化学能在燃烧系统中转换为热量。这一过程中生成的辐射热传递到炉膛周围的部件上。实际上起作用的只是由明火生成的辐射热。正在生成的可探测到的热量传递给烟气，将烟气加热，并随烟气在前往烟囱的途中到达蒸发器、(汽轮机装置上的)过热器和预热器的受热面。在受热面上，烟气在很大程度上被冷却，并带着一定的残余热量离开蒸汽锅炉。在燃烧中没有转化的化学成分成为烟气中没有燃烧的或没有完全燃烧的成分，如 CO 或炭烟。没有随这些成分而转换的热量称为潜热。

经过热辐射和蒸汽锅炉中的对流传递给水的热量用来预热给水，直到达到沸腾状态，并继续蒸发和需要时用来使蒸汽过热(见图 1.2.6)。

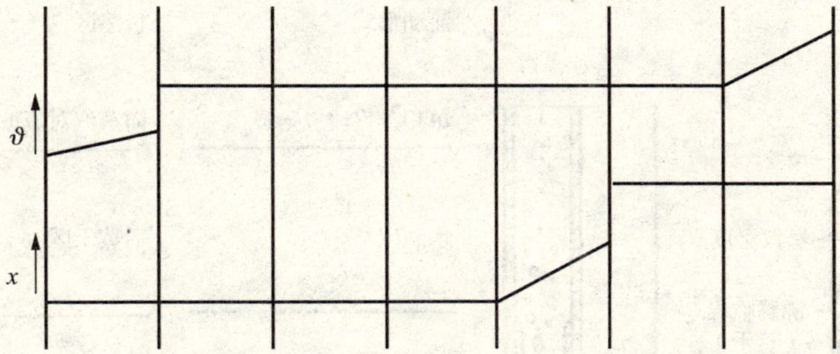

图 1.2.6 温度和蒸汽含量发热面图解

预热

锅炉给水和燃烧空气用烟气加热以提高效率。同时，烟气被额外冷却。锅炉给水在被锅炉给水泵输送到蒸汽锅炉的途中被加热到尽可能接近沸腾状态，以便在馈入蒸汽锅炉时不会冷却锅炉容水，或凝结已经生成的蒸汽。

预热燃烧空气的空气预热器在船用锅炉装置中很少采用。从锅炉舱或机舱吸入的空气采用送风风机直接输送给燃烧器。

在预热器上强烈冷却烟气时，可使烟气流中的温度低于露点。因而在烟气中产生的凝结水与氧化硫化合生成硫酸，导致严重的腐蚀。预热器的烟气侧部受到危害，其中相对较冷的烟气与冷给水或冷空气相遇。特别是在叉流式载热体上，空气和给水进口与烟气出口交汇的范围内会发生这种情况。作为应对措施，常常是通过前置的蒸汽加热预热器来提高空气和给水的温度。

蒸发

在循环系统中，蒸发发生在上升管和蒸发管中。压力从汽室直到上升管和蒸发管的进口一路上升。在自然循环系统中，这种情况是由大地测量高度决定的，在强制循环系统中则是由循环泵造成的。这样，在接近于不变的温度和逐渐上升的压力下，水在过冷状态下进入上升管或蒸发管。水必须首先通过输热才能进入沸腾状态。这一过程首先发生在管壁上，尔后发生在管内核心。生成的气泡排挤并驱赶水向上运动。随着进一步输热，水管内蒸汽含量上升，并在上升管和蒸发管的末端达到循环系统中的最高蒸汽含量（见图 1.2.7）。蒸发管出口处的密度与蒸汽含量的关系为

$$s_{\mathrm{gem}}=(x-1)\cdot s'+x\cdot s'' \tag{1.2.1}$$

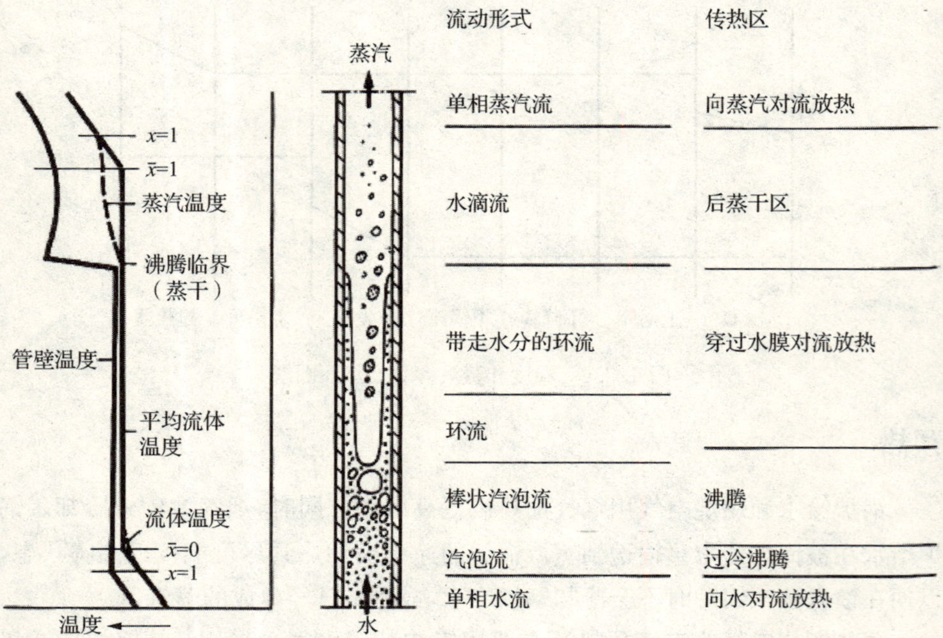

图 1.2.7　蒸发器热表面的传热区(资料来源:能量手册系列,第 6 卷,原 TüV 出版社)

过热

汽轮机装置的工作需要过热蒸汽,为此要将干饱和蒸汽过热。过热可用两种方法进行。一种方法是在接近于不变的压力下通过输热将饱和蒸汽升温到更高的温度水平,另一种方法是在等焓状态下通过压力下降使饱和蒸汽过热。实践中,两种方法均予以采用。

利用输热进行过热则是通过辐射或接触过热器在平行布置的过热管中进行的。在过热过程中,蒸汽流过过热器的受热面。特别是在启动蒸汽锅炉时,需要考虑充分冷却过热器受热面,以避开材料临界温度。可以通过将过热器并入循环系统(给水过热器)或通过冷蒸汽进行冷却。

过热器的工作特性曲线(见图 1.2.8):

辐射过热器→当负荷下降时过热蒸汽温度上升

对流过热器→当负荷上升时过热蒸汽温度上升

通过降压实现过热的方法只有在过热温度很低的情况下才予以应用。饱和蒸汽由较高的压力 p_1 降低到较低的压力 p_2。其焓在降压时保持不变。因为饱和蒸汽在状态 1 h_1''下的焓大于饱和蒸汽在状态 2 h_2'' 下的焓,$h_1''-h_2''$之差

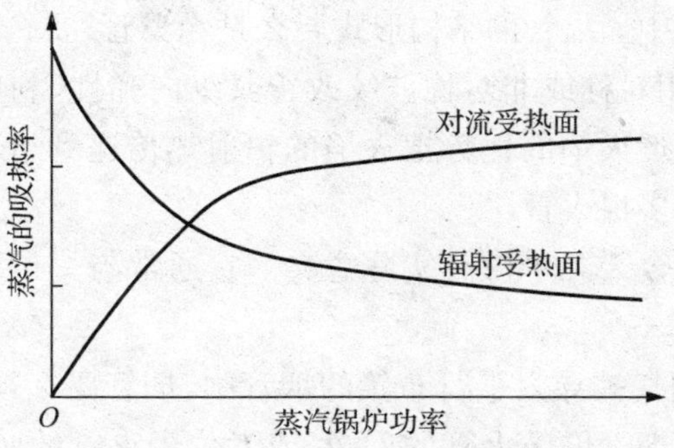

图 1.2.8 过热器受热面的负荷相关特性曲线

导致蒸汽过热。于是产生过热焓为 $h\ddot{U}_2 = h_1'' - h_2''$ 的过热蒸汽。

这种方法在船上特别用在输送管路长的预热系统中，以防止蒸汽在长输送管路中凝结。

表 1.2.1 燃烧计算

燃烧热功率	$\dot{Q}_F = \dot{m}_{Br} \cdot H_u$	kW
蒸汽锅炉的热功率	$\dot{Q}_D = \dot{m}_D \cdot (h_D - h_{spw})$	kW
锅炉效率	$\eta_D = \dot{Q}_D / \dot{Q}_F$	—
受热面负荷	$q_D = (h_A - h_E)/A_H$	kW/m^2
炉膛负荷	$q_F = (m_{Br} \cdot h_U)/V_F$	kW/m^3
最低空气需要量	$L_{min} = 11.47 \cdot C + 34.48 \cdot (H - O/8) + 4.31 \cdot S$	kg 空气/kg 燃料
空气过量	$\lambda = L/L_{min}$	—
实际空气需要量	$L = \lambda \cdot L_{min}$	kg 空气/kg 燃料

蒸汽锅炉的构造

蒸汽锅炉根据工作方式和水离开蒸汽锅炉时的物态进行分类。蒸汽和热水锅炉根据蒸汽压力分为低压蒸汽锅炉和高压蒸汽锅炉。

蒸汽锅炉的结构形式

火管烟管锅炉

火管锅炉属于大型水管锅炉一类。其结构特征是燃烧火焰在火管中工作和火管外部置于火中。火管的结构形式要么是光滑管，要么就是波纹管。与光滑管相比，波纹管用对称或非对称波纹改善其纵向弹性，利用烟气的漩涡改善热传导。它利用贴近火焰的优势把火焰的辐射热传递到给水。一台火管锅炉中可以包含一根或多根火管。

纯火管锅炉在今天几乎没有实际意义。它通常与一台后置的烟管锅炉相连接。

火管末端的烟气被导入平行布置的烟管中，烟管要么是置于水中，要么就是置于蒸汽之中。烟管位于火管的后面，或者位于火管的旁边或上面，其中烟气在一转向室内转向，转向室是隔热的或水冷的。在烟管中主要是通过对流进行热传导。为了改善热传导，常常将螺线管集成在烟管中，用螺线管产生烟气湍流(见图 1.2.9)。

图 1.2.9 火管烟管热水锅炉(©Resch 出版社，锅炉专业技术手册)

1—平滑管火管；2—双壳烟管；3—进流安全阀；4—热水进流；5—手孔；6—热水回流；7—回流安全阀；8—水冷却转向室；9—燃烧器走架；10—燃烧器；11—绝热板

由于锅炉容水相对较大，这种锅炉在运行中基本上没有问题。这种锅炉拥有良好的蓄热能力，可以较好地平衡多变的蒸汽需求。但是其冷启性能相对较差。

水管锅炉

水管锅炉被制成自然循环蒸汽锅炉、强制循环蒸汽锅炉和直流式蒸汽锅炉。锅炉水被引入水管中。这种锅炉特别适合于较高的压力，特征在于水循环中的水量较小。它的存贮容量小于大水容量锅炉,但冷启动特性较好。通过采用较大的上、下锅筒作为蓄水器或安装中间存储器,改善了存储容量,有利于冷启动特性。随着管径变得较小,在同样的蒸汽压力和使用同样材料的情况下,锅炉管的壁厚减小了,因此实际上在高压力情况下只适合选用水管锅炉。

水管和蒸汽管的管径越小,对锅炉水和给水的要求就越高。在船舶运行中,锅炉水的维护特别值得注意。发电厂用的是用全除盐装置生产的 Deonat 牌脱臭剂。

船用蒸汽锅炉以非常紧凑的轻型结构形式为特征,管路布置的特点是,与火焰的间距很小,管列水平横卧。不完全燃烧时有碳烟沉积的危险,必须定期吹除。

自然循环水管锅炉按结构形式有立管锅炉、斜管锅炉和角管锅炉(见图 1.2.10)。立管锅炉蒸发管在上、下锅筒之间的走向是由陡变直。水不经过大的转向即流入上锅筒。斜管锅炉内,蒸发管斜向布置在烟气流中。水从下部的分配管经过斜管流到上部的联箱,然后流入上锅筒。水流不如立管锅炉中那样强有力。需要的加热时间比立管锅炉要长。

角管锅炉的特点是一种布置在角隅的下降管的自撑式结构。下降管构成一个稳定的框架,因此锅炉骨架是多余的。蒸发管作为立管把下部的角管与出口在上锅筒中的联箱连接起来,或作为斜管在炉膛上部布置在角管与立管之间。水循环的可控性好。角管可以在任意位置上进水和放水,或抽取过剩蒸汽。

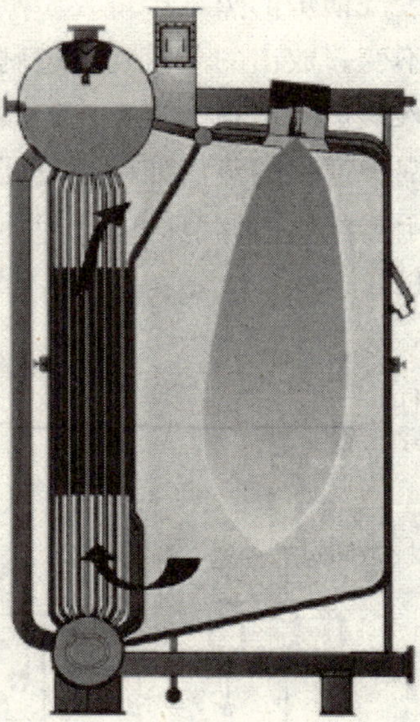

图 1.2.10 自然循环立管锅炉
(资料来源:Aalborg 实业)

蒸汽动力快船

蒸汽动力快船是因为能很快地获得小蒸汽功率而发展起来的。它采用的是自然循环蒸汽锅炉,结构非常紧凑,锅炉容水量较小。典型特征是启动时间特短,只需几分钟时间,以及对锅炉水有高要求。

废气锅炉

废气锅炉是利用内燃机或燃气轮机废气中的余热产生蒸汽。可产生的蒸汽量与废气量和可利用的废气温度有关。废气锅炉主要是强制循环蒸汽锅炉。受热面由平滑管或肋片管构成。

水被循环泵经过进口联箱送入平行布置的蒸发管。经过部分蒸发后，水与蒸汽的混合物流入辅助蒸汽锅炉的上锅筒，或流入一个单独的锅筒。水与蒸汽利用重力分开。水进入循环泵，蒸汽被抽取。

废气锅炉通过烟气旁路，通过开通和关闭锅炉的某一部分或充分凝结过剩蒸汽进行调节。实践中已证明可在一产量过剩凝汽器中充分凝结过剩蒸汽。如果废气锅炉的蒸汽产量大于蒸汽需求量，应经过一个压力调节阀使锅炉压力保持不变。放出的蒸汽到达过剩凝汽器，并充分凝结。凝结水经过凝结水观测柜进入锅炉给水箱。当蒸汽产量太小时，废气锅炉与辅助锅炉并联工作，其中辅助锅炉产生的蒸汽准确地补足耗用量与废气锅炉产量之间的差额。蒸汽压力低于蒸汽压力调节阀的开启压力，因此蒸汽不会进入产量过剩凝汽器(见图1.2.11)。

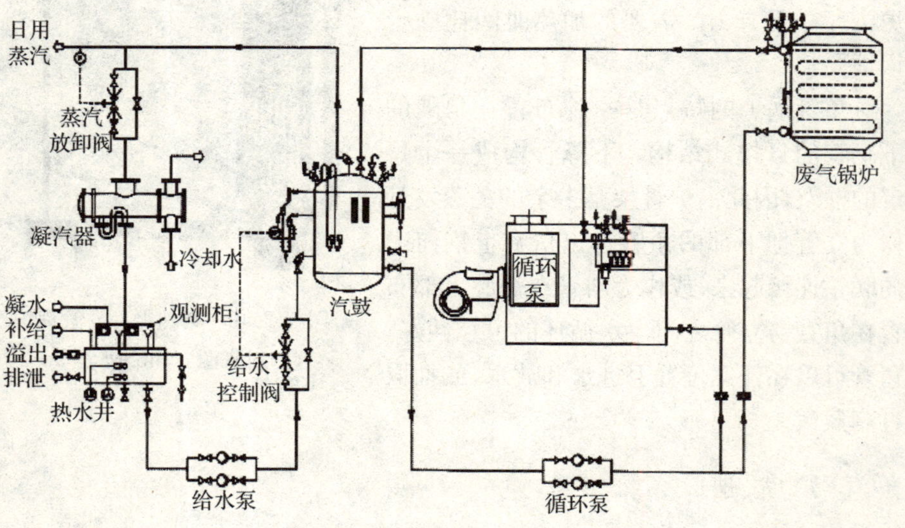

图 1.2.11　作为强制循环锅炉的废气锅炉(资料来源：Aalborg 实业)

供应系统

给水系统

给水系统的功用是补充因从蒸汽锅炉中抽吸蒸汽而失去的水量。给水根据水位补给，水位应保持在最高水位与最低水位之间，或者以可变体积流量连续补水，或者以最大体积流量断续补水。给水泵所产生的压力必须超过蒸汽锅炉的最大允许蒸汽压力，以保证在各种工作状态下可靠地向蒸汽锅炉输送给水。

给水由回流的凝水和锅炉水构成，其中锅炉水补充因泄漏而流失的部分和在泥沙去除与浮泡过程中挥发的部分。使用后回流的凝水经过监控装置流入给水箱。在船舶运行中存在着蒸汽消耗装置中的凝水由于泄漏等原因可能混入油或水，特别是混入海水的危险。因此，回流的凝水要进行油含量和盐含量监控。

燃油系统

燃油系统的功用是向蒸汽锅炉提供经过处理达到要求状态并具有所要求的初压力和要求量的燃油。作为燃料，在船用蒸汽锅炉中使用的是重油、船用粗柴油，在液化天然气运输船上使用的是石油气。重油在燃烧之前要预热到所需温度。所需温度与燃油系统有关，如果温度偏离额定值，在温度过低时会出现燃烧延迟，甚至燃烧不完全。燃烧热量没有充分进入蒸汽锅炉，可能出现后置的受热面超负荷。预热过强时，燃烧系统中会发生提早点火。因此存在燃烧系统本身急剧升温，并造成局部损伤的危险。

燃烧空气供应

从锅炉舱或机舱吸入的空气不经进一步过滤，由燃烧空气风机吸入并送达蒸汽锅炉的炉膛。在船用锅炉装置中使用一次空气和二次空气。三次空气只在发电厂的大型锅炉中使用。三次空气在延迟燃烧时用来还原烟气中的 NO_x 成分。

一次空气（或中心空气）被直接随燃油送入锅炉。一次空气特别用来输送燃油和在炉膛内分布燃油，一般与负荷无关。

二次空气被输送到炉膛，与负荷有关。二次空气与燃油混合，用于燃油的充分和完全燃烧(见图 1.2.12)。

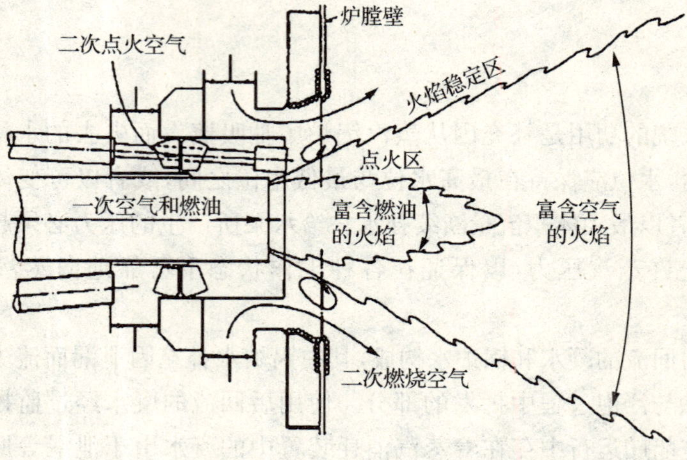

图 1.2.12 燃烧空气与燃油在一喷射燃烧器中混合
(资料来源:Springer 出版社,Kuegeler-Philippen 能源技术)

油燃烧系统

燃烧时,由燃烧器对燃油进行处理。燃料油在液体状态是不可燃的,必须转化为气态。由油燃烧器提供转化所需要的能量。燃油的处理分 6 个阶段进行,这 6 个阶段可能部分重合。

(1) 雾化:液体燃料经过一机械过程被雾化成微滴,并被送入炉膛。

(2) 蒸发:通过输热,微滴中的轻度挥发成分被蒸发。

(3) 裂化:长链碳氢化合物通过输热分裂为短链碳氢化合物,并形成环状碳氢化合物,随后被蒸发。

(4) 混合:可燃的成分与燃烧空气混合。

(5) 点火:通过输热达到闪点以上,燃油被点火。

(6) 燃烧:燃油与被燃烧空气带入的氧气发生反应,产生热量,这部分热量也用于对随后进入的燃油进行处理和点火。

燃油与送入的空气充分混合是燃烧状况良好的根本保证。必须在局部向燃油提供充足的空气量。因为燃油和空气达到理想的分布在燃烧技术上是不可能的,所以充分和完全燃烧要用过量空气来保证。火焰上要有比燃烧所需要的更多的氧气。过量空气不参与燃烧,过量的空气被进口温度加热到烟气的温度,因而增加了烟气损失。在技术上每次燃烧的目标是使过量空气保持尽可能小。在燃烧技术上,这一要求要通过燃油与空气充分混合来达到。燃烧的质量实际上可以通过测量烟气中 CO_2 和 CO 的含量来判断。空气明显不足时，火焰不坚挺，并呈暗红色，锅炉倾向于生成碳烟，烟雾混浊。空气高度不足时，火焰倾向于成明显的锯齿状，尖端为蓝色，烟气发黑。

旋转雾化器

在燃烧空气导流器中有一个经过空心轴驱动的圆锥形转杯式雾化器。燃油通过空心轴进入转杯中，在转杯内套范围内均匀分布，并经锥形体进入炉膛。在转杯边缘上，燃油膜被扯裂成微滴，并随一次空气进入炉膛。一次空气通过布置在空心轴上的风机进入炉膛，与负荷无关。一次空气流经过一个阀门节流，一次空气的进入速度以及燃油微滴的进入角都会因此而受到影响。

通过导向板使一次空气流对着转杯式雾化器的旋转方向，这样可带来燃油与一次空气充分混合的结果。

二次空气经过锅炉空气导流器变成环形，环绕着燃烧器空气导流器被送入炉膛。二次空气通过导向板变成与一次空气对着旋转的逆向旋流，以使一次空气、燃油与二次空气充分混合。

通过引燃喷嘴或点火喷燃器进行第一次点火。点火成功后，向燃烧过程提供必要的能量，以便能继续连续点火(见图 1.2.13)。

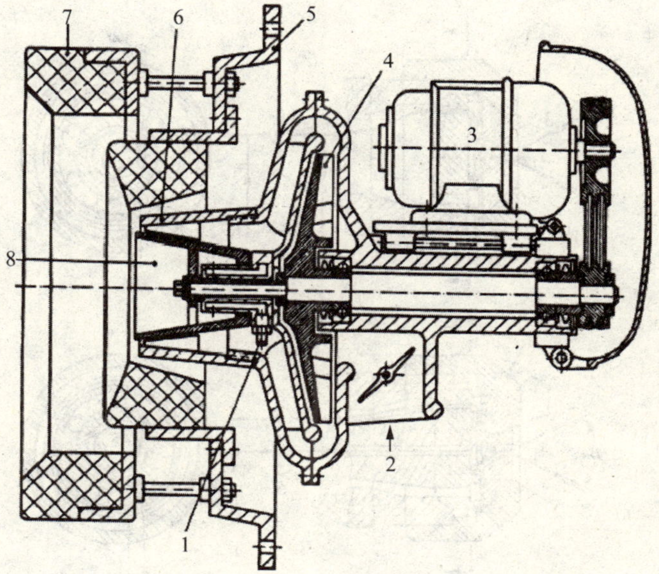

图 1.2.13 旋转雾化器(资料来源:©Resch 出版社，锅炉专业技术手册)

压力雾化器

燃油用泵加压到 20～30 bar 的初压力。燃油在压力雾化器中突然降压，并将燃油喷束扯裂成微滴。喷出的燃油经过一个切向喷嘴孔进入一漩涡室。燃油流流入漩涡室，在被送入炉膛之前，在漩涡室内旋转成燃油膜。进入炉膛时，燃油膜被扯裂成微滴，并成锥形进入炉膛。

燃烧空气完全被作为二次空气输送。空气经过风机被输送给燃烧器。

采用整体式燃烧器时，风机直接处在燃烧器腔体内。风机用电动机驱动，该电动机同时驱动燃油加压泵。

燃油第一次点火是经过一个带点火电极的电点火装置进行的，点火电极直接位于压力雾化器之前。为了给燃油加压泵供油需要有初压力，该初压力可以利用储油箱的大地测量高度来达到，也可以用一升压泵达到。

使用油压调节式雾化器时，经过雾化器前的一个节流阀或利用一个旁通阀调节燃油量。到达压力雾化器的燃油量经过喷嘴本体和漩涡室被雾化，并以喷射角 B 射入炉膛。当功率较大时，要使用回流调节式压力雾化器。燃油加压泵(6) 和新鲜空气风机被压力雾化器分隔。经过调节回流压力，射入的燃油量在连续升压的情况下通过压力差进行调节。回流压力经过回流管路中的节流阀(5) 进行调节(见图 1.2.14)。

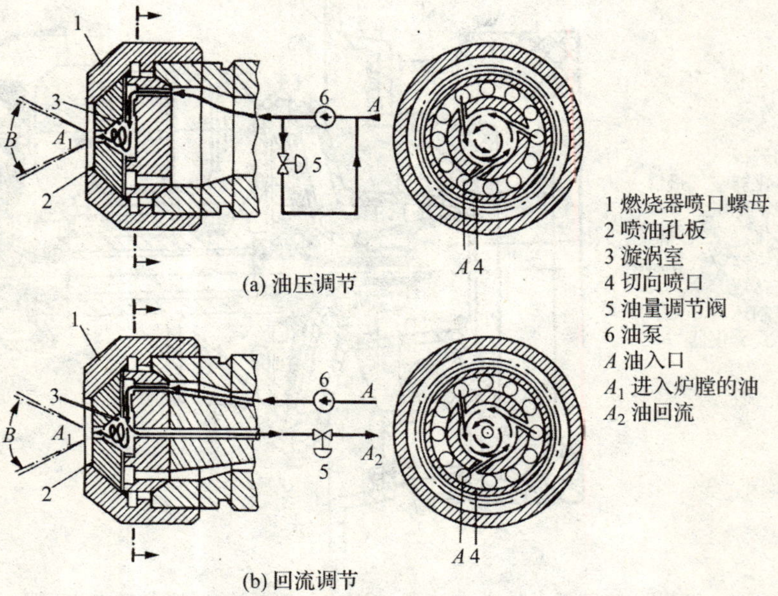

图 1.2.14　压力雾化器(资料来源：©Resch 出版社，锅炉专业技术手册)

喷射雾化器

根据喷射器原理，燃油经过一种辅助介质降压而射入。在实践中则是利用蒸汽作为辅助介质。蒸汽流入喷射雾化器的喷嘴，并到达切向布置的喷射通道，在该喷射通道中有一段横截面被扩大。在横截面扩大处，由于高速而出现压力降。在低压力部位，燃油孔与喷射通道相通。燃油因低压而被吸入喷射通道，并与水蒸气混合。在膨胀通道末端，蒸汽燃油混合物进入炉膛。蒸汽降压，并将被分裂的燃油油滴化成很细的雾滴，以备点火(见图 1.2.15)。

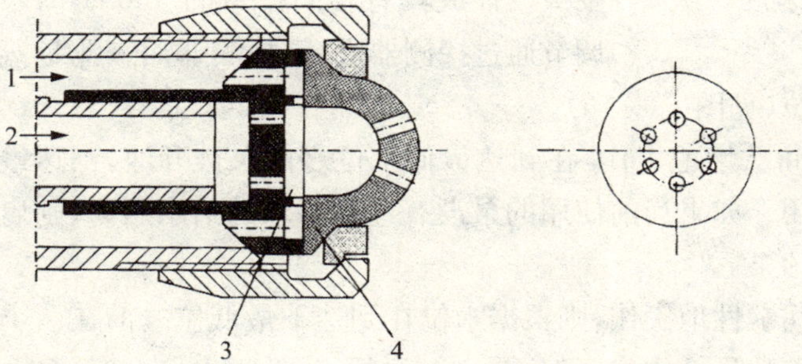

图 1.2.15　蒸汽压力雾化器(资料来源：ⒸResch 出版社，锅炉专业技术手册)

1.2.3　蒸汽锅炉的调节、安全和报警装置

蒸汽锅炉的操作要遵守根据蒸汽锅炉的结构类型、蒸汽参数、锅炉水容量、使用目的(船舶推进用的船用蒸汽锅炉或用于辅助性的船用蒸汽锅炉)和检测方式确定的规程。在下面的一节中，将对蒸汽压力大于 1 bar 或蒸汽温度超过 120℃ 以及 $p \times l$ 的乘积大于 1 000 bar · L 并且不需要连续检测的蒸汽锅炉进行讨论。

调节装置

调节装置的功用是在预先设定的极限内调节蒸汽锅炉的运行参数，避免达到安全技术极限。

现在已规范了以下运行调节装置。

水位调节器

对于根据循环原理工作的蒸汽锅炉，要调节上锅筒中的水位，避免锅炉受

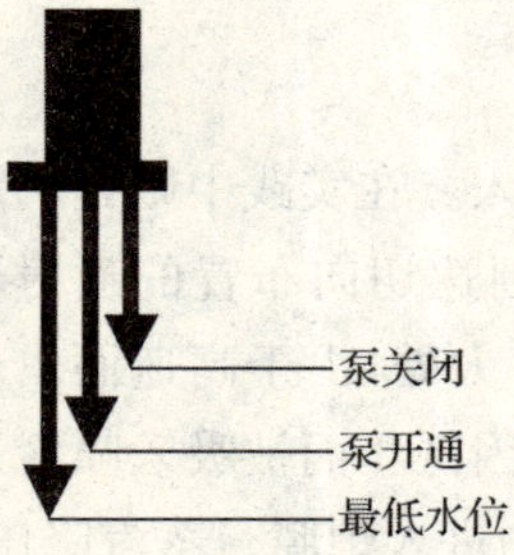

图 1.2.16 适于单泵运转的水位探测器

热面出现干态和热壁出现不允许的温升。为此应调节最高水位和最低水位。给水泵的排量至少必须相当于允许蒸发量的 1.25 倍。为了保证蒸汽锅炉满负荷工作状态在水泵停运时能提升水位,要求给水泵具有超排量给水。在一定的前提下,一台泵足以应对。在船舶运行中,一般要求有两台泵。两台泵应由互相独立的电源(汇流排)供电。由于安全的原因,两台给水泵往往分别被设计成具有相同排量的 100% 的泵。水位调节通过探测器进行,探测器用来测量蒸汽锅炉的上锅筒中的水位(见图 1.2.16)。

如果用单泵间歇性地工作,在到达最低水位之前泵被开通,到达最高水位之前泵重新被关闭。如果当前使用的泵没有达到要求的给水压力,则启动备用泵补充当前使用的泵。

如果用双泵间歇性地工作,则根据水位在到达下最低位之前在两个控制点上开通给水泵。到达最低水位 1 时,泵 1 被激活,当低于水位 2 时,泵 2 将会同时输水。如果到达最高水位,则两泵同时关闭。采用这种控制电路时,使用排量相同或不同的两台给水泵,泵 1 只在部分负荷状态下供应给水,泵 2 作为补充仅在加大蒸发量时使用。

如果用给水泵连续工作,给水量通过转速可变的泵驱动装置进行调节,或者通过旁通阀或节流阀进行调节。为了避免给水泵过热,可使用最小排量装置,用最小排量装置使得对泵进行充分冷却的最小水流回流到蓄水箱。

蒸汽压力调节

蒸汽压力调节通过匹配燃烧功率进行。为此,相对于空气质量流量调节燃油质量流量,使蒸汽压力保持不变。如果为保持蒸汽压力所要求的燃烧功率低于燃烧系统的最小燃烧发热量,则燃烧系统转入断续运行。当废气锅炉不能完全满足蒸汽需求,用废气锅炉与辅助锅炉并联运行时,可能会发生这样的情况。

在断续运行的情况下,燃烧器启动的顺序所适用的条件与蒸汽锅炉启动的条件相同。

燃烧质量

为了燃油充分和完全燃烧,要为每一个负荷点提供燃烧所输入的燃油所需的充分氧气。在整个负荷范围内,燃油量与空气量之比不是不变的。由于在部分负荷范围内燃油与空气的混合往往不够充分,因此部分负荷状态的空气过量要大于满负荷状态。燃油量与空气量之比不是符合一条直线,而是符合在燃烧质量调节中做出的一条曲线。这条曲线用来相对于燃料油调节阀的位置在空气阀位置或燃烧空气风机转速的整个范围内相应地调节所需的空气量。

整体式燃烧器常常采用弹簧夹箍弯头夹紧在一块方钢上,方钢随着燃料油调节阀位置的变化而运动,并经过一滚动凸轮被扫描。弹簧夹箍弯头可经过调整螺丝调整其提升高度,而其提升高度直接影响燃油和空气输入量,从而影响燃烧质量。调节燃烧质量的目的是为了在最小空气过量的情况下达到充分和完全燃烧(见图 1.2.17)。

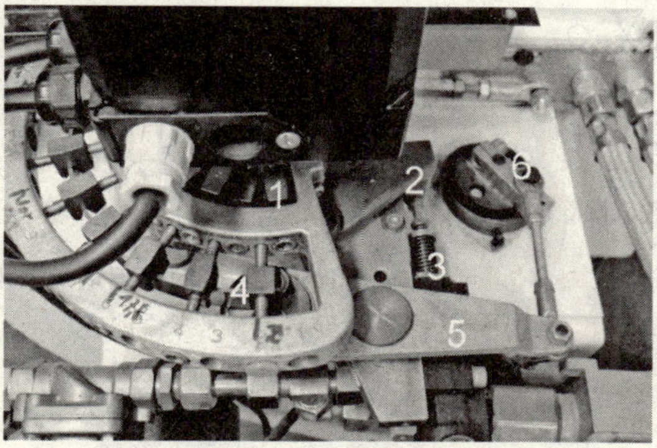

1 燃油弹簧夹箍弯头
2 燃油扫描杠杆
3 燃油调节阀
4 空气弹簧夹箍弯头
5 空气扫描杠杆
6 空气节流阀的操作机构

图 1.2.17 带弹簧夹箍弯头的整体式燃烧器

过热蒸汽温度

汽轮机装置要求新蒸汽的温度相对不变,因此需要调节过热蒸汽温度。过热器出口上的蒸汽温度一般高于要求的过热蒸汽温度。过热蒸汽温度通过部分降温进行调节。根据原理,过热蒸汽可以通过冷却表面吸收热量或通过混合过程降温。

冷却降温经过载热体进行,载热体加热给水,蒸发上锅筒中的锅炉容水或过热饱和蒸汽。

混合过程可利用饱和蒸汽或喷射给水来完成。在船舶运行中,往往采用变通的办法蒸发上锅筒中的水以及与锅炉给水混合。

当冷却上锅筒中的热蒸汽时,将一部分热蒸汽导入一个位于蒸汽锅炉上锅筒中的下限水位以下载热体中。热蒸汽在载热体表面上冷却,并将其热量传递给锅炉容水,使锅炉容水部分蒸发。由热蒸汽放出的热量被保留在蒸发过程中。

当通过喷射锅炉给水冷却热蒸汽时,锅炉给水被喷射到过热蒸汽中。锅炉给水蒸发并过热。蒸发和过热所需热量取自过热蒸汽。为了保护汽轮机避免与液态水接触,需要在过热蒸汽温度调节机构与汽轮机进口之间增设一个附加的水分离器(见图1.2.18和图1.2.19)。

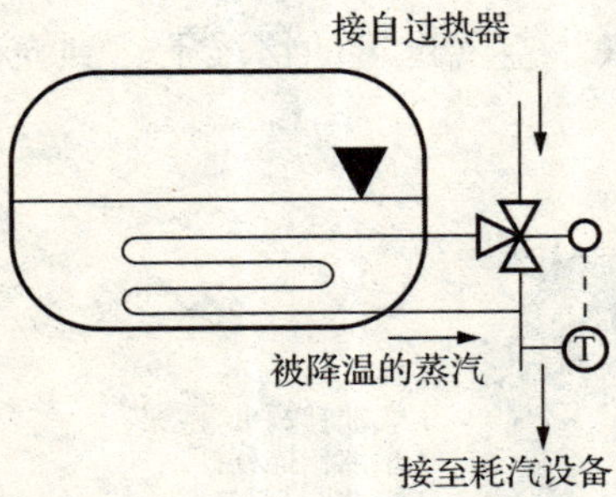

图1.2.18 通过冷却蒸汽调节热蒸汽温度

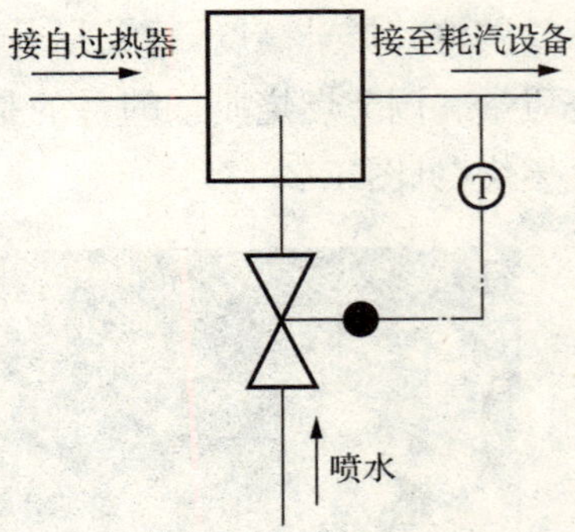

图1.2.19 通过喷射锅炉给水调节热蒸汽温度

安全和报警装置

安全装置在达到安全技术极限值时必须有效,以保护蒸汽锅炉避免发生不允许的工作状态。如果达到了安全技术极限值,安全装置即触发一安全电路,让蒸汽锅炉转入无危险状态。正常情况下,安全电路立即中断燃油输入。

达到安全技术极限值时,报警装置发出报警信号。如果安全装置没有做出反应,司炉必须立即采取安全技术措施。

安全装置包括:

- 限制水位、压力和温度的仪器;
- 制止超压的安全装置(安全阀);
- 火焰监控设备;
- 流量监视器,反流阻止装置。

限制器、火焰监控器和流量监视器启动时,报警装置在锅炉控制台和机控中心发出灯光信号或音响信号。

1.2.4 蒸汽锅炉的运行

锅炉操作由得到授权的人员进行,操作人员必须具备司炉工作的能力。

蒸汽锅炉装置启动运行

(1) 对蒸汽锅炉进行一次目视检查。

(2) 灌水至些许超过最低水位。

(3) 正式开始点火燃烧之前,检查烟道是否畅通。

(4) 以足够的时间给炉膛和烟道通风。

(5) 必须检查输送空气、燃油预热和点火的设备以及点火火焰和有效火焰的监控设备。只有当点火装置启用后或预先存在底火的情况下才允许投放燃油。

(6) 在蒸汽锅炉装置投入运行过程中,必须检查蒸汽锅炉的所有装备件和附件,特别是水位指示器、给水和放水装置以及水位调节器和水位限制器。

(7) 观察压力和温度测量仪器。

(8) 蒸汽锅炉在加热过程中必须通气,直到有蒸汽放出为止。如果需要锅炉处于负压状态,通气装置应保持关闭,直到锅炉内部有稳定的大气压力为止,以防止空气补充进入锅炉。

(9) 蒸汽锅炉和蒸汽锅炉装置的压力传导部分在维修之后,以及随后投入运行之前和投入运行过程中,必须检查其密封性。

蒸汽锅炉装置的运行

达到所要求的蒸汽压力后,务必缓慢地打开阀门和关闭装置。连接管路在必要的情况下要放水和通气,避免突然的温差引起热压力。同时要保证配合蒸发量补充给水。检查锅炉控制和运行监控系统的功能后,可进行无人看管的自动化运行。

停止运行

要停止运行时,在锅炉控制台上按一下停止按钮,中断燃烧,炉膛和烟气通道进行再通风。给水装置继续保持工作状态,直到锅炉关闭抽气。当补充蒸发不再引起不允许的压力上升时,关闭抽气。燃烧中断和关闭抽气后,锅炉的辅助和供应装置可以停止运行。通风继续保持关闭状态,直到锅炉压力下降到大气压力为止。

启动运行、运行和停止运行时，要注意设备专用的操作说明书。

重复检验/文件汇编

重复检验包括外部检验、内部检验和水压力检验。

法定的基础和规范是：

(1) 蒸汽锅炉的性能由船级社在其规范中予以规定。船用蒸汽锅炉在关于技术工作设备的法律(设备安全法)中属于例外，不要求 CE 标志。

(2) 关于制备工作设备及其在工作中应用的安全和保健条例、关于操作需要监控设备时的安全条例以及关于企业劳动保护组织条例(企业安全条例)，通则部分均适用于船用蒸汽锅炉。海运企业应进行危险性评估，规定检验期限。一般应接受船级社的规范和期限。

(3) 欧盟成员国关于调整压力容器法定规范的 97/23/EG 准则不适用于车船。但可以引用该准则的精神，特别是涉及检验蒸汽锅炉的问题。

(4) 蒸汽锅炉的安全在制造和装备德国旗籍船用蒸汽锅炉的规程(船用蒸汽锅炉的规范)中予以规定(www. verkehrsblatt. de)。

(5) 关于运行的技术规则应根据欧盟的预先规定制定。此类技术规则 2006 年尚在制定中。在过渡时期继续适用蒸汽 TRD(蒸汽锅炉技术规程)技术规则。

(6) 船级社规范特别对性能、检验周期和检验范围做了规定，这些规定是根据潜在的危险性推导出的。

(7) 航海同业协会的事故防范规范。

规则应用举例：

对承受压力的船用蒸汽锅炉的重复外部检验按规定每年进行一次。

重复外部检验(根据 TRD 505)包括以下几点：

(1) 评估设备的一般状态。

(2) 根据 TRD 要求和具有安全技术意义的水侧和蒸汽侧的装备部件。

(3) 根据 TRD 要求和具有安全技术意义的燃烧装备部件。

(4) 安全电路。

(5) 运行方式。

(6) 各个锅炉部件的膨胀情况。

(7) 操作——确定是否具备适当的操作说明书以及司炉是否熟悉锅炉装置的操作。

(8) 用一蒸汽发生装置保持直流式蒸汽锅炉进口上的计算压力。

重复内部检验的期限一般为 3 年,客船上的船用蒸汽锅炉为 1 年。

重复内部检验(根据 TRD 506)包括以下几点:

(1) 目视检查锅筒内部的筒壁。

(2) 在水侧和蒸汽侧,凡是能接近的地方,目视检查锅炉外壳和炉底、火管、炉膛、转向室等。

(3) 在外部和内部,只要有可能,目视检查带螺纹塞的圆形联箱、方形联箱、全室、半室和炉箅水冷架。

(4) 对炉膛壁和火管进行一次目视检查。

(5) 在外侧对管束和管路进行抽样检查。

(6) 在检验时要特别注意在受损情况下可能形成压力的腔室内部构件。

(7) 从外部检查成形件和配件。

(8) 在烟气侧检查废气给水预热器,只有当固定拴可以松开时,才在水侧进行检查。注意腐蚀,特别是低于露点时造成的腐蚀。

(9) 过热蒸汽减温器的处理与联箱一致。

(10) 在水侧/蒸汽侧检查压力膨胀柜。

(11) 对用 X22 CrMoV 钢制成的螺栓进行一次表面裂纹检验和一次目视检查。螺栓保持安装状态时,应采用超声波检验。

重复水压力检验的期限一般为 9 年。

根据 TRD 507 进行重复水压力检验包括:

(1) 检验压力不允许高于第一次进行水压力检验时的压力。检验压力一般为工作压力的 1.3 倍。

(2) 被检验的部件应当在以前已经受了工作超压之后,于专家在场的情况下升至检验超压。

(3) 在专家对构件开始检验之前,超压检验应当有效地保持半小时。超压检验用检验压力表进行检查。

(4) 检验时灌注的水不允许含有显见的污染物。

(5) 承受压力的构件要通过目视检查进行检验,看是否有裂纹、不允许的变形或不密封现象存在。

(6) 对于中间过热器,允许采取替代措施。

1.2.5　典型故障和损坏

表 1.2.2　故障、可能的原因与影响的关系

故障	可能的原因	影响
火焰停熄	安全断路被激活 • 蒸汽压力太高 • 水位太低 • 燃油压力太低 • 燃烧空气供应不足 • 安全时间内点火不成功 • 水位太高 • 过热蒸汽温度太高	蒸汽压力下降
蒸汽压力太高	• 燃烧器效率调节器上的额定值设定得太高 • 燃烧器效率调节器反应迟钝	• 辅助锅炉与废气锅炉并联时，锅炉的危险激活产量过剩凝汽器 • 开启安全阀
水位太低	• 给水不足或太少 • 锅炉筒体或给水系统不密封造成水漏失	• 锅炉危险(烧穿)
燃油压力太低	• 燃油过滤器变脏 • 燃油泵故障 • 燃油泵压力调节器失灵	• 火焰熄灭
燃烧空气供应不足	• 锅炉风机故障 • 空气量调节器失灵 • 空气量调节设定值太低	• 燃烧不完全 • 火焰熄灭
安全时间内点火不成功	• 电点火装置失灵 • 点火电极间距太大 • 点火喷燃器供油中断	• 锅炉程序重新启动多达两次

（续表）

故障	可能的原因	影响
水位太高	• 给水过量 • 启动时没有注意膨胀	• 锅炉吐汽 • 蒸汽系统中发生水击
过热蒸汽温度过高	• 过热太大 • 过热蒸汽温度调节器失灵	
蒸汽压力太低	• 燃烧器效率调节器上的额定值设定得太低 • 燃烧器效率调节器反应迟钝	• 耗汽设备没有达到其功率（例如，重油预热）

1.3 涡轮机

彼得·路德维希(Peter Ludwig),汉斯海因里希·迈尔-彼得(Hansheinrich Meier-Peter)

译:王平庚 金晓剑 李东亮 校:王伟勇 刘维亭

涡轮机是一种流体机械。当前,流体机械在主动力装置中仅占很小份额,例如燃气轮机,但作为辅机,其用途很广,例如泵、废气涡轮增压器以及驱动发电机和泵的汽轮机。由于这个原因,下面以涡轮机为例对流体机械的基础做一些说明。

1.3.1 涡轮机内的能量转换

流体机械利用流体的力作用于限定它的构件。这种力产生于冲量随时间的变化 $m \cdot \vec{c}$。对于一稳定的流体,质量流量 $\dot{m}$ 是不变的,脉动力 $\vec{F}$ 适用 $\vec{F} = \dot{m} \cdot \vec{c}$。

流体机械的功能和结构原理

在流体机械中,叶片构成流体通道。如果多个叶片构成宽度很小的相同的流体通道,这就是构成了一个人们所说的叶栅。如果通道是弯曲的,则通道引起速度按方向发生变化,而当流体横截面变化时,还引起速度按大小发生变化。图 1.3.1(a)为一水平稳定流体中的立式叶栅。设绝对速度为 c_1 和 c_2,流体以力

$$\vec{F} = \dot{m} \cdot \vec{c}_1 - \dot{m} \cdot \vec{c}_2 \tag{1.3.1}$$

作用在叶栅上,其中,流入冲量的作用方向为顺速度 c_1 的方向,而流出冲量的作用方向为逆速度 c_2 的方向。力 $\vec{F}$ 可分解为一轴向力 F_a 和一切向力 F_u。对于立式叶栅(静叶片),外壳必须承受上述作用力。

流体机械有立式叶片(静叶片、静叶栅)和转动叶片(叶轮)。在静叶栅中,流动介质的内能转化为动能(原动机),或者相反(工作机)。在叶轮中,技术能

量赋予流体(工作机),或技术能量取自流体(原动机)。

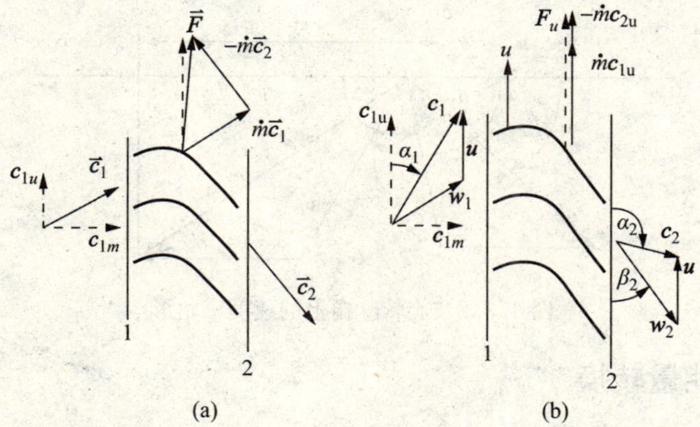

图 1.3.1 叶栅与稳定流体
(a) 立式叶栅 (b) 转动叶栅

叶栅中的流体

叶栅中的流体是三维流体。把平均速度简化为几个横截面,以此为出发点足以阐明功能原理(流线理论)。图 1.3.1(b)为以圆周速度 u 旋转的叶栅。流体有一向着叶片的相对速度 w 和一向着外壳的绝对速度,并适用速度三角形 $\vec{c}=\vec{w}+\vec{u}$。速度可分解为一个圆周分量 $\vec{c}_u$ 和一个子午线分量 $\vec{c}_m$(在通流方向上)。

流体的力在叶片上的作用适用式(1.3.1)。对于一转动的叶栅(动叶片)来说,这一力随圆周速度 u 而移动,并产生功率

$$P=\vec{F}\cdot\vec{u} \tag{1.3.2}$$

因为应该避免轴向运动,所以轴向力 F_a 需要一个同等大小的反力。功率完全产生于切向力的运动,利用轴流式叶轮绝对速度的切向分量,以 $u_1=u_2$,可得

$$P=\dot{m}(c_{1u}-c_{2u})\cdot u \tag{1.3.2a}$$

力和速度的方向相同,可以不必使用矢量表述方法。利用流体横截面 A 和子午线分量 c_m 可由以下连续性公式得质量流量

$$\dot{m}=A\cdot P\cdot c_m \tag{1.3.3}$$

流体机械的功能用叶轮出口和进口处的速度三角形来描述。如图 1.3.2 所示的为图 1.3.1(b)之叶轮进口 1 和出口 2 处的速度三角形。圆周速度与绝对速度之间的夹角用 α 表示,与相对速度的夹角用 β 表示。速度三角形表明流

体与几何条件关系的特征。

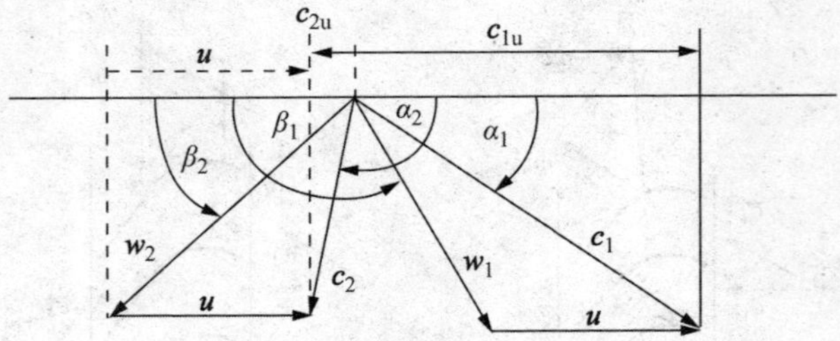

图 1.3.2　旋转叶栅上的速度三角形

叶栅中的能量转换

流体在叶栅中可以加速或减速。流动介质内能的变化是改变动能的原因(涡轮机)或结果(压缩机)。一般稳定的流体适用进口 1 与 出口 2 之间的能量平衡(热力学第一基本定律)。

$$q_{12}+w_{t,12}=h_2-h_1+\frac{1}{2}(c_2^2-c_1^2)+g(z_2-z_1) \tag{1.3.4}$$

流体机械中,高度差 Δz_{12}因其尺寸很小,可以忽略不计。涡轮机上,鉴于与技术功 $w_{t,12}$相比,壁热 q_{12}本身很小,因此,流体可以看成是绝热的。利用总焓

$$h_g=h+\frac{c^2}{2} \tag{1.3.5}$$

叶栅中稳定流体和绝热流体的能量平衡简化为

$$w_{t,12}=\Delta h_{12}+\frac{1}{2}(c_2^2-c_1^2)=h_{g2}-h_{g1} \tag{1.3.4 a}$$

在直立的叶栅中没有运动的力,因此,功 $w_{t,12}=0$,总焓保持不变,即 $h_{g2}=h_{g1}$。动能的变化与焓 Δh_{12}的变化是等量的。

速度的变化要求压力 dp 和横截面 dA 发生变化,因此,速度 a 适用关系式

$$\frac{dA}{A}=\left(\frac{1}{c^2}-\frac{1}{a^2}\right)\cdot v\cdot dp \tag{1.3.6}$$

速度的提高起因于喷嘴中的压差 $dp<0$,这一压差在 $c<a$ 的亚声区内可以仅由横截面缩小 $dA<0$ 而引起,而在超声区内可由于横截面增大 $dA>0$ 而引起。

这种状态变化可在 h-s 曲线图中直观地表示出来[见图 1.3.3(a)],并用于计算。在 h-s 曲线图中可直接读取焓差、功和动能。在直立的静叶栅(喷嘴)中发生等熵膨胀 $0\rightarrow 1_s$(即绝热和无摩擦流体)时,$w_{t,01}=0$,出口速度达到其最

大值

$$c_{1s}=\sqrt{2\cdot\Delta h_s+c_0^2} \tag{1.3.7}$$

当发生有摩擦绝热膨胀时，摩擦引起一定的熵增加和一定的焓损失 $\Delta h_{v,h}$，出口速度降低。利用速度系数 $\varphi<1$ 可得 $c_1=\varphi c_{1s}$。图 1.3.3(b)为根据公式(1.3.4 a)在一运动的叶栅中流体的膨胀曲线，功输出为 $Y_{12}=w_{t,12}$。

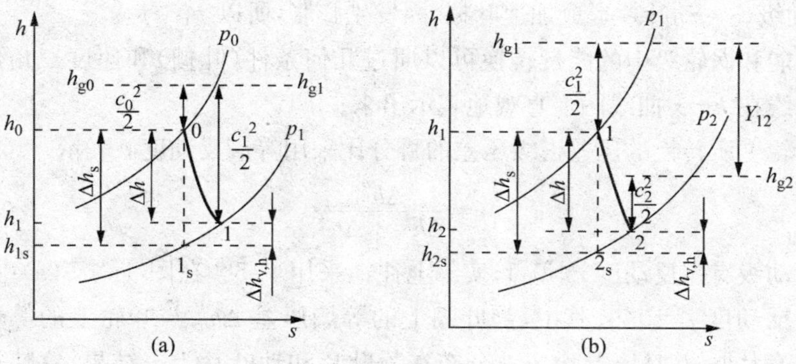

图 1.3.3　h-s 曲线图中的膨胀曲线

(a) 立式的叶栅　(b) 运动叶栅

作为功能要件，流体机械有加速叶栅(喷嘴)和减速叶栅(扩散器)，后者作为静叶栅使用，或在叶轮中使用。图 1.3.4 为亚声区的加速和减速叶栅。

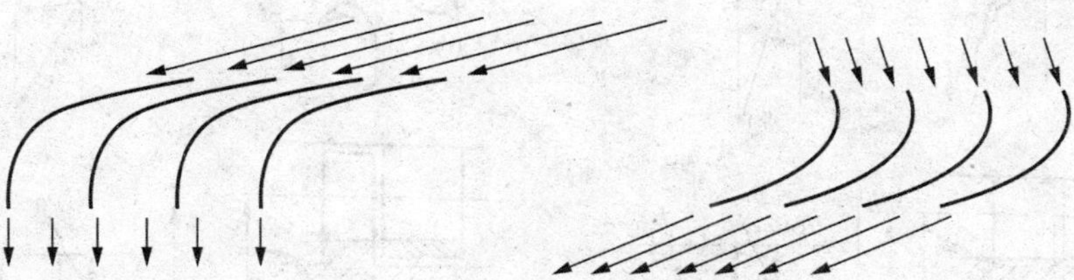

图 1.3.4　减速叶栅和加速叶栅

在涡轮级中，功是由流体输出的。流体在静叶栅(喷嘴)中加速，在叶轮中减速。在压缩机中，力线通量和流动方向互逆，静叶栅作为扩散器随叶轮而动。

轴流式涡轮级

涡轮级由叶轮和静叶栅构成，在其中流入速度 c_0 因膨胀和喷嘴形状的作用上升到出口速度 c_1。在叶轮上，由于功输出，速度下降到 $c_2<c_1$，与流体是否只

在叶轮上发生转向或是否另外发生膨胀无关。

流体输出比级功 Y_{12}；$w_{t,12}$ 给叶轮。这一比级功可以根据公式（1.3.4 a）的能量平衡或对应质量流量的功率(公式 1.3.2 a)确定

$$Y_{12}=u\,(c_{2u}-c_{1u}) \tag{1.3.8}$$

轴流式涡轮级有两种结构形式：

- 冲动级——叶轮上部发生膨胀，而且 $p_1=p_2$；
- 反动级——动叶片形成加速叶栅，因发生膨胀，所以 $p_1>p_2$。

功能和涡轮级中的能量转换可以通过几何条件(叶栅)和速度三角形以及膨胀曲线在 $h-s$ 曲线图上直观地表示出来。

叶轮上所转换的压差占级压差的百分比采用等熵反动度 r 表示

$$r=\frac{\Delta h''_s}{\Delta h'_s+\Delta h''_s} \tag{1.3.9}$$

反动级有一反动度 $r>0.1$，实际上往往采用 0.5。在图 1.3.5(a)中，反动级有一反动度 $r=0.5$，其中，静叶栅上的等熵压差 $\Delta h'_s$ 与叶轮上的等熵压差 $\Delta h''_s$ 同等大小，并且压差均匀地分布在静叶片和动叶片上。结果，这使得静叶

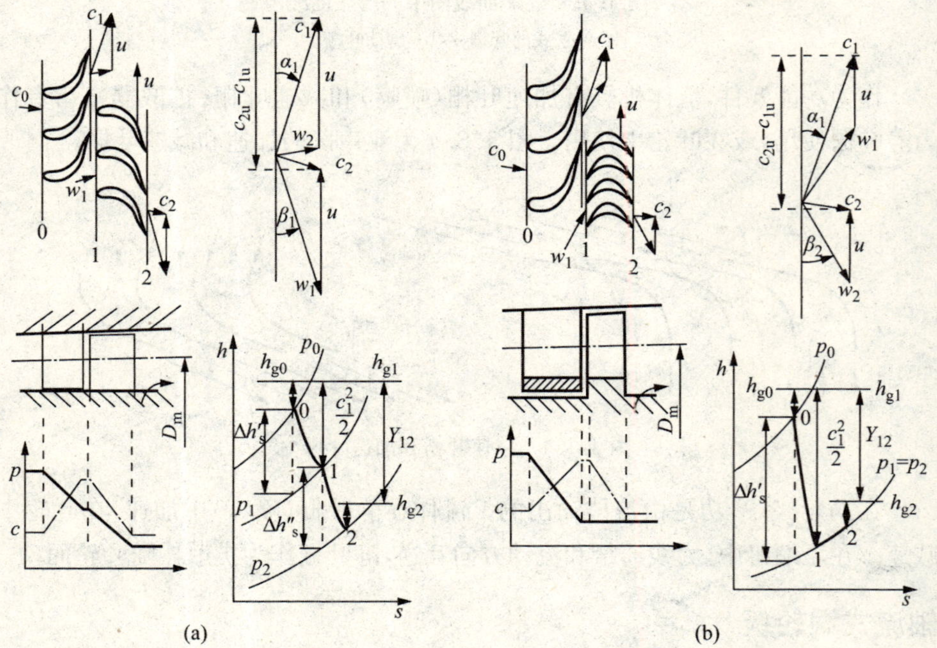

(a)　　(b)

图 1.3.5　轴流式涡轮级的功能要件

(a) 反动级　(b) 冲动级

片和动叶片可具有相同的几何条件，并具有对称的速度三角形。

对于冲动级[见图 1.3.5(b)]，在静叶栅上总级压差转换为 $\Delta h_s = \Delta h'_s$，结果，叶轮上的压差 $\Delta h''_s = 0$，反动度 $r = 0$。叶轮前、后的压力大小相等。实际上，冲动级的反动度也是 0.05～0.1。

径流式涡轮级

在径流式涡轮级中，介质由外向内流动。介质以流入速度由螺旋形外壳流入静叶栅，然后流入径流式叶轮。流体在出口 2 应尽可能无旋流，这意味着出口速度 c_2 平行于轴，$\alpha_2 = 90°$。径流式涡轮级的基本结构如图 1.3.6 所示。

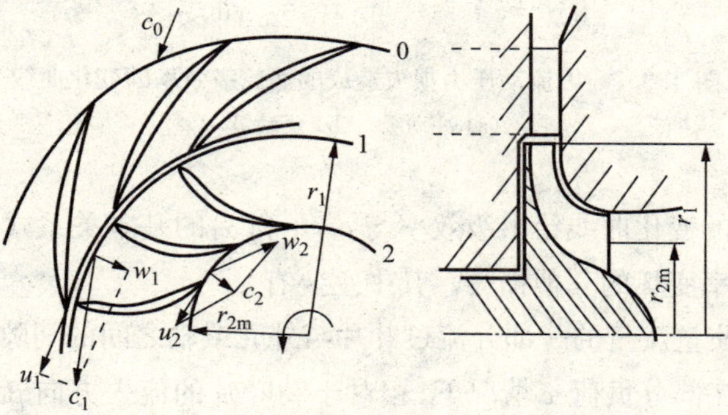

图 1.3.6 径流式涡轮级

考虑到在叶轮中发生强烈变化的圆周速度 u，可得比级功的一般表达式

$$Y_{12} = (u_2 \cdot c_{2u} - u_1 \cdot c_{1u}) \tag{1.3.8 a}$$

这一表达式又称为欧拉方程。

涡轮级的特征值

特征值表明涡轮级的特征，用于比较或用来表明工作特性。

速度三角形(见图 1.3.2)表述流体和涡轮级的几何条件。在几何条件给定的情况下，速度也是膨胀变化的结果。

根据公式 (1.3.9)，等熵反动度 r 表明动叶片上的膨胀占总膨胀的百分比。在效率最佳的叶片组设计中，反动度是一个设计参数。

可变速度情况下流体的比级功根据欧拉方程(1.3.8 a)进行计算。

等熵效率是比级功与可能的理想功之比，表明膨胀的相对效率。

$$\eta_{s,St}=\frac{Y_{12}}{\Delta h_s+\frac{c_0^2}{2}} \tag{1.3.10}$$

如果考虑这一效率只包括流体压力损失，即仅包括叶片通道中的摩擦损失，则可以根据与 c_1/u 之比和叶片角 α_1（见图 1.3.7）导出反动级与冲动级的特性曲线。

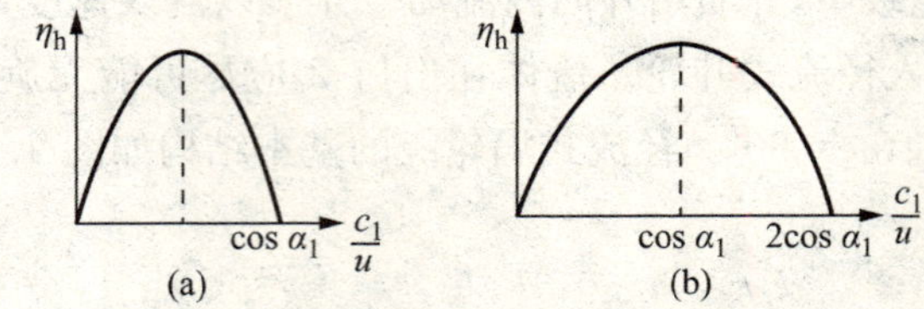

图 1.3.7　因流动压力损失造成的涡轮级效率的变化曲线
(a) 冲动级　(b) 反动级

利用这样的变化曲线给出级效率与 c_1/u 和 α_1 的基本关系式。在涡轮级中还发生使级效率变坏的其他损失。其中主要有：

- 间隙损失：质量流量的一部分流过叶片与外壳或轴之间的间隙，不做功；
- 冲击损失：在部分负荷 x 情况下，相对于动叶片的流入方向 β_{1x} 发生变化，因而在叶片几何条件 β_1 的方向上出现有额外损失的流动转向；
- 出口损失：出口速度 c_2 代表一种动能，这一动能对于当前的涡轮级是一种损失，而对于后面的涡轮级可作为流入速度加以利用（见图 1.3.5）；
- 转轮摩擦损失：在旋转部件上产生的损失。

上述几种损失对级效率的影响通过结构，特别是通过叶片翼型以及叶片长度和圆周速度发生作用（见图 1.3.15）。

为了表述涡轮级的工作特性，利用圆周速度 u 形成其他一些无因次特征系数，例如：

- 作为相关级功的压力系数 ψ　　$\psi=\frac{2\cdot Y_{St}}{u^2}$
- 作为相关体积流量的流量系数 φ　　$\varphi=\frac{c_m}{u}=\frac{\dot{V}}{A\cdot u}$

这些特征系数的定义是不统一的，在进行数值比较时，必须注意对基准参数圆周速度 u（在直径 D 上）和流体横截面积 A 的基本定义。

1.3.2　汽轮机装置

汽轮机装置属于克劳-朗肯循环过程。循环的功用和排列决定汽轮机的构造和结构形式，其名称也由此而来。图 1.3.8 中的示例表明抽气凝汽式汽轮机的蒸汽循环过程。汽轮机装置包括：

1）涡轮和蒸汽系统，其中包括

—利用调节阀和调节级输送新蒸汽，使蒸汽流量适应要求的功率和抽气质量流量。

—调节式抽气，按照供暖或工艺过程所需要的抽气压力 $p_E > p_u$ 从汽轮机中抽取经过调节的蒸汽汽流。调节蒸汽通过汽轮机内的和汽轮机上的调节装置进行。

—多种非调节式抽汽——用来加热再生式给水预热器。

—管路和供汽系统，其中主要有汽轮机上的蒸汽管路，轴封所用的汽封系统，包括汽封压力调节装置（见图 1.3.20）以及排水系统。

2）润滑和调节用的润滑油系统。

3）冷凝装置，排汽在凝结压力 $p_K < p_u$ 时凝结。

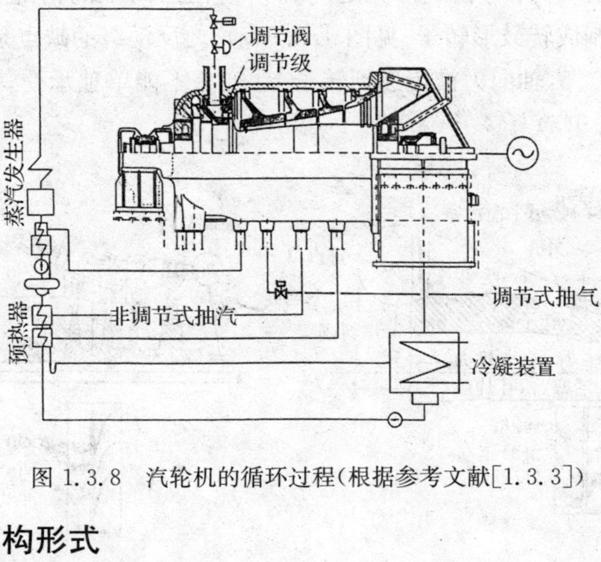

图 1.3.8　汽轮机的循环过程（根据参考文献[1.3.3]）

汽轮机的结构形式

汽轮机几乎都是多级的，由其功能要件轴流式涡轮级多级串联而成。汽轮机有一个或多个壳体，其功率最高达 1 600 MW。涉及多个壳体时，分别是高压部分、中压部分和低压部分。下面是从蒸汽循环视角分类的汽轮机类型一览表。

表 1.3.1　汽轮机类型与蒸汽参数

汽轮机类型	蒸汽参数		应用
	进汽	排汽	
凝汽式汽轮机	过热蒸汽	$p_K < p_u$	发电厂、船舶
背压式汽轮机		$p_G > p_u$	工业
抽汽凝汽式汽轮机		$p_E > p_u$ $p_K < p_u$	热电联合生产 工业
饱和蒸汽汽轮机	饱和蒸汽	$p_K < p_u$	核电厂

在民用船舶上，汽轮机用来以较小的功率(最大到 10 MW)驱动汽轮发电机或泵(油船上)。新蒸汽主要来自废气蒸汽锅炉(布置在柴油机或燃汽轮机之后)。几十年来一直没有建造过用汽轮机做推进主机的商用船舶。在军用船舶上，汽轮机与核反应堆联合起来用作主动力装置。

汽轮机的结构形式主要受涡轮级类型的影响。在反动级中，压差分布在静叶片和动叶片上，叶片与轴或外壳之间的密封在最简单的情况下被设计成空隙。转子可以制成转鼓形转子[见图 1.3.9(a)]。反动级的缺点是，由于叶轮上的压差 $p_1 - p_2 > 0$，轴向力被传递到转子上，轴承不能单独承受，需要一个平衡活塞[见图 1.3.9(a)]。

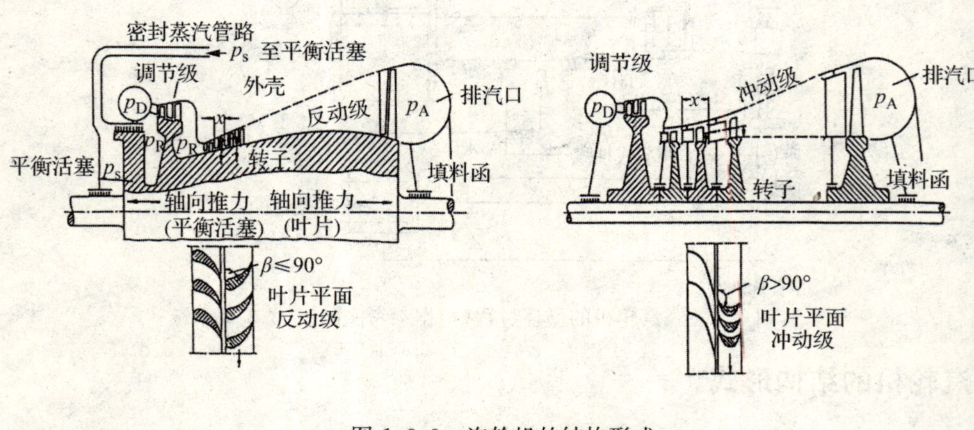

图 1.3.9　汽轮机的结构形式

(a) 反动式汽轮机　(b) 冲动式汽轮机(根据参考文献[1.3.1])

冲动级与反动级相比，需要处理较大的压差，该压差在叶栅中消退。在冲动级的叶轮上，压差 $p_1-p_2\approx0$，轴向力可以由轴端推力轴承承受。但是，为了限制间隙损失，静叶栅上存在的大压差 p_0-p_1 要求在静叶片与轴之间做好密封。在小直径上进行迷宫式密封可以达到良好的无接触密封。因为叶轮是在隔板中旋转，所以又叫做隔板式结构形式[见图 1.3.9(b)]。

为了调节功率，每个汽轮机装置至少有一个调节级或调节阀，用以调节质量流量。在小负荷情况下，为了使蒸汽速度以及随后的 c_1/u 比和级效率不至于太小(见图 1.3.15)，作为调节级的第 1 级应设计得保证调节阀能够打开和关闭每一段。为了避免不需要的横向流动，这一在部分负荷下部分进汽的级只能设计成冲动级。复速级叶轮是调节级常用的结构形式(见图 1.3.10)。它由两个冲动级构成，其中，第 1 静叶栅把总压差转化成动能，第 2 静叶栅因 p 约为常数，只能引起流体转向。两个叶轮布置在一个转轮上。

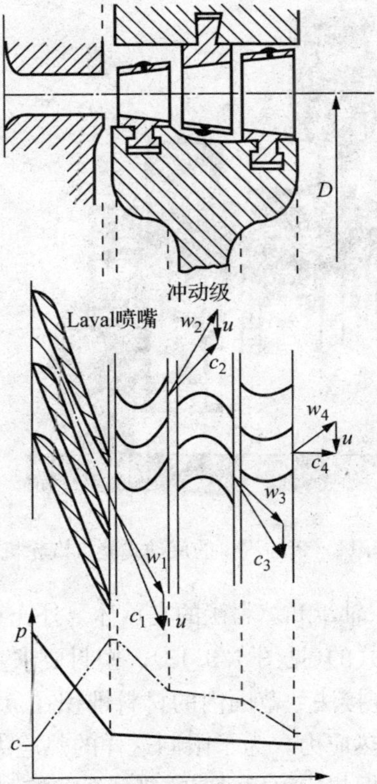

图 1.3.10　复速级叶轮

往往是第 1 静叶栅被设计成缩放式喷管，以达到 c_1 的超音速，并利用高压差。后面的全周进汽级可以采用较小的直径，由于前面的体积增大，可以用较长的叶片长度，获得更好的效率。

汽轮机的构件

在新蒸汽参数给定的情况下，要求由功率决定汽流穿流部件的膨胀和尺寸。这是构件结构设计的初步基础。在大功率谱和不同结构形式的基础上产生了多种多样的汽轮机结构解决方案。下面仅就基本的结构解决方案以小功率范围（最大约为 10 MW）的凝汽式汽轮机为例做一说明（见图 1.3.11 和图 1.3.12）。

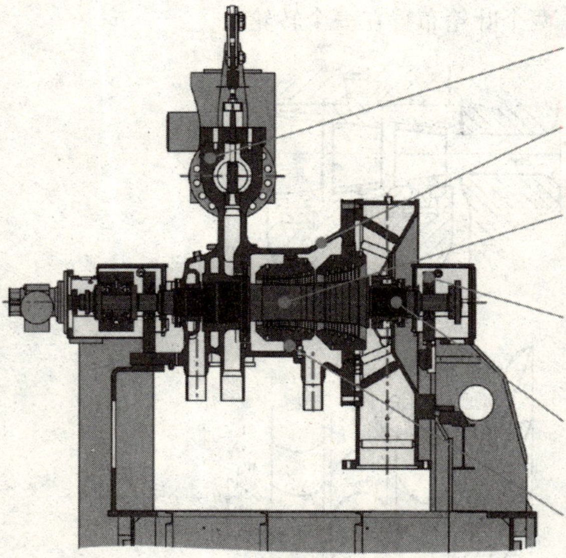

图 1.3.11　带抽汽口的反动式凝汽汽轮机[1.3.14]

外壳：外壳是静叶栅、轴承和填料函的支承体。外壳有进气和排气接头，为便于装配，外壳被制成分体式的（见图 1.3.13）。密封要求高强度的膨胀螺栓，并有精确和平整的对接缝。连接法兰范围内的材料堆积在负荷发生变化时会造成不均匀的温度分布，并产生热应力。为了限制这样的热应力，在启动汽轮机时要预设一定的预热阶段，并根据与应力相对应的典型温差控制随后的加负荷速度。蒸汽在汽轮机预热过程中凝结，外壳内可能聚集凝结水。在启动过程中，这些水必须经过设有截止阀的排水管路排放出去，以免对动叶片造成损伤。

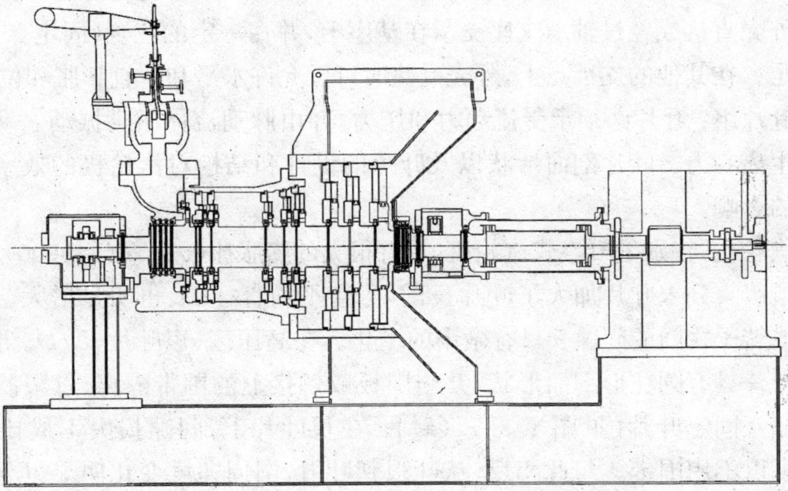

图 1.3.12　汽轮发电机的冲动式凝汽汽轮机

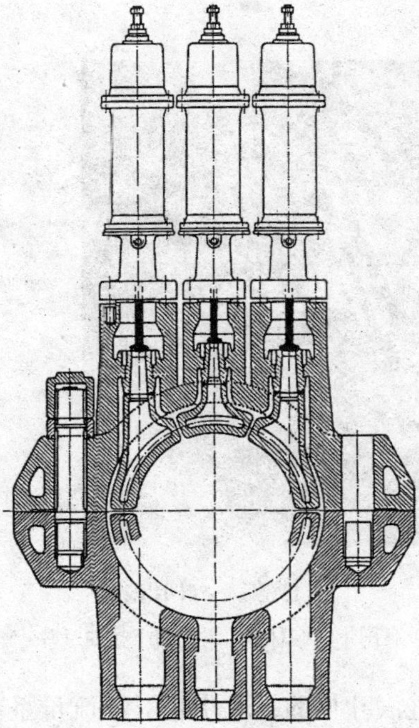

图 1.3.13　高压汽轮机穿过新蒸汽进汽口的横剖面(根据参考文献[1.3.3])

根据温度和压力，外壳用耐高温铸钢制成。只有大型低压构件采用焊接结构。外壳直接或经过轴承支座支承在基座上，并在一定的位置（固定点）上与基座固定。在其他的支承点上，外壳受热时可以允许水平和垂直膨胀和位移。

叶片组：叶片必须承受流动力和压力，并由脉动流体激励振动。动叶片上还发生离心力。叶片剖面形状以及叶片的设计和结构对汽轮机的效率有非常明显的影响。

汽轮机，特别是凝汽式汽轮机，具有很大的膨胀比（$v_{aus}/v_{ein}>1\,000$）。因此，从调节级直到末叶片加大了叶片长度，尽管平均直径D_m也明显增大。叶片与外壳或转子之间的间隙σ只有微小的变化。在高压区（短叶片，L/D_m小和σ/L大），叶片具有圆柱形剖面形状，并与围板或铆接上的围带隔离，以限制间隙损失和相互固定叶片[见图 1.3.14(a)]。在长叶片上，间隙损失不成比例（σ/L小），可以不用围带。与此相反，从叶根到叶冠，圆周速度变化明显（L/D_m大）。叶片剖面形状与变化的速度三角形相匹配，由此产生了扭曲叶片[见图 1.3.14(b)]。结构设计对级效率有很大影响。特别重要的是叶片长度和相对间隙，以及用于叶片密封和叶片剖面形状与实际速度三角形相匹配方面的消耗。

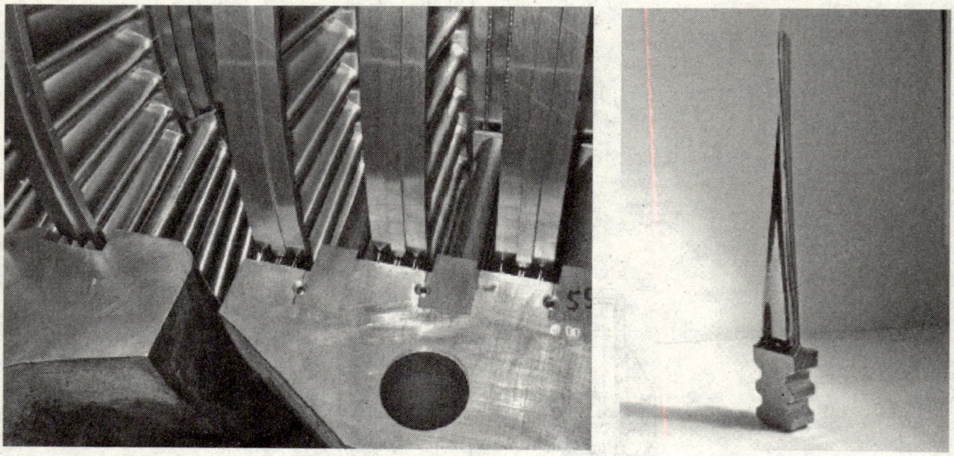

图 1.3.14　叶片形状：
(a) 有围带的圆柱形叶片　(b) 扭曲叶片[1.3.14]

图 1.3.15 为全周进汽叶片的级效率相对于流量系数$\varphi=c_m/u$与相对叶片长度L/D_m乘积的关系曲线。

部分进汽的叶片因为有气流损失，所以效率较低。

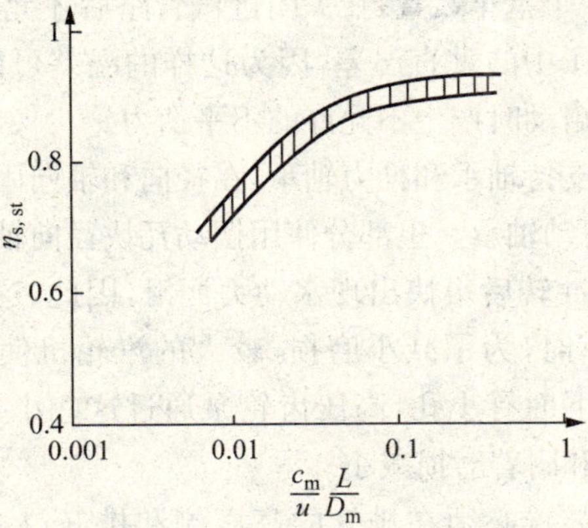

图 1.3.15 级效率与叶片长度的关系

叶片的力和力矩经过叶片固定点传递到转子和外壳。剖面形状特别的叶根插入到形状相同的环槽中。高负荷叶片(如末叶片)采用枞树形插入式叶根。

叶片经过叶根固定在外壳或转子上。叶片的叶根必须承受离心力,并把流动力传递到转子上。动叶片插槽的位置在叶轮中(隔板式结构形式)或转子中(转鼓式结构形式)。静叶片的环槽直接在外壳上,或在水平分布的静叶片隔板套上,静叶片隔板套固定在外壳的下部和上部。静叶片隔板套往往接受两个抽气口之间的一个叶片组(见图 1.3.11)。

叶片振动断裂是叶片大范围损伤最常见的原因。应对叶片振动断裂的措施有:

- 叶片的固有振荡必须与激振频率拉开足够的距离;
- 叶根必须可靠而牢固地进行紧固;
- 通过相互支撑,例如通过铆接上的围带(静叶片和动叶片)或钎焊的拉金(动叶片)来阻止叶片运动。

转子:涡轮转子支承动叶片,并将功率传递给工作机。根据结构形式,转子分为轮盘式转子(冲动式汽轮机的隔板式结构形式)和转鼓形转子(反动式汽轮机,见图 1.3.9)。转子是锻造的,根据需要采用耐高温材料。如果尺寸较小,则采用锻件制造。较大的转子使用多个锻造的构件组合焊接而成。转子在装配之前必须仔细平衡,以保证运行中不平衡力和力矩保持在允许的极限之内。安装了叶片并完成装配的转子一般都要以 $1.15n_0$ 进行离心旋转检测[1.3.10]。考虑到气流损失,较大的转子要在真空室内进行离心旋转。

在转子上连接一个盘车装置，在关闭进汽管路后才允许盘车。盘车可防止温度层化，即防止转子中的垂直温差，因为这样的温差可能导致转子弯曲变形（“猫拱背”），在以后启动时产生不允许的不平衡力。

轴承：汽轮机有支持轴承和推力轴承，在径向和轴向固定转子。

汽轮机只使用滑动轴承。也部分使用摆动瓦块径向轴承。

因圆周速度高，冲转后很快出现水动力润滑，因此，这种轴承工作可靠，磨损较小。冲转和盘车时，为了减小磨损，较大的汽轮机使用一种轴抬升装置。支持轴承中，在轴的下面有小孔，高压齿轮泵通过这些小孔给轴承供油。转子“漂浮”，使停转转矩和附着磨损减小。

轴封装置：轴封装置必须在排气的高压侧和排气口上尽可能阻挡空气进入，并以此在高速下尽可能不引起磨损。汽轮机主要采用迷宫式密封。一旦质量流量流过许多小的截流点，即形成起密封作用的压差。小缝隙横截面和大量截流点将质量流量减小到可以接受的程度。质量流量和迷宫式密封的正确功能可以通过装上汽封管进行控制。在高压侧（见图 1.3.16），压力经过调节级被降低到环境压力。汽封管（W）上的压力只略高于环境压力。在排汽口，$p_A < p_u$，为了避免空气气流进入冷凝器，迷宫式密封必须充入密封蒸汽 $p_S > p_u$。汽封压力可进行调节。

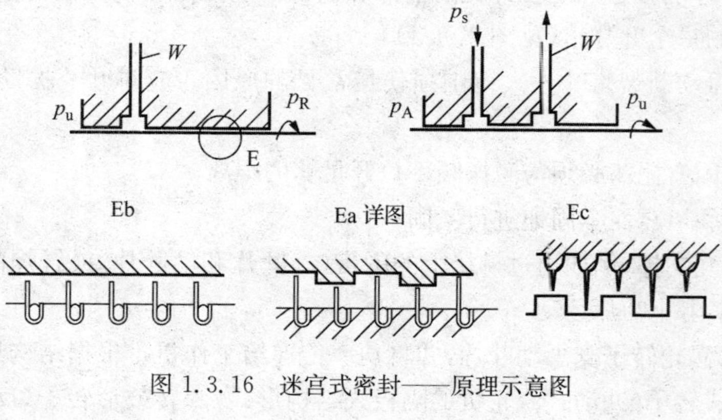

图 1.3.16　迷宫式密封——原理示意图

迷宫式密封的结构形式是多种多样的。图 1.3.16 给出了 3 个示例：Eb——利用插入密封板的平滑密封，适合于轴与外壳之间的轴向位移较大的情况。Ea——利用插入密封板的槽形密封。Ec——利用整体旋出密封条的槽形密封。

冷凝装置

在冷凝器中，不可避免地从循环中释热给周围环境（见图 1.3.8 和图 1.3.19）。释出的热流根据汽流中的凝汽焓及其蒸汽含量 x 进行计算：

$$\dot{Q}_{K}=\dot{m}_{D}\cdot x(h''-h') \tag{1.3.11}$$

其前提是，凝水没有过冷。因此，在管束中布置凝汽管时要建立“汽道”，蒸汽通过“汽道”不被冷却地流入下部，并可限制过冷。

热流 $\dot{Q}_{K}$ 通过冷凝器利用蒸汽表面 A 传送到冷却水

$$\dot{Q}_{K}=k\cdot A\cdot\Delta T_{L} \tag{1.3.12}$$

其中，根据图 1.3.17，平均温差 ΔT_{L} 适用

$$\Delta T_{L}=\frac{T_{KW,a}-T_{KW,e}}{\ln\frac{T'-T_{KW,e}}{T'-T_{KW,a}}} \tag{1.3.13}$$

传热系数 k 是管子与冷却水或蒸汽之间放热的放热系数 α 的一个函数。纯蒸汽凝结时，可以预期值 $\alpha_{K}>10\,000\ \mathrm{W/(m^{2}\cdot K)}$。凝结时，饱和蒸汽 v'' 在冷凝器中变成凝水 v' 的比容减小了因数 $v''/v'>25\,000$。凝水滴落，蒸汽随后流入相应的真空中。如果蒸汽含有不可凝结的气体（如空气），则会使放热变坏。

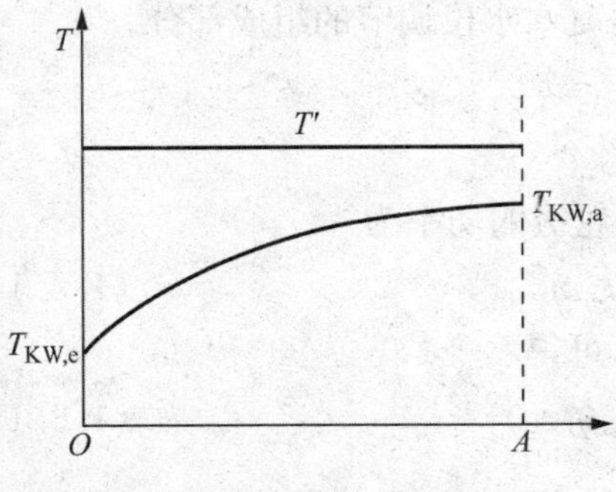

图 1.3.17 冷凝器中的温度变化曲线

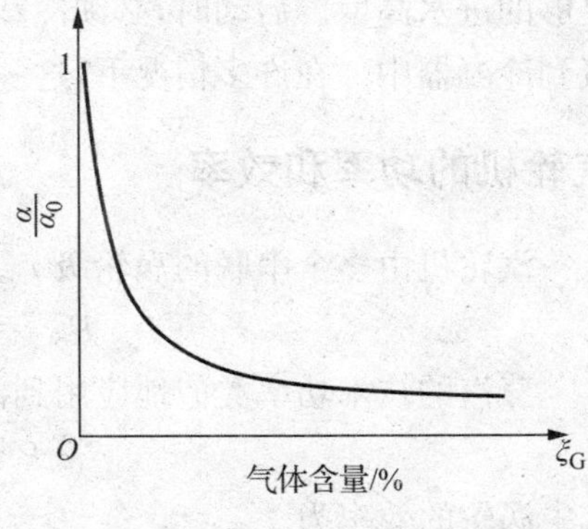

图 1.3.18 蒸汽中的气体含量对放热的影响

冷凝过程中的放热与蒸汽中气体含量 ζ_{G} 的关系如图 1.3.18 所示。1% 的气体含量减少放热约 30%。气体在过冷的水中析出，或经不密封的位置流入冷凝器。冷凝器以较高的温差 ΔT_{L}（公式 1.3.13）即以较高的温度 T'（见图 1.3.17）和较高的冷凝器压力对放热变差做出反应。因此，汽轮机的排汽侧必须做好密封。冷凝器上有一个吸气装置。通常，蒸汽喷射泵（DSP）持续从冷凝器中吸出气体蒸汽混合器，因此使气体含量保持低水平。在后置的蒸汽喷射泵

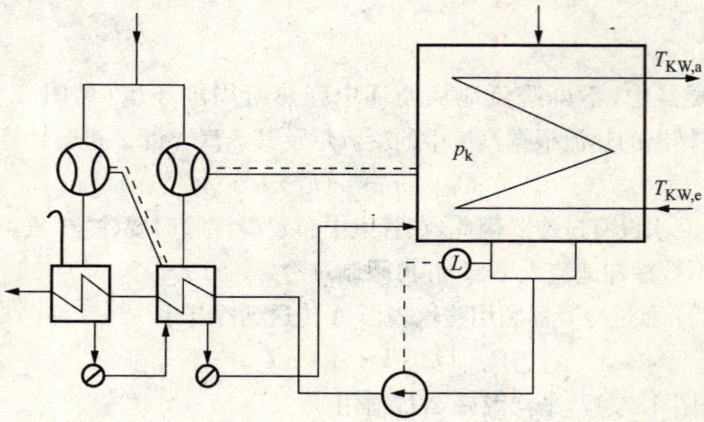

图 1.3.19　冷凝装置示意图

的冷凝器中，被吸出的混合器中的蒸汽被由凝结水泵输送的凝结水凝结。蒸汽喷射泵用约 3 的压力比工作，因此，在通常凝汽压力 $p_K=0.05\sim0.08$ bar 的情况下，要串联两个蒸汽喷射泵。

凝水泵输送凝结水经过蒸汽喷射泵的冷凝器和低压预热器到达除气器(见图 1.3.8)。有一个调节器保证冷凝器中的凝水水位保持不变，并保证凝水泵有足够的进水高度。启动时，必须冷却蒸汽喷射泵的冷凝器，因此，循环中凝水回流到冷凝器中。在许多情况下，这一回流是凝水水位调节的组成部分。

汽轮机的功率和效率

汽轮机由多个串联的涡轮级 i 组成，涡轮级的功率为

$$P_{St,i}=\dot{m}_{D,i}\Delta h_{s,i}\eta_{St,i} \tag{1.3.14}$$

蒸汽的技术功率类似地应用到涡轮上，可得

$$P=\dot{m}_D\Delta h_s\eta_T \tag{1.3.15}$$

其中涡轮的效率为

$$\eta_T=\frac{\Delta h_g}{\Delta h_s} \tag{1.3.16}$$

由涡轮级转为汽轮机时，要注意：

(1) 在后续的级中部分地利用损失，适用 $\Delta h_s<\sum\Delta h_{s,i}$。

(2) 每一级的出口速度被理解为用 $\eta_{St,i}$ 表示的出口损失，在汽轮机中是后面一级的流入速度，将被完全利用。在汽轮机的效率中，只考虑最后一级的出口损失。

(3) 质量流量因抽吸密封蒸汽($\dot{m}_{S1}$, $\dot{m}_{S2}$)、非调节式抽气或调节式抽气 $\dot{m}_E$ 从级组到级组逐渐发生变化。非调节式抽气和调节式抽气是由循环预先给定的,而抽吸密封蒸汽则可以包括在汽轮机效率中。

在多级汽轮机中,相对于焓差,动能的变化可以忽略不计,即在公式(1.3.16)中,$\Delta h_g=\Delta h$。图 1.3.20 中的一例有 2 个级组。其功率之和为

$$P=(\dot{m}_D-\dot{m}_{S1}-\dot{m}_{S2})\Delta h_1+(\dot{m}_D-\dot{m}_{E2}+\dot{m}_{S3})\Delta h_2 \qquad (1.3.17)$$

将这一关系式通用化,并将密封蒸汽的耗用量计入效率,以级组 j 对应的质量流量 $\mu_j=1-\dot{m}_{E2}/\dot{m}_D$,得汽轮机的功率

$$P=\dot{m}_D\sum\mu_j\Delta h_{sj}\eta_j \qquad (1.3.17a)$$

联轴器上有效功率减小了,减小的数额相当于机械效率 η_m。

$$P_e=P\cdot\eta_m \qquad (1.3.18)$$

汽轮机轴承中的负荷状况引起具有高机械效率的水动力润滑,其高机械效率 $\eta_m=0.98\sim0.99$。

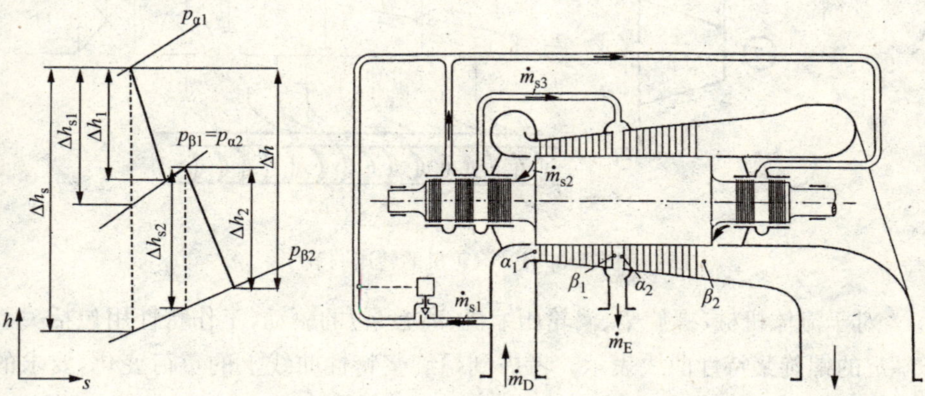

图 1.3.20　汽轮机与迷宫填料函的抽气口和密封蒸汽(根据参考文献[1.3.4])

1.3.3　汽轮机的调节和安全装置

调节的方式

汽轮机调节的基本功能是使汽轮机功率适应工作机的要求功率和转速。为了这一功用,汽轮机有一个转速调节器,其调节值是转速 n,整定值是调节阀的阀升程 Y。抽气和背压式汽轮机另外还需要一个压力调节器,以调节抽气压

力和背压，这里不做更多的说明。

船用汽轮机是不可反向旋转的，为了直接带动螺旋桨，另外需要一个倒车汽轮机并配以专用的调节和速闭阀。由于不允许正车和倒车汽轮机同时工作，在选择旋转方向时，另一部汽轮机必须保持锁闭。

汽轮机至少有一个调节阀，多半都有多个调节阀，用来关闭、部分或全部放开向调节级各个部分的进汽管路（见图 1.3.21）。调节必须考虑汽轮机的工作特性和工作特性曲线。根据汽轮机部分负荷与额定负荷的功率比[仿照公式(1.3.15)]

$$\frac{P}{P_0}=\frac{\dot{m}_{\mathrm{D}}}{\dot{m}_{\mathrm{D},0}}\frac{\Delta h_{\mathrm{s}}}{\Delta h_{\mathrm{s},0}}\frac{\eta_{\mathrm{T}}}{\eta_{\mathrm{T},0}} \tag{1.3.19}$$

可以看出哪些参数决定汽轮机的工作特性。

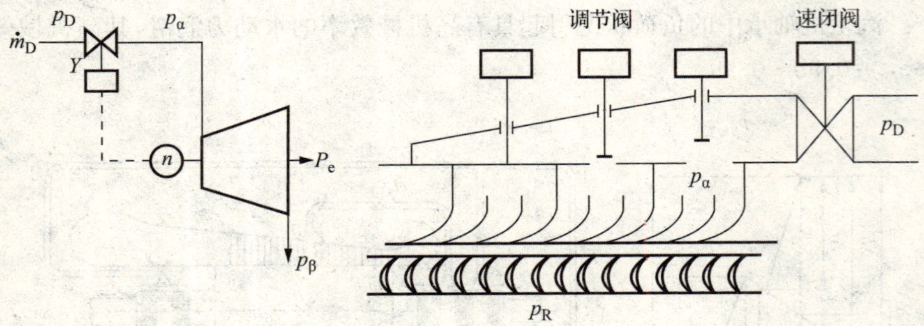

图 1.3.21　汽轮机的转速调节

对于流体机械（螺旋桨、涡轮压缩机、离心泵）的驱动，工作特性用包括关系 $P\sim n^3$ 的螺旋桨特性曲线表示。考虑到螺旋桨特性曲线上的负荷变化，要求的转速被规定为转速调节器的指令参数。

驱动 n 为常数（发电机特性曲线）的发电机时，指令参数始终具有相同的值。负荷变化是发电机突出的特点。汽轮机的转速调节以改变整定值做出反应，为的是保持所要求的转速。

转速调节需要测量转速，用来操作伺服马达的调节阀。经过考验证明有效的结构形式是用润滑油作为工作介质的全液压调节装置。现在正越来越多地采用配以电动或液压伺服马达的电子调节装置。

节流调节：调节阀根据设计规定的与阀升程的关系节制其通流截面 A_R。其结果，质量流量减小，阀的压力损失上升，涡轮前的压力 p_α 下降。涡轮具有喷嘴的典型特性。节流之后，涡轮的压差 $p_\alpha - p_\beta$ 变小，在叶片组的流体横截面没有发生变化的情况下，变小的质量流量穿过涡轮。图 1.3.22(b)为质量流量与整定值 Y 的关系。空转(当 $Y=Y_0$ 时)情况下，在汽轮机中必然产生由冷蒸汽流 $\dot{m}_{D,K}$ 引发的通气损失。图 1.3.22(b)为进行节流调节时新蒸汽压力 p_D 对质量流量的影响。

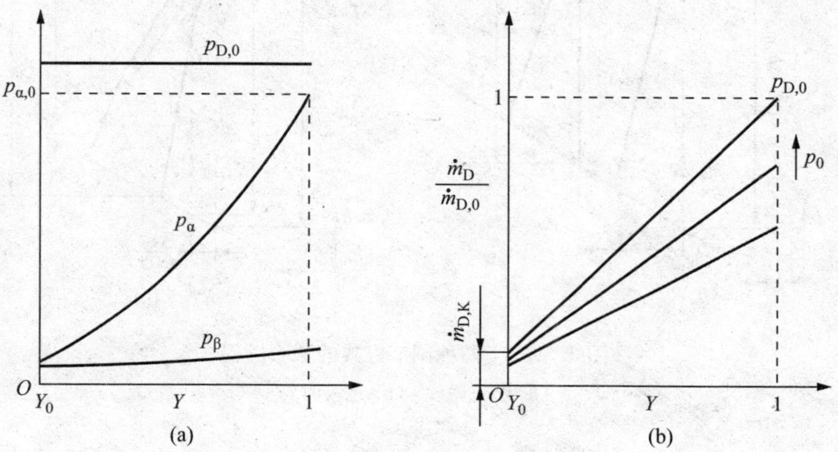

图 1.3.22 蒸汽压力和质量流量与整定值 Y 的关系

(a) 节流调节时涡轮前的蒸汽压力 p_α (b) 蒸汽质量流量

在 h-s 曲线图[见图 1.3.23(a)]中表明了节流调节对焓降 Δh_s 的基本影响。当在调节阀中节流时，焓保持不变，熵增长了 Δs。结果，与阀升程有关，涡轮的压差 $\Delta p=p_\alpha-p_\beta$ 缩小了[见图 1.3.23(a)]，焓差由额定负荷下的 $\Delta h_{s,0}$ 降到部分负荷下的 Δh_s。这一压差在质量流量相同的条件下分布到每一级，并导致速度三角形和效率发生变化。

进汽调节：在进汽调节时，只有调节阀部分开启，其他所有的阀要么全闭，要么全开。在调节阀后面，全开时出现压力 $p_\alpha \approx p_{\alpha,0}$，节流阀之后出现 $p_\alpha < p_{\alpha,0}$。因此，进汽调节的节流损失较小，在 h-s 曲线图上可作为 Δs 识别出来。蒸汽在两种情况下膨胀到一个统一的调节级压力 p_R[见图 1.3.22(b)]。与节流调节相比，进汽调节对焓降 Δh_s 的影响较小(见图 1.3.23)。进汽调节经过流体横截面主要对质量流量发生影响，因此常常又称为流量调节。

等压调节：通过改变新蒸汽参数 p_D 和 T_D 与功率匹配。这种调节方式虽能防止节流损失，但因燃烧式蒸汽锅炉的惰性不适合于负荷变化快的情况，即不适合于船舶使用。在启动汽轮机装置时往往经历一个阶段，在这一阶段，负荷增加是通过新蒸汽参数缓慢上升进行的。

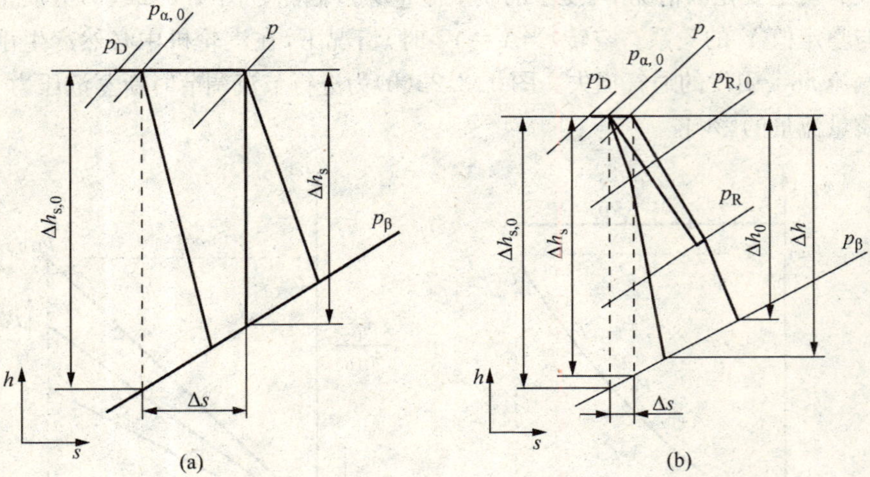

图 1.3.23　两种调节方式的膨胀过程

(a) 节流调节　(b) 进汽调节

带有调节和安全装置的油循环

油循环主要是保证润滑。转速调节作为以润滑油为工作介质的全液压系统，允许润滑油系统与安全系统实行联合。这种实施方案在实践中已证明是可靠的。在根据图 1.3.24 和图 1.3.25 的实施实例中，可以直观地表明润滑油系统与调节和安全系统的互相配合。

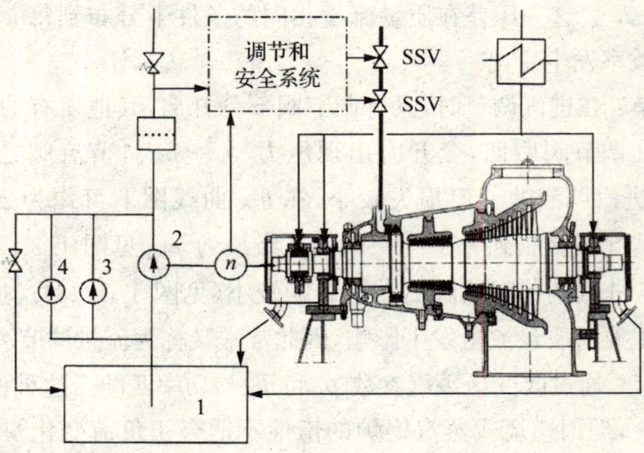

图 1.3.24　滑油系统与液压转速调节系统

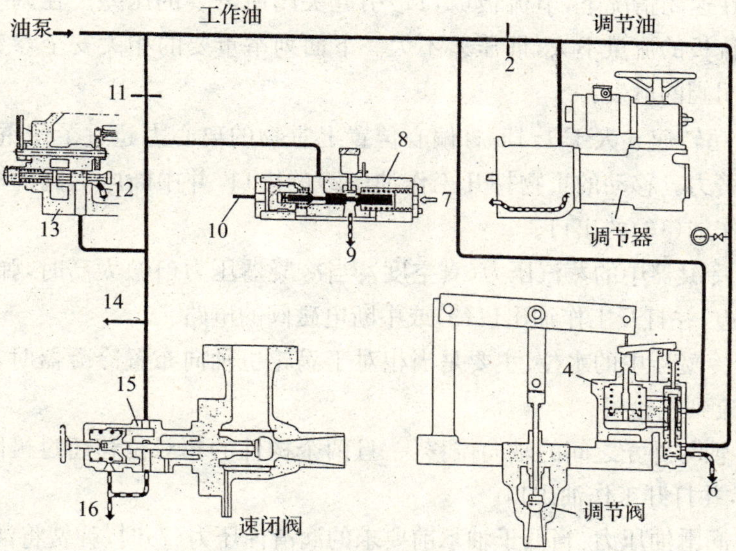

图 1.3.25 调节和安全系统(根据参考文献[1.3.5])

在汽轮机轴上布置了一台供油用的离心泵(2)和一个测量转速用的叶轮(n)。启动和停机时使用电动主油泵或应急油泵(3,4)。油在过滤器后分流到调节和安全系统。减压后,润滑油通过油冷却器流到轴承,由轴承经过可控制的出口回流到油箱(1)。

调节和安全系统在全液压调节系统中合并以下功用:

- 调节——利用液压辅助能(即调节油)的调节器;
- 阀操纵——液压伺服动力(即工作油);
- 安全断路——违背了允许的极限值时。

调节器从作为传感器的叶轮获得汽轮机的实际状态 $p \sim n^2$,用以与预先给定的指令参数值进行比较。如果发现偏移,调节器经过调节油作用于控制滑阀,控制滑阀改变工作油对伺服马达的输入和排出。伺服马达顶着闭锁弹簧打开调节阀,或允许弹簧闭锁。在汽轮发电机上,当突然从满负荷卸载到零负荷时,调节器应将临时的转速升高限制到小于 $1.1n_0$,并可靠地避免达到速闭转速。如果工作油的压力低于极限值,伺服驱动装置(4)(见图 1.3.25)通过弹簧力自动关闭调节阀。

速闭阀根据同样的原理在打开或关闭位置之间工作。当违背了预先给定的安全相关参数之一的极限值时,安全系统打开一个排出口(9,12,16)。如此使伺服马达(15)中的工作油压力低于极限值,弹簧经过速闭阀关闭新蒸汽进汽管路。在速闭情况下，节流板(2,11)引起关闭所需要的压差。在调节状态下，通过节流板的流量不大，即压差不大。下面列举重要的相关安全参数，并举例说明速闭阀的触发：

1) 超转速 n 大于 $1.15n_0$：偏心位置上重物的离心力超过了使重物保持原位的弹簧力。移动的重物打开工作油(12)的出口，并中断电磁阀的电路，然后打开工作油(16)的出口。

2) 冷凝器中的蒸汽压力(真空度)：当冷凝器压力(10)太高时，弹簧将活塞推到一边，并打开工作油出口(9)或中断电磁阀的电路。

3) 冷凝器中的水位：主要是当相对于涡轮机轴向布置冷凝器时，必须阻止凝水回流到汽轮机。

4) 轴与外壳之间的轴向位移：一旦两个构件的相对位移超过极限值，电磁阀断电，并打开工作油出口。

5) 润滑油压力：当低于轴承前要求的润滑油压力(7)时，弹簧将活塞推到一边，并打开工作油出口(9)或中断电磁阀的电路。

6) 振动：轴承上的一个拾振器打开工作油出口的电磁阀。

触发速闭的其他可能性：

- 在汽轮机(13)旁或从机控室和从驾驶桥楼手动触发；
- 违背了蒸汽锅炉的安全相关参数；
- 违背了推进主机的安全相关参数。

安全系统还可以通过安装安全装置加以补充，例如通过在冷凝器上安装膜片式液压保险器以应对太大的超压。

当汽轮机用来驱动辅机时，速闭断路器的范围可能较小，需要根据参考文献[1.3.11] 的 (a) 到 (c) 安装断路器。

1.3.4 汽轮机装置的运行

稳定的工作特性

汽轮机稳定的工作特性需要汽轮机与工作机相互配合。相互配合的重要参数是功率(或转矩)和转速。每一个稳定的负荷点应当是汽轮机 P-n 特性曲线族上的一个点，必须同时也是工作机工作特性曲线(螺旋桨、发电机特性曲线)的一个点。部分负荷下的功率与额定功率之比[公式(1.3.19)]表明稳定工作特性的重要参数：

- 通流能力 $\dot{m}$ 或相关参数 $\dot{m}/\dot{m}_0$；
- 压差 Δh_s 或 $\Delta h_s/\Delta h_{s0}$；
- 效率 η_T 或 η_T/η_{T0}。

部分负荷状态下的效率主要由级的特性，即由结构形式和速度三角形以及速度比 c_1/u 决定（见图 1.3.7）。与设计相比，发电机曲线上 c_1/u 比的变化大于螺旋桨曲线，因此，根据发电机曲线在部分负荷状态下的效率下降也较大。

部分负荷状态下的压差根据汽轮机前、后的压力和温度以及工作介质的 h-s 曲线图决定。

在通流能力方面，汽轮机具有喷嘴的典型特性。压差 $p_\alpha - p_\beta$ 从外部发生，并形成一质量流量。

$$\dot{m} = \mu A \sqrt{\frac{p_\alpha}{v_\alpha}} \Psi \tag{1.3.20}$$

通流函数 Ψ 是压比 $\pi = p_\beta/p_\alpha$ 的一个函数，且当 $\pi < \pi_{临}$ 时，Ψ 和 $\dot{m}$ 保持不变。与喷嘴[见图 1.3.26(a)]的区别是，多级汽轮机的临界压比随级数变小[见图 1.3.26(b)]，如果有很多级，则 $i \to \infty$ 变成 $p_{临} \to 0$。

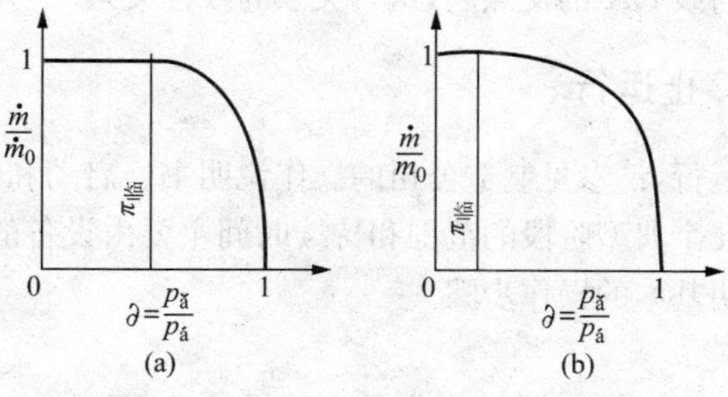

图 1.3.26 质量流量与压比的关系

(a) 喷嘴 (b) 汽轮机

如果将式(1.3.20)中的所有参数换算成额定值，并用 $v \sim T/p$ 取代比容，则对应 $A = A_0$ 和 $\mu \approx \mu_0$ 可得

$$\frac{\dot{m}}{\dot{m}_D} = \frac{p_\alpha}{p_{\alpha,0}} \sqrt{\frac{T_{\alpha,0}}{T_\alpha}} \frac{\Psi}{\Psi_p} \tag{1.3.21}$$

Stodola[1.3.6] 把 $\pi > \pi_{临}$ 范围内的通流函数近似地用一个椭圆来表示，并以 $\dot{m}^2 \sim \Psi^2 \sim (1-\pi^2)$ 得出相关质量流量

$$\frac{\dot{m}}{\dot{m}_D}=\frac{p_\alpha}{p_{\alpha,0}}\sqrt{\frac{1-\pi^2}{1-\pi_0^2}}\sqrt{\frac{T_{\alpha,0}}{T_\alpha}} \tag{1.3.21a}$$

如果把这一关系绘成坐标系，以质量流量 $\dot{m}$、涡轮前的压力 p_α 和背压 p_β 为坐标轴，则产生一蒸汽圆锥（根据 Stodola[1.3.6]），如图 1.3.27(a)所示。线 OK 由汽轮机的临界压比决定。

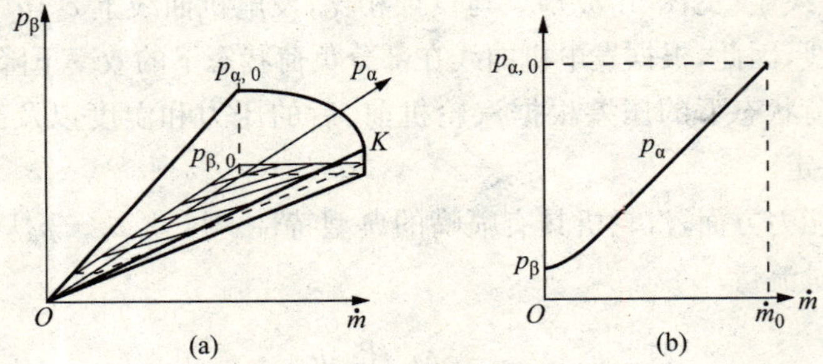

图 1.3.27　质量流量与压力 p_α 和 p_β 的关系

(a) 蒸汽圆锥　(b) p_β 为常数时的圆锥剖面

平面 p_β 上的圆锥剖面表明涡轮前的蒸汽压力与质量流量的关系[见图 1.3.27(b)]。从与线 OK 的交点起，这一关系为线性关系。

启动运行和停止运行

关于启动运行，请参见制造公司的操作说明书。启动和停止运行分为几个典型阶段。这几个典型阶段的范围和持续时间主要由设备的大小、结构和类型决定。下面说明基本的操作步骤。

准备启动：

1）盘车：预热润滑油，检查和启动电动辅助油泵供油，并开通顶轴装置，然后开通盘车装置。

2）检测安全装置，通过人工触发进行检测，或利用现有的检测设备，例如速闭阀、超转速、润滑油或冷凝器压力检测设备进行检测。启动过程中，在达到允许的真空度以前应禁止使用过高的冷凝器压力。

3）预热汽轮机：利用冷却水供应系统、带凝水水位调节器的凝水泵和蒸汽喷射器的大气压力级启动冷凝装置。打开汽轮机边上的和通往汽轮机的管路上的排水阀。打开预热汽轮机的和输送密封蒸汽的进汽管路。关闭盘车和顶轴装置，打开汽轮机的进汽管道，根据制造公司规定的时间在小转速下（在整套设备允许的范围内，例如用作发电机驱动装置时）用蒸汽转动汽轮机。作为螺旋桨推进主机时，在达到运行准备就绪状态后，在短时间内由正车汽轮机转换为倒车汽轮机。开通蒸汽喷射器的第 2 级。

给汽轮机加负荷：

1）加速到空转转速(发电机驱动装置)：提高作为指令参数的转速，在观察振动指示器并根据制造公司规定的时间，顾及转子与外壳之间的位移的情况下，尽快通过临界转速。

2）给汽轮机加负荷：使发电机同步，并加大发电机负荷，或与工作机连接并加大作为指令参数的转速。选择加负荷的速度必须顾及轴向位移，并保持外壳内的最大允许温差(热应力)。当外壳和管路完全热透时，关闭排水阀。

配有运行监控系统的高度自动化汽轮机装置拥有加速程序，能计算处理所收到的测量值，自动控制预热和加速随时间的变化过程。

停止运行：

1）降低功率：只要设备的运行状态允许，应降低转速和功率，或只降低功率，以打开电动润滑油泵和关闭进汽管路。汽轮机上的排水阀被打开。如果需要进入运行准备就绪状态，则经过旁通阀打开进汽管路。

2）盘车：在盘车转速下打开盘车装置，根据制造公司的规定进行多级盘车，直到低于壁面温度极限值为止，关闭密封蒸汽进汽管路。当设备已经停机较长时间后，应关闭冷凝装置和润滑油供应。

现场监控

现场监控的方式和范围由安装的技术状态和操作说明书决定。现场监控的基本任务一方面取决于汽轮机装置的构造和功能，另一方面也取决于安全风险。

涡轮：不允许的振动和轴向位移可能导致全损，因此成为现场监控的重点。轴向位移的监控在推力轴承上和轴的自由端进行。在推力轴承上，要检查轴向间隙(数量级为约 0.3～0.5 mm)。外壳与轴之间的相对位移在另一端显示出来，可能有数毫米，必须保持在极限值以下。汽轮机现在正越来越多地装备振动监控系统。如果没有装备振动监控系统，操作中要注意汽轮机的振动，在出现振动加剧的情况时，首先要分析：

- 确定加剧的振动发生在何处？
- 加剧的振动发生在哪一运行范围内？
- 加剧的振动是缓慢的还是突然发生的？

- 发生加剧的振动与特定的事件(水击、特定的操纵动作)有关系吗?

在预先弄清这些问题后,再决定进行振动测量。

油系统:要特别注意轴承前的油压和油温以及轴承中的油温。从轴承中排放出来的油不允许有明显的泡沫。

蒸汽系统:要连续监控涡轮之前的压力和温度。定期检测涡轮之前蒸汽阀的灵活性。检查蒸汽阀和排水阀的密封性。

冷凝装置:要定期检查:

- 冷却能力(冷却水量和冷却管路的清洁度):通过将温度与冷却能力相同的参考值进行比较;
- 冷凝器的密封性(漏气):例如,短时间中断吸气时,真空度的上升不得大于(0.2%~0.3%)/min,通过打开一个规定横截面的开口可以量化漏水量;
- 保持冷凝器中的凝水水位;
- 凝水中的盐含量是凝汽管不密封的一个指标。

冷却水系统:必须检查冷凝器上的以及油冷却器上的冷却水量和冷却水温度。

轴封系统:检查主要针对密封蒸汽的压力和雾汽排出装置。

典型故障和损伤

如果发生故障,主要问题在于蒸汽、冷却水和凝水系统发生漏泄的频度。其中主要涉及阀、管路连接接头和载热体。在冷凝器上发生漏泄的原因是管路腐蚀、振动断裂或管板滚轧部位不密封。与此相反,包括动叶片在内的转子和轴封有几乎 60%归入损伤范围,动叶片本身有大约 30%归入损伤范围[1.3.8]。动叶片损坏主要归因于振动断裂,因超热负荷而超过疲劳强度(蠕变)、磨蚀或异物侵入。其他原因是外壳和转子的热变形引起的径向和轴向间隙迁移,以及平衡状态的改变。操作错误有 37%,装配问题有 19%,结构问题有 17%归入损伤范围[1.3.9]。涉及起始阶段的损伤分布在操作(50%)、检验(30%)和启动运行(包括试运行和启动 12%)各个方面。

运行故障的原因如果是由于有关参数偏离了标准值,只能针对给定的设备才能具体说明。一般情况下,常见或典型故障往往都有明确的原因。对于油系统中典型故障即油压太低或轴承前、后的油温太高,可仿照柴油发动机装置进行处理。表 1.3.2 示出了汽轮机特有的故障,但具体操作只能根据操作说明书进行。

表 1.3.2　典型故障与可能的原因

典型故障	可能的原因	可能的操作/效果
汽轮机功率下降，新蒸汽参数和真空度正常，冷凝器真空度变坏	• 叶片组变脏导致调节级压力降低 冷却能力不足，原因： • 冷却管变脏 • 冷却水流量太小 • 冷却水进口温度 T_{KWe} 太高 • 冷凝器中空气太多 • 低压区内漏泄 • 蒸汽喷射泵（DSP）工作有缺陷	用饱和蒸汽扫汽可以溶解盐沉积 比较： $\Delta T = T_D - T_{KWa} > \Delta T_{正常}$ $\Delta T = T_{KWa} - T_{KWe} > \Delta T_{正常}$ $\Delta T = T_D - T_{KWa} > \Delta T_{正常}$ 并通过关闭蒸汽喷射泵（DSP）检查密封性——压力升高应 <(0.2%～0.3%)/min
汽轮机加剧的振动在超过允许的极限值时应触发速闭	转子不平衡，原因： • 叶片上有不均匀的污垢沉积 • 个别叶片断开 • 叶片因不合理的预热/停机而发生扭曲 • 由轴承或轴封诱导的振动	• 分析发生振动的状况（例如有多大、何处、何时） • 目视检查（内窥镜） • 发生接近允许极限的持续振动时——进行测量 →在启动运行时已显露出来
凝结水中的盐含量高	冷凝器的冷却水侧不密封，主要是因为腐蚀（腐蚀穿孔）、振动断裂、管板滚轧部位不密封	→凝汽管两端用金属塞头封闭 →凝汽管管板滚轧部位不密封时可以补充滚轧

蒸汽喷射泵（DSP）

维修和保养：

故障的频度和构件损坏时的损伤范围是维修和保养的重点。属于汽轮机特有的项目包括：

- 定期对调节和安全装置进行功能检查；
- 蒸汽阀和排水阀的密封性和灵活性；
- 凝汽管的密封性，必要时清洁凝汽管；
- 检查轴承间隙和润滑油装置；
- 汽轮机的主要检查点：轴承检查，必要时用内窥镜检查叶片组的盐沉积和损伤情况；
- 汽轮机的维修检查（一般由制造公司实施）：检查涡轮叶片的磨蚀（腐蚀）、全面检查裂纹（必要时更换）、填料函的更新、轴承检查、必要时对转子进行平衡检查。

参考文献

[1.3.1]　Petermann，H.：Einführung in die Strömungsmaschinen，Springer-Verlag 1988.

[1.3.2]　Zietemann，C.：Die Dampfturbine，Springer-Verlag 1955.

[1.3.3]　Dietzel，F.：Dampfturbinen，Hanser-Verlag 1980.

[1.3.4]　Traupel，W.：Thermische Turbomaschinen，Springer-Verlag 1988.

[1.3.5]　Knak，C.：Skibsdampturbiner，G. E. C. GADS FORLAG，Kobenhaven 1974.

[1.3.6]　Stodola，A.：Dampf-und Gasturbinen，Springer-Verlag 1925.

[1.3.7]　Kosmowski，I.：Turbomaschinen Schramm，G.：Verlag Technik 1987.

[1.3.8]　Metzner，B.：Schäden an Dampfturbinenbeschaufelungen Dallner，R.；VDI-Bericht 1421，1998.

[1.3.9]　Valk，M.：Schäden an Strömungsmaschinen Weisser，H.；VDI-Bericht 1421，1998.

[1.3.10]　Germanischer Lloyd：Klassifikations-und Bauvorschriften，Maschinenanlagen，Abschn. 3a，Hamburg，1997.

[1.3.11]　Germanischer Lloyd：Klassifikations-und Bauvorschriften，Automation，Hamburg，1997.

[1.3.12]　DIN 1943：Wärmetechnische Abnahmeversuche an Dampfturbinen，1975.

[1.3.13]　ISO 10816：Bewertung der Schwingungen von Maschinen durch

Messungen an nicht-rotierenden Teilen，1997.

［1.3.14］ Blohm＋Voss：Firmenunterlage，2006，Blom＋Voss Industrietechnik，Hamburg.

［1.3.15］ Brotherhood：Firmenunterlage，2006，Peter Brotherhood Ltd.

1.4　涡轮压缩机和通风机

彼得·路德维希(Peter Ludwig)，汉斯海因里希·迈尔-彼得(Hansheinrich Meier-Peter)

译：王平庚　金晓剑　李东亮　校：王伟勇　刘维亭

涡轮压缩机和通风机是压缩和输送气体工作介质的工作机。这两种工作机按流体机械的功能原理工作。可以利用输出压力与输入压力的压比 π 进行细分：

- $\pi>1.3$ 的涡轮压缩机：主要功用是压缩气体，结构形式可以是轴流式或径流式，压缩机级的功能要件是叶栅，结构和设计方法与涡轮类似；
- $\pi\leqslant1.3$ 的通风机：主要功用是以小压力比输送气体，通风机也作为鼓风机和风扇($\pi<1.1$)使用。

1.4.1　压缩机内的能量转换

功能和结构原理

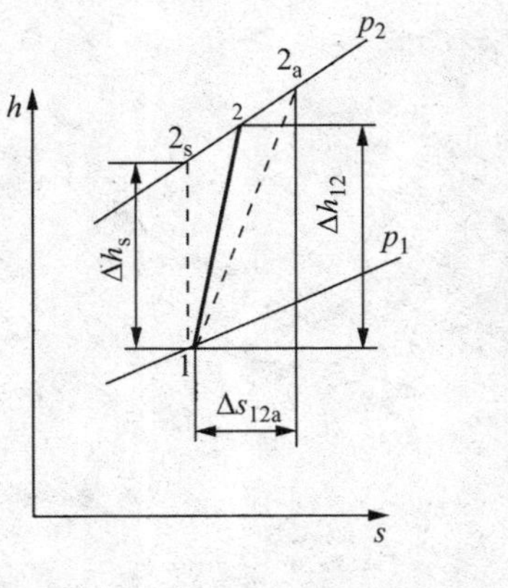

图 1.4.1　h-s 曲线图中的压缩曲线

涡轮压缩机是以气体为工作介质的流体机械。关于立式和转动叶栅中的流动，参见 1.3.1 节中的说明。速度三角形表明压缩机级的流动特征和几何条件。压缩 1→2 的能量转换适用热力学第一基本定律，如果忽略压缩机的离地测量高度，稳定流体的能量定律公式为

$$w_{t,12}+q_{12}=\Delta h_{12}+(c_2^2-c_1^2)/2 \tag{1.4.1}$$

为了评价实际的压缩，要将实际的压缩与等熵压缩进行比较。图 1.4.1 是在忽略

动能的情况下，在 h-s 曲线图中对等熵、多变和绝热压缩做了对比。

绝热(和有摩擦)压缩 1→2a 时，实际焓差为 Δh_{12a}，功和最终压缩温度最大。熵增加 Δs_{12a} 由摩擦引起，是不可逆的。如果在压缩过程中热量被散发，则出现多变状态转变 1→2，此时 Δh_{12} 和 Δs_{12} 变小。结果，与绝热压缩相比，功和最终压缩温度较小。多变曲线适用 pv^n = 常数，其中，设恒定的多变指数为 n，并根据状态 1 和 2 进行计算：

$$n=\frac{\ln(p_2/p_3)}{\ln(v_1/v_2)} \tag{1.4.2}$$

多变压缩的焓差是 $\pi=p_2/p_1$ 的一个函数

$$\Delta h_{12}=\frac{\kappa}{\kappa-1}R\cdot T_1(\pi^{\frac{n-1}{n}}-1) \tag{1.4.3}$$

根据吉布斯函数，当 $\Delta h_{12}=w_{p12}+j_{12}+q_{12}$ 时，可得压力变化功 $w_{p,12}$

$$w_{p,12}=\frac{n}{n-1}R\cdot T_1(\pi^{\frac{n-1}{n}}-1) \tag{1.4.4}$$

这就是说，在 Δh_{12} 中包含压力变化功 $w_{p,12}$、热量 q_{12} 和 1 → 2 的摩擦功 j_{12}。

对应等熵压缩，$q_{12}=j_{12}=0$ 和 $n=\kappa$。等熵指数 κ 是一个材料参数，可根据比热容确定。空气作为理想气体，$\kappa=1.4$。

当进行极强冷却时，状态 2 在 2s 的左边，并变成 $n<\kappa$ 和 $\Delta h<\Delta h_s$。最小压力变化功是在等温压缩时所做的压力变化功。压缩过程中的热量输出可节省技术功，可有目的地应用，例如用于多级压缩的中间冷却，或螺杆压缩机上的油冷却。

在作为做功机械的压缩机上，力线通量和流动与涡轮机完全相反。技术功经过动叶片提供。速度在流动中增大，当反动度 $r>0$ 时，压力也增大。在串联于后面的扩散器中，动能的一部分用于进一步提高压力。排流外壳(例如螺旋形外壳)往往也被设计成扩散器。

在流体中，压力参数被区分为静压力 p_{st} 和速度方向上的动压力(动压头) $p_{动}$

$$p_{动}=f_M\frac{\rho\cdot c^2}{2} \tag{1.4.5}$$

马赫系数 f_M 考虑其可压缩性，当马赫数 $Ma=c/a<0.2$ 时，可以忽略不计。总压力 $p_t=p_{st}+p_{动}$ 是压缩机的一个计算值，其前提是，动能完全转换成压力。进行测量时，要精心通过选择和布置传感器注意被测量的静压力不被流动扰乱，或者只能不完整地测量到动压力。

轴流式压缩机级

轴流式压缩机级是单级通风机或多级轴流式压气机的功能要件，由叶轮和作为扩散器串联在后面的导轮组成。根据公式（1.4.1）的能量转换可以用速度三角形表示，状态转变可在 h-s 曲线图(见图 1.4.2 和图 1.4.3)中表示。

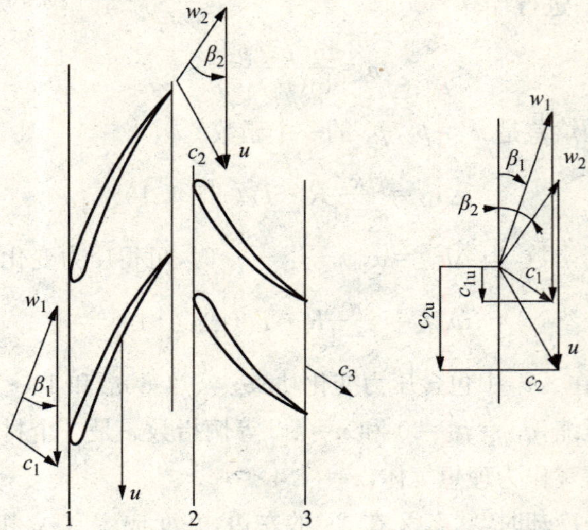

图 1.4.2　轴流式压缩机级与速度三角形

通过叶轮中功的输入，在同时有压力上升的情况下，流动加速，流入速度 c_1 增大到 c_2。压缩机级的反动度 $r>0$，往往达到 0.5 或更大，因此，叶轮中的压力也上升。

在导轮中，速度 c_2 被减速到 c_3，动能被用于进一步的压力升高，从 p_{2st} 升高到 p_{3st}。在多级压缩机上，流出速度是后面一级的流入速度。扩散器的优度通过其效率被表征为等熵和实际流动中焓差 $\Delta h_{23} \sim c_2^2 - c_3^2$ 之比：

$$\eta_D = \frac{\Delta h_{23,s}}{\Delta h_{23}} \tag{1.4.6}$$

扩散器的效率非常明显地取决于它的张开角。当张开角大于 12°时，流体可能分离，结果是损失严重增大。

轴流式压缩机级适合于流量系数为 0.5～1.0 的大流量。其叶片主要是扭曲形的，叶片的 L/D_m 之比很大，间隙 δ/L 相对较小。级效率基本上适用图 1.3.15。轴流式压缩机级所达到的级效率最高达 0.90，压比 $\pi = p_3/p_1$ 最高约 1.5。这两个特征值在发展过程中随着圆周速度的提高而增大，并且与反动度、

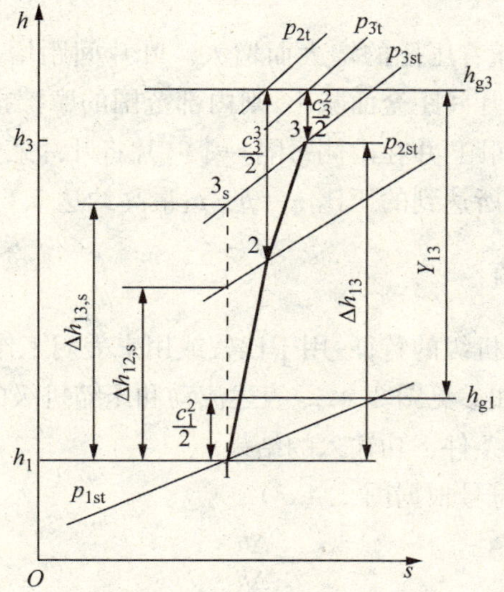

图 1.4.3 h-s 曲线图中压缩机级内的压缩曲线

流量系数和级功有关。

径流式压缩机级

径流式压缩机级是高压比和较低流量系数 $\varphi<0.5$ 的单级和多级径流式压缩机的功能要件。与轴流式涡轮不同，径流式压缩机级的流动是由内向外流。人们努力的目标是以无旋流的来流向叶轮（$c_{1u}=0$）。单级径流式压缩机根据公式（1.4.1）的能量转换可以通过速度三角形（见图 1.4.4）和状态转变在h-s曲线图（见图 1.4.3）中表示出来。对于多级径流式压缩机（见图 1.4.7），其压缩机级可以通过控制流动转向得到补充，即以一定的损失为代价，控制流动转

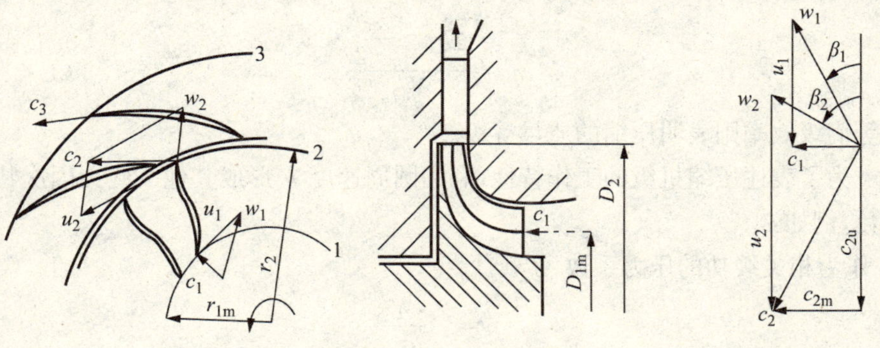

图 1.4.4 径流式压缩机级与速度三角形

为流入下一级的来流。

直径比 D_2/D_{1m} 随着压比的增大而增大。叶片间距增大后，外部范围的流体导向变差。如果叶片间距全面减小，则内部范围的摩擦损失增大。为了改进效率，可选择小叶片间距，并在内侧每隔一个叶片将叶片缩短(见图 1.4.8)。

径流式压缩机级所达到的压比 $\pi = p_3/p_1$ 最高约达 5.5，级效率高达 0.88 。

压缩机级的特征值

特征值表明压缩机级的特征，用于比较或用来表明工作特性。

速度三角形(例如参见图 1.4.2)表述流动和压缩机级的几何条件。速度和压缩过程是给定几何条件下功输入的结果。

等熵反动度 r (符号根据图 1.4.3)

$$r = \frac{\Delta h_{12,s}}{\Delta h_{13,s}} \tag{1.4.7}$$

表示动叶片的压缩占级内压缩的百分比。在效率最佳的叶片组设计中，反动度是一个设计参数。

比级功 Y_{13} 是实际压缩的消耗(技术比功 $w_{t,12}$)，实际压缩即对应 $p_1 \rightarrow p_3$ 时的压缩，消耗是必须赋予流动的消耗，根据能量平衡[公式(1.4.1)]计算

$$Y_{13} = (h_3 - h_1) + \frac{1}{2}(c_3^2 - c_1^2) - q_{12} \tag{1.4.8}$$

或根据欧拉方程计算

$$Y_{13} = u_2 \cdot c_{2u} - u_1 \cdot c_{1u} \tag{1.4.9}$$

压缩机级的收益是 $p_1 \rightarrow p_3$ 的压力升高，这一收益在考虑到流入速度 c_1 和流出速度 $c_3 = 0$ 的理想情况下需要等熵级功 $Y_{13,s} = \Delta h_{13,s} - c_1^2/2$ 。

等熵级效率是收益与消耗之比

$$\eta_{st} = \frac{\Delta h_{13,s} - \frac{c_1^2}{2}}{Y_{13}} \tag{1.4.10}$$

而等熵级效率则表明压缩的质量等级。

为了表述压缩机级的工作特性，利用圆周速度 u 形成其他一些无因次特征系数，例如：

- 作为相关级功的压力系数 Ψ

$$\Psi = \frac{2 \cdot Y_{St}}{u^2}$$

- 作为相关体积流量的流量系数 φ

$$\varphi=\frac{c_m}{u}=\frac{\dot{V}}{A\cdot u}$$

- 作为相关功率的功率系数 λ

$$\lambda=\frac{\Psi\cdot\varphi}{\eta}$$

这些特征系数的计算是不统一的，在进行数值比较时，必须注意对基准参数圆周速度 u（在直径 D 上）和流动横截面积 A 的基本定义。

1.4.2　压缩机装置

一般情况下，压缩机装置包括：

- 压缩机，由外壳、带轴承和底座的转子组成；
- 驱动机，这里不做进一步说明；
- 带过滤器和消声器的进气管道；
- 供油设备，指不属于驱动机随带的供油设备；
- 调节和安全装置。

压缩机由上述的多个级构成。压缩机级和装置决定压缩机中的状态转变（见图 1.4.5）。

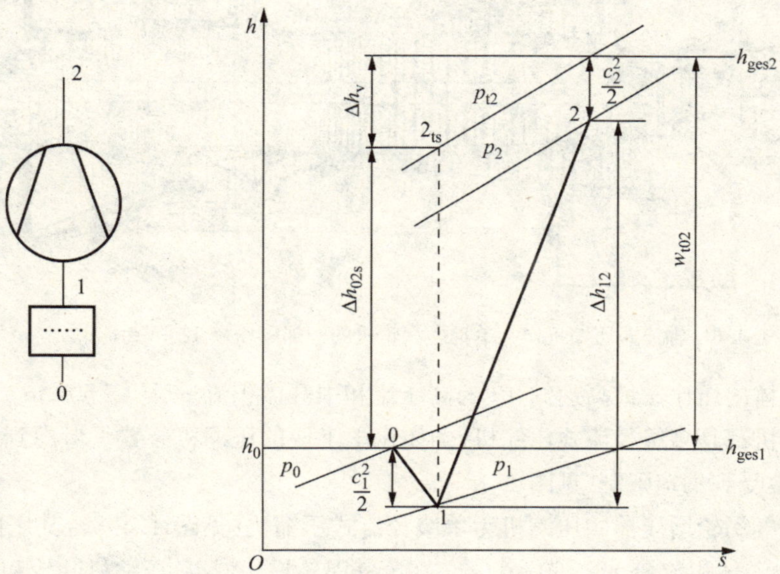

图 1.4.5　压缩机中的状态转变

评价压缩机装置的依据是从环境状态 0（p_0，T_0，$c_0=0$）压缩到压缩机后的终态 2（p_2，T_2，$c_2>0$）所得的收益以及为此所必需的耗费。压缩之前，环境状态的气体必须经过过滤器过滤，并加速到流入速度 c_1。从状态 1 压缩到压缩机后的最终压力 p_2，达到流出速度 c_2或总压力

$$p_{12}=p_2+f_M\cdot\rho\cdot\frac{c_2^2}{2} \tag{1.4.11}$$

涡轮压缩机的结构形式

压缩机的结构形式是由使用目的和为达到使用目的所要求的参数决定的。主要参数是体积流量或流量系数 φ 和要求的压比 π 或压力升高 Δp。根据结构形式，涡轮压缩机可分为单级或多级压缩机，以及轴流式或径流式压缩机。

大体积流量（$\dot{V}>500\ \mathrm{m^3/s}$）和压比 π 最高达约 20 的压缩机都是多级的轴流式压缩机，例如燃气轮机装置的压缩机（见图 1.4.6）或航空喷气式发动机的压缩机。为了进行合理的功率调节，压缩机部分地安装了可调的进口导向装置，但第一级或多级则安装了可调的静叶片。

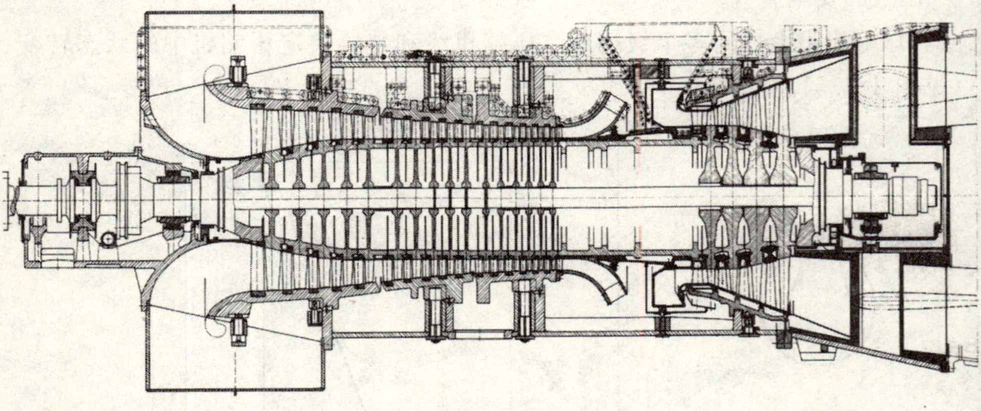

图 1.4.6 轴流式压缩机作为单轴燃汽轮机的一部分，$\pi=11$，$\dot{V}=646\ \mathrm{m^3/s}$[1.4.9]

壳体内压比 π 最高达约 40 的高压比和中等体积流量（$\dot{V}<500\ \mathrm{m^3/s}$）的涡轮压缩机都是多级径流式压缩机，例如化学工业的压缩机装置。考虑到压缩温度，级数受到一定限制（见图 1.4.7）。

废气涡轮增压器的压缩机为单级径流式压缩机（见图 1.4.8），其压比 π 最高达 5.5，体积流量 $\dot{V}<60\ \mathrm{m^3/s}$。在废气涡轮增压器上，压缩机叶轮和涡轮叶轮使用一根共同的轴（见图 1.5.6）。

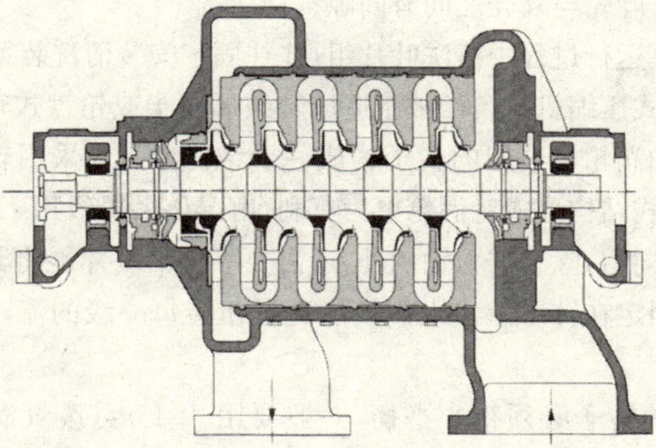

图 1.4.7　多级径流式压缩机，$\dot{V}=8.3\ m^3/s$，$\pi=3.2$，$n=7000s^{-1}$[1.4.12]

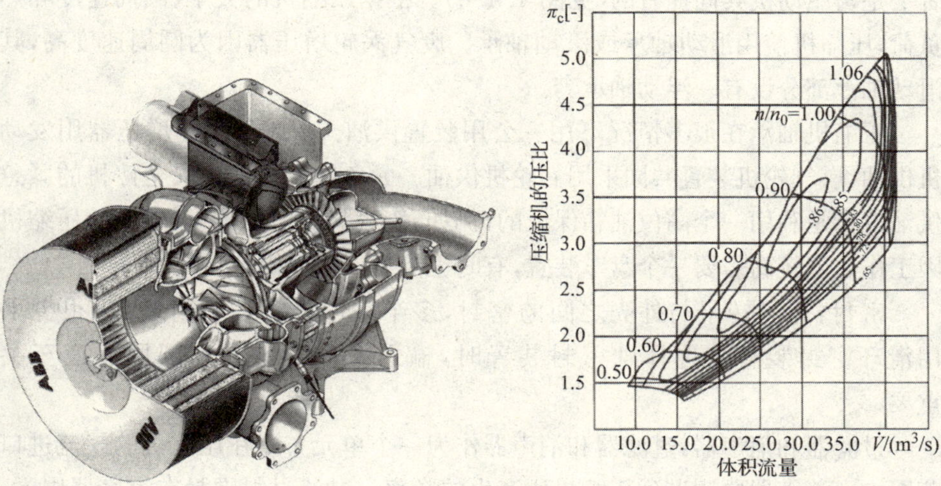

图 1.4.8　废气涡轮增压器的径流式压缩机与特性曲线族[1.4.10]

压缩机的构件

压缩机的外壳、转子和叶片组的结构形式基本上类似于涡轮机。

叶片组：为了得到较高的效率，轴流式压缩机叶片为扭曲叶片。与涡轮机相比，流动转向较小，因而叶片的弯曲率较小，剖面形状较为细长。

径流式压缩机分为开式和闭式两种结构形式。废气涡轮增压器多采用开式结构形式（见图 1.4.4 和图 1.4.8），其叶片通道可用数控铣床沿流动方向整体铣削加工而成。这样做的优点是有利于流动导向，加工精确，制造成本最为有利。缺点在于叶轮与外壳之间有间隙。

为了便于在运行过程中清洗叶片组，往往固定安装清洗装置。

转子：轴流式压缩机的转子被制造成转鼓形转子或轮盘式转子。陆用燃汽轮机的压缩机和涡轮与公用的转子构成一个结构单元。采用轮盘式结构形式较好，因为轮盘式结构形式对涡轮更为有利，由于压缩机级用 $r>0$ 的反动度工作，所产生的轴向力，除了推力轴承外，还需要平衡活塞才能将其吸收。径流式压缩机的叶轮固定在转子上。人们设法通过扭转每一级的流动方向减小轴向推力。

装配到位的转子必须精心平衡，一般要用 $1.15n_0$（废气涡轮增压器采用 $1.2n_0$）进行一次超速试验。

轴承和供油：压缩机需要径向轴承和轴端推力轴承，这在较小的压缩机装置上是与驱动机共同拥有的（见图 1.4.8）。根据压缩机的大小、圆周速度和热负荷，压缩机使用滑动轴承或滚动轴承。废气涡轮增压器因为圆周速度高，其滑动轴承部分设有一浮动轴承套。

压缩机轴承在很多情况下用一公用装置供油——废气涡轮增压器用发动机供油，燃气轮机装置共同采用涡轮机供油。紧急停机时保证安全停机的紧急供油多半是利用一个高位油箱保证的（例如，废气涡轮增压器）。较大的压缩机因工作温度较高需要一个盘车装置，有时也需要一个轴抬升装置。

密封：为了转子与外壳之间的密封，多半采用迷宫式密封装置，很少采用滑环密封装置。选择轴密封装置时，输送介质的类型和圆周速度至关重要。

过滤器和消声器：过滤器和消声器作为一个单元布置在压缩机的气流进口范围内。消声器要调谐到压缩机所产生的频率。过滤材料围封在消声器周围，主要应挡住固体微粒。多数情况下必须可以利用固定安装的清洗装置清洗过滤器。

调节和安全装置

为了在部分负荷状态下合理使用压缩机，与压缩机连接的设备必须保持规定的参数。为此，可能需要调节例如最终压力或输送流量。调节应使这几个参数保持不变，或者根据功能和其他参数使之发生变化。锅炉鼓风机为了保持要求的燃烧空气比，需要根据负荷调节流量。为了调节压力或流量，下述各种调节方法非常有效，这些调节方法的要点在图 1.4.9 中给予说明：

(1) 节流调节——通过调整设备(管路)中的节流机构改变 $AK_0 \rightarrow AK_1$ 的工作特性曲线,新的工作点出现在与压缩机特性曲线 $VK_0(n_0, \alpha_0)$ 的交点上。体积流量 $\dot{V}_0 \rightarrow \dot{V}_1$ 发生变化。

(2) 转速调整——随着转速 $n_0 \rightarrow n_x$ 的下降,级功率 Y [式(1.4.9)]和体积流量跟着下降。压缩机得到一新的特性曲线 $VK_1(n_x, \alpha_0)$,与 AK_0 相交产生新工作点 1′。

(3) 调整进口导向装置(预旋流调节)——在第一级之前另外布置一个静叶片(见图 1.4.11)。通过改变叶片角 α,流动角(旋流)和速度三角形发生变化[见图 1.4.9(c)]。通过顺旋流,比级功 Y[式(1.4.9)]减小,并形成一新的压缩机特性曲线 $VK_2(n_0, \alpha_x)$,新特性曲线与 AK_0 的交点产生新的工作点 1′。预旋流调节与转速调节的作用相似。

(4) 调整静叶片——轴流式压缩机(第一级或多级)的静叶片是可转动的,允许改变压缩机特性曲线族。大功率通风筒的动叶片可以调整,但考虑到成本的原因,宁愿选用转速调整。静叶片调整或动叶片调整的作用与预旋流调节相似。

(5) 旁路调节——经过从压力面 2 到吸力面 1 的旁通管路中的一个节流机构[见图 1.4.9(b)]让气体的一部分绕路输送。与 AK_0 相比,在压缩机出口压力相同的情况下,新的装置特性曲线有较大的体积流量。

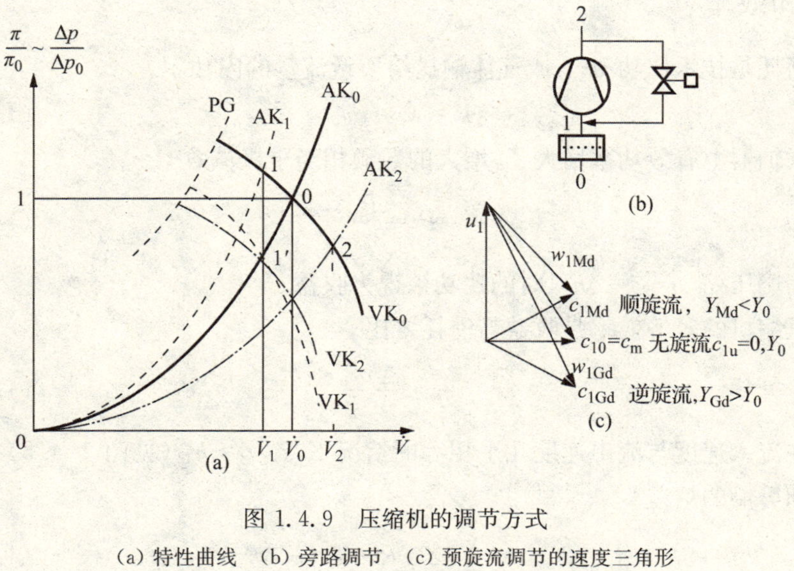

图 1.4.9　压缩机的调节方式

(a) 特性曲线　(b) 旁路调节　(c) 预旋流调节的速度三角形

调节(1) 和(5),节流都会造成损失。调节方式(2) 到(4)的损失明显较小,但这几种节流方式的设备成本较高。采用哪一种方式进行调节,应在整个装置的框架内予以通盘考虑。

有些装置中,压缩机通过与原动机互相配合,可以自动适应部分负荷状态(废气涡轮增压器和发动机有时用废气门,双轴燃汽轮机的空转轴)。在某些特定的情况下,可能需要喘振界限保护调节。在增压式轿车发动机上,用旁通阀控制这种调节,以保证压缩机的运行限定在稳定的特性曲线范围内。

压缩机的安全装置通常与驱动机的安全装置连在一起。关于在船上的应用——燃气轮机装置和废气涡轮增压器(参见 1.5 节)。

关闭装置的通用准则是:

- 低于允许的润滑油压力;
- 在轴向推力监控中,超过了外壳与转子之间允许的相对运动。

功率减小的准则是:

- 超过了允许的振动速度[1.4.8];
- 超过了允许的轴承温度;
- 采用中间冷却的压缩机装置的冷却中断。

输送危险品时可能还需要更多的安装装置。

功率和效率

消耗是技术比功 $w_{t,02}$ 或气体输送给质量流量的内功率。

$$P_i = \dot{m} \cdot w_{t,02} \tag{1.4.12}$$

联轴器上有效功率增大了,增大的数额相当于机械效率 η_m。

$$P_e = \frac{P_i}{\eta_m} \tag{1.4.13}$$

等熵压缩 $w_{t,02s} = \Delta h_{02s}$ 时的比功被视为收益。

压缩机的等熵效率是收益与消耗之比

$$\eta_v = \frac{\Delta h_{02s}}{w_{t,02}} \tag{1.4.14}$$

在流入速度与流出速度几乎相等的情况下,$w_{t,02} \approx h_{12}$(见图 1.4.5)。利用效率和等熵的焓差

$$\Delta h_{02s} = \frac{\kappa}{\kappa - 1} Z \cdot R \cdot T_t \left(\pi^{\frac{\kappa-1}{\kappa}} - 1\right) \tag{1.4.15}$$

可得内功率

$$P_i = \dot{m}\frac{\Delta h_{02s}}{\eta_v} \tag{1.4.16}$$

在对 Δh_{02s} 进行精确计算时，必须求出实际气体的平均材料值，以确定等熵指数 κ 和 $0 \rightarrow 2_{ts}$ 范围内的实际气体因数 Z，还要考虑冷却和泄漏[1.4.7]。

关于压缩机的输送流量，常常是规定进气状态下的或某种可比状态下的体积流量。

1.4.3 通风机

通风机主要以较小的压比（$\pi \leqslant 1.3$）输送气体。通风机主要是单级的，结构形式可以是轴流式或径流式。装置的要求（体积流量 $\dot{V}$、压力升高 Δp、机构尺寸、布置）是选择结构形式的决定性因素。一般情况下，如果要求大 Δp（小 $\dot{V}$），可选择径流式结构形式；如果要求小 Δp（例如 $\pi=1.1$ 的通风筒）和大 $\dot{V}$，可选择轴流式结构形式。轴流式通风机的优点是效率高，因转速较高，所以其尺寸较小。缺点是噪声级较高（随转速而上升），特性曲线不稳定。与径流式通风机相比，轴流式通风机的 Δp-$\dot{V}$ 特性曲线一般较陡。

关于通风机的流量调节，偏重于选用 1.4.2 节中提出的调节方法（a）到（d）。

安全装置只有在某些特定的使用情况下才需要。如果通风机是装配在输送流量可被活门完全中断的装置中，当活门关闭时，通风机自动关机。

轴流式通风机

应用简单和要求小压力升高 Δp 的通风机（通风筒），只由叶轮和驱动装置构成。如果要求有较大的 Δp 和较高的效率，要在叶轮之前布置一个进气喷嘴，在叶轮之后布置一个后导轮（见图 1.4.10），必要时在后面串接一个管式扩散器。为了合理地适应不同的输送流量，最好采用转速调节。可调节的进口导向装置（在叶轮前的预旋流调节）或可调整的（或在停机状态和运行状态可调的）动叶片很少使用。

轴流式通风机应用在通风（例如，机舱通风机）、空调技术中，或用于机器的冷却。

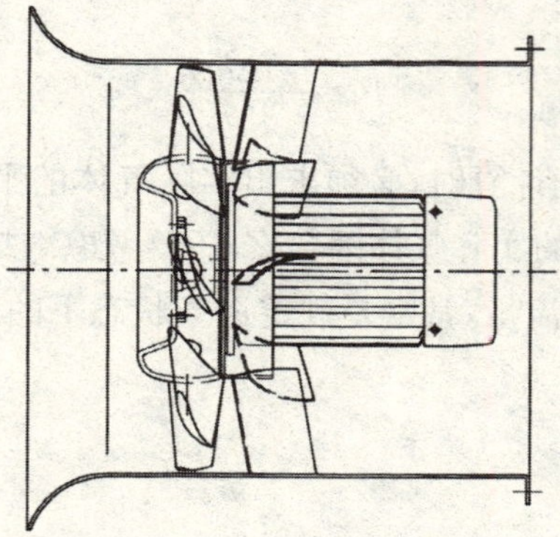

图 1.4.10　带进气喷嘴的轴流式通风筒，$\dot{V}$=5.56 m³/s[1.4.11]

径流式通风机

径流式通风机与轴流式压缩机的区别仅在于往往较为简单的结构形式和较小的压比。与轴流式压缩机相比，径流式通风机往往不用后导轮。螺旋形外壳起后导轮装置的作用。在结构尺寸较小的情况下叶轮是简单的铸造结构，在结构尺寸较大的情况下是板结构。根据尺寸大小，叶轮直接布置在轴端，用两个轴承飞转在通风机与驱动电动机之间，或者用外轴承布置在轴上。为了合理地适应不同的输送流量，可在叶轮之前装入一个可调的进口导向装置（预旋流调节）（见图 1.4.11）。

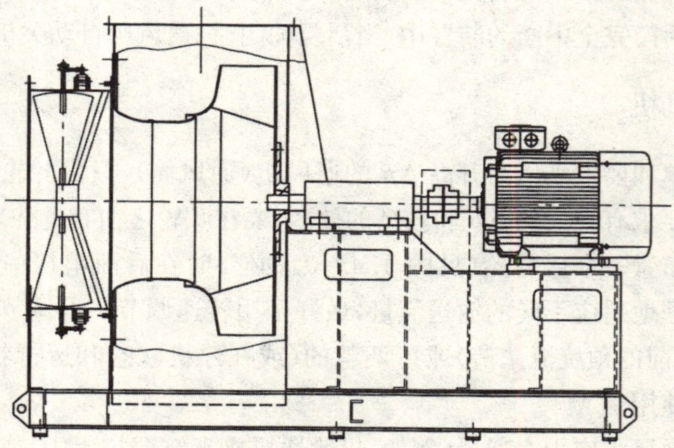

图 1.4.11　预旋流调节的径流式通风机，$\dot{V}$=4.16 m³/s[1.4.11]

1.4.4 涡轮压缩机和通风机的运行

稳定的工作特性

稳定的工作状态用特性曲线或工作特性曲线族来表示。压缩机的工作点 BP 必须既在压缩机特性曲线上，也在装置(指涡轮压缩机)特性曲线 AK 上(见图 1.4.12)。如果装置由管路、传热器和类似的机组组成，则其相关特性适用装置特性曲线。

$$\Delta p_{\mathrm{AK}} \approx \xi \cdot \dot{V}^2 \tag{1.4.17}$$

压缩机必须在其工作点上提供相同体积流量的压差 $\Delta p = p_2 - p_0 = p_0(\pi - 1)$。如果压缩机在不变的转速下工作，其中的装置特性曲线因为节流发生了变化，则常数 ξ 也发生变化。诸工作点形成 n=常数的节流曲线，因而也形成压缩机的 Δp-$\dot{V}$ 特性曲线。

如果用欧拉方程(1.4.9)得出部分负荷状态与额定状态之比，则显示出功的比明显取决于圆周速度 u，或转速。这一比还需要用速度比 c/u 或效率 $\eta = \eta(u/c)$ 进行修正。

$$\frac{w_1}{w_{10}} \approx \frac{n^2}{n_0^2} \frac{\eta_0}{\eta} \tag{1.4.18}$$

因为体积流量与转速 $\dot{V} \sim n$ 成线性关系，所以功率适用关系式

$$\frac{P}{P_0} \approx \frac{n^3}{n_0^3} \frac{\eta_0}{\eta} \tag{1.4.19}$$

为了用特性曲线族表示，可将作为参数的技术比功 w_t 或压比 π 或压差 Δp 相对不同转速下的体积流量绘制成曲线图(见图 1.4.8)。

图 1.4.12 表明其曲线族中的诸参数与额定参数发生的关系。由于参数 w_t、π 与 Δp 之间存在固定的函数关系，所以特性曲线的形状也相似。在由 Δp 转换成 π 时，只需要例如用标度除以一个因数，并移动 1 个标度。压缩机的工作点 BP 在压缩机特性曲线与装置特性曲线 AK 的交点上。压缩机的工作特性曲线族受到喘振界限 PG 的限制。在这里经过大大简化的工作特性适用于级数较少的通风机和压缩机。对于超音速气流的多级轴流式压缩机来说，工作特性还受其他规律的影响(见图 1.4.12)。

当涡轮压缩机后面串接的设备(例如，管路、容器)形成储存容积时，以另一种方式控制的设备(例如，柴油机)可从该储存容积中抽取不同的质量流量，涡

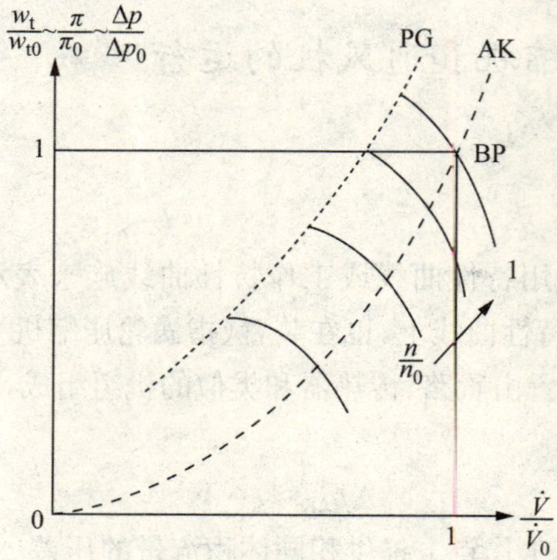

图 1.4.12　压缩机特性曲线族与喘振界限 PG 和工作特性曲线 AK

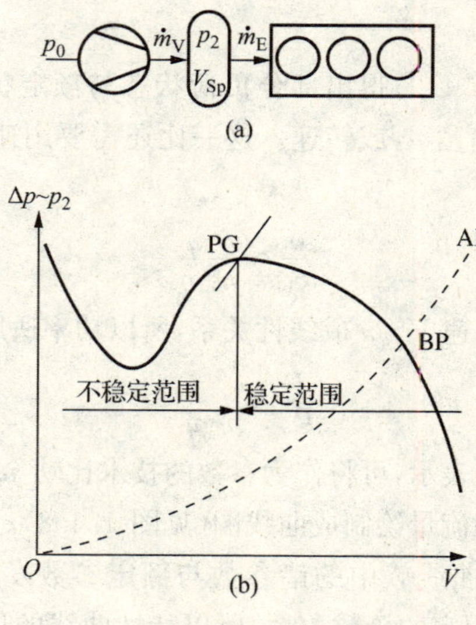

图 1.4.13　压缩机的喘振

(a) 装置的结构　(b) 不稳定压缩机特性曲线

轮压缩机在这种情况下倾向于发生喘振[见图 1.4.13(a)]。如果装置中抽取量 $\dot{m}_E$ 减小，则因为 $\dot{m}_V > \dot{m}_E$，存储器中的压力 p_2 上升，压缩机的输送流量根据特性曲线在 PG 方向上减小[见图 1.4.13(b)]。随着体积流量的减小，实际的进气角 $\beta_{1'}$ 相对于叶片角 β_1 增大，损失也随角度差 $\Delta\beta$ 而增大。因此，特性曲线在体积流量减小方向上的上扬逐渐减小。从一个临界极限(PG)开始，流动分离，损失猛烈增大，压缩机不能再提供压力。压缩机的节流曲线下降，工作点短时间位于压缩机特性曲线的一个不稳定的分支上。压缩机中的压力可能继续下降，可能出现来自存储器的回流，导致存储器中出现很快的压力降。存储器中压力很小反过来又在压缩器中引起一定的流动，工作点跳到特性曲线不稳定的分支上。

工作点突然跳到不稳定的范围内，然后返回，这种情况被称为喘振，必须避免，因为它与压力冲击以及机械负荷连在一起。实际的喘振危险发生在增压式四冲程柴油机突然减低转速（减负荷）时。随着发动机转速的下降，从存储器（增压空气管路）中抽气量减少，这种情况下，废气涡轮增压器基于其惯性只能慢慢地减少其输送气流。这样就给定了喘振的起始条件。

涡轮压缩机和通风机的操作

压缩机是装置的组成部分。其运行和现场监控一般应从整个装置的视角来考虑。关于在船上的应用——燃气轮机装置和废气涡轮增压器，参见1.5节。

启动运行和停止运行：启动运行和停止运行根据与涡轮机相类似的原则进行。启动时有这样几个阶段：

- 准备启动所需要的供应系统；
- 润滑油供油系统启动运行；
- 检测安全装置；
- 通过启动驱动机给压缩机加负荷。

当在一个网上有多个压缩机工作时，首先必须与网分离开来进行加速。只有当达到的压力不允许发生来自网上的回流时，才允许连接到网上。与此相反，当压缩机停机时，首先要与网分离。

现场监控：重点是监控供油和轴承，以及叶片组是否变脏，后者可以通过监控压力、效率下降或借助内窥镜等进行诊断。

典型故障：叶片组上的沉积物导致压力升高减缓（转速不变时）。不均匀的沉积物可能引起不平衡和加剧的振动，随后造成轴承损伤。叶轮在轴承上飞转的轴流式通风筒对这种情况特别敏感。

通风机和压缩机有多种多样的结构形式，对于下面列举的典型故障各有不同的侧重。

表 1.4.1 典型故障与可能的原因

典型故障	可能的原因	可能的操作
压力下降，下降了 π	• 叶片上有沉积物 • 腐蚀和磨蚀 • 轴密封损坏	• 用内窥镜检查叶轮 • 确定效率下降 • 清洗压缩机 • 检查进气过滤器——清洗 • 检查密封件——更换
运转平稳性发生变化、振动	• 叶片上有沉积物 • 腐蚀和磨蚀 • 流动分离	• 振动测量 • 叶轮检查 • 清洗叶片/叶轮，必要时从新平衡转子 • 改变工作点
叶轮、叶片上有裂纹形成	材料疲劳，原因： • 转速变化太频繁、太快 • 经常出现发生流动分离的运行状态	• 更换叶片/叶轮 • 更改调节器设定
轴承温度升高 滑动轴承： 滚动轴承：	• 润滑油流量不足 • 轴承有毛病 • 轴承损伤	• 检查供油 • 更换轴瓦 • 更换轴承

维修和保养

压缩机专有的维修保养任务包括：

- 检查叶片组；
- 清洗叶片组，例如在运行中清洗；
- 检查轴承和密封；
- 检查并清洗过滤器和消声器。

参考文献

[1.4.1] Bohl, W.: Strömungsmaschinen, Vogel Buchverlag, 2002.

[1.4.2] Menny, K.: Strömungsmaschinen, B. G. Teubner, 2000.

[1.4.3] Traupel, W.: Thermische Turbomaschinen, Springer-Verlag, 1988.

[1.4.4] Bendler, H.: Technisches Handbuch Verdichter, Verlag Technik, 1983.

[1.4.5] Eck, B.: Ventilatoren, Springer-Verlag, 1991.

[1.4.6] VDI 2044: Abnahme-und Leistungsversuch an Ventilatoren, VDI, 2000.

[1.4.7] VDI 2045: Abnahme-und Leistungsversuch an Verdichtern, VDI, 1993.

[1.4.8] ISO 10816: Bewertung der Schwingungen von Maschinen durch Messung an nicht-rotierenden Teilen, 1997.

[1.4.9] Siemens: Firmenunterlage, 2006, Siemens AG, Power Generation, Berlin.

[1.4.10] ABB: Firmenunterlagen, 2006, ABB Turbo Systems Ltd, Baden.

[1.4.11] Witt & Sohn: Firmenunterlagen, 2006, Witt & Sohn AG, Pinneberg.

[1.4.12] MAN Turbo: Firmenunterlagen, 2006, MAN Turbo AG, Schweiz.

1.5　燃气轮机和废气涡轮增压器

彼得·路德维希(Peter Ludwig)，赫尔穆特·绍尔（Helmut Sauer)

译:王平庚　金晓剑　李东亮　校:王伟勇　刘维亭

1.5.1　燃气轮机循环

焦耳循环

燃气轮机装置的标准理想循环是焦耳循环(在英文文献中称为布雷顿循环)。焦耳循环示于图 1.5.1 中，它由等熵压缩(1′—2′)、等压加热(2′—3′)、等熵膨胀(3′—4′)和等压放热(4′—1′)构成。工质是一种假定某物质为常数的气体(c_p, R)。焦耳循环的热效率 η_{th} 仅与压比 $\pi = p_{t2}/p_{t1}$ 有关。设等熵值 $m = (\kappa - 1)/\kappa = R/c_p$，可得

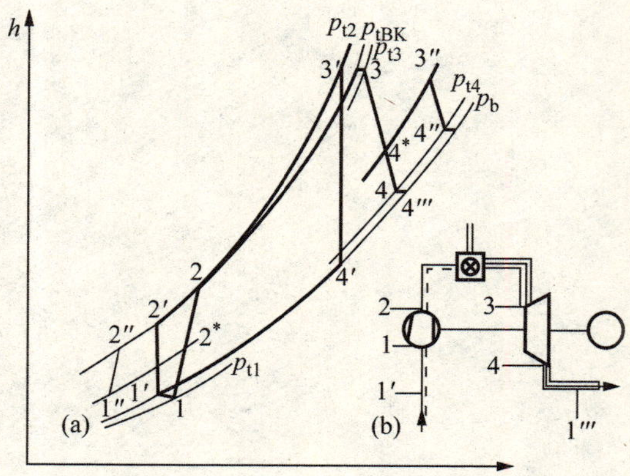

图 1.5.1　燃气轮机循环

(a) 简单燃气轮机装置理想循环与实际循环及带中间冷却和中间再热燃气轮机的 $h-s$ 曲线图　(b) 简单单轴的线路图

$$\eta_{th}=1-\pi^{-m} \tag{1.5.1}$$

在有效比焓中再引入温比 $\tau=T_3/T_1$

$$\Delta h=c_p \cdot T_1 \cdot (\tau-\pi^m)(1-\pi^{-m}) \tag{1.5.2}$$

通过微分可得对应每一温比的最佳压比，在该最佳压比下比焓最大

$$\pi_{opt}(\tau)=\tau^{\frac{1}{2m}} \tag{1.5.3}$$

从公式中可以推知，效率随压比增加而提高，当 τ 为常数和 π_{opt} 时达到最大值，尔后则随压比的进一步上升而下降(见图 1.5.2)。

实际的燃气轮机循环

实际的燃气轮机循环(见图 1.5.1)必须是一开式循环，可以在一个简单的燃气轮机装置上加以说明。

压缩机吸入大气状态的空气(1′—1)，并将其压缩到压力 p_{t2}(2)。在燃烧室内，通过燃烧液态或气态燃料提高工质的温度(2—3)。混合气体在涡轮中膨胀到接近于大气压力(3—4)，并排入大气(4—4‴)。在开式循环中，循环所需的放热过程(4‴—1′)在大气中进行。燃气轮机装置的有效功率 P_N 来自涡轮发出功率与压缩机的耗功之差：

$$P_N=\dot{m}_T(h_3-h_4)-\dot{m}_V(h_2-h_1) \tag{1.5.4}$$

如果用包括压缩机效率[式(1.4.14)]和涡轮效率[类似于式(1.3.15)]的等熵焓降取代式(1.5.4)中的焓降，并将机械损失归于涡轮，压缩机和涡轮的效率对有效功率的影响表现为

$$P_N=\dot{m}_T \cdot \Delta h_{34s} \cdot \eta_T \cdot \eta_m-\dot{m}_V \frac{\Delta h_{t2s}}{\eta_v} \tag{1.5.4 a}$$

参照式(1.4.15)和式(1.4.16)并相似地应用于 Δh_{34s}，以 $\pi_T=p_{t4}/p_{t3}$，可得显示主要循环参数影响的有效功率关系式

$$P_N=\dot{m}_T \cdot C_{p34} \cdot T_3 \cdot (1-\pi_T^{m_{34}}) \cdot \eta_T \cdot \eta_m-\dot{m}_V \cdot c_{p12} \cdot T_1 \cdot (\pi_V^{m_{12}}-1)/\eta_V \tag{1.5.4 b}$$

实际循环利用实际气体的物质值(平均 c_p，$m=R/c_p$)进行计算，物质值可根据膨胀比与气体成分的关系求得。根据注入燃烧室的燃油流量 $\dot{m}_B$ 和热值 H_U 可得燃气轮机装置的热效率：

$$\eta_{th}=\frac{P_N}{\dot{m}_B \cdot H_U} \tag{1.5.5}$$

当装置结构相同时，依据式(1.5.4 b)中的参数，可在下列条件下提高效率：

- 提高涡轮进气口处气体的温度 T_3；
- 增大压缩机的压比 π_V 和涡轮的膨胀比 π_T；
- 改进压缩机和涡轮的效率；
- 减小流动损失，由于压力损失引起的 π_V 与 π_T 之间的压差缩小了，因而 π_T 增大；
- 减少冷却空气流量，因为在 $\dot{m}_V$ 给定的情况下冷却空气流量导致涡轮流量的增大。

图 1.5.2 示出了各种不同配置的燃气轮机装置在涡轮进气温度 T_3 不同情况下的效率。在温度(T_1 和 T_3)和总压比(π_V 和 π_T)相同的情况下，通过中间冷却($2^*-1''$)和中间再热($4^*-3''$)可以提高有效比功。图 1.5.1 示出的燃气轮机循环($1-2^*-1''-2''-3-4^*-3''-4''$)是一种需要耗费较大的多轴装置。

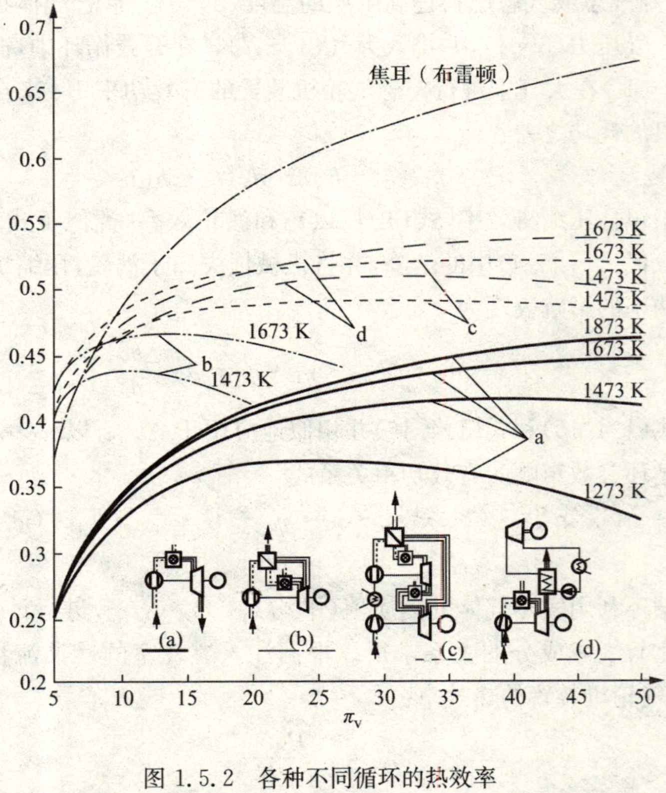

图 1.5.2　各种不同循环的热效率

(a) 简单燃气轮机装置　(b) 带载热体的燃气轮机装置　(c) 带中间冷却和中间再热的燃气轮机装置　(d) 带余热锅炉的燃气轮机装置

充分利用废热可改善热效率,扩大装置的综合性能。根据线图 b,经过压缩的空气在进入燃烧室之前先在回热器中预热。可达到的效率增益与回热器的大小有关。如果用一个余热锅炉代替回热器,可以用汽轮机(根据图 1.5.2 d 的 GuD 装置)产生供辅助循环(供暖)和联合循环使用的蒸汽。

燃气轮机循环的特征值

燃气轮机循环最重要的特征值是热效率 η_{th}、有效比焓 Δh_N、涡轮进气温度 T_3 和压比 π_V。在一改型线图的循环特性中,热效率和有效比焓被作为 T_3 和 π_V 的函数绘制成图。图 1.5.3 为简单燃气轮机装置[见图 1.5.2(a)]的循环特性。可以看出,通过提高温度和压比可达到更高的效率更大的比焓。在给定的温度 T_3 和相关的最佳压比 π_{opt}[式 1.5.3]下,出现了最大有效比焓。通过继续提高压比 $\pi > \pi_{opt}$,效率将会提高,有效比焓将会降低。

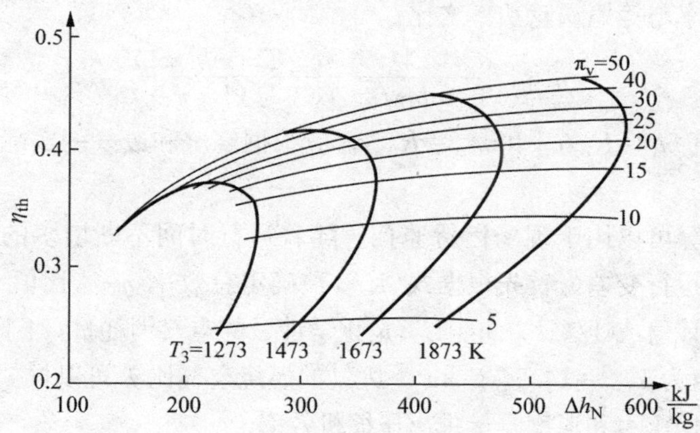

图 1.5.3 图 1.5.2(a)之简单装置的循环特性,当 T_1 = 288K 时并计及效率(η_V = 0.87; η_T = 0.925)和压力损失的计算结果

1.5.2 燃气轮机装置的结构形式和应用

燃气轮机装置是用各种必需的辅助设备进行运转的热动力机械。燃气轮机装置驱动螺旋桨、发电机、车辆、空气和燃气压缩机或其他做功机械。在喷气发动机中,无载运转的燃气轮机装置为输出喷嘴提供具有有效压差的热气。废气涡轮增压器也是无载运转的燃气轮机。其中,发动机气缸具有燃烧室的功能。为了适应各种不同的合理应用,燃气轮机有不同的配置和结构形式。下面

仅讨论船用燃气轮机装置。

废气涡轮增压器(ATL)

增压式柴油机可以看做是柴油机与燃气轮机的联合装置,因为涡轮功率约为柴油机功率的1/3。柴油机排出的废气($\dot{m}_A$, $T_3=T_{涡轮前}$)在驱动压缩机的涡轮中膨胀做功。柴油机与废气涡轮增压器之间的匹配关系到气体参数(p, T)和质量流量 $\dot{m}_A=\dot{m}_L+\dot{m}_B$。压缩机的压比 $\pi_V=p_{t,压缩机后}/p_{t,压缩机前}$ 和涡轮的膨胀比 $\pi_T=p_{t,涡轮后}/p_{t,涡轮前}$ 根据式(1.5.4 b),当 $P_N=0$ 时,在涡轮与压缩机之间出现功率平衡。

$$\dot{m}_A \cdot c_{pA} \cdot T_3 \cdot (1-\pi_T^{m_A}) \cdot \eta_T \cdot \eta_m = \dot{m}_L \cdot c_{pL} \cdot T_1 \cdot (\pi_V^{m_L}-1)/\eta_V \tag{1.5.6}$$

废气涡轮增压器的效率 $\eta_{ATL}=\eta_T \cdot \eta_V \cdot \eta_m$ 是两单一效率的乘积,相当于等熵压缩机功率与等熵涡轮功率之比

$$\eta_{ATL}=\frac{1}{(1+\dot{m}_B/\dot{m}_L)}\frac{c_{pL}}{c_{pA}}\frac{T_1}{T_3}\frac{(\pi_V^{m_L}-1)}{(1-\pi_T^{m_A})} \tag{1.5.7}$$

其中,等熵值 $m_L=R_L/c_{pL}$ 和 $m_A=R_A/c_{pA}$ 应根据空气和废气的实际平均物质值确定。

效率计算可以用于现场运行监控。随着运行时间不断增多的污垢引起效率和发动机运行变差。首先根据式(1.5.7)确定总效率 η_{ATL},比值 $\dot{m}_B/\dot{m}_L$ 可以使用一个估计值或 $1/(\lambda L_{min})$ 。L_{min} 是化学计量的空气消耗量,对于柴油和粗柴油而言,其值为 $L_{min}=14.5\ kg/kg$ 。废气的燃烧空气比 λ 可以根据废气测量确定。然后根据压力和温度测量求出压缩机效率

$$\eta_V=\frac{T_{压缩机前}(\pi_V^{m_L}-1)}{T_{压缩机后}-T_{压缩机前}} \tag{1.5.8}$$

接着再求出涡轮效率 $\eta_T=\eta_{ATL}/(\eta_V\eta_m)$ 。

涡轮增压器具有广泛的应用范围,大量制造的涡轮增压器,其压比高达5.5,体积流量高达 60 m³/s,进气温度高达约 650℃。现代船用柴油机的涡轮增压器如图 1.5.4 和图 1.5.5 所示。

涡轮增压器适合于二冲程或四冲程柴油机机型。图 1.5.4 为具有适合于二冲程柴油机(四冲程柴油机)参数值的 TCA 77 型废气涡轮增压器。

与船用柴油机的多样性无关,废气涡轮增压器在结构设计上有很多共同性,其中包括:

(1) 压缩机为单级径流式压气机,主要为开式结构形式(参见 1.4 节)。

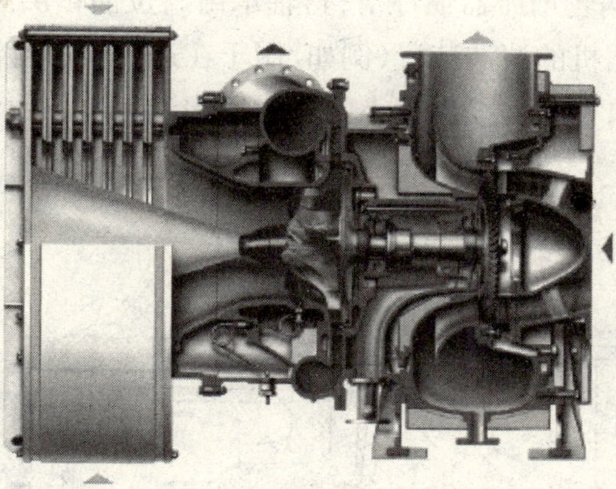

图 1.5.4 采用轴流式涡轮的废气涡轮增压器[1.5.16]，
$\dot{V}$=32(26)m³/s，π=4.2 (4.7)

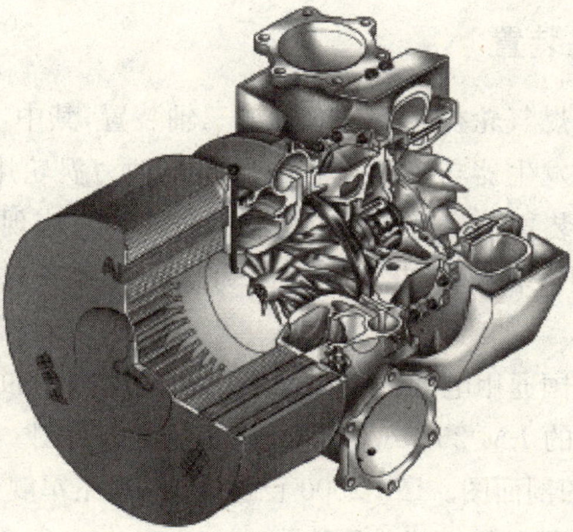

图 1.5.5 采用径流式涡轮的废气涡轮增压器[1.5.17]，
TPS 型，其中 $\dot{V}$ 高达 5 m³/s，π 高达 5.2

(2) 涡轮为单级涡轮，体积流量较小的(15 m³/s 以下)采用径流式结构形式，体积流量为 15～60 m³/s 的，采用轴流式结构形式。为了适应部分负荷状态，静叶片的部分可调。基本上不考虑构件冷却。

(3) 轴承采用轴端止推轴承和径向轴承。使用滚动和滑动轴承。至少在大型废气涡轮增压器上使用滑动轴承和对开式径向轴承(见图 1.5.6)。滑动轴承由于圆周速度高，多半配有浮动的轴承套和轴承座圈。

(4) 由柴油机润滑油系统供油。在润滑油压力(如紧急停机时)很低的情况下，为了维持废气涡轮增压器惯性滑行，轴承由高位油箱供油。

5）涡轮和压缩机的清洁装置(例如，用于在运行中进行清洗)。

6）压缩机入口处压力损失很小的过滤器和消声器。

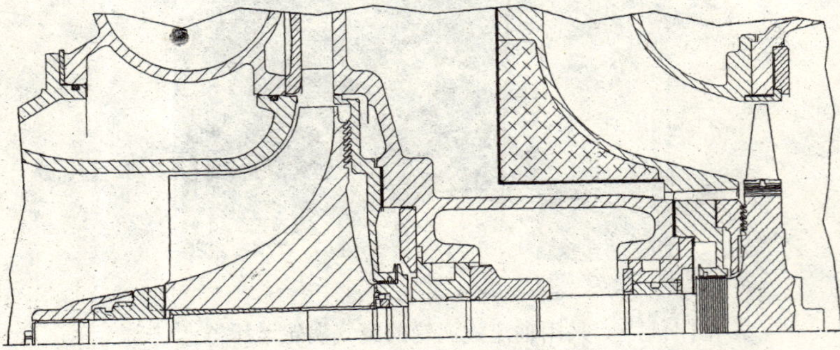

图 1.5.6 采用轴端止推轴承与径向轴承和迷宫式密封的废气涡轮增压器轴[1.5.16]

船上的燃气轮机装置

安装在船上的燃气轮机装置是双轴或三轴装置，其中，由改进的航空发动机部件构成的燃气发生器与串接在后面的一个动力涡轮用气动方式相连接。下面介绍最有名的装置。给出的参数是制造公司为适应现实的使用条件而规定的参数。同一型号在进一步发展中或为适应其他条件，可能要求不同的参数。

图 1.5.7 为美国通用电气公司根据军用和民用 TF 39 和 CF-6 双路式涡轮喷气发动机开发的 LM 2500 船用燃气轮机装置外观图。图 1.5.8 中的下半部分是 LM 2500 的剖面图。LM 2500 已经用在 29 条军舰、一些豪华旅游客船和高速渡船上。16 级的压缩机的压比为 $\pi=17.9$，由一个 2 级涡轮驱动。压缩

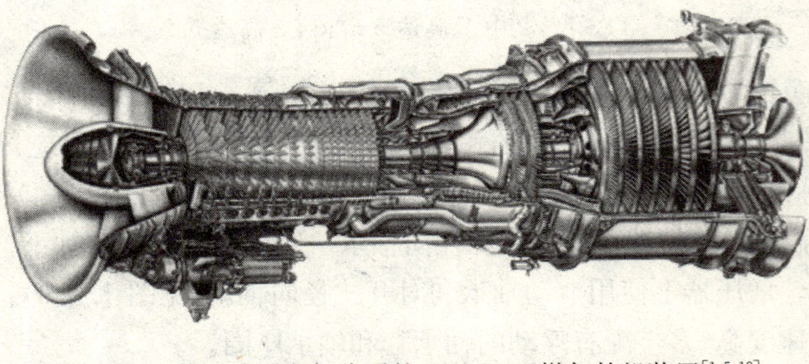

图 1.5.7 美国通用电气公司的 LM 2500 燃气轮机装置[1.5.18]

机的 1～6 级配有在运行中可调的静叶片，以适应部分负荷工作状态。涡轮的静叶片和动叶片采用对流和薄膜式冷却。

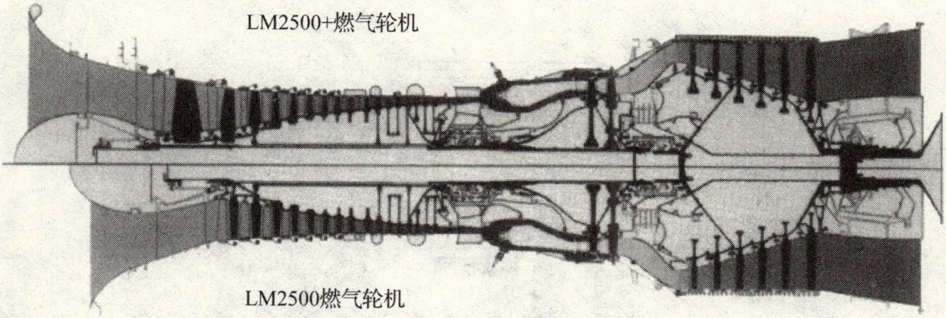

图 1.5.8 LM2500 与 LM2500$^+$ 剖面示意图比较[1.5.18]

当环境温度为 15℃ 时，6 级动力涡轮的功率为 22.2 MW，相应的转速为 3 600 r/min。这种情况下，动力涡轮机后的温度为 555℃，冷却空气混合后的废气温度为 495℃。空气消耗率为 13 kg/kW · h 左右。燃料为符合 ISO 8217 要求的 DMA 或 MGO。LM 2500 在 ISO 条件下达到的耗油率为 0.230 kg/kW · h，其中 H_U=42.8 MJ/kg，达到的热效率为 36.6%。这几个值适用于要求 HSRI（高温段修理时间间隔）为 8000 h 的涡轮进气温度。润滑油消耗量平均为 0.1 L/h，相当于满负荷时 0.004 g/kW · h 的润滑油消耗率[1.5.18]。

当喷射经过处理的淡水时，例如为了减少 NO_x，通过加大质量流量可能使功率提高约 2 MW。如果喷射蒸汽，功率可以提高约 6 MW。

LM 2500 装置悬挂在 3 个点上，3 个点支撑在一块底板上。底板安装在弹性支撑件上，以承受振动和强冲击（例如，水下爆炸）。可维修的箱体与进气和排气围阱的连接也采用弹性连接。

现代化改装的 LM 2500$^+$（见图 1.5.8 中的上半部分）通过在前面串接一个附加的压缩机级促成了更好的空气流量，在同时提高涡轮进气温度的情况下，提供的功率为 27.6 MW，耗油率为 0.222 kg/kW · h（或 η= 38%），HSRI 同时提高到 12500 h。LM 系列还包括其他几种型号——LM 500（P= 4.5 MW，η= 31.2%）、LM 1600（14.9 MW，37.2%）以及 LM 6000（40 MW，40.4%）[1.5.18]。

应海军关于将耗油率降低到 0.2 kg/kW · h 以下（包括部分负荷范围内）的要求，威斯汀豪斯和罗尔-罗伊斯公司还开发了 WR-21 装置，这种装置以三轴双路式涡轮喷气发动机 RB 211 为基础。WR-21 装置(见图 1.5.9)有一个双轴燃气发生器和一个 5 级动力涡轮,后者的功率为 25.2 MW,相应的转速 3 600 r/min,环境温度为 15℃。

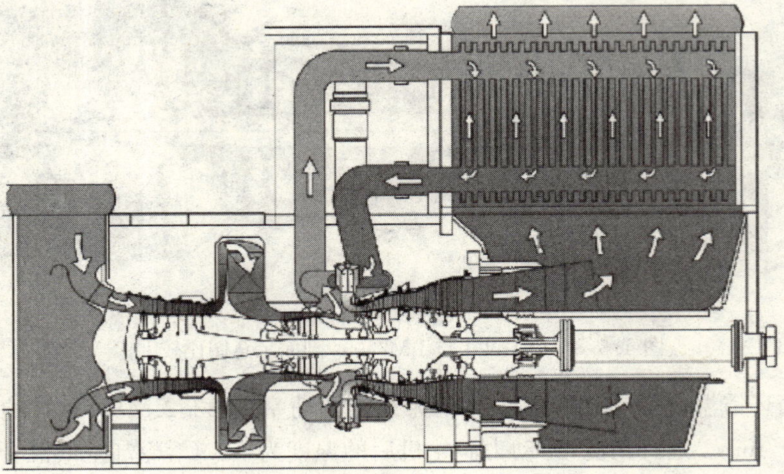

图 1.5.9　WR-21 燃汽轮机的剖面示意图[1.5.19]

两个压缩机各用一个单级涡轮驱动。在 6 级低压压缩机和 6 级高压压缩机之间设有中间冷却。在高压压缩机之后,空气在回热器中加热,废气同时冷却到 355℃。5 级动力涡轮第一级的可调静叶片可使涡轮温度在部分负荷状态下,保持在适应回热器中最佳热传导的水平。通过中间冷却和废热利用,部分负荷状态下的耗油率也会有明显的改善。在 50%～100% 的负荷范围内,达到的耗油率小于 0.2 kg/(kW·h)(燃料:Naval F76 轻油燃料,其 $H_U = 42.8$ MJ/kg)[1.5.19]。

罗尔-罗伊斯公司开发的另一个项目是船用 Trent 30 (MT 30) 装置,它以三轴双路式涡轮喷气发动机为基础,主要在进气范围(叶片)内做了修改,增加了一个 4 级动力涡轮[1.5.8]。图 1.5.10 是一个包括排气、燃烧和冷却空气接头的完整的装置箱装体。

该装置得益于现代设计理念、冷却方法、材料发展和制造工艺。在该装置中取消了中间冷却器和回热器。用单级涡轮驱动 8 级低压压缩机和 6 级高压压缩机。为了适应部分负荷状态,低压压缩机前 3 级的前置叶栅和静叶栅都是可调的。另外,在低压和高压压缩机的后面还安装了排气阀。环形燃烧室装备了 24 个燃油喷嘴。

图 1.5.10 MT 30 动力装置箱装体外观[1.5.19]

4 级动力涡轮的功率为 36 MW,相应的转速为 3 600 r/min,环境温度为 26℃。MT 30 装置的耗油率规定为 0.207 kg/(kW·h)(燃料:船用柴油,相当于 ISO 8217 规定的 DMA),热效率为 40.6%[1.5.19]。

工业燃气轮机 FT 8 是由 Turbo Power and Marine Systems 公司和 MAN 涡轮机公司合作开发的,也被设计成船用主动力装置。FT 8 的双轴燃气发生器由 Pratt & Whitney 公司的双轴双路式涡轮喷气发动机 JT8D-219 发展而来,在 FT 8 双轴燃气发生器的后面根据用途串接了一个 3 级或 4 级动力涡轮(见图 1.5.12)。当环境温度为 15℃ 时,4 级动力涡轮的功率为 25.5 MW,相应的转速为 3 600 r/min。设计规定的耗油率为 0.221 kg/(kW·h),废气温度为 445℃[1.5.20]。

由工业燃气轮机装置演变成船用燃气轮机装置的母型机是瑞典 Alstom Stal 公司的 GT 35, GT 35 使用 ISO 8217 规定的轻重油 RMA30[1.5.9]。可与其他装置进行比较的是,涡轮前 880℃ 的最大进气温度较低。叶片组没有采用叶片冷却,所以也没有敏感的冷却空气出气孔。运行中叶片的清洁利用核桃壳进行。在高速渡船上和定期客运班船上使用时,允许添加在陆上准备并预热到 60℃ 的燃油。在船上,燃油需要加热,直到达到 10 cSt(1cSt=10^{-6} m^2/s)的喷射黏度为止。GT 35 的功率为 17.3 MW,耗油率为 0.257 kg/(kW·h)。

GuD 装置

Gud 装置是特别在陆上针对尖峰负荷发电站和热电联合企业而创立的。

近年来，Gud 装置也在许多豪华旅游客船上使用（COGES，参见第 2 章）。这样，每 4 条 Royal Caribbean International 和 Celebrity Cruises 公司的豪华旅游客船各装备了两台 LM 2500^+ 和一台 7.8 MW 的汽轮机（新蒸汽状态：32 bar，410℃）。为了推进和船上需要，安装了功率为 59 MW 的发电机，其中，拖动电机可能吸收 2×20 MW。

1.5.3　燃气轮机装置的组成部件

压缩机

空气在一个径流式或轴流式结构形式的涡轮压缩机中压缩。如果废气涡轮增压器的体积流量较小，可采用单级径流式压缩机，而在燃气轮机装置中，因为效率较高，体积流量大，所以优先采用轴流式压缩机。在比较老式的船用装置中，因为原来在结构上是由汽轮机演变而来（往往被称为重型结构形式），所以压缩机是单级的（见图 1.4.6）。在由航空喷气式发动机演变而来的现代船用燃气轮机装置（轻型结构形式）中，高压和低压压缩机在无载运转的燃气发生器中分布在两根轴上。空气的中间冷却一般也是分布在两根轴上。两个压缩机由相应的涡轮驱动。高压压缩机的转子被设计成空心轴。两根轴支承在滚动轴承中。

燃汽轮机和压缩机的转子应在装配完好的状态下平衡，一般应当进行一次 $1.15n_0$ 的冷态超速试验[1.5.14]。

在燃汽轮机装置中，压缩机的叶片应适应不同的径向进气条件，并制成扭曲形的，考虑到强度的原因要适当缩小。叶片多半用燕尾形或类似形状的叶根固定在转鼓式或叶轮式转子中。随着圆周速度的提高，对于叶根与叶片盘连接部位的高强度要求，一般的做法是将叶片和叶片盘（bladed disk，装有叶片的盘）制成一个整件。

叶片常常使用 13% 的铬钢。为了减轻重量，同样也使用钛合金和聚合物（PMC—Polymer Matrix Composites，聚合物母体复合材料）。以后还将在高强度区域使用钛铝合金。铝陶瓷保护层涂上铬酸盐/磷酸盐表层，用来防止基体材料的磨蚀和腐蚀，并减少非常光滑的表面上的积灰。保护层可以在现场更新。压缩机的工作特性和结构元件在启动和停机时的瞬时热特性，基本上取决于旋转构件与静止构件之间径向间隙的大小。在叶片与外壳范围内有一系列结构措施可以改善瞬时特性，例如被动式和主动式间隙控制。被动式控制是由设计预先规定的，而主动式控制则是通过在局部有变化地输入冷空气和热空气而实现。

燃烧室

在燃烧室内，压缩空气的温度因燃烧被雾化得很细的燃油而升高。燃烧是一个复杂的过程，化学反应与放热、传热、燃料输送和流动互相影响。燃烧室的基本元件是管状外壳、带旋流器的燃烧器和点火系统（见图 1.5.11）。

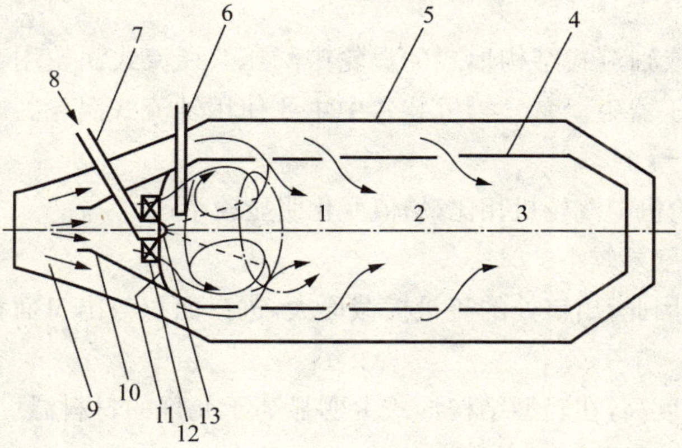

图 1.5.11 燃烧室基本构造

从结构形式的几何特点来看，燃烧室分为（包括在轴系外侧的）管式燃烧室、环形燃烧室和管式环形燃烧室，环形燃烧室包括一根唯一的环形烟道，管式环形燃烧室有很多圆柱形烟道集合成一个环形外壳。

烟道内布置有一个或几个燃烧器。燃烧室内有一次燃烧区（混合气形成、点火、燃烧空间）和混合区。二次空气同时用来冷却火管，并在混合区内与燃气混合。随着涡轮进气温度的升高，二次空气的含量减少，其冷却作用随之减小，有必要使用由陶瓷成分（金刚砂 SiC、氮化硅 Si_3N_4）构成的内衬板。作为燃烧室的材料，使用镍基和钴基合金。

燃烧器将燃油雾化到一次空气中。雾化根据压力喷雾的原理进行双燃料雾化或旋转雾化。在压力喷雾过程中，燃油被以较高的压力通过切向油孔输送到喷嘴的螺旋空间，然后以锥形旋流离开喷嘴。为了改善部分负荷特性，使用双喷嘴。在双燃料雾化过程中，通过将压缩空气或蒸汽补充吹入到燃油射流中，补偿因燃油流量小而不够充分的雾化。回流雾化器是压力喷雾器，雾化器中的一部分燃油形成旋流后，再回流到回流雾化器。点火使用高压火花塞或炽热棒，或用点火器使用专门的点火燃料点火。火焰监视器监视火焰，当火焰熄灭或发生火花断跳时中断燃油输入。

NO_x的排放随温度和燃烧产物在高温区内的停留时间而增加。人们力图通过燃料与一次空气充分混合和使用多个较小的燃烧器，来实现一次燃烧区内尽可能均匀的温度分布。燃气轮机装置的低废气排放(NO_x为 2～4，部分小于 1 g/(kW·h)，没有碳烟)是在豪华旅游客船使用燃气轮机装置的重要原因。

涡轮

工作气体在径流式或轴流式结构形式的涡轮中降压。径流式涡轮用在体积流量小的废气涡轮增压器中。燃气轮机装置中主要使用轴流式涡轮。燃气轮机与汽轮机的区别在于：

- 级数较少，因为燃气轮机与汽轮机相比，焓值变化明显较小；
- 进口与出口之间的密度差较小；
- 比质量流量较大——因此，出口处的流量横截面大，进口面积与出口面积之间的差较小；
- 涡轮进气口的气体温度高，在轻型结构形式上明显高于允许的材料温度，只有通过强力冷却构件才能控制。

在由涡轮喷气发动机演变而来的燃气轮机装置上，燃气发生器和动力涡轮的轴上只使用滚动轴承。高负荷、高转速和工作温度高对其可靠性提出了很多要求。图 1.5.12 示出了 FT 8 装置的 3 级动力涡轮，其轴上安装了两个滚动支承轴承和一个轴端止推轴球承。

气体温度高(在发动机上为约 1 500℃)对涡轮叶片组材料的耐久强度、振动疲劳强度、温度突变特性和腐蚀特性提出了极高的要求。虽然由于冶金技术的不断发展，允许的材料温度(当前为约 950℃)还会提高，但在气体温度超过 950℃ 时，必须进行叶片冷却。到目前为止使用的是空气冷却，特殊情况下，在闭路循环中使用蒸汽冷却。

根据冷却原理，可分为：

- 多种形式的对流冷却[见图 1.5.13(a)]，冷却空气在叶冠上径向流过，或沿流动方向在后缘上流过；
- 冲击冷却[见图 1.5.13(b)]，一种强化的对流冷却，其冷却效率排列在对流冷却与薄膜式冷却之间；

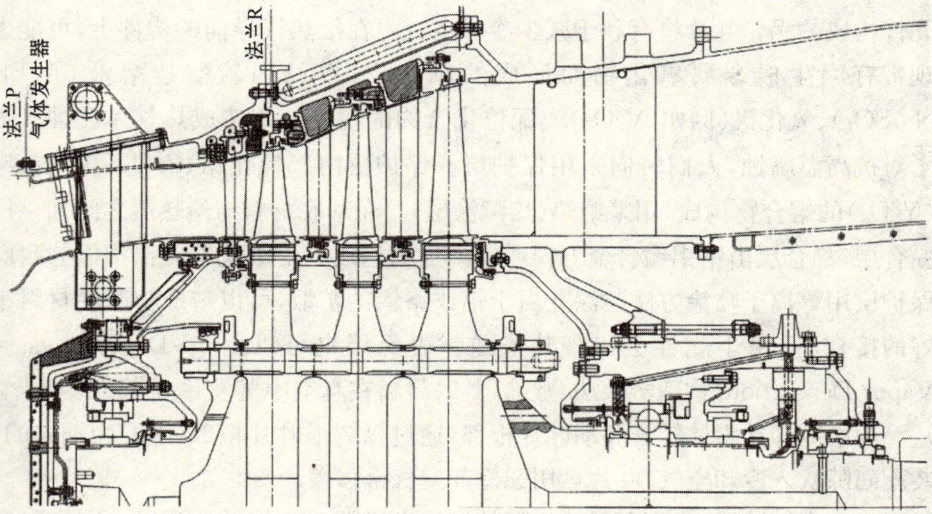

图 1.5.12 FT 8 装置的 PT8-55 动力涡轮[1.5.20]

- 薄膜式冷却[见图 1.5.13(c)]，空气经过叶片上成排的小孔，在气流中形成一层外冷却薄膜，在热气与材料之间起隔离作用；
- 发散或泻流冷却[见图 1.5.13(d)]，利用烧结材料的多孔性进行冷却，目前尚在发展中。

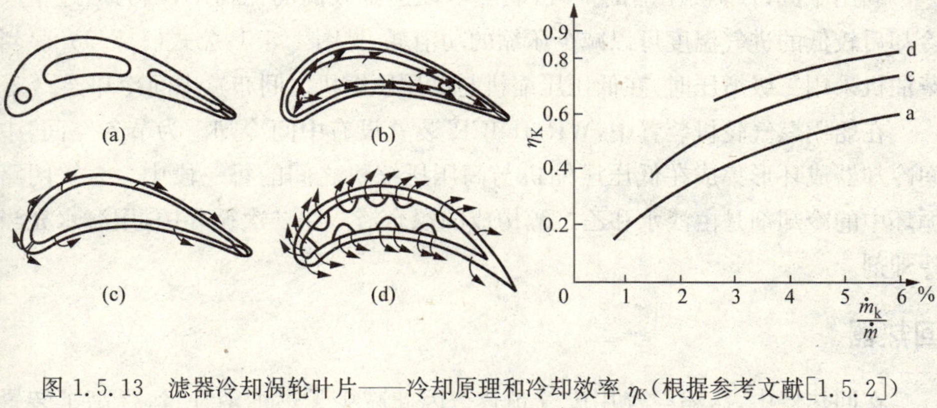

图 1.5.13 滤器冷却涡轮叶片——冷却原理和冷却效率 η_K（根据参考文献[1.5.2]）

各种方法的特性可通过冷却效率 η_K 来说明，用温比 $\eta_K=(T_G-T_S)/(T_G-T_{KE})$ 表示，其中，T_G是热气温度，T_S是叶片温度，T_{KE}是冷却剂温度。

叶片材料是耐高温的镍基或钴基合金。叶片材料通过锻造或铸造成型。为了改善耐热强度，常规的精密铸造（熔蜡铸造法）在冶金工艺上用晶体的定向凝固代替，或在受控冷却时用一种单晶体代替。今后，由多层结构的陶瓷结构元件构成的涡轮叶片将有利于减少冷却空气。在给热气导向的构件上，可能出现带有因生成金属氧化物而形成的氧化皮，以及因硫酸盐溶液（例如，Na_2SO_4）、氧化钒（例如，V_2O_5）或配位化合物的侵蚀作用造成热气体腐蚀。为了对抗高温腐蚀，人们转向采用保护层。保护层由二氧化锆（ZrO_2）与氧化镒（Y_2O_3）的熔合物构成，用来绝热（热障涂层）。在基底材料与绝热层之间加一层黏合层，黏合层由铬铝镒合金与镍或钴添加物构成。由碳化铬镍铝构成的耐磨保护层用等离子喷涂方法喷涂。由于铝或铬铝的扩散，可以造成与基底材料很好的接合，但由于脆性会出现热裂纹。表面层也可以用 PVD 法（Physical Vapor Deposition，物理蒸敷法）敷涂，其时材料在真空中蒸发并沉降到构件上。

为了冷却铁素体转子和动叶片根部，通过枞树形叶片根部（主要为轴向的）装配间隙吹入冷却空气，叶片盘用强冷却空气幕覆盖。

对于多轴装置，只有在无载运转的燃气发生器后串接动力涡轮才有实际意义。改进部分负荷效率的一种可能方法是，动力涡轮采用可调的静叶片（随之减小流动横截面和增大涡轮的压比）与可调的压缩机静叶片相结合，以直接减小质量流量。

中间冷却器

利用中间冷却被压缩的空气，装置可以达到较高的比功率，因为通过中间冷却后较低的进气温度可以减少压缩的功消耗[见图 1.5.1，公式(1.5.4)]。当柴油机采用二级增压时，在低压压缩机与高压压缩机之间布置中间冷却器。

在船用燃气轮机装置中，WR-21 ICR 装置设有中间冷却。为节省空间，中间冷却器成环形集成在低压压缩机与高压压缩机之间的每一段中。一次闭路循环中的冷却剂是由淡水和乙二醇构成的混合液。在二次循环中，用海水充当冷却剂。

回热器

在回热器中，压缩空气用废气预热。因此减少了燃油消耗量，提高了装置的热效率[见图 1.5.2(b)]。在回热器中，热量以低传热系数和高质量流量由燃气传导给空气，因此需要大传热面积。在造船中，节省空间的解决方案受到欢迎。在 WR-21 ICR 装置中，回热器被设计成片式热交换器，并布置在动力涡轮出口的上方（见图 1.5.9）。回热器的积尘可能导致运行中发生问题。

供油系统

由航空发动机演变而来的船用燃气轮机装置所使用的燃料是 MGO 或 MDO(根据 ISO 8217 是 DMA 或 DMB)。燃油和润滑油供油系统原则上与使用同一种燃油的柴油机的供油系统相似。供油系统的大部分作为模块布置在箱装体内,并与驱动单元连接。

经分离的燃油输送到燃油泵,过滤后经过燃油调节阀到达燃烧器。

对润滑油的特别要求,源于关键性的润滑部位的高表面温度(从 200℃～300℃)。润滑油必须在很宽的温度范围内具有良好的润滑性能,并具有高热稳定性和抗氧化性,以保证老化和沉积物的形成保持在极限以内。酯基(酸醇化合物)合成润滑油能满足这些要求。润滑油要通过在轴承前和辅助油路中分离器前的过滤器滤清。用应急油泵实施应急供油可保证在油压很低时燃气轮机装置安全停机。

燃气轮机装置的箱体内包括冷却通风设备、火情报警器和 CO_2 灭火装置,并有检查通道。箱壁是隔声和绝热结构,并能防火。

调节和安全装置

船用燃气轮机装置调节的基本功能是使动力涡轮适应工作机的要求功率和转速。这一任务要通过利用调节参数转速 n 进行转速调节,利用通往燃烧器的燃油管路中调节阀的整定值阀升程 Y 来完成。在直接驱动(螺旋桨特性曲线)的情况下,转速是一个可变的指令参数,转速值的改变导致负荷的改变。在发电驱动(发电机特性曲线)的情况下,指令参数 n 有一个不变的值,调节引起电网负荷的变化以及相应的频率变化。启动、加负荷和减负荷以及停机的运行程序是调节的上级,并规定指令参数的时间变化过程。

在驱动发电机的情况下,当突然从满负荷卸载到零负荷时,调节器应将临时的转速升高限制到 $<1.1n_0$ 并可靠地避免达到速闭转速。

当在低环境温度 T_U($T_U<T_{U,0}$) 的情况下达到功率极限值时和当在高环境温度 $T_U>T_{U,0}$ 的情况下达到涡轮进气温度极限值时,通过限制燃油流通量补充调节的基本功能[见图 1.5.17(a)]。短时间允许超负荷时,可以提高极限值或暂时降低极限值(主限制器)。

新型燃气轮机装置有一个综合电子控制系统,除了调节和监控以外,还能对其他参数进行额外的状态相关(或特性曲线相关)控制。因此,可调的静叶片可以调整到这样的调整位置：在这一调整位置上，规定功率和转速的燃油消耗量最小，并防止压缩机发生喘振。

除了一般监控燃气、燃油和润滑油的压力和温度以外，周期性地记录涡轮前的燃气温度对于运行和维修保养有特别意义。涡轮前的燃气温度由布置在高压涡轮之后周围的传感器测量，换算成涡轮进气温度，并周期性地记录下来。一方面借以监控温度分布，另一方面周围的平均值也是损伤数据积累的输入值(参见 1.5.4 节)，损伤数据积累是与状态相关的维修保养的基础。

当超过了极限值时，安全系统就触发装置紧急停机或降低功率。通过中断供油到燃烧室，以触发紧急停机的主要参数是：

- 超转速，当超过额定转速 n_0 的 1.15 倍时；
- 熄灭火焰，期间由燃烧室内的火焰监视器发出信号；
- 润滑油压力，当达不到要求的轴承前润滑油压力时。

触发速闭的其他可能方法是在燃气轮机装置旁的控制台上、机控室内或必要时在驾驶桥楼上手动触发。

为了保证安全，要求或建议提供能在下列情况下触发报警信号并导致降低功率的设备[1.5.15]：

- 超过了涡轮前的燃气温度，极限温度在短时间超负荷的温度以上；
- 超过了轴承中允许的润滑油温度；
- 超过了轴承上振动速度的极限值[1.5.12]。

对于功率较小的燃气轮机装置，可以缩小安全装置的范围。

1.5.4　燃气轮机装置的运行

稳定的工作特性

与稳定的工作特性有关的是功率、燃油消耗量或与运行参数相关的效率和通流能力。燃气轮机装置的特性主要取决于装置的结构及其部件在相关工作特性曲线上的特性。

废气涡轮增压器可视为无载运转的燃气轮机装置，随着发动机功率的增大也出现较大的废气涡轮增压器转速。图 1.5.14 为根据螺旋桨曲线的废气涡轮增压器效率范围。效率随着结构尺寸而上升。

涡轮的通流特性和发动机提供的质量流量决定涡轮前废气管路中的压力。

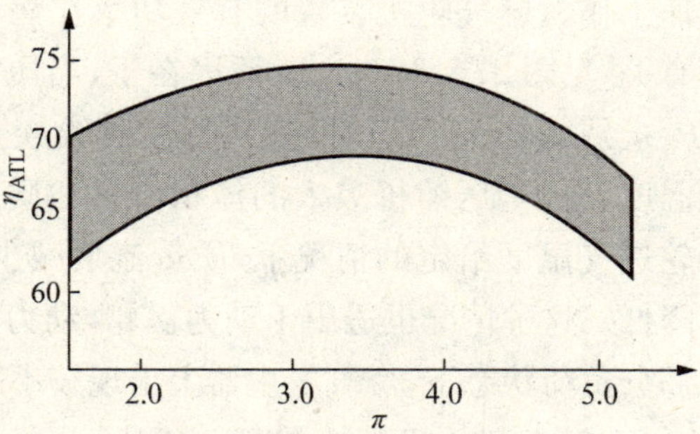

图 1.5.14　废气涡轮增压器的效率(根据参考文献[1.5.16])

考虑到式(1.3.20)，并利用气体公式，可得下述关系式

$$\dot{m} \approx A \frac{p}{\sqrt{T}} \Psi \tag{1.5.9}$$

通流函数 $\Psi = \Psi(\pi)$，在 $\pi > \pi_{临}$ 时为一常数值(单级涡轮的 $p_{临}$ 约为 0.45)，质量流量的增大与涡轮前的压力和流动横截面 A 成正比。为了更好地适应发动机的运行，涡轮部分安装了可调静叶片。通过转动叶片，一方面流动横截面发生变化，通流能力也跟着发生变化(见图 1.5.15)，另一方面对气流角和效率发生有利的影响。

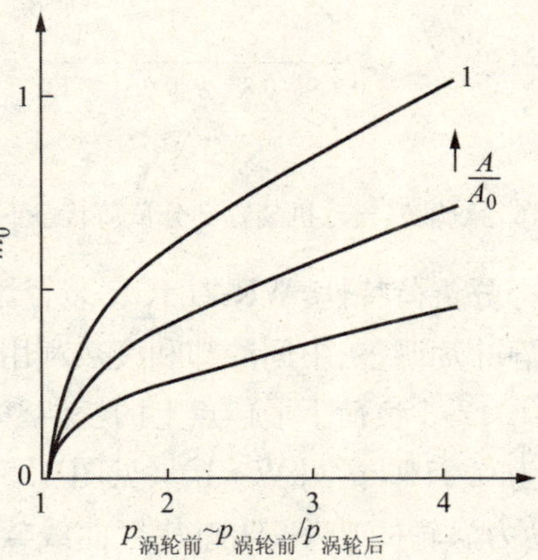

图 1.5.15　带可调静叶栅的轴流式涡轮的通流曲线

单轴燃气轮机装置不适合用做船舶动力装置，因为部分负荷状态下的耗油率明显上升，而且压缩机加速时达到喘振界限。做船舶主机用的燃气轮机装置有一个无载运转的燃气发生器(单轴或双轴)和串接在后面的动力涡轮，动力涡轮在直接驱动(螺旋桨或喷水推进器)时按螺旋桨特性曲线 $P \sim n^3$ 工作，在电力

推进时以不变的转速工作。燃气轮机装置的有效功率在涡轮进气温度不变的情况下与环境温度有关[见图 1.5.17(a)]。原因在于,当压缩机和涡轮遵循惯性滑行条件[$P_V = P_T \eta_m$或式(1.5.6)]时,其在特性曲线族上的工作点发生移动。在较高的环境温度 T_U下,压缩机吸入的体积流量和质量流量减少。在高压涡轮前的最高涡轮进气温度给定的情况下,质量流量减少导致压比减小,转速下降和涡轮功率降低。这种情况也适用于动力涡轮,动力涡轮发出的有效功率也因此降低。在部分负荷状态下,燃气发生器上出现较小的转速和压比。

图 1.5.16 示出了双轴燃气轮机装置的相关压比,装置包括动力涡轮和在燃气发生器中配有压缩机和高压涡轮。因为密度较小,与单轴装置相比,动力涡轮中的速度三角形要小得多,其效率下降在较大负荷范围内可保持在极限值以内。

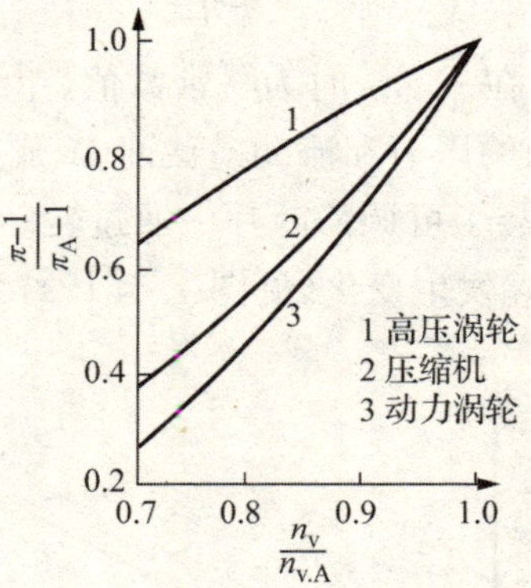

图 1.5.16 双轴燃气轮机装置部分负荷状态下压比的变化

为了进一步改进部分负荷特性,WR-21 ICR 装置添加了带可调静叶片的动力涡轮第一级。通过静叶片调整、中间冷却和废热利用,额定负荷下的耗油率达到了 0.197 kg/(kW·h),2/3 负荷下最佳点上的耗油率约为 0.19 kg/(kW·h),30%负荷下的耗油率为 0.216 kg/(kW·h)(见图 1.5.17 b)。

图 1.5.18 为一动力涡轮的功率、转速特性曲线族。在特性曲线族中绘入了耗油率和涡轮进气温度。

在三轴装置上,动力涡轮布置在低压端导致了稳定的无喘振运行状态。现在三轴装置正被越来越多地使用,因为效率和功率密度均在增长,可采用短的气体输送通道。

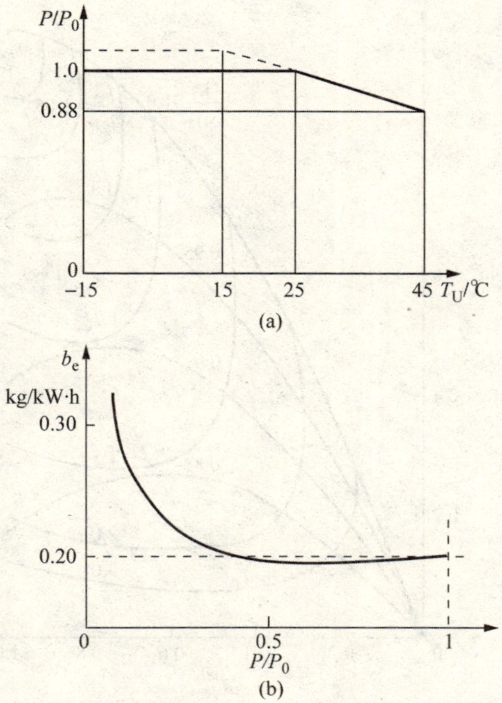

图 1.5.17　推进装置模块 WR-21 ICR 的特性(根据参考文献[1.5.19])

(a) 功率与环境温度的关系　(b) 耗油率与功率的关系(H_U=42.8 MJ/kg)

启动运行和停止运行

燃气轮机装置启动时需要有一个启动装置,用以经过联轴器将压缩机加速到无载运转转速。作为驱动装置,液压启动系统和电动机得到广泛使用。

燃气轮机装置可在短时间内启动,并达到额定负荷,紧急情况下以高材料应力快速启动时,可在例如 1.5～3 min 内达到负荷能力,再延续 2.5 min 达到满负荷。燃气轮机以明显较小的负荷正常加速可在约 20 min 内完成。启动和加负荷可根据自动运行程序遥控进行。启动运行经历以下 3 个典型的阶段:

(1) 准备启动——通过操作建立并检查供油系统的运行准备就绪状态。

(2) 启动——通过启动装置将燃气轮机装置加速到无载运转转速 n_F。达到点火转速 $n_z < n_F$ 后,开通输油并点火。启动装置支持继续加速装置到无载运转转速,在无载运转转速下压缩机与涡轮之间出现功率平衡,关闭启动装置。达到无载运转点或达到同步时,装置用自身的动力加速。发生一次火花断跳

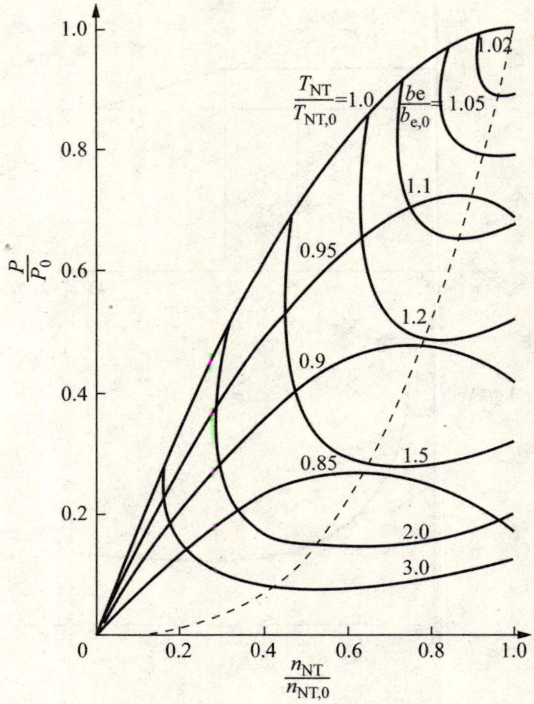

图 1.5.18 带分离式动力涡轮的燃气轮机装置的功率转速特性曲线族

后，在能够启动一次新的点火尝试之前，燃烧室和涡轮需要利用启动装置扫气。

(3) 加负荷——所选择的运行程序根据一个时间函数提高作为指令参数的转速，同时加大输油，根据装置的特性加大到要求的航行速度级(直接驱动)。

为了避免构件中出现高热应力，应当通过限制喷油量保持不发生温度跃变。

停止运行是根据自动程序进行，经历同样的阶段。减负荷时，装置要在无载运行状态和低气体温度下运行预先规定的时间，以便构件能达到温度平衡。输油停止后，燃气轮机装置借助启动装置均匀冷却到最低温度或匀速运转。

现场监控

燃气轮机装置通过遥控根据自动运行程序启动和停机，并且基本上通过监控系统进行监控。现场运行监控除了发现和排除较小的异常和故障以外，有以下基本任务：

- 准备自动运行，包括检查电路、装置的密封性和液位；

- 检查工质的质量,例如润滑油、燃油;
- 监控系统监控和遥控;
- 巡视装置,包括燃气轮机运行和停机时巡视隔声罩。

典型故障

动力装置运行当然会有磨损。磨损可以通过叶片表面上的、径向间隙密封中的和燃烧系统中的变化显露出来。运行故障只能针对特定的装置具体说明。典型故障与可能的原因,如表 1.5.1 所示。

表 1.5.1 典型故障与可能的原因

典型故障	可能的原因	可能的操作
压缩机		
• 装置的功率和效率下降	• 叶片上有盐类沉积和污垢	• 确定效率下降 • 清洗压缩机 • 检查进气过滤器
• 流动分离(可能导致裂纹和振动断裂) • 叶片上有裂纹形成	• 腐蚀和磨蚀 • 叶片上有盐类沉积和污垢	• 内窥镜检查 • 叶片检查,必要时更换叶片
涡轮		
• 装置的功率和效率下降	• 叶片上有盐类沉积和污垢 • 腐蚀、氧化、过热	• 清洗叶片
• 过热引起裂纹	• 冷却不足 • 温度太高	• 内窥镜检查,必要时更换叶片
• 转子不平衡,振动	• 叶片组有积尘 • 不同的冷却空气流量和不按规定停机引起热不平衡	• 振动测量
• 异物引起损伤 • 转动与静止部件接触引起磨损	• 硬固体颗粒,例如,断裂的活塞环引起磨蚀	• 内窥镜检查,必要时更换叶片 • 检查径向间隙
• 高轴承温度	• 润滑油流量不足 • 轴承有毛病(高摩擦)	• 检查油系统

（续表）

典型故障	可能的原因	可能的操作
燃烧室		
• 烟道扭曲	• 各个喷嘴喷射方向不对称	• 检查喷嘴和燃烧室的温度分布
	• 冷却不均匀	• 检查燃油和过滤器
• 烟道生成氧化皮	• 冷却不足	• 清洗或更换喷油嘴
	• 温度太高、过热	
• 烟道上有裂纹形成	• 温度变化太快	
• 喷油嘴	• 结焦，磨损	• 清洗或更换喷油嘴
• 点火电压中断	• 与喷嘴的接触烧蚀	

要查明和尽可能直接排除由于喷嘴前燃油压力的变化引起的故障，因为随后可能出现严重的损伤。燃烧室内和涡轮之前温度分布的变动可能导致局部过热。最要紧的是，温度分布的变动可能扰乱温度传感器的设定平均值，并可能成为工作点调整发生错误的动因，因为高压涡轮后在周围分布着很多传感器。涡轮前太高和变化太快的温度可能导致使用寿命明显缩短[1.5.10]。

大部分故障常见于辅助系统，例如燃油和调节系统，但因为设计有冗余，其中断时间仍然可保持在极限以内。与辅助系统不同，主要部件如压缩机和涡轮，都具有相对较高的可靠性。当这类部件发生故障时，停机时间（不可用时间）可能很长，因为这类部件在船上多半不储存备件。下面的列表表明可靠性与可用性的不同：

表 1.5.2　可靠性与可用性的关系

	可靠性/%	可用性/%
调节装置	76	93
燃油系统	87	96
压缩机	98	88
涡轮	99	86

维修和保养

船用燃气轮机装置的维修和保养也是从短期更换主要部件的角度来设计

的。更换燃气发生器模块需要例如 3 个劳动力工作 24 小时[1.5.20]。

燃气轮机装置特有的维修和保养任务包括：

- 定期对调节和安全装置进行功能检查；
- 对压缩机、燃烧室和涡轮进行内窥镜检查；
- 清洗涡轮机；
- 维修性检查：燃油喷嘴、过滤器和根据维修计划的其他部件，或根据监控系统的显示进行清洗；
- 经过 8 000～12 000 当量运行小时后，根据额定的涡轮进气温度进行受热零部件检查——检查燃烧室和涡轮，紧急情况下更换零部件；
- 大修检查(经过 24 000 至 30 000 当量运行小时后)，全面检查涡轮叶片的裂纹，并更新保护层。

时间间隔遵守制造公司的规定。总使用寿命和维修周期的当量运行小时与循环温度、材料使用、管理制度和制造公司的经验有关，差别很大。正常的启动和停机过程各需要 10～20 运行小时。满负荷状态下紧急(速闭)关机，因为高负荷，估计需要 100～200 运行小时。第一涡轮级的使用寿命可在 48 000～80 000 当量运行小时之间。构件的使用寿命主要取决于材料的耐久强度、构件在高温下的时间百分率和热交变负荷。作为受损的程度，非线性累积损伤[1.5.11]是由不同的负荷决定的：

$$e_Z + e_W + K \cdot e_Z \cdot e_W \leqslant 1 \tag{1.5.10}$$

设由于蠕变造成的损伤累积：

$$e_Z = \sum \frac{t(\sigma, T)}{t_{max}(\sigma, T)} \tag{1.5.11}$$

由于(主要因启动和停机所决定的)交变负荷引起的疲劳损伤累积：

$$e_W = \sum \frac{N(\varepsilon, T)}{N_{max}(\varepsilon, T)} \tag{1.5.12}$$

其中，t=时间，σ=应力，T=温度，N=负荷交变次数，ε=相对伸长。系数 K 根据材料数据库和使用原装构件的经验确定为 5～50 之间。

参考文献

[1.5.1]　Boyce，M. P.：Gasturbinen Handbuch，Springer-Verlag，1988 (VDI-Buch).

[1.5.2]　Bräunling，W.：Flugzeugtriebwerke，Springer-Verlag 2001.

[1.5.3]　Cumpsty，N. A.：Compressor Aerodynamics，John Wiley &

Sons, New York 1987.

[1.5.4] Lefebvre, A. H.: Gas Turbine Combustion, Taylor U. Francis, Hemisphere Publishing Corporation, USA, 1983.

[1.5.5] Traupel, W.: Thermische Turbomaschinen, 1. Band, Springer-Verlag, 1988.

[1.5.6] Jonas, P.; Sauer, H.: Abschnitt Gasturbinenanlagen im Handbuch Schiffsmaschinenbetrieb, Verlag Technik Berlin, 1990.

[1.5.7] VGB: Gasturbinen und Gasturbinenbetrieb 2001, VGB-Fachtagung, Potsdam, 2001.

[1.5.8] Tooke, R. W.; Bricknell, D.: Propulsion Systems and the MT 30 Marine Gas Turbine-the Quest for Power, GT 2003-38951, ASME Turbo Expo 2003, June 2003, Atlanta, USA.

[1.5.9] Carisma Confirms GT 35 Heavy Fuel Capability, Speed at Sea, October 2001.

[1.5.10] Kurz, R.; Brun, K.: Degradation in Gas Turbine Systems, 2000-GT-345, ASME Turbo Expo 2000, May 2000 Munich, Germany.

[1.5.11] Bernstein; Sauermann, G.; Werner, T.: Zuverlässigkeit und Verfügbarkeit von Gasturbinenanlagen-ein notwendiges Qualitätsmerkmal für Hersteller und Betreiber, VDI Bericht 1438/1998.

[1.5.12] ISO 10816-4: Bewertung der Schwingungen von Maschinen durch Messungen an nicht-rotierenden Teilen, Maschinensätze durch Antrieb von Gasturbinen, 1998.

[1.5.13] DIN 4341: Abnahmeregeln für Gasturbinen, 1979.

[1.5.14] Germanischer Lloyd: Klassifikations- und Bauvorschriften, Maschinenanlagen, Abschn. 3a, Hamburg, 1997.

[1.5.15] Germanischer Lloyd: Klassifikations- und Bauvorschriften, Automation, Hamburg, 1997.

[1.5.16] MAN B&W: Firmenunterlagen, 2006, MAN B&W Diesel AG, Augsburg.

[1.5.17] ABB: Firmenunterlagen, 2006, ABB Turbo Systems Ltd, Baden.

[1.5.18] MTU: Firmenunterlagen, 2006, MTU, Friedrichshafen.

[1.5.19] Rolls-Royce: Firmenunterlagen, 2006, Rolls-Royce, Bristol.

[1.5.20]　GHH：Firmenunterlagen，2006，MAN Turbomaschinen AG，Oberhausen.

1.6　推进器

汉斯海因里希·迈尔-彼得(Hansheinrich Meier-Peter)
译:王平庚　金晓剑　李东亮　校:王伟勇　刘维亭

1.6.1　推进器的能量转换功能

功能原理

船用螺旋桨的功能原理源于动量守恒定律;它以螺旋桨不断获取和向后加速新的流量为基础。螺旋桨把动力系统的转矩转换为推力。这里以螺旋桨为例阐述推进器的功能原理,其他类型的推进器可依理类推。

螺旋桨作为生成压力的圆盘(尾流理论)

图 1.6.1 为理想螺旋桨上的压力和速度比。

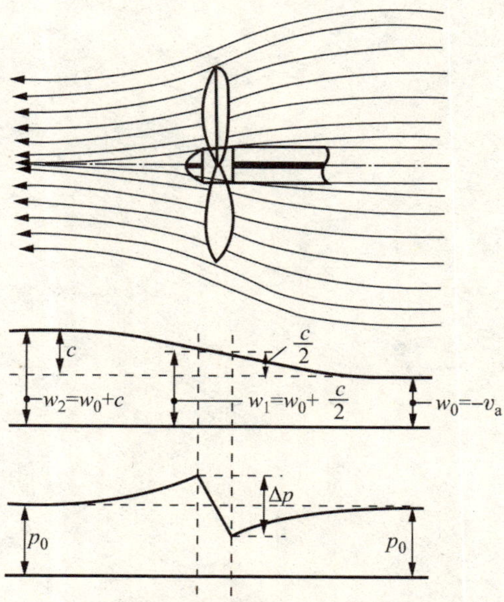

图 1.6.1　螺旋桨上的压力和速度比

螺旋桨的作用在于把由它捕获的水射流加速到速度 w_2。赋予螺旋桨尾流的附加速度在螺旋桨前、后一定范围内总共为 $c=w_2-w_0$。在螺旋桨位置上的水质达到附加速度的一半，即螺旋桨位置上达到的平均速度为 $w_1=w_0+c/2$。速度变化曲线如图 1.6.1 所示。只有螺旋桨造成的压力升高才能使水流加速。当在螺旋桨之前出现与速度曲线相应的压力降时，在其作用点上便出现压力陡升。再往前，随着水流速度的变化，压力下降到与水深对应的压力 p_0，即螺旋桨之前远处的压力。如果 Δp 是螺旋桨引起的压力跃变，则推力或射流反作用力达到

$$T=A_0\cdot\Delta p \tag{1.6.1}$$

式中，A_0 是螺旋桨盘面积。根据动量守恒定律，T 可以理解为加速尾流的作用力，相当于每秒钟被捕获水量的动量的变化。

$$T=p\cdot A_0\cdot w_1\cdot(w_2-w_0) \tag{1.6.2}$$

如果规定每秒钟的水体积：

$$A_0\cdot w_1=Q \tag{1.6.3}$$

则可将作用力 T 表述为

$$T=\rho\cdot Q\cdot(w_2-w_0)=\rho\cdot Q\cdot c \tag{1.6.4}$$

式中，c 是绝对速度(射出尾流的速度增量)：

$$c=w_2-w_0 \tag{1.6.5}$$

由推进主机发到螺旋桨的功率 P 相当于平均流速 w_1：

$$P=T\cdot w_1=T\cdot v_a+T\cdot\frac{c}{2} \tag{1.6.6}$$

这一公式的第一项是推力功率，相当于收益：

$$P_T=T\cdot v_a \tag{1.6.7}$$

而第二项则是推进不能利用的部分，即损耗功率 P_V，只用于加速尾流

$$P_V=T\cdot\frac{c}{2} \tag{1.6.8}$$

经过几次进一步的变换，并引入推力负荷系数 C_T 这一概念作为用速度压头无因次化的推力：

$$C_T=\frac{T}{A_0\cdot\rho\cdot\frac{v_a^2}{2}} \tag{1.6.9}$$

可以很简单地得出螺旋桨效率的表达式

$$\eta_0=\frac{2}{1+\sqrt{C_T+1}} \tag{1.6.10}$$

这一表达式说明，作用在螺旋桨盘面积 A_0 上的推力负荷越大，螺旋桨效率就越低，反之亦然，在推力大小给定的情况下，所能接受的螺旋桨直径越大，螺旋桨效率就越好。

翼型和机翼理论

上文所述简单的螺旋桨尾流理论只适合于基础研究。对于螺旋桨的设计来说是不适用的。长时间来这方面已发展了不同的理论和方法：翼型或涡流理论、机翼或涡流栅理论、借助现代翼片方法的螺旋桨势差理论或借助 RANSE 方法的流动状态计算[1.6.1]。

这里是要对翼型或涡流理论做简短的阐述。这一理论是从对无干扰平行流中的平直机翼的研究中推导出来的，无干扰平行流中的平直机翼可以表述为封闭式涡流系。

其中的机翼本身被描述为一种涡面（附着涡）。如果有一平行流流过这一涡面，则产生一垂直于流动方向的力。这一涡流的力在涡流伸展的整个范围内保持不变。流体中的涡流必然形成一封闭式环流。应用到螺旋桨上，人们把螺旋桨叶片设想为附着涡，并由来自叶梢的和来自桨毂的涡流和滞留在螺旋桨后面远处的起始漩涡满足封闭式环流的条件（见图 1.6.2）。

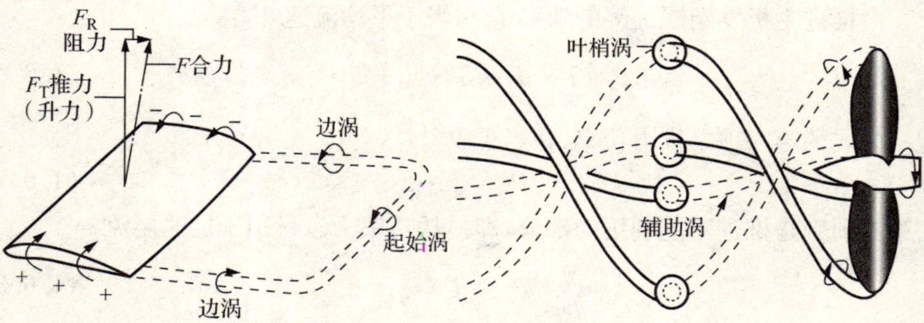

图 1.6.2　机翼上的和螺旋桨叶片上的涡流系

人们也可以把螺旋桨叶片视为作环形运动的机翼。在这种情况下，机翼的升力相当于螺旋桨的推力。一翼型上的压力分布显示，升力或推力的 2/3 是由螺旋桨前的负压生成的，推力的 1/3 是螺旋桨后的超压形成的。如果人们运用观察机翼（例如飞机的机翼）时通常的观察方式，就会发现螺旋桨推力是螺旋桨每一桨叶的升力之和。

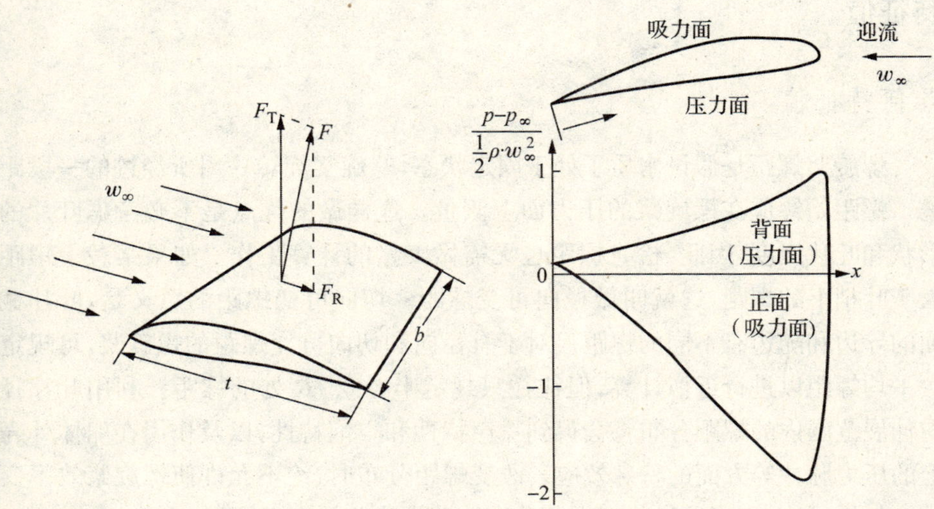

图 1.6.3 翼型上力和压力变化曲线

这种情况在图 1.6.3 中以一翼型为例作了说明。流动合力 F 可以分解为垂直于流动方向 F_T 的分力(升力=推力)和在流动方向 F_R 上的分力(阻力)。用迎流速度的动压头和桨叶面积 A 将升力和阻力的绝对值无因次化。

升力:

$$F_T = C_L \cdot A \cdot 1/2 \cdot \rho \cdot w_\infty^2 \tag{1.6.11}$$

升力系数:

$$C_L = \frac{F_T}{A \cdot \frac{1}{2} \cdot \rho \cdot w_\infty^2} \tag{1.6.12}$$

阻力:

$$F_R = C_R \cdot A \cdot \frac{1}{2} \cdot \rho \cdot w_\infty^2 \tag{1.6.13}$$

阻力系数:

$$C_R = \frac{F_R}{A \cdot \frac{1}{2} \cdot \rho \cdot w_\infty^2} \tag{1.6.14}$$

特征值

几何特征值

螺旋桨螺距是假设水质子处于固定状态，螺旋桨旋转一周所经过的一段距离。螺距始终应在螺旋桨的压力面上测量。这样做的优点是不必考虑叶片的形状和叶片厚度，因此，检查螺距也无需做大量的计算工作。如果桨毂上螺距大于叶梢上的螺距，这就叫做径向可变螺距。切向可变螺距的意义是，叶片截面的导边和随边有不同的螺距。对于有径向和切向可变螺距的螺旋桨，可规定一平均螺距以进行近似计算，但往往只规定半径 0.7R 处的螺距。利用叶片径向伸展范围内的螺距分布将会得到噪声特性和空泡特性，以及作用在船体外壳上的压力脉冲等方面的特殊效应。改变螺距分布时，绝不允许使螺旋桨效率变差。如果可能，应当通过改变螺距分布改善螺旋桨效率（见图 1.6.4）。

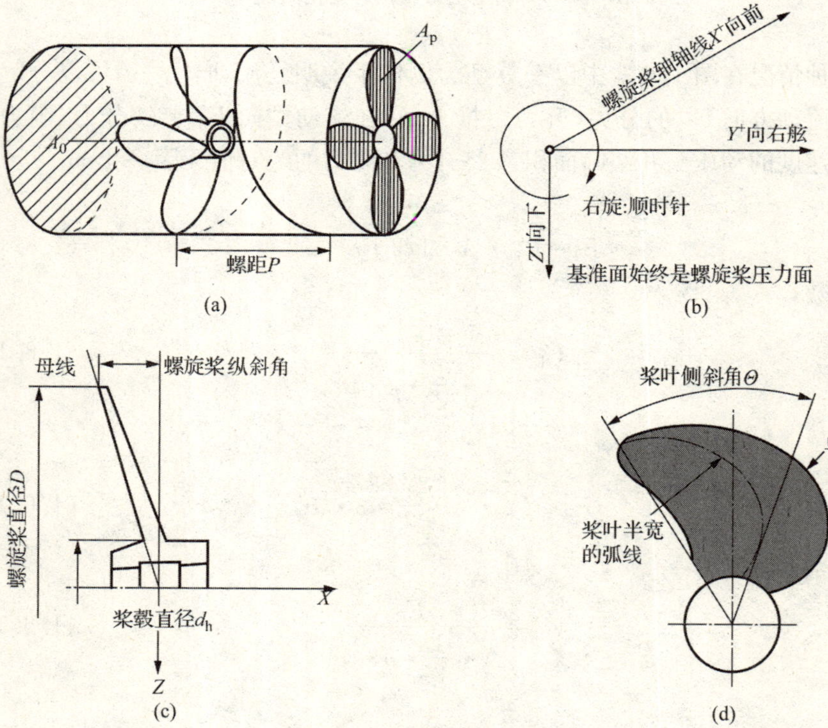

图 1.6.4　螺旋桨上的名称

(a) 螺旋桨盘面积 A_0、螺距 P 和桨叶投影面积 A_P　(b) 螺旋桨坐标和符号约定

(c) 螺旋桨纵斜角的定义　(d) 桨叶侧斜的定义

螺旋桨盘面积 A_0 是螺旋桨叶片扫过的圆面积，其直径称为螺旋桨直径。桨叶投影面积 A_P 是所有桨叶(不包括桨毂)在垂直于螺旋桨轴的平面上的投影面积，实际上也是桨叶在其垂直平面上的阴影。叶片展开面积 A_D 应当理解为除桨毂以外所有叶片压力面面积之和，展开是在一垂直于螺旋桨轴的平面上进行的。同理也适用于叶片伸张面积 A_E。

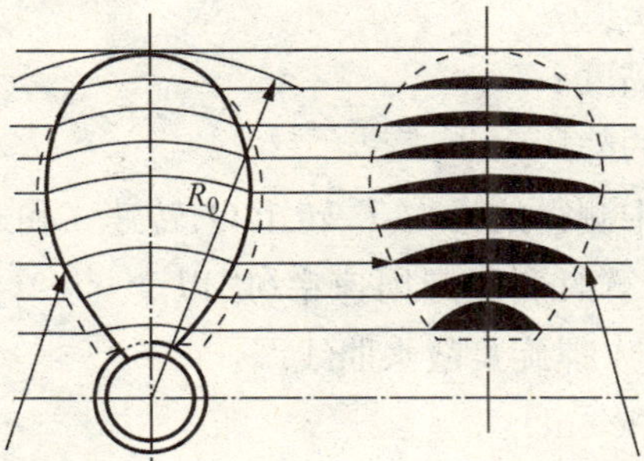

图 1.6.5 桨叶投影面积和桨叶伸张面积的概念

螺旋桨叶片往往向后倾斜，以扩大叶梢与船外壳之间的距离，即扩大船体叶梢间隙：被称为螺旋桨纵斜角 i 的这一倾角在单桨船上为约 6°～10°，在双桨船上为约 8°～12°。对于导边弯曲曲率(从桨毂到叶梢)较大的情况，人们称之为桨叶侧斜角。人们以此达到的目的是，桨叶的每一部分不是同时，而是先后穿过尾流柱的平面，因为在尾流柱平面上的负荷最大，尾流最不均匀。

由几何参数导出的尺度和尺度比

螺距比 P/D 表述的概念相当于对应螺旋桨平面调整桨叶的角度。标准商用船舶多半选取 $P/D=0.5\sim1.4$。面积比 A_E/A_0 或 A_D/A_0 的大小是由空泡问题决定的。人们力求使面积比保持尽可能的小。螺旋桨的迎流速度越高，面积比越大。实际采用的面积比是 $A_E/A_0=0.30\sim1.50$。桨毂直径与螺旋桨直径之比为约 $d_h/D=0.14\sim0.18(0.20)$，可调螺距螺旋桨为 0.26～0.30。螺旋桨的桨叶数取决于直径、空泡特性和整个推进系统的振动特性。商用船舶实际采用的螺旋桨有 2～6(7)个桨叶。水的流速与桨叶周向速度合在一起形成合成速度，其方向和强度是表明桨叶所传递的力的一个量度。进速系数 $J=V_a/(n\cdot D)$ 由相对于叶梢上的速度比构成，因此它可以说明桨叶翼型绕流时的速度比。

船用螺旋桨的推力 T 与下列参数有关

直径 D

进速 V_a

转速 n

(海水或淡水的)密度 ρ

(海水或淡水的)黏度 ν

螺旋桨位置上水的静压力 p_0

根据在模型试验中测得的推力 T、转矩 Q、转速 n 和迎流速度 V_a 的值,可以计算以下特征参数,计算时利用圆周速率(用以 s^{-1} 为单位计的转速 n 表示)的动压头无因次化,并绘入螺旋桨敞水曲线图:

推力系数(thrust coefficient):

$$K_T = \frac{T}{\rho \cdot n^2 \cdot D^4} \tag{1.6.15}$$

转矩系数(torque coefficient):

$$K_Q = \frac{Q}{\rho \cdot n^2 \cdot D^5} \tag{1.6.16}$$

进速系数(advance ratio):

$$J = \frac{V_a}{n \cdot D} \tag{1.6.17}$$

(敞水试验)螺旋桨的效率:

$$\eta_O = \frac{K_T}{K_Q} \cdot \frac{J}{2\pi} \tag{1.6.18}$$

空泡数:

$$\sigma = \frac{2 \cdot (p_0 - p_e)}{\rho \cdot n^2 \cdot D^2} \tag{1.6.19}$$

雷诺数:

$$Re = \frac{\rho \cdot n \cdot D^2}{\nu} \tag{1.6.20}$$

螺旋桨与船相互作用的特征值

螺旋桨的特性可以区分为在均匀水流中敞水试验(没有船)的螺旋桨特性与在船后工作的螺旋桨特性。敞水试验螺旋桨特性根据船模试验确定。速度、推力和转矩分别在敞水试验的螺旋桨(没有船)上测量,并由此确定螺旋桨的特征值。螺旋桨特性也可以通过详细的和费时费力的计算确定。详细说明和用例请查阅参考文献。在实船上，这些值是不能测量的，因为螺旋桨的迎流始终受到位于其前方的船体的干扰。

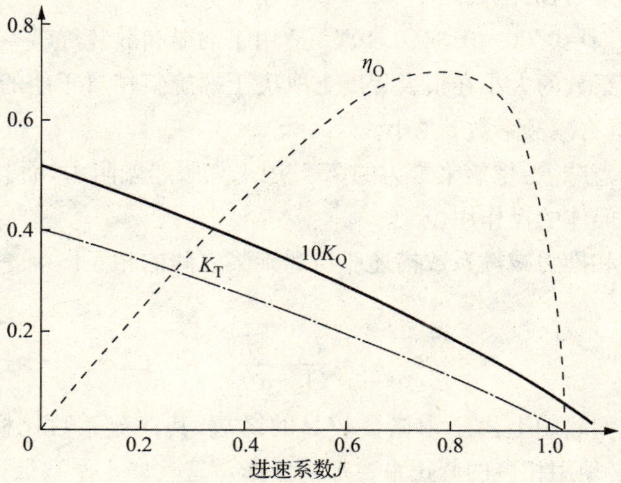

图 1.6.6 敞水试验螺旋桨的 K_T-K_Q-J 曲线图，考虑到数值的大小，K_Q 值作为 10 K_Q 绘入到曲线中

在螺旋桨盘面上，水以与船速相比小 Δv 数额的速度流动：

$$v_a = v_s - \Delta v \tag{1.6.21}$$

这一速度差被称为伴流。人们用船速将伴流无因次化，并把这一无因次参数称为伴流系数：

$$w = \frac{\Delta v}{v_s} = \frac{v_s - v_a}{v_s} = 1 - \frac{v_a}{v_s} \tag{1.6.21 a}$$

伴流系数 w 描述船对螺旋桨的影响。伴流系数 w 在很大程度上取决于船体后半部分的船体线型和螺旋桨相对于船的位置。伴流系数 w 的值通常为

$$w = (0.05)0.20 \sim 0.30(0.55)$$

($w=0.05$ 意味着螺旋桨以 95%V_s 迎流，如双桨船就是这种情况。)

在螺旋桨之前产生的压力降引起船舶阻力 R 升高 ΔR 的数额，这一阻力升高被称为推力减额，必须由螺旋桨推力克服。

$$T = R + \Delta R \tag{1.6.22}$$

$$\Delta R = T - R \tag{1.6.22 a}$$

通过除以推力 T 将推力减额无因次化：

$$t=\frac{\Delta R}{T}=\frac{T-R}{T}=1-\frac{R}{T} \tag{1.6.23}$$

这一概念称为推力减额系数，表示螺旋桨对船的影响。t 的通用数值为

$t=(0.05)0.18\sim0.20$　适用于货船

$t=0.20\sim0.30(0.40)$　适用于油船和散装货船

推力减额系数的大小在很大程度上取决于螺旋桨相对于船的位置，螺旋桨离船体越远，推力减额系数 t 越小。

($t=0.25$ 意味着：螺旋桨推力的 75%用来克服船舶阻力，而其余 25%用来抵消螺旋桨对船体的反作用。)

伴流系数和推力减额系数描述船与螺旋桨之间的相互影响，一起被归入到船身效率

$$\eta_{\mathrm{H}}=\frac{(1-t)}{(1-w)} \tag{1.6.24}$$

因为在大型船舶上由于雷诺数较高的缘故，其伴流系数比模型试验时要小，这一效应必须用相应的修正系数加以考虑。这一修正系数被称为螺旋桨相对旋转效率，并被约减；其数额不大。$\eta_{\mathrm{R}}=1.01\sim1.02$。

在推进效率 η_{D} 中，人们考虑相互作用和尺度效应对螺旋桨效率的影响，并归纳为

$$\eta_{\mathrm{D}}=\eta_{\mathrm{H}}\cdot\eta_{\mathrm{R}}\cdot\eta_{\mathrm{O}} \tag{1.6.25}$$

因为在船舶正常运行中，既不能测量船舶阻力，也不能测量螺旋桨精确的迎流速度，所以，当人们想要了解螺旋桨推力有多大时，只能使用下面的经验公式：

$$T=k\cdot\frac{P}{v_{\mathrm{s}}} \tag{1.6.26}$$

功率 P 以千瓦为单位，速度 v_{s} 以节为单位；系数 $k=1.5\sim2.0$，考虑伴流和敞水试验螺旋桨的效率(参见表 1.6.1)，船速由 m/s 换算为 kn(1 kn=0.5144 m/s)。

表 1.6.1　根据功率和船速确定推力的参考值

w	η_{O}	k
0.20	0.70	1.701
0.25	0.68	1.637
0.30	0.65	1.805
0.40	0.63	2.041

另外，为了建立螺旋桨轴的转速与船速之间的关系，要考虑利用螺旋桨滑脱作为评估船舶运行中推进装置的特征参数。为此，人们以这样的设想为出发点，即螺旋桨在水中如同一枚螺钉在螺纹中一样向前运动，并可以通过转速乘以螺旋桨螺距得到理论进速 V_{th}。但水相对于螺旋桨仅以很小的速度 V_a 流动。人们把所得的进速 ΔV 与理论进速发生关系，并得出标称滑脱。标称滑脱规定螺旋桨相对于水的进速与理论进速的百分比(见图 1.6.7 和图 1.6.8)。

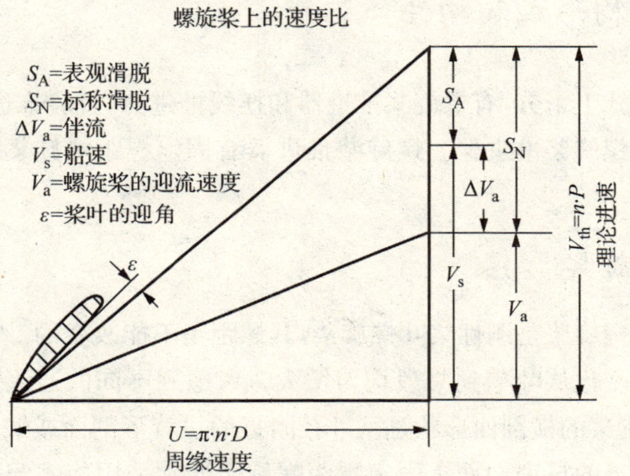

图 1.6.7 表观和标称滑脱

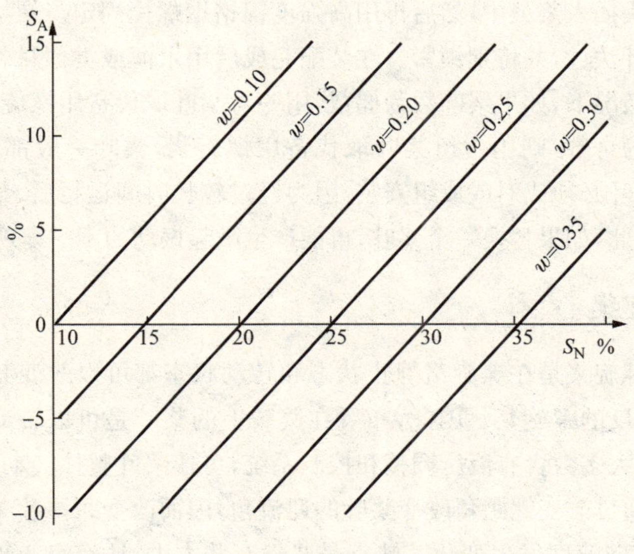

图 1.6.8 伴流与滑脱

如果把理论进速与船速发生关系，就是计算表观滑脱。标称和表观滑脱通过伴流相互发生关系。相对于不同 w 值的关系可以在螺旋桨滑脱曲线图上表示出来。当已知表观滑脱时，可以取一个估算的伴流系数在螺旋桨滑脱曲线图上确定标称滑脱。尾浪、助推风和水流都可能导致经过的距离大于理论进速与航行时间的乘积，以至于计算出负的滑脱值。

1.6.2　结构形式和构件

从结构形式上来分，有螺旋桨推进器和摆线推进器（直翼推进器）。最常用的结构形式是螺旋桨推进器。螺旋桨推进器有固定螺距螺旋桨和可调螺距螺旋桨。

固定螺距螺旋桨

固定螺距螺旋桨是刚性桨叶螺旋桨，其螺距是不能改变的[1.6.2]。桨叶厚度为适应负荷的变化从叶梢到桨毂均匀增大。考虑到不同的迎流情况和空泡特性，大多数螺旋桨的横剖面形状是从外径附近的弓背形剖面或镰刀形剖面逐渐变化到桨毂附近的翼型剖面。固定螺距螺旋桨通常采用冷缩配合固定到螺旋桨轴上。有一种以前常用、现在只有在特殊情况下才使用的结构形式，其桨叶是用法兰接头插入桨毂中，然后再用高强度镍铬钢螺栓固定。螺栓头的布置尽可能沉入桨叶法兰，并特别锁紧。在装配完成后用水泥或类似材料细心将间隙填实。这种情况下，如果桨叶数为偶数，用一对桨叶取代备用螺旋桨就已足够；如果桨叶数为奇数，则用一组桨叶取代备用螺旋桨，桨叶一般都是平衡了的。因此，备用桨叶必须成对或成组安装，因为经过较长时间运行后，桨叶磨损可能比较严重，因此，如果替换一个桨叶，可能产生激起振动的不平衡现象。

可调距螺旋桨

可调距螺旋桨是在螺旋桨静止状态和转动状态都可以改变其桨叶螺距以及螺距比 P/D 的螺旋桨。因此，布置在桨毂上的桨叶是可以转动的。螺旋桨轴呈中空状，大多数含有液压调整和控制系统，可使桨叶整体转动，从而可以改变螺距角。通过改变螺距角改变桨叶的迎流角，因而改变每一片桨叶发出的推力，无须使周向速度发生变化。缺点是桨毂有些太大，还有空心轴、控制系统，桨叶造型受到限制，因为当调节桨叶螺距时，不允许桨叶相互妨碍。可调距螺旋桨的螺旋桨效率较差，复杂且昂贵，倾向于早于固定螺距螺旋桨发生空蚀损伤。调节螺距的系统由一个调节阀(伺服阀)、一个液压活塞和一套机械连接管系构成。最常见的解决方案是调节活塞布置在桨毂内，调节阀布置在船内，也就是布置在轴系内。调节桨叶的液压油经过管路输送给(桨毂内的)活塞，管路布置在空心轴内。给管路输油的油分配装置要么布置在传动机构的前端，要么布置在轴系内。布置在轴系内涉及非常长的轴系，或者当没有传动机构时才这样做。液压活塞如果不布置在桨毂中，也可以布置在船内。这种情况下，活塞的运动要通过轴内一根很长的机械连接杠杆(调节杆)传递到螺旋桨叶片。但这种布置方案在功率较高的装置上应用得不很广泛。

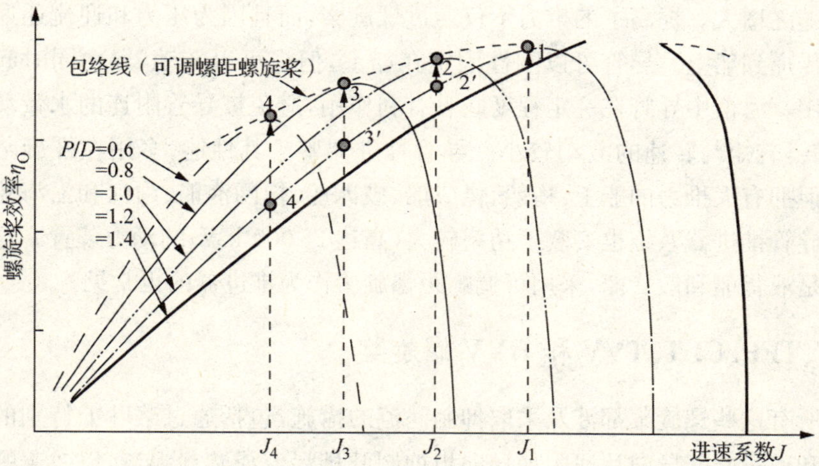

图 1.6.9 可调距螺旋桨的效率、进速系数和螺距比

当发生因例如在海浪中阻力增大而使螺旋桨的迎流速度降低的情况，且不能改变螺距时，螺旋桨的效率急剧下降。如图 1.6.9 中所示，其效率因进行螺距调整而略差，但在表示不同载荷级的 2′、3′和 4′点上的效率却好于相应的固定螺距螺旋桨，设该固定螺距螺旋桨在同样载荷的值为 2、3 和 4。通过匹配螺距，推进主机总是可以在其特性曲线族的最佳范围内运行。即使速度非常低，也可以通过调整最小螺距值航行任意长的时间。在短时间停船机动时，也可以让螺旋桨在零推力位置上继续运行。如果越过零推力位置调整为负螺距，则可以在不改变推进主机和螺旋桨的旋转方向的情况下倒车。可调距螺旋桨装置的发动机可以制造成没有换向装置的发动机，涡轮机可以制造成没有倒车部分的涡轮机，固定螺距螺旋桨一般是(从后面看)顺时针方向旋转，而可调距螺旋桨一般是选择相反的旋转方向，逆时针方向旋转，即左旋，以便在停船机动时为

船提供大体上与安装右旋固定螺距螺旋桨的船同样的操纵性能。出于这样的理由，双轴船的可调距螺旋桨都是内旋螺旋桨，而固定螺距螺旋桨通常则是外旋螺旋桨。偶尔有例外打破这一规律。

导管推进器

这种结构形式的推进器是环绕螺旋桨有一翼型剖面环状导管，导管的设计一方面是要向螺旋桨输送比同等的无外罩螺旋桨结构形式更大的水流，另一方面是要防止在螺旋桨后面发生不希望发生的尾流收缩。这两点的作用是，导管推进器有较高的负荷容量(较大的桨叶螺距)和能吸收更大的功率。当然，阻力也会随之增大。提高了的推力不仅通过螺旋桨，而且因为压力和迎流还通过导管体传递到船上。导管可以刚性固定在船上，但也可以转动，以便同时起到舵的作用。海浪中导管在一定程度起着有利作用，避免被导管附连的水带动螺旋桨旋转，转矩与转速的波动较小。导管推进器鉴于其性能，多用在螺旋桨直径较小但拥有大推力的船上：拖船、供应船、破冰船、拖网渔船、内河和沿海船。但配合导管推进器系统也安装了功率较大(高达 25 000 kW)的动力装置。这方面主要是液货船和散货船，采用可调螺距螺旋桨作为推进器的也常见。

TVF、TFP、CLT、TVV 和 HVV 螺旋桨

所有这些螺旋桨都涉及采取抑制涡流的措施，包括通过桨叶上特别的螺距分布和通过端部导向片或附加导向板抑制叶梢涡流或桨毂涡流，以改善螺旋桨效率。当然，其中一部分改善又会被附加的摩擦耗尽，例如由上述端部导向片引起的摩擦。利用上述某些专利解决方案所取得的改进也是勉强的，因为在大型船舶上几乎都不能用测量技术加以证实。本节中缩写字的意义是：TVF＝Tip Vortex Free Propeller＝无梢涡螺旋桨，TFP＝Tip Fin Propeller＝端翼螺旋桨，CLT＝Contracted and loaded Tip Propeller＝紧缩加载梢螺旋桨，TVV＝Tip Vortex Vane Propeller＝梢涡翼螺旋桨，HVV＝Hub Vortex Vane Propeller＝毂涡翼螺旋桨。

导向叶轮螺旋桨

人们已经多次作出努力，通过在螺旋桨之前或之后布置导向板和鳍或环形翼装置(例如 Schneekluth 导管)回收利用推进运动中失去的螺旋桨的旋转能量。这一思想也是 E. H. Otto Grim 教授研制导向叶轮的基础，这种导向叶轮

安装在轴上,无需自己的机械传动装置,可在螺旋桨后自由旋转。导向叶轮的直径略大于螺旋桨直径,只有其内部构件处于螺旋桨尾流范围内。导向叶轮叶片在其内部范围内具有涡轮翼型,而在外部则有螺旋桨翼型。涡轮部分的水流能量来自螺旋桨尾流,水流能量在螺旋桨部分被直接转化,并作为附加推力补助推进运动[1.6.3]。

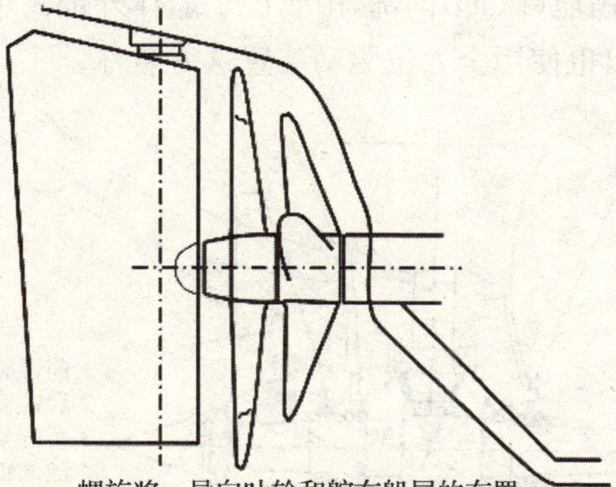

螺旋桨、导向叶轮和舵在船尾的布置

图 1.6.10 Grim 教授的导向叶轮螺旋桨

导向叶轮的推力通过止推轴承传递到轴上,从而传递到船上。导向叶轮螺旋桨可在达到同样好的效率的情况下转动得比标准螺旋桨更快,因此,推进主机可以比较小、结构可以比较轻。当螺旋桨本身的负荷很高时,导向叶轮特别适合。在标准的轴系上要另外增加一个轴承和附加的密封件,轴承用油脂润滑。结构本身已经在大量实用的装置上证实了这种概念改善效率的功效。但是几乎还没有这种类型的装置在运行中,因为导向叶轮的轴承遇到了大困难,已经促使船级社提出要求,对这种轴承每年进行一次检查,这对于船的经济性有负面影响,因为每次检查都必须进坞。

吊舱式螺旋桨(PODS)

今天的吊舱式螺旋桨(PODS),其前身是肖特尔可转导管螺旋桨,一种经过轴系用两个锥齿轮传动机构连接到推进主机的螺旋桨。吊舱式螺旋桨(PODS)的结构允许它的水下部分周向转动 360°,因此这种螺旋桨可同时用来转向和倒车。这种结构适用于要求操纵性能很好的场合。其主要应用领域是港口和内河拖船、内河船(自航船)、顶推船、浮吊,另外在近海水域还作为定位装置和伸缩式首侧推器使用。机械式可转动导管螺旋桨的最大传递功率主要受传动件的限制，这里特别是受锥齿轮传动机构的限制，很少受螺旋桨的限制，包括有些设计采用导管作外罩的螺旋桨。

现代吊舱驱动装置(POD驱动装置)就是由这种传动装置的改型演变而来，从1990以来与柴油机电力推进装置结合起来用于船舶工程[1.6.4]。它采用刚性和可旋转的吊舱(POD)。吊舱驱动装置有别于传统传动装置特征主要有两点：驱动电动机安排在吊舱(POD)内部，吊舱位于船体外部。可转动方案的整个装置可转动360°，所以也使用全方位驱动装置这一名称。

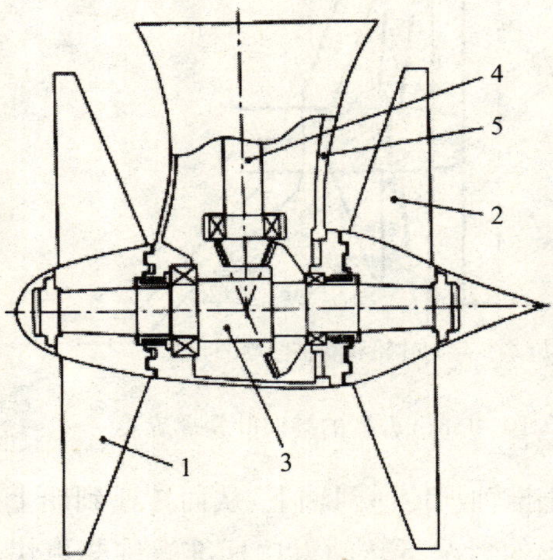

图 1.6.11　吊舱式螺旋桨(机械解决方案)

其主要优点是操纵性较高，噪声级较低，在推进装置布置方面，其自由度较大。主要缺点是价格较高，要求柴油机电力推进。螺旋桨效率略小于传统螺旋桨，但是在双桨船上可以节省功率，因为省去了传统的轴包套和艉轴架的附加阻力。全世界有4家公司提供吊舱式螺旋桨专业技术服务：AZIPOD/ABB，Mermaid/Rolls Royce(Kamewa)/Cegeleg，AAP/SEP Schottel/Siemens 和 Dolphin/Wärtsilä(Lips)/STN。Azipod 和 Mermaid 公司的技术偏重于推拉式螺旋桨，SSP公司的业务是两个同向转动的螺旋桨，Dolphin 公司使用的是移动式螺旋桨。市场主导者是 Azipod 公司，已提供了超过100套的设备，总功率超过100万MW。各个制造商的技术解决方案在重要问题上差别很大，主要区别是吊舱的水动力性能、螺旋桨的配置(见图 1.6.11)、电动方案和电动机冷却方式。

喷水推进器(Waterjets)

喷水推进器的机械原理很简单:通用的运动公式说明,要质量 m 获得一定的加速度 a,需要一定的力 F。反过来说,质量 m 的加速度 a 引起一定的反作用力 F:

$$F=m\cdot a=m\cdot\frac{\Delta v}{\Delta t}=\frac{m}{\Delta t}\cdot\Delta v \tag{1.6.27}$$

因为改变单位时间 Δt 的速度即是加速度,所以得推力 T:

$$T=\frac{m}{\Delta t}\cdot(v_2-v_1)=p\cdot Q\cdot(v_2-v_1) \tag{1.6.28}$$

喷水推进对于速度大于 25 kn 的船舶来说是有优越性的,而当速度大于 38 kn 时,选择喷水推进是没有意义的。

喷水推进器经过船底上的进水管道吸水。进水管道必须细致地进行水动力和强度设计。泵转子将吸入的水加速,其后有一刚性扩压器将速度能转化为压力。水以两倍于船速的速度离开水平面以上的出水喷嘴。根据出水喷嘴的结构有刚性和活动两种结构形式。活动结构形式可以把水射流转为侧向,因此具有转向能力,或者能够翻转,改变推力的方向。因为能够居于中间位置,使船得以向一个或另一个方向航行,所以船善于用喷水推进加速。另一个优点是,改变船速对推进主机的转速几乎没有影响,推进主机从低速到全速的转速差只有约 2~3%(见图 1.6.12)。

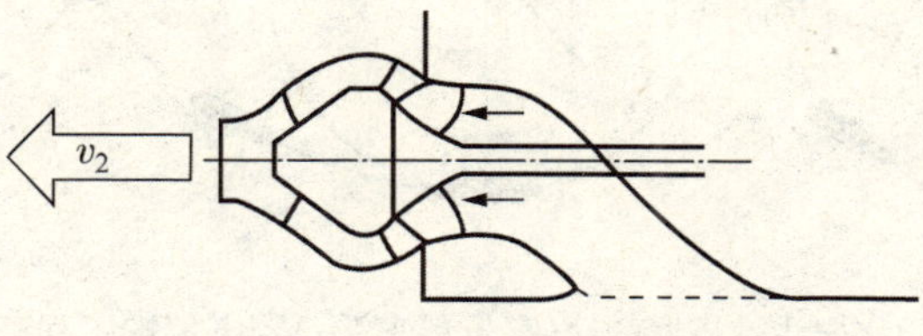

图 1.6.12 喷水推进的原理

直翼推进器(摆线推进器、沃伊斯-施奈德推进器)

所谓直翼推进器在船舶推进中占有特殊的地位,其中特别值得一提的是 J. M. Voith 有限公司开发的沃伊斯-施奈德推进器(VSP)。使用这种推进器时,伸出船底之外的直翼绕一根一般为垂直的枢轴转动,同时又绕它自己的轴做摆动运动。直翼摆动的幅度是推进器螺距的一个量度,因而也是推进器推力和功率吸收的一个量度,为此,这种摆动运动的相位与推力方向相对应。因为在沃伊斯-施奈德推进器上，幅度和相位这两个参数可以很简单地改变，无需做大量的运动，所以，它是一种理想的可调推进器，可以无级、很快地改变推进器推力的大小和方向。如果让螺旋桨表面上的一个点在圆柱形螺旋轨道上移动（通过在枢轴方向上同时做旋转和前进运动），则直翼推进器的直翼表面上的任意一点就划出一条摆线，即通过同时做旋转运动和垂直于枢轴的前进运动所形成的轨迹。因为具有这一特性，所以沃伊斯-施奈德推进器被称为摆线推进器（见图 1.6.13）。

如果要使推进器发出推力，自然必须相对于上述轨迹对直翼翼型进行一定的调整。虽然可想而知，通过两个参数，即推力参数（幅度）和方向参数（相位）来对推进器的推力进行控制，但在沃伊斯-施奈德推进器上则是根据两个相互成直角的坐标进行控制，正常情况下，其中一个坐标与船的纵向一致，另一坐标与船的横向一致。这种控制方式简化了过零点过程，并很容易产生较小的、在过零位时摆动的推进器推力，如进行机动操作时所必然遇到的情况一样（详情见第 2 章）。

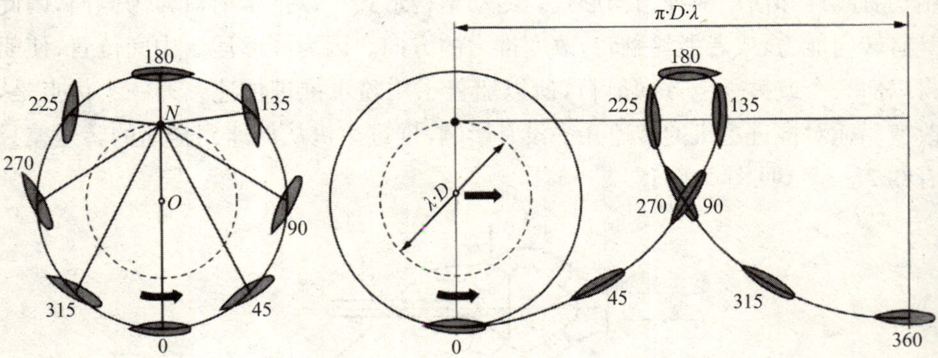

图 1.6.13　摆线推进器的轨迹（资料来源：Voith 船舶工程有限公司）

零推力螺旋桨

零推力螺旋桨是在码头上试验新建船舶机械装置的辅助设备。因为在系桩拉力试验时螺旋桨的转矩吸收明显大于在无碍航物水域航行时，所以系泊试验时既不要达到满功率，也不要达到满转速，而是只需要达到转速的 40%。某些特定的船舶，例如集装箱船、干货船、客船，一般不是一次在试航中证明达到动力装置 100%的功率，因为这些船舶都没有达到满载吃水。但为了能在码头上以满功率和满转速试验动力装置，研发了制动闸轮，其基本结构与二通量泵转子非常相似，并且鉴于其对称的结构形式不会发出轴向推力。制动闸轮又称为零推力螺旋桨，只要设计正确，在额定转速下就可以吸收发动机的满功率，并给出螺旋桨特性曲线。要特别注意，系泊试验结束并安装正式的螺旋桨后，要检查轴系的对中，必要时进行校正，因为一般情况下零推力螺旋桨比正式的螺旋桨轻。

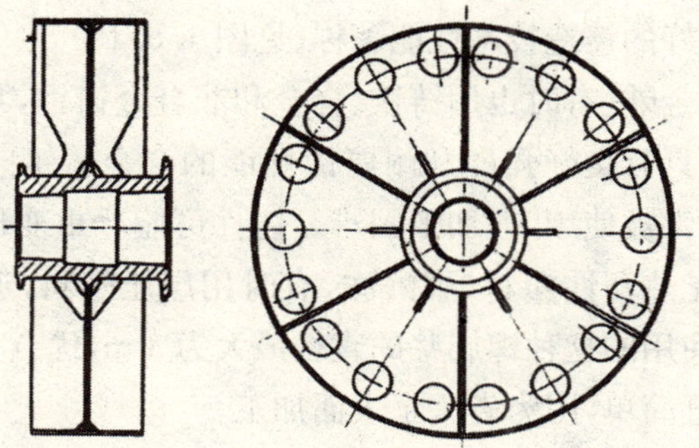

图 1.6.14　零推力螺旋桨

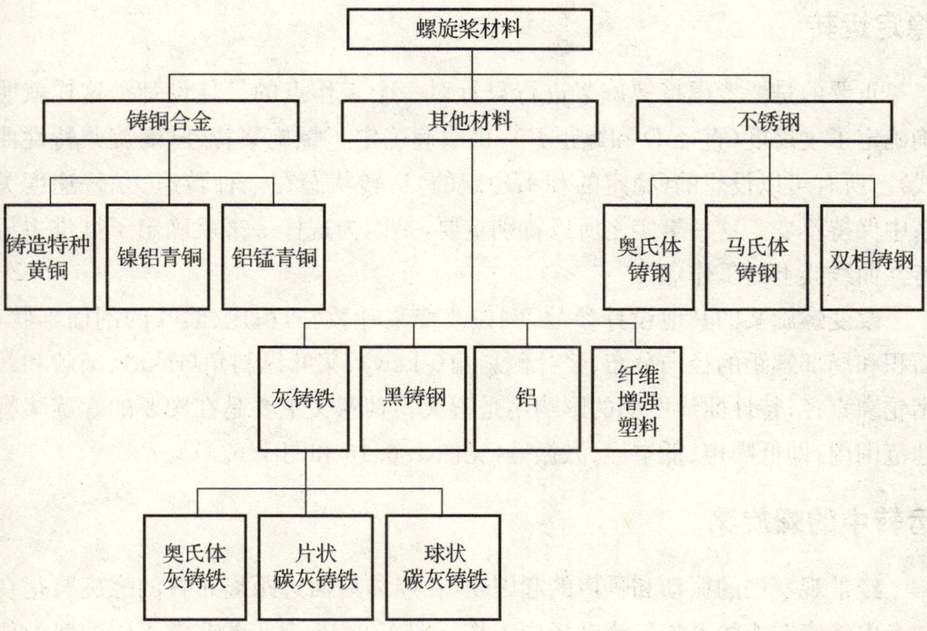

图 1.6.15　螺旋桨使用的材料概览

螺旋桨的材料和制造

今天,绝大多数的螺旋桨都是用铸铜合金铸造的,然后经过铣削、磨削和抛光加工到要求的成品尺寸。合金采用多种多样的成分;但主要可分为3大类:高强度铸造特种黄铜(一种铜锌合金)、锰铝青铜和镍铝青铜(也称为多种材料铝青铜)[1.6.6]。特别是后一种,同铝锰青铜一样,具有高强度和高耐腐蚀性,以特别适合焊接和良好的铸造技术性能著称(见图1.6.15)。

除了铜铸造合金外,有时也用铸铁、合金和非合金铸钢,某些情况下也用玻璃纤维增强塑料。具有良好强度和耐腐蚀性能的合金铸钢[13～18(24)%铬,2～6(8)%镍]更经常被使用,但加工困难。铸件可能严重变形,且残余应力大。作为塑料,使用的是热塑性塑料(聚酰胺,有时用层压塑料,近来也用碳素纤维增强塑料)。迄今使用的这种螺旋桨的直径最大为3 m,优点是对腐蚀绝对不敏感,加工制造快而且简单,因为省去了表面加工。

1.6.3 运转

稳定运转

重要的是要考虑将螺旋桨进行只针对一个工作点的最佳设计。这样就明确确定了主尺度(直径 D 和螺距 P),也明确确定了螺旋桨特性(螺旋桨特性曲线)。所有可以设想的(稳定的和不稳定的)运转状态在一种转速-功率-速度关系中保持不变。这一事实之所以特别重要,是因为这样一来就确定了推进主机特性曲线族上的工作点。

改变螺旋桨的其他设计参数,例如改变桨叶数、面积比、桨叶的剖面形状,面积和局部螺距的径向分布、桨叶侧斜角(skew)、桨叶纵斜角(rake)、桨毂和毂帽轮廓直径,特性曲线所受的影响不是很大。其意义主要是在次要的螺旋桨特性范围内,即低噪声、低空泡、激振等(见图1.6.16和图1.6.17)。

运转中的螺旋桨

经常观察到的振动和噪声的起因是,在船体后面近距离布置的螺旋桨是在一个由伴流造成的不均匀流动场中工作。图1.6.18为3条非常不同的船的伴流场,通常是用在轴向上流速相同的线(等速线)表示。不难看出,桨叶每转动

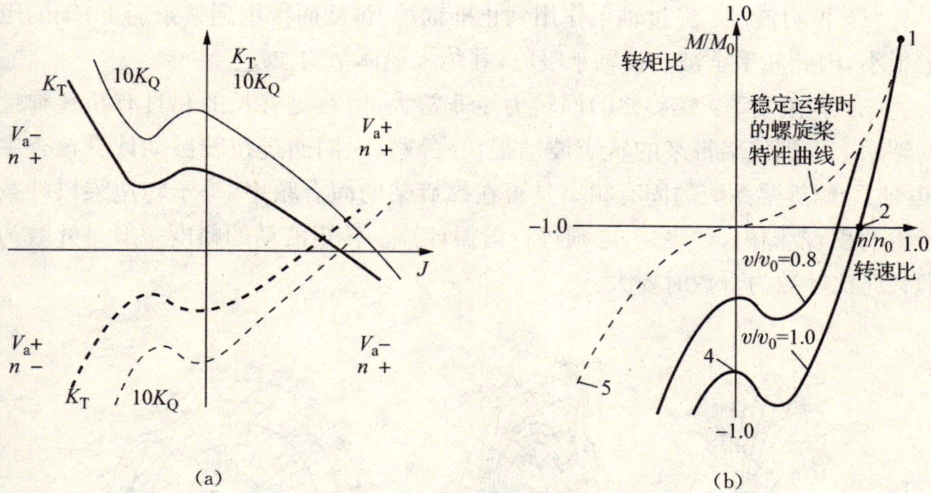

图 1.6.16　螺旋桨特性曲线

(a) 不同迎流情况下以及螺旋桨正车与倒车转动时的推力和转矩特性曲线(四象限图示)

(b) 稳定与不稳定运转时的螺旋桨特性曲线(所谓的罗宾逊曲线);

在不稳定运转中螺旋桨功率吸收的变化明显与起始速度有关。

曲线变化的形状也受螺旋桨结构细部和有关船体的强烈影响

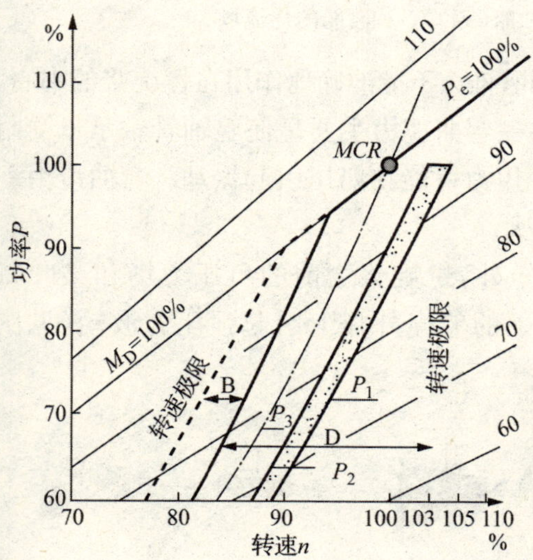

P_1新状态（试航状态）下螺旋桨的功率吸收
P_2船舶正常运行状态下螺旋桨的功率吸收
P_3极端状态下，即有船底附生物和遭遇海浪等情况下螺旋桨的功率吸收特性曲线,族中的D区可在持续运行中使用，B区只能在加速过程中短时间使用

图 1.6.17　发动机特性曲线族中稳定的螺旋桨特性曲线的状态

一圈所经过的是流入速度非常不同的区域,结果是基本上出现 3 种不同的、周期性重复的力和力矩波动:

(1) 推力波动：经过轴系作用到止推轴承上，从而作用到整条船上；轴的阻尼很小，因此几乎全被止推轴承吸收，并传入船体结构。

(2) 转矩波动：螺旋桨的回转力矩非常大，但在足够长的和具有扭转弹性的轴系上由螺旋桨带来的转矩波动很快衰减。人们通过扭转振动计算核查主机-轴系-螺旋桨系统的固有频率是否在螺旋桨的固有频率(等于转速乘以叶数所得的积)范围内，如果是，必须进行谐振计算。转矩波动的幅度一般是叶数为偶数时比叶数为奇数时要大。

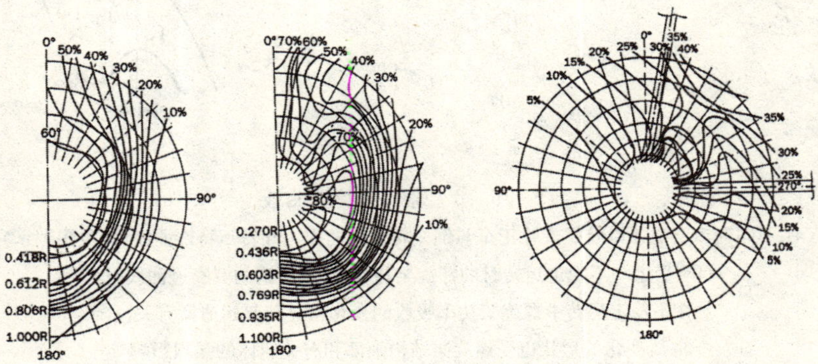

集装箱船　　　　油船　　　　双桨船（渡船）

图 1.6.18　集装箱船、油船(VLCC)和渡船的伴流场

(3) 弯矩波动：由于桨叶迎流不同，推力不能准确地作用在螺旋桨的中心，因而在轴上产生一附加弯曲应力。这一弯曲应力主要是使艉轴管轴承承受附加负荷，因此，周期性重复的轴承反作用力可能在船尾引起振动。弯曲应力一般是叶数为奇数时比叶数为偶数时要大。

除了由轴传递到船上的力和力矩外，螺旋桨之前的负压力场和桨叶每次越过艉柱时的迎流变化也会在相邻的船壳外板上引起强压力波动(见图1.6.19)。

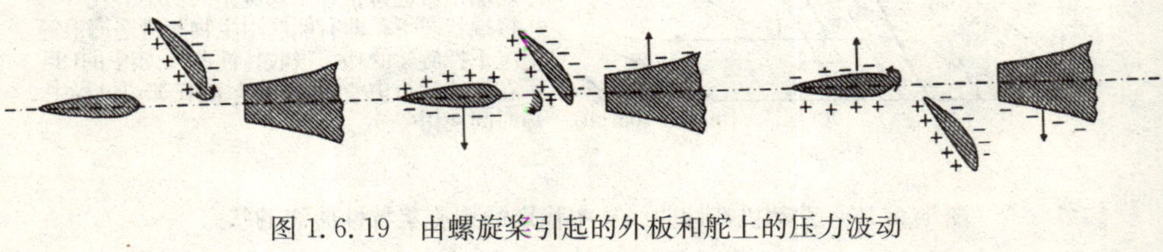

图 1.6.19　由螺旋桨引起的外板和舵上的压力波动

特别强的振动发生在船突然转向机动时。其原因在于螺旋桨的干扰来流。图中明确表明当船尚在向前航行而螺旋桨已在倒转的时间点上时桨叶剖面上

的速度变化情况；桨叶在几乎垂直于法向方向上迎流(见图 1.6.20)。

除了上述振动外，还可以断定有来自螺旋桨的噪声，人们分辨出有啪啪的噪声，其节奏等于转速乘以叶数，多半只在贴近螺旋桨附近才能听到。噪声起因于某些地方的涡流分离，是由于不断重新形成压力和速度波动造成的。在大功率螺旋桨的情况下，有时发觉鸣音，音响强度可能相当大，听起来非常不舒适。这涉及桨叶发生谐振，主要是由于导边刚刚开始的空泡或随边的涡流分离激起的。另外，轴系的其他部分发生与桨叶振动频率一致的振动也是原因之一。因为鸣音是桨叶的固有振动，所以相对来说与转速无关，转速最多可能在音响强度上有影响。

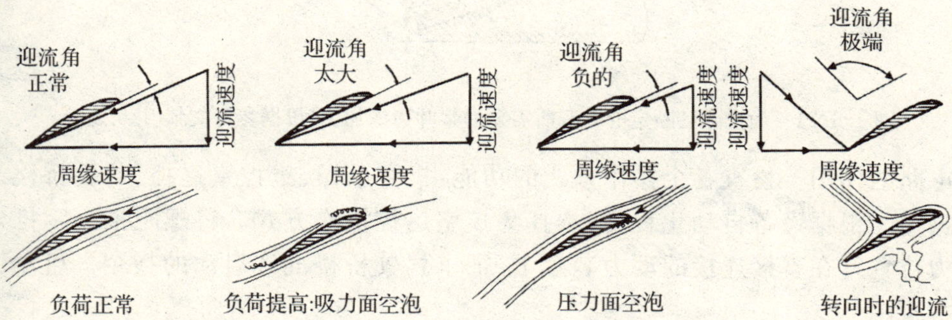

图 1.6.20　桨叶上的迎流变化及其作用

啪啪的噪声和鸣音噪声听起来多半响度不大，而充分生成空泡的嘎嘎响的噪声却有相当大的响度。当叶梢越过艉柱时，由于该处非常不利的压力和速度变化情况，往往直接发生空泡，时间跨度多半很短，结果虽不至于在桨叶上引起空泡剥蚀，但足以引起节奏等于转速乘以叶数的嘎嘎响的噪声。如果在船舶设计和建造时注意让螺旋桨得到有利的迎流状况，并有足够的船体叶梢间隙，以上所述各种现象几乎都是可以避免的(见图 1.6.21)。

可调距螺旋桨的操作(参见第 2 章)

因为一方面现代船舶的动力装置基本上都已自动化，另一方面现在又没有关于模块化准则的国际标准，所以这里提出一些基本原则和措施，建议在验收新设备或不熟悉设备时注意这些基本原则和措施。

启动主机之前：检查液压泵，启动泵并检查其正常运行情况。检查控制

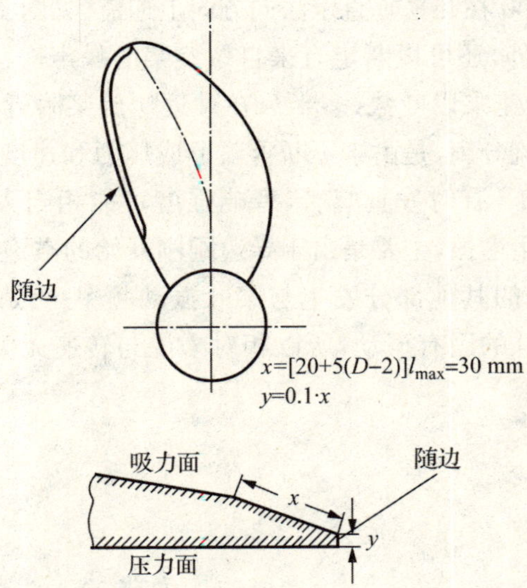

图 1.6.21　为排除已断定的鸣音所需要的桨叶边缘加工(根据参考文献[1.6.2])

电路的作用。检查各个操作方式的功能:机旁手操、集控室遥控、驾驶桥楼操纵。根据设备自动化程度:选择集控室遥控操作方式。将螺距推到零推力位置。在直接连接的动力装置上:征求驾驶桥楼准许启动的指令。启动主机。

离岸起航之前:一般是在驾驶桥楼上用可调距螺旋桨系统启动船舶。这不仅适用于海上航行,而且也适用于河口航行和包括靠岸和离岸操纵在内的全部机动操纵。为此,从集控室遥控操作方式转换为驾驶桥楼遥控或自动控制。在转换之前,要再一次检查运行中的螺旋桨设定螺距的工作情况是否正确无误。征求驾驶桥楼的准许指令,小幅度改变螺距正车航行,观察效果。再把螺距退回到零推力位置,观察效果。小幅度改变螺距倒车航行,观察效果。再把螺距退回到零推力位置,观察效果。向驾驶桥楼报告设定螺距的工作情况正确无误,并转换为驾驶桥楼远距离操纵或驾驶桥楼遥控。应当在驾驶桥楼上在同样范围内重复进行测试。海上航行结束或较长时间海上航行后转为机动操纵时,在引航员到达之前,应当由驾驶台船员以同样的方式检测螺距设定的作用是否正确无误。至少应每一至两个航次演习一次“机旁手操”的操作方式,以保证遇到紧要关头时不延误时间,或避免事到临头才不得不翻阅操作说明书。

现场监控

典型故障和损伤

新螺旋桨的表面多半用一种无色的涂料或弥散硬化的油料作保护，应尽量在螺旋桨投入运行之前把这一保护层清除干净。同样必须彻底清除螺旋桨的污垢，如外板涂漆时留下的油漆污点，以免可能引起严重的局部穴状腐蚀。新螺旋桨是清洁的，大多数经过抛光，能保持这种状态当然是很理想的。螺旋桨表面如果没有因附生物、钙疤或锈蚀造成的粗糙现象，最好不要去触摸它。如果有发生这种现象的征兆，或腐蚀深度超过 1 mm，可以磨除或抛光。受空泡剥蚀的表面可以打磨干净，并用堆焊进行加工，这种工作最好委托制造公司去做，因为制造公司掌握合金材料的详细知识，并且大多情况下随后还要做消除应力处理。局部的穴状腐蚀或扩大了的粗糙度最好也请制造公司清除。较小的裂纹或变形，特别是叶片边缘上，必须及时进行处理；导边的变形会干扰例如叶片的绕流，几乎总是会导致空蚀损伤。变形叶片的矫正需要有丰富的经验，应当由专业人员进行。规定超过 60 mm 的材料厚度是可修理的极限，因为超过这一极限焊接技术上会发生问题。任何情况下，排除螺旋桨损伤的各种措施都必须通知主管的船级社，措施须经船级社同意。

补救措施

维修措施只准由专业企业实施。所有裂纹现象都可能招致危险，尽管开始时裂纹不大。裂纹端部的高应力集中可使裂纹增大；其作用相当于缺口，可能导致突然撕裂。每一次 $0.6R$ 以内的必要的修补工作都应当把制造公司请来，因为往往需要加热，而后会产生残余应力，而残余应力只有通过热处理整个螺旋桨才能排除，但这很少能够做到。这一范围内很小的裂纹可以磨除，但必须十分小心，确信裂纹已毫无遗留地彻底清除(例如用着色探伤法进行裂纹检验)。为了减小出现裂纹时的缺口效应和制止裂纹继续扩大，应当采取预防措施，即在起始点上打一个内径为 10～12 mm 的孔，当然这样打出的孔必须磨光毛边，并用铁梨木木塞密封，以避免吸力面与压力面之间压力平衡，因为那样会导致空泡和严重剥蚀损伤。然后必须通过焊接修补位置。特种铸造黄铜在 10～12 年使用时间过后出现自然脆化，因此，裂纹在焊接以后很快又会重新出现，这种情况下以放弃焊接为好。裂纹也会出现在没有用过的螺旋桨(备用螺旋桨)上。出现弯折的叶梢和弯曲的边缘往往是浮冰、搁浅等造成的结果,影响效率和空泡性能,因此必须尽快排除。此外还经常与桨叶螺距的改变有关系。因此,正确的应对措施在于,把螺旋桨从艉轴上卸下来,并精心进行测量。用杠杆和压重、液压或机械压力以及张紧设备处理是允许的,但决不能用铁锤。弯曲部位本身及其周围必须缓慢和均匀地加热到材料适应的温度。冷却同样必须非常缓慢地进行。没有发现的裂纹及其对外部的影响可能导致整块叶片折断。如设备突然运行不稳定或船舶失速,可以断定发生了这种情况。预防措施在于,为缺失的一块制作模板,在对面叶片的同一位置上切除同样大小的一块。然后可以请制造厂重新铸上或焊上缺失的块。当在浮冰或恶劣天气情况下出现这种类型的损伤时,往往不能及时发现,因为这种情况下发生的失速也可能是船舶阻力增加的结果。有时也可以要求用热装配合更加牢固地把螺旋桨固定到轴上。这样必须将桨毂加热才能装配。但加热必须非常均匀,最好用热蒸汽或隔离的电热罩进行加热。如果没有别的办法,也可以小心谨慎地使用燃气-空气燃烧器的软火焰。加热温度太高或不均匀会引起冷却时产生高裂纹应力,导致桨毂发生应力腐蚀和裂纹。用铸造特种黄铜制造的螺旋桨对这种情况特别敏感。根据应力的高低,裂纹在数周或数月之后才出现,当发现时,大多数已经太深,不能修补了。当不能回避的时候,原则上对发生在桨毂和叶片根部上这种裂纹只能进行热处理(焊接)。如果螺旋桨在安装和拆卸时吊在吊索上,则必须注意相应地保护铅或铜白合金(有时也用塑料)边缘。不允许对叶片根部边缘附近的损伤(这种损伤应归因于不按规定操作卡上了输送带)进行焊接,否则会导致不能修补的裂纹和损失螺旋桨。用合成树脂、浇缝和油灰材料排除由于空泡剥蚀造成的表面蚀痕,这已被证明是一种廉价的和有时也是非常有效的修理辅助方法。用这种方法时,要细心清洁损伤部位,并注意均匀抹平过渡部位。对于螺旋桨上的各种维修工作,建议在重新投入运行后,尽可能立即对维修过的范围进行检查,必要时让潜水员证实修理过的范围正常。

维修和保养

螺旋桨一般是用键、锥体配合[锥度 1∶10～1∶15(1∶20)]和螺旋桨螺母固定在轴上。桨毂应当牢固地套在轴锥体上(压配合),并尽可能在整个长度范围内,首先是锥体的粗端受到良好的支承。键伸至桨毂长度的最大部分,并必须与锥体和桨毂长度精确配合。根据可能,螺旋桨在冷态装上和卸下;锥体必须事先涂抹好油脂。要特别注意桨毂配合的前端密封达到完美无缺的状态；最重要的是，当轴有一轴套时，必须保证螺旋桨与轴之间以及轴与轴套之间都不能有海水进入，因为这些高负荷部位的腐蚀在短时间过后就会造成不能使用的后果，或者甚至丧失螺旋桨和轴。在后端，螺旋桨用螺旋桨螺母锁紧。螺旋桨螺母有比较细的右旋螺纹和槽口或缝隙，以插入一个止动键，而且必须同螺旋桨范围内的所有螺钉和螺母一样，经过特别防松处理。安装后，螺旋桨螺母罩上毂帽，与桨毂水密螺固，在流体技术上构成桨毂的延伸部分。这种毂帽在比较老式的船上是用同螺旋桨一样的材料制成的，为防海水进入，要加注油脂。因此，毂帽很重，按其形状难以用手操作。近来也有用玻璃钢制造毂帽的，并填满塑料泡沫。拆卸时，要在螺旋桨上安装拆卸辅助工具。

安装和拆卸螺旋桨时，要测量拉紧和松脱行程(多半为数毫米)，测量一般用精密测量千分尺、千分表或量规进行。为此一定要注意螺旋桨制造商在使用说明书中关于最小推移值的说明。其中重要的是，也要精确测定和记录环境温度，因为轴(钢)和螺旋桨(铜)的膨胀系数不同，温度对收缩量和推移行程有很大影响。对此，螺旋桨交货资料中有修正说明。下面介绍的液压安装拆卸方法，如果提供的说明书中没有规定的值，一般可以借助(液压油的或压力机的)压力 p_0 确定推移的零点如下

$$p_0 = \frac{m_{\mathrm{Prop}} \cdot g}{100 \cdot A_{\mathrm{R}}} \tag{1.6.29}$$

式中，m_{Prop}是螺旋桨质量，g 是重力加速度，A_{R} 是推移装置活塞的有效面积。当在安装中达到这样计算的泵压力时，将确定推移行程的千分表置于“0”或读数。如果螺旋桨很大，当需要传递大转矩或需要计及剧烈的转矩波动时，传统的螺旋桨固定压配合不再能满足对这种重要连接方式提出的安全要求。如果固定不完美，则螺旋桨开始脱出锥体。因为压配合不再充分起支承作用，作为止动件的键承担了一部分被传递的转矩，并承受剪切力。随后，在大多数情况下，键、轴和螺旋桨受到严重损伤，以至于不得不进行更换。另外，由于键的横截面变小及其缺口效应经常导致轴裂纹和疲劳撕裂，人们正在作出努力，不再使用这一可疑的止动件。

安装螺旋桨所需要的大推移力由液压安装工具产生，如图 1.6.22 所示。

安装时，首先把螺旋桨推移到轴锥体，先不推紧，把液压螺母拧到螺旋桨轴的螺纹上，使其环形活塞紧贴桨毂的背面。用泵把油输入到压力缸后，可以用液压螺母的环形活塞把螺旋桨向轴锥体上推移到固定配合所需要的距离，同时通过油孔把约 800～1 200 bar 的压力油送入环形的压力配合接缝中，以便使桨

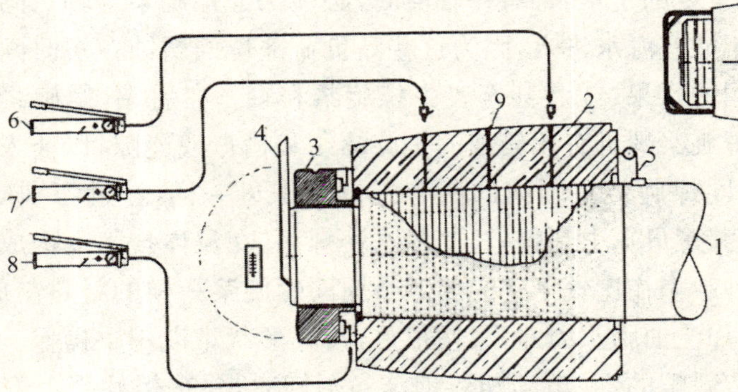

图 1.6.22 螺旋桨安装到轴上的油压无缝配合

毂扩径，让螺旋桨能容易地进入要求的位置。压力配合接合面处有 0.5 mm 深的螺旋形通油槽，该槽伸展到整个锥体表面。槽通到桨毂端部之前约 40～60 mm 处，并在桨毂底座的中心被一块相当宽度的挡板相互分离。根据预先规定保持到位后的终极压力，并观察千分表。如果不再显示进一步的行程变化，可以先让压力油退出桨毂，然后退出环形活塞压力机。接下来再对桨毂拧紧螺母，并用通常的方式锁紧。所有的孔，凡是没有明确禁止的，都挤上油脂，然后用相应的塞头封闭。在拆下螺旋桨时，首先松开螺旋桨螺母，然后倒拧螺纹，后退约 100～150 mm。在螺旋桨螺母与桨毂之间垫上一层硬木，以防退出时螺旋桨遭到太硬的止挡。将压力配合接缝中的油加压到约 400 bar。过若干分钟后，螺旋桨脱离轴锥体。应当尽可能预先不出现漏油(漏油一般意味着锥体表面损伤)。

入级检验的准备工作

为了牵引螺旋桨轴，并检查艉轴管轴承和密封，必须卸下螺旋桨。根据船级，在船级更新检查的范围内，要全数检查备件，其中包括备用螺旋桨，如果是可调距螺旋桨，还包括一对或一套备用叶片。在验收螺旋桨之前，要用一探针检查螺旋桨螺母是否充分贴紧。如果发现中间有空隙，慢慢移动螺旋桨。然后必须用探针检查键。这种情况下必须认真检查桨毂和轴的裂纹与腐蚀痕迹。螺旋桨固定采用压力配合和键时，要检查键是否承受负荷。然后需要进行裂纹检查，并测量键槽口的宽度增量。此外，对于按压力油法紧固的螺旋桨，还要检查螺旋桨是否滑动。必须核对螺旋桨、桨毂、轴和螺母上以前装配留下的标记。

螺旋桨上的腐蚀和防腐蚀保护措施

虽然螺旋桨的青铜材料从原理上讲是耐海水腐蚀的，但作为螺旋桨旋转运动结果的电过程可能引起电化学腐蚀。因为这从本质上是一个电过程，所以也可以用电技术方法来应对。

最简单方法的作用原理如下：

由于船用螺旋桨的旋转，叶梢上与桨毂上的水速或螺旋桨其他局部范围之间的水速发生很大差别。由于存在这样的差别，取自叶梢部位的溶液中的金属离子比取自桨毂范围内的要多。来自叶梢的电荷转移到桨毂，结果有使水速最高范围内的腐蚀加重的倾向。此外还伴有湍流强附近范围内水速的局部差别，使螺旋桨表面上材料的钝化层受到损伤(辐射)。钝化层的离去造成腐蚀的产生，并导致电荷的进一步增强，反过来又加速腐蚀过程。只有当螺旋桨材料中局部电荷的转移受到抑制时，才能防止这种类型的电化学腐蚀。

最简单的应对措施在于，通过叠加外部电源馈电的反向电流来中和电荷的转移。在几乎所有的情况下都存在这种“保护电流”的天然资源：船体的钢材。为了测量航行过程中船体与旋转的螺旋桨轴之间的电位差，用一高电压微伏电压表进行简单的测量就够了。用测量仪的正极接到轴上，负极接到舷墙的内表面上，读取到数百毫伏的电压。这意味着船体能够向螺旋桨轴提供所需的电流，当以适当的方式经过一低电压电桥与螺旋桨轴连接时，实际上也能做到向螺旋桨提供所需电流。在海上正常运行期间，在油膜上旋转的螺旋桨轴与船体没有持续导电的触点。因此必须为建立这样的导电触点提供额外的方法。可以在轴上布置集电环和电刷，电刷经过电缆与船体建立导电连接，把船体与轴之间的电位差从例如 350 mV 减小到 60 mV，或者甚至更小，这样就足以引起螺旋桨电化学腐蚀的显著减小。如果通过永久性地连接一个微伏电压表监控电位差，当在任意时间点超越 60 mV 时，这就是轴与船体之间的回路受到干扰的信号。集电环和电刷应当定期清除脏物、油类、油脂或细磨粒，必要时更新电刷。

当船体外表面无遗漏地用漆层保护时，电位差可能达不到保证向螺旋桨提供要求的电流的程度。但是实际上，船体尾部范围内的漆层不断地受到空气含量高的湍流水的扰流和侵袭，这在一般情况下足以激发足够的电活力。在原理上，从船体钢中引出电子当然又会加速船体钢的腐蚀，但这种影响可以忽略不计，因为与螺旋桨相比，船壳的表面面积非常之大。尽管如此，船体依然必须装

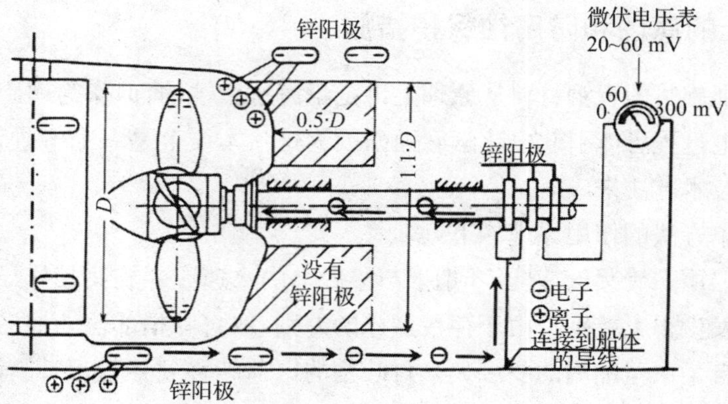

图 1.6.23　螺旋桨上的防腐蚀保护措施

备锌或软铁牺牲阳极，以补偿被引出的电子。图 1.6.23 表示布置的集电环和电刷以及锌阳极在船壳上的位置。

为了避免螺旋桨上空泡剥蚀，急切建议不要在外壳范围内布置锌阳极，锌阳极不要布置在画阴影线的范围内。不然，阳极后面的分离涡流可能在螺旋桨上引起空泡。重要的是，锌阳极要有足够大的表面，这里推荐每平方米螺旋桨表面设约 1～2 个标准的阳极。应当尽可能与专业人员讨论符合流体技术观点的正确位置。只有当转移电阻保持较低时，阳极才有保护作用。为了有效起见，例如在舵上布置阳极将有高得多的转移电阻（锌板-舵-舵杆-船体-螺旋桨轴轴承-螺旋桨）。铸造特种黄铜合金虽然经过一定时间由于形成一层耐腐蚀的氧化层起保护作用，但由于轻度的空泡剥蚀氧化层可能部分地被破坏，随后在氧化与未氧化的表面之间会产生电位差，形成继续腐蚀的起点。因此，空泡剥蚀与腐蚀之间存在相互影响。铸铁和铸钢螺旋桨在运行过程中承受的应力最高。如果螺旋桨用不耐海水腐蚀或不完全耐海水腐蚀的材料（铸铁、铸钢、低合金铸钢或铸造特种黄铜）制成，这里也建议采取适当的保护预防措施。

这对于装备轴带发电机或变速传动装置的船来说特别重要。最后还应指出，要排除备用螺旋桨的腐蚀影响。建议每年检验一次备用螺旋桨，并检查其封存状态。这一点特别适用于具有高精密度敏感表面的毂孔。

参考文献

[1.6.1]　Bertram，V.：Practical Ship Hydrodynamics，Butterworth Heinemann，Oxford 2000.

[1.6.2] Carlton, J. S.: Marine Propeller & Propulsion, Butterworth Heinemann, Oxford 1994.

[1.6.3] Illies, K.: Handbuch der Schiffsbetriebstechnik, 2. Auflage, Fr. Vieweg & Sohn, Braunschweig/Wiesbaden 1984.

[1.6.4] Mewis, F.: POD-Antriebe, Entwicklungsstand nicht nur aus hydrodynamischer Sicht, Tagungsband des 24. Duisburger Kolloquiums Schiffstechnik/Meerestechnik, Duisburg, 2003.

[1.6.5] Taylor D. A.: Introduction to Marine Engineering, 2nd Edition, Butterworth Heinemann, Oxford 1990.

[1.6.6] Böhm, D.: Werkstoffauswahl und Betriebsverhalten von Seeschiffspropellern, Bericht vor dem Fachausschuss Werkstoffe und Korosion der Schiffbautechnischen Gesellschaft e. V.; www.STG-online.de.

1.7 传动装置

汉斯海因里希·迈尔-彼得(Hansheinrich Meier-Peter)
译:陆 怡 金晓剑 李东亮 校:王伟勇 刘维亭

1.7.1 传动装置的功用

传动装置的功用是使发动机或主机的转速升高或降低到做功机械的转速(齿轮传动装置),集中多台发动机的功率(併车传动),将发动机的功率(通过辅助齿轮箱或分支传动机构)分配到多台做功机械(联合传动装置)上,当发动机的旋转方向不变时可以改变从动轴的旋转方向(换向传动机构)或当驱动转矩不变时可以在功率输出端调节不同的转矩(多速传动装置)。用于船舶操纵中的传动装置必须根据整个系统的设计方案不同而实现这些功用中的一项、多项或全部。因为功率输入端和输出端的转矩始终是不同的,故传动装置也可以称做转矩变换器。

作用原理

传动装置的作用原理是根据力学的基本定律得出的:作用于一台传动装置上的扭矩和力的总和必须等于零。此时驱动扭矩和被动扭矩非等大。传动装置的这一扭矩差由基础承受。除了在传动装置中通过齿轮的啮合实现扭矩转换外,还存在着液力传动装置(如福丁格液力变矩器)、电力传动装置、曲柄连杆机构、多连杆变速传动装置和凸轮传动装置,但它们在船舶运行中几乎不采用或很少采用。在液力传动装置中动力端亦即驱动端的扭矩只是通过液流的能量传送到工作端。电力传动装置的扭矩则通过磁场的旋转来传递。曲柄连杆机构、多连杆变速传动装置和凸轮传动装置纯粹从力学意义上来说,例如是按照杠杆原理传递扭矩或力的。

区分特征

齿轮传动装置是以齿轮副的形式来区分的:平行轴正齿轮传动装置、相交轴锥齿轮传动装置、交错轴的位错锥齿轮传动装置(较小中心距和较大传递力)、交错轴螺旋齿轮传动装置(较大中心距和较小传递力)、具有很大传动比和很大传递力的蜗杆传动装置。位错的锥齿轮和螺旋齿轮在船舶运行中很少采用(例如,用于汽油发动机的转速计和点火分电器)(见图 1.7.1)。

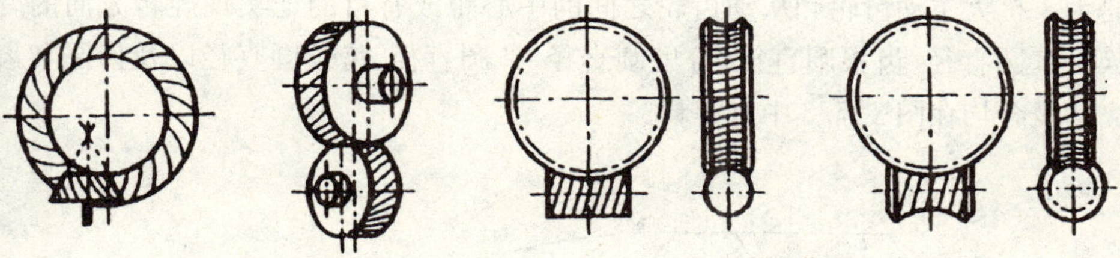

图 1.7.1 齿轮副的区分特征

此外按照齿驻副的啮合来区分:正常传动比的直齿啮合;较高周缘速度的斜齿啮合,可以使齿轮装置具有更高的承载能力和更好的运转平稳性;双斜齿啮合或人字齿轮啮合,可以平衡在斜齿啮合时形成的轴向力;具有更高运转平稳性和能降低齿顶断裂危险的螺旋形齿和圆弧齿啮合,其承载能力更大(对锥齿轮而言)。大功率的锥齿轮传动装置(如肖特尔推进器、首侧推器)偶尔采用螺旋形或圆弧啮合的齿轮。由于齿啮合是渐进的,斜齿啮合传动装置具有更好的运转平稳性。与直齿啮合相比,斜齿啮合的缺点是摩擦功较大,但因为多个齿同时进入啮合,这一缺点通过较好的啮合承载能力得以补偿。此外,还可以区分成外啮合和内啮合(见图 1.7.2)。

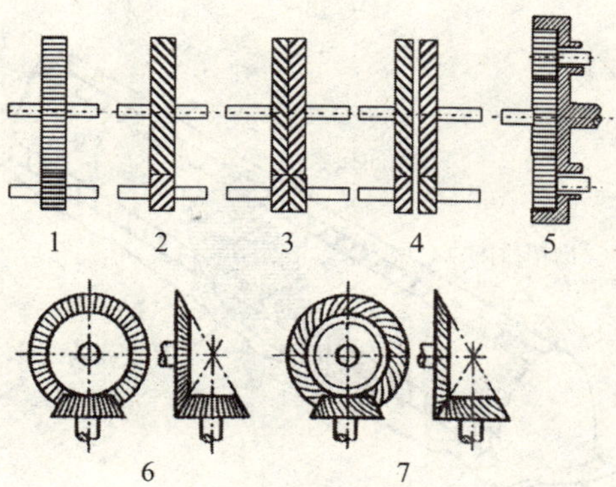

图 1.7.2 啮合的区分特征

名称

与其直径的大小无关，一个传动装置的驱动齿轮被称为主动齿轮。中间齿轮只起到变换旋转方向的作用，而对传动比不起作用。有时配置有中间齿轮，是为了扩大主动齿轮和从动齿轮之间的中心距或有目的地实现旋转方向的变换。基圆直径、齿根圆直径、分度圆直径、节圆直径、齿顶圆直径以及齿厚和齿高的概念均在图 1.7.3 中有解释。

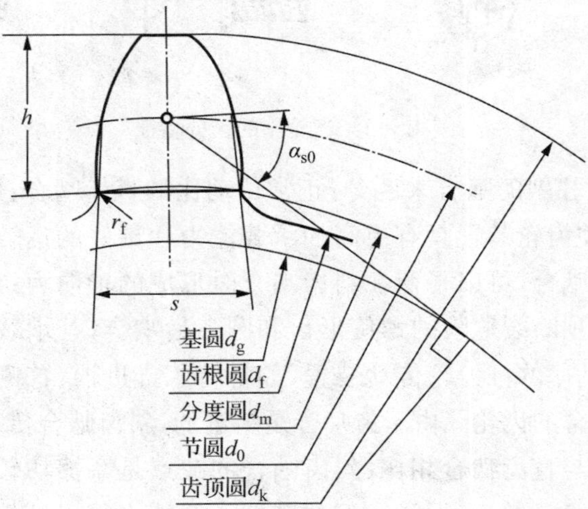

图 1.7.3　基圆、齿根圆、分度圆、齿顶圆和节圆的定义

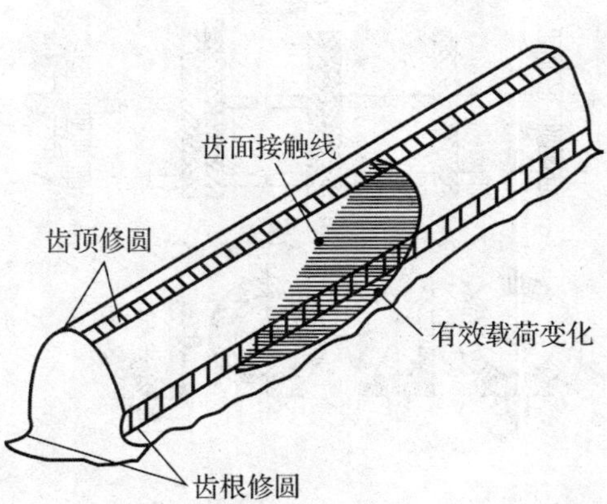

图 1.7.4　关于啮合线概念的定义

从动齿轮和主动齿轮的节圆彼此在一个共同点或线上接触，在该点上它们具有同样的周缘速度(啮合线)(见图 1.7.4)。

特征值

传动比 i 等于齿轮节圆直径和主动齿轮节圆直径之比，因而也等于转速的反比

$$i=\frac{d_{01}}{d_{02}}=\frac{n_1}{n_2} \tag{1.7.1}$$

中心距是节圆直径的算术平均值

$$a=\frac{d_{01}+d_{02}}{2} \tag{1.7.2}$$

对节圆中的节距 p_0 适用关系式

$$p_0=\frac{d_0\cdot\pi}{z} \tag{1.7.3}$$

式中，z 为齿数，这样使得齿数的比与传动比相符。

通过各个级的传动比相乘得出多级传动装置的总传动比

$$i_{总}=i_1\cdot i_2\cdot i_3 \tag{1.7.4}$$

如此来确定与传动比相符的齿数，从动齿轮的齿数和主动齿轮的齿数不具有整数的共同除数，以使得相同的齿尽可能少地进入互相啮合。

模数是节圆直径与齿轮齿数之比

$$m=\frac{d_0}{z} \tag{1.7.5}$$

通常的模数值在 DIN 780 中已有标准化规定。节圆直径、齿数、节距和模数之间的关系如下：

节距/mm

$$p_0=\frac{d_0\cdot\pi}{z} \tag{1.7.6}$$

模数/mm

$$m=\frac{p_0}{\pi} \tag{1.7.7}$$

模数和节距影响到其他的设计参数，例如：

齿高/mm

$$h\approx2.2\cdot m$$

齿侧间隙(见图 1.7.5)：

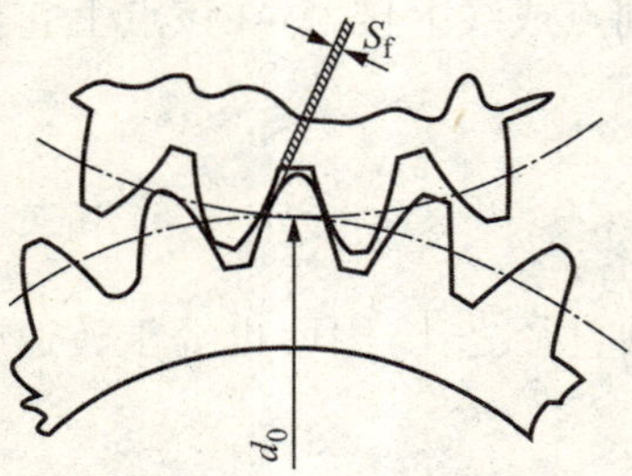

图 1.7.5　齿侧间隙

$S_f \approx 0.04 \sim 0.08(0.10) \cdot m$

或 $0.015 \sim 0.03(0.04) \cdot p_0$

齿侧间隙(英文:backlash)为,在一对相啮合的齿轮中,固定其中一个齿轮,另一个齿轮从右侧齿面至左侧齿面所能转过的节圆弧长。无论如何该间隙不应太小,否则会产生啮合危险。

$$S_f = \frac{a \cdot m_a}{60\,000} + 0.127 \qquad (1.7.8)$$

式中:a— 中心距/mm

m_a—法向模数/mm

齿廓:

对齿廓几乎只规定按照 DIN 867 的具有 $\alpha = 20°$ 啮合角的法向渐开线啮合。啮合角是垂直于齿接触面的力与在节圆半径上切向力之间的夹角。如有必要,利用齿廓变位的可能,以期对较少的齿数提高承载力或达到规定的中心距。此时总有齿面的另外部分进入啮合,渐开线齿形保持不变。这种齿廓修正的啮合由于因法向偏离产生的滑动速度在啮合中对润滑油有更多的要求。在设计润滑系统时须虑及这一点。

在斜齿啮合或人字齿轮啮合中,倾斜角 β 给出齿面相对于齿轮轴的倾斜度;该角为 $\beta = 10° \sim 45°$。在垂直于齿轮轴的端面中,齿廓显示已变形。为进行计算必须从垂直于齿面的法向截面(法向分力、齿侧间隙等)中获取数值(见图 1.7.6 和图 1.7.7)。

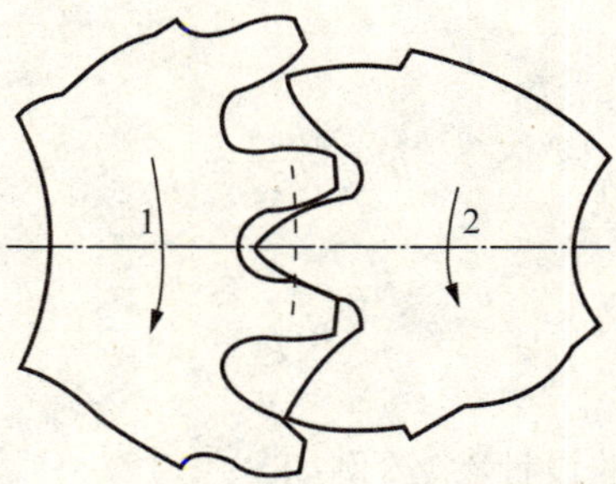

图 1.7.6　为了确定传动装置润滑油的失效功率级(FZG 级)采用正齿廓变位的齿轮(齿轮 2),它对润滑油性能的反应特别敏感。这样可以很快得到可靠的试验结果

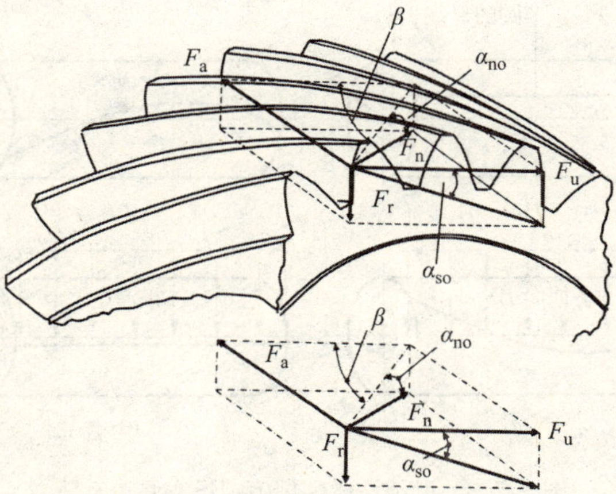

图 1.7.7　在斜齿啮合中传递齿轮力时形成的径向、轴向和切线方向的分力

啮合修正

除了已经提及的齿廓变位外，还存在具有重要意义的齿顶修正、齿根修正和齿宽修正。

齿顶修正和齿根修正

在载荷下啮合状态的齿会朝着啮合面的方向变形，变形量相当于作用于下一个齿的同样大小的齿分布误差。在齿脱开啮合时存在着类似的情况。未经齿廓修正时，载荷会突然中断并由此产生类似冲击状的载荷变化。这种啮合进行时有响声并且易于在齿顶和齿根范围内啮合。齿轮的齿大多数以正确的渐开线来制造，而所有的修正是在主动齿轮制齿时进行的。必要的修正量视相应的齿线载荷或齿面压力而定。

齿宽修正

在船用齿轮箱中沿着齿宽的齿修正系数是根据主动齿轮的弹性变形来确定。此外，从动齿轮和主动齿轮的热膨胀不同，其产生的热量的影响只有在单斜齿啮合和相对低的圆周速度时才会忽略不计，而对高的周缘速度以及对双斜齿啮合和人字齿啮合的传动装置则必须考虑这种热膨胀。

图 1.7.8 为确定齿纵向修正的方法。

为了确定传动装置啮合的修正形式，在计算主动齿轮啮合范围内的变形

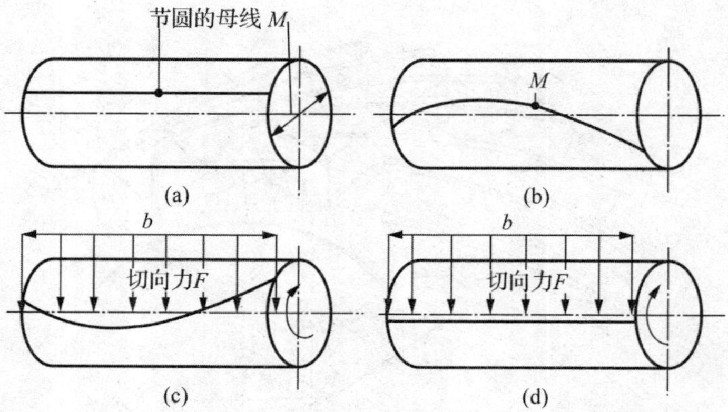

图 1.7.8　以圆柱体为例确定齿宽修正系数

(a) 未受载圆柱体上直的母线　(b) 受载圆柱体上变形的母线

(c) 对未受载的圆柱体给出了(b)的对称图形　(d) 受载圆柱体的母线变成直线

时，假设切向力是均匀地分布在齿宽上的。变形是沿着在一个直径等于节圆直径的圆柱体上的一根母线 M 来确定的。

总变形包括：

- 弯曲；
- 扭曲；
- 推力；
- 由于各种不同温度引起的应变差。

推力所占的份额很小，可以忽略不计。

理论上正确的齿宽修正系数符合于总变形量的对称形(图)。如果按照这种方式修正的主动齿轮受载，那么得到的是一根直的母线，也就是说是均布载荷。因此，齿宽修正系数就如齿顶修正系数和齿根修正系数一样，始终只能对一种载荷进行正确的设计。对船用齿轮箱通常是以额定载荷进行修正(见图 1.7.9)。

一个齿轮主要受到的载荷有：

- 在齿面上的比压；
- 在齿根上的弯曲应力；
- 齿轮由于齿面摩擦而产生热载荷 。

超过允许的齿面比压时，齿轮由于点蚀(pittings) 或滑移磨损而不能使用。不允许有的高弯曲应力会导致超过齿根的允许弯曲应力 $\sigma_{F允许}$ 并因此引起疲劳断裂或过载断裂。过度的发热破坏了润滑剂并降低强度值，产生咬合。

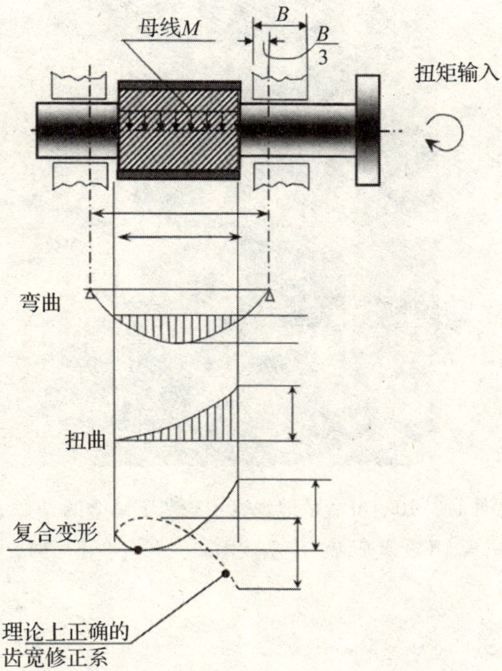

图 1.7.9　对于齿宽修正系数根据不同的载荷类型求算变形并彼此叠加

根据各种不同材料所允许的极限值，对这些载荷类型的安全系数为：
防止超过齿面允许比压的安全系数：

$$S_H \geqslant 1.3$$

防止超过齿根允许弯曲应力的安全系数：

$$S_F \geqslant 2.3$$

齿面摩擦

由于齿面互相之间的滑动在各啮合位置消耗的摩擦功率为

$$P_v = P \cdot \mu \cdot \pi\left(\frac{1}{z_1}+\frac{1}{z_2}\right) \tag{1.7.9}$$

另外一种写法

$$P_v = P \cdot \mu \cdot \pi\left(1+\frac{1}{i}\right) \cdot \frac{1}{z_1} \tag{1.7.10}$$

式中，$\mu=0.03\sim0.05\ (0.15)$。

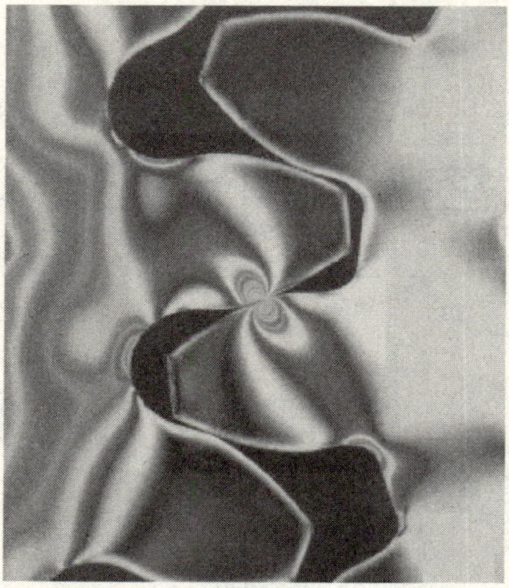

图 1.7.10　可清楚地观察主载荷下啮合的光弹摄相
（资源来源：传动技术研究联合会 FVA）

传动装置的效率

进行近似计算时，往往满足于通过传动装置的效率来考虑不同的传动损失（轴承摩擦和齿面摩擦）：

$$\eta=(0.995)\ 0.99\sim0.985\ (0.98)$$

根据传动级数、啮合质量、润滑及其他情况的不同，以上范围内的数值可作为参考值。

对主动齿轮和从动齿轮必须采用高品质的材料。尤其应重视金相组织的高品质。为使磨损减小，主动齿轮的材料多数情况下要比从动齿轮材料高出 10～15 kN/cm^2。表 1.7.1 列出了常用的材料。

所采用的材料通过调质或淬火可进一步提高承载能力。承载能力的极限主要不决定于齿面的压力，而在更大程度上决定于齿根和齿面摩擦的弯曲应力。这对大模数淬火的啮合齿尤其如此。

主动齿轮几乎始终与其轴一起是由整块锻件加工而成的，而其他齿轮的齿轮体通常是铸造或焊接的，根据啮合齿的需要由优质材料制成的锻造轮缘与齿轮体热压套装组成复合结构。在现代齿轮设计时，由轮缘和轮毂组成的盘式齿轮按照一种高效率的方法焊接并去应力退火。为了能在以后检验同轴度、加工齿的精度和轴的位置，在齿轮和主动齿轮上设有特殊的测量台肩。

传动装置的计算

本文对设计传动装置所需的大量计算不予详细阐述。另一方面，在建造新船计划中，船舶工程师的职责是以海运公司技术咨询的身份在评价传动装置选择方案时发表专业性的技术判断。以下说明应该有助其完成这一任务。为进行深入的计算，当然须参阅参考文献[1.7.1]。在对两种选择的传动装置方案进行比较时，最重要的参数除了如主要尺寸、轴的布置、中心距、模数、齿数、传动比和重量这些常规的参数外，还有驱动的工作系数 K_A、齿面接触强度安全系数 σ_H 和齿根弯曲承载能力安全系数 σ_F（见表 1.7.1）。

表 1.7.1　各种不同材料制成的传动装置的比较(资源来源:Mobil Oil)

材料	主动齿轮和齿轮：C45	主动齿轮和齿轮：42CrMo4	主动齿轮：20MnCr5 齿轮：42CrMo4	主动齿轮和齿轮：31CrMoV9	主动齿轮和齿轮：34CrMo4	主动齿轮和齿轮：20MnCr5
热处理	正火	调质	主动小齿轮：渗碳淬火 齿轮:调质	气体渗氮	齿面感应淬火	渗碳淬火
加工	滚齿	滚齿	主动小齿轮:磨光 齿轮:滚齿	高精度铣削	铣削，研磨	磨光
中心距 a / 模数 m	830 mm / 10	650 mm / 10	585 mm / 10	490 mm / 10	470 mm / 14	390 mm / 10
结构尺寸(壳体是焊接的)	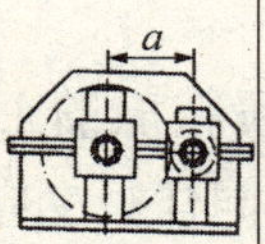	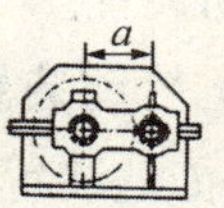	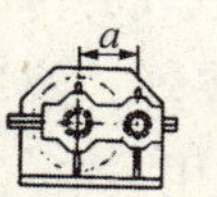		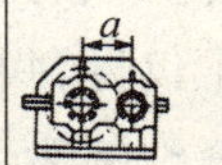	
滚动轴承重量/kg	95	95	95	105	105	120
总重/kg	8 505	4 860	3 465	2 620	2 390	1 581
重量百分比/%	174	100	71	54	49	33

（续表）

价格百分比/%	132	100	85	78	66	63
齿面安全系数 S_H 齿根安全系数 S_F	1.3 6.1	1.3 5.7	1.3 3.9	1.3 2.3	1.4 2.3	1.6 2.3

主动小齿轮额定力矩 21 400 N·m；$n_1=500\ \text{min}^{-1}$，$i=3$，磨损系数 $K_A=1.25$

安全系数：齿面：$S_{Hmin}=1.3$，齿根：$S_{Fmin}=2.3$，个别结构

加工齿设计的评价

如果对新船建造的传动装置要比较各家不同制造厂的设计，必须考虑到一个重要的观点：传动装置仅仅满足船级社的规范是不够的。规范只是设定了极限值，而每个船东必须自己确定为了做成一个结构紧凑的和价格合理的方案，充分利用这些极限值是否理智。为使船舶工程师能对制造厂如何设计传动装置能有一个明确的概念，首先应该在各个选择方案中比较齿面强度和齿根强度的安全系数。这样马上就可以得知，传动装置的尺寸确定是保守了呢还是过于冒险了。然后应该对用以实现齿轮修正系数的加工齿精度和可靠性的制造方法进行比较。此外，事先必须弄清楚，尤其是对修正值，是否存在进行可靠的检验测量的可能性。特别是加工齿能达到的表面质量有着重要的意义。目前常用的标准是 ISO 质量 3 至 4 级或 DIN 质量 4 至 5 级。

1.7.2　传动装置的类型和构件

类型

可区分为机械的、液压的和电气的传动装置。

在本节中仅探讨机械传动装置。液压传动装置在船舶工程中用得较少。在第 2 章中详细阐述了典型的应用。电气传动装置同样很少应用，而在船舶工程中以主轴驱动发电机、也可能作为旋转式变流器出现。关于这方面的说明参见第 3 章。

机械传动装置的构成

机械传动装置的主要构成是齿轮、轴及其轴承，带有检查孔盖和外部旋转零件接触保护的壳体，壳体的向外密封，用于润滑油、控制油或控制空气和必要

时控制冷却水的连接件，有时还有给传动装置自身供给用的附属泵以及温度、压力和液位的指示及监控用的测量和调节装置。整个传动装置的润滑油系统经常被组装在传动装置组件中，这样也就要在传动装置上加装润滑油过滤器、润滑油冷却器和备用泵。在传动装置中装有的轴承分别按照结构的不同主要采用滚动轴承和滑动轴承。滚动轴承经常用自动调心滚珠轴承，滑动轴承则用厚壁的巴氏合金滑动轴承。详细说明参见第 2 章中所列的推进装置使用实例。

驱动装置的齿轮传动装置

由于功率范围大和船舶类型各种各样，带齿轮传动箱的驱动装置形成了很不相同的各种结构形式。图 1.7.11 给出了最常用类型的概览。它示出了应用单个驱动发动机时传动齿轮和主动齿轮 3 种不同布置的可能性。首先，根据船舶建造的观点，如需用面积、重心位置、建立基础等会影响到各种情况下有关传动装置结构类型的决定。

按照运行观点，对传动装置的选择往往会决定采用最少的齿轮数和尽可能少的轴承数来满足其功用。为了使发动机转速减速，甚至对高速发动机来说，往往用一个级就够了，但不应使得确定传动齿轮和主动齿轮的尺寸有困难。传动比很少大于 $i=4\sim5$。与传动比要大得多的($i=30\sim70$)涡轮机装置不同，可以将这种涡轮装置的驱动装置主动齿轮的直径选得大些，而使得齿轮直径不至于因此太大。此处所指的传动装置，通常其齿轮也不像涡轮机传动装置的齿轮那样宽。这就避免了主动齿轮的挠曲和扭曲并从而较早地避免了有缺点的点接触。传动装置的结构比较紧凑。齿轮往往只是简单地斜啮合。通常对小功率的采用滚动轴承，而对较大功率的则使用滑动轴承。如果规定对驱动装置用多级传动机构，则往往不是由于传动比的关系而是有其他的原因：同轴的输入和输出、连接的要求、换向要求等(见图 1.7.12)。

正齿轮行星传动装置

正齿轮行星传动装置首先作为减速级被用在涡轮机传动装置中，偶尔也作为中速和高速发动机的传动装置应用于船舶运行中(见图 1.7.13)。

正齿轮行星传动装置的优点是同轴传动，几乎完全由旋转对称的零部件组成，而且在相同的传动比下比任何其他传动装置结构都要轻得多和小得多。已知的缺点是在观察和检查齿的状态时须拆下，也就是说必须全部或部分地拆开。这种装置可以分成 3 种结构形式：

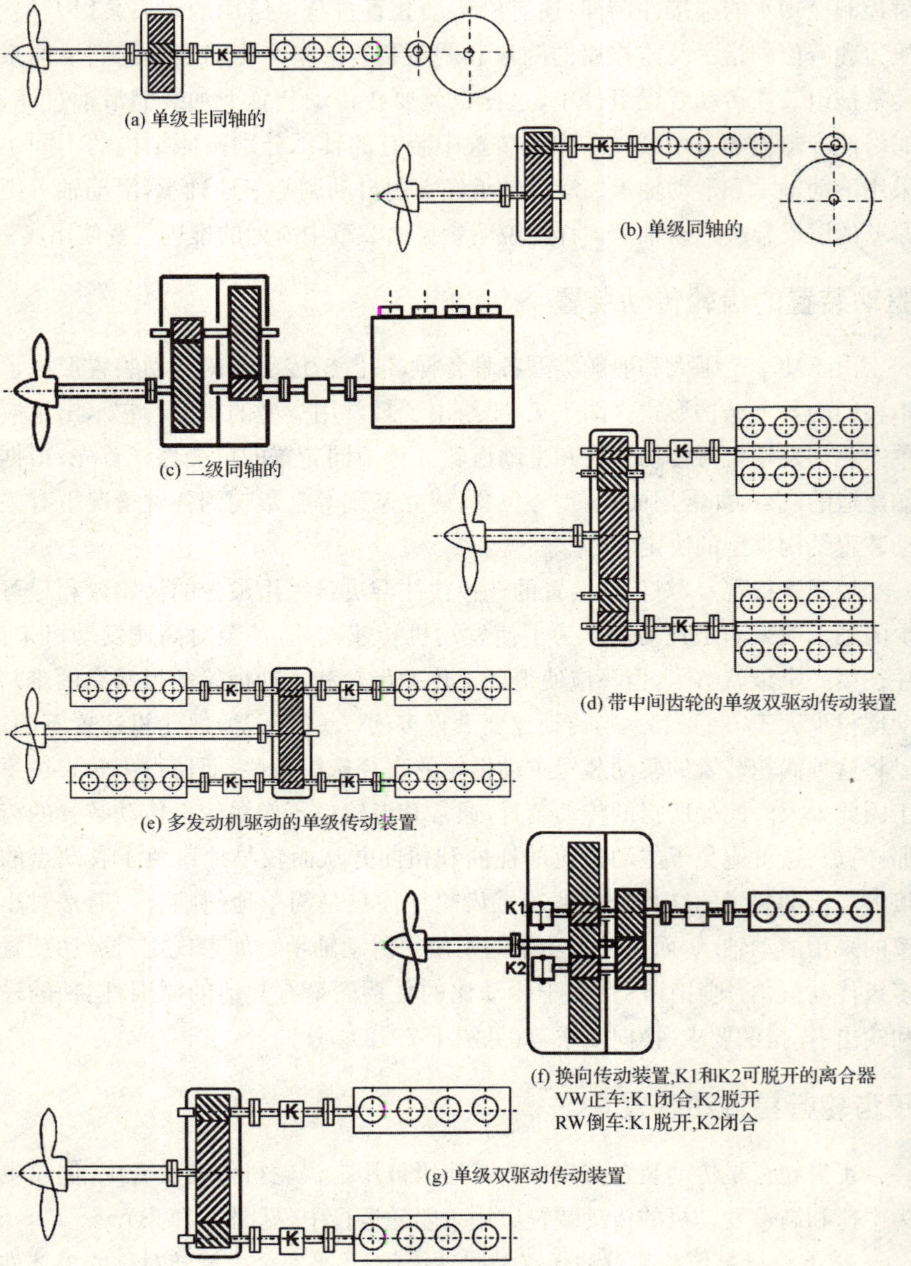

图 1.7.11　驱动装置的传动装置类型

（a）单级非同轴的　（b）单级同轴的　（c）二级同轴的　（d）带中间齿轮的单级双驱动传动装置
（e）多发动机驱动的单级传动装置　（f）换向传动装置　（g）单级双驱动传动装置

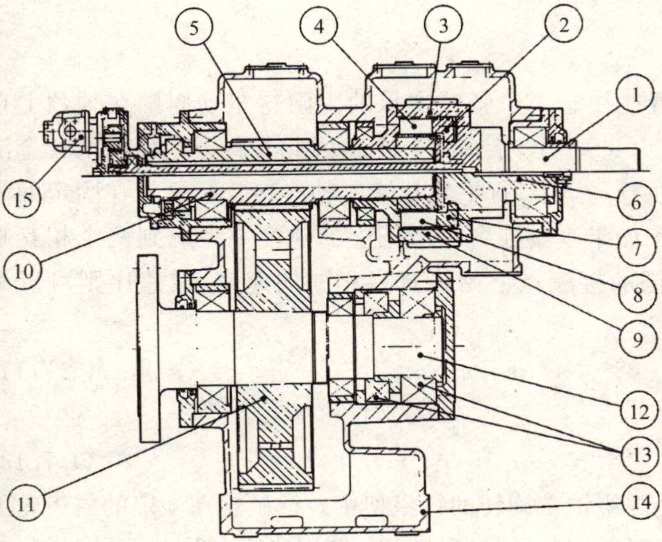

1 驱动轴—正转
2 活塞环—正转
3 离合器壳体—正转
4 摩擦片组—正转
5 小齿轮轴—正转
6 中间轴—反转
7 摩擦片组—反转
8 活塞环—反转
9 离合器壳体—反转
10 小齿轮轴—反转
11 齿轮
12 输出轴
13 止推轴承—正转和反转
14 齿轮箱体
15 液压泵

图 1.7.12　换向减速传动装置(资源来源:Reintjes 有限公司)

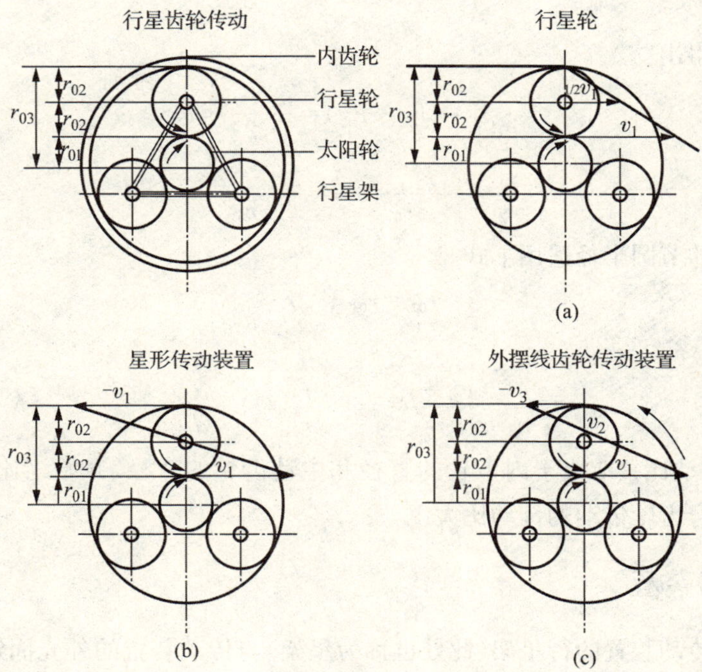

图 1.7.13　正齿轮行星齿轮传动装置

(a) 行星齿轮传动装置　(b) 星形传动装置　(c) 外摆线齿轮传动装置

行星齿轮传动装置

行星齿轮传动装置往往是一个悬臂支承的太阳轮驱动周围在轴颈上自由转动的行星轮(多数为 3～4 个,最多达 8 个),因此其轮毂是由轴承合金浇铸而成的。轴颈被装在行星架中,行星架与输出轴连接。行星轮在固定的内啮合的内齿轮上滚动。如果观察在各个节圆上的速度并考虑到两个相互啮合的齿轮的齿在其节圆的接触点上始终具有相同的速度,减速比则可以测定。见下式

$$v_1 \sim n_1 \cdot r_{01} \tag{1.7.11}$$

和

$$v_2 \sim n_2 \cdot (r_{01} + r_{02}) \tag{1.7.12}$$

因为轴颈坐落在自身也围绕轴 1 旋转的行星架中。行星轮在固定的内齿轮上滚动。此处速度应该等于 0。然后对行星轴颈的圆周速度有下式

$$v_2 = \frac{v_1}{2} \tag{1.7.13}$$

由以上可得出

$$n_2 \cdot (r_{01} + r_{02}) = \frac{n_1 \cdot r_{01}}{2} \tag{1.7.14}$$

$$\frac{n_1}{n_2} = \frac{2(r_{01} + r_{02})}{r_{01}} = \frac{2r_{01} + 2r_{02}}{r_{01}} \tag{1.7.15}$$

对内齿轮的节圆半径适用下式

$$r_{03} = r_{01} + 2r_{02} \tag{1.7.16}$$

由此

$$\frac{n_1}{n_2} = \frac{r_{01} + r_{03}}{r_{01}} = 1 + \frac{r_{03}}{r_{01}} = 1 + \frac{d_{03}}{d_{01}} \tag{1.7.17}$$

这表明,传动比只取决于内齿轮的直径和主动齿轮的直径,并始终比相同直径比的外啮合齿轮传动的传动比大 1。

星形传动装置

星形传动装置的行星架(此处也称为星架)与传动装置的外壳固定连接,此时内啮合的内齿轮与输出轴连接,因此行星架是静止的。对于太阳轮的周缘速度可以重新给出

$$v_1 \sim n_1 \cdot r_{01} \tag{1.7.18}$$

内齿轮以相反的方向,用同样的周缘速度并围绕相同轴旋转。此时节圆半径如下式

$$r_{03}=2\ r_{02}+\ r_{01} \tag{1.7.19}$$

如此可以写成:

$$n_3 \cdot r_{03} \sim v_1$$

$$n_3 \cdot r_{03}=n_1 \cdot r_{01}$$

$$\frac{n_1}{n_3}=\frac{r_{03}}{r_{01}}=\frac{d_{03}}{d_{01}} \tag{1.7.20}$$

这里的速度比和传动比与同样直径的外啮合传动装置相符。驱动(太阳轮)轴和从动(内齿轮)轴有着相反的旋转方向,因为星形轮只须满足中间轮的功用。

摆线齿轮传动装置

摆线齿轮传动装置中的太阳轮、行星轮和行星架以及内啮合的内齿轮同时旋转。可以得到各种不同的速度比。速度比根据扭矩的分布而定。对每一任意的输入扭矩来说,两个输出轴的扭矩只与内齿轮和太阳轮的直径比有关,而与轴的转速无关。此外,对两个输出轴扭矩是不同的,而连接在行星架上的轴的扭矩始终大于内齿轮轴的扭矩。输出轴的转速取决于被其驱动的机器的转速-扭矩特性并遵循输入功率必须等于输出功率及其机械损耗之和的规律。尽管分配到输出轴上的扭矩是由齿轮的几何形状决定的,但功率的分配可以通过各个转速的选择(与被驱动机器的特性匹配)来影响。此时,功率的变化与轴的转速成正比。通过内齿轮的止动可以达到行星齿轮的传动比。如果行星架止动,则可以得到星形传动装置的特性。在正常运行时,星形或行星齿轮传动装置通过相应止动而得到的传动比相加。通过行星架简单的止动使内齿轮旋转方向反转,这一可能性被用于抓斗和挖掘机的传动装置。此时无须使驱动发动机换向,抓斗就可以提升或下降。如果内齿轮不装止动器,而装一个附加驱动装置,可以在输入转速变换时使输出转速保持恒定。这一原理被用在 RCF (Renk 恒定频率)传动装置中,这使得同步主轴驱动发电机有可能应用在带整体螺旋桨的驱动装置中。

涡轮机装置用的传动机构

涡轮机减速齿轮传动装置由于涡轮机的高转速和螺旋桨的低转速,这就要求有大的减速比,因此被做成两级甚至是三级的结构。单级的传动装置在涡轮发电机中得到应用,因为发电机的转速可达到 3 000 r/min。为了达到高的速

比，主动齿轮的直径应尽可能小，因为受制造技术的制约最大的齿轮直径必须被限制在小于 6 m 内。大功率的传递会产生大的扭矩和齿轮力，它主要是作用在第二传动级的主动齿轮上。由于高的负荷需要宽的加工齿，以至出现主动齿轮的弯曲和扭曲，如果加工齿没有在宽度上修正，这种弯曲和扭曲可能导致有缺陷的点接触。只有在很少情况下才规定一种简单的斜齿啮合，多数情况下齿轮是人字齿轮啮合也就是双斜齿啮合。从动齿轮轴和主动齿轮轴被支承在滑动轴承上。这种传动装置非常大，需要多个基准面。为了避免由于船体和基础的变形造成的箱体扭曲，箱体必须做成十分刚性的。

现今船舶动力装置的推进涡轮机只做成双箱体的。其功率被合成在传动装置中并被传递到螺旋桨轴上。考虑到效率的原因，高压涡轮机要比低压涡轮机转得快。因此，在第一级中对两个涡轮机的速比是不一样的。通常，对倒车航行只规定使用一个装在低压涡轮机排气部分的单箱体倒车涡轮机。换向时在低压涡轮机的主动齿轮上出现特别高的扭矩。结合对尽可能少地采用轴承和接合面的运行要求，以往的这种情况导致开发出了涡轮机减速齿轮传动装置的各种不同结构形式，其主要区别是两个传动级互相之间的位置以及扭矩的分配。下面的例子说明了今天偶尔还可以看到的大功率涡轮机减速齿轮传动装置的结构形式（见图 1.7.14）。

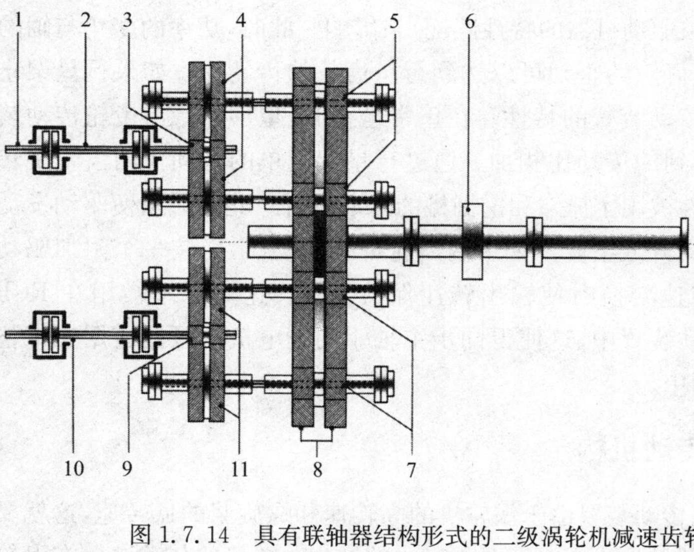

图 1.7.14　具有联轴器结构形式的二级涡轮机减速齿轮传动装置

1.7.3 运行

传动装置的安装

今天传动装置几乎总是作为一个完整的单元来安装的。如果做不到这一点，那么就要将单独的部件组成一个较大的组合件。只有当这些组合件在船舶中装配好后，才对尾轴传动装置和主机进行校正。特别重要的一点是，各个齿轮组的轴必须完全平行。此时，每一个轴的轴承应该具有同样的轴承间隙。有时制造工艺复杂的大型传动装置的轴承孔、轴瓦和轴承支承部位的公差会叠加，可能与规定位置形成太大的偏差。为了能平衡这种偏差，规定用可调节的轴承，但在今天这已经成为很少的例外情况了。传动装置被区分为外部校正和内部校正。内部校正时，必须考虑到传动装置本身的全部弹性变形和热膨胀，这可能影响到在载荷下啮合均匀的承压。外部校正必须考虑到全部从外部作用到传动装置上的变形、力和热膨胀，它们可以影响到运行时均匀的齿接触。如果已经检查了内部校正并认为是合格的，已经测定、记录了全部轴承间隙和检验尺寸的数量并做好了标记，传动装置可以在工厂内组装，借此可以将传动装置安装在船舶中并校正，这样一方面可达到与在工厂装配时同样好的内部校正，另一方面达到相对于主机和输出端规定的外部校正。

在船上进行的校正首先从传动装置支承凸缘上的调整螺丝，尽可能只在几个点上开始。然后将调整件插入支承凸缘和基础之间为此规定的位置上，或者在采用模铸树脂①的情况下进行浇铸。在它们与箱体和基础一起钻孔、铰孔和用螺丝拧紧之前，传动装置的校正是通过检验齿接触来控制的。为此某些主动齿轮的齿被不断地刮研并根据表面承压曲线图来确定传动装置的校正与规定位置的符合程度。此时必须考虑到，由于主动齿轮的变形引起的载荷作用，其表面承压曲线图看起来与组装时无载荷的表面承压曲线图是不一样的。如果传动装置制造商未做其他的要求，齿啮合装置在装配时大约可达到齿面宽度的80%～90%。同样地，必须考虑轴中心在运行时的位移。箱体在基础上的固定是分步进行的，首先在大齿轮轴轴承和止推轴承下面的中间位置上进行，假如它们被一起安装入箱体内的话。其间要经常性地检验齿的接触。对于涡轮机

① 在应用模铸树脂配件时应该考虑到尺寸的确定没有虑及动态附加载荷。

减速齿轮传动装置是以第二个减速级相对于尾轴传动装置(螺旋桨轴)的校正开始的。接着进行校正检验或第一个减速级的校正,这同样借助于啮合的表面承压曲线图来进行。如果尾轴传动装置和传动装置已校直成一条线,则可以开始主机的校正。在涡轮机连接到传动装置上时,故意使涡轮机转子相对于主动齿轮轴有位移,以期在运行时得到很好的同心度,因为传动装置的箱体由于润滑油的发热而膨胀,而涡轮机往往在其接合面的高度上受到支承,所以膨胀较少,而且为了平衡主动齿轮轴承的中间位移,一旦齿啮合受载,就调节位移。轴位移量的大小是由生产厂计算出的并写入使用说明书中。不仅对计算结果,而且对安装时完成的尺寸记录都必须清楚地给出环境条件。同样的情况也适用于发动机装置。

传动装置安装时的检查单

表 1.7.2 安装检查单

问题	信息/参考值
基础的热膨胀	参考值:$h=0.01$ mm/每米基础高度和每度温差
主机的热膨胀	制造商
传动装置的热膨胀	制造商
输出端的热膨胀	对尾轴传动装置一般不重要
传动轴的热膨胀	制造商,使用说明书
在静止状态和满负荷之间由于轴承间隙、润滑油膜、齿的受力引起的轴颈位置变化	制造商
基础由于设计载荷或吃水变化引起的弹性变形	造船厂的有限元分析,尾轴传动装置的研究
由于外置部分的质量、联轴器等引起的轴弹性变形	制造商、使用说明书或造船厂
动力装置(例如,电机)零部件的弹性安装	造船厂、尾轴传动装置的研究

正确的校正具有非常的重要意义,此处列出了在安装传动装置时须考虑到的影响因素的检查单。

投入使用

在新建船舶或船舶改建的情况下,传动装置应该在船舶竣工前比较早的时候就已供货。通常情况下,根据竣工和投入使用之间预期的时间间隔,传动装置可以较多或较少地涂上防锈油进行防腐处理后交货。此外,为了避免由于冷凝的空气而形成的潮湿损坏,大多数情况下将装有硅胶或其他吸潮的化学制品的若干个口袋储入传动装置中。投入使用前必须取走这些硅胶口袋,接着用洗涤油洗刷掉防腐涂层,有时候这一过程要持续做好几天。这种洗涤油必须是清洁的且不含杂质的。洗涤油在船厂多次使用并应该在每次洗涤作业后进行分离。洗涤作业的持续时间在使用说明书中有规定。分别根据传动装置制造商的规定,在洗涤作业期间在传动装置润滑油过滤器之前串接上一个附加的过滤器。必须定期地清洁两个过滤器。如果在过滤器中,尤其是在洗涤过滤器中不再有残留物时,冲洗过程方可结束。必须全部抽走洗涤油并注入新鲜的润滑油。

事先应该通过检查孔观察齿轮啮合。为了能评价齿接触的状态,制造商方面用耐油的涂料给主动齿轮的齿涂上颜色。必须检查这种接触涂层无缺陷的状态。

在下文的检查单中汇总了传动装置投入使用时的其他步骤和措施。但这不能代替传动装置制造商的说明。

传动装置投入使用的检查单

表 1.7.3 使用检查单

检查油位!
检查油位！油中是否有水？是否是被批准的油的类型？
检查油一侧(和水一侧!)阀的位置！泄放阀或泄放孔螺栓必须密封!
润滑油泵启动(对带有附属泵的设备也要启动备用泵)
检查传动装置的油压(不允许低于正常的工作压力,因为试验台的调节是在设备热状态下进行的!)
观察油的流量(如果可能的话),例如通过观察镜,必要时通过检查孔盖观察导流管。对带有深油箱的设备观察深油箱的溢流情况
对新的设备或在长时间搁置后给轴承输入管道排气或者通过相应的控制阀或用连接上的更新的拉紧装置短时间拧松管接头
检查倒车离合器是否脱开
启动操作
在第一次投入使用前使用相应的遥控指示仪现场调整轴承的温度
对带有附属主润滑油泵的设备检查备用泵的断开点(在上升和下降运行时)
试验报警功能:压力太低、温度太高、油位太低
在系泊试验后检验齿面接触并重新用耐油的漆涂覆在齿上
对多发动机的传动装置在每个发动机装入后重复该功能

现场监控、保养和停止工作

最好是一次性进行正确的安装和恰当的调整，使传动装置成为船舶操纵中维修少、便于保养的组成部分。但传动装置对驱动端和输出端的改变反应非常敏感。这种改变或出现可以是由于发动机或螺旋桨侧的故障，如由于搁浅而使尾轴传动装置发生变化；例如由于附加的动态应力，主机的点火系统故障或联轴器或减振器损伤或变化引起的系统刚性变化。对传动装置来说，运行故障可以通过运行噪声的变化来确定。因此建议每周一次在指定的位置上仔细倾听。虽然在市场上可以提供监控整个动力系统振动频谱或传动装置刚性传播声波的智能监控系统，但迄今主要是由于成本的原因只是零星地采用。所以，一有机会就应该通过观察孔目视鉴定齿面的状态。在10～12个工作年后应该采用适合的方法检查主动齿轮和从动齿轮上是否有裂纹。在以下检查单中汇总了进一步的提示(见图1.7.15)。

图1.7.15 评价齿接触的表面承压曲线图的例子(资料来源:Reintjes有限公司)

传动装置监控的检查单

表1.7.4 监控检查单

监控检查单
检查传动装置的油温和油压。正常值:(0.4)0.6～1.0(3.0) bar
通过观察镜检查油的流量(首先检查涡轮机减速齿轮传动装置)。正常无气泡
检查径向轴承的温度。正常值:$t<70$℃
检查止推轴承的温度。正常值:$t<65$℃
检查润滑油双联滤油器上的差压。当$\Delta p>0.7$ bar,极限时允许$\Delta p=1.0$ bar,则必须清洁滤油器;注意滤油器的使用说明书！在第一次投入使用或在长时间搁置后有必要特别经常地清洁滤油器

（续表）

定期观察油位。分离出油中的水。此时要仔细地检查分油器正确的连接！
定期仔细倾听传动装置
滑动轴承第一次检查是在3个月之后，以后每半年检查一次轴承间隙或轴颈在轴承中的位置
按照同样的时间间隔检查密封极限；一般情况下间隙应该不超过0.4 mm
在设备取下后尽可能不用风扇直接向传动装置的箱体吹风，因为在箱体中会形成冷凝水并滴落在啮合的齿轮中
在传动装置较长时间的搁置后应定期转动一下，此时要供给润滑油
在船舶休航或闲置时要注意完全去湿，例如装入硅胶袋（定期更新！）或加建上 Munters 干燥器并检验性地给传动装置通风

典型的故障和损伤

在传动装置上出现的典型故障除了平常的故障如润滑油压力差、润滑油油温或轴承温度高位报警外，主要是在齿面上出现的损伤。这种损伤被区分为点蚀（pittings）、咬合痕迹、灰斑和断齿。这些损伤一方面反映在运行噪声方面，另一方面通过在润滑油滤油器中的金属屑中反映出来。这类损伤往往是在一次例行检验齿接触时被偶然发现。

点蚀

点蚀以具有锯齿形边缘的小浅坑的形式出现。点蚀的大小可以有很大差别，从大头针尖大小至好几毫米的直径。点蚀的形成是局部表面压力太大的一个征兆，由于较长时间超负荷运行、位置的变化（如由于轴承的磨损或基础的变形，由尾轴传动装置或主机作用在传动装置上的附加力或力矩）引起的。此时须立即采取的措施是降低功率和用不会变形的粘胶带吸收墨汁印痕来记录损伤范围。如果可以清楚地验明引起的原因并予以克服，则可以使点蚀的形成终止（见图1.7.16）。

灰斑

灰斑首先以呈现无光泽部位的形式出现在淬硬的齿面上。这里所指的往往是在主动齿轮上的、朝向滚动面的极小的气孔或显微裂纹，灰斑从根本上说

图 1.7.16 在一个原始硬度齿轮的齿面上点蚀的形成

是材料疲劳现象。作为补救措施可以考虑采用较高黏度的润滑油，但必须与传动装置制造商协商。

咬合痕迹

咬合痕迹以齿面拉毛的形式出现，起先只是刮痕或细小的槽。刮痕从节圆向外延伸并伴随有齿顶上的飞翅。究其原因首先是润滑不当或润滑不够；过高的滑动速度也可以是其原因，对此尤其有害的是具有齿廓变位的啮合（见图 1.7.17）。

图 1.7.17 在一个渗碳淬火齿轮的齿面上由于缺少润滑剂引起的咬合痕迹

断齿

如果不是由于外在的情况例如推进装置的冲击载荷（在冰上航行、搁浅、系泊浮筒的折断及其他）引起，一个齿或多个齿的断裂大多数情况下是裂纹形成发生之后的次级损伤，对此可能有各种不同的原因，如未被发现的材料缺陷、点蚀、灰斑、磨削裂纹及其他。

其他可能的损伤

磨削裂纹、淬火和调质缺陷被称为其他可能的损伤。原因多在于构件制造过程中的热处理。未被发现的材料杂质也可能引起损伤。

参考文献

[1.7.1] Germanischer Lloyd：Vorschriften für Klassifikation und Bau der Maschinenanlagen von Seeschiffen，Selbstverlag des Germanischen Lloyd，Hamburg 2006.

[1.7.2] ISO-6336 Teil 1 bis 6，Tragfähigkeitsberechnung von gerad- und schrägverzahnten Stirnrädern，Beuth-Verlag GmbH，Köln.

[1.7.3] VDI Handbuch Getriebetechnik（Arbeitsmappe mit laufenden Ergänzungen），VDI-Verlag GmbH，Düsseldorf.

[1.7.4] DIN 780-1（1977-05）Modulreihe für Zahnräder，Module für Stirnräder，Beuth-Verlag GmbH，Köln.

[1.7.5] DIN 867 Ausgabe 1986-02：Bezugsprofile für Evolventenverzahnungen an Stirnrädern für den allgemeinen Maschinenbau und den Schwermaschinenbau，Beuth-Verlag GmbH，Köln.

1.8　联轴器

汉斯海因里希·迈尔-彼得(Hansheinrich Meier-Peter)
译:陆　怡　金晓剑　李东亮　校:王伟勇　刘维亭

1.8.1　联轴器的功用

联轴器的功用是连接原动机和做功机械之间用以传递功率或扭矩的轴承的一部分,补偿在两种机器或系统分支之间的轴向、径向和角向位移,缓冲扭矩波动,改变系统的固有频率,使机器的连接和脱开成为可能,实现做功机械转速无级调节或作为超负荷安全装置起到对超负荷脉冲应力的保护作用。按照其使用目的,联轴器必须满足这些功用中的一项、多项或全部[1.8.2]。

工作原理

按照联轴器的功用和结构形式不同,扭矩以动力闭合或外形一体的形式进行传递。补偿式联轴器的弹性元件往往参与扭矩的传递。振幅通过弹性元件的变形被阻尼,此时产生的阻尼功被作为热量散发出去。通过对弹性元件刚度的适当选择来影响系统的固有频率。

特征值

联轴器的重要特征值将在下文阐述。特征值首先适用于补偿式联轴器,也部分适用于不脱开的联轴器。下文将探讨可调节联轴器的特征值。

由制造商按照DIN 740第1册或第2册说明的特性通常是指在环境温度为10～30℃时。对于船用设备则始终应以大于45℃的温度为依据。如果某些特性,例如扭转弹簧刚度是与转速和频率有关的,这尤其是指高弹性的织物联轴器,那么上述情况原则上同样适用。具体情况下须区分以下特征值[1.8.1]:

额定扭矩 T_{KN}:　　是指在整个允许转速范围内可以持续传递的扭矩。
最大扭矩 T_{Kmax}:　　是指在相同的旋转方向上能传递的瞬时大于 10^5 倍数脉

	动扭矩冲击的扭矩，或是交变扭矩冲击 $5 \cdot 10^4$ 倍数的扭矩。此时联轴器的温度不得超过 30℃。
试验扭矩 T_{KP}：	是指被用以验证联轴器静态强度的、并必须是在不损坏联轴器的情况下可能达到的扭矩，通常小于最大扭矩。
交变疲劳扭矩 T_{KW}：	是指当频率为 10 Hz 和基本载荷至最高额定扭矩值时持久允许的、周期性扭矩波动的幅值。
最高转速 n_{max}：	未定义。
质量惯性矩 $I_{1,2}$：	说明联轴器两侧侧传动机械的质量惯性矩。
轴向柔性 ΔK_a：	指半个联轴器允许的轴向偏移。
径向柔性 ΔK_r：	指半个联轴器允许的径向偏移。
角柔性 ΔK_w：	半个联轴器允许的角偏移。
比例阻尼 ψ：	阻尼功 W_D 与一个振动周期的弹性变形功 W_E 之比。
谐振因素 V_R：	说明激励扭矩放大的因数。

关于联轴器的叙述和使用说明至少应该包括上面列出的数据。此时特别重要的是应始终给出基准温度，因为联轴器的阻尼功应作为热能向周围散出。

1.8.2 结构形式和构件

材料和结构设计必须符合船级社的规范。在船舶运行中使用的联轴器可以分类如下(见图 1.8.1)。

不可脱开的刚性联轴器

这种联轴器由于加工技术的原因及考虑到安装方便的优点作为最常见的联接形式。

联轴器将两个对中心的轴端连接并且以外状一体的和动力闭合的方式传递扭矩(结构实例见第 2 章)。

不可脱开的补偿联轴器

此处首先应提到齿式联轴器和膜片联轴器，但也应提到弹性联轴器和织物联轴器。它们被装在原动机和做功机械之间并应该补偿轴的伸长、扭矩脉冲和

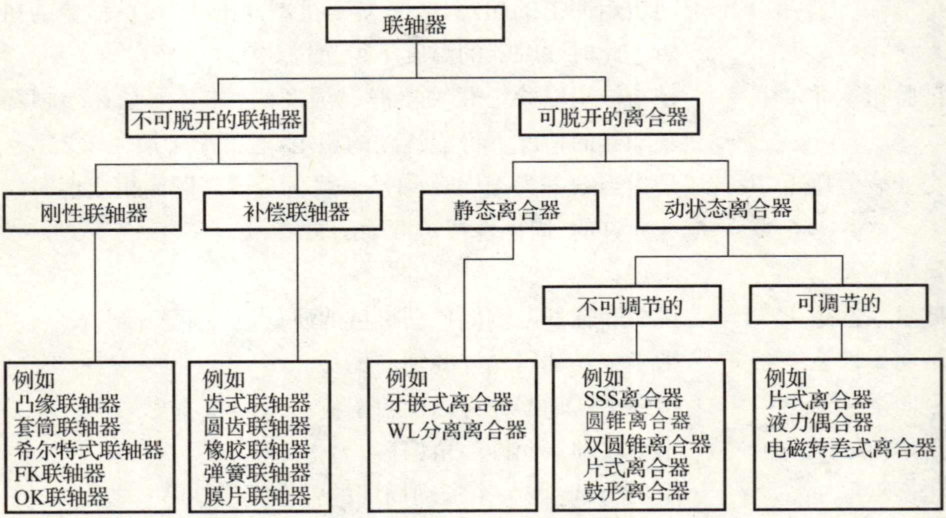

图 1.8.1　联轴器部件的结构分类

振动。为此目的，它们必须是柔性扭转的和活动的，这是通过其间隙和装有弹性元件实现的。在简单的使用情况下，对于例如一种在冷却用淡水泵和电动机之间的补偿联轴器来说，是根据所传递的扭矩和必需的位移量来决定选择。转速的大小也可起一定的作用，在高转速时利用钢膜片弹簧作为弹性元件。这就解决了不可脱开的补偿联轴器结构形式的种种技术问题(见图 1.8.2)。

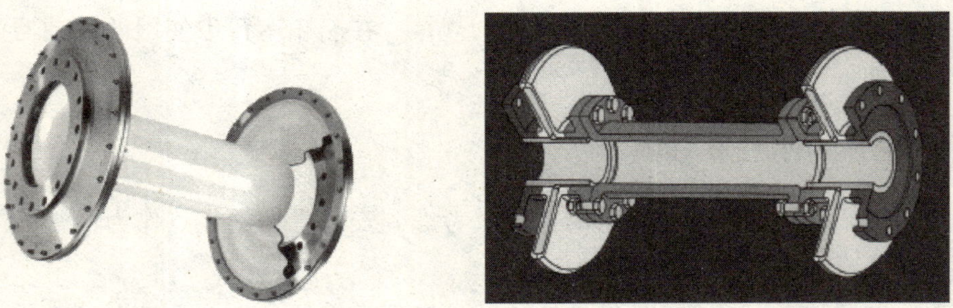

(a)　　(b)

图 1.8.2　不可脱开的补偿联轴器(膜片联轴器)

(a) 带有 PTFE 聚四氟乙烯膜片的 Geislco 联轴器(资料来源：Geislinger 有限公司)

(b)钢膜片联轴器(资料来源：BHS 有限公司)

扭转弹性和振动阻尼联轴器

在电动机和传动装置之间一般装有高弹性的织物联轴器或弹性联轴器，偶尔也装在电动机和传动轴之间，以转移扭转临界转速、阻尼振动以及吸收偶然出现的脉冲负荷。弹性联轴器在大多数情况下可以产生较大阻尼，而高弹性的织物联轴器的优点是还可以补偿径向、轴向和角度的位移。织物联轴器是通过冷却空气导出阻尼功的，而弹性联轴器是用油冷却的并且是连接在电动机或传动装置的润滑系统上（见图 1.8.3）。

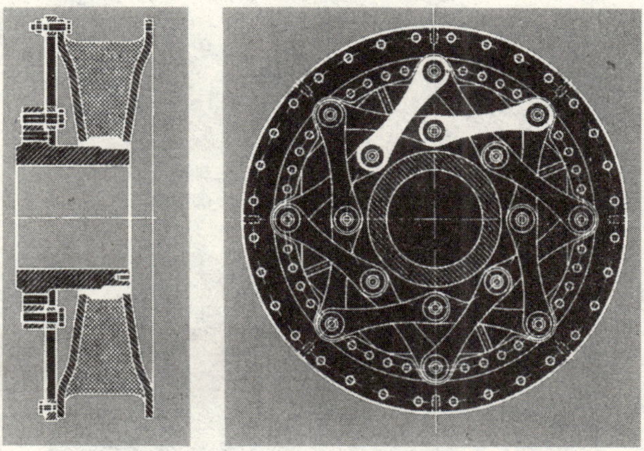

(a)　　　　(b)

图 1.8.3　弹性联轴器

(a) RATO 联轴器（资料来源：Vulkan 联轴器与传动装置工程有限公司）

(b)左向联轴器（资料来源：Stromag 股份公司）

左向联轴器[见图 1.8.3(b)]的传动件包括切向布置的，并通过螺栓在端部交替地固定在法兰和对接法兰上的弹簧杆或弹簧夹箍。

Geislinger 联轴器（见图 1.8.4）中件 7 和 3 与传动法兰 5 固定连接。在套筒 9 的槽中装有在其外端通过锥形垫圈 4 压入弹簧圈 3 中张紧的叠片弹簧组 1；其侧向的偏转受垫片 2 的限制。联轴器连接在主机润滑系统上，在弹簧旁的腔 8 和 10 充满了油。当联轴器部件互相扭转时，油经过弹簧被压入相邻的腔中，从而形成阻尼。此时产生的热被润滑油带出去。

在有关的参考文献中叙述了弹性联轴器按照功率、转速、扭矩（平均扭矩、额定扭矩、交变扭矩、最大扭矩）的设计。

关于抗扭刚度特性的选择和对稳定的和瞬时交变载荷下的动态应力水平

的结果关系，此处未予以考虑（详见第 2 章）。首先在简单的使用情况下（例如，在电动机和泵之间），大多数弹性联轴器根据以下要求进行选择：

- 对位移量的要求；
- 传动的有效力矩的大小。

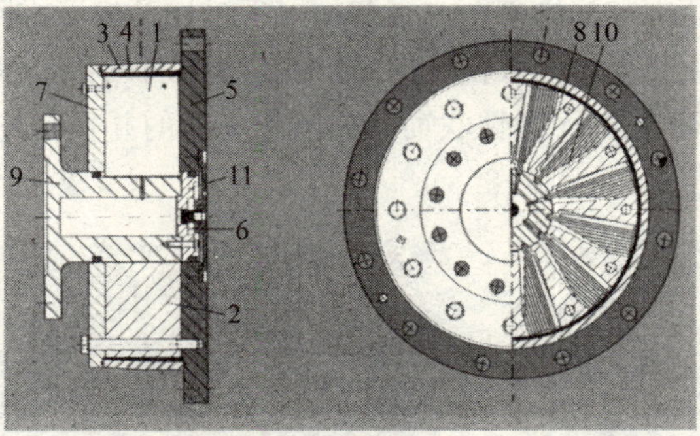

(a) 联轴器元件：1-弹簧叠片组;2-垫片;3-锁圈;4-间隔环 5-法兰;6-供油口;7-侧板;8和10-阻尼油腔;9-套筒; 11-密封圈

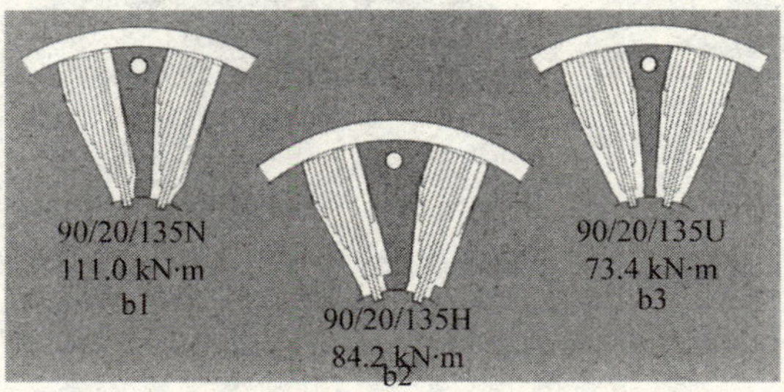

(b)弹簧叠片组的选择和名称：对同样大小的联轴器，可由联轴器传递的扭矩主要取决于该联轴器是否只在一个旋转方向(b1)上运行，还是该联轴器主要在一个旋转方向和只是偶尔地在相反方向(b2)或始终是在两个旋转方向(b3)上运行。

图 1.8.4　Geislinger 结构形式的弹簧联轴器（资料来源：Geislinger 有限公司）

传动的有效力矩是由功率 P 和转速 n 或角速度产生

$$T=\frac{P}{\omega} \tag{1.8.1}$$

驱动的转速 n 与角速度的关系式

$$\omega=\frac{\pi \cdot n}{30} \tag{1.8.2}$$

通过下式来表达有效力矩

$$T=9.55 \cdot \frac{P}{n} \tag{1.8.3}$$

联轴器的额定扭矩必须始终大于有效力矩

$$T_{KN} \geqslant T$$

刚度

对弹性联轴器来说,各种自由度(轴向刚度、径向刚度、旋转刚度和角刚度)可区分两种类型的刚度:

(1) 静态刚度。这是指有效力矩 T 在静止载荷时引起的刚度。对大多数的联轴器类型该刚度是线性的。但同样会出现其他的刚度变化,参见图 1.8.5。

(2) 动态刚度。通常在受振动载荷时弹性联轴器会变刚度;刚度提高的程度主要取决于联轴器的结构形式、弹性元件的类型和振动频率。一般说来,振动载荷的频率越高,刚度也就越大。

$$C_{静} \leqslant C_{动}$$

$$C_{动}=C_{静} \cdot \left(1+f \cdot \frac{\omega}{\omega_0}\right) \tag{1.8.4}$$

在各个自由度 X 下的静态刚度定义如下:

静态扭转弹簧的刚度 C_T: 用角度表示扭矩

静态轴向弹簧的刚度 C_a: 用弹簧行程表示轴向回弹力

静态径向弹簧的刚度 C_r: 用弹簧行程表示径向回弹力

静态角弹簧的刚度 C_w: 用角度单位表示角度回弹扭矩

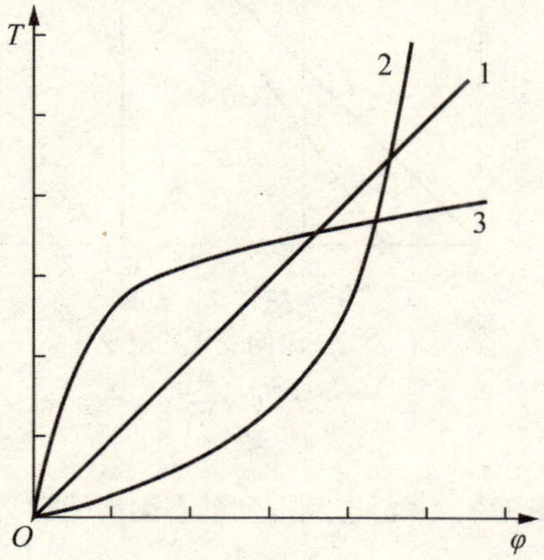

1—线性的; 2—累进的; 3—递减的

图 1.8.5 联轴器特性曲线

阻尼

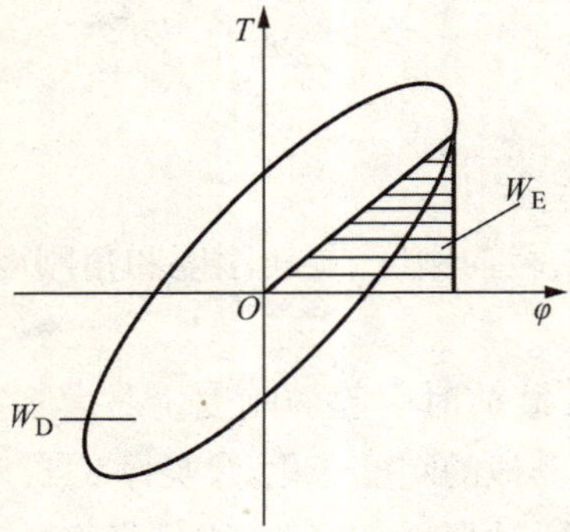

图 1.8.6　阻尼的定义

阻尼促使自由振动衰减并使在谐振范围内谐波激励的振动保持为有限大。在阻尼时机械能被转换成另外一种能量形式，尤其是被转换成热能。在自由振动时开始具有的能量由于该转换过程而一直减少：直至系统最终进入平衡状态。在强迫振动时由阻尼转换的能量被持续不断地替代（见图 1.8.6）。

力-偏转-图表(亦即扭矩-扭转角-关系图表)（见图 1.8.7)形成一个封闭的线路，该线路在振动周期时一次性地通过。这条线被称为滞迟回线，所封闭的面积称为滞迟曲线平面。力和偏转的时间过程(亦即扭矩和扭转角)表明，偏转随力而变化(亦即扭转角随扭矩而变化)。

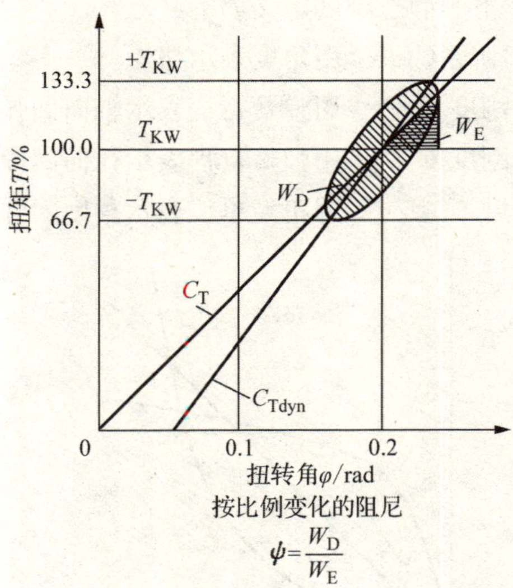

图 1.8.7　静态刚度和动态刚度的定义

力 F 在 dx 行程上或者在扭转角 $d\varphi$ 时做功为

$$dW_D = F \cdot dx \text{（或 } dW_D = T \cdot d\varphi\text{）} \tag{1.8.5}$$

在振动周期中所做的功(阻尼功)W_D相当于滞迟曲线面积。为了无量纲地表示阻尼功，将其与弹性变形功W_E相关地表达为

$$W_E=\frac{1}{2}\cdot F_2\cdot x_2\left(\text{或 } W_E=\frac{1}{2}\cdot T_2\cdot \varphi_2\right) \tag{1.8.6}$$

如此形成的无量纲的数值被称为相对阻尼

$$\psi=\frac{W_D}{W_E} \tag{1.8.7}$$

而除以 2π 得出的分数部分被称为损耗因数，它也被称为无量纲阻尼因数

$$\eta_v=\frac{\psi}{2\pi} \tag{1.8.8}$$

用该损耗因数可得放大因数 V_R

$$V_R=\frac{\sqrt[2]{1+\eta_v^2}}{\eta_v} \tag{1.8.9}$$

然后对较大容量的传动系统进行一次振动计算，计算不仅阐明了联轴器动态应力的详细结论，而且也阐明了整个系统组件动态应力的详细结论。在此现有结果的基础上检验所做出的选择并在必要时予以改变。允许的弹性振动扭矩与联轴器的类型有关；甚至在一个(联轴器)套筒失效时也不允许超过在使用说明书中规定的极限值。

可脱开的联轴器(离合器)

静止状态可脱开的联轴器

牙嵌式离合器作为可脱开的离合器最简单的形式偶尔得到应用，例如可选择性地用于连接在一个小型发电机或一台压缩机的应急机组上，或者用于其传动机构连接在锚链轮或绞盘头上的起锚机。牙嵌式离合器是一个可滑动的爪，在原动机启动前该爪与待驱动轴端的配合件进入啮合。脱开过程和转换过程只可以在静止状态下进行。

在运行中可脱开的离合器[1.8.3]

双圆锥离合器：由需传递的扭矩 T、摩擦系数 μ 和平均摩擦面直径 D 计算出垂直于摩擦面所需的法向力 F_n：

$$F_n=\frac{T}{\mu\cdot D} \tag{1.8.10}$$

平均摩擦面直径是由结构的几何比例得出的：

$$D=\frac{D_a+D_i}{2} \tag{1.8.11}$$

摩擦衬面所需宽度 B 根据摩擦面允许的单位面积压力得出：

$$B=\frac{F_n}{D\cdot\pi\cdot p_{允许}} \tag{1.8.12}$$

对离合器必要的接合力 F_E 由下式计算：

$$F_E=F_n\cdot\sin\alpha+F_r \tag{1.8.13}$$

对离合器必要的脱开力 F_A 由下式计算：

$$F_A=F_n\cdot\mu\cdot\cos\alpha\cdot\ F_E \tag{1.8.14}$$

为避免自锁，必须满足以下条件：

$$\tan\alpha=\mu \tag{1.8.15}$$

式中所用符号的意义为：

α—锥角；

T—扭矩；

D—平均摩擦面直径；

B—摩擦面宽度；

$p_{允许}$—允许的平均摩擦面压力；

μ—摩擦系数；

F_n—摩擦面的压紧力；

F_E—接合力；

F_A—脱开力；

F_r—散热弹簧的轴向力。

作为摩擦离合器另外的结构形式往往是装有摩擦片的离合器（片式离合器）。这里需区分干式离合器和湿式离合器（见图 1.8.8）。

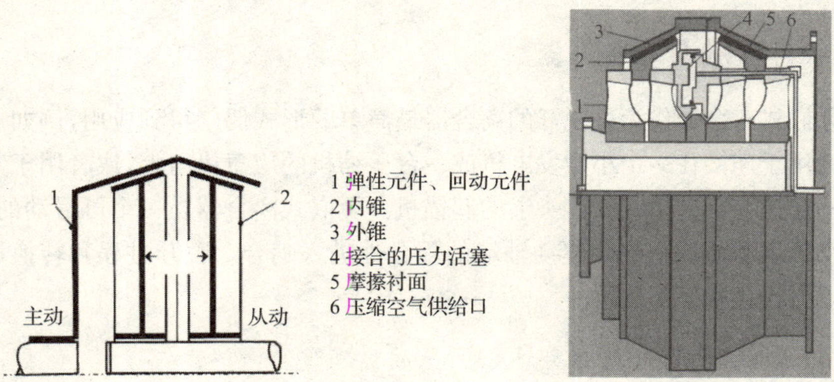

(a) (b)

图 1.8.8 双圆锥离合器

(a) 简图 (b) 双圆锥离合器的元件

湿式工作的摩擦片式离合器：各个片环大多数是由淬硬的特种钢或烧结金属制成，或者成对交替地由镀覆了的钢和烧结金属的钢制成。表面也是成对地经过平面研磨或加工成正弦波状。在成对配置时，其中一个摩擦片的外径上带有掣子或啮合齿，它们被插入离合器壳的相应空隙中，而另外一个摩擦片在其内径上具有类似的结构，它们在内毂为此规定的槽中啮合。摩擦片用油润滑。此时必须注意到，这是一种使油通过摩擦片组引导的油流润滑，同时也将摩擦产生的热量从摩擦片组中带出。这股冷却油往往通过内毂输入。通过摩擦片表面相应的开槽能使可脱开的离合器的热量从摩擦片组中引出。

在摩擦片之间通过摩擦可传递的扭矩与压紧力、摩擦面的数量和大小以及摩擦系数值有关(见图 1.8.9)。

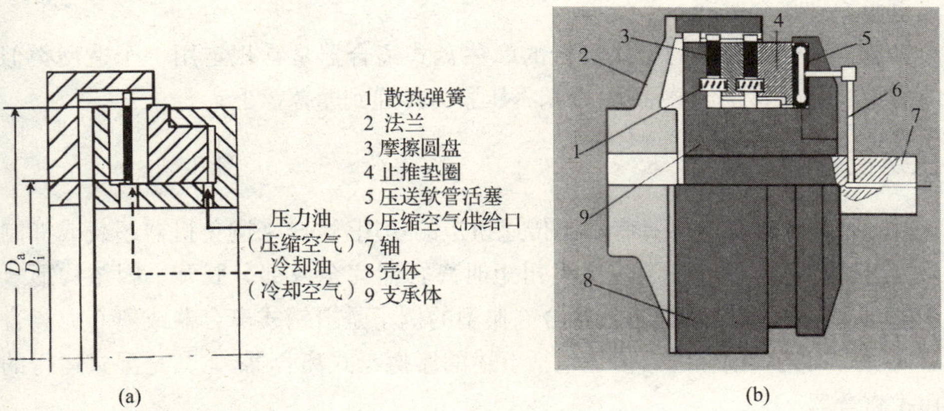

图 1.8.9 摩擦圆盘离合器

(a) 简图 (b) 磨擦圆盘离合器的元件

摩擦片传递的扭矩为

$$T_K = i \cdot \mu \cdot F_n \cdot R_m = i \cdot \mu \cdot p \cdot A \cdot R_m \tag{1.8.16}$$

式中：i—摩擦片的数量；　　R_m—摩擦片的(平均)半径；

μ—摩擦系数；　　A—摩擦片面积；

F_n—压紧力；　　p—单位面积压力。

对单位面积压力由下式计算

$$p = \frac{F_n}{A} = \frac{F_n}{\pi \cdot (r_a^2 - r_i^2)} < p_{允许} \tag{1.8.17}$$

式中，r_a 或 r_i 为摩擦片的外径或内径。

所允许的单位面积压力取决于摩擦片和配对摩擦片所选择的材料副和热

量导出所选择的介质。表1.8.1列出了参考数据。

通常,液压操作的离合器的压紧力是由一个充满压力油的压紧活塞产生的;另外在此过程中因与压力油缸一起转动而使油产生离心力:

$$F_a=\frac{\pi}{4}\cdot\rho\cdot\omega^2\cdot(R_a^4-R_i^4) \tag{1.8.18}$$

式中:F_a—轴向力;

ρ—液压液体的密度;

ω—油缸的角速度;

R_a或R_i—油缸的外半径或内半径。

具有光滑摩擦片的片式离合器可柔性接合并有较长的滑移时间。开槽形式也影响到接合时间。

通常为气动操作的干式运行的摩擦盘式离合器常常规定用一个造型类似的氯丁橡胶软管来代替活塞,以期将压紧力传递到摩擦盘上。

扭矩操作的离合器

扭矩操作的离合器具有限制传递扭矩的功用,这样来避免机器超载或抑制启动引起的扭矩冲击。超过最大扭矩时离合器完全或部分脱开。因结构形式不同,必需用手或自动地重新接合。典型的例子是滑销式离合器或离心力离合器(例如,用充满钢珠的),但也包括上述的摩擦盘式离合器,尤其是湿式运行的片式离合器。

表1.8.1 摩擦盘式离合器的特性比较

干式运行的、气动接合的摩擦盘式离合器	湿式运行的、液压接合的* 摩擦盘式离合器
优点: • 结构简单 • 位于外侧,接近性好 • 简单的空气冷却 • 无需专门的工作介质 • 简单的状态控制	**优点:** • 可以集成在传动装置中 • 在机舱中没有灰尘和污染负荷 • 允许的单位面积压力高,从而结构尺寸小 • 可采用金属摩擦面(钢/烧结青铜) • 可用油很好地冷却 • 最小磨损/磨耗,因此使用期限长 • 允许连续的打滑运行(牵引) • 也可用于较高转速时

（续表）

干式运行的、气动接合的摩擦盘式离合器	湿式运行的、液压接合的* 摩擦盘式离合器
缺点： • 由于允许的单位面积压力低而需要大的摩擦面积，因此尺寸大 • 有机的摩擦衬面（现在只能用不含石棉的），会产生磨损、细尘 • 因为是空气冷却，冷却可能性受限制 • 由于尺寸大（摩擦盘的厚度）而散热差 • 由于尺寸大只允许低的周缘速度，因此限制了最大可能的转速	**缺点：** • 对冷却油/润滑油/压力油要求特殊 • 对接合压力、接合时间只能间接地进行状态监控 • 设计昂贵 • 较高的空载损耗
因此不太适合或不适合于： • 具有较大接合扭矩的设备 • 具有较大接合频次的设备 • 燃气轮机设备 • 用高速高效柴油机的设备 • 带有高转速差的转向传动机构的设备 • 打滑运行（牵引）	**因此不太适合或不适合于：** • 具有很少接合过程的低速传动装置 • 对接合精度要求低的简单系统 • 使用掺入大量添加剂的 EP 油的传动装置
技术参数： 工作压力（接合压力） p_s：约 7.0～8.0 bar 允许的单位面积压力 $p_{允许}$：约 0.7～1.0 N/mm² 摩擦系数 μ_0：约 0.3～0.35	**技术参数：** 工作压力（接合压力） p_s：约 20.0～25.0 bar 允许的单位面积压力 $p_{允许}$：约 3.0～4.0 N/mm² 摩擦系数（接合）μ_0：约 0.12～0.15 摩擦系数（在滑动运行中） μ：约 0.06～0.10
摩擦系数取决于： • 摩擦盘材料（纤维加强的人造树脂） • 配对摩擦片的表面 • 滑动速度 • 单位面积压力	**摩擦系数取决于：** • 烧结混合物/孔隙率[烧结粉末元素：在钢载体材料上的 Cu、Sn、Zn、Fe、C（石墨）] • 油的种类（非常适用的：SAE 30＋40 机油、HL 和 HLP 油、不太适合的是 EP 油；油必须能与 Cu 相容！） • 配对摩擦片的表面 • 滑动速度单位面积压力

（续表）

干式运行的、气动接合的摩擦盘式离合器	湿式运行的、液压接合的* 摩擦盘式离合器
此外摩擦片的重要特性有： • 强度 • d_a/d_i 之比 • 密度 s • 表面的平面平行度	**此外摩擦片的重要特性有：** • 强度（1.200 N/mm²、硬度 HRC 50） • d_a/d_i 之比 • 密度 s • 表面的平面平行度 • 槽的形状（收缩） • 在空载运转时散热/摩擦面分离（正弦形摩擦片）空载力矩约为额定力矩的 0.2%

* 湿式运行的可脱开的离合器也可以气动操作

自动同步接合的离合器

当驱动轴的转速大于从动轴的转速时，在这一瞬间自动同步接合的离合器接合，如果输出端开始比输入端更快地旋转时，离合器即脱开。这种离合器的功用是无脉冲地和无滑动地将大驱动扭矩在已经运行的设备上接合或脱开。第 2 章中描述了这种组合式柴油机和燃气轮机系统结构形式的离合器的一个例子。

可调节的离合器

迄今所述的操纵离合器的扭矩主要是以传力链形式传递的。因为滑动离合器滑动运转导致摩擦面的磨损增加和严重发热，因此它在工作时间上始终是受限制的。但这种离合器可满足正常的船舶运行的要求，因为例如在机器接合或脱开时或在转换和换向时的滑动时间短，而且该接合过程的频次是有限的。某些设备可能出现这样的情况，即较长时间应该用负载级运行，这种负载级所要求的螺旋桨转速，要比考虑到压缩最终压力和用燃料喷射时发动机一侧的转速要低（如近海区供给的离岸馈电曳引或牵引方式）。在这样的情况下应采用具有较大调节范围的离合器。除了液压离合器和电磁滑动离合器外，现在首先也采用湿式运行的片式离合器。这种离合器的油压和油流量根据输入端和输出端之间所要求的转速差来调节，以使得摩擦片和配对摩擦片之间没有机械接触，而摩擦力只通过液压传递，甚至在长时间运行时也没有磨损出现。

方向操纵的离合器

作为超越离合器和自由轮离合器时，方向操纵的离合器的功用是只在一个方向上传递扭矩。

在船舶推进装置中使用的离合器，往往是将离合器的多个特性彼此组合在一起，如弹性接合的离合器或自动同步方向操纵的离合器。在第 2 章中介绍了这样的例子。

液力偶合器

液力偶合器(见图 1.8.10)是由一个泵轮和一个涡轮叶轮组成，两者的叶片是径向安装的并且在一个共同的壳体中直接相向布置。泵轮将工作液体(多数是油，很少是水)推送到涡轮叶轮上，然后再从涡轮回流到泵轮中。

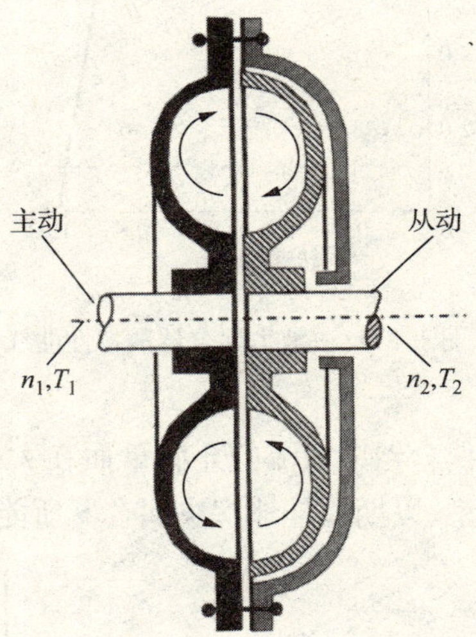

图 1.8.10　液力偶合器

扭矩通过液流的质量惯性力传递。在泵轮中工作液被加速，在透平叶轮中则被减速。为了形成液体的循环，在泵轮和透平轮之间必须形成压力差。该压力差是由转速差形成的，如果不存在这一差值，偶合器就无法传递扭矩。输入端的扭矩 T_1 和输出端的扭矩 T_2 为同样大小。这样接收的功率 P_1 为：

$$P_1 = T_1 \cdot \omega_1 \tag{1.8.19}$$

输出的功率 P_2：

$$P_2 = T_2 \cdot \omega_2 \tag{1.8.20}$$

因为 $T_1 = T_2$，对偶合器的效率得：

$$\eta_k = \frac{P_2}{P_1} = \frac{T_1 \cdot \omega_2}{T_1 \cdot \omega_1} = \frac{\omega_2}{\omega_1} = \frac{n_2}{n_1} \tag{1.8.21}$$

作为另外的推导数值给出偶合器的转差率 $s/\%$：

$$s = \frac{n_1 - n_2}{n_1} \cdot 100 \tag{1.8.22}$$

由偶合器传递的扭矩是由在偶合器中每个时间单位循环的液体质量乘以

在泵轮或透平叶轮中的动量的变化得出。对这种形式的涡轮机有欧拉涡轮方程式(参见 1.3 节)。对某些偶合器结构可以按下式从一种偶合器尺寸换算成另外一种偶合器尺寸:

$$T_K = K \cdot n^2 \cdot D^5 \tag{1.8.23}$$

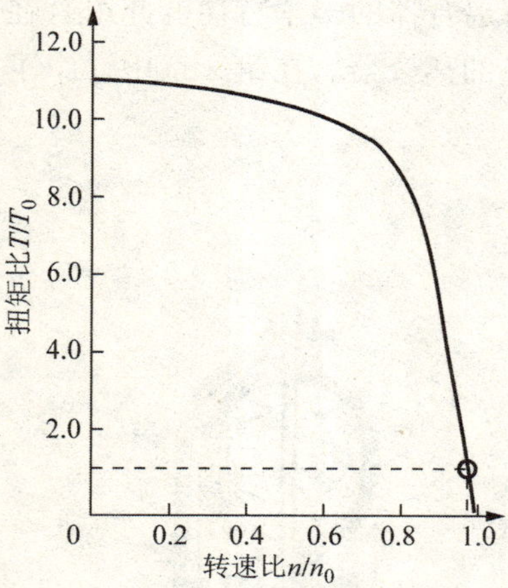

图 1.8.11　液力偶合器的特性曲线

当驱动转速 n_1 为常数时,可传递的扭矩 T_K 随着转差率而变化。在转差率为常数时,可传递的扭矩 T_K 随着驱动转速的平方而上升。转差率的一般值为 $s=2\%\sim3\%$;在特种用途中更高的值也是可能的。

图 1.8.11 表示具有恒定充满程度的液力偶合器的特性曲线。需传递的扭矩愈大,转差率也就愈高;液力偶合器的这一典型特性有其正反两个方面的特点。如果做功机械吸收的扭矩大于驱动原动机的扭矩,这首先在启动过程中经常是这样的情况,为此必须采取措施使这种驱动仍可实现。可传递的扭矩或转差率可以通过改变在偶合器中液流的充满量而在大范围内变化。对各种技术用途有众多的结构变型,以期最佳地解决偶合器所能胜任的功用(见图 1.8.12)。

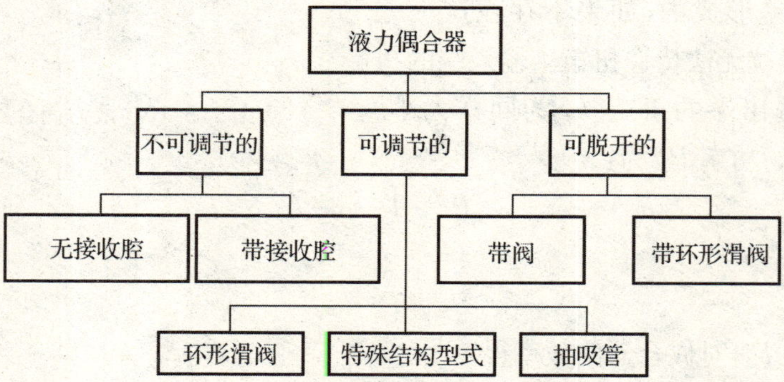

图 1.8.12　液力偶合器的结构形式

电磁离合器

电磁操纵的离合器在船舶操纵中比较少出现;这里指的是电磁操纵的片式离合器。电磁操纵的盘式制动器经常用在起重机、卷扬机和转轴装置(盘车装置)中。各种结构形式的主要区别在于磁路的构造形式,也就是磁力线的导向,这取决于摩擦片组是否位于磁路中以及电流馈电的方式(带滑环或不带滑环)。

电磁滑动离合器作为在柴油机和传动机构之间的离合器是个别生产的,但在货船中首先由于成本的原因不予考虑。

1.8.3 运行

必须始终结合相应的原动机或动力装置来考虑联轴器的运行。

固定运行

只要联轴器是在其设计值的范围内运行的话,联轴器的固定运行通常是没有危险的。

不固定运行

用低速柴油机直接传动几乎无例外地通过刚性联轴器与螺旋桨轴进行连接。扭矩波动和交变扭矩不被阻尼。对所有齿轮传动的动力装置必须考虑到,即不使太大的交变扭矩作用到传动装置上。当柴油机输出不均匀的扭矩时,在部分载荷运行时的波动大到足以产生瞬时负值,致使在传动装置中的齿面重复叠合。因为此时在啮合中的润滑油膜被击穿,此时出现的冲击载荷可以在短时间内破坏啮合的表面并因而破坏整个传动装置。为避免这种情况,必须或者规定采用具有特别好的阻尼性能的联轴器,或者必须采取其他措施,例如装入附加质量或辅助阻尼器。

如果原动机和传动装置在安装时被正确地调整过,也可能在运行时产生预计的或不曾预计到的轴位移。这可能有各种不同的原因:船体的变形并因此引起的基座变形。轴位移对原动机的轴和轴承的负荷有影响;此外对传动装置还产生齿啮合的干扰。连接的离合器必须能补偿这种位移而不会产生显著的附加反作用力。如果原动机是弹性地支承在其基座上时,则须对离合器的性能提出特殊的要求;对中速和高速柴油机采取的措施是,使船体规避振动和固体内声传播。对此的进一步说明参见第 2 章。

运行监控

对离合器的运行监控通常延伸至对间接数值的监控,例如对声压、油温(指湿式运行的操纵离合器)的监控和对液力偶合器的转差率的监控。

某些离合器制造商也提供附加的监控和诊断系统,以便进行非常详尽的状态监控。这样,尤其是对高弹性离合器动态特性的监控,往往不仅有可能对离合器的状态做出结论,而且可以说明整个传动系统的实际状态和实际的动态负荷。首先,监控离合器的运行温度是被当成每天例行的监控。

典型的故障和损坏

表 1.8.2　离合器故障原因和补救措施

干式运行的操纵离合器		
故障	可能的原因	措施
严重发热	离合器打滑、摩擦片玷污润滑油、摩擦片磨损	提高压紧力、检查和正确地调整空气压力、清洁或更新摩擦片
在接合时严重的敲击	离合器起毛、摩擦片不均匀的磨损、摩擦片玷污润滑油、摩擦面咬合	清洁摩擦片,必要时更换
在接合时刚性敲击	接合转速太高、接合过程太快	检查接合压力是否升高并重新调整
湿式运行的摩擦盘式离合器		
故障	可能的原因	措施
离合器打滑	油压太低	提高油压(最高允许工作压力参见使用说明书)
	液压系统不密封或污染	检修/清洁液压系统
	摩擦衬面磨损	按照规定、工作手册订购和装上备件或约定售后服务
液力偶合器		
发出噪声、转差率增加、发热增加	气穴现象、外部附加载荷、油压太低、过滤器污染	措施:加强冷却、检查润滑油的磨损物、一有机会就检查间隙和调整

（续表）

高弹性离合器		
弹性元件有裂纹或断裂、销孔偏转	对弹簧离合器：疲劳断裂、材料疲劳、淬火缺陷 对织物联轴器：运行温度太高、材料疲劳、脆化、老化、超载	检查冷却是否充分，必要时补充冷却；有条件时，装入备件；必要时搭接离合器（参见使用说明书），但此时在临界转速范围内要注意；不要以过低的转速运行，因为此时会出现负的扭矩峰值

保养和维修

所有不可脱开的联轴器很大程度上是无需保养的，但必须定期检查。对齿式联轴器须注意齿面的完好状态；要检查扭转弹性和振动阻尼的元件及其弹簧元件在紧固位置上是否形成裂纹或断裂。必须保护橡胶和织物元件免受强烈的热作用和油的浸润。机械的、电气的离合器和液力偶合器在船级更新的范围内检查并必须符合入级标准，临时检查时多数不需要进行这样的检查。同样要检验规定的备件是否全数备足。分别根据船级社的要求对弹性离合器以及对每种离合器规定备有 0.5～1 套弹性元件和连接螺栓。建议对联轴器备有备用元件和橡胶元件，但这不是规定。同样目前船级社建议对高弹性的联轴器在 12 年的使用期后应更换织物元件。

其扭矩通过摩擦来传递的可脱开的离合器会经受自然的磨损。这主要指干式运行的离合器。磨损的程度在很大程度上取决于接合过程的次数和此时出现的滑动时间。使用说明书中包含有关于摩擦片在发生何等磨损程度时必须更换的说明。

在润滑油维护良好的情况下，湿式运行的片式离合器实际上可无磨损地工作。但对此有一点是很重要的，即只能采用离合器生产商允许的润滑油。船级社规定，每种离合器须备有一组摩擦片或摩擦衬面。必须特别注意每次接合时的空气供给或压力油的供给，因为整个运行时间内离合器都是在完全的差速下运行的。同样须定期检查软管接头和软管是否完好无损。

对用在主推进装置中的液力偶合器在较长的运行时间(5～10 年)后首先必须检查轴承间隙并与使用说明书中规定的允许值相比较；以使得泵轮和涡轮叶轮始终互相在规定的位置上。位移可能造成工作液体的循环故障并因此造成气穴损坏以及引起附加的轴向力。

参考文献

[1.8.1] DIN 740 Nachgiebige Wellenkupplungen，Beuth Verlag GmbH，Köln.

[1.8.2] VDI-Richtlinie Wellenkupplungen；Systematische Einteilung nach ihren Eigenschaften，VDI-Verlag Düsseldorf 1971.

[1.8.3] VDI-Richtlinie 2241 Schaltbare fremdbetätigte Reibkupplungen und bremsen，Bauformen，Berechnungen，Anwendungen VDI-Verlag Düsseldorf.

[1.8.4] Germanischer Lloyd：Vorschriften für Klassifikation und Bau der Maschinenanlagen von Seeschiffen. Selbstverlag des Germanischen Lloyd 2004.

1.9 泵

哈克·奥科·迪德里希斯(Hark Ocke Diederichs),卡尔-海茵茨·霍赫豪斯 (Karl-Heinz Hochhaus)

译:陆 怡 金晓剑 李东亮 校:王伟勇 刘维亭

1.9.1 泵的分类

泵是输送单相或多相液体的做功机械。根据内部作用方式的类型,泵分成两个主要类别即容积泵和叶片泵(见图 1.9.1)。

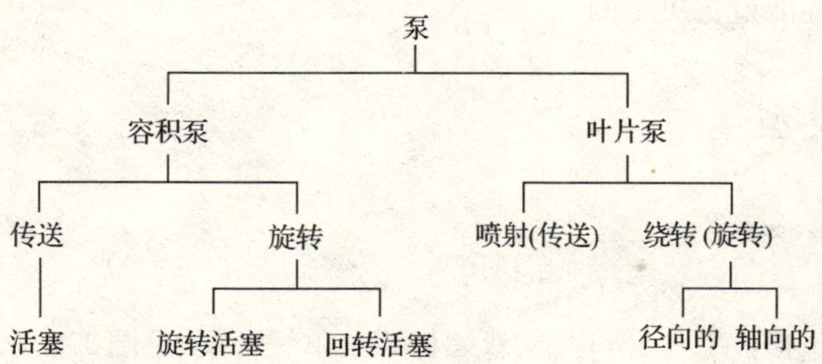

图 1.9.1 做功机械的分类

容积泵,也称为容积式泵是按照容积原理工作的泵的总称。通过周期性地扩大和减小工作空间而给输送流体供给能量,该工作空间通过分离元件来隔开输入和排出。容积泵的典型特点是单级过程。

叶片泵是按照流体转向原理工作的泵的总称。在流过时流动速度的数值和/或方向发生改变,通过这样的方式给泵中的输送介质供给能量。这类泵的特点是两级过程。

泵的主要设计参数是排送流量 $\dot{V}$ 和单位输送能 Y。在此须区分泵的输送能 Y_P 和设备的输送能 Y_A。

泵的输送能(见图 1.9.2)是泵传递给输送流体的有效功除以输送流体的质量:

$$Y_P=\frac{P_N}{\dot{m}}=\frac{p_D-p_S}{\rho}+g\cdot H_M+\frac{c_D^2-c_S^2}{2} \tag{1.9.1}$$

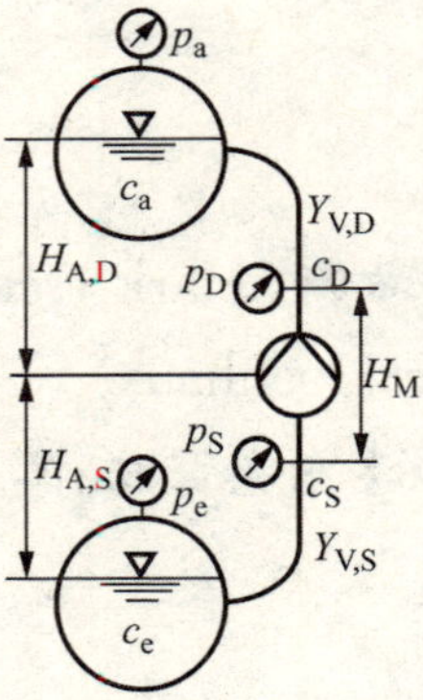

图 1.9.2　泵站示意图

在泵站中包括损耗在内的输送能取决于泵站的结构设计，而排送的流量则是由连接的耗能设备决定的。

1.9.2　类型

容积泵

容积泵包括柱塞泵、滑片泵、双螺杆泵和单螺杆泵(见图 1.9.3)。

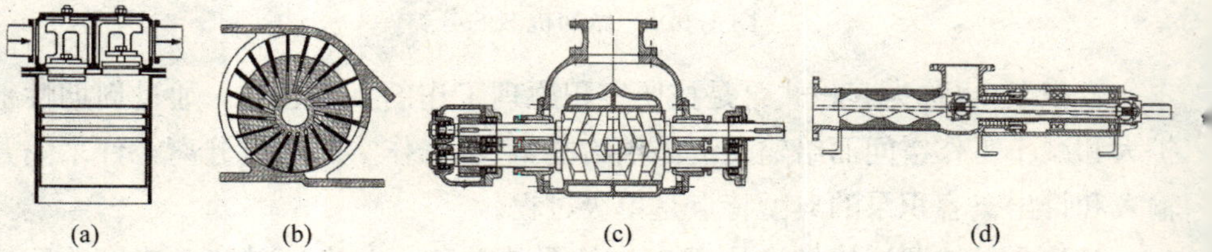

图 1.9.3　容积泵

(a) 柱塞泵　(b) 滑片泵　(c) 双螺杆泵　(d) 单螺杆泵

容积泵的工作原理

置换：$p\sim V^{-1}$，压力与容积成反比例地变化：必须如此来密封工作空间：使得在压力上升时不会有质量损失。按照这一工作原理的泵也可以自吸地输送气体。

回流：$p \sim m$，压力随包容在工作空间中的质量成正比变化；必须如此来密封工作空间：使得质量只能受控地从压力侧向吸入侧回流。因此，按照这一工作原理的泵只能有限地自吸。

在排(压)出器和外壳之间的间隙被称为工作密封位置(见图 1.9.4)。根据工作原理和扬程高度不同，工作密封位置被做成可变(活塞环)或固定间隙高度的结构。

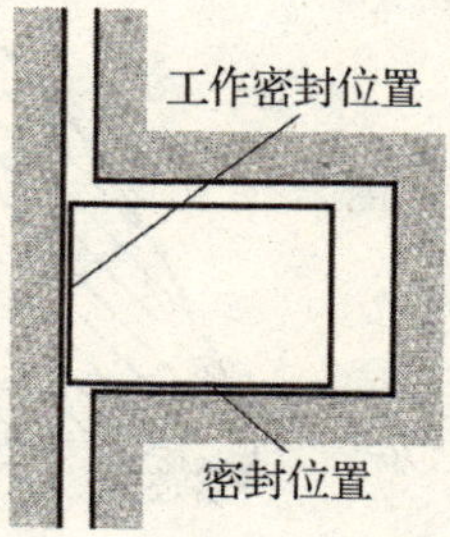

图 1.9.4　密封位置

控制

容积泵的封闭工作空间通过阀或滑阀与吸入管和压力管周期性地相连接。为此采用压力控制的阀或行程控制的活塞与滑阀。

压力控制的阀的运动与作用力有关(见图 1.9.5)。

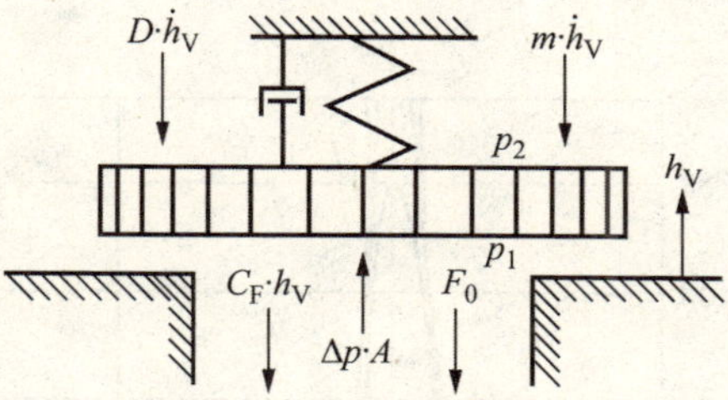

图 1.9.5　作用在阀上的力

$$m_V \cdot \ddot{h}_V + D \cdot \dot{h}_V + C_F \cdot h_V + F_0 = A_{eff} \cdot \Delta p \tag{1.9.2}$$

式中，$m_V \cdot \ddot{h}_V$ 是加速力；$D \cdot \dot{h}_V$ 是阻尼力，$C_F \cdot h_V$ 是弹簧力；F_0 是弹簧预应力；$A_{eff} \cdot \Delta p$ 是压力。运动主要取决于阀的质量 m_V、阻尼 D、弹簧常数 C_F、弹簧预应力 F_0、流体的密度和黏度以及机器的转速。

行程控制时流量通过下式来表示：

$$\dot{m} = (A \cdot \mu) \cdot \sqrt{2 \cdot \rho \cdot \Delta p(\varphi)} \tag{1.9.3}$$

式中，$(A \cdot \mu) = f(\varphi = \omega \cdot t)$ 为时间函数；ρ 为密度；Δp 为有效压力差(见图 1.9.6)。为改善工作特性，控制时间要与流体的黏度相适应。对高黏度的流体，“开启出口”被置于“关闭进口”之前；对低黏度的流体，“关闭进口”被置于“开启出口”之前。

泵利用随动控制也可作为马达来使用。

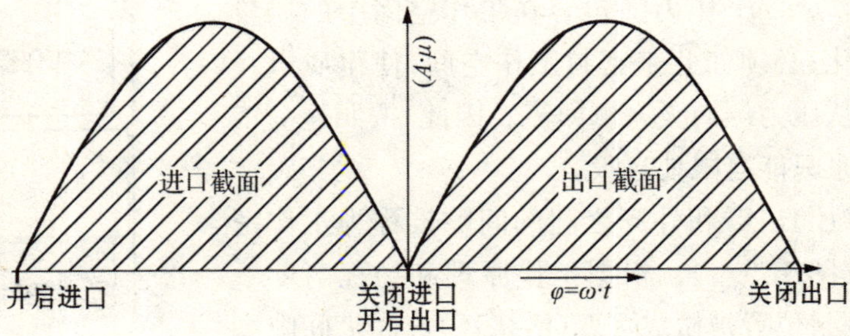

图 1.9.6　随动控制的时间函数

根据容积泵的类型的不同，排送流量的波动程度也是不同的。波动的程度通过不均匀率 δ 来表示。为降低不均匀率可装入一个弹性蓄能器(压缩空气储存器)。

具有固有频率 ω_E 的振动系统由泵以频率 ω_P 来激振。当频率比 $\eta=\omega_P/\omega_E>\sqrt{2}$ 时，不均匀率降低。降低的程度为放大因数 V_S(见图 1.9.7)。

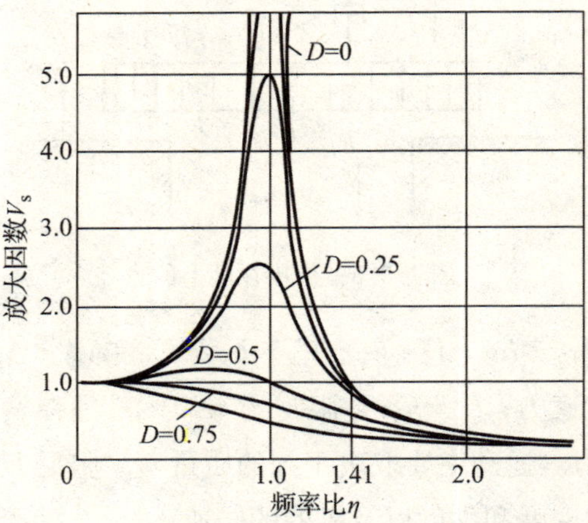

图 1.9.7　频率特性

柱塞泵

置换是通过柱塞的轴向平行位移来实现的。采用了 3 种柱塞形状：盘形柱塞、筒状柱塞和膜片柱塞。

盘形柱塞的工作密封位置是用具有不同几何尺寸和由不同材料(合成橡胶、金属)制成的活塞环来密封的。活塞环和外壳之间的间隙是由作用于活塞环上的力决定的。带活塞环的盘形柱塞只适用于低压和中压。高压时只使用具有固定间隙的筒状活塞。这一类型的工作密封位置的间隙必须与工作条件相适应。

在膜片泵中用张紧在壳体中的一个弹性膜片来代替活塞。膜片和壳体之间不可能有相对运动。因此,这种泵适合于输送腐蚀性的或高黏度的流体。

滑片泵

具有较小直径和自由运动密封垫片的圆柱形转子以与壳体偏心的方式可回转地支承在一个圆柱形壳体中。转子旋转时密封垫片压紧在壳体上并与转子和壳体一起构成一个压力密封的输送单元,输送单元的容积周期性地变化并在变化时流体从输送单元被挤出。滑片泵具有较高的内泄漏损耗,因为部分流体通过在密封垫片和壳体之间工作密封位置上的间隙变化回流到吸入侧。

双螺杆泵

两个或多个装有正齿轮啮合或螺旋齿轮啮合的轴彼此进入啮合并且被壳体紧密地包围。输送单元由在两个啮合位置或阻塞密封位置和壳体之间的啮合间隙形成。通过流体回流到在轴和壳体之间的工作密封位置将输送单元充满,这样输送单元中的压力升高。泵可以达到的扬程是由工作密封位置的数量及其间隙值所决定。间隙值必须适合流体的黏度。

单螺杆泵

单螺杆泵的压出器围绕着其自身的轴旋转,但该轴同时又以相反的旋转方向绕壳体的轴线旋转。由于旋转运动的叠加效应压出器实现行星运行,其结果是降低了压出器和壳体之间的滑动速度并减小了输送液流黏度对泵效率的影响。因此,单螺杆泵也适用于输送高黏度的液体。

叶片泵

漩涡泵、喷射泵、离心泵和轴流泵都是叶片泵(见图 1.9.8)。

漩涡泵

当泵充满流体以及叶轮旋转时,环形液体与轮叶一起形成输送液体的单元。由于叶轮偏心支承或配置了一个侧槽,输送单元的容积周期性地变化,因

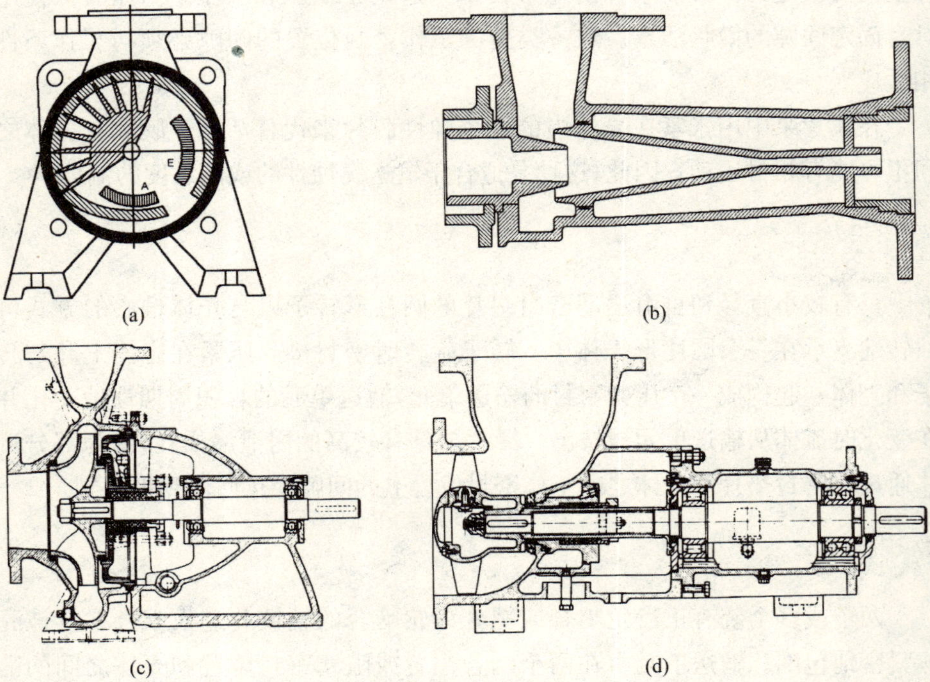

图 1.9.8 叶片泵

(a) 漩涡泵 (b) 喷射泵 (c) 离心泵 (d) 轴流泵

此漩涡泵具有自吸作用。

喷射泵

工作介质以高速从喷嘴流入混合喷嘴。在此介质与输送流体混合并输出动能。达到的压力高度 Δp 可以根据动量定律来计算:

$$\dot{m}_T \cdot c_T + \dot{m}_{Fl} \cdot c_{FL} - (\dot{m}_T + \dot{m}_{Fl}) \cdot c_E - F_R = A \cdot \Delta p \qquad (1.9.4)$$

式中,$\dot{m}_T \cdot c_T$ 和 $\dot{m}_{Fl} \cdot c_{FL}$ 是在混合喷嘴前两股物质流的脉冲力;$(\dot{m}_T + \dot{m}_{Fl})$ 是在喷嘴后的总脉冲力;F_R 是在混合喷嘴中的摩擦力;$A \cdot \Delta p$ 是在喷射泵出口处的压力。该力是由两股物质流的脉冲力和摩擦力决定的,而摩擦力在很大程度上取决于表面的相对粗糙度(见管内流体运动)。

离心泵和轴流泵

工作轮根据流线的变化和流槽的造型被分为带有闭式和开式槽的径向轮、半轴向轮和轴向轮(见图 1.9.9)。

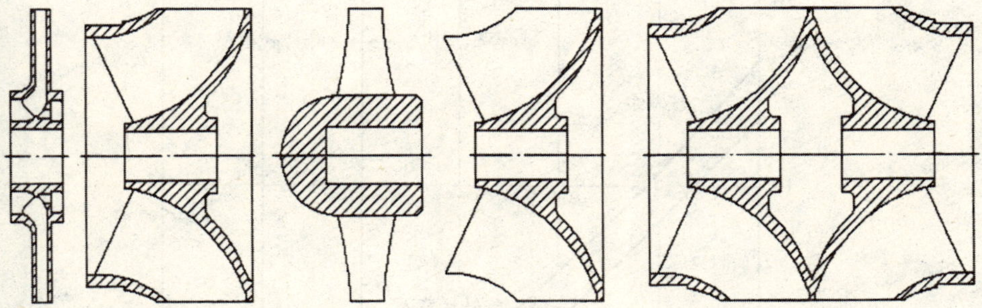

图 1.9.9 离心泵和轴流泵的工作轮

在工作轮的流槽中根据动量定律通过流向的转换使机械能转换成动能，在串接后置的导轮（螺旋壳体、螺旋桨）中该动能又被转换成压力能。

为避免堵塞，在输送由固体物质加载的流体时应减少流槽的数量。为杜绝在工作轮中气泡的形成，对容易排气的流体应装入开式工作轮。

1.9.3 运行特性

特性参数、特性曲线、特性曲线族

运行特性和泵的类型是通过特性参数来表示其特性的。最重要的特性参数是速度系数 σ 和直径系数 δ。

$$\sigma = n \cdot \frac{2 \cdot \pi \cdot \sqrt{\dot{V}}}{(2 \cdot Y)^{\frac{3}{4}}} \quad \delta = D \cdot \frac{\sqrt{\pi} \cdot (2 \cdot Y)^{\frac{1}{4}}}{2 \cdot \sqrt{\dot{V}}} \tag{1.9.5}$$

借助该特性参数早在泵站的设计阶段就可以从选择图表（见图 1.9.10）中选出最佳的泵类型以及估定泵的大小或最佳的转速。

特性曲线描述泵在各种不同的运行条件下的特性。对于恒定的转速来说，扬程 Y_P 和效率 η 作为容积流 $\dot{V}$ 的函数来表示。由关系式为 $\dot{V} \approx D^3 \cdot n$，$Y \approx D^2 \cdot n^2$，$P \approx D^5 \cdot n^3$ 的已知特性曲线可以推导出其他转速或直径相关的特性曲线，这是以恒定效率为先决条件的。

图 1.9.11(a) 和图 1.9.11(b) 为等转速和等效率曲线的典型的特性曲线族。

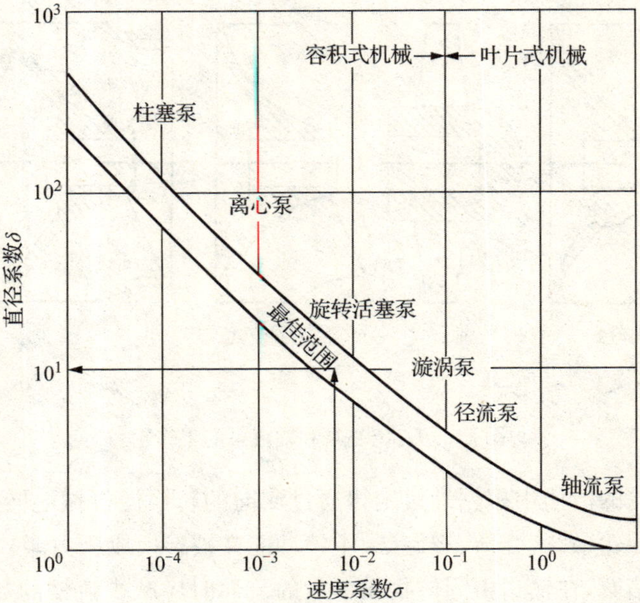

图 1.9.10　按照 CORDIER 的选择图表

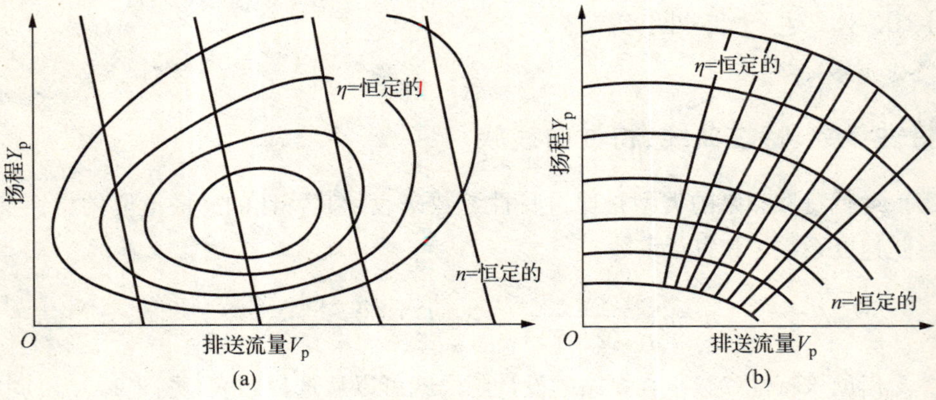

图 1.9.11　泵的特性曲线

(a) 容积泵的典型特性曲线族　(b) 离心泵的典型特性曲线族

通常，特性曲线族适用于输送具有定义密度和黏度的水。输送具有其他黏度的液体时必须将水的特性曲线换算成其他黏度。用于换算扬程、排送流量和效率所需的修正系数可以从相关的曲线图中推导出。

图 1.9.12 为黏度对容积泵和叶片泵特性曲线的影响。原则上效率 η_e 随着内损耗提高而降低，由此而使驱动功率 P 提高或在驱动功率为常数时输送效率降低。

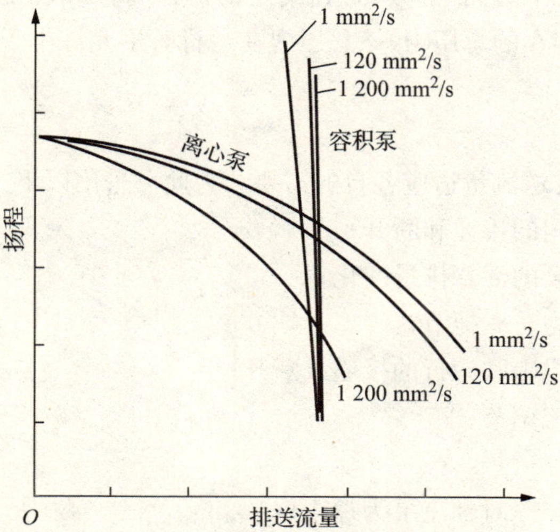

图 1.9.12 黏度对泵特性曲线的影响

工作点、调节

工作点

由泵站的特性曲线和泵的特性曲线的交点得出泵的工作点。工作点表示泵站总能量需求和通过泵供给的能量(见图 1.9.13)之间的平衡状态。总能量需求是压力侧的能量需求和吸入侧能量需求之和。

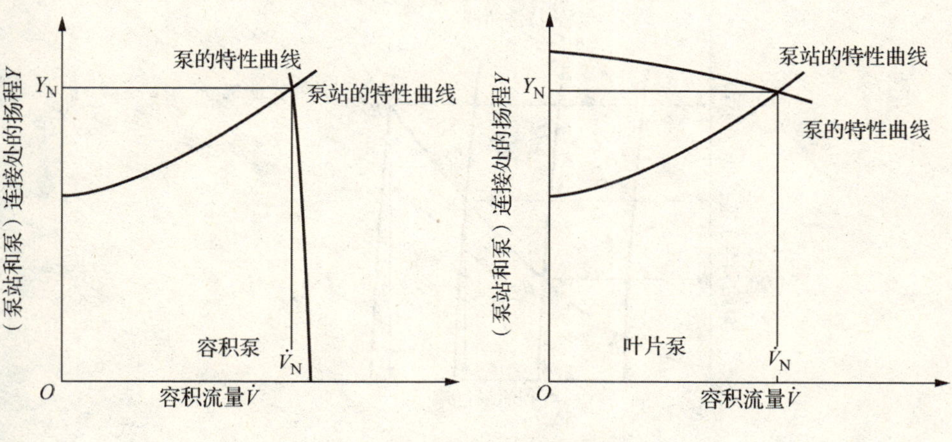

图 1.9.13 泵/泵站的工作点

NPSH 值(参见“管路”部分)是在给定的流体特性和确定的排送流量时在泵的抽吸接管中存在的总压力,该总压力在运行时不允许小于泵的 NPSH 值。

调节

通过调节使排送流量适应各自的需要。为此可采用以下方法:

- 活塞泵工作空间的接通和断开;
- 活塞泵或滑片泵的活塞排量变化;
- 提高泵站的阻力——扼节;
- 泵的并联运行或串联运行的接通或断开;
- 旁路调节或分流调节;
- 转速调节;
- 工作叶片调节——对轴流泵为螺距;
- 轴流泵的后涡流调节;
- 离心泵的前涡流调节;
- 气蚀调节。

叶片泵的排送流量为 $\dot{V} \approx n \cdot z \cdot V_h$。通过排量 V_h、缸数 z 或转速 n 的变化可使排送流量适应各自的需要(见图 1.9.14)。工作点从 B_1 向 B_2 位移。

一般说来,转速调节是运行经济性最为合理的解决方案,因为只须供给泵站所需的能量。

此时须注意,容积泵通过排量和/或缸数的变化改变了泵的激发程度。

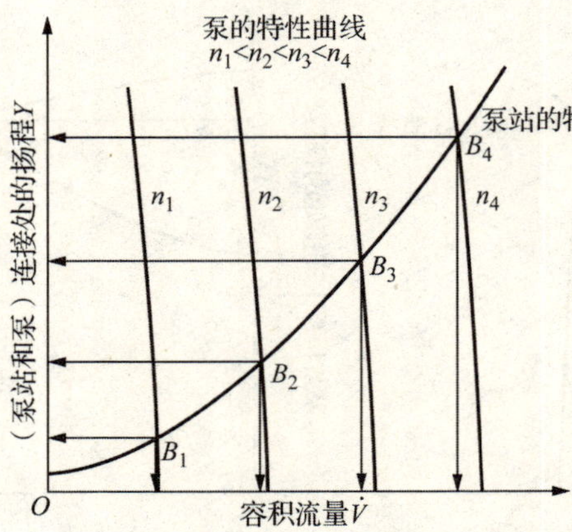

图 1.9.14　容积泵

在节流调节时泵站通流阻力发生变化(见图 1.9.15)。虽然这种调节为最简单的形式,但这是最不经济的方案,因为多余的能量被转换成损耗。

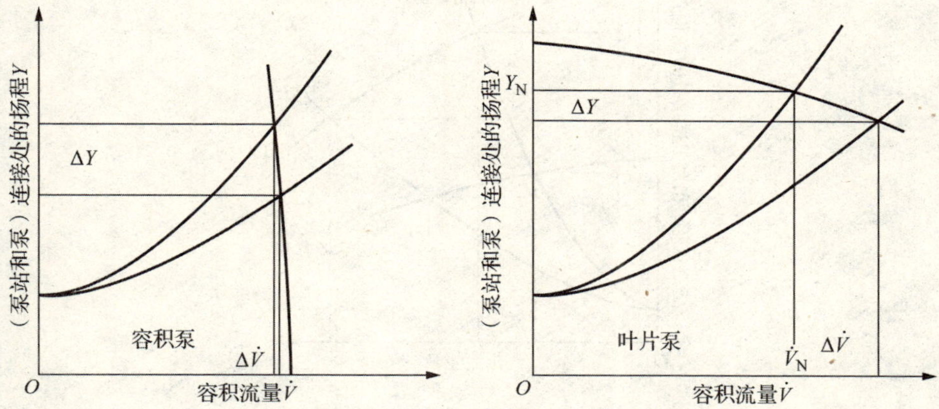

图 1.9.15 节流调节

随着泵特性曲线陡度的增加,通过节流调节达到的排送流量变化趋缓。

对并联连接(见图 1.9.16)适用下式:

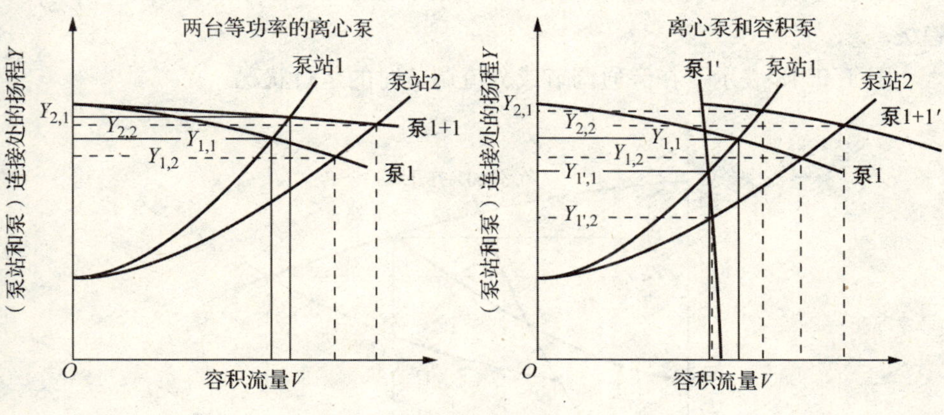

图 1.9.16 泵的并联连接

$$\dot{V}_{总} = \sum_{i=1}^{n} \dot{V}_i = \dot{V}_1 + \dot{V}_2 + \cdots + \dot{V}_n \qquad (1.9.6)$$

随着泵站特性曲线的陡度增加,通过泵的并联连接达到的总排送流量增加趋缓。

对串联连接(见图 1.9.17) 适用下式 :

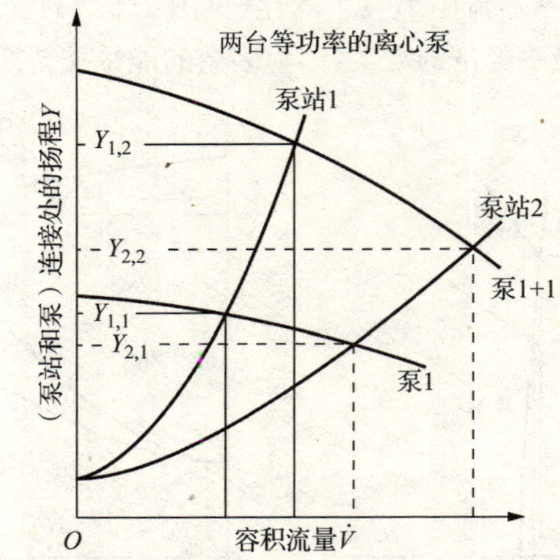

图 1.9.17　串联连接

$$Y_{总} = \sum_{i=1}^{n} Y_i = Y_1 + Y_2 + \cdots + Y_n \tag{1.9.7}$$

所有泵的排送流量是相同的。

串联连接时，随着泵站特性曲线的陡度增加，所达到的总排送扬程增加趋缓。

图 1.9.18 表示了在旁通调节或分流调节时的运行状况。

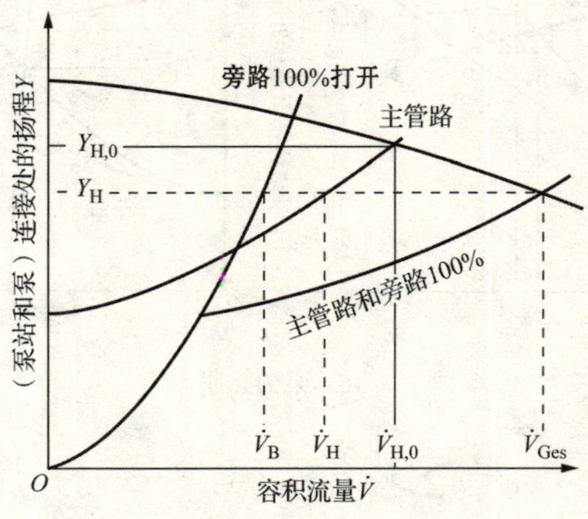

图 1.9.18　旁路调节

旁通管路闭合时容积流量 $\dot{V}_1$ 被调节。如果管路开通，泵的总容积流量提高到 $\dot{V}_{1+2}$，该流量被分为主管路的单路流量 $V_1{}'$ 和旁通管路的单路流量 $V_{旁}$。

在恒定转速下排送流量必须以与泵站的背压无关的方式进行调节，如对冷却海水泵是这样的情况，而在轴流泵中只有调节工作叶片或节距。

在进口导向调节时在泵的入口处也布置一个可调节的叶片系列，而在出口导向调节时在泵的出口处也布置一个可调节的叶片系列。如果在恒定转速和恒定泵站压力下需要调节排送流量（锅炉的助燃空气鼓风机，冷却海水泵），则可使用进口导向和出口导向调节。

气蚀调节是排送流量调节的一种特殊形式并且只用在较小型的冷凝水泵中。

泵在特性曲线的稳定范围内的额定点上工作时没有气蚀现象。如果在部分载荷下在收集处很少有冷凝水形成的话，则设备现有的 NPSH 值下降而泵发生气蚀。然后工作点位于泵特性曲线急剧下降的部分（见图 1.9.19）。排送流量 $\dot{V}_1$ 在冷凝水量很少时进行调节，随着冷凝水量的增加 $\dot{V}_1$ 升高到 $\dot{V}_3$。

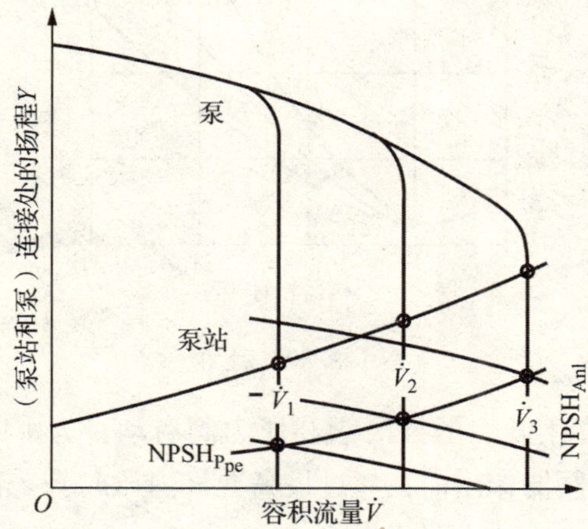

图 1.9.19 气蚀调节

1.9.4 运行和保养

在泵启动运行前须检验整套泵站的运行准备状态，尤其是：

- 泵站是否已进入了工作状态；
- 柱塞泵的压缩空气储存器是否显示正确的充满水平；
- 在抽吸管路和压力管路中的截止阀是否被正确地调节；
- 容积泵、漩涡泵和轴流泵的抽吸管路和压力管路是否开启；

- 径流式泵和斜流式泵的吸入侧是否开启，压力侧是否关闭；
- 对自吸式的径流式泵或斜流式泵来说，吸入泵（漩涡泵）是否已用液体充满。

启动后在超过启动扭矩 M_0 后驱动力矩首先下降到 M_{min}。驱动力矩进一步的变化是由泵站、泵的类型及其功率特性曲线决定的（见图 1.9.20）。

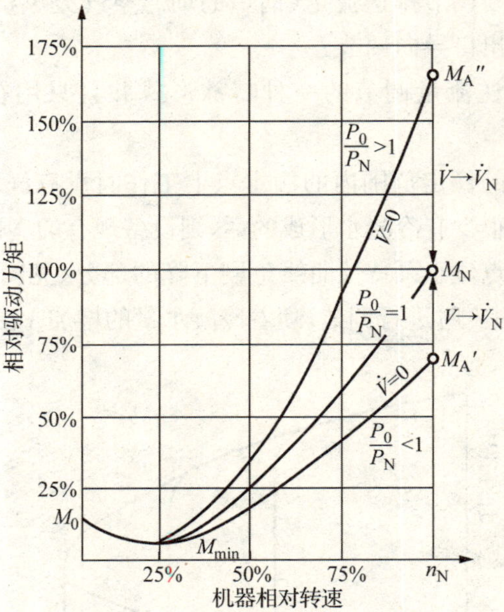

图 1.9.20　启动

容积泵必须始终用开启的抽吸阀和压力阀启动。为了限制内压按规定有一个安全阀，由于该阀的作用而在超过最高允许内压时有一部分输送液体可以回流到吸管中，驱动力矩从 M_{min} 上升至 M_N。

功率比 $P_0/P_N \leqslant 1$ 的径流式泵和斜流式泵用开启的吸入阀和关闭的压力阀启动。驱动力矩首先升高至 M_A' 并在阀打开后继续上升至 M_N。

采用弹簧加载的单向阀时在 M_{min} 和 M_A' 之间存在一个开关点。一旦阀打开，驱动力矩上升至 M_N。对每台设备须分别确定开关点。

功率比 $P_0/P_N > 1$ 的漩涡泵或轴流泵将以开启的吸入阀和压力阀启动。在特殊情况下按规定有一个压力控制的启动管路来阻止最低排送流量低于调定值，从而避免原动机超载（见图 1.9.21）。管路布置应符合容积泵中安全阀的管路布置。

在完成启动后须检验以下各项：

- 在吸入侧和压力侧的压力；

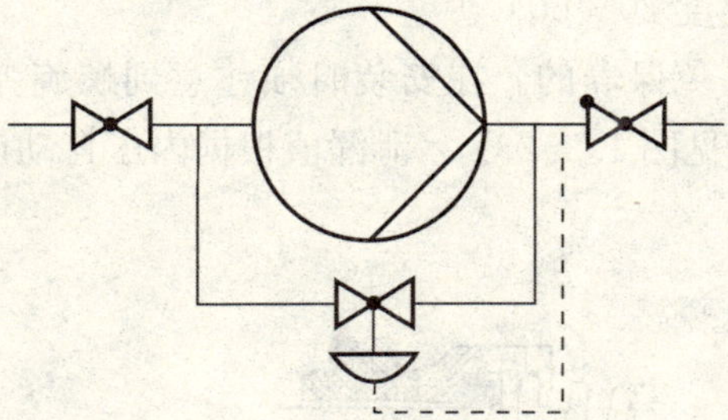

图 1.9.21 启动辅助

• 原动机的功率输入；
• 轴承温度和噪声；
• 轴密封；
• 联轴器。

通常泵装有大多数用油脂润滑的滚动轴承。如果由于大负荷和高转速要考虑到严重的自身发热时，方须采用油润滑的轴承。

在给轴承新注油时，油脂量须以在发热时油脂不会堵住轴承来限定。在运行时当油脂侧向溢出后，在轴承中的自由空间大约还有 30%被油脂充满。

添加润滑油的期限取决于轴承的负荷、转速和环境温度。如果泵生产商没有给出期限但规定要添加润滑油，则应约每隔 2 000～3 000 工作小时进行一次润滑。润滑油适当的添加量根据轴承的外径 D 和宽度 B 按照经验公式来确定（见图 1.9.22）。

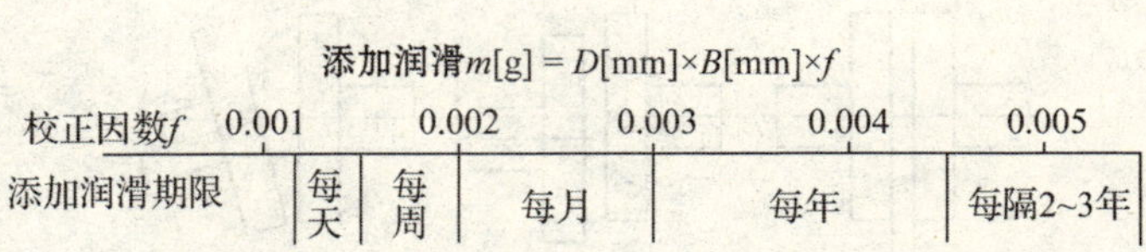

图 1.9.22 轴承添加润滑用的油脂量

轴密封的功用是限制但不是阻止输送液体从泵壳中渗出。为了减少轴磨损和排出摩擦发热，最少的泄漏量是必需的。

更新密封圈后，在泵运行前只须对压盖填料稍微预紧。推荐的预紧力按照密封圈的压力载荷(1.1～1.6)×工作压力。在启动时，尤其对浸渍填料(聚四氟乙烯)允许有比较高的初始泄漏值 50～200 滴/min。为了减小泄漏值，在试运行时须通过约以 30′分级拧紧的螺栓来提高压紧力。此时填料密封的温度升高不允许超出介质温度 20～60℃。

滑环密封几乎是免保养的。在安装时须注意到螺旋弹簧的卷绕方向及其预紧力（预紧长度）（见图 1.9.23）。泄漏值根据内压自动调节而且在运行时几乎是不变的。

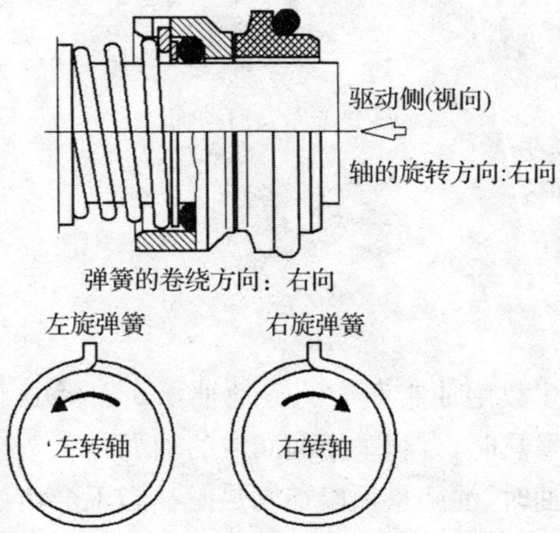

图 1.9.23　机械密封

分别按照结构不同，生产商允许联轴器有一定的轴向偏差、径向偏差和角度偏差（见图 1.9.24）。这可以从使用说明书中查知。

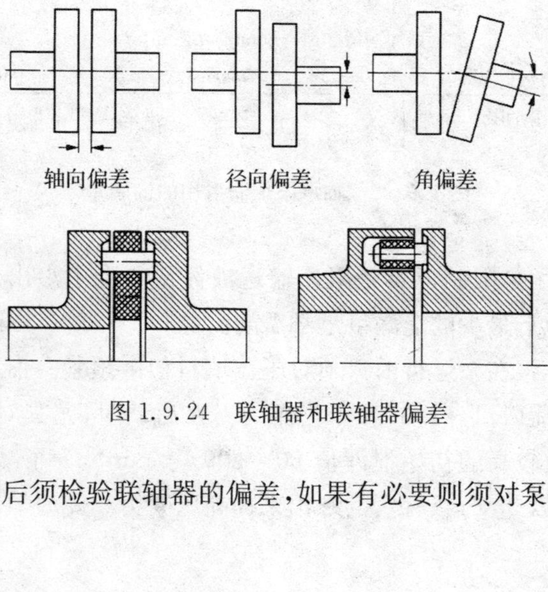

图 1.9.24　联轴器和联轴器偏差

在保养工作后须检验联轴器的偏差，如果有必要则须对泵做校准。

泵的典型故障和损坏

容积泵

表 1.9.1 故障、可能的原因和排除措施之间的关系

故障	可能的原因	排除
泵不抽吸	• 吸入管路不密封 • 吸入管路堵塞 • 吸入过滤器或吸入筛网堵塞 • 阀弹簧断裂 • 吸入阀不密封 • 液体的黏度太高 • 液体的黏度太低 • 活塞不密封 • 顶部间隙太大	• 拧紧吸入管路,克服不密封性 • 打开截止阀 • 清洁过滤器或吸入筛网 • 更换阀弹簧 • 检修吸入阀 • 通过预热降低液体的黏度 • 使用合适的泵 • 更换活塞环 • 更换双螺杆泵
输送功率太低	• 阀不密封 • 泵的转速太低 • 安全阀的调节错误 • 吸入管不密封 • 吸入过滤器或吸入筛网堵塞 • 安全阀不密封	• 完全打开压力阀 • 提高泵的转速 • 检查安全阀的调节 • 拧紧吸入管路,克服不密封性 • 清洁过滤器或吸入筛网 • 检验安全阀
功率消耗太大	• 转速太高 • 液体的黏度太高 • 在吸入管中的负压太高 • 在压力管路中的背压太高 • 压出器上的摩擦太大 • 活塞杆上的摩擦太大	• 降低转速 • 通过预热降低液体的黏度 • 检验带过滤器的吸入管 • 检验带压力阀的压力管路 • 调整密封元件 • 松开压盖、改变材料
噪声 • 爆震噪声 • 振击噪声	• 吸入高度太高或泵的扬程太小 • 在吸入管和压力管中的振动 • 吸入阀和压力阀的关闭速度太快	• 改变吸入高度和泵的扬程 • 纠正在空气储存器中的液位 • 使弹簧预紧力适合液体黏度

叶片泵

表1.9.2 故障、可能的原因和排除措施之间的关系

故障	可能的原因	排除
泵不抽吸	• 吸入管路不密封 • 吸入阀堵塞 • 吸入过滤器或吸入筛网堵塞 • 泵的旋转方向错误 • 泵充满的液量不足 • 泵壳通风不充分 • 液体的黏度太高 • 混合管的入口锁闭	• 压紧吸入管路，克服不密封性 • 打开吸入阀 • 清洁过滤器或吸入筛网 • 改变旋转方向 • 给泵补给液体 • 用液体充满吸入泵 • 通过预热降低液体的黏度 • 更换混合管
输送功率太低	• 压力阀的节流太大 • 泵的转速太低 • 泵站的背压太高 • 吸入高度太大 • 工作轮的外径磨损 • 工作介质流太小	• 完全打开压力阀 • 提高泵的转速 • 检验泵站 • 降低吸入高度 • 更换工作轮 • 增大工作介质流
功率消耗太大	• 转速太高 • 排送流量太大 • 轴封摩擦太大 • 工作轮的外径太大	• 降低转速 • 减少排送流量 • 松开轴封，必要时改变材料 • 更换工作轮
噪声	• 排送流量太大 • 低于 NPSH 值 • 轴承松开或磨损	• 纠正空气储存器 • 减少排送流量 • 检验轴承和在必要时予以更新

1.10 压缩机

哈克·奥科·迪德里希斯(Hark Ocke Diederichs)
译:陆 怡 金晓剑 李东亮 校:王伟勇 刘维亭

1.10.1 基础

压缩机是输送气体和蒸汽的做功机械并做成容积式机械或叶轮式机械的构造。结构形式及其两个主要类别的归类与泵的主要类别相当。

另外一种通用的分类是根据压缩比进行的:

风扇 $1 < p_E/p_S \leqslant 1.1$ kPa

鼓风机 $1.1 < p_E/p_S \leqslant 3$ kPa

压缩机 $3 < p_E/p_S$

压缩机的设计参数是以单位为 m^3/min 来表示的吸入量或活塞排量 $\dot{V}_a$,这里指的是在 293 K 和 1.013 hPa 以及排出压力 p_D 时的吸入状态。对风扇来说,以入口和出口之间的总压差 $\Delta p_{总}$ 为标准代替排出压力。总压差是由静态压差 $\Delta p_{静}$ 和动态压差 $\Delta p_{动}$ 组成。

图 1.10.1 表示在整个工作循环期间在一台活塞式压缩机的工作腔内理论的等熵压力变化曲线和测量到的多向压力变化曲线。由排出器向气体传递的指示功 W_i 是以在封闭的曲线区内的面积来表示的。

通过在吸入阀中的节流和处于压力 p_E 下剩余气体体积 V_{min} 的反膨胀,供注入新鲜气体使用的活塞排量减少。对作为有效排量 V_N 和几何排量 V_h 之比的进气系数

$$\lambda_V = \frac{V_N}{V_h} = 1 - \varepsilon \cdot \left(\frac{p_E}{p_S}\right) \tag{1.10.1}$$

进气系数取决于级压力比 $\pi_{St} = p_E/p_S$ 和相对损失空间 $\varepsilon = V_{min}/V_h$。

根据状态的变化(等熵、多向、等温)类型,气体由吸气压力 p_S 被压缩到排气压力 p_E。压缩所需的单位能量在等熵状态变化时为最大,在等温状态变化时为最小。等温状态变化以完全的冷却为前提。

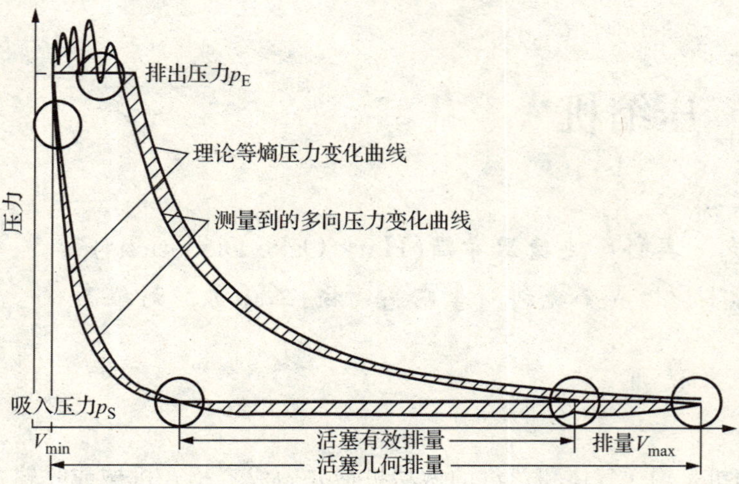

图 1. 10. 1　单级压缩机工作过程的 p-V 关系图

图 1. 10. 2 表示了在等熵、多向和等温状态变化时的压缩过程。等温比较效率

$$\eta_T = \frac{P_T}{P_i}$$

表示了由于不完全的冷却而实际产生的额外损耗。式中，$P_T = V_h \cdot \lambda_V \cdot \rho_S \cdot n \cdot w_{t,T}$表示等温压缩机功率，而 $P_i = n \cdot W_i$表示压缩机实际功率。等温比较效率用来对不同结构形式的压缩机做比较。

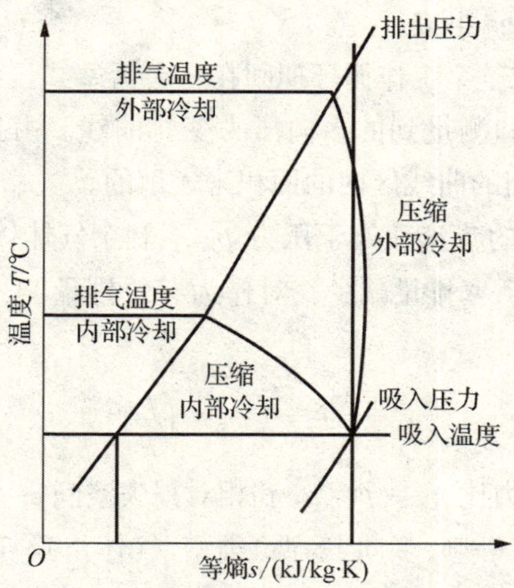

图 1. 10. 2　压缩过程

等熵比较效率 $\eta_s = \dfrac{P_S}{P_i}$ 包括了内部损耗并起到现场监控的作用。

在总压缩比 $\pi_{总}$ 较大时气体被压缩到二级串联或更多级串联的具有中间冷却的单级中(见图 1.10.3)。每个最佳中间压缩比由下式确定：

$$\pi_{St} = \left(\frac{p_e}{p_S}\right)^{\frac{1}{z}} \tag{1.10.2}$$

式中，z 是级数，这是通过最大允许的压缩排气温度予以标准确定的。对船上工作的压缩机来说排出的空气温度允许达 160℃，而在中间等级中的空气不应该过多地超过 200℃。

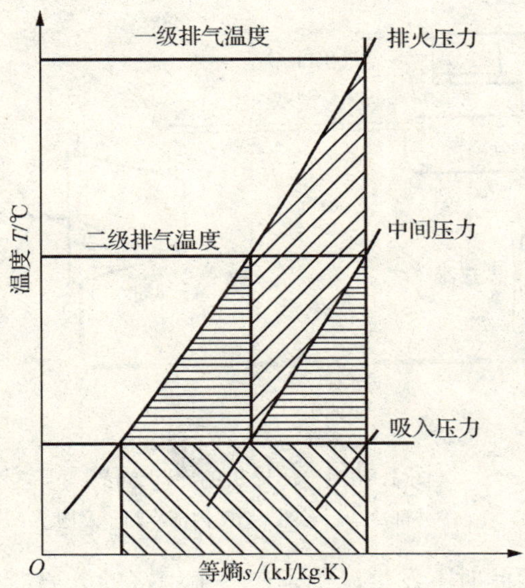

图 1.10.3 二级压缩

1.10.2 构造细部

冷却

在外部冷却[见图 1.10.4(a)]时构件是通过一种液体(水)或一种气体(空气)进行冷却的。在一个串接的冷却器中气体被冷却至所要求的排气温度。冷却介质和输送气体在整个过程中是分开的。

在内部或喷射冷却时[见图 1.10.4(b)]输送气体和冷却液体一起进入工作腔。只有一种具有沸点范围的油可作为冷却液体。在气体压缩时冷却液体

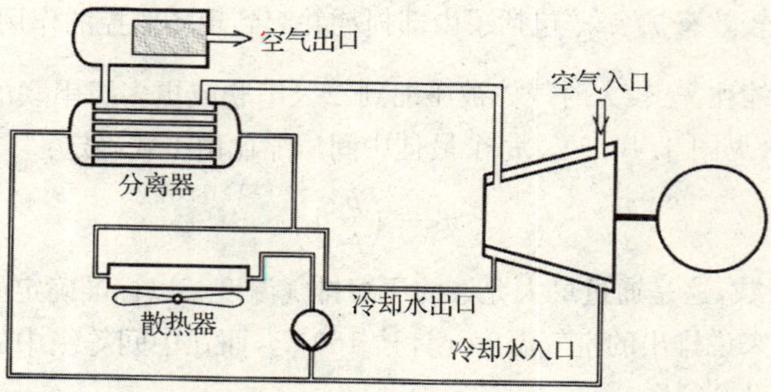

(a)

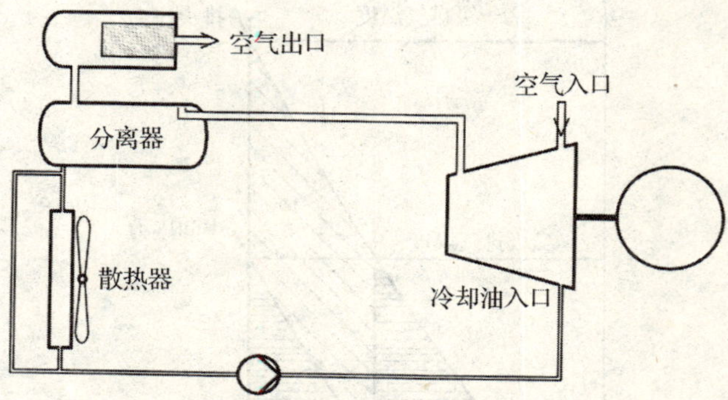

(b)

图 1.10.4　压缩机的冷却方法

(a) 外部冷却示意图　(b) 内部冷却示意图

从周围吸收热能，而此时不发生汽化。在一个串接的分离器中输送气体和冷却介质被分离，而冷却液体在一个冷却器中循环冷却。利用冷却油的入口温度和冷却油量可以控制从压缩机中出来的气体-油-混合物的出口温度。喷射冷却只用在以回流原理工作的旋转活塞压缩机中。

活塞式压缩机

活塞式压缩机在船上工作时作为启动空气压缩机，用于将气体输送到压缩空气装置和将蒸汽输送到空调装置或制冷装置中。图 1.10.5(a)表示一台产生压缩空气用的 V 型排列的二级风冷压缩机剖面图。气缸通过组合式吸入-排出阀关闭。

对于高的输送功率和多级压缩来说，活塞式压缩机被制造成扇形布置的多气缸机械型式[见图 1.10.5(b)]。

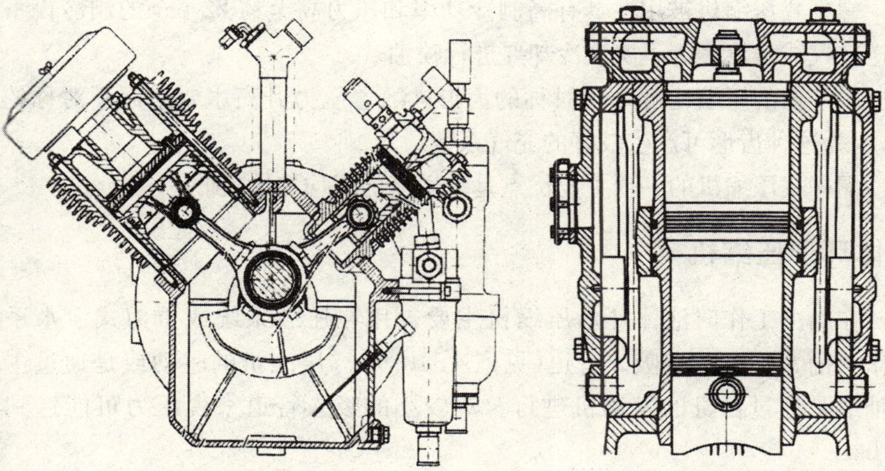

(a)　　　　　　　　　　　　　　(b)

图 1.10.5　活塞式压缩机

(a) 单曲柄 V 型布置的空气冷却的二级空气压缩机

(b) 带多级活塞的单曲柄布置的水冷二级空气压缩机

旋转活塞压缩机

旋转活塞压缩机按照回流原理工作。该机作为鲁茨压气机(见图 1.10.6)时,主要是用来在约 2.5 bar 的压力以内输送空气。由于压力升高幅度较小,鲁茨压气机通常无须冷却就能运行。用正齿轮传动机构保证轴的同步运行。

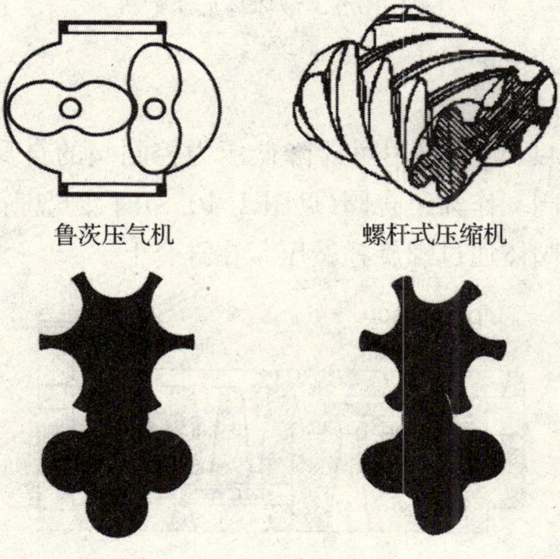

图 1.10.6　旋转活塞式压缩机及其断面形状

螺杆式压缩机被用在具有高制冷功率和压力高至约 22 bar 的制冷设备中输送空气或蒸汽。为了实现冷却要进行喷油。

对于低的压缩比可采用对称的齿形。随着压力升高主要采用不对称的齿形,因为这种齿形可产生较好的充气系数。

螺杆式压缩机的一项主要优点是输送流的不均匀性较低。

液体环形压缩机

在船上工作时液体环形压缩机主要被用在压载系统或重力式泄水系统中作为前置泵来抽空吸入管道(见图 1.10.7)。压缩机的驱动或是通过主泵的轴或是通过自身的发动机进行。对较小的吸入管道来说压力可能达到约 10 bar。

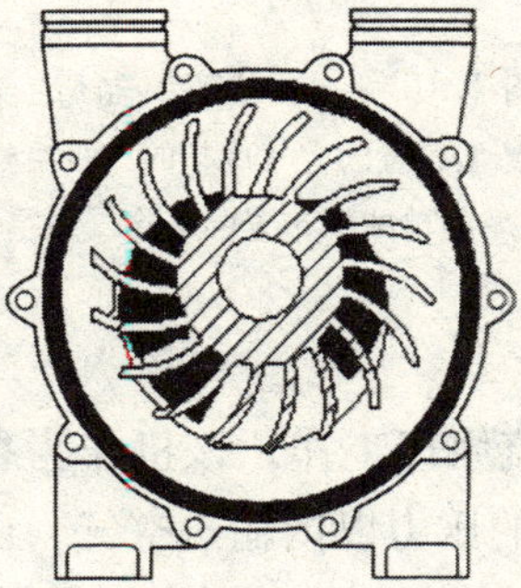

图 1.10.7 液体环形压缩机

阀

由于气体的密度低,必须尽可能降低压力控制阀的自身质量,因此多数情况下采用圆盘薄片阀。作为组合阀(见图 1.10.8)时,圆盘薄片阀同时构成了缸套的封闭端。此时阀体通过螺旋弹簧压紧在缸套上。

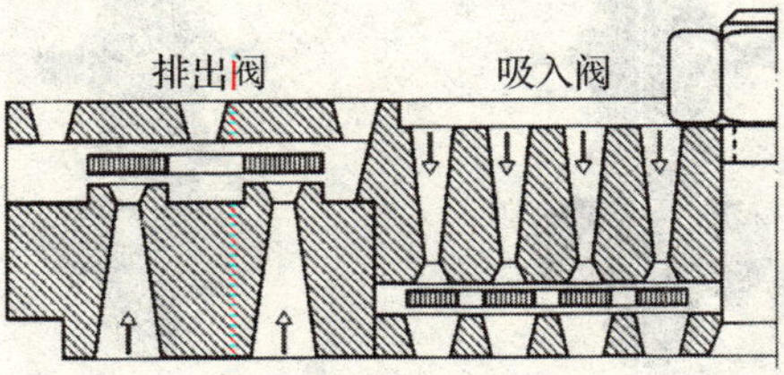

图 1.10.8 组合式吸入阀和排出阀

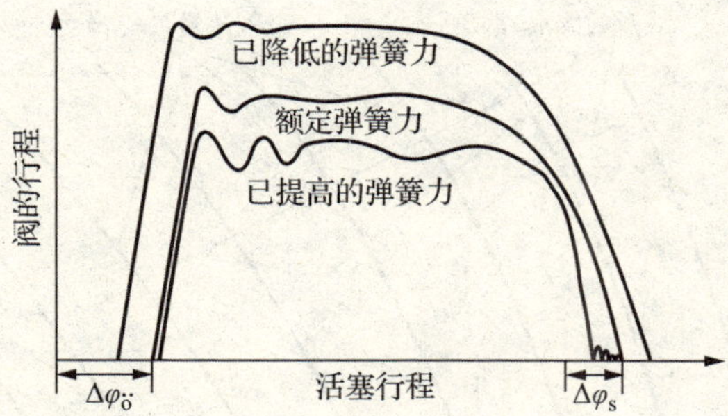

图 1.10.9 在不同力作用下的阀的运动

弹簧的预紧力 F_0（参见“泵”一节）必须适应于被输送气体的密度。图 1.10.9 表示在不同弹簧力下吸入阀的行程运动。当弹簧预紧力过小时活塞有效排量减少（吸入阀提前开启和延迟关闭），当弹簧预紧力过高时吸入阀提前关闭，而当阀关闭时弹簧回弹速度上升。

安全装置

通过弹簧加载的阀可阻止超过最高允许的内压。确定阀尺寸的原则是在完全的吸入功率时压力最大可上升至额定压力的 110%。

水冷却的压缩机的冷却水腔通过防护垫（安全膜板）保护防止超压。

1.10.3 工作点、调节

与结构形式无关，用于泵的选择图表同样适用于压缩机。在确定启动空气压缩机的输送功率时必须注意船级社的有关规范。总输送功率的设计以在一小时内可以充满启动压缩空气容器为准。

因为压缩机的吸入功率取决于压缩比，在压缩机的特性曲线族中表示出与机器转速和压缩比有关的恒定进气量和恒定效率时的曲线（见图 1.10.10）。空气的吸入状态按照标准确定为 293 K 和 1.013 hPa。

设备特性曲线和压缩机特性曲线的交点决定了压缩机的工作点，该压缩机具有对应于压缩比的吸入流量 $\dot{V}_a$、压缩比和转速。

为使排送流量适应于相应的需求，可以采用以下方法：

- 断续运行；
- 空转调节；

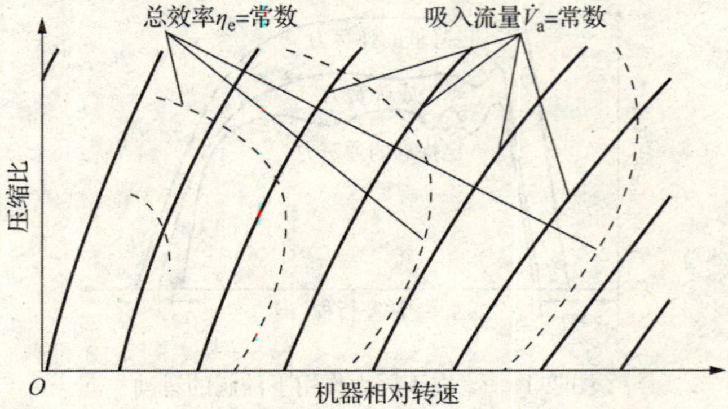

图 1.10.10　一台压缩机的典型特性曲线族

- 对于活塞式压缩机接通或断开各个气缸，对于螺杆式压缩机则改变遮合长度；
- 转速调节；
- 溢流调节；

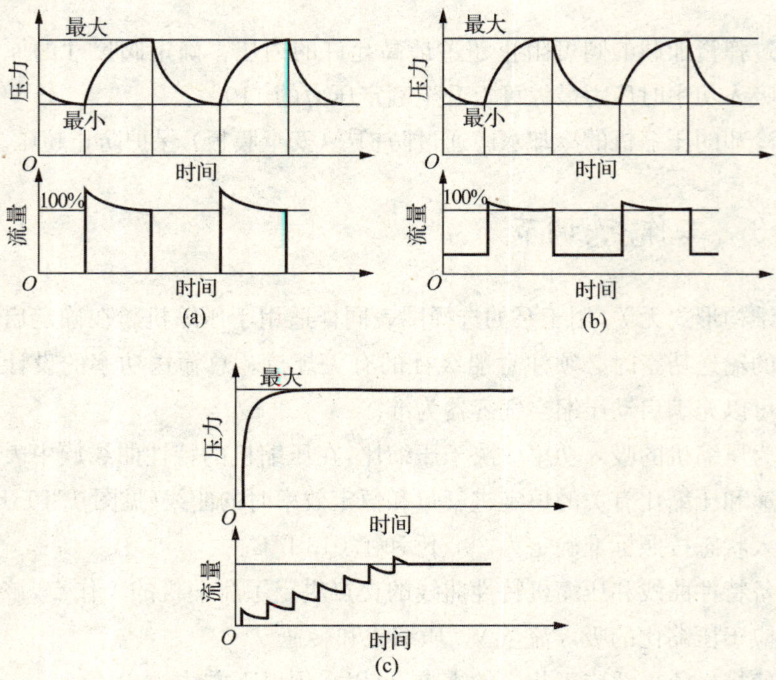

图 1.10.11　控制与调节的作用原理图

(a) 断续运行　(b) 空转调节　(c) 气缸接通

- 吸入管节流；
- 改变损失空间(只有对活塞式压缩机才是可能的)。

断续运行是一种不连续的调节[见图 1.10.11(a)]。在达到最高压力时压缩机断开，而在达到最低压力时压缩机又重新接通。此时启动力矩上升超过额定力矩。系统中的压力上升取决于所连接的消耗装置以及压缩机的输送流量。

空转调节同样是一种不连续的调节[见图 1.10.11(b)]。当压缩机旋转时通过吸入阀的开启度来阻止输送的进行。在达到最低压力时吸入阀开通，输送开始直至达到最高压力。使吸入阀保持开启度的装置也被用做启动辅助。

气缸接通是一种连续的调节[见图 1.10.11(c)]。在设备压力保持不变时通过接通和断开使输送功率适应消耗装置。

溢流调节也是一种连续的调节。在设备压力保持不变时通过从排出端向吸入端的溢流使输送流量适应于消耗装置。

1.10.4 运行和保养

在压缩机开动前须检验设备的工作准备状态，尤其要检验：

- 设备的准备工作是否进行了；
- 油位是否足够；
- 空气滤清器是否可立即投入使用；
- 在压力管路中的阀是否开启；
- 在排水管中的主截止阀是否开启。

压缩机始终需要一个启动辅助装置投入使用。为此在启动前可以打开工作腔的排水管并在达到额定转速后关闭，或者通过一个附加装置使吸入阀在启动期间保持开启。

在启动完成后须检验：

- 流量、冷却水和冷却水温度；
- 油位和油温；
- 在压缩机各级之间和出口处的气体温度。

在运行期间必须按照制造商的标准定期进行保养工作。尤其须进行以下工作：

- 压缩空气容器的排水；
- 空气滤清器的清洁；

- 滤油器的更换和换油；
- 检查阀和在必要时更换。

活塞式压缩机的典型故障有：

- 吸入阀的动作延迟：压缩机的输送流量和电动机的电流消耗降低。
- 排出阀的动作延迟：压缩机的输送流量和电动机的电流消耗降低，吸入压力和吸入温度上升。

阀的动作延迟的可能原因（见图 1.10.12）：

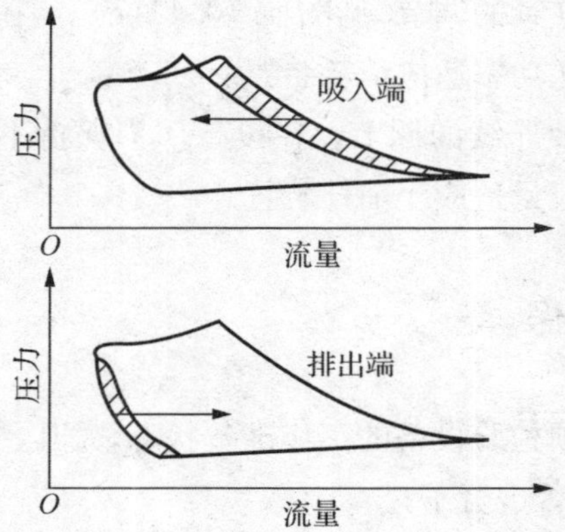

图 1.10.12 阀的动作延迟

- 弹簧断裂　　更换弹簧。
- 弹簧力过小　　由于超过最大载荷交变次数和/或超过气体温度引起弹簧材料疲劳，更换弹簧。
- 弹簧预紧力太低　　弹簧的安装长度太长，检查阀和压板之间的距离。
- 阀中的油过量　　进入工作腔的油量增加和/或气体温度升高。
- 吸入阀不密封　　压缩机的输送流量下降，电动机的电流消耗上升，吸入温度上升。
- 排出阀不密封　　压缩机的输送流量下降，电动机的电流消耗几乎保持不变，吸入压力和吸入温度上升。

阀不密封的可能原因（见图 1.10.13）：

- 阀瓣损伤　　回弹速度太高，须调节弹簧力；
- 阀瓣呈波形　　气体温度太高，更换阀瓣；
- 阀断裂　　在启动辅助装置中的工作压力太高，检查工作压力。

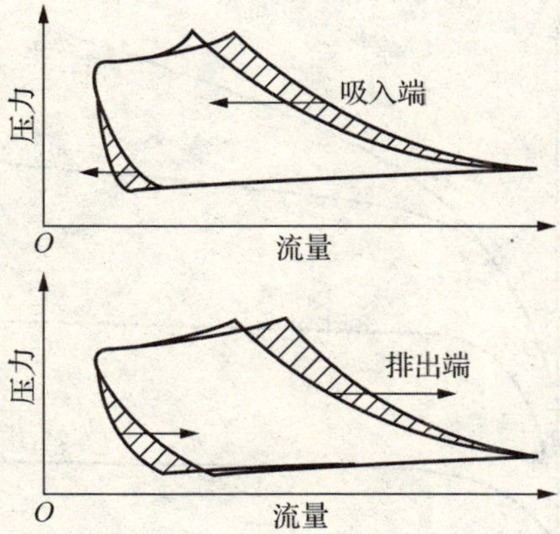

图 1.10.13 不密封的阀

由于输送流量不均匀在排出和吸入管道中的气柱被激发振动(见图 1.10.14)——吸入管路中的共振。

输送流量和电流消耗上升,吸入温度、排出压力和排气温度保持不变——排出管路中的共振。

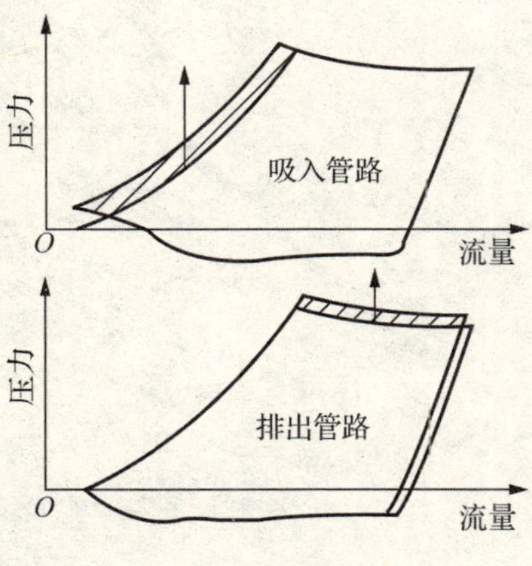

图 1.10.14 共振

输送流量几乎保持不变,电流消耗、排出压力和排气温度上升。

压力振动在管路中以声速 $a=\sqrt{x \cdot p \cdot v}$传播 。因为在充满容器时尤其是排出压力持续升高(见图 1.10.15),应直接在压缩机后布置一个阻尼容器用以避免在排出管路中的共振,该容器同时还起到分离凝水的功用。

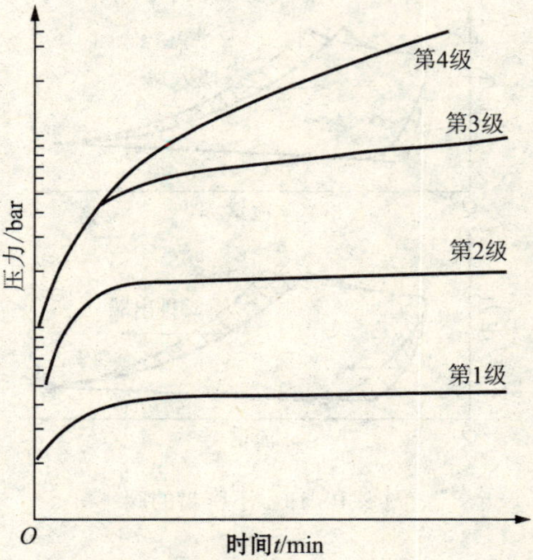

图 1.10.15　多级压缩机中的压力变化曲线

1.11 传热装置

米夏埃尔·拉赫(Michael Rachow),哈克·奥科·迪德里希斯(Hark Ocke Diederichs)

译:陆 怡 金晓剑 李东亮 校:王伟勇 刘维亭

1.11.1 对传热装置的基本考虑

由一种介质向另外一种介质的传热是在传热装置中进行的。此时较高温度的介质向较低温度的介质释放热量。原则上传热可以在表面传热装置和混合型传热装置中进行。在一个表面传热装置中介质通过传热装置的侧壁彼此分隔开,这样就不会产生物质流的混合。热量传递是通过辐射、传导和对流进行的。当热辐射时的能量传输是通过电磁波进行而不是受物质存在的约束时,热传递通过管路和对流在物质的接触区内进行。在流动的介质中,热量通过物质吸收并通过介质运动(对流)来传递。如果不存在流动,热量则通过传导来传递。

传热

对表面传热装置有以下热流公式:

$$\dot{Q}=k\cdot A\cdot\Delta\vartheta_{m} \tag{1.11.1}$$

式中,k 是传热系数,A 是传热面积,而 $\Delta\vartheta_{m}$ 是平均对数温差。

平均对数温差可按下式得出:

$$\Delta\vartheta_{m}=\frac{\Delta\vartheta_{G}-\Delta\vartheta_{K}}{\ln\dfrac{\Delta\vartheta_{G}}{\Delta\vartheta_{K}}} \tag{1.11.2}$$

在入口侧和出口侧上物质流之间产生的大温差用 $\Delta\vartheta_{G}$ 表示,小温差则用 $\Delta\vartheta_{K}$ 表示(见图 1.11.1)。

由介质 1 通过壁传输到介质 2 上的热首先由介质 1 向壁作热传导,接着热量是通过壁的热传导以及通过向介质 2 的热传导来传递的。传热性除了材料特性外尤其取决于流动性(层流或紊流)并以传热系数 α 来表示其特征。随着

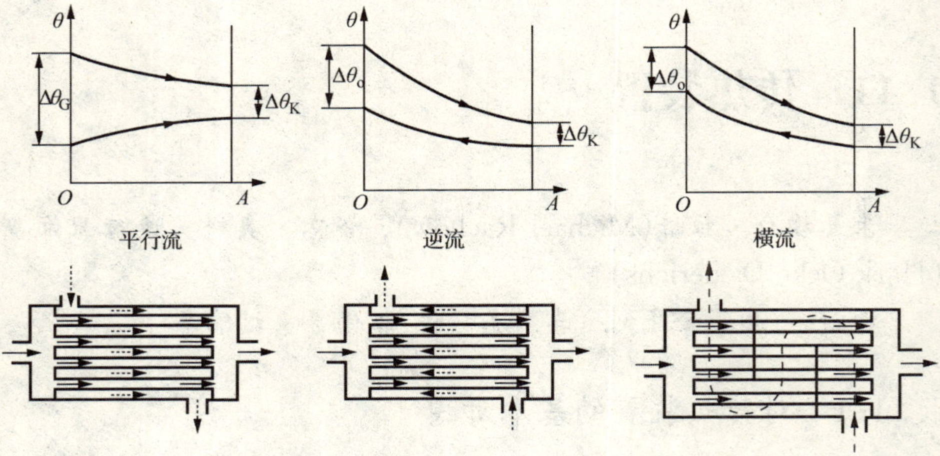

图 1.11.1　传热装置面积布置和温度变化曲线

紊流的增加传热增强。传热受到壁的结构、壁层厚 S 和壁材料的热导率 λ 的影响。附加形成的层如油积炭、炭黑、锅炉水垢或污垢减小了传热系数并从而减小了传导的热流(见图 1.11.2)。

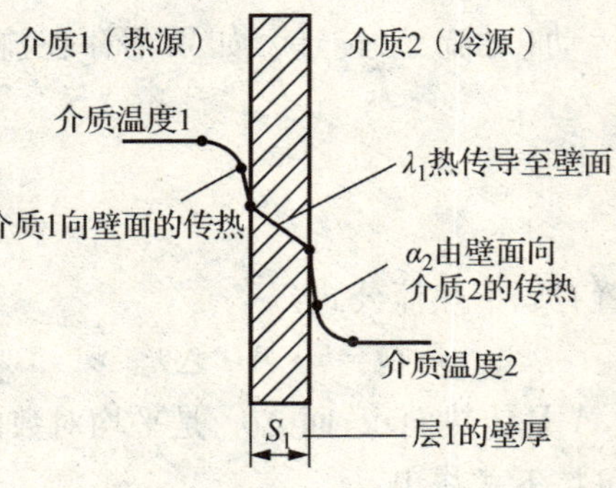

图 1.11.2　通过一个单层平面壁时的热传导

$$k=\frac{1}{\dfrac{1}{\alpha_1}+\sum_{i=1}^{n}\dfrac{S_i}{\lambda_i}+\dfrac{1}{\alpha_2}} \tag{1.11.3}$$

混合传热

在混合传热装置中介质的物流相混合，例如蒸汽与水混合或者水与水混合。

对具有两种相同比热容的介质的混合传热装置，可得出排流温度

$$\vartheta_{A}=\frac{\dot{m}_{1}\cdot\vartheta_{1}+\dot{m}_{2}\cdot\vartheta_{2}}{\dot{m}_{1}+\dot{m}_{2}} \tag{1.11.4}$$

式中，$\dot{m}$ 为介质 1 和 2 的质量流，而其入口温度则分别为 ϑ_1 和 ϑ_2。

对介质 1 来说，在混合传热装置中传递的热流有下式：

$$\dot{Q}=\dot{m}_{1}\cdot c_{p1}\cdot(\vartheta_{1}-\vartheta_{A}) \tag{1.11.5}$$

在一个隔壁式传热装置中，热流或是在管束式传热装置中传递或是在片式传热装置中传递。

1.11.2 传热装置的结构形式

传热装置主要被做成表面传热装置的结构形式，因为在大多数的情况下介质互相之间必须是分隔的。在结构上预热器和冷却器两者之间是没有区别的，名称是根据工作介质温度变化的类型得出的。在给工作介质供热时称之为预热器，在放热时称之为冷却器。传热装置的面积是由管子或是由板材组成的，在由管子组成时管的端部被压入或是焊入其中。当流动阻力小时表面传热装置具有高的单位功率，介质互相间被可靠地分隔开。在船舶运行中它们被用于各种不同的冷却和预热功能。

管束式传热装置

管束位于一个套筒中。这些管束是由紧密地压入或焊入在管底或管板上的内管组成的。定距环使管束中的内管保持定位并减小自由振动的管子长度。通过换向，物质流可以与内管交叉。套筒在两侧用换向顶盖限制住，其功用是将物质流引向内管。通过在换向顶盖中的换向片可以进行多次换向。当传热装置面积相同时，随着换向的次数增加流速上升。上升的流速一方面虽然导致较高的热传导，但另一方面也导致流动损失增加。与换向有关，按照介质的物质导向可区分成平行流、逆流和各种形式的横流。为了提高传热系数往往将内管的外表面装上压制成类似螺纹的绕片。同样也存在在内管中装上附加旋流器的可能性(见图 1.11.3)。

板片式传热装置

板片式传热装置的特点是结构形式非常紧凑以及具有良好的流量分配。

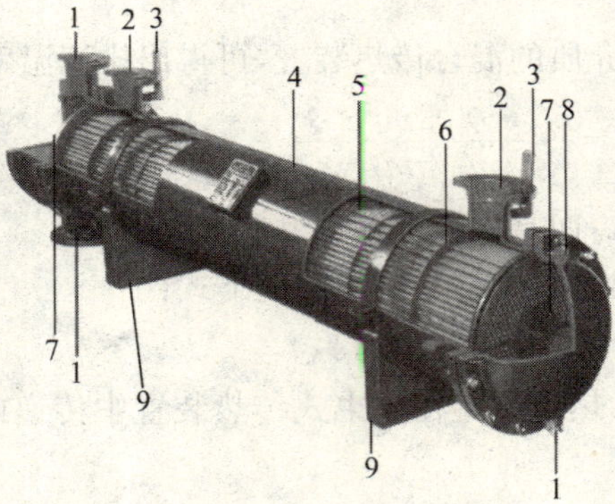

图 1.11.3　管束式传热装置(资料来源:SERCK COMO 有限公司)

在一种尺寸的传热片内,流量可以通过片数来分配。板片式传热装置具有小的充满量和低的热惰性。介质按照对流原理相互间流入相邻传热片的中间空隙中。板片式传热装置由于有大量的平行传热片,故具有比较小的流动阻力。在传热片上的压印花纹可形成良好的液体紊流并增加传热片的稳定性。板片式传热装置被做成焊接的或组装的结构来使用。焊接的板片式传热装置主要被用于小功率设备和制冷技术中。在船舶运行中主要采用组装的板片式传热装置。这种板片式传热装置由一个带支承板的支承结构组成,在该支承板上安装有介质的入口和出口连接套管。表面压成型的片装有密封,使片向外密封住并相互将热的和冷的介质引导到传热片的中间空隙中。传热叠片通过夹紧螺栓在支架板和压板之间被压紧,使得片与片之间用橡胶密封件密封住。分别通过在上部和下部的孔将物质流引向传热片。密封件或者使物质流引导到片的中间空隙中或者将其密封住,使介质通过每个第二个片的中间空隙导入(见图 1.11.4)。

散热片管式传热装置

它们被用于空气的冷却或预热。在传热管上嵌入薄片或进行胀管,用以增加表面积。薄片应该能扩大传热装置的面积且必须具有良好的导热性,薄片与传热装置管子可构成传力链结合或是通过焊接也就是钎焊来结合。片之间的距离过窄易于积聚污垢并因此会恶化传热条件。片式传热装置主要被用于制冷技术、室内空气技术和增压空气的冷却(见图 1.11.5 和图 1.11.6)。

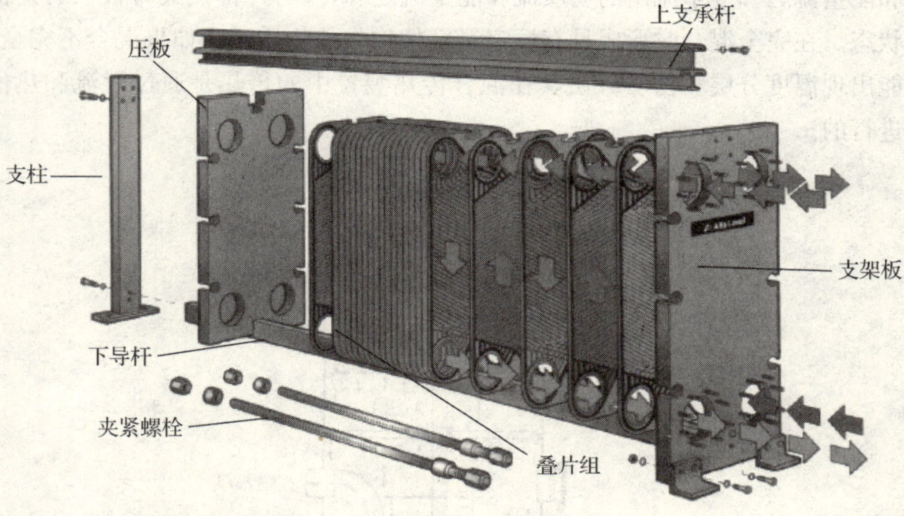

图 1.11.4 板片式传热装置结构(资料来源:ALFA LAVAL AB)

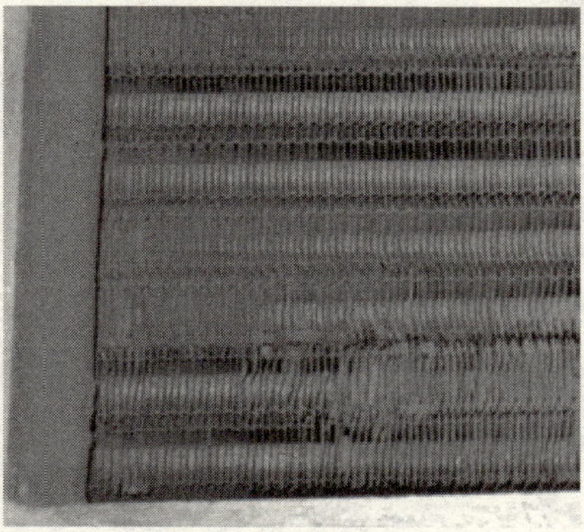

图 1.11.5 一台增压空气冷却器的散热片管式传热装置

图 1.11.6 一台冷却装置的片式蒸发器

混合传热

如果将两种或多种不同温度的物质流互相混合,则形成具有一种混合温度的共同物质流。除了通风技术和卫生技术外,混合传热装置在船舶中,例如在除气器、给水柜的蒸汽加热或在燃料系统的混合管中得到了应用。流入的物质流和能量流之和等于流出的物质流和能量流之和，没有外部损失时被认为是恒定状态。在完全混合时形成具有恒定温度的均匀的物质流。如果混合不完全，可能出现温度分层和物质分层。在混合传热装置中的传热是通过对流和热传导进行的。

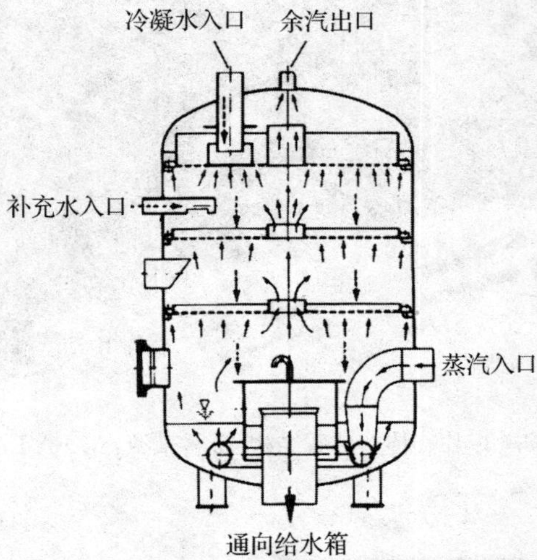

图 1.11.7 喷淋式除气器(资源来源:《能源手册》系列第 5 卷)

1.11.3 调节

从运行的观点看往往有必要对传热装置进行调节，以维持工作介质规定的入口和出口温度。调节是通过其中一种介质的容积流量变化来实现的。此时对表面传热装置要区分为直接调节和间接调节。

直接调节

通过传热装置来调节温度或热流的介质，其容积流量是通过节流调节或旁路调节来实现的。其他介质则未经调节就流过传热装置。对于那些必须用几乎是恒定的容积流量来供给的设备，将采用旁路调节(见图 1.11.8)。

间接调节

通过传热装置来调节温度或热流的介质未经调节就流过传热装置。调节是通过另外一种介质的容积流量来调节的，例如通过节流调节或旁路调节来实现(见图 1.11.9)。

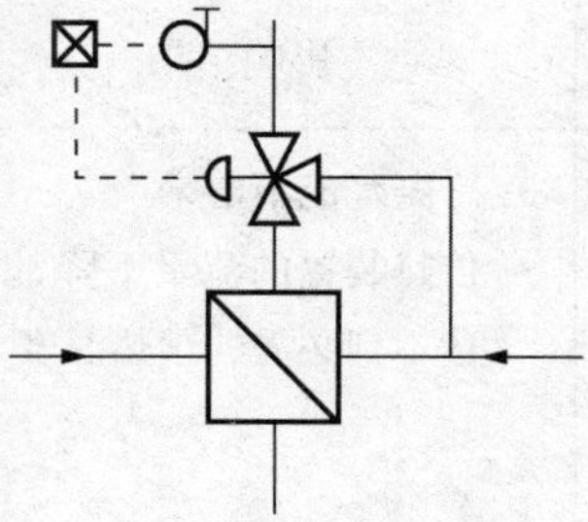

图 1.11.8　出口温度的直接调节

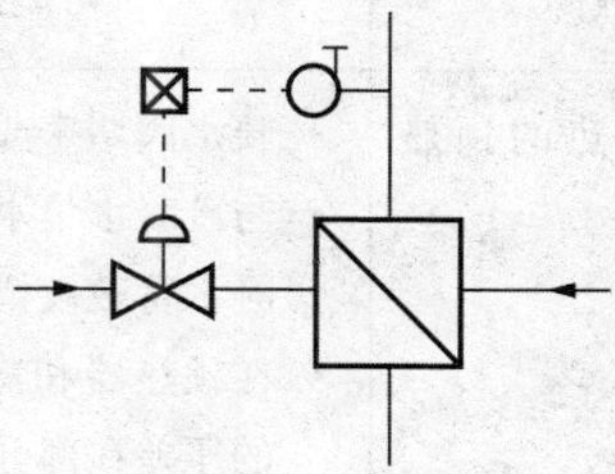

图 1.11.9　出口温度的间接调节

间接调节时由传热装置的存储器容量决定的热惰性要大于在直接调节时的热惰性。

1.11.4　典型故障和损坏

表 1.11.1　故障、可能的原因和影响结果之间的关系

故障	可能的原因	影响结果
不密封	• 腐蚀、气蚀、对管束式传热装置则为在传热装置表面和托板上的振动裂纹 • 有缺陷的密封	• 较高压力的物质流与较低压力的物质流相混合
污染	• 内含物质的沉积/沉淀作用 • 附生物 • 在油或燃料预热器中太高的表面温度引起结焦 • 水质不好引起硬化剂的沉淀	• 流动阻力上升 • 热流下降,有待冷却介质的流出温度可能上升 • 冷却介质的流出温度可能降低
通流缺陷	• 在片式传热装置中密封件安装错误 • 管束式传热装置的管底/管板和套筒之间密封不够	• 较高压力的物质流与较低压力的物质流相混合

（续表）

故障	可能的原因	影响结果
蒸汽加热的预热器进水	• 疏水阀堵塞或有缺陷 • 与冷凝水集水器的压差很小，冷凝水管敷设错误 • 在预热器和冷凝水集水器之间的压差在部分负荷情况下太小	• 冷凝水流不出来 • 传热装置的流量下降，以至达不到必需的预热温度
过载	• 流通量超过设计值 • 片式传热装置的平行片数量太少	• 热流下降 • 气蚀

1.12　过滤器

米夏埃尔·拉赫(Michael Rachow)，哈克·奥科·迪德里希斯(Hark Ocke Diederichs)

译：陆　怡　金晓剑　李东亮　校：王伟勇　刘维亭

1.12.1　过滤器的工作原理

过滤器的功用是从液体和气体中滤除固体物质。过滤器有助于显著减少与其连接的设备的磨损和提高其运行可靠性。在过滤精度以上，过滤器几乎完全降低了待过滤物质流的固体物质吸附浓度，而在过滤精度以下，净化效果则下降。在经过净化的物质流中证实还有大于过滤精度的粒子。显然在过滤物质的出口端，小的粒子进行了结合。这些小粒子稳定性差并在力的作用下，例如在轴承的油楔中容易分解成其原来的小粒子，这样它们对损坏过程几乎没有影响。

过滤器可以布置在主回路或旁回路中。布置在主回路中的过滤器应起到保护与其连接的设备的作用。在循环系统中过滤器也被用在旁回路中。过滤器降低了在旁回路中的固体物质吸附浓度并因此降低了循环流的平均固体物质吸附浓度。主回路过滤器对供给连接设备所需的全部物质流进行过滤。

对过滤器的要求

过滤器应具有高的净化能力、低的通流阻力、良好的吸污能力和能方便地清洗。上述要求相互间部分是矛盾的，这样在设计时必须取折中方案。

特性数值

过滤器的公称过滤精度表示了在过滤器上被90%截留的粒子的直径。

网孔尺寸表示一个表面型过滤器筛孔的织物经纬线之间的距离。

单位流量表示在黏度为40 mm^2/s时每小时每cm^2过滤面积的容积流量，以升为单位。

净化效率说明一种成分被分离的部分与原先部分的百分比。净化效率是对一种元素例如硅，或某种粒径例如 $d=10\sim15\ \mu m$ 的粒子而言。

表面过滤器

表面过滤器将杂质截留在过滤器材料的表面，过滤器的类型可以分成网式过滤器、线隙式过滤器或膜片式过滤器。附着在表面的脏物可以通过反向冲洗或机械净化法清除。网式过滤器是由一种平面的或立体结构的过滤器织物组成并敷在支承物或底垫上。在船舶运行中过滤网片、过滤芯或圆柱形的过滤器网篮显示出其优越性（见图 1.12.1）。

线隙式过滤器是由等间隙距离平行布置的金属环或金属丝缠绕组成的。被过滤物质流经缝隙。大于线隙间距的杂质被留在表面并通过反向冲洗或梳理净化。线隙式过滤器的形状非常稳定且特别适用于高压差的情况。膜片式过滤器尤其被用来在渗透性过滤设备中制备饮用水。塑料制的膜片如网式过滤器一样置于载体材料上。水以高的压力差被挤压通过膜片的孔。大于膜片细度的盐分、细菌和其他伴生物质被留在表面上（见图 1.12.2）。

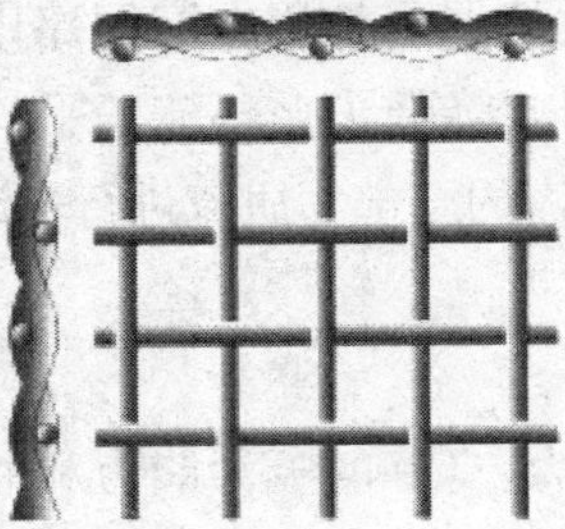

图 1.12.1　表面过滤器的过滤面积

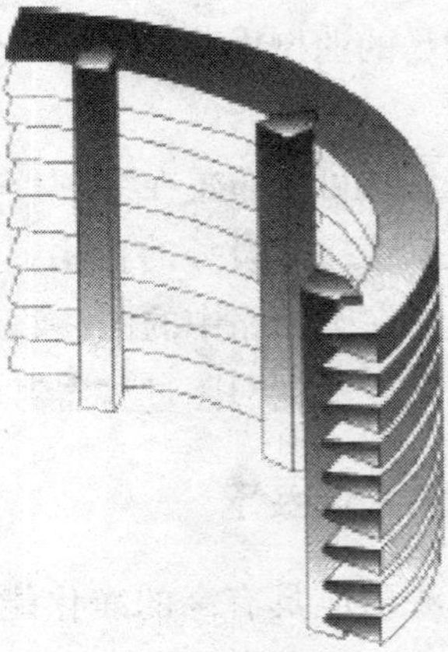

图 1.12.2　线隙式过滤器的金属环

高精度过滤器通过内聚力和附着力将杂质积聚在过滤材料的深处。这种过滤器通常由不同材料制的层叠组成，它们在朝向出口处有着越来越细的结构，以使粗的杂质被截留在第一层，而细的杂质则被截留在最后一层。过滤器的材料可采用纤维材料，例如纤维素、毡、棉、玻璃棉、金属屑或多孔的塑料。高精度过滤器大部分不能完全通过反向冲洗或净化来复原，而是必须予以更换。

通过磁场的作用，氧化铁的材料被分离在永久磁铁上。尤其在润滑油回路中，它们被作为过滤器和磨损指示仪来使用。带电荷的粒子通过电场在沉积电极上被分离。这种在发电厂技术中特别用于烟气除尘的工艺，在今天船舶工作中还没得到使用。通过添加氨的方法使烟气在 15 kV 以内的电压下变成导电的，这样使灰尘粒子呈离子积聚，游移并沉积到电极上并可从那里予以清除。

1.12.2　过滤器的结构形式

手动过滤器

单节过滤器被直接布置在流体流中。在清洁过滤器时须将流体流中断或者必须使其绕开过滤器。在船舶运行中，这类过滤器主要被装在通风和空调设备中以及作为润滑油系统中的指示过滤器来使用。双联过滤器或多联过滤器是两个或多个过滤器的并联配置形式，但始终有一个过滤器是备用的。通过一个换向元件使流入和流出一同进行换向，使得主用过滤器转换为备用过滤器。在转换前须对被动过滤器排气(见图 1.12.3)。

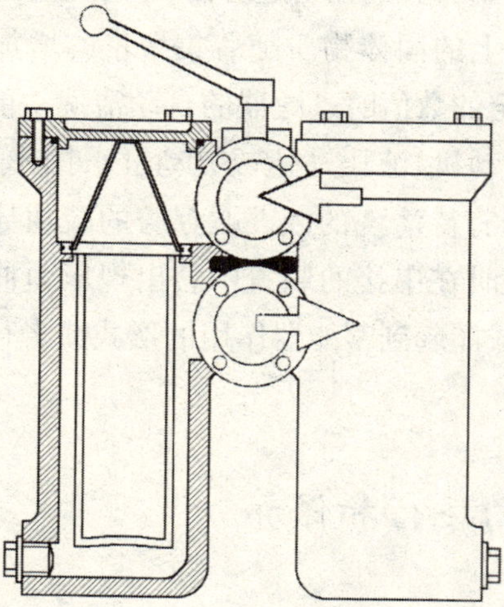

图 1.12.3　手动换接的双联过滤器

自动过滤器

自动过滤器是多联过滤器(见图 1.12.4)，它们在达到一定压力差时自动清洗过滤器表面。此时清洗所需要的全部过程是自动程控进行的。

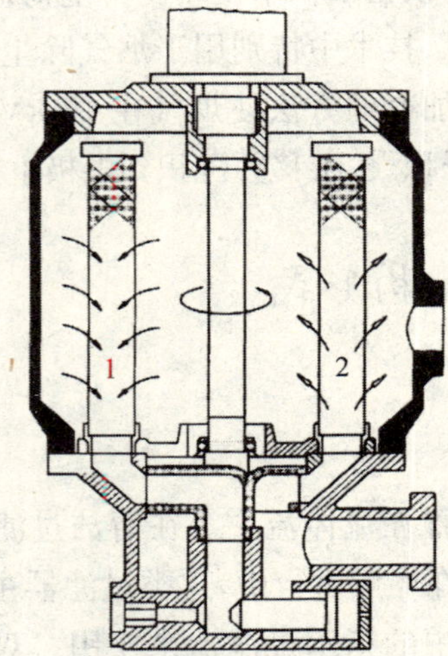

1 工作位置 2 清洗位置

图 1.12.4　具有并联滤芯的自动过滤器

用于清洗过程的电气控制与过滤器分开地被安装在一个转换开关盒中。带有电气触头的压差控制器起到控制过滤器和监控过滤器功能的作用。

截留在过滤器面积上的固体物质随着集聚量的增加而产生一个增长的压力降，当压力降达到规定的数值时过滤器的自动清洗功能开始起作用。该清洗过程是电控的。通过电动机、液压马达或气动缸来操作开关器件，该开关器件将贮存腔转换为下一个有待清洗的腔。贮存腔的疏通导致压力差降低。当自动清洗过滤器转换过程时在串接的装置中会出现压力冲击。为避免这种压力冲击，过滤器壳体被做成能起到蓄能器作用的形式或者可在管路系统中附加布置有蓄能器。

1.12.3　过滤器的运行和保养

油压冲洗的过滤器

在达到预调的压力差后，有待清洗的过滤器腔或滤板与过滤液流分离。其出口侧仍与清洗物出口连接。原先的入口侧与具有低背压的出口连接。在出口开启后即开始冲洗过程。经过滤的油通过高的压差被推送，与原先的过滤方向相反，向着出口方向分离掉附着在表面的杂质。在过滤元件清洗后对所有并联布置的元件重复这一过程。清洗过程中在清洗油的出口处产生压力降。在系统设计时必须考虑到该压力降。在自动清洗过程后无须对各过滤器腔进行排气。

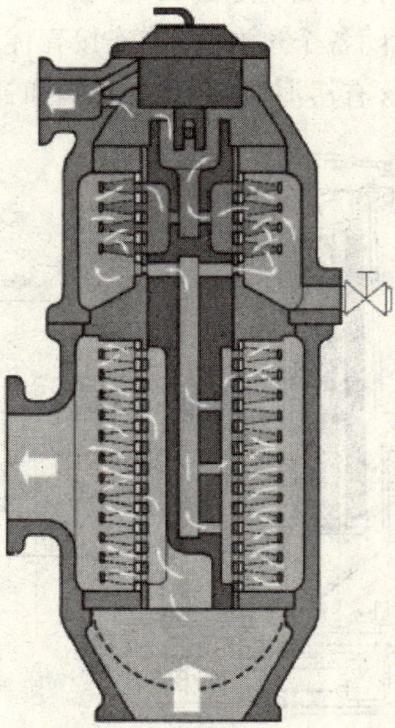

图 1.12.5　Moatti 自动过滤器（资料来源：Alfa Laval）

Moatti 自动过滤器

这种自动过滤器（见图 1.12.5）具有坚固的圆片状过滤元件。这些元件被装配成一组圆片叠，被安装在两个过滤器腔内——其中一个是完全通流的腔（下部）和另一个是污泥分离腔（上部）。这些元件通过肋片被分成 12 段，它们在每个滤腔中形成了独立的滤层。

在过滤元件层叠的中心有一个由液压马达带动旋转的分配器。液压马达采用过滤后的油的压力来驱动。

液压马达步进式地使分配器旋转并将未经过滤的油输送到完全通流的腔内的至少 10 个滤层中，此时有一个滤层开启进行反向冲洗。每当分配器完全旋转一周时，每一滤层都被反向冲洗一次。采用这种方法时过滤器的滤层一层接着一层连续地被冲洗，而不会出现大的压力波动。反向冲洗的油到达污泥腔并在此处净化再回流到润滑油储油槽中。打开泄放旋塞可将污泥分离室中形成的污泥排出。在船舶运行中常作为润滑油过滤器来应用。

空气反冲式自动过滤器

这种过滤器的重要结构特点是过滤腔、布置在中央的空气室和带有过滤器接头的壳体下部。为了封闭各个过滤腔，在连接壳体中支承有一个旋转圆盘滑阀，它作为整体式构件包含有污泥泄放阀、冲洗阀和补给管(见图 1.12.6)。

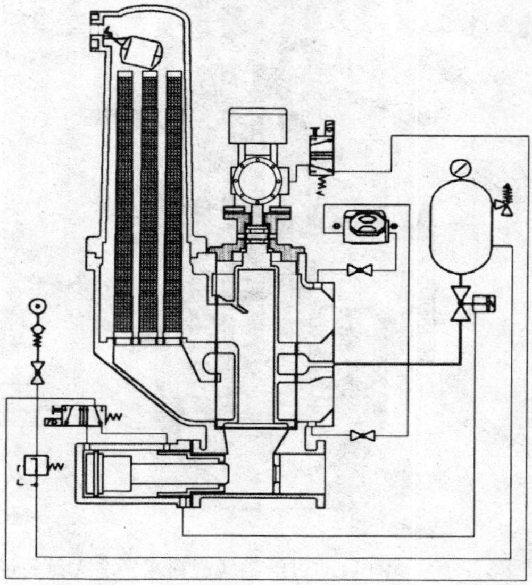

图 1.12.6　空气反冲式自动过滤器
(资源来源：Boll & Kirch 过滤器工程有限公司)

有待过滤的液体流入中央连接壳体并分配到过滤腔(此时有一个处于贮存状态)，在这里经过滤后回流到连接壳体并从连接壳体的侧面流出。

在达到压差时连接壳体的换向器件从贮存腔转换为下一个有待清洗的腔。贮存腔的释放导致压差立即下降。

在换向器件达到有待清洗的腔时，它使得后者可靠地与过滤器回路分离。紧接着反向冲洗过程自动开始。通过换向器件的整体构件首先使这些腔卸压，然后使污泥泄放阀打开并在最后使冲洗阀释放。位于空气室中的压缩空气其体积和压力与冲洗作用是匹配的。压缩空气的冲击波挤压了处于有待净化的腔内的过滤液体，使其与过滤方向相逆通过筛网，在此过程中形成的有效压力降很大，可冲洗掉沉积的固体物质。

在短暂的吹气时间后空气阀和污泥泄放阀自动关闭。同时在换向器件中的一个补给管道释放，这是以清洗后的过滤腔进行控制式排气为开始的。位于腔内的空气通过一个在过滤腔上端的浮子阀逸出。清洗并排气后的过滤腔通过换向器件的回转重新被充满有待过滤的液体，也就是又形成贮存腔。

运行监控

运行监控利用压差来实现。压差增加时手动过滤器就需要进行清洗，而对自动过滤器来说，在达到预调好的压差时清洗是自动进行的。清洗间隔由有待净化的流体污染指示器来显示，或在同样的工作条件下如在指示器上显示过滤器持续污染增加，这说明要缩短清洗间隔。在同样工作条件下两次相继进行的清洗之间的时间间隔减少时，过滤器必须通过手动清洗来清除附着的污垢。

如果在两次相继进行的清洗之间的时间间隔增加了，则可以归结于滤芯有通流缺陷。

表面过滤器的清洗可以通过例如用轻油和接着进行的机械净化来去除污垢。如沉淀物状的固体杂质可以通过超声波浴清除。在超声波浴中，激励器的高频振动通过某种液体传递给滤芯。通过振动使脏物破裂并被液体清洗掉。

1.12.4 故障和损坏

污垢

污垢导致在过滤器入口和出口之间的压差上升。随着压差增加使供给后置设备的油流减少，这就可能导致设备的梗死。

沉淀物

沉淀物是坚硬地附着的杂质，它们使得滤芯的织物线如同裹上一层漆。其后果是过滤器的过滤精度提高和压差上升。通常沉淀物是不可能通过反向冲洗过程清理掉的。

通流缺陷

通流缺陷导致未被净化的一部分介质流体穿过过滤器。已经被分离的杂质也可能由于通流缺陷而溢出。通流缺陷会对后置的设备形成严重的危害(见图 1.12.7)。

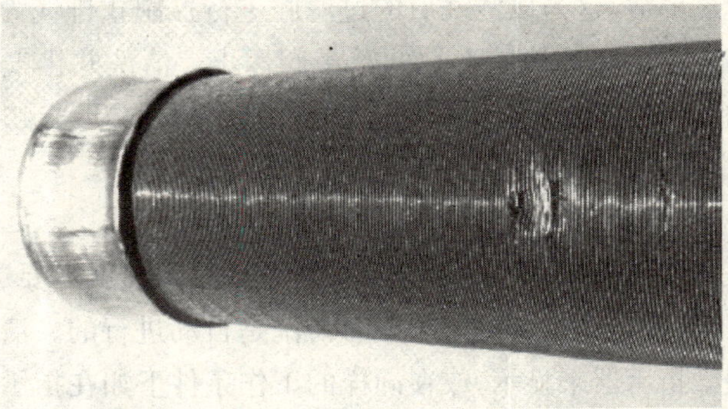

图 1.12.7　造成通流缺陷的滤芯损坏

气体析出

液体中气体可溶性随着温度上升和压力下降而降低。通过在过滤器中卸压可以从过滤器流体中析出气体。这种气体集聚在过滤器壳体中并从此处被带走或一起进入设备中,而在其中会造成供给气泡或气蚀。

凝固点

随着温度下降,过滤流体的黏度增加。在预热严重不足的情况下黏度会上升,使得对过滤面积的穿透性受到限制或受阻。这样压差就上升,使得自动过滤器始终进入自动清洗程序。后置设备供油压力可能会低于所需的工作压力,进入梗死工况。

1.13 分油器

米夏埃尔·拉赫(Michael Rachow)，哈克·奥科·迪德里希斯(Hark Ocke Diederichs)

译：陆 怡 金晓剑 李东亮 校：王伟勇 刘维亭

1.13.1 分油器装置的构造

基本的作用原理

分油器被用来净化燃油和润滑剂以及用来处理舱底水和污泥。此时杂质根据密度不同被分离成过程介质。随着密度的不同从分油器中连续地或不连续地以分层形式排出。

沉淀过程

当各类物质密度不同时在流动的混合物质中形成分层，而在一定的时间后其组成成分趋于分离。如果时间过短或密度的差别太小可能不会发生分离或分离不充分。

由重力加速度 g 决定的重力 F_G 作用在直径为 D 和密度为 s_T 的粒子上。同时，这些粒子排开周围的动态黏度为 η_{FL} 和密度为 s_{FL} 的液体，这就导致浮力 F_A 的产生。如果重力大于浮力，则粒子以沉淀速度 v_A 作下沉运动。这一运动与阻力 F_W 相对抗。如果这两种力处于平衡的话，那么沉淀速度 v_A 是恒定不变的(见图 1.13.1)。

对沉淀速度适用下式：

$$v_A=\frac{D^2\cdot g}{18\cdot\eta_{FL}}\cdot(s_T-s_{FL}) \tag{1.13.1}$$

当发生下述情况时沉淀速度增加：

- 大的粒子沉淀；
- 密度差增加；

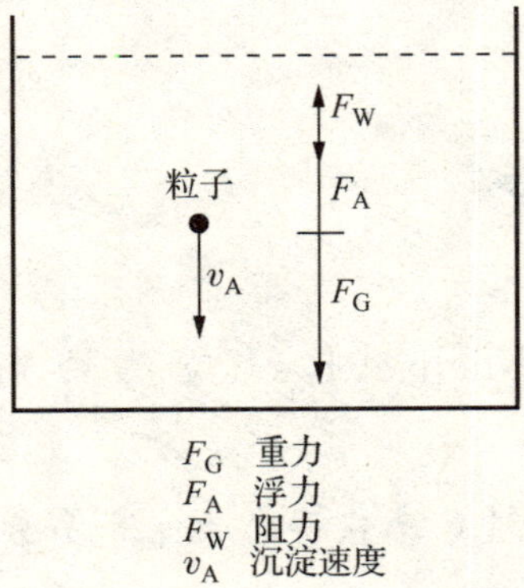

图 1.13.1　在静态沉淀槽中的沉淀过程

- 液体的动态黏度变小。

在实践中沉淀速度受预热的影响。随着温度上升，液体的动态黏度下降，由于粒子与液体之间的膨胀系数不一样，密度差通常也增大，从而致使沉淀速度增加。

如果以离心加速度 a 代替重力加速度 g，令 $a=(2\cdot\pi n)^2\cdot R$，则该加速度取决于转速 n 和相对于旋转轴的距离 R 而最高上升至 2 000 倍重力加速度，这样 v_A 也最高上升至 2 000 倍。

分离过程

两种不同密度的液体通过离析过程在沉淀后被彼此分离地排出。分离过程是在混合物持续流入时进行的。在沉淀槽中的滞留时间必须长到足以使液体在其沉淀速度下彼此充分地分离并形成一个分离区。实际上在边界条件为恒定时滞留时间决定了可分离粒子的大小。分离时间的极限决定了最小粒子的大小，在该极限下即使再增加滞留时间实际上也不可能进行分离了（见图 1.13.2）。

在分离过程时不同密度的液体在离析的同时与固体粒子分离。液体分离并以沉淀速度沉淀。在分离区液体的成分处于对立状态。固体物质沉积在底部。在持续流入时液体在出口处被分离地排出。高度差 $\Delta h=h_1-h_2$ 相当于两种液体的密度差。

两种液体在分离区以同样的流体静压存在。对此适用下式：

$$h_1\cdot s_1=h_2\cdot s_2\quad 或\quad h_1/h_2=s_2/s_1 \tag{1.13.2}$$

为维持流体静压的平衡，在分离槽开始使用时必须用重的液体成分（在油和水

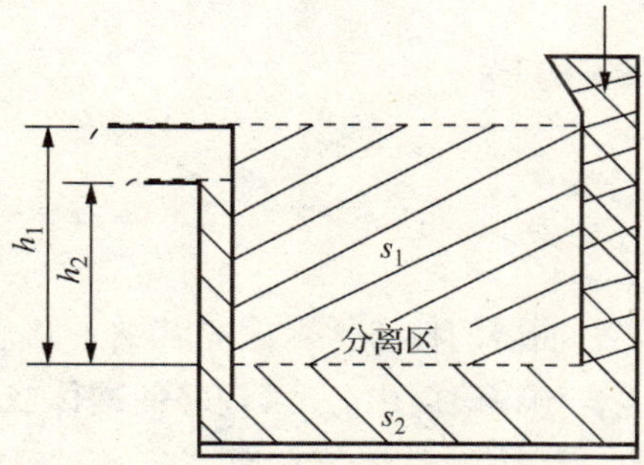

图 1.13.2 混合物连续分离时的分离过程

中分离出水时)充满。水封水阻止油向水出口的穿通。

界面调节环的选择

在一个分油器中通过界面调节环/分水盘确定排水高度 h_2。在排油不变时可以通过变更分水盘直径来改变高度比,这样可以在明确规定的范围内调节分离区。如果界面调节环的直径选得过大,高度 h_2 降低,则分离区进一步向外移动。此时存在着油向水出口穿通的危险。当界面调节环的直径选得过小时,则存在着在净化油中的水成分增加的危险。界面调节环的选择按照分油器特定的图表进行。根据待分离物质所测得的密度和温度可读出在分离温度下必要的界面调节环直径。

特性数值

分油器的特性数值允许对实际条件下的可使用性做出评价。这些数值只是适用于对不同的分油器进行有条件地互相比较。最重要的特性数值是额定流量、有效流量或最佳流量、分界面的载荷和分离效率。

额定流量是指与标准油有关的、作为分油器设计依据的容积流量。有效流量或最佳流量是与相关的油的品质和燃油品质有关的、作为分油器设计依据的容积流量。通常,低于该容积流量时不会改善分离效率。

以 m^3/m^2h 为单位的分离面载荷 A_{BEL} 表示以 m^3/h 为单位的流入容积流量 Q 和以 m^2 为单位的分离表面面积 A 之商。

分离效率表示一种成分中被分离去的部分与原有成分之百分比。分离效率可以对一种元素而言例如指硅,或某一粒径例如 $D=10\sim15\ \mu m$ 的粒子而言。

1.13.2　分油器的构造

滚筒

带圆盘叠的滚筒是分油器的核心件。滚筒容纳了圆盘叠,这样就大大增加了分离面积。流入的混合物在滚筒中分离,较轻的液体成分较之较重的液体成分更进一步向内部排出。固体物质被留在筒内或者对喷嘴式滚筒来说则被持续地排出。

在分油器进行分离工作时,水、油和固体物质彼此分离。净化油流经圆盘叠,在内部上升并被引导到净化油流出口。水则向外部分离,上升至分离盘和滚筒上部之间并到达出水口。固体物质聚集在污泥室中。它们部分形成固态的沉积物层。对于自动清洗的分油器,固体物质的排出是在自动清洗过程中实现的,如果不行,则须用手打开滚筒后清洁污泥室。

在净化工作过程中处理不含水的油时,只须从油中分离出固体物质。为此将排水口封闭并在有界面调节环的情况下用闭塞装置来取代它(见图 1.13.3)。

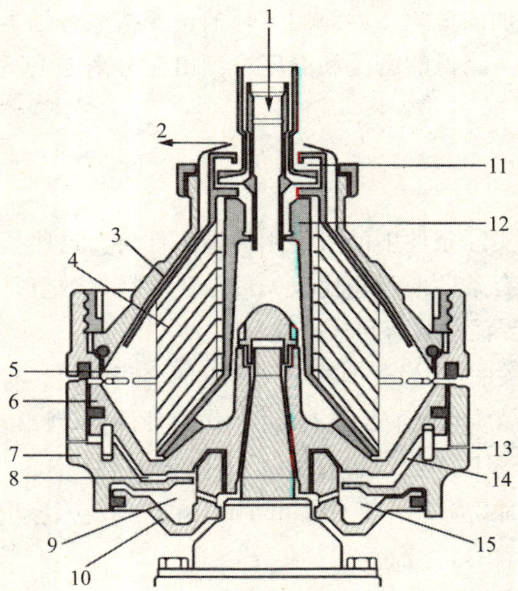

1 污油入口
2 带有出水口的分水盘
3 滚筒上部
4 圆盘叠
5 污泥室
6 活塞式滑阀
7 控制水腔（开启腔卸空）
8 控制水腔（关闭腔充满）
9 控制水腔的底部
10 抓取器与抓取器腔
11 离心室底部
12 分配器
13 控制水出口
14 控制水腔（开启腔充满）
15 控制水腔（关闭腔充满）

图 1.13.3　自动清洗式分油器的滚筒(资源来源:Westfalia 矿物油分油器系统有限公司)

圆盘叠

不同密度的固体物质和液体的分离在圆盘叠的各个圆盘之间进行。在距离旋转轴为 R 的粒子上作用有向外的离心力和向内的浮力，其结果是形成了一股合力。根据该合力的大小，较重的粒子以速度 V_R 向外运动并达到上部圆盘的下边缘，较轻的粒子上升并随着流动的液体以速度 V_S 向着旋转轴排出。由于各圆盘之间的间距很小，因此较重的粒子为达到圆盘的下边缘必须经过的距离非常之短，以至于为使粒子沉淀在滚筒中有短的滞留时间就已足够，这就有可能达到流过滚筒的高通过能力(见图 1.13.4)。

那些已经达到圆盘下边缘的粒子在下边缘上滑入污泥室。高的分离效率在很大程度上取决于圆盘。圆盘必须是光滑的且是形状稳定的。

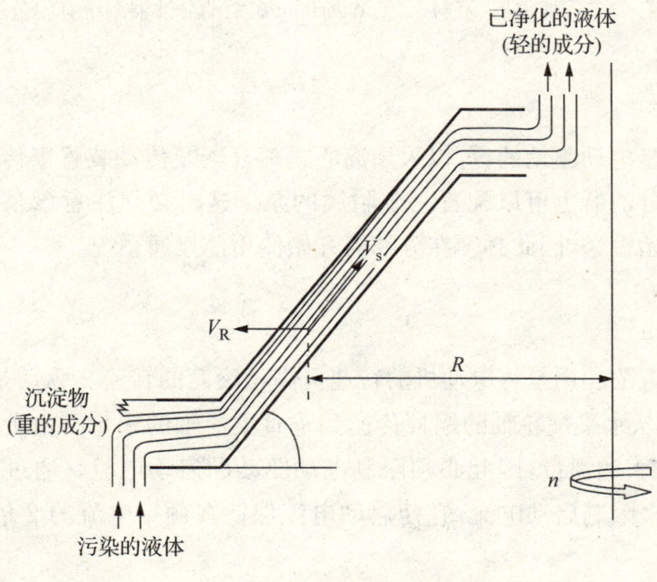

图 1.13.4　在一台分油器圆盘叠处的流体参数

抓取器

抓取器(往往也称为剥离盘)是一种固定的、与分油器罩连接的输送装置，在抓取器腔内的液体围绕其旋转。抓取器从液体环流中剥离去一部分并将其压向出口。受到在抓取器腔内的离心力和抓取器输送压力的制约，故液体处于这样的压力下，以至于不带泡沫和没有气泡就可以流出。分离温度可以超过

100℃，而水不至于汽化。通过抓取器建立的压力足以将船舶运行中的净化油输送到日用柜或循环油箱中去(见图 1.13.5)。

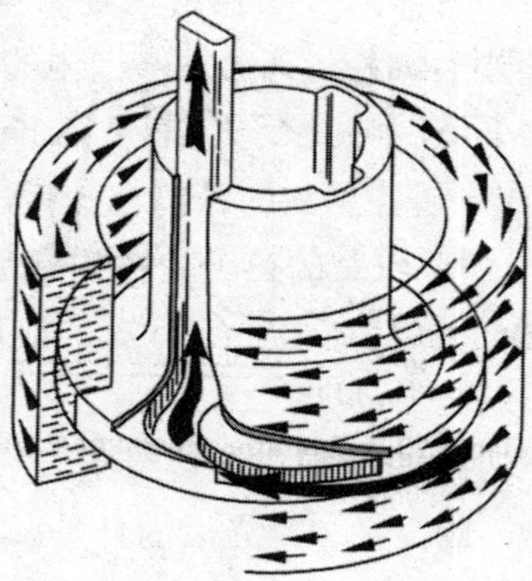

图 1.13.5　抓取器(资料来源：Westfalia 矿物油分油器系统有限公司)

驱动

分油器是电动驱动的，可以采用离心式离合器及传动装置来传动或者采用皮带传动。分油器也可以配置一个附属的泵。这时必须注意该泵随着分油器启动立即开始输送，因此必须在分油器开始使用前接通系统。

传动装置

传动装置的功用是将电动机的转速提高至滚筒的转速。驱动是以 1∶2 至 1∶5 的速比从水平蜗轮轴的蜗杆传递到垂直滚筒轴的蜗轮。由于滚筒固有质量大，故具有大的惯量，因此必须限制电动驱动的启动电流。通过一个机械离心式离合器来限制启动电流，它使启动电流保持在额定电流的 2 倍以内(见图 1.13.6)。

离合器

离心式离合器是由电动机驱动的带有离合器闸块的掣子圈和带离合器套的离合器从动盘组成。随着电动机转速的提高，离合器闸块向外压并在离合器套上进行摩擦，离合器套通过离合器从动盘与蜗轮轴连接。在电动机转速提高的同时蜗轮轴被加速。在掣子圈和离合器从动盘之间的转差率随滚筒转速提高而变小，达到额定转速时则为零(见图 1.13.7)。

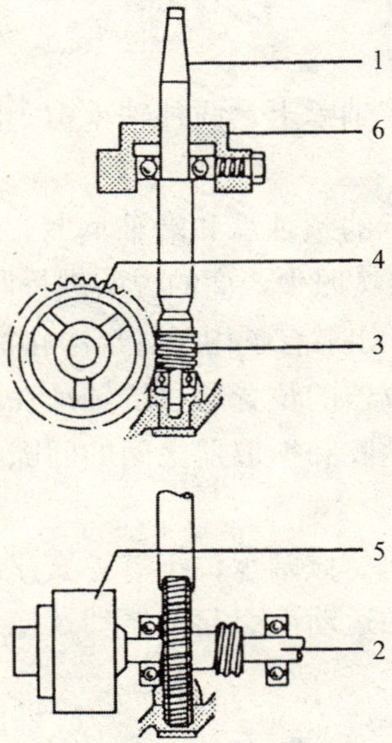

图 1.13.6　分油器的传动装置

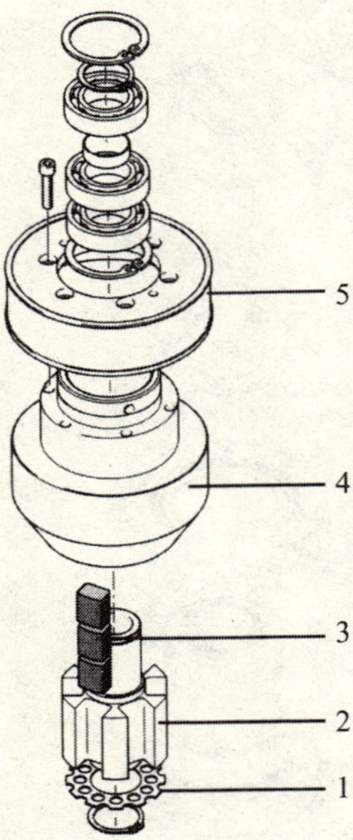

图 1.13.7　离心式离合器的构造

（资料来源：Westfalia 矿物油分油器系统工程有限公司）

支承

蜗轮轴支承在浮动轴承和固定轴承上。两种轴承由于转速较低故有高的运行稳定性。

滚筒轴支承在被做成固定轴承的颈轴承和端轴承上。通过端轴承可以调节滚筒与壳体的相对位置。滚筒可按照生产商的说明进行调整，使得污泥可以不受阻挠地被甩到分油器壳体中。如果有了用于排出净化油或排水的抓取器，那么与分油器罩壳固定张紧的抓取器的位置通过端轴承在滚筒的抓取器的容纳腔中变化。通过测量抓取器容纳腔和抓取器之间的间隙可以在滚筒的这一位置上进行关闭(见图 1.13.8)。

颈轴承被制成浮动轴承的结构。该轴承位于有弹簧座的轴承盖上。由于滚筒的陀螺效应及其不平衡和船舶运动而引起的振动及摆动通过弹性支座被阻尼了。

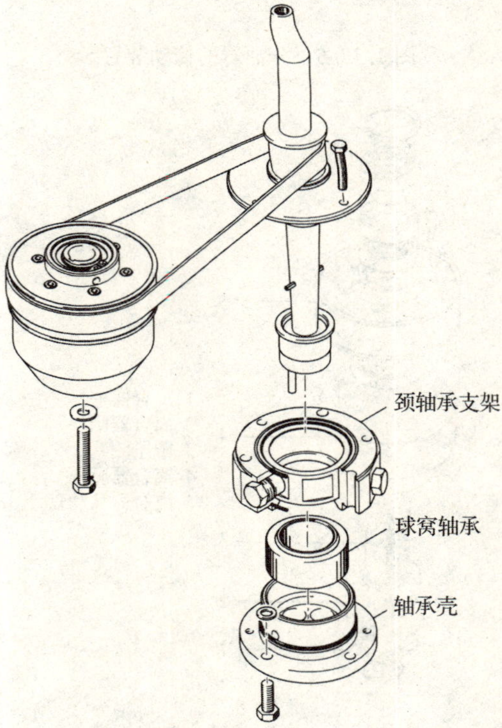

图 1.13.8　滚筒轴的支承(资料来源：Westfalia 矿物油分油器系统有限公司)

皮带传动

带有皮带传动装置的分油器可以完全省去传动装置。垂直布置的驱动电动机采用皮带传动(见图 1.13.9)。在电动机轴上的皮带盘直径和在滚筒轴上的皮带盘直径不同,据此来确定速比并从而确定滚筒转速。随着滚筒转速的增加,皮带被拉得更紧,这样在启动阶段电动机和滚筒转速之间形成一个转差率,通过这一转差率使启动电流类似离心式离合器的特性一样受到限制。

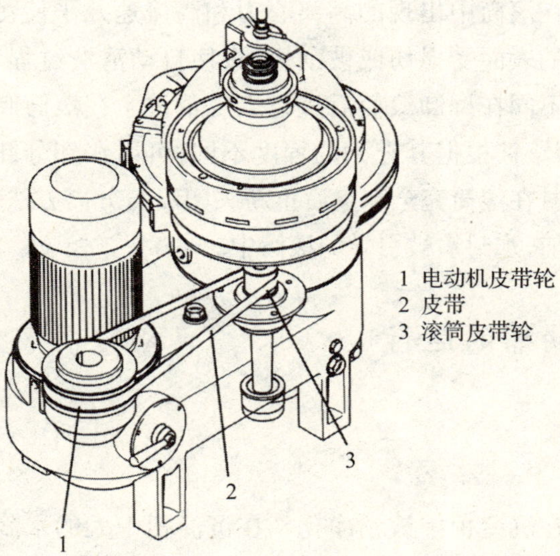

图 1.13.9 皮带传动(资料来源:Westfalia 矿物油分油器系统有限公司)

1.13.3 控制和监控装置

对自动清洗的分油器来说,被分离的水是连续地通过分水盘流出或是不连续地通过泄水阀流出,这取决于在滚筒中产生的水量。为了确定在滚筒内部的水量,既可测定在流出的净化油中水的成分也可测定从滚筒的污泥室中取出的容积流量中的水的成分。如果在传感器上含水量超过阈值,则泄水阀一直打开,直至低于在传感器上的阈值为止。

在污泥室中附带产生的污泥或者在一个固定调节好的时间后或者根据污泥室的充满程度被甩出来。

自动清洗过程

自动清洗过程可以通过滚筒的部分卸空或全部卸空进行。为了避免纯净物质的损耗，滚筒在关闭污油入口后首先用排出水充满来卸空。滚筒根据卸空的方法可以部分地或几乎全部地用排出水来充满。为开启滚筒，控制水流被引入滚筒的开启腔。通过控制水流形成的液压力移动活塞式滑阀，后者使污泥排出口开放。在完全卸空时滚筒中的物质被全部离心分离，在部分卸空时则被部分地离心分离。在滚筒中出现的高离心力和高流速几乎使污泥全部卸出。如果污泥室和圆盘的表面受损伤或被刮坏，将使自动清洗过程变得困难，这就有必要视污染程度不同在拆卸滚筒后进行人工清洗。在滚筒卸空时控制水流从滚筒中流出，使得滚筒根据其充满的程度不同，可以在部分卸空后重新关闭或在要求完全卸空时在滚筒完全卸空后重新关闭。与分离方法有关，在通往滚筒的污油入口开启前，水封水被引导到滚筒中。

1.13.4　分油器的运行

燃油的净化

燃油分离前在沉淀柜中被预净化。在沉淀柜中大的水滴通过重力作用的自然沉淀过程被分离。固体物质不应在沉淀柜中分离，因为它们会形成坚实的淤渣而难以铲除。船用柴油包含的杂质主要是水和易于分离的固体物质。而重油就不同了，由于受生产过程的制约，除了水以外还包含有各种不同的固体杂质，例如硅、钠、铝、钒、钙和铁，这些杂质在喷射系统中和在内燃机的活塞-气缸复合体中可能促使产生显著的磨损。为了分离这些杂质需对重油预热。预热进行到接近水的沸腾状态(实际上加热至 98℃)。在这一温度下将达到高的沉淀速度并对水和固体物质有高的分离效率。分离后的燃油存放在日用油柜中。

润滑油的净化

润滑油包含的杂质主要是燃烧残余物、磨损物和水。润滑油将在旁回路中分离。为进行分离须对润滑油预热。预热温度可查阅润滑油生产商的说明。通常，该预热温度在 70～90℃之间。不含水的润滑油可在一个净化器中分离，而无须添加水封水。

运行故障

自动清洗式分油器的常见运行故障是由控制方式引起的。为了按顺序地关闭和开启滚筒，需要有规定的开启力和闭合力，这是通过规定的控制水量产生的。控制水流通过时间控制的电磁阀流入。滚筒橡胶密封的不密封性、入流水的压力偏差、入口的截面偏差和控制时间的变化都会导致功能失误。在寻找故障的过程中建议采用分析方法，此时首先检查包括电磁阀在内的控制功能、输入的水量，然后检查滚筒部分/橡胶密封件的损坏/密封性。

运行故障的另外一方面涉及各种密封出现的不同变化。密封的变化可能由于预热温度的变化或材料组合的改变而引起。这时必须分离的是海水还是冷凝水/蒸馏液，则是一个根本性的区别。

石蜡沉积物导致在滚筒中形成含多泥的填充物。只要在一定的极限内可以通过提高分离温度来解决这种情况。

与此不同的是，沥青的沉积物在运行中几乎是不可控的。如果重油中沥青的溶解度极限被超过，就会出现这种现象。究其原因往往在于将两种具有不同沥青含量和溶解度极限的燃油相混合。故必须避免将不同燃油相混合。

1.14 分离器

米夏埃尔·拉赫(Michael Rachow),哈克·奥科·迪德里希斯(Hark Ocke Diederichs)

译:陆 怡 金晓剑 李东亮 校:王伟勇 刘维亭

1.14.1 工作原理

在分离器中从液体流或气流中分离出固体物质粒子并从气流中分离出液滴。此时是将表面或内芯上的粒子或液滴分离出,确切地说是通过重力、电场或利用离心力排出,而流体继续往后流。在船舶运行中主要使用液体分离器和油分离器、过滤器和干燥器。

当在表面或内芯上的粒子分离时内含物质在表面上通过附着力、惯性力、阻塞效应、扩散过程和静电力被留置下来,并在这里汇总成较大的聚集物。这些聚集物的内聚力和附着力导致单个粒子汇集成较大的粒子群。粒子群形成较大的接着将被分离的粒子或液滴。它们从流体中分离地被引流出来或者留在分离器中。作为内芯来使用的包括有板、筛或纤维(见图 1.14.1)。

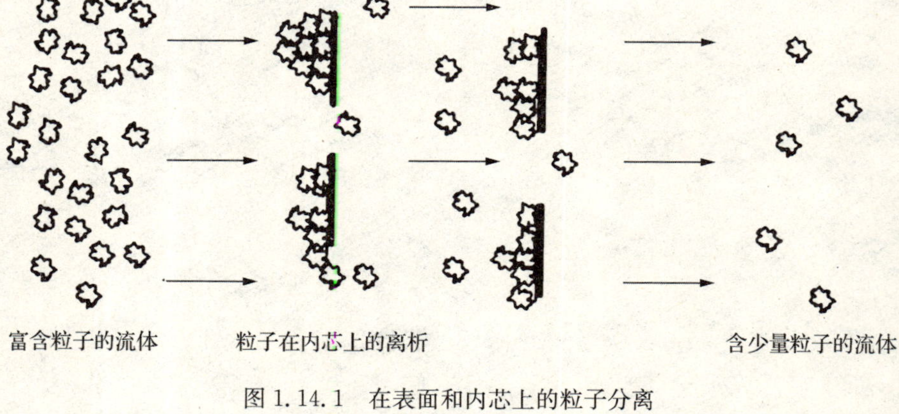

图 1.14.1 在表面和内芯上的粒子分离

在通过重力或离心力分离时，流体和待分离的粒子之间的密度差被充分利用。由于密度差的原因，在较重的粒子上作用有较大的离心力或重力，它们被分离在壁上或在底部，较轻的粒子从物质流中上浮。

下降速度是分离过程的一种特性。所谓下降速度指的是粒子在静止环境中下降的速度，此时浮力、重量和流动阻力处于平衡状态。假设有一个直径为 D_P 的球，按照斯托克斯流体力学阻力定律所得出的下降速度 v_s 是取决于流体的密度 ρ_F 和流体的黏度 η_F 以及粒子的密度 ρ_P：

$$v_s=\frac{1}{18}\cdot\frac{\rho_P-\rho_F}{\eta_F}\cdot D_P^2\cdot g \tag{1.14.1}$$

如果粒子以高速在一个圆形轨道上运动，则重力可以忽略不计。此时分离是通过离心力实现的。分离速度 v_s 是由轨道速度 v 的二次幂和与旋转轴的距离 r 产生的径向加速度 a_R 得出。

$$a_R=\frac{v^2}{r}\text{或}a_R=\omega^2\cdot r,\text{其中}\omega=2\cdot\pi\cdot n \tag{1.14.2}$$

这时粒子向外分离并沉淀在旋流器的内壁上(见图 1.14.2)。

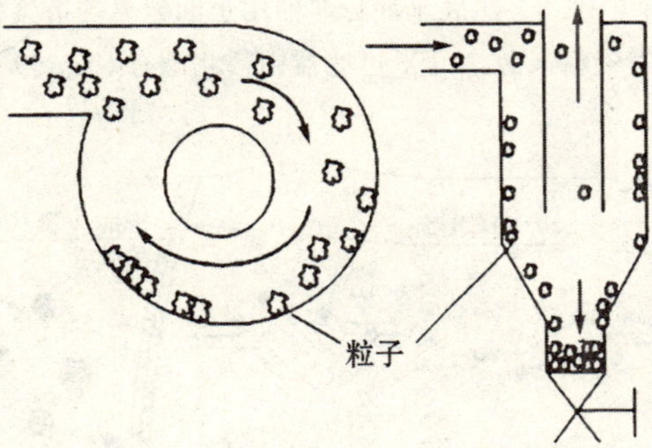

图 1.14.2　在一个切向流的逆转式旋流分离器中由于离心力的作用从气流中分离粒子

1.14.2　结构形式

液体分离器

有待分离的液体粒子积聚在内芯的表面上和纤维上。此处积聚的粒子形成一层附着的和较大粒子组成的液体膜。在被分离的液体粒子和连续相之间的密度差导致由于重力而分离。在内芯后缘处的筛面或穿孔有助于液滴的形成。

重相或轻相在连续相之前被分离。

在船舶运行中的典型应用情况是舱底水的油水分离。舱底水中含有的油滴往往不能仅仅通过重力分离器从水中分离出来。舱底水流过内芯如折流板或聚结器，小的油滴可以在积聚后结合成较大的油滴并由于其密度较低而从水相中上浮。油滴在表面或在油包中聚拢并可与水分离后排出（见图 1.14.3 和图 1.14.4）。

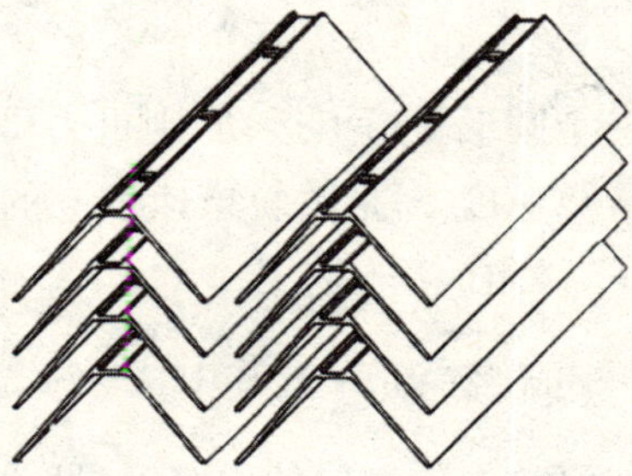

图 1.14.3　舱底水油分离器用于油分离的折流板
（资料来源：NFV 过滤器销售北德有限公司）

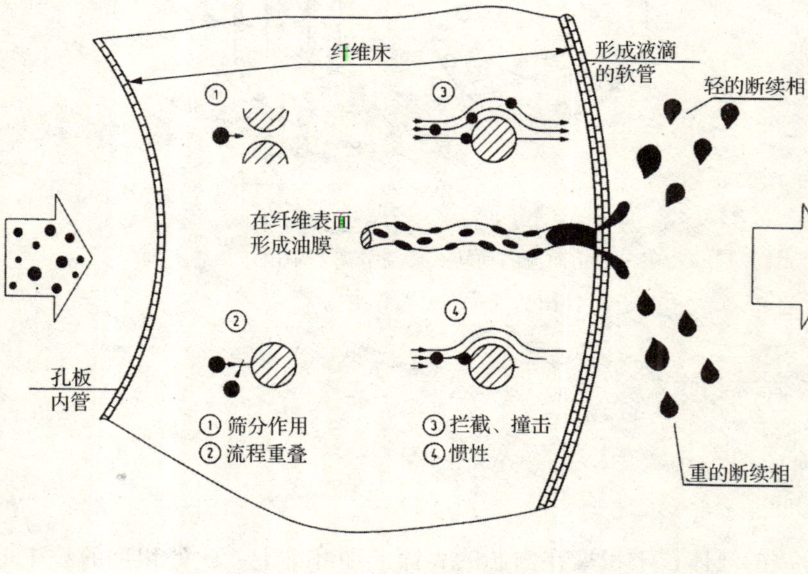

图 1.14.4　一个舱底水油分离器在纤维材料上的油分离
（资料来源：NFV 过滤器销售北德有限公司）

油分离器

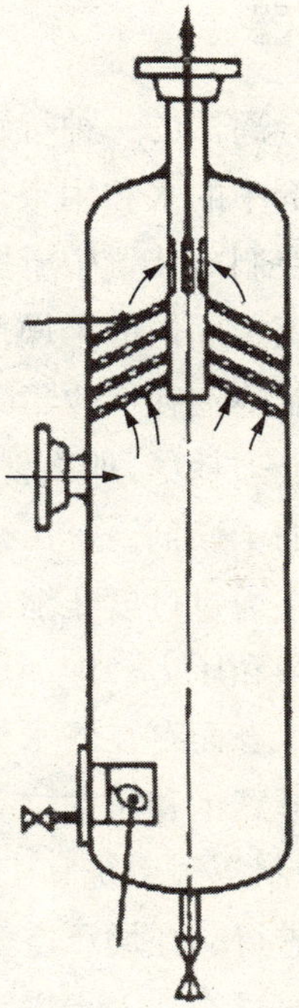

图 1.14.5 作为表面分离器的油分离器

油分离器属于液体分离器。在船舶运行中油分离器被用来从制冷剂的蒸汽和从作业空气如增压空气、控制空气或启动空气中分离出油来。通常，作业空气除了油之外还含有水，因此在这里液体也被一起分离出。在制冷装置中的油分离器通常具有的功用是只分离制冷机油，而不会分离水。

在制冷装置中的油分离器位于压缩机和冷凝器之间的压力管路中。油量小时使用表面分离器。油在撞上障碍物时被挡住。小的油滴合并成大的油滴并通过重力作用向下排出。重力作用下的分离是依靠一股向下的气流支持的。聚集在底部的油通过浮子式阀排出。因为在分离器中的压力大于在压缩机吸入侧或在曲柄室中的压力，这样油就会自动地流向压缩机，否则的话就要使用油泵才能使油流向压缩机。当油量大时则使用旋流式分离器(见图 1.14.5)。

旋流式分离器

旋流式分离器在船舶运行中主要被用来从作业空气中分离水和油，它们属于离心力分离器。

对逆转式旋流器来说富含粒子的流体是切向进入分离器的，而对直通式旋流器来说则是轴向进入分离器的。通过切向流入或在轴向流入时导向板的作用，流体流围绕着中心布置的插入管处于旋转中。出现的离心力与介质的密度、旋流器的直径和旋转速度有关。重的粒子通过重力的作用向外送出并沉淀在旋流器的壁上。含少量粒子的流体向内流动并通过插入管排出。被分离的粒子在旋流器的表面上向下运动，在那里积聚并连续地或断续地排出。

在旋流器中出现的加速度可以达到重力加速度的 3 200 倍。这对于较小的和最小的粒子则成为了问题，因为它们的离心力和下降速度非常小，以至于它们随着流动从旋流器中排出。

干燥器

分离器的一种特殊形式是干燥器。干燥器在船舶运行中主要被用来分离制冷剂中的水和用来干燥空气。

在制冷装置中干燥器被用来将制冷剂中的水分维持在低水平上。干燥器中充满了固体的干燥剂。这种干燥剂有能力吸收水分,而不被制冷剂溶解。液态的制冷剂在从收集器到蒸发器的路程上被引导通过干燥器。如果干燥器的吸水能力耗尽,那么就根据结构形式的不同,或须更换整个干燥器或只须更换其中的干燥剂。

在通过过度压缩进行空气干燥时,空气将被压缩到使水蒸气中的粒子压力高于饱和压力。饱和压力相当于水蒸气在这一温度下的饱和蒸汽压力。超过饱和状态而存在的水分作为凝水落下。如果空气继之减压,则水蒸气的粒子压力下降到饱和压力之下,空气就被干燥。典型的应用是在船上的启动空气系统、控制空气系统和工作空气系统。水的分离主要是在被定期予以排水的贮气瓶中进行。在增压空气干燥时,过度压缩也起到作用。

通过冷却来干燥空气是在较低温度下进行的。空气吸收水蒸气的能力随着温度下降而降低。达到饱和状态时多余的水成为雾或水滴落下。多余的水在表面被分离和排出。通过接着对空气进行的加热使空气相对湿度下降,空气将被干燥。典型的应用场合是空调技术。

通过吸收来干燥空气的方法是用固体的不可溶干燥剂或可溶的干燥剂进行的。干燥剂被放在一个容器内使空气穿流过并通过此过程从空气中吸收水分。干燥剂与湿空气起反应。在一定的运行时间后干燥剂的能力耗尽,所以必须置换。通常可以通过用热空气驱逐出水分的方式来使干燥剂再生。因为干燥剂也会从空气中吸收水蒸气,所以在使用前干燥剂必须放置在密闭的容器内。作为干燥剂可使用例如硅胶或活性的氧化铝。

电气分离器

在船舶运行中电气分离器迄今几乎没有得到应用,它们主要被用在电气式气体净化中。

在格栅状放电电极和沉积电极之间会产生一个电场。应用一个直流电压(在烟气除尘时为 30～100 kV)作为场间电压。

气体流在流经电场时被离子化。离子化的气体分子使有待分离的粒子充电。充电后的粒子跟踪电子的移动方向并被充有正电荷的沉积电极所吸引。在沉积电极上分离的粒子将其电荷传给沉积电极，变成电中性的，通过重力向下滑并被排出（见图 1.14.6）。

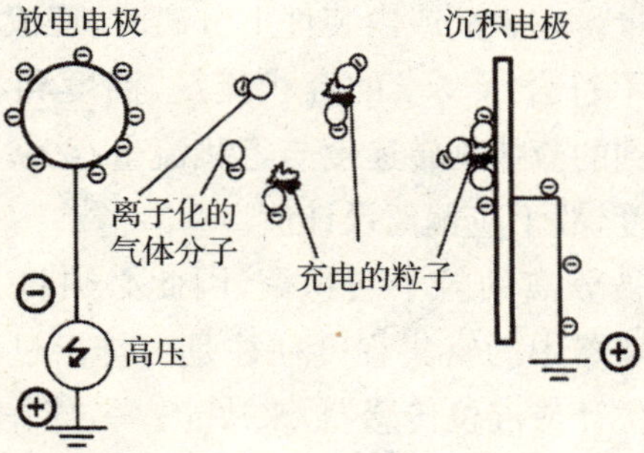

图 1.14.6 在电场中的分离图解

蒸汽干燥器

蒸汽干燥器是液体分离器的一种特殊类型，其功用是将水和水蒸气互相分离，使水回流到凝水回路，而使干燥后的蒸汽排出到过热器或消耗装置中。对大型的水容积锅炉或对小型水管锅炉来说，多数情况下分离是通过重力在上锅筒中进行的。此时蒸汽的排出速度必须低于水滴的下降速度。

通过附加的内装件如折流板和筛板可以使液体进一步分离。尤其是小的水滴被内装件拦住，大水滴的形成则受到支持。水滴由于重力被内装件排出和分离。

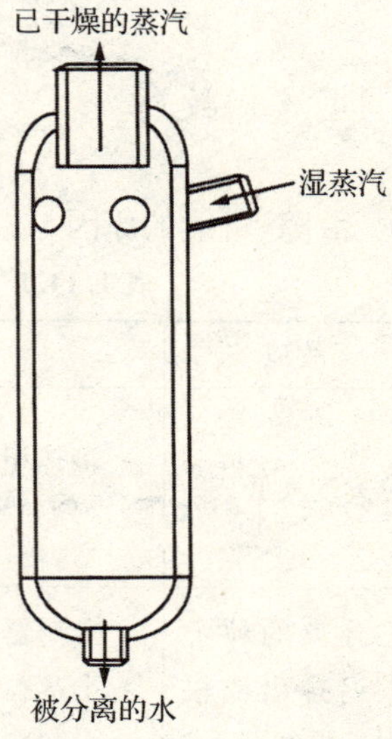

图 1.14.7 蒸汽干燥器/
水-蒸汽分离器

另外一种可能性是利用水-蒸汽分离器进行蒸汽干燥（见图 1.14.7）。此时湿的水蒸气切向地、倾斜地被从上部引导到一个立式的圆柱体容器中。水和蒸气通过离心力分离。干燥后的蒸汽在中间被排出，水沉积到圆柱体的壁面上并通过重力的驱使向下泄放。通过液面调节使水从水-蒸汽分离器中排出。

1.14.3　运行和保养

分离器根据要求可连续或断续地运行。在运行中须注意要给分离器供给设计所规定的容积流量。在表面或内装件上分离时,迎流条件对分离器的功能起着决定性的作用。不符合所要求的容积流量、温度和黏度可能导致运行故障。旋流式分离器达到的流体旋转速度与容积流量有关。因此,容积流量直接影响到离心力和分离度,故不应偏离设计值。

因为在分离器中被分离的粒子会积聚,因此必须将其连续地或断续地排出。断续排出时在分离器中的富集程度往往是由排出过程自动释放式传感器(油传感器、浮子式液位计或液位传感器)来决定。另外一种可能性是按照时间间隔排出粒子。这种方法常常在贮气瓶的排水中得到应用。如果没有传感器,则有必要定期地排出被分离的粒子。如果被分离的粒子不能充分地排出,则致使在净化流中的粒子浓度提高。

1.14.4　故障

故障、可能的原因与影响后果之间的关系如表1.14.1所示。

表1.14.1　故障、可能的原因和影响后果之间的关系

故障	可能的原因	影响后果
分离度太低	• 液体相互起反应(例如,形成乳浊液)	• 在本应含少量粒子的流体流中的粒子成分增高
已分离的粒子太迟排出或根本不排出	• 传感器校准错误 • 分离粒子的出口打开太迟 • 分离粒子的出口根本没打开	• 在本应含少量粒子的流体流中的粒子成分增高 • 内装件的污染增加
高的压力差	• 内装件堵塞(如折流板或聚结器) • 分离后的粒子回流	• 在本应含少量粒子的流体流中的粒子成分增高
入流中的粒子成分太高	• 分离器达到其物理极限	• 在本应含少量粒子的流体流中的粒子成分增高

1.15 管路

哈克·奥科·迪德里希斯(Hark Ocke Diederichs),卡尔-海因茨·霍赫豪斯 (Karl-Heinz Hochhaus)

译:陈德吾 金晓剑 李东亮 校:王伟勇 刘维亭

1.15.1 敷设

管道被用于输送液态或气态物料。对于管道系统的一般要求是:

- 供给安全性:向连接在系统上的每个用户供应所需要的物料流量;
- 运行安全性:在管路出现破损、进行修理或保养工作时,不允许引起整个系统停止运转;
- 经济性:整个系统内部的压力损失非常低。

在船舶建造之前,就应该为即将敷设在船上的各种管道系统编制好管路与装配图,并呈交德国远洋航运同业协会(SBG)或者一家由其认可的船级社进行审核。在这些图纸上应该标出所有必要的数据,例如,液体类型、热力学特征(压力、温度)、所使用的管道和接入的零部件。

表 1.15.1 德国劳氏船级社的管道等级

内容/管路类型	计算压力 p_R/bar 敷设温度 t/℃		
管道等级	Ⅰ	Ⅱ	Ⅲ
毒性介质	所有种类		
腐蚀性介质 工作温度高于燃点的可燃介质 燃点高于 60℃的可燃介质或低于该温度的液化气体(LG)	所有种类		—

（续表）

内容/管路类型	计算压力 p_R/bar 敷设温度 t/℃		
管道等级	Ⅰ	Ⅱ	Ⅲ
蒸汽	$p_R > 16$ 或 $t > 300$	$p_R \leqslant 16$ 和 $t \leqslant 300$	$p_R \leqslant 7$ 和 $t \leqslant 170$
载热油	$p_R > 16$ 或 $t > 300$	$p_R \leqslant 16$ 和 $t \leqslant 300$	$p_R \leqslant 7$ 和 $t \leqslant 170$
空气、不可燃气体 不燃性液压液体 锅炉——饮用水、冷凝水 海水——冷却用淡水 制冷设备用冷媒水	$p_R > 40$ 或 $t > 300$	$p_R \leqslant 40$ 和 $t \leqslant 300$	$p_R \leqslant 16$ 和 $t \leqslant 200$
液态燃料、润滑油、可燃液压液体	$p_R > 16$ 或 $t > 150$	$p_R \leqslant 16$ 和 $t \leqslant 150$	$p_R \leqslant 7$ 和 $t \leqslant 60$
油船的货油装卸管路	—	—	所有种类
燃气运输船和液态化学品运输船的装载和卸货管路	所有种类	—	—
制冷剂	—	所有种类	—
终端开口（不能封闭）的管路，例如，排水管道、通风管、溢流管道、锅炉的排气管道	—	—	所有种类

在船级社的造船规范中，按照液体类型和热力学特征（压力、温度）将各种管路归类为不同的管道等级（参见表 1.15.1）。通过归类来确定准许使用什么样的材料、标准件、配件和连接件。

原则上必须注意下述情形：

- 在连接两套管道等级不一的管道系统时，其中的连接件必须满足较高一级管道等级的要求，仅允许使用经过相应质检的配件；
- 在连接两套工作压力不一的管道系统时，必须以适当的措施加以确保，即不得超过工作压力较低的系统所允许的最大压力。

给定物料流量时，可以计算出所需直径

$$D=\sqrt{\frac{4\cdot\dot{m}}{c_{\mathrm{m}}\cdot\rho\cdot\pi}} \tag{1.15.1}$$

式中，c_{m} 为平均流速；$\dot{m}$ 为所要求的物料流量。平均流速可从相应的表格或图表中取值，例如有关海水的流速(见图 1.15.1)。

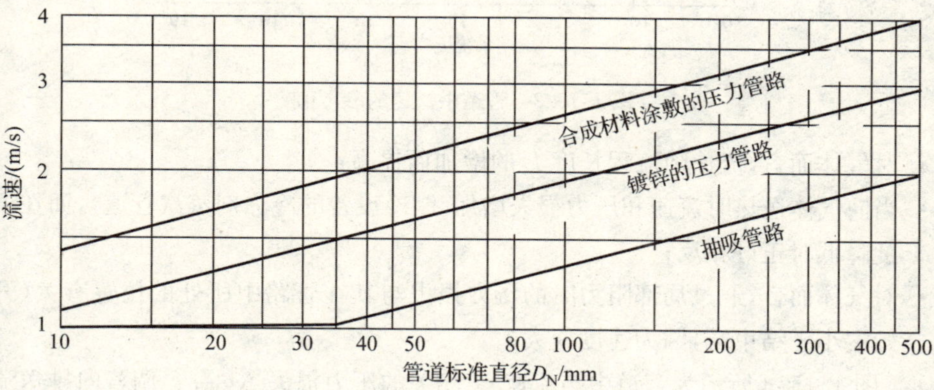

图 1.15.1 海水管道内的流速

- 因为 $\Delta p_{\mathrm{v}}\sim D^{-5}$，所以随着管道直径的缩小流速下降；
- 对气体而言，建议随着系统压力的增加流速变得越来越小(见图 1.15.2)。

用于液体的总压损失计算方法如下：

$$\Delta p_{\mathrm{v,i}}=\frac{8}{\pi^{2}}\cdot\frac{\lambda}{D^{5}}\cdot\left[\sum L_{\mathrm{R}}+\sum L_{\mathrm{E}}\right]\cdot\rho\cdot\dot{V}^{2} \tag{1.15.2}$$

式中，λ 为管道摩擦系数；$\sum L_{\mathrm{R}}$ 为所有直线段管道之和；$\sum L_{\mathrm{E}}$ 为用于局部阻力如标准件、仪器和配件的的所有等效长度之和。

用于气体和蒸汽的计算则为

$$p_{1}^{2}-p_{2}^{2}=\frac{16}{\pi^{2}}\cdot\frac{\lambda}{D^{5}}\left[\sum L_{\mathrm{R}}+\sum L_{\mathrm{E}}\right]\cdot R\cdot T_{\mathrm{m}}\cdot\dot{m}^{2} \tag{1.15.3}$$

式中，R 为相应液体的专用气体常数；$T_{\mathrm{m}}=\dfrac{T_{1}+T_{2}}{2}$ 为算术平均温度。

原则上必须注意下述情况：

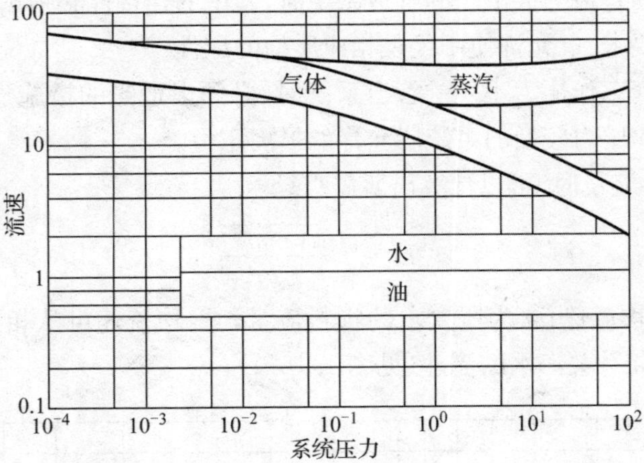

图 1.15.2　管道中流速的参考值

- 对气体而言，流速随流程长度 L 的增加而提高；
- 当向气体送热时流速和压力损失增加(制冷设备的冷冻剂蒸汽管道)，而在温度降低时正好相反；
- 对气体而言，通过局部阻力时的压力损失与其在管路中所处的位置有关(开始端小于结束端，因为速度变大)。

图 1.15.3 所示为管道中与流速 c_T 相关的压力损失 $\Delta p_{V,T}$。倘若向排送流内掺杂混合添加物，例如沙子或海水中的其他固体物料或者使用气动或液动方式输送固体物料时，那么在同等流速 c_T 的情况下其压力损失为 $\Delta p_{V,Z}$。这一额外的压力损失计算如下：

$$\Delta p_{V,Z}=\lambda_z \cdot \mu \cdot \frac{L}{D} \cdot \rho_T \cdot \frac{c_T^2}{2} \tag{1.15.4}$$

额外的压力损失取决于系数 λ_Z、相对的质量流量关系 $\mu=\dot{m}_Z/(\dot{m}_T+\dot{m}_Z)$、载体介质的密度 ρ_T 和载体介质的流速 c_T。

含添加物的流体在给定的相对流量关系的情况下不得低于最低流速 $c_{T,min}$，或者在给定流速 c_T 时不得高于最大的相对质量流量 μ_{max}。这个界限被称为堵塞极限值。假如不能遵守这一极限值，添加物就会发生沉淀并可能堵塞输送管道。

无论是否有添加物存在，管道中当有流体流过时，管路特性曲线(见图 1.15.4)即为特定的整体能量需求 Y_A，单位为 N·m/kg。这条特性曲线的构成如下：

静态特性曲线

$$Y_{静}=\frac{p_a-p_e}{\rho}+g\cdot(H_a-H_e) \tag{1.15.5}$$

动态特性曲线

$$Y_{动}=\frac{c_a^2-c_e^2}{2}+\frac{\Delta p_v}{\rho} \tag{1.15.6}$$

对于各段管道以并联或串联方式连接的管路系统(见图 1.15.5),需要测定各段单一管道的特性曲线,并汇总成设备的特性曲线。该设备特性曲线就表示整个管路系统的特定的能量需求。

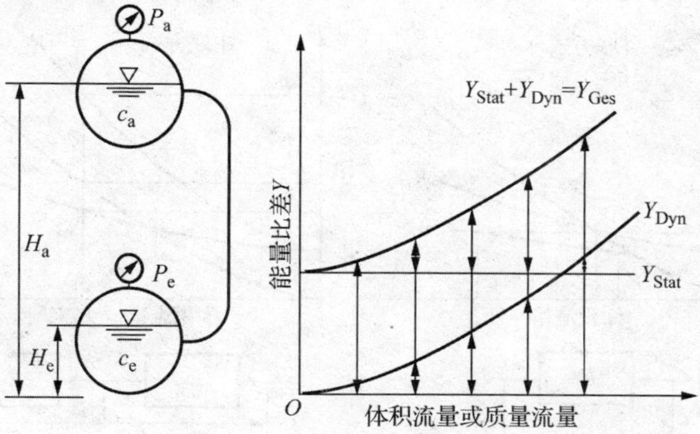

图 1.15.3　管道流量的压力损失

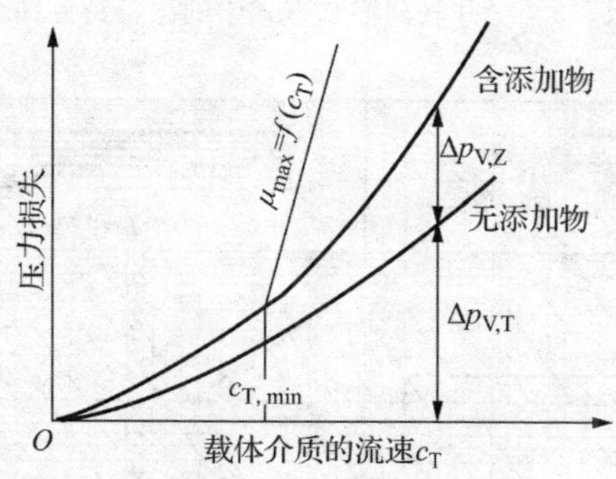

图 1.15.4　管道特性曲线

下述公式适用于以并联方式连接的各段管道:

$$\Delta p=\dot{V}_{总}\cdot\frac{8\cdot\rho}{\pi^2\cdot\left[\sum_{i=1}^{n}\sqrt{\frac{D_i^5}{\zeta\cdot D_i+\lambda_i\cdot L_i}}\right]} \tag{1.15.7}$$

而适用于以串联方式连接的各段管道的公式如下:

$$\Delta p_{总} = V^2 \cdot \frac{8 \cdot \rho}{\pi^2} \sum_{i=1}^{n} \left(\lambda_i \cdot \frac{L_i}{D_i^5} \right) \tag{1.15.8}$$

原则上必须注意到：

- 以并联方式连接的通流阻力在减少；
- 以串联方式连接的通流阻力则增加。

借助管道敷设示意图，可以简便的方式来确定一段管道的压力损失（见图 1.15.6）。每单位长度产生的压力损失，则按照体积流量 $\dot{V}_x$ 和给定的管道直径 D 从示意图中求得。然后，根据下式计算出各段管道的压力损失：

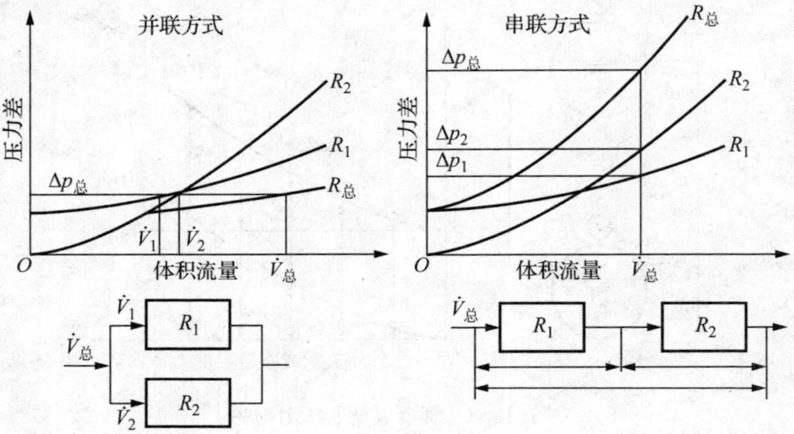

图 1.15.5　并联和串联方式中的设备特性曲线

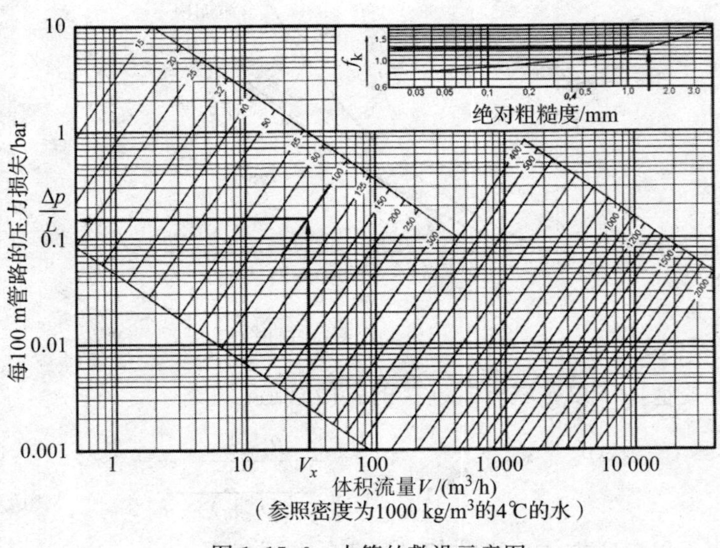

图 1.15.6　水管的敷设示意图

$$\Delta p=\left(\frac{\Delta p}{L}\right)\cdot\left[\sum L_{\mathrm{R}}+\sum L_{\mathrm{E}}\right]\cdot f_{\mathrm{k}}\cdot\frac{\rho}{10^3} \tag{1.15.9}$$

这里的校正因子 f_{k} 应考虑到管道表面特性和 $\rho/10^3$，也应考虑到液体的密度。

图示法原则上亦可应用于气流。但由于在流动过程中压力、密度和温度发生变化，因此必须考虑到进入流动长度内的入口端(p, T)状态。

1.15.2　运行

对于固定态的管道流体，每一个截面都必须满足以下条件：

$$E_{\mathrm{tot}}=\frac{p_{\mathrm{e}}+p_{\mathrm{amb}}}{\rho}+g\cdot h+\frac{c^2}{2}-\left(\frac{\Delta p_{\mathrm{v}}+p_{\mathrm{k}}}{\rho}\right)>0 \tag{1.15.10}$$

其中，p_{e} 为入口端截面的静态超压和负压(与环境压力 p_{amb} 相关)，Δp_{v} 为入口端截面与相应截面之间的压力损失。高度差 h 和流体速度 c 与相应的截面相关。对于气流，压力 p_{k} 就是临界压力，而液态流则取蒸汽压力 p_{D}。当 $E_{\mathrm{tot}}=0$ 时液态流发生气化，而气流则达到其流速的最大值，即音速 a。

图 1.15.7 为一台柴油机的 HAT 冷却水循环系统的压力曲线。流体中的静态压力从泵出口端的压力值下降至泵入口端的压力值。与此同时，蒸汽压力 p_{D} 由于冷却水在柴油机内被加热而升高，只有通过换热器后才会再次降低。

为了避免在系统中出现低于沸腾压力的情况，必须通过参照面上方冗余高度 H 上的平衡槽来设置静态压力。

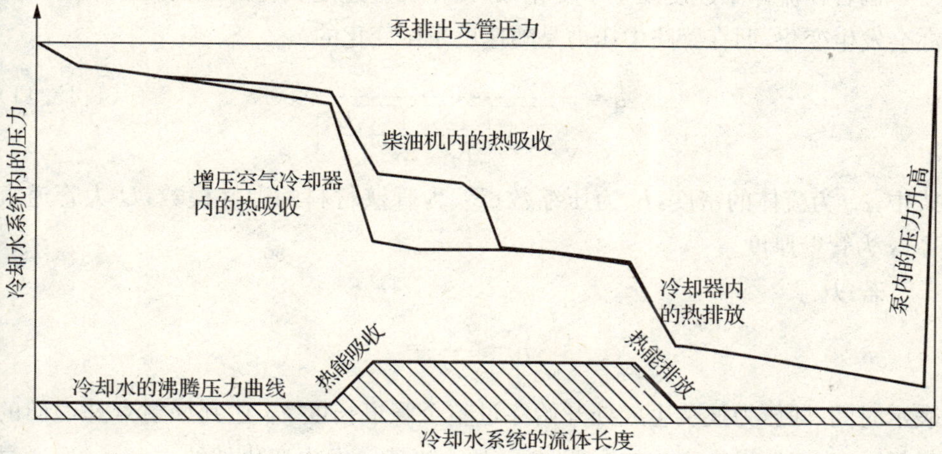

图 1.15.7　柴油机的 HAT 冷却水循环系统的压力曲线

图 1.15.8　柴油机轴套的空蚀损坏情况

图 1.15.8 为柴油机轴套上的空蚀损坏情况，仅仅经过相当短的运行时间就在多个轴套上出现此类情况。

通过另行设置一个平行于冷却器的换热器，整个管路内的通流阻力则呈下降趋势。由于泵的特性曲线走势陡(循环泵)，因而泵的扬程尤其会降低，而它的体积流量却只有稍许提高。

$$\frac{P_P}{\dot{m} \cdot g}$$

在流速很高且冷却水温度也很高的范围内会产生蒸气气泡以及随后出现的空泡过程。

倘若在流体中速度发生了变化，那么在发生速度变化的部位流体中的压力亦会发生变化，而在管路中压力是随速度发生变化的。

$$a = \frac{1}{\sqrt{\rho_{FL} \cdot \left[\frac{1}{K} + \frac{1}{E_R} + \frac{D}{s}\right]}} \quad (1.15.11)$$

式中，ρ_{FL} 为流体的密度，K 为压缩数；E_R 为管壁材料的弹性模数；D 为管道直径；s 为管壁厚度。

若以

$$t_L = \frac{2 \cdot L_R}{a}$$

表示时间，即压力波从生成处开始穿过整个管道长度 L_R 达到反射点并返回的时间，t_S 为速度发生变化的全部时间，那么当速度发生变化处的 $t_L = t_S$ 时，通过生成波与反射波的叠加而使流体的总动能转换成压力能，并适用 $p_{max} = \rho_0 \cdot c_0$

· a 。这里的 ρ_0 为密度，c_0 为流体在速度变化之前的速度，a 为音速。

适宜的应对措施：

- 通过嵌装止回阀、单向阀或节流板而将较长的管道分割成较短的管道（$L<L_R$）；
- 通过应用具有其他弹性模数 E 的材料或具有其他直径比 D/s 的相同材料来使用音速 a；
- 通过分级调整速度来适用持续时间 t_S；
- 通过嵌装节流孔板来改变反射条件；
- 安装弹性存储器（稳压筒）。

图 1.15.9 为不同的材质管道中所能达到的传播速度一览，图 1.15.10 则是油船的货油管路中关断阀的闭合特性。

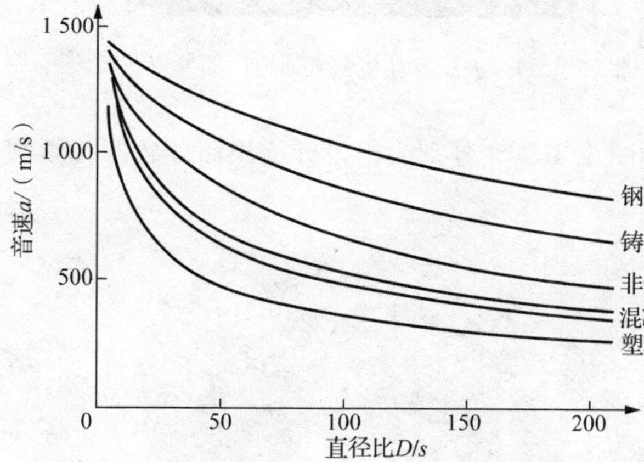

图 1.15.9 管道中的传播速度

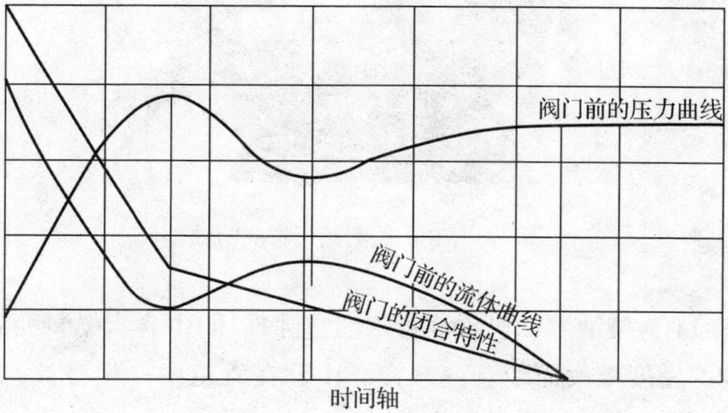

图 1.15.10 阀门处经分级的闭合速度

图 1.15.11 为大型柴油发动机扫气通道内用于避免产生压力驻波的节流孔板。它可能会导致向气缸不定期地提供燃烧空气。

图 1.15.11　大型发动机扫气通道内的节流孔板

图 1.15.12 和图 1.15.13 分别为因设计错误而导致的关断阀和泵壳上的损坏情形。

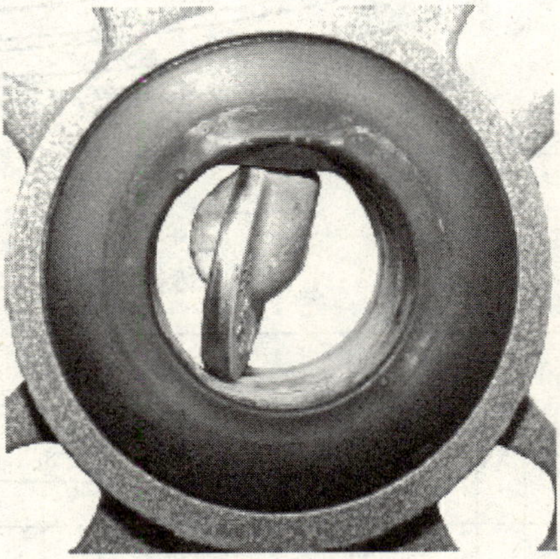

图 1.15.12　关断阀已弯曲的轴

图 1.15.14 为柴油发动机喷油管内的空蚀损坏，由含水燃料所致。由于燃料-水混合物的密度较大而使音速减慢。由此在管道中产生驻波，导致在若干部位沿着管道纵向产生空蚀损坏。

图 1.15.13 泵壳已经爆裂

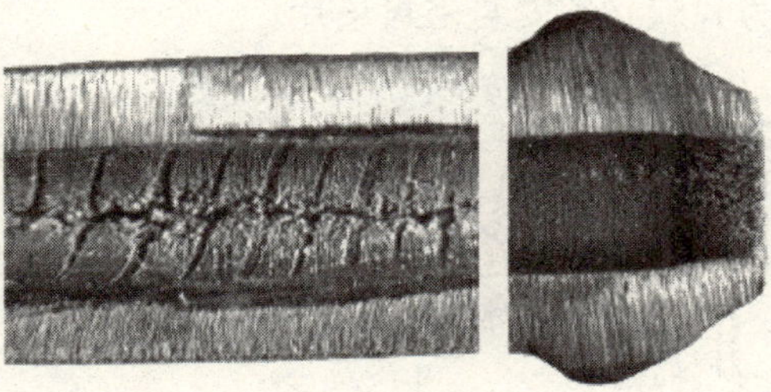

图 1.15.14 柴油发动机喷油管内的空蚀损坏

1.15.3 管路元件

接合方式

运用钎焊、熔焊、黏合或轧制技术，形成不可拆卸式接合方式。其特征是具有极高的密封性和破裂压力。只有当所需的维护保养工作量非常小或者针对管道系统的工作可通过其他的开孔加以展开的时候，方可应用不可拆卸的接合方式。

对于受条件限制的可拆卸式接合方式，其密封性是通过一条间隙[见图 1.15.15(a)]或压入一个高弹性密封件[见图 1.15.15(b)]而形成的。只要该接合部位还需要承受拉力的作用，那么这里还须增加其他的零部件，如螺栓或夹具。

受条件限制的可拆卸式接合方式其特征为密封性和弹性极高，但这种接合

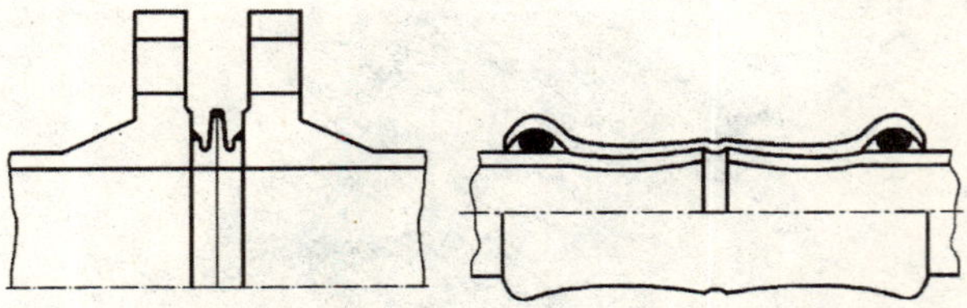

(a)　(b)

图 1.15.15　可拆卸式接合方式

方式的破裂压力明显低于不可拆卸式接合方式。

可拆卸式接合方式分为通过螺栓或其他等效的夹紧件产生密封力的接合方式[见图 1.15.16(a)～(c)]和在工作压力作用下自行产生密封力的自动密封接合方式。前一种带夹紧件的接合方式既可以使用、也可不用安装密封垫片，而自动密封的接合方式就必须安装密封垫片。

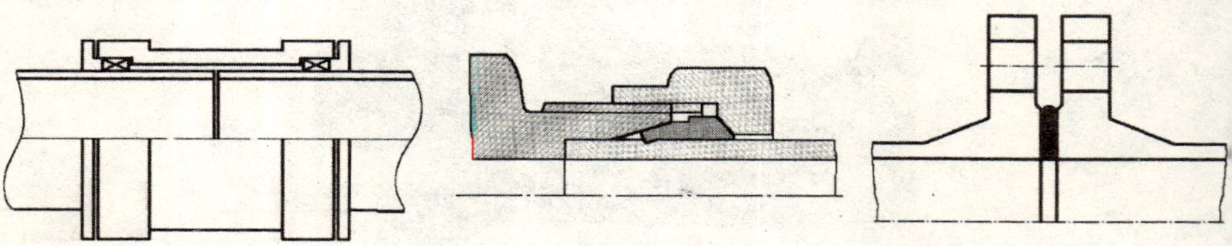

(a)　(b)　(c)

图 1.15.16　可拆卸式管道接合方式

(a) 扩口式接合　(b) 卡套式接合　(c) 法兰接合

可拆卸式接合方式中的夹紧件的原始功用是产生足够的密封力。如果由于管道的内部压力变化或热膨胀而产生的附加力使密封力受到影响，那么在选择和敷设这种接合方式时就必须考虑到这一点。夹紧力与密封力之间的关联性如图 1.15.17 所示。

由于初始状态下预应力 $F_{S,0}$ 的作用，螺栓发生变形，其数值为 $+\Delta s$，而密封垫片同时也被压紧 $-\Delta s$ 大小并调整到工作点 A 上。如果内部压力升高，螺栓力提高到 F_{S,B_p} 而密封垫片则松弛下来。螺栓力随即调整到工作点 A' 点，密封力调整到 B' 点。在热运行状态下，因螺栓力 F_{S,B_T} 的作用，工作点移动到 A'' 和 B'' 点上。如果工作点 B'' 位于密封所允许的最大压力范围的上方，就会产生永久性变形。在冷却状态下，由于弹性变形的作用，剩余的预应力则小于初始状态的。

对于通过高运行压力或高运行温度而产生负荷的螺栓接合方式，务必要采

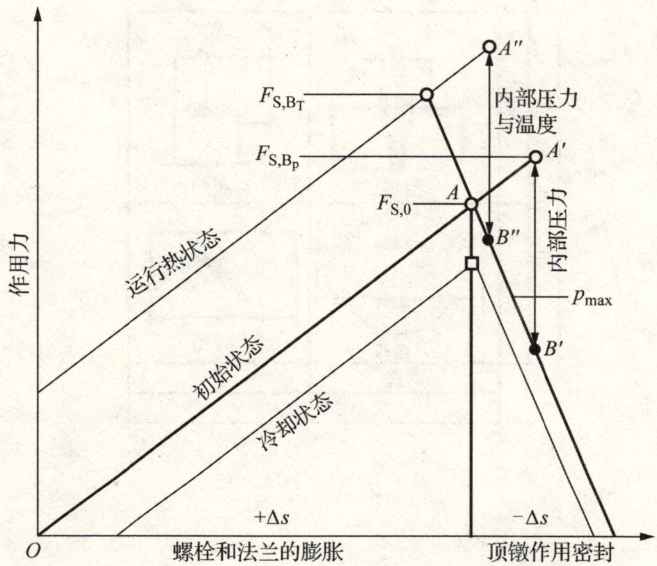

图 1.15.17 可拆卸式接合方式的夹紧力曲线图

用弹性足够高的螺栓(应力螺栓)和金属软材料密封件或具有较高许可热挤压性能的金属密封件。

在同等螺栓力情况下金属密封圈由于弹性模数 E 较高而使其受压变形较小，所以必须除去冲压毛刺，以避免发生塑性变形并因此避免螺栓预应力的损失。

阀件

阀件用于切断管路(切断阀件)或者调节管路中的体积流量(调节阀)。阀件是按照与流向相关的流体截面变化的方向和驱动力的运动方式来分类的(见图 1.15.18)。

一个阀件的 k_V 值为体积流量($\rho=10^3$ kg/m^3)，它产生 1 bar 的压力损失，而特性曲线则表示与行程或旋转角相关的 k_V 值的相对变化(见图 1.15.19)。k_V 值用于确定配件的尺寸大小，而特性曲线则用于匹配调节阀件。

适用于串联方式的公式如下

$$\Delta p_{总}=\Delta p_R+\Delta p_V \tag{1.15.12}$$

其中，$\Delta p_{总}$ 为总的压力损失，作为管道压力和局部阻力损失 Δp_R 与调节阀压力降 Δp_V 之和。阀门尺寸的设计应当在可供使用的压力降为 $\Delta p_{总}$ 时达到所要求的标称体积流量 $\dot{V}_N$。采用作为参照量的标称体积流量，则必须在考虑因泵特

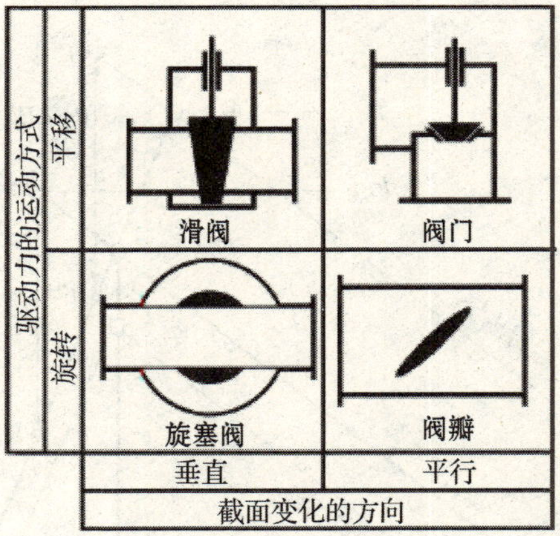

图 1.15.18　阀件的分类

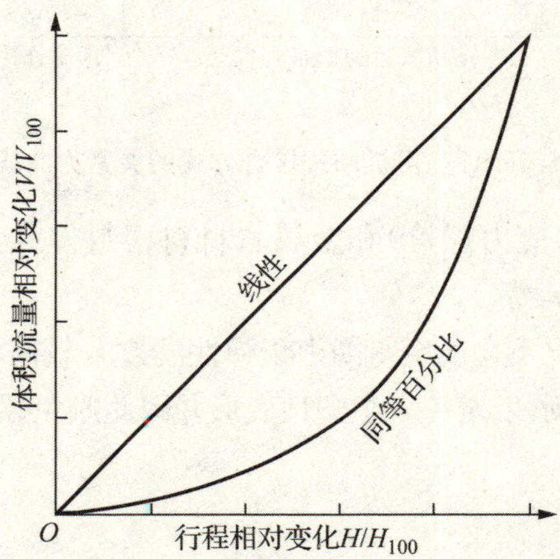

图 1.15.19　阀件的特性曲线

性曲线而发生的变化 $\Delta p_{总}$ 时将阀门特性曲线与管路的特性曲线相匹配，以使整条管路的标准化运行特性曲线

$$\dot{V}_x/\dot{V}_{100}=f(H_x/H_{100}) \tag{1.15.13}$$

在经过大范围调整之后可能呈线性变化。

管路静力学

管道的敷设和走向应该是这样的，即因方向变化而设置的管端可以自然方式对因弹性变形而发生的受温度影响的长度变化 ΔL 进行补偿（见图 1.15.20）。对自然进行的管道膨胀补偿，应该以此方式来为管端选择长度 L，

即紧固位置和弯管处所产生的力和力矩并没有超过最大允许的压缩应力、折弯力和弯曲应力。

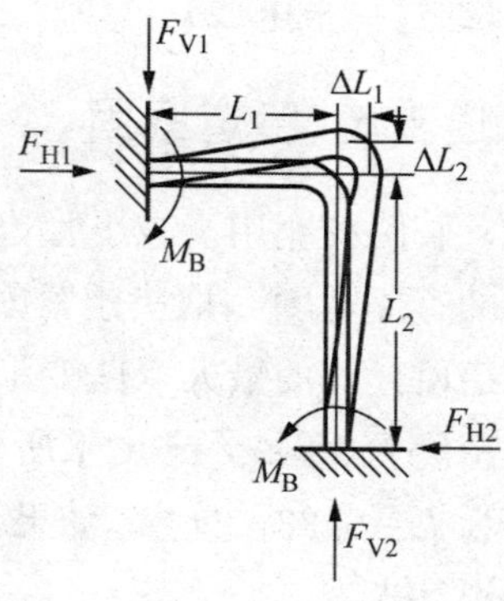

图 1.15.20　弯管处的力和力矩

如图 1.15.22 所示，对于一根简单的 L 形弯管，适用下述具有足够精度的关系式：

$$L_1 = \sqrt{f_L \cdot \beta_R \cdot \Delta T \cdot L_2 \cdot D_a} \tag{1.15.14}$$

其中，f_L 为考虑到材料弹性模数和允许应力的修正因子，β_R 为管道材料的膨胀系数，ΔT 为温度差，D_a 为管道的外径。

如果由于温差 ΔT 过大和/或长度 L_1 与 L_2 太小而不能进行自然膨胀补偿，那么通过平衡元件(膨胀接头)来实现人工膨胀补偿是必不可少的(见图 1.15.21)。

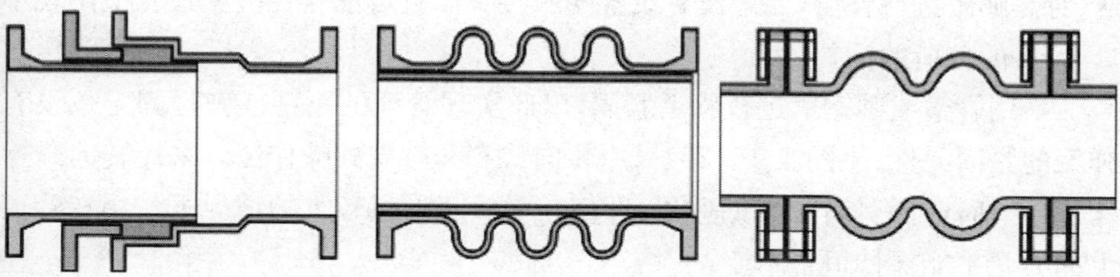

(a)　(b)　(c)

图 1.15.21　膨胀补偿元件

(a) 填料函膨胀接头　(b) 波纹管膨胀接头　(c) 橡胶膨胀接头

填料函膨胀接头并非是免保养的，它不能承受管道的纵向力，一般仅在预期运行时间很短或固定点处的额外负荷被排除之时使用。管道的安装必须呈轴向平行，以免膨胀接头发生倾斜。

波纹管膨胀接头几乎是免保养的，而且能够承受管道的纵向力，因此管子的导向必须呈轴向平行，而且管路必须被固定在固定点上。为了最佳利用其膨胀特性，必须在冷却状态下进行安装，以使膨胀接头产生预应力而获得一半的待补偿长度。此举可以提高膨胀接头的使用寿命，同时减小管道固定点上所受的力。

应用橡胶膨胀接头，是为了阻断通过管道传播固体声(振动)。它们仅能承受很小的管道纵向力，且是在没有预应力时进行安装的。管子导向时必须注意管路的轴向平行度。安装时务必考虑这样的情形，即橡胶膨胀接头明显提高了管路的电阻。在特殊情况下，必须将两个管端连接在一起，使其可以导电(例如，通过一根电线）。

管道支座、管道紧固

管路支座用于减小管道的弯曲变形以及轴向平行式管子导向。支撑点之间的支座宽度 L 取决于紧固位置和弯管处的允许弯曲力矩以及支撑位置之间管道所允许的最大弯曲变形。对于钢制标准管材，其恒定直径比为 D_i/s 而且由密度为 $10^3 kg/m^3$ 的水所引起的恒定区间负荷为 F_G/m，则可以近似地选择宽度为 $L=0.23 \cdot D_i^{2/3}$。如果不允许以紧固方式来限制管道的纵向力，则可以设置滑动支架。

管路紧固用于：

- 吸收因内部压力而产生的纵向力，如果在管道内部设置了无法或只能承受极小纵向力的分离点（膨胀接头）的话；
- 对热膨胀进行补偿，如果没有设置膨胀接头而且可能会在夹紧位置上出现不容许的负荷的话。

采用管箍或圆钢箍进行管道紧固，以此实现管道的刚性或弹性固定。设有弹簧的紧固元件（见图 1.15.22）采用转向式和非转向式操作法。采用转向式操作法（平衡杠杆）具有如下的效果：即使在弹簧变形量较大的情况下作用在管道上的力几乎能保持恒定不变。

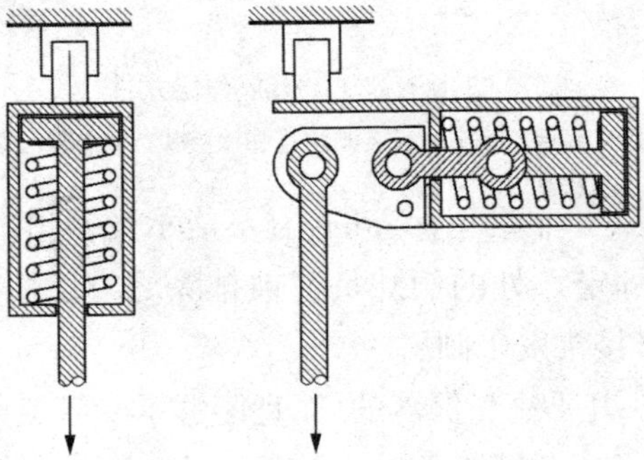

(a)　　(b)

图 1.15.22　弹性管道紧固方式
(a) 非转向式　(b) 转向式

绝热

绝缘是为了防热、防冷、防火和防触电。敷设防热或防冷绝缘层的主要着眼点是经济原因，而防火和防触电绝缘层则需要服从表面温度和规格方面的设置要求。待敷设的绝缘层厚度取决于：

- 绝缘的目的(防火/防触电)；
- 管道内部的温度；
- 周围环境的温度；
- 管道外径；
- 所采用的绝缘材料。

图 1.15.23 为典型的管道绝缘层的选择示意图,适用于恒定的外部和表面温度以及与绝缘类型相关的热流密度 q,单位为 W/m^2。

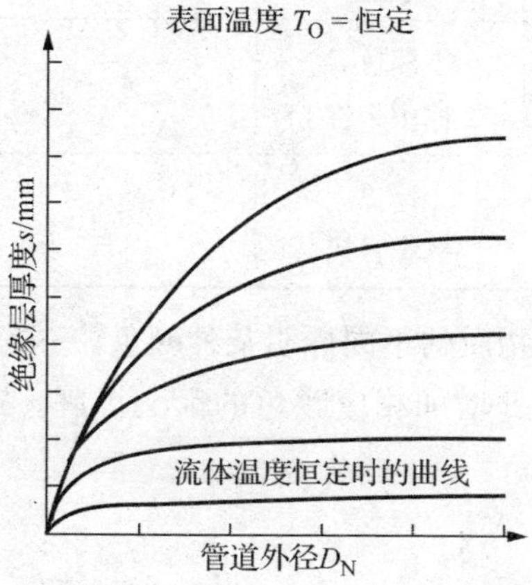

图 1.15.23 管道绝缘层的选择示意图

绝缘层的设置应当是这样的,即任何部位的温度都没有超过 220℃,不能有油或燃料渗入绝缘材料内,并足以抵挡机械作用的影响。

色标

流动物质按其一般特性分为 10 类,每一类都配有一种按照 840 R 色调目录的颜色 (见表 1.15.2)。

表 1.15.2 用于按标准标识各类管道的颜色

流动物质	分类	颜色	RAL 国际标准色卡(劳尔色卡)分类
真空	0	灰色	7002
水	1	绿色	6010
蒸汽	2	红色	3003
空气	3	蓝色	5009

（续表）

流动物质	分类	颜色	RAL国际标准色卡（劳尔色卡）分类
可燃气体	4	黄色 黄中带红	1012
不可燃气体	5	黄色 黄中带黑	1012
酸	6	橙色	2000
碱	7	紫色	4001
可燃液体	8	棕色 棕中带红	8001
不可燃液体	9	棕色 棕中带黑	8001

管路必须按照流动物质的不同标明某种颜色，一般采用一个颜色环。

特殊情况下也可另外增加相应颜色的箭头标牌。这些标牌的设置应使箭头指向物质的流动方向。

1.16 运行物料

霍尔格·瓦特尔(Holger Watter)，彼得·F·科姆(Peter F. Kehm)，施特凡·克劳森(Stefan Claußen)

译:刘乐怡 金晓剑 李东亮 校:王伟勇 刘维亭

对机械与设备的设计者而言,运行物料是基本的设计要素,必须与设备及其运行条件相符。运行物料的保养与监控可以使操作者获得有关设备的第一手的重要信息。从运行物料的各项数据中可以推断出机械或设备的负荷、使用寿命或检修间隔时间。但有经验表明,由于作为基础学科的化学并非是机械制造人员、电气技术人员或者生产工程师的强项所在,因此对物理化学参数和运行物料特性的认识往往存在缺陷。而本章即可弥补这一缺漏。

物理化学基础

颜色(ISO 2049)

基础油种类、黏度和添加剂决定了矿物油的颜色。例如由于含有水或杂质,或者由于油的老化(氧化)而使颜色发生变化。

密度(DIN 51 757)

密度是质量与体积之比。密度可以由液体比重计测量,一般指 15℃时所测得的值。

标准汽油	$\rho_{15}=720 \sim 750\ \text{kg/m}^3$
高级汽油	$730 \sim 780\ \text{kg/m}^3$
柴油	$830 \sim 880\ \text{kg/m}^3$
蒸馏燃料	$880 \sim 920\ \text{kg/m}^3$
重油/残油	$960 \sim 1\,010\ \text{kg/m}^3$
润滑油	$880 \sim 950\ \text{kg/m}^3$

体积取决于压强和温度。因此密度由于温度的上升而变小,压强的增大而

变大。体积的温度变化关系可以通过作为温度-密度 ρ_{15}（根据 ISO 91-1，表 54B，亦比较 ASTM D-1250-80）函数的体积校正系数（volumen correction factor，VCF）来换算，或者通过密度校正系数 k（根据 DIN 51757）来换算。这是两个与物质相关的校正系数。通常校正系数的近似值范围在 $k=0.63\sim0.7$ kg/(m³·K)（见表 1.16.1）。

$$VCF=f(\rho_{15},t)=\frac{\rho_t}{\rho_t+k\cdot(t-15)}=\frac{\rho_{15}-k\cdot(t-15)}{\rho_{15}}\approx0.95\sim0.99 \quad (1.16.1)$$

$$V_{15}=V_t\cdot VCF=V_t\cdot\frac{\rho_{15}-k\cdot(t-15)}{\rho_{15}} \quad (1.16.2)$$

式中，V_{15}——标准温度下的净体积（net volume，NV）/m³；V_t——交货体积/液舱舱容（gross volume，GV）/m³；t——交货温度/℃；VCF——根据 ISO 91-1 的表 54 B；k——与物质相关的密度校正系数/[kg/(m³·K)]。

表 1.16.1 各种燃油种类的密度校正系数

产品		密度校正系数 k/[kg/(m³·K)]
IFO	重油	0.63
MDO	柴油	0.68
MGO	轻油	0.70
润滑油	气缸油	取决于基础油和添加剂

例如，若采购 1 000 m³ 的重油（V_{15}，即净体积 NV）并以 40℃的交货温度贮藏，那么以 15℃时 980 kg/m³ 的密度来换算得到交货量为 1 016.3 m³（V_t，即交货体积 GV）。由 ISO 91-1 的体积校正系数或近似计算可得到

$$VCF=\frac{980\,\frac{kg}{m^3}-0.63\,\frac{kg}{m^3\cdot K}\cdot 25K}{980\,\frac{kg}{m^3}}=0.984 \quad (1.16.3)$$

得出

$$V_t=\frac{V_{15}}{VCF}=\frac{1\,000m^3}{0.984}=1\,016.3m^3 \quad (1.16.4)$$

压强与体积和密度的变化关系只有在高压下才较为显著（共轨喷射、液压

机组)。空气中的密度较真空中约大0.1%。在世界上的许多国家,原油交易不是由于关税税率或法令原因就是出于习惯而按照矿物油在空气中的质量而非真空中的质量来结算的。举例来说,一辆油罐车装载完润滑油之后称重,得出的质量为空气中质量。但若采用液舱测深或者用流量测试仪测量装载的润滑油质量,也就是根据体积计算,那就必须借助校正系数 f ($f\approx 0.999$) 将真空中密度换算成空气中密度。石油在空气中所称得的质量会比在真空中小约0.1%。以下实例可以进一步解释上文:

- 交货体积,校正至15℃:10 m^3 或 10 000L。
- 15℃时密度为:939 kg/m^3。

空气中质量=10 m^3×939 kg/m^3×0.999 = 9 380.0 kg

真空中质量=10 m^3×939 kg/m^3 = 9 390.0 kg

相对分子质量、碳与氢的比例(碳氢比)及物质密度之间存在关联性。通常情况下相对分子质量大的物质密度较高。相对分子质量相同的不同物质在通常情况下碳氢比较高时密度也相对较高。燃料的密度也会随着含硫量的增加而明显提高。

黏度(DIN 51562,IP 71,ASTM D445)

黏度与温度相关,且是油类最重要的特性之一,表示液体内部摩擦的程度。黏稠或黏滞的油类黏度高,稀薄或黏性低的油类黏度低。对于物质流动性能的描述属于流变学研究的范畴(见图1.16.1)。

图1.16.1 牛顿流体的黏性特征(黏度)

$$\tau=\eta\cdot\frac{\mathrm{d}u}{\mathrm{d}y}$$

$$\nu=\frac{\eta}{\rho}$$

$$\eta=\frac{\mathrm{N/m^2}}{\frac{\mathrm{m}}{\mathrm{s}}/\mathrm{m}}=\frac{\mathrm{N\cdot s}}{\mathrm{m^2}}=\mathrm{Pa\cdot s}\qquad 1\mathrm{P(Poise)}=100\mathrm{cP}=\frac{1}{10}\frac{\mathrm{N\cdot s}}{\mathrm{m^2}}$$

$$\nu=\frac{\mathrm{Ns/m^2}}{\mathrm{kg/m^3}}=\frac{\mathrm{m^2}}{\mathrm{s}}\qquad 1\mathrm{St(Stoke)}=100\mathrm{cSt}=100\ \frac{\mathrm{mm^2}}{\mathrm{s}}$$

动力黏度也称绝对黏度。当我们在恒温系统中观察一种均匀液体并想象其中有两层面积为 A、距离为 y 的平行液体层，若上层液体被一个切向力 F 移动，速度为 c——更确切地说液体表面相对位移为 u 或速度差为 $\mathrm{d}c$，那么牛顿流体中的剪力 F 与速度 c 成正比，与距离 y 成反比。每单位液膜厚度 $\mathrm{d}y$ 的速度差 $\mathrm{d}c$ 可以由以下公式定义为速度梯度 D 或者也可以叫做切变率/s^{-1}

$$D=\frac{\mathrm{d}c}{\mathrm{d}y}\tag{1.16.5}$$

剪应力 τ 就是在流动方向上塑性系统变形所需的剪力 F 或者每面积单位 A 的切向力：

$$\tau=\frac{F}{A}\tag{1.16.6}$$

剪应力 τ 和切变率 D 的比例系数称为动力黏度 η。其单位为帕斯卡-秒[Pa・s]或者更早些使用厘泊(cP)来表示。

$$\frac{F}{A}=\eta\frac{\mathrm{d}c}{\mathrm{d}y}\tag{1.16.7}$$

切变率与动力黏度及剪应力的关系如图 1.16.2 所示。

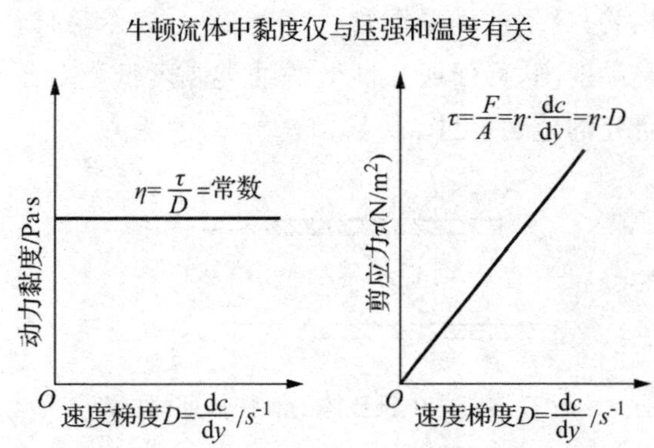

图 1.16.2　剪应力及动力黏度与切变率的相互关系

首先为了确保机油在轴承区域拥有必要的润滑安全，其次为了能够在不增加磨损的情况下通过降低动力黏度节约燃料，因此存在所谓的 HTHS 黏度[High Temperature High Shear，也就是高油温(150℃)高切变率(D=10 s^{-1})]临界值。

黏度会随压强的增大而变大。黏度与压强的关系取决于基础油或油的组合，取决于黏度本身及油的温度。石蜡基油①的黏度比环烃基油②的黏度更容易受压强的变化而改变(见表 1.16.2)。动力黏度与压强的关系如下：

$$\eta_p = \eta_{amb} e^{\alpha \cdot p} \tag{1.16.8}$$

E·Kuss 认为石油在 25℃下的压力系数 α(10^{-8} m^2/N 或 10^{-3} bar^{-1})在 1.7×10^{-3} 至 3.5×10^{-3} bar^{-1}之间(见图 1.16.3)。

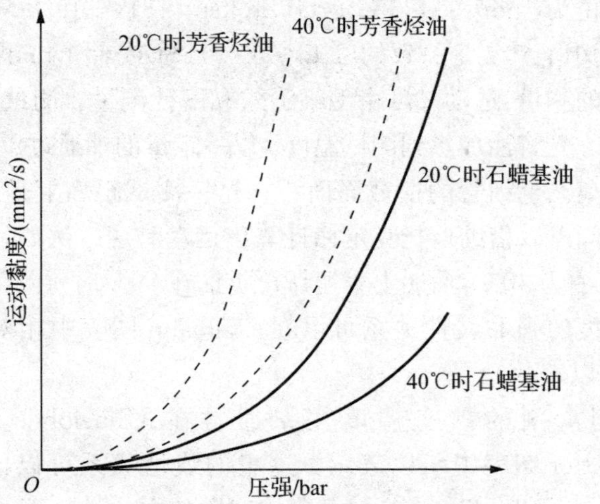

图 1.16.3　运动黏度与压强的关系

表 1.16.2　不同油类的压力系数

α 单位(m^2/N)	环烃基油		石蜡基油	
油温	低黏度	高黏度	低黏度	高黏度
30℃	2.1×10^{-8}	2.8×10^{-8}	2.2×10^{-8}	3.4×10^{-8}
60℃	1.6×10^{-8}	2.3×10^{-8}	1.9×10^{-8}	2.8×10^{-8}
100℃	1.3×10^{-8}	1.8×10^{-8}	1.4×10^{-8}	2.2×10^{-8}

动力黏度的测量：旋转黏度计(Cold-Cranking-Simulator，冷启动模拟器)特别适合用来测量低温下的黏度。旋转黏度计由一个杯状容器和一个垂直布置的圆柱形转子构成，转子受恒定扭矩驱动。液体置于容器外筒侧面和转子侧

① 石蜡＝烷烃＝链状单键碳氢化合物(饱和烃)。
② 环烃＝环烷烃＝环状单键碳氢化合物。

面之间的润滑间隙 y 中。在相同温度下转速会根据液体试样的动力黏度而做相应变化。液体黏度越低，转子转速越快。借助之前由已知标准油所得的校准曲线，可以计算出所测油的动力黏度，单位为 mPa・s。

根据 Maxwell 理论，运动黏度定义为动力黏度和液体密度的商/(m^2/s)。

$$\nu=\frac{\eta}{\rho} \tag{1.16.9}$$

当前常用的单位为(mm^2/s)，与 George Stokes (1819—1903 年)所确定的单位厘斯(cSt)在大小上其实是一致的($1\ m^2/s=10^4$ St 或者 $1\ mm^2/s=1$ cSt)。

运动黏度的测量：运动黏度由毛细管式黏度计测量。测量原则与其他测量方法是一致的。先将油加热到测试温度，以一定量的油通过重力作用在毛细管中通过一定距离。毛细管的横截面面积在这一测试距离上是恒定不变的。通过这一测试时间可以借助斯托克定律计算出运动黏度。例如，机油的测量温度为 100℃，液压油为 40℃，而船上普遍认可重油在 50℃时所测得的值。

黏度与温度的强非线性关系可以在 Niemann 图表中相对于温度 T 标注 $\log(\nu+0.8)$加以表示。

燃料和润滑剂的黏度-温度关系通常在 Ubbelohde 图表也就是在 Ubbelohde-Walter 图表中予以表示。这里的线性关系可以借助经验关系式 $\log[\log(\nu+A)]=B\log T+C$ 通过重复求对数的方式计算而得，而其中的常数 A、B 和 C 则取决于流体本身性质。

黏度指数 VI(DIN ISO 2909)：这一黏度指数 VI 是指黏度随温度而发生变化的程度。黏度指数 VI 越高，黏度变化程度越小。Dean 和 Davis 于 1929 年采用两种基础油作为标准油发展了黏度指数，简称为 VI，用来描述矿物油产品的黏度-温度特性。它们分别是当时已知的黏度变化程度与温度关系最大和最小的两种基础油，分别定义为 $VI=0$ 与 $VI=100$，并且作为标准油沿用至今。这一黏度指数 VI 的无量纲的经验数值从 40℃和 100℃时的运动黏度中计算而得。黏度指数高表示根据温度变化产生的黏度变化程度相对较小，也就是说，在不同的工作温度下黏度变化较弱。一般来说人工合成产品黏度-温度关系比矿物油好，黏度指数 VI 也高。通过加入添加剂的方式可以提高黏度指数(黏度指数改进剂，VI-Improver)，数值也可以设定为 100 以上。

船上的黏度估算：在船上最简单的方法只要采用一个斜面来比较已用油与新鲜油的流动性，从而估算油的黏度。但这只是对黏度定性的估计(黏度是否在额定范围之内)。用这种比较测量方式估算新鲜油和已用油的黏度时，由于黏度受温度变化影响很大，控制两种油和斜面的温度差在 1/10℃内特别重要。

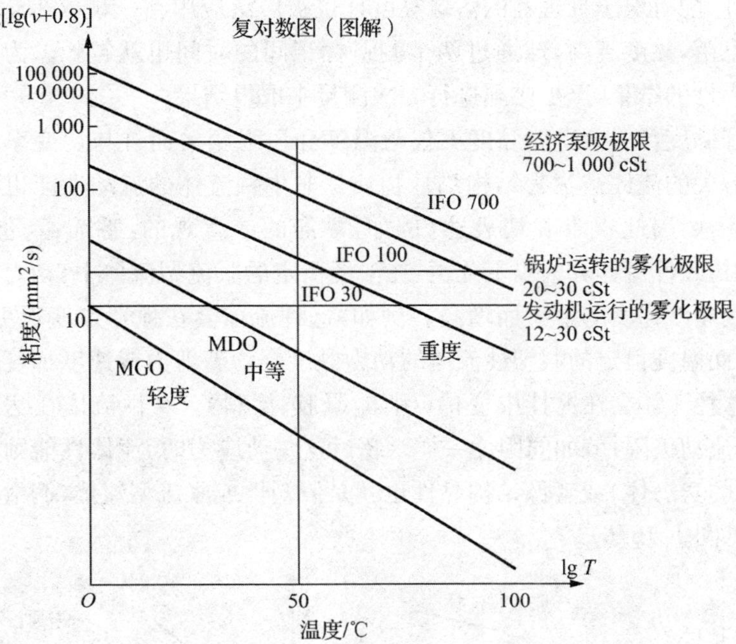

图 1.16.4　以燃油为例的黏度-温度图表

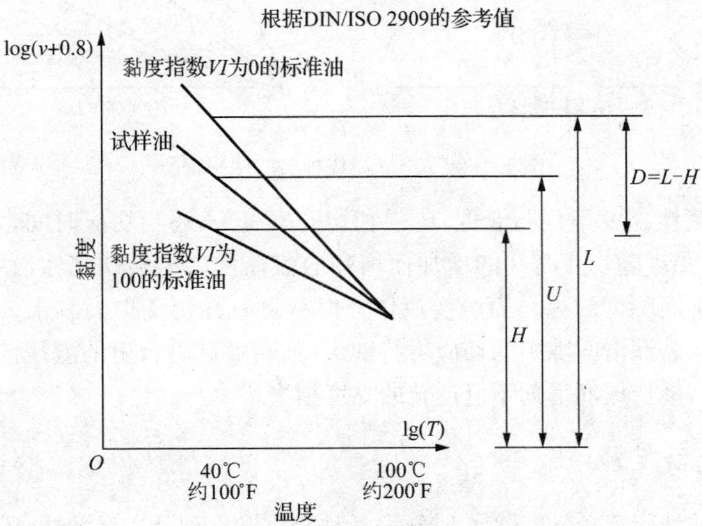

图 1.16.5　黏度指数改进剂对油性的影响

另外,配有电子处理器的落球黏度计也被广泛应用。一颗球在充满液体的管子内下落,黏度越高,球通过两个测量标记间的时间也就越长。为了测得一个有代表性的结果,至少必须进行3次测量来取得结果。

表观黏度/结构黏度:黏度不仅与温度和压强相关而且与切变率也就是速度梯度有关的流体被称为结构黏性物质。非牛顿流体的流动性能也可以描述为表观黏性,因此很难确切表述(例如,黏滞的或直观的:番茄酱、蛋黄酱、芥末)。结构黏性流体分为以下几类:在温度恒定的胀流型流体中,动力黏度会随着剪力或速度梯度的增大而增高。例如,这种流体会在搅拌中变得更黏稠(硅树脂)。而温度恒定的假塑性流体的动力黏度会随着剪力或速度梯度的增大而降低。这种流体会在搅拌中变稀(例如,凝胶、涂料)。塑性流体在达到一定的剪应力(流动极限)就如同固体一样。超过这一剪应力时,流体性能则如牛顿流体(所谓的宾汉体)或者像结构黏性也就是假塑性或胀流型流体(润滑脂、凝胶、牙膏)(见图1.16.6)。

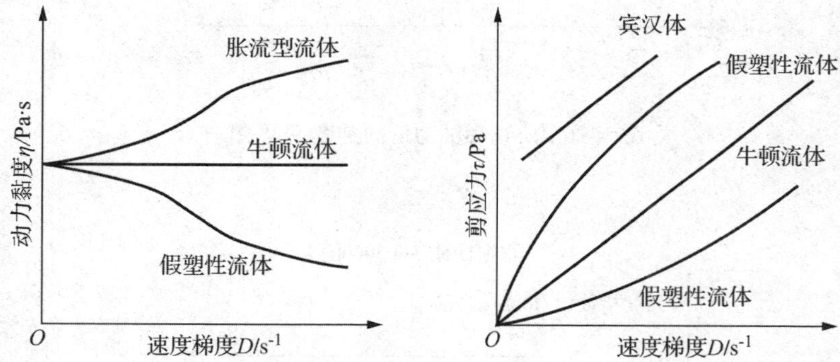

图1.16.6　不同流体种类的结构特征

有的流体黏度不仅与温度、压强和切变率有关,还与切应时间也就是应力时间相关,黏度随切变时间的增加而增高的流体称之为触稠流体,黏度随切变时间的增加而降低的称之为触变流体。但有暂时性切变损失和永久性切变损失的区别。若润滑间隙中的切应力特别大(如喷嘴试验台里的液压油或滚动轴承润滑脂),会造成润滑剂不可逆转的黏度损失。

油脂的流动性能

复杂的油脂流动性能除了划分为各种稠度和NLGI[①]等级外,还可以由滴

① NLGI:美国国家润滑脂学会。

点测定法以及结构黏度来描述。锥入度(ISO 2137)是表示润滑脂变形性的指标,其数值指统一规格的测量锥所锥入的深度。同一锥入度的不同润滑脂由于结构不同(平滑的/长纤维的)所表现的性质也不同。锥入度又分为非工作锥入度和工作锥入度。非工作锥入度是指25℃时润滑脂在尽可能小的机械应力下被注入测试容器后测量锥所锥入的深度。测量前将润滑脂置于搅拌器中用一个统一规格的孔板使其受到时长为一分钟的剪应力作用,通过60次反复锥入后使其中的皂纤维受到可逆或者也可能是不可逆的破坏,这样便可测得润滑脂的工作锥入度。工作锥入度和非工作锥入度的差异在一定程度上显示了润滑脂的工作稳定性。在滚动轴承中的润滑脂所受切应力特别大,在这种情况下采用工作锥入度为其指标更合适。锥入度的单位为1/10 mm,锥入度280意味着测量锥在5秒内锥入润滑脂28 mm。因此润滑脂越软,锥入度值也就越高。

滴点(ISO 2176)是润滑脂加热达到一定的流动性后从金属头滴下第一滴时的温度,是润滑脂耐热性的一个指标并且同稠化剂种类相关。滴点只能在一定条件下反映润滑脂的最高使用温度和实际性能。

1.16.1 燃料油

分级

船用燃料油一般分为重油和馏分油,而馏分油又有船用轻柴油(MGO)和船用重柴油(MDO)之分。

即使使用裂解法也无法使原油加工做到无残渣。除了所采用的精炼技术,待加工原油本身也决定了残渣的量。通过使用高品质原油可以减少残渣的产生。由于重油的价格比原油低,因此要优化原油的精炼工艺从而提高轻质油的产量。炼油毛利和对轻质油的需求量决定了所使用原油的质量和向燃油市场提供的残渣量、残渣燃料油或重油。自1980年起,随着原油精炼工艺的不断优化,重油的产量和质量持续下降,因此重油的点火和燃烧质量也随之下降。然而,所供应燃油的质量并非总是与当地的原油质量和所采用的精炼技术有关,这多少是全球市场及其贸易流的一个结果。

英国标准协会于1982年出版了第一本船用燃料的规范说明,称为BS MA 100。此说明由供应商及发动机制造商在质量与价格的目标冲突中共同拟就的。

国际内燃机委员会（CIMAC①）在同一年也出版了它们自己的规范说明。国际海事组织（IMO②）于 1987 年首先提出船用燃油规范“石油产品-燃料（F 级）”的 ISO 8217 标准，现已成为普遍认可的标准（见表 1.16.3）。这一标准区分了残渣燃料油（Residual Marine Fuels：RMA，RMB，RMC...RMK）和馏分产品（DMX，DMA，DMB 和 DMC）。

标准根据黏度对残渣燃料油（残油、重油）分级并按照各临界值规定其等级（密度最大值、燃点、倾点、残炭值、水分 0.5%（体积分数）、灰分 0.15%（质量分数）、含硫量 4.5%（质量分数）。黏度等级分别规定为 50℃ 时的 30，80，180，380 和 700 mm^2/s。1996 年 3 月又规定了所谓的“催化细粒（Cat fines）”的临界值（铝＋硅 80 mg/kg）以及总潜在沉淀物含量（Total Sediments Potential，简称为 TSP）的定量测试。在最新的版本中另外限制了废润滑油中锌、磷和钙的参量，以作为所用润滑油中不希望出现部分的标准值。在标准的附录中还包括其他一些信息（能含量、点火质量、燃点、催化颗粒、润滑油杂质等）。

残渣燃料油必须在船上处理并预热，最恶劣情况下必须将其加热至约 150℃ 来达到所要求的喷射黏度。这些燃油在适合重油的中慢速柴油发动机中使用，也就是除了最大型船舶的主机及相应配设的辅助设备以外所谓的单燃料或多燃料船舶。

表 1.16.3　根据 ISO 8217 的馏分燃料油（DM）规范说明（2004 年）

性质	单位	临界值	ISO-F 类别				测试方法
			DMX	DMA	DMB	DMC [1)]	
外观			澄清		[2)]	—	目测
15℃ 时的密度	kg/m^3	最大	—	890.0	900.0	920.0	ISO 3675 或 ISO 12185
40℃时的黏度	mm^2/s [3)]	最小	1.40	1.50	—	—	ISO 3104
		最大	5.50	6.00	11.0	14.0	ISO 3104
闪点	℃	最小	—	60	60	60	ISO 2719
		最小	43	—	—	—	

① CIMAC＝Conseil International des Machines a Combustion＝ International Council on Combustion Engines 国际内燃机委员会，内燃机制造商的一个组织。

② IMO＝International Maritime Organization 国际海事组织，联合国下属机构。

（续表）

性质	单位	临界值	ISO-F 类别				测试方法
			DMX	DMA	DMB	DMC[1]	
上倾点： • 冬季 • 夏季	℃[4]	最大 最大	— —	6 0	0 6	0 6	ISO 3016 ISO 3016
浊点	℃	最大	−16[5]	—	—	—	ISO 3015
含硫量	%	最大	1.0	1.5	2.0[6]	2.0[6]	ISO 8754
十六烷值		最小	45	40	35	—	ISO 4264
10%蒸馏残渣中的残炭值（质量分数） 残炭值（质量分数）	% %	最大 最大	0.30 —	0.30 —	— 0.30	— 2.50	ISO 10370 ISO 10370
灰分（质量分数）	%	最大	0.01	0.01	0.01	0.05	ISO 6245
总沉淀物含量（质量分数）	%	最大	—	—	0.10[2]	0.10	ISO 10307-1
水分（体积分数）	%	最大	—	—	0.3[2]	0.3	ISO 3733
钒含量	mg/kg (ppm)	最大	—	—	—	100	ISO 14597 或 IP 501 或 IP 470
铝+硅含量	mg/kg (ppm)	最大	—	—	—	25	ISO 10478 或 IP 501 或 IP 470

（续表）

性质	单位	临界值	ISO-F类别				测试方法
			DMX	DMA	DMB	DMC[1]	
已用润滑油（ULO）：燃油不含已用润滑油(见表1.16.4)							
锌含量	mg/kg	最大	—	—	—	15	IP 501 或 IP 407
磷含量	mg/kg	最大	—	—	—	15	IP 501 或 IP 407
钙含量	mg/kg	最大	—	—	—	30	IP 501 或 IP 407

[1] 虽然有馏分燃油，但是残渣燃料油部分可能仍相当可观。

[2] 若试样澄清且不含可见沉淀物及水分，那么就不必确认总沉淀物含量。

[3] $1\ mm^2/s=1\ cSt$。

[4] 采购者必须保证船上设备能够承受这一倾点，特别是当船舶在南北两个半球航行时。

[5] 这一燃油在不预热条件下最低至环境温度－16℃时仍可使用。

[6] 在国际海事组织所规定的二氧化硫排放控制地区内须遵守1.5%的硫含量限制。在欧盟有些地区可能要求燃料的硫含量限制在0.2%以下。

DMX最多为应急柴油发动机和救援艇发动机供应使用。由于燃点低于60℃，因此贮藏时必须遵守特别的规定。空间不足的高速或中高速船用柴油发动机或者在有排放限制的特殊地区一般使用馏分油。

DMA(一般也称轻油)是一种澄清透明的馏分油，和陆上加油站的柴油只有细微差别。除了了解其有较高的密度和法定最低60℃的燃点(相对于陆上交通工具55℃)，作为海运燃料的沸腾特性则并没有详细说明。一般以1.5%硫含量或0.2%硫含量两种形式供应这种燃油(另外LS表示低硫)。

表1.16.4　根据ISO 8171的残渣燃料油(RM)规范说明(2006年)

性质	单位	临界值	RMA 30	RMB 30	RMD 80	RME 180	RMF 180	RMG 380	RMH 380	RMK 380	RMH 700	RMK 700	测试方法
15℃时的密度	kg/m^3	最大	960	975	980	991.0		991.0		1010.0	991.0	1010.0	ISO 3675 或 ISO 12185

（续表）

性质	单位	临界值	RMA 30	RMB 30	RMD 80	RME 180	RMF 180	RMG 380	RMH 380	RMK 380	RMH 700	RMK 700	测试方法
50℃时的运动黏度	mm^2/s[1]	最大	30		80	180		380			700		ISO 3104
闪点	℃	最小	60		60	60		60			60		ISO 2719
上倾点：[2] • 冬季 • 夏季	℃	最大 最大	0 6	24 24	30 30	30 30		30 30			30 30		ISO 3016 ISO 3016
残炭值（质量分数）	%	最大	10		14	15	20	18	22		22		ISO 10370
灰分（质量分数）	%	最大	0.10		0.10	0.10	0.15	0.15	0.15				ISO 6245
水分（质量分数）	%	最大	0.5		0.5	0.5		0.5			0.5		ISO 3733
含硫量[3]（质量分数）	%	最大	3.5		4.0	4.5		4.5			4.5		ISO 8754
钒含量	mg/kg (ppm)	最大	150		350	200	500	300	600		600		ISO 14597
已用润滑油(ULO) 锌含量 磷含量 钙含量	mg/kg	 最大 最大 最大	燃油必须不含已用润滑油，若锌、磷、钙元素其中一种或多种低于以下临界值： 15 15 30										IP 501
铝+硅含量	mg/kg (ppm)	最大	80		80	80		80			80		ISO 10478
总沉淀物含量（质量分数）	%	最大	0.10		0.10	0.10		0.10			0.10		ISO 10307-2

(1) 1 mm^2/s=1 cSt。

(2) 采购者必须保证船上设备能够承受这一倾点，特别是当船舶在南北两个半球航行时。

(3) 在国际海事组织所规定的二氧化硫排放控制地区内需遵守1.5%的硫含量限制。但在有些地区可能会不同。

DMB(一般也称为海运柴油即 MDO)允许含有少量由于残渣燃料油造成的杂质(例如,来自燃料补给船)。因此呈浅棕色至黑色,必须在船上进行分离。不要求预热。由于硫含量在2%左右,因此需求量已明显减少。

DMC是馏分油和最多20%的残渣燃料油的混合物(混合海运柴油)。DMC产品呈深棕色至黑色,在使用前必须在船上过滤并分离,必要时也可预热。如今市场对此产品几乎已无需求量。

按照 DIN EN 590,陆上使用的标准柴油的黏度为40℃ 时 2～4.5 mm^2/s 之间。若在北极气候条件下,标准将其分级在0～4级,也就是柴油变稀,黏度下降至1.2或1.5～4 mm^2/s 之间。另外还规定了其沸腾特性,另外,ASTM D 975 还根据黏度等级区别了5种柴油品种。

另外,根据 E DIN 51606 生物柴油也得到了越来越广泛的使用(FAME＝Fatty Acid Methyl Ester ＝脂肪酸甲酯)。40℃时黏度为3.5～5 mm^2/s 之间。这里不对其沸腾特性进行描述。

燃料油性质

通过碳元素和氢元素之比(简称为碳氢比)可以估计燃油的化学组成。长链烃(石蜡)比结构紧密的环烃(芳香烃)或者复杂的高碳结构(沥青质)所含的氢原子数量更多。这就造成密度及燃烧和点火特性的不同。含氢量高的结构(碳氢比小,密度较小)燃烧性能比高碳结构(碳氢比大,密度较大,易形成炭黑)好。由催化裂解法或热裂解法得到的现代船用燃料油的碳氢比大,密度也大,环烃所占比例高(不饱和环形烃、苯环)。

热值是指燃料油的热能含量。发动机对燃料油的消耗量受其影响,密度(碳氢比)越大以及硫含量、水分和灰分越大,热值就越低。依照 ISO 8217 标准,热值(下热值 H_u)和燃烧值(上热值 H_o)可由以下公式(统计燃烧计算)计算得到近似值:

$$H_u/(\mathrm{MJ/g}) = (46\,704 - 8\,802\times10^{-6}\cdot\rho_{15}^2) + 3\,167\times10^{-3}\cdot [1-0.01\cdot(H_2O+A+S)] + 0.01\times(9.42S - 2\,449)$$

$$H_o/(\mathrm{MJ/g}) = (52\,190 - 8\,802\times10^{-6}\cdot\rho_{15}^2)\cdot [1-0.01\cdot(H_2O+A+S)] + 0.01\times9.42S \qquad (1.16.10)$$

其中,H_2O 为水分 (质量分数,%);

A 为灰分 (质量分数,%);

S 为硫含量 (质量分数,%);

ρ_{15}为 15℃密度　（kg/m^3）。

对于船上实际操作来说，所谓的 MARDER 公式则足够精确：

$$H_u/(\text{kJ/kg}) = 52\,924 - (11\,953 \cdot \rho_{15} + 293S) \tag{1.16.11}$$

式中，S 为硫含量（质量分数，%）；ρ_{15} 为密度[kg/dm^3(15℃)]。

依照 MARPOL 公约，燃料油供应商必须在燃料油运送收据上注明硫含量（BDR）。平均值分别为：DMX 为 1%硫含量、DMA 至 DMC 为 1.5%硫含量、RMA 至 RMK 为 3%硫含量。

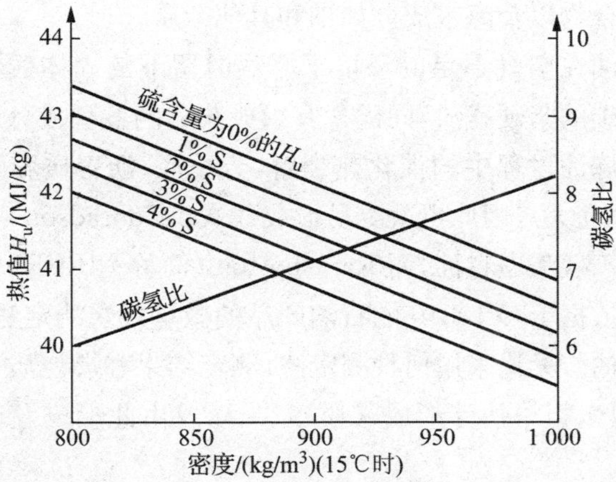

图 1.16.7　燃料油热值与密度及硫含量的关系

闪点指燃料油充分汽化并引入火源点燃时的温度。若离开火源，燃料油蒸气就不再燃烧。根据 SOLARS 公约，所有在机舱内使用的燃料油的闪点不能低于 60℃（根据 ISO 2719 标准在密闭坩埚中测定，Pensky Martens 闪点测定法——闭口杯测定法 PMCC）。另一种闪点测定是根据 Cleveland（开口杯测定法 COC）在开口的坩埚中进行，所得结果并不相同。仅了解闪点并不能保证安全性，就算油舱加热温度低于闪点，燃油罐或污油柜内仍存在形成爆炸气体或者可燃油蒸气的危险。即使在非密闭的燃料油循环系统中，预热温度也不允许超过闪点。

燃料油的黏度（单位为 mm^2/s 或 cSt）从前是衡量质量的标准。尽管如今这一点并不十分可靠，但是燃料油仍一直分为不同的黏度等级，并按照这一等级采购。馏分油和残渣燃料油的基准温度分别为 40℃和 50℃。

对交货黏度（参看燃料油交货收据）的精确了解有利于弄清燃料油的泵吸极限值，对于储存柜预热温度和喷射黏度的设定也是必需的。

倾点指燃料油正好还能流动的温度。油料的“凝固”主要由石蜡的结晶所决定。倾点对燃料油储存和使用的最低温度具有重要意义。储存温度应该比倾点高 5～10℃ 。已经凝固的燃料油由于热传导较差（对流限制）需要相对较长的时间来达到二次液化。燃料油黏度约小于 1 000 mm^2/s 可泵。

通过浊点或冷滤点可以判断馏分油的流动性能（低温下会造成过滤阻塞）。

灰分：燃烧后留下的无机物（金属化合物）形成灰分。其中包括含有钒、镍、铁和钙的金属化合物以及海水成分如钠和其他杂质。

残炭是燃料油在空气不足的环境下燃尽时留下的固体残渣的一部分。焦炭是一种黑色高碳的坚硬残渣，同样含有组成灰分的各种成分。残炭若含硫则呈弱酸性。通过炼油过程中的催化热裂解，芳香烃、沥青质和其他高馏点馏分比例增大（碳氢比变大），因此也就更易形成残炭。Conradson（简称为 CCR）残炭测定法主要用于残渣燃料油，而 Ramsbottom（简称为 RCR）残炭测定法则主要用于馏分油。依据 ISO 10370 的石油产品的微量残炭测定法（简称为 MCR）适用于所有燃料油。无论采用何种测定法，测定结果和燃烧质量之间都没有直接的关联性，但可以粗略估计形成灰质残炭，以及由此形成发动机内沉淀和润滑油负荷的倾向。

沥青质是由碳氢比大的低分子和高分子化合物所组成的混合物，是班状非结晶的沥青状或焦油状分离物，主要是环形结构，极性高，熔点超过 200℃ 。沥青质可溶于芳香烃溶剂（甲苯）但不溶于烷烃溶剂（庚烃）。沥青质可以借助芳香烃溶解在燃料油中并保持稳定（强制溶解），这就形成了一种介于沥青质和液态燃料油之间的过渡阶段，称为软沥青相。经过化学的、热的或机械的应力或积聚作用（团聚作用）可以破坏这一平衡。这就导致例如在油舱内（储存稳定性）的沥青质（油泥）的沉淀，或者燃料油之间的不相容性（由于不同成分的溶解性能，参见“混合”一节）。

燃料油中的沥青质含量高可能对燃烧质量造成影响，并对后续的排气路径和锅炉运转的对流加热面造成污染。

总沉淀物含量指沥青质和无机成分的比例，由热滤法测得。这是看残渣燃料油稳定性及相容性也就是可混合性的指标。有 3 种不同的研究方法：总沉淀物含量法（简称为 TSE）可以即刻测得试样的指标；使用总潜在沉淀物含量法（简称为 TSP，根据 ISO 10307-2）需要将试样在 100℃下热老化 24 小时；而总加速沉淀物含量法（简称 TSA）是将试样加速老化后用化学试剂测定而得的。

ISO 8217 标准中规定所有残渣燃料油的总沉淀物含量值最大不得超过 0.10%。

沉淀物含量高会造成燃料油处理上的问题(泵送极限、管路系统、预热、过滤器、分油器、油罐),例如燃油系统内沉淀增加造成系统无法使用。

在 ISO 8217 标准中,残渣燃料油的水分限制最多为 0.5%(体积分数),馏分油的水分则最多为 0.3%(体积分数)。燃料油中掺入淡水除了在喷油系统中可能会造成空泡和腐蚀现象外,估计并没有其他害处,反而可能对雾化和接下去的减少氮氧化物的燃烧有利。然而若是海水,就会因为含有不同的金属化合物(其中有氯化钠),因此显著提高燃料油中灰分的含量,这就会产生污染并导致燃烧室和涡轮增压器内以及阀门上的沉淀。若燃料油在分油器中处理得当,水分含量可以降低到小于 0.1%。

硫含量不仅取决于原油的产地,也取决于燃料油的混合情况,硫含量值一般在 1～4.5%之间。

虽然可以利用例如克劳斯(Claus)法对燃料油脱硫,但这并不是到处适用的而且也不经济。越来越多的市场和地区采取环境保护措施和法律法规来进一步限制燃料油的硫含量(SECA①)。根据欧盟的指令,波罗的海和北海被视为特殊地区,那里的燃料油硫含量最大允许为 1.5%,港口和内河则规定最大允许量为 0.2%。

点火特性:汽油发动机是通过火花塞的点火火花引燃的,因此要求着火性小(相应的抗爆性高)并以高辛烷值(抗爆性的衡量标准)来表示。芳香烃也就是不饱和环烃的比例越高,点火延迟就越长,点火温度超过 500℃。而对于柴油发动机(自点火式)则要求点火延迟较短,自点火温度约为 300℃。十六烷值表示柴油燃料和馏分油的着火性,残渣燃料油用 *CCAI* 值表示。

在 ISO 4264 标准规定的条件下,十六烷值由在一台特殊的测试发动机测得。ISO 8217 标准中包含了馏分油 DMX、DMA 和 DMB 的临界值。高速柴油发动机的燃料油十六烷值至少应为 40,低速柴油发动机十六烷值低于 30 仍可以点火。

计算点火指数 *CII* 是十六烷值的依据。*CII* 指数越高,点火质量也就越好,指数一般在 25～40 之间。

$$CII=(270\,795+0.103\,8\cdot t)-0.254\,565\cdot \rho_{15}+23\,708\cdot \lg\lg(\nu+0.8) \tag{1.16.12}$$

① SECA:SO_x Emission Control Areas＝硫化物排放限制地区。

其中，ρ_{15}为15℃时的密度/(kg/m³)；

ν为温度为T(℃)时的运动黏度/(mm²/s)。

芳香烃含量高的残渣燃料油的点火延迟长，这就导致柴油发动机的燃烧出现特别的问题。由于点火延迟和着火时间延迟造成压力上升延迟，但之后却迅猛上升，导致动力装置高机械负荷和热负荷(爆震)。因此发动机制造商就发动机特性提出了对燃料油的要求，可以用计算碳芳香度指数*CCAI*来计算(见图1.16.8)。

$$CCAI=\rho_{15}-81-141\cdot\lg([\lg(\nu+0.8)])-483\cdot\lg\frac{T+273}{323} \tag{1.16.13}$$

其中，ρ_{15}为15℃时的密度/(kg/m³)；

ν为温度为T(℃)时的运动黏度/(mm²/s)。

因此那些密度高而黏度相对低的燃料油就成了问题。密度恒定，燃料油的点火质量随黏度下降而下降。

若燃料油超过发动机特定的最大*CCAI*值，则务必考虑到会造成爆震燃烧并相应降低能量转换的情形。一定程度上可以通过例如提高增压空气温度来增大易点火程度。但是涡轮增压泵会限制这一方法。一般来说四冲程柴油发动机比二冲程柴油发动机明显更容易受燃料油质量浮动的影响。

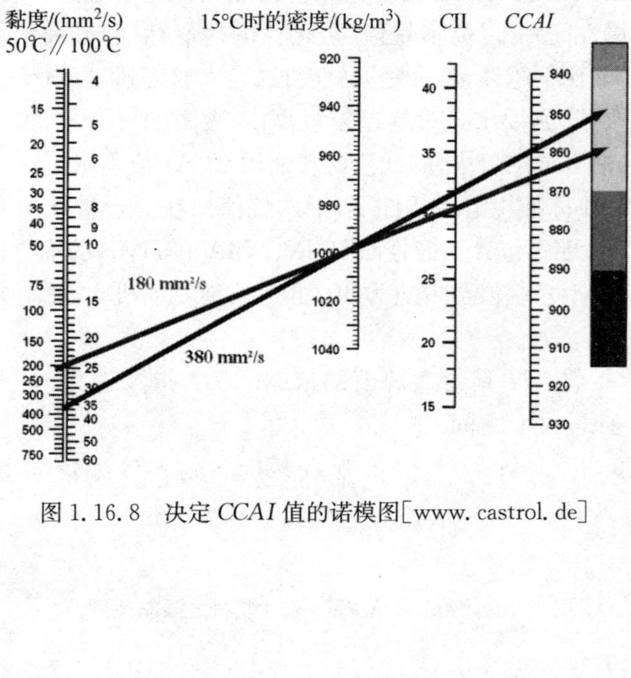

图1.16.8 决定*CCAI*值的诺模图[www.castrol.de]

船用记录

燃料油的采购:承租人所要采购的燃料油的质量在租船合同协商谈判期间就已经确定下来了。这里必须确认,例如在单燃料船上使用所规定的燃料油能运行所有的机组。若部分使用并非船舶运行所适用的点火质量和燃烧质量较差或密度和黏度较高的廉价燃料油,最终反而会造成更大的损失,比如说发动机停机。燃料舱中燃料油的问题或者润滑油处理过程中所发生的问题,通常最终意味着主发动机停机以及后续产生的一系列后果。除了每个发动机制造商允许的燃料油质量之外,附加的一些参数如硫含量或者所要求的 *CCAI* 值也会被详细注明。

燃料油的交割:发动机设备的负责人要在燃料油交割前对其进行泵送试验以测试:①供应商是否按照规格说明提供足量所订购的产品;②软管接头是否按规定连接好;③产品的输送是否安全无障碍。除此之外还要检查软管是否接于正确的装载管头上,并且是否打开了船上正确的装载阀门。而以航海语言列出的就船上以及航运海域特点的核对清单在这里也很有意义。如果因为供应商是著名的获得认证的企业如 DNV、BV、SGS 或 Caleb Brett 而放弃合同上的抽样检查,船员就要注意燃料油样品的抽取和铅封都毫无缺陷。在装载至油舱之前的所谓的“驳船样品”是可以退回的。必须确认样品抽取没有问题。整个输送过程最好是在法兰对接处采取持续的滴点测试。只能采用合适的干净的新样瓶。重新洗净的样瓶会使分析结果造成误差。

所有样品必须在合同双方在场且无争议情况下密封并贴上标签,且一式 3 份说明[2 份自用(船上/实验室),1 份供应商,留在驳船上]。发动机设备的负责人在交付单据以及燃料油运送收据上签字,签字确认的只是所交付的数量而非质量! 只有在船上得到分析数据之后才会使用这些燃料油。

船上的文档管理:以下信息需要记录在案:燃料油订购情况、交割量和使用量以及清理方法(燃油日志、航海日志)。为了避免发生故障,必须持续监测燃料数据(实验室的分析结果以及关于密度、黏度、水分和相容性的船上检测试验结果)

典型故障

通过以下几点可以减少受所安装技术及船上实际情况限定的燃料油运行问题:

- 燃料油质量要符合船舶运行的设计要求；
- 尽量不要混用不同的补给燃料油；
- 不能完全排空沉淀柜(沉淀),每天排水；
- 正确设置储油舱和沉淀柜的温度；
- 优化分油器和过滤器的清洁周期；
- 合适的分油器流量(额定流量,简称为 CFR)；
- 必要时采用离析器(正确的密度盘)和分油器。

炼油厂转换设备中的催化残留(催化细粒)可能会留在残渣燃料油中。这些是显微镜下可见的细小的非常硬质的氧化铝和氧化硅,会导致发动机高度磨损。重油中的催化细粒临界值为 80 mg/kg。这些微粒(>3～5 μm)及其总含量可以通过船上正确的处理(分离)得到明显的降低。

高温腐蚀(Catastrophic Corrosion/Hot Corrosion):金属化合物在燃烧过程中得到催化并形成附着性强的飞灰熔融(氧化物、碳酸盐、硫酸盐)。它们没有熔点,只有熔域,熔域由不同化合物的各个熔点共同产生。飞灰是硫酸钠(Na_2SO_4)和五氧化二钒(V_2O_5)的混合物,其腐蚀率高并与熔点有关。钠的化合物会降低附着温度并提高熔融的腐蚀性。钠和钒的最大比例约为 1 比 3。熔域从低于 500℃开始 ,而附着温度显然已经比这更低。燃料油中钒含量取决于所采用的原油本身。它溶于燃料油,但不能使用船上的处理系统从燃料油中被分离出来。若钒的浓度高于 250 mg/kg,会造成高温发动机部件(活塞顶、排气阀、喷管环)和高压蒸汽锅炉的过热器加热面的磨损增加。海水中的钠盐(比如氯化钠)会通过助燃气体到达燃烧室,特别是在天气恶劣或海浪大的时候。氯化钠溶于水,大部分可以用分油器分离出去。

低温腐蚀:含硫燃料油燃烧产生的废气汽相中含有大量二氧化硫(SO_2)和三氧化硫(SO_3)。与燃烧产生的凝水(燃烧 1 kg 燃料油产生约 1 kg 水的反应生成物)结合形成亚硫酸(H_2SO_3)和硫酸(H_2SO_4)。如果一些构件表面温度低就会导致温度低于酸的露点,并由此形成腐蚀性的酸(低温腐蚀)。特别易受低温腐蚀威胁的是气缸套、活塞裙和活塞环槽以及锅炉预热器的烟气侧。因此,要注意运行侧气缸冷却水和扫气温度不能过低,气缸油或发动机油的总碱值要适合燃料油硫含量。

稳性和相容性(混合性、不相容性、补给、调整):所有稳定的燃料油都有一定的稳性储备,它取决于燃料油的成分组成。如果油相的化学或物理属性改变,比如说与另一种燃料油混合,那就会减弱它的稳性储备。这会导致沥青质团聚并产生油泥分离出来。两种燃料油相容表示它们能够混合而且在正常储存条件下不会产生油泥和沉淀。混合后的燃料油也就是稳定的。燃料油中的成分若不相容,那两种稳定的燃料油混合后也可能产生不稳定的混合油(就算是主观认为相同或相似的燃料油)。特别是50/50混合,也就是沉淀物含量高或者黏度或密度差大的燃料油在高温下混合,尤为关键。这就导致在油舱(尤其在风浪大时)、分油器、过滤器内特别是在预热室内形成油泥。可能的话可以在厂修理期间利用泵送方式清空并清洁储油舱以及沉淀柜和日用柜,以确保没有随时间淤积过多的油泥。一般情况下,高黏度燃料油的混合产生不相容的风险相对较小。相反,比如在船上混合重油和馏分油就很成问题,因此它们的混合油不能储存在油舱内。原则上要尽量避免在船上混合燃料油,若无法避免,可以根据ASTM D 2781标准采用滴点测定法确定燃料油的相容性。为此将温度在60～70℃的燃料油一滴一滴地滴在特殊的吸墨纸上。根据走向图两个小时后可以确定燃料油的相容性。

低硫问题:硫含量太低则减弱燃料油的润滑性能(陆上低硫柴油含有抗磨剂)。例如为了达到硫排放控制区标准而将燃油泵从高温残渣燃料油(约150℃)调节至馏分油(环境温度),就可能容易卡住并造成磨损。在燃料油混合方面(参见相容性)应该为个性化的船上使用情况编制相应程序。

低硫燃料油的燃烧质量有时会由于成分混合比例的不同而相差很大。由于并没有定义船用燃料油的沸腾曲线走势,所以终馏点可能很高。气缸套表面会形成大面积的高分子有机残渣填满珩磨凹槽。气缸套无法继续存油,也就无法解决边界润滑问题。满负荷运行(高温、聚合作用)时会导致产生色淀(参见拖网渔船的高负荷高压运行)。这同样伴随着润滑油消耗量的显著增加。

在高温高负荷运转的四冲程发动机中,同时使用低硫燃料油和总碱值(BN)高的润滑油同样会导致气缸套产生色淀。对此应该与供应商(燃料油和润滑油)协商约定硫含量和总碱值。

火花隙燃料:由高闪点的馏分油和真空分馏的残渣燃料油混合而成的一种可行产品叫做火花隙燃料。这种混合油的沸点曲线跨度很大(约150～750℃)。由此也就产生很多问题,诸如点火质量(构件负荷高)、燃烧质量(沉淀加剧)、迟燃(废气温度高)以及稳定性和相容性问题(见上)。

由于活塞顶附着过量燃料残余物的沉淀而产生气缸内径抛光作用。而活塞的倾斜和向下运动会把这些残余物压碎,四冲程发动机中较二冲程十字头式发动机也就更易发生此类现象。气缸套被磨光，磨损增加。通过结构设计方面的措施，例如使用抗磨环可以防止这一情况产生。

喷油泵的空泡现象：在燃油系统中，燃料油在准备阶段即提升到高压高温的水平。喷油泵的控制边在下行控制时突然压力下降。剩水以及容易发生逃逸的烃类（它们由于温度的升高已经接近沸点）由于压力剧烈下降而汽化。气泡随着接下来的压力升高而爆裂。由此造成局部压力高达 20 000 bar，并导致泵元件材料的磨蚀。

微生物污染：若以下有利因素存在，微生物就会大量繁殖并散播：温度（最适宜为 20～40℃）、水、氧气、有机物和矿物质用以新陈代谢。燃料油含有这些物质，那么就可能导致微生物爆发性的繁殖并造成燃油系统污染。如果满足上述条件，加热的油舱中的水油相之间的边界层就最容易受到威胁。特别是渔船、客船和军用舰船上的馏分燃料油。在船舶运行中，过滤器中的黏质沉淀（直到过滤器阻塞）是明显的微生物污染。坚持排除燃油中的水分是对此的解决办法。

致癌物质/健康危害：以矿物油为原料的燃料油和润滑油可能含有对健康有危害的多环芳香烃、重金属化合物以及化学垃圾[①]。对发动机组人员健康的危害明显取决于燃料油和润滑油中的有害物质的浓度、环境空气中油蒸气/油雾的吸入程度和有害物质对皮肤或黏膜作用的时间长短。一些多环芳香烃在动物试验研究中被证明可以引发癌症。船用燃料油和润滑油会破坏皮肤的天然油脂保护膜和酸性保护膜，必须在危害物质管理条件中列为致癌物质。应该通过技术手段或人为保护装备来避免直接的皮肤接触。良好的通风可以大大降低分油器或分离器区域的有害物质浓度。工作前或清洗皮肤后持续使用护肤霜以保持皮肤的滋润很重要。应该在操作说明中注明危害性及保护措施。

1.16.2　润滑剂

添加剂

随着对现代高负荷发动机的要求不断提高，对润滑油的要求也在不断提

① 德国远洋航运同业协会说明手册第 14 卷，1998 年于汉堡。

高。而仅仅采用纯的无合成添加的基础油已经远远不能满足这一要求了。通过可溶于油的活性物质或添加剂及其化学和/或物理作用,可以改变合成基础油或矿物基础油的特性(例如,清净性和分散性)。添加剂由多种添加剂组成,各种添加剂必须相互平衡以避免交互作用。尽管许多添加剂已经能同时满足多项功能,但主要还是有三大类:油品改良性添加剂、油品保护性添加剂和表面效应添加剂。

通过添加改良性添加剂可扩展一种润滑油的使用范围,而改良性添加剂还可分为以下几小类:黏度指数改良剂、倾点下降剂以及密封膨胀剂。

油品保护性添加剂可以延长润滑油的使用寿命:抗氧化剂、金属钝化剂、抗泡剂。

以下的表面效应性添加剂保护金属表面,例如活塞环、轴衬、齿根面等:极压抗磨剂、摩擦改进剂、腐蚀抑制剂、清净剂、分散剂。

添加剂的作用方式分为化学作用(清净剂、分散剂、抗氧化剂、极压抗磨剂、腐蚀抑制剂、乳化剂或破乳剂)和物理方式(黏度指数改良剂、抗泡剂、倾点下降剂、摩擦改进剂)。另外还有真菌杀菌剂、杀菌剂、芳香剂和其他添加剂,可在不同情况下应用。

黏度指数改良剂:这种添加剂由长链烃类聚合物构成,低温环境下在油中呈小团分布,油分子的运动几乎不受其影响。聚合物所占体积随温度升高而增大,形成紧密的网状结构并限制了油分子的运动从而显著提高了油的内摩擦。黏度指数改良剂在温度较高时提高了油的黏度,从而改善了黏度易受运行温度改变影响的情况。

黏度指数改良剂的采用使得所谓的多效油生产成为可能。

添加黏度指数改良剂的多效油的优点在于,低温区域黏度低,从而产生良好的冷起动性、分布性和低燃料油消耗,而高温区域黏度高,从而保障了良好的润滑性、密封性和负载性,并将这两者有效地统一起来。

剪切稳定性是指含有聚合物的多效油的质量,也就是不同黏度指数改良剂的质量及所产生的油的高稳定黏度特性。润滑槽比如活塞环区域有很高的应力负荷(高转速、高滑动速度、高压和高温)。黏度指数改良剂的长分子链可能被剪断或剪碎,从而导致永久性切变损失。这也就意味着不可逆的黏度损失(见图 1.16.9)。

倾点下降剂:石蜡(学名:烷烃)的溶解性随着温度下降而下降,结晶析出并发生交联作用。倾点是指油品正好还能够流动的温度。在基础油生产阶段就

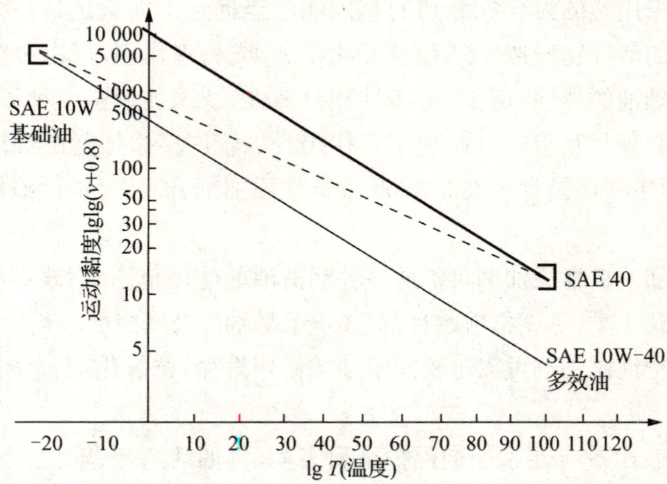

图 1.16.9　多效油中黏度指数改良剂的作用

通过除蜡去除了大部分石蜡烃。但是石蜡的完全去除是不经济的。通过添加倾点下降剂并不是用以改善石蜡的结晶，而是阻碍晶体交联形成点阵结构，从而改善油品低温下的性能。

抗氧化剂：润滑油同样会在热量和氧气影响下老化或者也称氧化。发动机燃烧和氧化过程自身产生的酸性反应产物以及起催化作用的金属残留都会加速分解过程（磨料磨损或腐蚀磨损）。油品老化除了产生酸性物质之外还会产生漆状、脂状和泥状沉淀，大部分沉淀不溶于油，例如油炭。添加抗氧化剂可以从本质上改善矿物油的天然氧化稳定性。比如聚 α-烯烃具有良好的热稳定性，但需要合适的抗氧化剂来平衡其所缺失的抗氧化稳定性。抗氧化剂不能完全阻止老化过程，但可以减缓其老化速度。抗氧化剂有 3 种作用形式：自由基清除剂（初步抗氧化）在氧元素（氧化）积聚之前饱和自由价，过氧化物分解剂（第二步抗氧化）进一步作用于已形成的氧化物质，而钝化剂/金属离子钝化剂阻止金属的催化反应。

抗泡剂：泡沫由无数相互叠合的气泡组成，并影响润滑油的压力状况和氧化，而泡沫抑制剂可使其很快分裂。此外，有机硅化物证明是有效的添加剂。起泡沫的润滑油（包括分散有气泡的润滑油）由于摩擦增大会造成油温升高、磨损（腐蚀、空泡现象）增大以及压缩性增大（液压挺杆摩擦作响）。

极压抗磨剂：使用合适的添加剂能够形成很薄的反应层，其抗剪强度低，比金属光滑表面低。不断新形成的反应层防止过度磨损。极压添加剂（EP）和抗磨添加剂(AW)属于表面活性剂,其极性基团中可能含有不同化合物形式的锌、磷和硫。两者的反应能力和活化温度不同。发动机启动阶段存在混合摩擦的情况(滑动摩擦和静摩擦的过渡)。若有金属摩擦对的直接干摩擦,就会产生热。锌和磷的化合物在表面反应并形成防磨损的保护层。最老的极压添加剂是纯硫,而最著名的则是二硫代磷酸锌(ZDTP),它另外可以作为抗老化和抗腐蚀添加剂使用。

摩擦改进剂:摩擦改进剂只能作用于混合摩擦。这种添加剂同样是形成表面保护膜(物理过程)而将金属表面相互分开。摩擦改进剂极性高,因此对金属表面有很强的亲合力。

抗腐蚀添加剂:除了抗氧化剂,抗腐蚀添加剂也适合保护金属表面不受化学或电化学物质侵蚀,是一种表面活性添加剂。它既可以不含灰分也可以形成灰分,并沉积在金属表面形成一层稠密的疏水层。由于抗腐蚀剂的极化结构,它与例如抗磨剂会相互干扰,并且影响抗磨剂的效果。

清净剂:清净剂是有清洁去污效果的化学作用物质,防止热负荷的零部件上形成沉淀,使其保持清洁。一些情况下必须使用无灰清净剂。无灰清净剂和含有金属有机物的清净剂可防止金属表面的固体污物的沉积。其碱性还能中和燃烧产生的酸性反应产物。由于中和过程导致的碱值的持续降低主要取决于燃料油的硫含量、清洁润滑油的碱性、油消耗量和储槽内油量。

分散剂:分散剂的作用是将固体及流体污染物(例如,灰尘、水、燃烧反应产物或氧化产物)包裹起来,并使其分散悬浮于润滑油中,从而防止沉淀。对于固体污染物称之为胶溶过程,而对于流体污染物则称之为增溶过程。

碱值(BN)或者总碱值(TBN)是指润滑油的碱储备(mg KOH/g 润滑油),也是润滑油清洁性能的一个相关指标。在一般的发动机运行中,在含硫燃料油燃烧时所产生的酸性燃烧产物的中和过程中,润滑油碱值下降。

润滑脂

润滑脂由油和稠化剂组成,稠化剂形成海绵状储油结构。无论是基础油还是皂基稠化剂,只要相互协调,就可以共同发挥润滑作用。稠化剂的比例占5%～25%,根本上决定了产品的成本。润滑脂的分类和总览分别如表 1.16.5 和表 1.16.6 所示。

表 1.16.5　润滑脂的分类

润滑脂类型					
金属皂基稠化剂的润滑脂		非皂基稠化剂的润滑脂		黏性润滑剂	
不同金属基的单皂基脂、混合皂基脂、复合皂基脂，例如钙、钠、锂、铝等		有机和无机固体材料，例如黏土（膨润土、硅胶、聚脲、炭黑和着色剂）			
液相矿物油	液相合成液体（硅树脂、酯、聚乙二醇、聚 α 烯烃）	液相矿物油	液相合成液体（全合成润滑脂）	采用固体润滑剂的飞溅润滑剂	含沥青的润滑剂

表 1.16.6　润滑脂总览

稠化剂			基础油		滴点/℃	使用温度范围/℃		抗水性	抗腐蚀性	天然的EP性能	价格关系	备注
皂基脂	普通	钙	矿物油基的润滑脂	矿物油	80/105	−35	+50/60	+++	+	++	0.8	很好的防水密封性
		钠		矿物油	160/180	−40	+120	−	++	+	0.9	溶于水
		锂		矿物油	180/200	−40	+120/140	+	+	+	1.0	乳化水
		铝		矿物油	100/120	−30	+80/100	++	+++	+	2.5～3.0	遇水膨胀
	复合	钙		矿物油	>260	−30	+140 (200)	++	++	++	0.9～1.2	高温硬化
		钠		矿物油	>240	−30	+130	+	+	+	3.5	高温硬化
		锂		矿物油	>250	−30	+150	++	+	+	4.0～5.0	极少特例
		铝		矿物油	>250	−30	+140 (200)	++	+	+	2.5～4.0	极少特例
		锂/钙		矿物油	170/180	−30	+120/130	++	+	+	1.3	防水、寿命长
非皂基脂	无机	膨润土		矿物油	无	−25	+150/200	++	−	+	6.0～10.0	防酸防碱
		气相二氧化硅(胶)		矿物油	无	−20	+150/180	++	−	−	5.0	防酸防碱
	有机	聚尿素		矿物油	>250	−25	+150/200	++	+	+	6.0	高转速轴承

（续表）

稠化剂			基础油		滴点/℃	使用温度范围/℃		抗水性	抗腐蚀性	天然的EP性能	价格关系	备注
皂基脂	普通	锂	合成油基的润滑脂	酯	>190	−40	+130	++	+	+	5.0～6.0	低温脂
		锂		聚α烯烃	>190	−60	+140	++	+	+	3.0～4.0	低温脂
		锂		硅树脂油	>190	−40	+170	+++	−	−	20.0	低温和高温脂
	复合	锂		酯	>260	−40	+160	+++	+	+	6.0～8.0	低温脂
		钡		酯	>260	−40	+130	++	+++	+++	7.0	低温脂
		钡		聚α烯烃	>260	−60	+150	++	+++	+++	6.0	低温脂
		钠		硅树脂油	>220	−40	+200	+	+	−	20.0～25.0	低温和高温脂
非皂基脂	无机	膨润土		聚α烯烃	无	−60	+180	++	−	+	10.0～15.0	低温脂
		膨润土		酯	无	−40	+180	++	−	+	10.0～12.0	低温脂
		气相二氧化硅(胶)		硅树脂油	无	−40	+200	++	−	−	30.0～40.0	低温和高温脂
	有机	聚脲		硅树脂油	>250	−40	+200	+++	+	−	35.0～40.0	高温脂
		聚脲		聚苯醚	>250	>0	+220	+++	+	+	100.0	高温脂
		PTFE		硅树脂油	无	−40	+250	+++	+	−		高温脂

生物降解性

生物降解是指通过微生物的生化氧化。

$$烃(C_xH_y)+氧气(O_2)\Rightarrow二氧化碳(CO_2)+水(H_2O)+生物量$$

润滑油的成分决定了生物降解性。因此某些合成酯、聚乙二醇或菜子油比矿物油更容易降解。

除了油的成分，降解过程同样也取决于可用微生物，如细菌、真菌、藻类等。这些微生物需要营养物质（例如，氮磷成分）和氧气或水来繁殖并形成酵素（蛋白质），酵素的作用就像生物催化剂，通过分解来实现降解。但是例如可生物降解的物质至地下水中就无法进行生物降解，原因是这些微生物无法进入。当矿物油中的易挥发成分可能是高毒性成分挥发之后，才会降解。即使是短时间存在的中间体如酚,同样可能对动植物有毒性危害。这些毒性物质阻碍生长,破坏酵素的功能。正如燃烧过程一样,弥散作用同样在生化氧化过程中加速生物降解。温度(最低大于5℃)和pH值同样会影响反应速度。

从国际范围来看,存在许多生物降解性的标准(不同的临界值和定义)。根据欧洲协调委员会① L33-A-93标准,当一种产品在测试条件下21天后80%被降解,就可以定义为可快速生物降解。有关毒性的陈述与生物降解性并无关联!

分级/标准化

润滑剂的标准化分为润滑剂性能的各类标准及其要求和检测。

摩擦力在摩擦点起作用。润滑剂送至摩擦点进行润滑。DIN 51500标准第一部分把润滑方式分为全寿命润滑(封闭的填满润滑脂的滚动轴承、自润滑材料)和全损耗性润滑。

全损耗性润滑可以是间隔润滑或者持续性润滑。两者都可能是损耗性润滑或者循环润滑。例如,间隔损耗性润滑(润滑头、滴油器)或者间隔循环润滑(计量设备)。持续损耗性润滑(油雾润滑或喷射润滑)或者持续循环润滑(飞溅润滑、循环设备)。润滑剂需求量或消耗量是指根据基数所必需的或者所消耗的润滑剂量。基数是以发动机或运行方式的特性为依据的运行时间、停留时间、生成或处理的以及输送物的质量(kg, m^3, m^2, m)、生成或消耗的能量(kWh)、燃料油量(kg,L)或转移量(N·m)。

一般来说要设法避免同时使用多种类型的润滑剂,要考虑到不同润滑要求的特点来统一润滑剂的多样性。发动机制造商②应尽可能为其产品推荐多用途的润滑剂,从而也可以简化使用者的仓储管理。

为了在润滑剂使用过程中避免混淆,DIN 51502标准统一明确地确定了润滑剂缩写及润滑剂容器、润滑装置和润滑点的标记(不适用于机床润滑点,参见DIN 8659第一部分):润滑油、特种油和难燃液压油根据各种原料种类(应用)都用识别代码,除了可能附加的其他识别代码还有黏度牌号。

矿物油(润滑油、特种油)的识别代码:润滑油AN(普通润滑油),润滑油B包括BA、BB或BC(例如,含有沥青),润滑油C(循环润滑油),润滑油CG(导轨

---

① 欧洲协调委员会:欧洲汽车制造业、润滑剂产业和添加剂产业的专业委员会,制定汽车润滑剂和燃料油的测定方法。

② OEM=Original Equipment Manufacturer 原始设备制造商。

油)，润滑油 D(压缩空气油)，F 油(空气过滤油)，FS 油(脱模油)，液压油 H(压力流体)，液压油 HV(改良黏度-温度关系的压力流体)，J 油包括 JA、JB(绝缘油，电绝缘)，冷冻机油 K 包括 KA、KAA、KAB、KB、KC、KD 或 KE，L 油(淬火油和退火油)，导热油 Q、R 油(防腐蚀润滑油)，S 油(冷却润滑剂)，润滑/调节油 TD(蒸汽涡轮机的润滑和/或调节，固定式燃气轮机；或者电动或蒸汽轮机推进的设备，如发电机、压缩机、泵和变速箱)，润滑油 V 包括 VB、VC 或 VDL(空气压缩机油)、W 油(轧制用油)，润滑油 Z 包括 ZS、ZA、ZB 或 ZD(蒸汽气缸油)。有时候矿物油代码前附加了国际定级字母 L(Lubricants)，例如 L-AN 或 L-TD，但去掉也没有关系。

普通润滑油 AN 对于简单的无抗老化和抗腐蚀要求的润滑系统完全符合要求。例如，倘若燃料油温度高于 50℃或者低于各自的流动临界点比相应的黏度等级提高 10℃(例如，AN 68 的流动临界点约为－12℃，因此最低的使用温度约为－2℃)，那么就有更高的润滑要求。

根据 Van't-Hoff 规则，温度每升高 10℃，反应速度加快一倍。这也就可以解释为，运行温度越高，油氧化或老化越快，润滑剂使用寿命也就更短。抗老化并且更经济的无杂质润滑油 C 可以满足更高的润滑要求。润滑油 C 一般用作循环润滑油。随着润滑油老化，油中含有的酸性物质就会增加。由于可能受水污染或者润滑油温度会继续升高，因此要考虑腐蚀问题，带有抗腐蚀功能的抗老化润滑油 CL 是很好的解决办法。而多一个字母 P 的润滑油 CLP 表示这一润滑油同时含有抗磨剂。

如果无法防止掺入杂质，并且对附着力要求特别高，则可以使用深色含有沥青的润滑油 B，其运动黏度在 100℃ 时为 16～36 mm^2/s(润滑油 BA)、49～114 mm^2/s(润滑油 BB)或 225～500 mm^2/s(润滑油 BC)。这种润滑油可能含有溶剂，从而更易涂敷于绞线或开式齿轮箱。

液压油 H 是主要用于静液压驱动设备的矿物压力油，最大程度上相当于润滑油 C。若对抗腐蚀和/或抗老化的要求提高，可以采用类似的液压油 HL，其另外还具有空气分离功能、发泡特性和抗乳化性。液压油 HLP 可减少混合摩擦区域的磨损。根据 DIN 51524 标准第二部分，液压油 HL 和 HLP 也可应用于静液压驱动的设备。液压油通常含有抗泡剂，必要情况下也可能含有倾点下降剂。清净性液压油 HLP-D 具有清洁作用。液压油 HVLP 的黏度-温度关系相对于液压油 HLP 更优良，使用更广泛。

难燃液压油主要应用于采矿业和钢铁业。标准油有水包油乳化型 HFA 包括 HFAE 或 HFAS、油包水乳化型 HFB、高水基型 HFC 以及不含水的合成型 HFD 包括 HFDR、HFDS、HFDT 或 HFDU(水含量依次递减)。

德国矿物油与燃料标准专业委员会(FAM)和德国机械设备制造业联合会(VDMA)下属的流体技术专业团队将可迅速生物降解的液压油 HE(液压系统,环境型)纳入 VDMA 会刊 24568 分类中(亦比较 DIN 51524 标准第 2 部分):HETG=甘油三酸酯=植物基的液压液(不溶于水)、HEES=合成酯(不溶于水)、HEPG=聚乙二醇(溶于水)。

合成或部分合成液代码(除了发动机油和机动车变速箱润滑油):酯(有机)E、氟素 FK、合成烃 HC、磷酸酯 PH、聚乙二醇润滑油 PG、硅油 SI、其他 X。

润滑调节油 TD 用于蒸汽轮机、固定式燃气涡轮机的润滑和/或控制,但同样也适用于电动或蒸汽轮机推进的设备,如发电机、压缩机、泵和变速箱。涡轮机油的黏度范围为 TD32~TD100。与润滑油 CL 相反,润滑油 TD 要有良好的分离水及空气的能力,但并不要求很高的抗冻性。涡轮机油的黏度指数为90~110,其黏度-温度关系比润滑油 CL 好。

润滑油 V 用于设有无喷射冷却的油润滑压缩室的空气压缩机或真空泵。润滑油 VB 可承受的最高排气温度为 140℃,其黏度等级为 VB 22~VB 460。润滑油 VC 和 VDL 则适用于排气温度最高为 220℃ 的活动组件以及最高排气温度为 160℃ 的带有压缩空气储气罐或管路网的压缩机,其 ISO 黏度等级为 VG 32~150。使用润滑油 VDL 时黏度会升高。

电绝缘油 J:低黏度的润滑油 J 除了用于绝缘,还可以在变压器或传感器、开关设备、整流器、电缆和电容器中作为导热油从而防止热量流失。绝缘油需要具备很高的绝缘性,绝缘性随温度下降而减弱,除此之外,还需要有良好的抗老化能力(电损耗随油老化程度增大而增大)并能适应不同的材料要求。

对于开放式制冷机的压缩机动力装置的润滑,若其中润滑油并不接触制冷剂,则可以采用润滑油 C 或润滑油 AN。不过,如果润滑油受到液态或气态制冷剂的影响,则可以根据 DIN 51503-1 标准选择具有相应黏度(符合温度水平)的制冷机用油 K。制冷剂氨一般不会与矿物油混合。根据不同类型压缩机也就是不同压力及温度,有 KAA 15 至 KAA 100 不同的制冷机用油可供选择。部分或完全可与氨混合的制冷机用油如聚乙二醇黏度分级为 KAB 22 至 KAB 150。若使用二氧化碳作为制冷剂,则要采用 KB 系列(KB 32 至 KB 460)矿物或合成制冷机用油。溶于油的全卤代或部分卤代的烃类(FCKW/HFCKW,例如,R22)能降低润滑油的黏度。矿物或合成制冷机用油 KC 系列黏度等级归至

KC 15～KC 460。KD 系列是合成制冷机用油(例如,酯类油、聚醚类油),其黏度等级为 KD 7～KD 460,适合于全氟化或半氟化烃(FKW/HFKW)制冷剂。矿物及合成制冷机用油 KE 15 至 KE 460 用于制冷压缩机,由诸如丙烷或异丁烷等烃类驱动。一般来说,合成制冷机用油比矿物制冷机用油性能更胜一筹。

根据 DIN 51522 标准,导热润滑油 Q 定义为液态和/或气态热传导媒介。它的闪点要求高于 100℃,水含量小于 500 mg/kg,中和值小于 0.2 mgKOH/g。

抗腐蚀润滑油 R:由于普通机油的抗腐蚀性并不充分,因此抗腐蚀润滑油为更长停机时间的发动机提供更好的保护。它同样用作磨合油。

蒸汽发动机内接触蒸汽的平滑部件采用润滑油 Z 进行润滑,其根据蒸汽进入温度分为 5 类,最高温度为 380℃ 。润滑油 ZS 适用于压力不超过 16 bar、温度不超过 250℃的饱和蒸汽和过热蒸汽;润滑油 ZA 适用于压力不超过 16 bar、温度不超过 310℃的饱和蒸汽和过热蒸汽;润滑油 ZB 适用于蒸汽温度至 325℃;对润滑油 ZC 最高为 340℃;润滑油 ZD 的热蒸汽温度最高为 380℃。

附加代码:除了机油、机动车变速箱润滑油以及难燃液压油之外,其他润滑油可能会有一个或多个附加代码。根据现今的技术水平,大多数的润滑剂都含有添加剂或添加成分:

D 清净性(洁净性)添加剂,例如,液压油 HLPD;

E 作为乳化剂使用的润滑剂,例如,冷却润滑剂 SE;

F 含有固体润滑剂添加成分(如石墨、二硫化钼),例如,润滑油 CLPF;

L 增强抗腐蚀性和/或抗老化性,例如,润滑油 CL;

M 可与水混合的含有矿物油成分的冷却润滑剂,例如,冷却润滑剂 SEM;

S 可与水混合的合成基冷却润滑剂,例如,冷却润滑剂 SES;

P 减少混合摩擦区域的摩擦和磨损,提高润滑膜的负荷能力,例如,润滑油 CLP;

V 溶剂稀释(可能:根据有毒物质规定的代码——危险物管理条例),例如,润滑油 DIN 51513-BB-V。

不同黏度等级的牌号是指黏度中心值,偏差不超过±10%:ISO 黏度等级根据 DIN 51519(对应于 ISO 3448),运动黏度与温度相关。

大多数船用非主流品种,比如变速箱润滑油或液压油是按照 40℃时运动黏度从 2～1500 mm^2/s 分成 18 个黏度等级(Viscosity-Grades,VG)。与美国汽车工程师协会(SAE)等级不同,此等级划分得更细。只要润滑油黏度在 40℃的额定黏度范围之内(公差范围为±10%),每种润滑油都对应一个黏度等级。例如，ISO VG 46 指 40℃时运动黏度为 46 $mm^2/s \pm 10\%$。黏度指数用来描述黏度随温度改变的变化程度，对其无任何设定要求。这就可能存在这样的情况，即不同润滑油的 ISO 黏度等级相同，但是温度高低不同的话，黏度便不尽相同了。

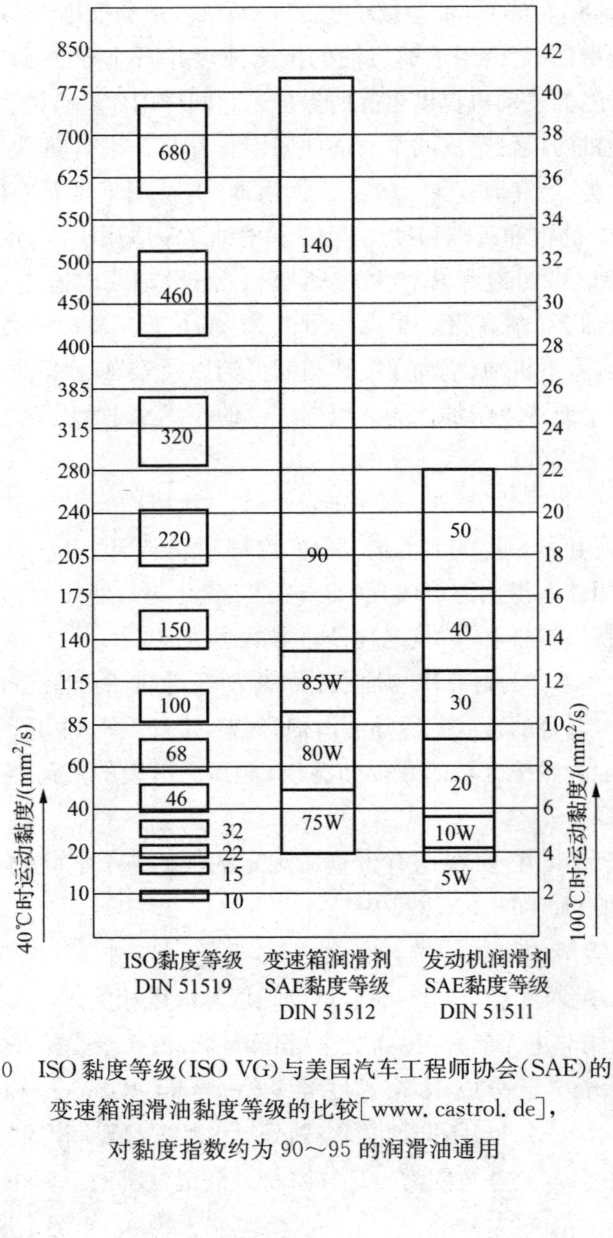

图 1.16.10　ISO 黏度等级(ISO VG)与美国汽车工程师协会(SAE)的发动机及变速箱润滑油黏度等级的比较[www. castrol. de]，对黏度指数约为 90～95 的润滑油通用

内燃机和机动车变速箱润滑油代码:润滑油 HD(发动机润滑油)、润滑油 HYP(机动车变速箱润滑油)、ATF 油(自动变速箱油)。名称根据 DIN 或 ISO 标准由矿物油代码、API① 分级代码和 SAE② 黏度等级组成。另外还有一些其他组织或协会创建的标准,例如,1991 年以来 ACEA③(前身为 CCMC④)代表发动机及汽车制造商的权益,ATIEL⑤ 为润滑剂生产商服务,ATC⑥ 则为添加剂生产商。一般来说,润滑剂欧洲水平上的标准化工作是由 CEC⑦ 完成的。

在 ACEA 的分类中,A 代表汽油发动机,例如,ACEA A2;B 代表轿车柴油发动机,例如,ACEA B2;E 代表载重货车柴油发动机,例如,ACEA E2。而 E2 和 E3 类主要代表海船中的应用。ACEA 更高一级的标准分类用于柴油发动机,用于满足日益严格的陆上机动车废气排放标准(例如,欧 4 和欧 5 标准)。

美国石油学会(API)有一套自愿的机油认证许可体系,称为机油许可及认证系统(EOLCS)。而发动机的功率等级、测试方法和临界值则由制造商 JAMA、EMA 与 ASTM、SAE 等技术学会共同确定。

API 分级系统中主要区别汽油发动机用("S"代表服务 Service)和柴油发动机用("C"代表商业 Commercial)的发动机润滑剂。API 对柴油发动机还进一步分级,例如,CF-4 或者 CD 表示四冲程发动机,而 CF-2 和 CD-II 表示二冲程发动机。发动机制造商与矿物油生产商的通力合作,使得部分润滑油可以直接按照制造商的设计要求生产。而发动机制造商的规格则通过额外的详细参数说明或发动机测试可能比 API 等级或 ACEA 分类的最高标准更有过之。

但这些最低标准仅限于大型柴油发动机。对于船用筒状活塞发动机的单用途机油,API-CF 指四冲程发动机,CF-2 则指二冲程发动机。

---

① API=American Petroleum Institute 美国石油学会。

② SAE=Society of Automotive Engineers 美国汽车工程师协会。

③ ACEA=Association des Constructeurs Européens d' Automobiles 欧盟汽车制造商协会——欧洲及一些美国汽车和发动机制造商的权益代表。

④ CCMC=Comité des Constructeurs d' Automobile du Marché Commun 欧洲共同市场汽车制造委员会。

⑤ ATIEL=Association Technique de I'Industries Européennes des Lubrifiants 欧洲润滑剂工业技术协会,润滑剂生产商协会。

⑥ ATC=Technical Committee of Petroleum Additive Manufacturers 欧洲石油添加剂生产商技术委员会,添加剂生产商协会。

⑦ CEC=Coordinating European Council 欧洲协调委员会——欧洲内燃机润滑油性能试验发展协调委员会。

美国军用规格(MIL)用于特种机油,其中包括 SAE 30 级船用机油规格 MIL-L-900G。

建议采纳发动机制造商推荐的润滑油并遵守规定的换油周期。

与多用途机油不同,单用途机油只满足一个 SAE 等级。多用途机油至少必须满足两个 SAE 等级,包括低温及高温级别。边界泵送温度是另一个润滑油 SAE 分级系统的检测标准,这一边界温度是油泵还能自行供油的最低温度,从而防止混入空气,避免不完全润滑及发动机损伤。

美国石油学会 API 按照降低消耗减少磨损的特性将机动车变速箱润滑油通过高成本的轴测试测定分 5 个等级即 GL1 至 GL5。GL1 规格用于低转速齿轮,滑动速度小,不含极压添加剂。其他所有的 GL2 至 GL5,规格越高所含的抗磨添加剂越多。但这并不意味着每次应用时高效极压添加剂都有好处,它们可能导致联轴节中烧结材料的导热性变差。因此,采用替代品时必须注意是否需要或允许使用中等黏度还是高黏度变速箱油。

ATF 油(自动变速箱油)是指用于自动档变速箱的一种悉心调和的混合添加剂,黏度等级为 SAE 20,低温性能好,含有抗磨剂、摩擦改进剂和抗老化剂。部分还用作液压油或在空气压缩机中使用。

表 1.16.7　根据 DIN 51511 标准的发动机润滑油 SAE 黏度等级

SAE 黏度等级	根据 DIN 51377 标准的 −18℃ 时的表观黏度/(mPa · s)		根据 DIN 51550 标准的 100℃ 时的运动黏度/(mm^2/s)	
			最低	最高
5W		至 1 250	3.8	-
10W	高于 1 250	至 2 500	4.1	-
15W	高于 2 500	至 5 000	5.6	-
20W	高于 5 000	至 10 000	5.6	-
20	-		5.6	低于 9.3
30	-		9.3	低于 12.5
40	-		12.5	低于 16.3
50	-		16.3	低于 21.9

在 SAE J 300 黏度等级中,15W 是在脚注中显示的。

多用途油是一种润滑油,其黏度在 −18℃ 时划分在 W 黏度等级之一的区域内,而在 100℃ 时的黏度则划分在未以 W 分级的黏度等级之一的区域内。

ISO 黏度等级与 SAE 黏度等级比较——详见 DIN 51517 标准第一部分附录 A。

表 1.16.8 轴传动机构与变速箱(非液压传动)润滑油的 SAE 黏度等级

SAE 黏度等级	根据 DIN 51398 标准的表观黏度为 150 000 mPa·s 的最高温度	根据 DIN 51550 标准的100℃时的运动黏度/(mm^2/s)	
	℃	最低	最高
75W	−40	4.1	-
80W	−26	7.0	-
85W	−12	11.0	-
90	-	13.5	低于 24.0
140	-	24.0	低于 41.0
250	-	41.0	-

在 SAE 黏度等级中，具有低温特性的 SAE J 306 机动车变速箱油还带有附加代码 W，机油也同样如此。参考温度根据 SAE 黏度等级在−12～−55℃之间，在这一温度下动力黏度还不允许达到 150 000 mPa·s。低温黏度由 Brookfield 旋转黏度计测得。

润滑脂的代码首位表示其可能的应用范围，并不根据所采用的皂基(锂、钙等)分类：

K　根据 DIN 51825 标准的滚动轴承、滑动轴承和滑动面润滑脂(根据 ISO/TR 3498:1986 标准中使用 XM，而不用 K)；

G　根据 DIN 51826 标准的闭式齿轮箱润滑脂；

OG　开式齿轮箱和齿轮装置润滑脂(不含沥青的黏着型润滑剂)；

M　滑动轴承和密封润滑脂(需求比润滑脂 K 少)。

代码 P 表示根据 DIN 51825 标准第 3 部分的极压润滑脂，另外使用代码表示合成润滑脂或半合成润滑脂的原料(例如，E 表示酯类基础油，PG 表示聚乙二醇润滑油)。

润滑脂稠度等级：脂类与牛顿流体性质不同，列出黏度值毫无意义。因此润滑脂的稠度被定义为标准样本的锥入深度(详见“锥入度”)。若润滑脂在测量前受到重复挤压，则称之为挤压锥入度(见表 1.16.9)。

表 1.16.9　锥入度等级特性,依照 DIN 51818 的润滑脂划分的 NLGI① 等级

牌号	挤压锥入度	描述	应用范围				
			齿轮箱润滑	适合集中润滑设备	滚动轴承、轮毂轴承润滑	滑动轴承润滑	水泵润滑
000	445～475	流动的(类似于高黏度油)	✓	✓			
00	400～430	很软,流动性弱	✓	✓			
0	355～385	软,半流动	✓	✓			
1	310～340	柔软	✓	✓	✓	✓	
2	265～295	膏状		✓	✓	✓	
3	220～250	几乎呈固态,较硬			✓	✓	
4	175～205	固态			✓		✓
5	130～160	很硬(类似于肥皂)					✓
6	85～115	极硬(团块、砖块润滑脂)					

润滑脂的附加代号:持久润滑的最高工作温度和遇水特性采用附加代号表示。而最低工作温度直接采用摄氏温度表示,例如,－10 指最低工作温度为－10℃。

表 1.16.10　工作温度的附加代号

附加代号	最高工作温度/℃	根据 DIN 51807 第 1 部分的遇水特性及评估等级
C	＋60	0～40 或 1～40
D		2～40 或 3～40
E	＋80	0～40 或 1～40
F		2～40 或 3～40
G	＋100	0～90 或 1～90
H		2～90 或 3～90
K	＋120	0～90 或 1～90
M		2～90 或 3～90

① NLGI＝National Lubricating Grease Institute 美国国家润滑脂协会

（续表）

附加代号	最高工作温度/℃	根据 DIN 51807 第 1 部分的遇水特性及评估等级
N	+140	根据协议
P	+160	
R	+180	
S	+200	
T	+220	
U	高于+220	

举例：Castrol SPHEEROL SX 2 为矿物基础油的复合硫酸钙基多用途润滑脂，满足 KP2P-30 和 OG2P-30 规格要求。

船用记录

润滑剂的选择取决于表面质量、轴承间隙、作用力、温度范围、圆周速度或转速。其中要注意例如转速、黏度和能量损失之间的关系。黏度决定润滑膜的负荷能力。而润滑方式及流体动力润滑条件反过来决定所要求的黏度。若要承受较高温度，可以使用黏度较高的润滑油。但是运行黏度由于摩擦损失增大而降低。可以有选择地采用添加剂来改善负荷能力。例如，滚动轴承工作温度下的运动黏度应为 12 mm^2/s 左右。

为确保润滑剂在船上得到正确的使用，润滑剂供应商为所有动力设备制订了润滑推荐方案。除了生产商和型号外，润滑剂的使用目的和运行介质同样需要标明，从而才能使润滑剂介绍明确清楚。另外，在发动机中润滑剂的推荐与所使用的燃料油有关，而在制冷设备中则取决于制冷剂（R22，R404A，R134a 等）和温度范围。润滑剂供应商可以从船舶的技术检验人员那里或者直接于船舶建造时从造船厂那里得到以上这些信息。润滑剂供应商的技术服务部与动力设备制造商相互合作，协调润滑剂的推荐方案。润滑剂供应商要向设备制造商提供润滑推荐方案以及全球不同市场润滑剂种类的可用性方面的建议咨询，这同样保障了客户满意度。不同供应商提供的润滑剂推荐方案要印刷在相关设备操作手册上。内容会包含种类名称、润滑剂规格等信息，其中种类名称和润滑油的表述不尽相同。此外也会采用同类相当的润滑剂或更高品质的润滑剂，从而保证船上使用的润滑剂种类尽可能的少。发动机设备负责人员应按照生产厂商、类型和运行介质等因素检查润滑方案所列的各项设备的完整性和正确性，如果存在误差，例如当有设备更换或新装、制冷剂或燃料油更改等情况应及时通报给监察部。供应商同样可以提供检验人员在对方代表陪同下亲自到港口的船上考查，目的是检查相关文件并与技术人员沟通。除了制订润滑方案，设备清单上的所有动力设备都要定期从系统中抽取油样并呈送中心实验室。分析结果会以报告的形式送到检验部门再由那里转送至船上。所有船用产品都要配有化学品安全说明书(MSDS)。

船用主机的润滑剂、大型动力系统的辅助柴油或液压油不会定期更换。一般船上检查仅限于水分、盐分、碱度(BN)、黏度比较和杂质，并采用例如当场抽样测试的方式。这些测试用于油品的初步状态检验，在大多数情况下其精度足够，不过不能以此替代油品质量的定期实验室检查。必须确保在系统的正确位置抽取待检油样，并确保其就待检的系统具有代表性。只有较大系统才有必要进行实验室的在用油样测试。基于成本原因建议对少量用油的设备定期换油。定期抽样检查除了评估油品质量之外还可以通过分析检查结果的趋势同操作数据一同用于设备的状态监控(参见“计划保养”)。在用润滑剂的定期检查提高了设备的运行安全性。要最大程度地利用检查的结果，就必须以最大的信息量最及时地评估分析结果。为了保证这一点，要对每种润滑剂进行一系列标准测试。而正确解释这些分析结果则是操作者一项重要的任务。单独考查个别的测试结果可能会产生误导，所以应该确保获得分析结果的整体信息。若存在疑问，则建议对同一抽样或新的抽样进行重新检查来确保其正确性。趋势分析，也就是考查不同时间同一系统的具有比较性的检查结果比单独评价个别测试结果更有意义。只有定期精确的抽样再加上必需的设备运行数据，才能对测试结果作切合实际的解释。对此若干实例如下：

一般给出的机油黏度值为100℃时的运动黏度值，而其他如变速箱油或液压油则是40℃时的运动黏度值。黏度值的上升可能表示油开始老化，也可能表示发动机重油泄漏或者使用了高黏度的润滑剂。大多数情况下，具有分散功能的油的杂质含量上升会导致黏度增高。机油黏度下降一般是因为掺入馏分油而产生稀释，但也可能是采用了低黏度的润滑剂的原因。掺入水分也可能造成油的黏度改变，比如形成乳化。通常允许的黏度最大上升量或下降量为清洁油黏度的±25%。若生产商在操作指南中并没有列出极限值，那么可以认为黏度上升到上一级或下降到下一级的黏度等级即为其极限值。

在用油的闪点一般大大高于190℃(PMCC)。如果闪点下降到180℃以下，就必须采取行动。根据闪点下降的程度要换掉部分或全部润滑油量。机油的闪点(典型值约为230℃)会由于掺入馏分油或在热裂解的极限条件下而下降。但掺入残渣燃料油并不会造成明显的机油闪点下降,当然也取决于燃料油的闪点及掺入量。

若固体杂质含量增大且不溶于溶剂如正庚烷,那么原因在于燃气下泄不断增加,如果是突然性增加,可能是由于活塞环损坏或由活塞环套件不稳定造成。最大允许的杂质含量也取决于所用的润滑油质量。例如,碱值为9 mgKOH/g的润滑油容许杂质的含量比碱值为40 mgKOH/g的高碱性HD润滑油小得多。但最后还是由发动机制造商决定这一临界值。其中要考虑许多不同的因素,比如设计特点、润滑剂、润滑剂消耗量、润滑系统的大小、润滑剂保养、燃料油、燃料油消耗量和运行条件。

发动机制造商同样会事先确定润滑剂碱性储备的下限值(现为BN,之前为TBN)。若并没有给出这一下限值,一般就认为它是清洁油碱值的50%。一旦低于这一数值,就必须更换所有或部分润滑油。清洁油相较在用油,不仅碱值更高,清净分散能力也更强。大量更换润滑油对分油器和过滤器也是一次负载能力的测试。碱值的下降一般由于以下因素造成,并意味着需经常换油或定期重新加油:燃料油硫含量高也就是说燃烧生成腐蚀性酸、过量燃气下泄(燃烧残渣的强酸)、润滑剂消耗量小(=无法重新提高碱值)、循环油箱内润滑剂量少(碱值缓冲小)、润滑剂中含水。循环系统中燃料油的硫含量不变、消耗量和润滑剂量不变(定期平衡润滑剂的消耗),那么碱值储备的水平也不变。这一碱值水平直接取决于清洁油的碱值。如果碱值水平在下限值区域,建议选用高碱值的清洁油,从而提高循环系统中的碱值水平。另一方面,当润滑油消耗量大、重新加油量大时,那就可以考虑采用较低碱值的清洁油。若碱值上升,一般是由于混合了较高碱值的润滑油,比如循环系统中掺入了十字头二冲程发动机的气缸油。

在用润滑油不允许含有淡水或海水。淡水一般所允许的含量是0.2%,而海水是绝对不允许的。掺入淡水可能是由于冷却水泄漏、分油器故障、预热器蒸汽泄漏、试样抽取错误以及曲柄箱或舱柜内的凝水造成的。如果并不是直接或间接用海水冷却,那么海水可能是通过不密封的舱柜、进气或排气管道掺入润滑油所致。

总酸值(Total Acid Number,简称TAN)或中和值(NZ)表示在用润滑油的酸性物质含量,通过测量中和需要的每克油所含KOH的量获得。只有当油中含有强酸时才会测量强酸值(Strong Acid Number,简称SAN)。由于润滑油中的添加剂成分会影响测试结果，因此要判断在用油的值必须以清洁油的值做参考。润滑油含水会形成酸性物质。运行温度的不断上升加上催化作用的金属磨蚀加快了氧化过程。结果就造成了轴承和其他构件的腐蚀。

部分定量元素称为磨损金属，尽管不是所有元素都是金属元素，而且也不是所有元素都通过磨损释放(例如，硅)。此类非金属元素以沙的形态出现，并造成污染。重要的元素有铝、铬、铜、铁、铅、镍、硅、钠、锌和钒。这些元素的百万分微粒含量并不重要，而是通过其变化的趋势不仅可以了解在用润滑油的情况，更能了解发动机的情况。此外，元素的增加可能意味着在用润滑油性能降低，磨损微粒持续增加。而部分较大的微粒会产生小微粒，由于研磨作用又继续产生其他的微粒。采用原子吸收或发射法及滤谱法只能采集到 8～15 μm 大小的元素，因此在用油检查并不能够完全预估发动机的突然性故障(由于通常只能检测出较大磨损微粒)。但从小的磨损微粒直至 8～15 μm 的大微粒积聚的趋势分析提供了磨损程度的一个可靠依据。

通过强力分离或过滤可以提前面对更换润滑油，并且有效防止例如铜的催化反应和因此而加快的老化过程(碱值下降，黏度上升)。

典型故障

二冲程柴油发动机的气缸润滑：在过去的 20 年里，随着发动机技术的发展，对气缸油的要求也大大提高了。其中的平均有效压力和构件温度也升高了。随着行程缸径比的增大，注油率也以相同比例上升。除此之外，检修周期也相应延长，并且研发了新的工艺来降低润滑率。气缸油的功用：在活塞环和气缸套之间形成液力润滑膜(质量、压力、温度、黏度和分散性)、燃烧气体密封、促进气缸套和活塞环功能(热排放)、中和亚硫酸、减少由于清净作用形成的沉淀。除了活塞环高度和压力之外，滑行速度同样对润滑膜的形成有重要作用。摩擦配合件的表面性能间接决定了润滑膜的强度及其负荷能力。因此发动机试车需要更高的注油率，从而能在更粗糙的条件下在新的缸套和新的活塞环之间形成液力润滑膜。除了表面性能，所采用的材料同样也决定了试车效果。通过对活塞环进行涂层，可以提高润滑率从而减少试车时间。若润滑率低，则只能尽量保持高负荷发动机在最理想状态下运行，以减小偏差。定期检查活塞例如对扫气通道的检查可以确保输入足够的气缸油对活塞环区起清洁作用。

腐蚀磨损：所有石油产品都含有硫化物，因此燃烧时产生的二氧化硫(SO_2)和水就形成亚硫酸。由于反应速度相对缓慢，因此只有一小部分形成硫酸。只有在高温高压和催化剂(例如,钒、水)条件下才能加快反应速度。这就说明为什么在低速二冲程发动机中的腐蚀磨损现象明显比高速或中高速四冲程发动机要频繁。

作为燃烧过程中所产生的水的附带物,凝水在经过增压空气冷却器后会通过扫气通道进入燃烧室并有损气缸套的润滑膜,同样会导致出现无法控制的腐蚀性或黏着磨损。有效脱水并采用合适的扫气温度可以降低风险。若缸套的温度过低,甚至低于露点,就会增加腐蚀磨损的可能。因此,缸套部分另外被绝缘,气缸冷却水出口温度不能低于制造商的默认值。腐蚀磨损理论上随缸套温度的上升与硫含量的下降而减少。还可以通过使用碱值较高的气缸油(例如,碱值为 80～100 mgKOH/g)来防止腐蚀磨损的增加。

黏着磨损:由于缸套温度、气缸压力(或活塞环压紧力)的增大,或者例如环背上的沉淀造成润滑膜变薄,从而降低其负荷能力。其后果就是黏着磨损或者最终造成咬缸。理论上根据燃料油硫含量及在相应的活塞清洁度下存在最优的缸套温度从而获得最小的缸套磨损。为了降低黏着磨损,必须在理想的缸套温度下使用足够负荷能力的气缸油。负荷能力可以通过提高黏度(例如,SAE 60 来替代 SAE 50)或者加入添加剂来达到。但黏度提高通常导致缸壁上气缸油分散能力减弱。使用添加剂并不能单单改变所期望的润滑油性质,但是改善润滑油负荷能力的同时不允许造成活塞清洁度的负担。大多数情况下,活塞顶岸及活塞环背或环槽的附着物会导致黏着磨损。大部分附着物主要来自燃料油或润滑油添加剂无机成分的灰分。不同的结构组成形成不同的硬质附着[例如,碳酸钙 (硬)或硫酸钙(软)];参见 1.16.1 节燃料油。

磨料磨损:燃料油提炼过程中从 $Al_2O_3 \cdot FeO_2$ 中产生 5～15 μm 大小硬质的催化细粒,会像砂纸一样附着在例如活塞环表面,除此之外还有其他硬质微粒可能导致磨料磨损。腐蚀磨损或黏着磨损中产生的磨屑直接造成磨料磨损。

低硫油:除了燃料油的燃烧质量及硫含量之外,气缸油的注油率和碱值同样对活塞上的附着物的形成起决定性作用。一般燃料油的灰分为 0.05%～0.1%。碱值为 70 mgKOH/g 的气缸油含有 8%～9%的成灰物质。假设气缸油润滑率为 1.36 g/(kW·h),灰分就为 0.068%,和燃料油中相同。若润滑率相同但碱值下降至 40 mgKOH/g,成灰物质也按相同比例下降。采用碱值高的气缸油,燃料油硫含量最高可以达 1%～1.5%。根据燃料油硫含量、发动机灵敏度及其工作点的情况,碱值较低的气缸油可能更有利。燃料油硫含量约为 0.8%～1%时要使用中等碱值的气缸油。气缸油的润滑率也要按照硫含量相应调整。

气缸油检查:气缸油的抽样检送化验对活塞检查非常有帮助。废油中系统油比例高意味着填料函密封性不好。含铁量与缸套、活塞环磨损有关,废油的碱值高低也就是碱性储备根据燃料油的硫含量和气缸油的润滑率有所不同。活塞检查是判断的出发点,不可以通过分析来取代。仅凭碱值与含铁量无法判断所检测润滑率的高低,只有使用足够的气缸油才能保持活塞槽与活塞环清洁并促进热排放。

填料函漏油或通过填料函混入废油造成系统油污染(碱值及黏度):系统油或者系统循环润滑保障了所有二冲程发动机运动部件以及润滑点的润滑,这里气缸润滑除外。系统油同样用于活塞下部的冷却,通过活塞杆填料函产生一个隔面,能够阻碍燃烧产物及在用气缸油混入曲柄连杆机构系统油中,但这一点在实际操作中并不能完全达到效果,从系统油不断上升的黏度和碱值这一点就可窥见一斑。

闪点的改变:尽管十字头二冲程发动机的系统润滑与气缸润滑相互独立,但仍有可能造成系统的严重污染。可能的污染物包括未完全燃烧或部分燃烧的燃烧产物。它们会造成闪点降低。筒状活塞发动机中可能发生机油的直接污染,闪点降低的问题也非常严重。

清洁系统油或清洁四冲程发动机机油的闪点一般超过 200℃。它很容易受少量的污染影响而降低。船用重油也含有轻质馏分,闪点约为 60℃。因此机油的闪点也会由于重油的成分而降低。在用润滑油的抽样检查中应按标准检测所使用油的闪点,从而及时发现由于燃料油成分造成的润滑油的污染。根据闪点变化的程度应该更换部分或全部润滑油,以防止可能发生的曲轴箱爆炸。

润滑油闪点的下降一般由燃料油或燃料油蒸气所致。其原因如下:由于燃油泵泄漏经过凸轮轴槽而渗入(对四冲程发动机而言,一些二冲程发动机中也可能发生)、燃油泵区域的燃油蒸气、润滑油与燃料油舱共用通风管路的连接口、四冲程发动机燃料油喷嘴泄漏、润滑油系统和燃料油系统的管路连接处,例如分油器设备调节的时候。

目前业界还没有对闪点的最低温度达成一致意见。发动机制造商给出了闪点临界值的说明,建议最低为 150℃(Pielstick 公司)～180℃(Mak/Deutz 公司)。机油闪点的下降对人员及船只都是严重的危险。船上并不对润滑油进行持续的检测分析,而只是定期进行。实验室的分析结果也要经过一定的时间才能回馈到船上。但有人持怀疑态度，认为闪点在 180℃以下已经较清洁油显著下降了 40℃～50℃。因此必须清除造成闪点下降的因素。

微生物污染：润滑剂所有细菌、真菌或酵母菌的滋生称为微生物污染，既可能是厌氧菌也可能是需氧菌。柴油比润滑油更容易发生微生物污染。润滑油中主要是低碱值或碱值降低的机油、液压油、变速箱油或涡轮机油易受威胁。除去溶剂水，绝大部分的水都是游离水，可供微生物栖息，再加上由于温度变化还会形成凝水。发动机曲轴箱内也同样如此。微生物主要在水中繁殖，因此润滑油中只要含有 100 ppm 的游离水就足够其生存。由于添加剂和矿物产品提供了充足的养分，因此微生物繁殖速度惊人。而 pH 值为 7～4.5 的酸性环境及 30℃～60℃温度水平都是微生物滋生的理想条件。在理想环境下，细菌平均每 20 分钟分裂一次。以此类推，一个细菌经过 10 个小时的分裂将到达 10 亿个(2^{30})以上。

微生物污染的标志：不适宜的潮湿气味，例如过滤器中大量的湿滑或黏稠附着物、添加剂消耗增大或者碱值下降迅速、持续乳化、螺栓或轴颈上深灰色附着、细菌的酸性新陈代谢产物造成大量腐蚀。受污染的柴油或轻质油呈暗色浑浊。这导致过滤器、燃料油管道和喷嘴堵塞。

通过加热到 80℃～104℃(只要使用的油和阻塞的材料允许)、持续脱水及添加杀菌剂可以有效抵制微生物污染。杀菌剂是一种溶于水、不含水的透明液体，会在燃料油或润滑油中的特别危险水相中积聚。碱性物质能够中和酸性新陈代谢产物从而减少腐蚀造成的损失。

仅仅靠升高温度来分离这一措施是远远不够的，因为除了沉淀柜之外系统的其他部分也可能受到微生物污染，也无法完全阻止细菌新一轮的滋生。因此，所有管路、舱柜和受污染的构件都要重复多次使用杀菌剂清洗。

1.16.3 热传导油

燃料舱的预热或加热大多采用水蒸气。用水作为能源的优势在于其能量高(汽化焓)、良好的导热性、恒温下总热交换器中的热输出(汽化温度下)、泄漏对环境造成危害很小、无环境或健康危害作用、无火灾危害、采购成本低、普遍可用性，而其缺点主要是腐蚀风险较大。

许多支线船舶也使用热传导油导热。这里是指以矿物油为基础油的烃类，通过加入添加剂获得较高的热稳定性。与蒸气设备相比，热传导油具有以下优势:储油柜在0℃～400℃温度下接近零压力仍可以工作(必须克服由于油黏度原因造成的设备压力损失)、与蒸汽设备相比相应限定的条件较少(根据压力容器规定和分级)(无需照看)、结构形式简单(与集中供暖装置相似)、无腐蚀(由于不采用水作热填充)、温度控制简单精确、无需水处理(载热体不易结壳)、无凝水损失、设备停工时无结霜危险(无相位转换,无相应的固化膨胀)。缺点在于:可燃性以及含有对健康有损害的物质、有机载热体易老化(一定温度下与氧气发生化学反应)。

因此通过加入特殊的添加剂希望能够保证尽可能高的氧化稳定性,也就是在一定温度范围内确保较长的使用寿命。大致可以认为:温度每升高10℃,老化速度也即反应速度就翻一倍[范特霍夫(Van't Hoff)定律],也就是说,由于结构或运行条件使得(局部)温度水平上升10℃,那么热传导油的使用寿命就减少一半。

气体可溶性:气体的可溶性取决于压力(参见“气瓶”)、温度(参见“烹饪中的排风过程”)和黏度。载热体黏度越大,可溶的气体越少。饱和状态时约有8%的载热体体积是溶解的空气体积(BUNSEN溶解系数)。因此在结构和运行上要注意,储油柜内可以分离气体,但系统不能有气泡。

设备技术/系统构建

为了避免局部过热(焦化、热传导油分解)以及保障安全的热传导,强制循环中的设备都装配了循环泵和流量保险装置。循环泵一般安装在锅炉前面,因为这里的温度水平较低(材料的耐温性与密封性、泵吸入管道存在空泡危险)。同时,放置在较高位置的平衡柜接口通过液柱确保了一定的静压垫防止空泡。倘若储油柜连接管的接口点上的介质被迅速抽干,热传导油中逸出的气体就没有时间进入到储油柜,热传导油由于一旁的气泡压缩而严重受热(由于气体压缩),导致泵的抽吸侧由于相应的低压产生空泡(气泡膨胀＝表观空泡现象),压力侧则老化速度加快(见图1.16.11)。

矿物油产品温度每改变100℃,体积就相应改变约10%。因此储油柜的功用是吸收掉这些体积变化。同时对液体放气。为防止油的氧化,应采用合适的措施避免氧气进入,可以采用冷介质接收器或惰性气体保护层来实现。船上操作中已实行了惰性气体保护(例如,氮气;低温设备处的气体超压尽可能低,约为0.01 bar,以避免高温设备处的压力剧增)。

以下属于安全技术设备:用于监控容积流量的流量安全保险装置、储油柜

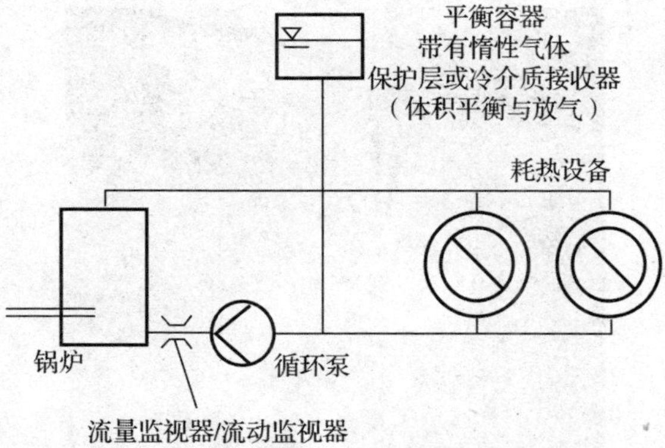

图 1.16.11 导热设备系统的构造

中防止导热不足的液面控制开关、防止预流过热的安全温度限制器[1.16.2]。

运行方面

热传导油的使用时间/使用寿命主要取决于设备的设计与运行情况。由于局部强烈的热应力，热传导油开始裂解，生成的轻质馏分降低了闪点和黏度。特别在调试或停车阶段会很快造成局部介质过热。这些轻质馏分在高位槽中积聚。针对性的放气(通气/通风)可以避免闪点下降。然而过度放气/通气/通风会由于与空气的接触而造成快速氧化也就是油的老化。黏度由于重馏分的老化或聚合作用而增高，最坏情况会造成焦油状沉淀。

为确保能够抽取具有代表性的试样，应该使用特制的密闭容器(见图1.16.12)，并在无烫伤危险的情况下在旁路中取样。装入试样瓶前可以将密闭容器中的试样在气密条件下冷却。调试前或换油后要冲洗设备。生产商可以提供特别具有高清净分散作用的清洁添加剂如 BP TRANSCLEAN 801 型，在系统完全换油前的 8 天至 15 天进行添加。设备在清洁阶段可以缩短过滤器的清洁周期照常运行。

某种意义上来说热传导油系统需监控的运行物料性质与燃料油和润滑油相同(闪点、含酸量、黏度)。这里特别要关注热稳定性(约 240℃时构成薄膜蒸发)。通过烃的热裂解可以降低黏度。但是由于聚合作用、碳化或高温分解造成的黏度增高同样可能发生。因此必须逐点排除设备中的过热现象，以使设备和热传导油相互协调一致。运行物料应每年至少有两次实验室送检，应抽取系统中具有代表性的试样。检验的结果必须在船上保管并符合船级要求[1.16.3, 1.16.4, 1.16.5]。

图 1.16.12 热传导油取样容器(资料来源:A. Baumann, 不来梅 SLOMAN NEPTUN 航运股份公司部门总管)

1.16.4 制冷剂

平流层中氯氟烃的作用机理

平流层(高度 15～40 km)中的臭氧(O_3)通过吸收作用抵挡紫外线(UV)从而保护地球表面(见图 1.16.13 和图 1.16.14)。在此过程中臭氧分解和再生构成平衡反应。而制冷剂、泡沫材料和清洁剂中的氯原子破坏了这一自然的平衡状态。氯氟烃分子的断裂与臭氧生成氧分子(O_2)和氯原子。而氯原子可以通过多级置换反应与多达 100 000 个臭氧分子继续反应,直至失去活性。氯氟烃上升到平流层并且可以滞留在那里估计达几十年[1.16.6～1.16.10]。

采用 3 个指数来判断制冷剂与环境的相容性:

臭氧消耗潜值(Ozone Depletion-Potential—ODP/ R11、等量):有害程度取决于制冷剂分子的氯含量。由于其氯含量高,R11 作为臭氧消耗潜值的评判基数使用。R11 的 ODP 值定义为 1.0。与之相比较:R22 的 ODP 值为 0.05,前者为后者的 20 倍。

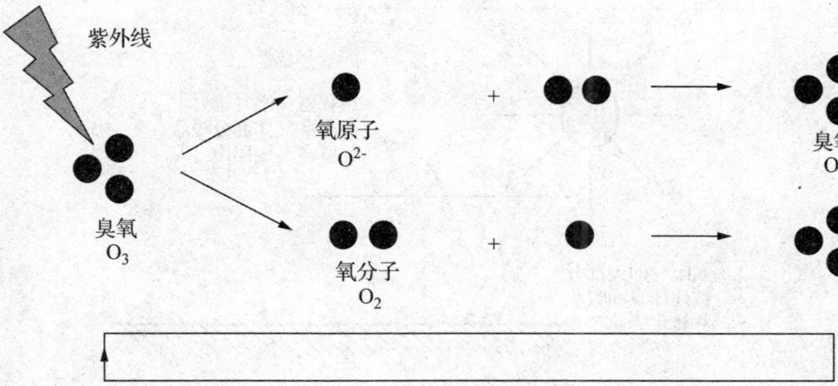

图 1.16.13 臭氧(O_3)对紫外线的吸收及其所属的平衡反应

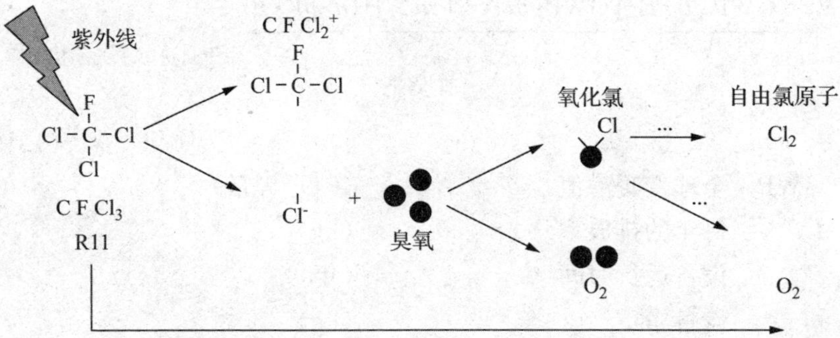

图 1.16.14 以制冷剂 R11(一氟三氯甲烷 $CFCl_3$)为例的紫外线大气层破坏

全球变暖潜值(Global Warming Potential—GWP/二氧化碳等量):倘若地球大气层不含有这些对气候起重要作用的痕量气体(H_2O、CO_2、O_3、N_2O、CH_4),那么地球表面的气温为−18℃。由于这些所谓的温室气体,部分热辐射(红外辐射)被大气吸收,地表平均温度才能达到+15℃。制冷剂也在较高气层中对大气有加热作用。GWP 值(全球变暖潜值)作为评判值被引入,其中温室气体二氧化碳(CO_2)作为基数。GWP 值通过与二氧化碳(CO_2)的关系表示全球变暖潜值。1 kg 的 R22(GWP 为 1 650)在大气层中相当于 1 650 kg 的二氧化碳的全球变暖潜值。它与 R12(GWP 为 7 100)或 R502(GWP 为 4 300)相比全球变暖潜值已相对较低。结果较好的如 R134a 的 GWP 值为 1 300(见图 1.16.15)。

变暖影响总当量(TEWI):TEWI 值主要考虑到制冷设备运行时由于能量需求(压缩机驱动功率)产生的二氧化碳的额外排放量:

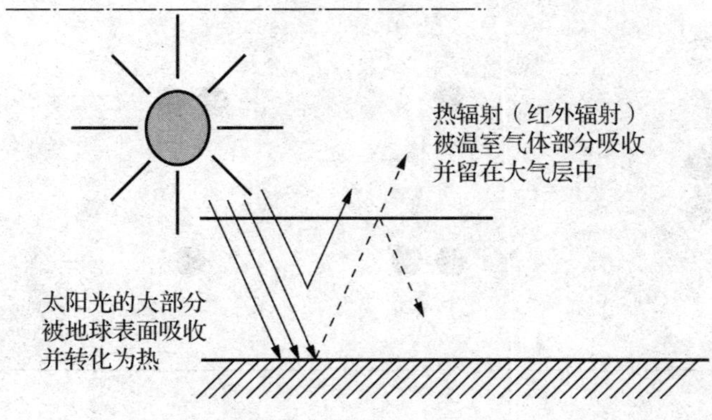

图 1. 16. 15　温室效应图解一览

$$TEWI=(GWP\cdot L\cdot t)+[GWP\cdot m\cdot(1-\alpha)]+(n\cdot W\cdot\beta) \tag{1.16.14}$$

（$GWP\cdot L\cdot t$：泄漏；$GWP\cdot m\cdot(1-\alpha)$：回收率；$n\cdot W\cdot\beta$：由于自身需求的间接温室效应）

其中，GWP　全球变暖潜值　（CO_2 等量）

L	每年的排放率	(kg)
t	设备运行时间	(年)
m	设备净重	(kg)
α	回收因子	
W	每年的能量需求	(kW・h)
β	每 kWh 的二氧化碳排放	(能量结构)

TEWI 值还间接将功率系数 ε 考虑在内，即制冷功率 Q_0 与冷却进程的推进功率 P(制冷系数 COP)之比。

名称、成分与性质

美国氯氟烃(FCKW)的命名由字母 F(Frigene)或 R 与一个三位代码组成(参见表 1. 16. 11)：

第一位：碳原子数　　分子中的$(C)^{-1}$

第二位：氢原子数　　分子中的$(H)^{+1}$

第三位：氟原子数　　分子中的(F)

其他所有未配价的原子均与氯(Cl)配价。

DIN 8962 规定了所有其余的制冷剂及其混合产品的名称。

在为船舶运行选择合适的制冷剂时要相互权衡与检查以下所希望的性质（见图 1.16.16）：

- 湿蒸汽区域的热动力数据：蒸发焓高吗？功率系数 ε 高或者说制冷功率与推进功率比（制冷系数）好不好？导热性、冷凝温度/压力以及蒸发温度/压力是否符合应用目的？
- 环境相容性？
- 毒性？
- 可燃性/爆炸危险？
- 与设备相容性（腐蚀）？
- 全球供应？
- 易维护性：运行性能对泄漏有何反应？检漏？

表 1.16.11　氯氟烃的名称

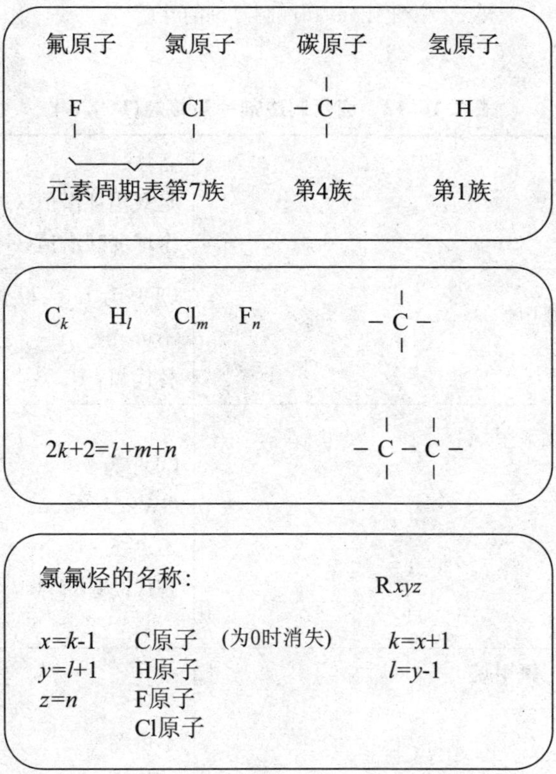

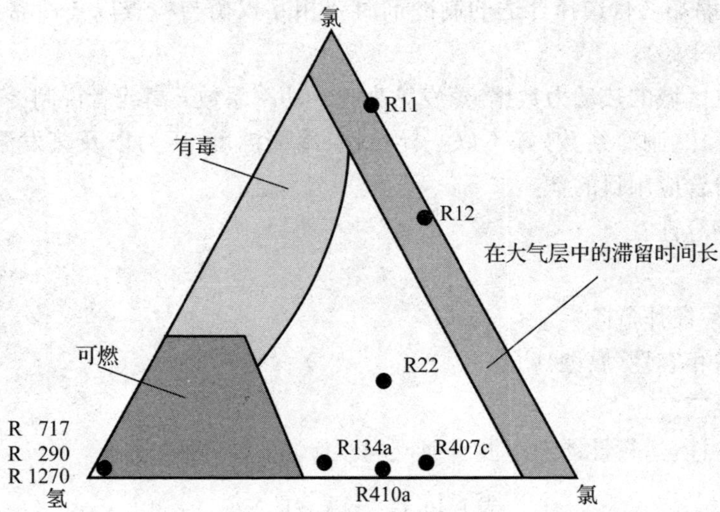

图 1.16.16　制冷剂的性质

表 1.16.12　卤代制冷剂＝氯氟烃(FCKW)

制冷剂	成分	备注： 臭氧消耗潜值(ODP) 全球变暖潜值(GWP)
R11	三氯氟甲烷 CCl_3F	ODP 为 1.0（根据定义） 不可燃 替代品：R123 与 R134a
R12	二氯二氟甲烷 CCl_2F_2 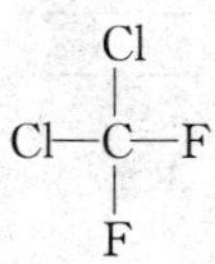	ODP 为 1 GWP 为 7 100 不可燃 替代品：R134a
R13	一氯三氟甲烷 $CClF_3$ 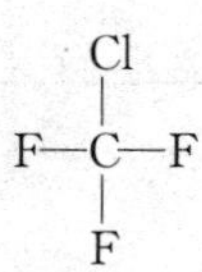	不可燃 替代品：R410 与 R23

(续表)

R22	一氯二氟甲烷 $CHClF_2$ 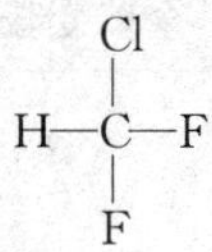	ODP 为 0.05 → 过渡期 GWP 为 1 650 不可燃 替代品:R407C 与 R410
R40	氯甲烷 CH_3Cl 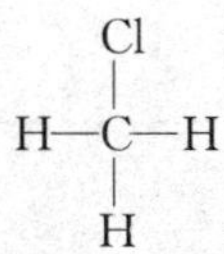	不可燃
R115	一氯四氟甲烷 $CClF_2$-CF_3 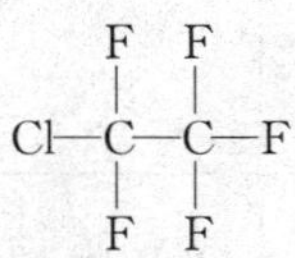	

表 1.16.13 无氯烃(HFC)

制冷剂	成分	备注: 臭氧消耗潜值(ODP) 全球变暖潜值(GWP)
R134	1,1,2,2-四氟乙烷 CHF_2-CHF_2 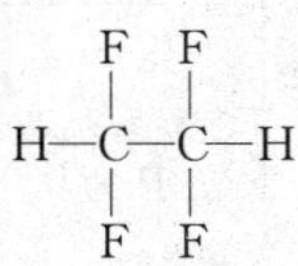	ODP 为 0
R134a	1,1,1,2-四氟乙烷 CF_3-CH_2F 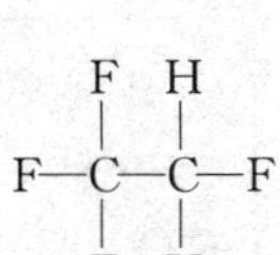	可用性高,由于其在汽车行业获得认可 ODP 为 0 GWP 为 1 300

表 1.16.14　非卤代烃

制冷剂	成分	备注： 臭氧消耗潜值(ODP) 全球变暖潜值(GWP)
R50	甲烷 CH_4 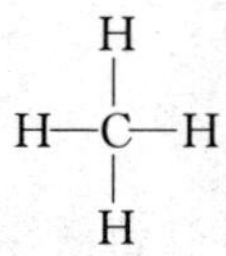	ODP 为 0 可燃
R170	乙烷 C_2H_6 CH_3-CH_3 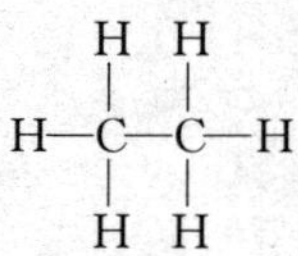	可燃
R290	丙烷 C_3H_8	ODP 为 0 GWP 为 3 可燃
R600	丁烷 C_4H_{10}	ODP 为 0 GWP 为 3 可燃→安全技术的预防措施
R1150	乙烯 C_2H_4 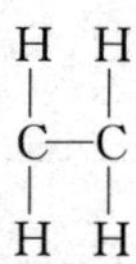	ODP 为 0 可燃
R1270	丙烯 C_3H_6	ODP 为 0 GWP 为 3 可燃

表 1.16.15 非共沸混合物

制冷剂	成分	备注： 臭氧消耗潜值(ODP) 全球变暖潜值(GWP)
R404a	混合物 44 % R143a 52 % R125 4 % R134a	ODP 为 0 GWP 为 3 750 压力 1 bar 下温度滑移 0.7℃
R 407a	混合物 20 % R 32 40 % R125 40 % R134a	ODP 为 0 GWP 为 1 920 压力 1 bar 下温度滑移 6.6℃
R 407b	混合物 10 % R 32 70 % R125 20 % R134a	ODP 为 0 GWP 为 2 560 压力 1 bar 下温度滑移 4.4℃
R 407c	混合物 23 % R 32 25 % R125 52 % R134a	ODP 为 0 GWP 为 1 610 压力 1 bar 下温度滑移 7.4℃
R410(a)	混合物 50 % R 32 50 % R125	ODP 为 0 GWP 为 1 890 压力 1 bar 下温度滑移 0.2℃
R502	混合物 R22 / R155	ODP 为 0.23 GWP 为 4 300 替代品：R507 与 R404A
R507	混合物 50 % R143a 50 % R125	ODP 为 0 GWP 为 3 800 压力 1 bar 下温度滑移 0℃

表 1.16.16　无卤素制冷剂

制冷剂	成分	备注： 臭氧消耗潜值(ODP) 全球变暖潜值(GWP)
R717	氨 NH_3	ODP 为 0 GWP 为 0→符合新设备使用目的 可燃(与空气混合易爆) 有毒 有腐蚀性，刺激性气味→自然警告阈值为 0.000 5%(体积分数)；超过 0.1%(体积分数)有危害(因子 200!)→安全技术装备： • 洗氨塔(喷淋设备) • 用氯化钙①盐水的分离盐水循环
R718	水 H_2O	ODP 为 0 GWP 为 0 不可燃
R744	二氧化碳 CO_2	ODP 为 0 GWP 为 1.0 (根据定义) 不可燃
R729	空气	ODP 为 0 GWP 为 0 不可燃

制冷机用油与制冷剂的可混合性

制冷剂在制冷机用油中的溶解度除了与化学成分有关外还取决于制冷剂循环设备的压力与温度。

低温时在液相内会形成富油和高制冷剂的相位。相位的分离取决于制冷机用油的温度与浓度。临界溶解度极限或混合间隙也就是溶解度不足会导致

① 氯化钙($CaCl_2$)非常吸湿、易溶解；熔点为 772℃。水溶液在室温下结晶成为胶质溶液 $CaCl_2 \cdot 6H_2O$(“盐水”)，反之冷却后重新溶解。

制冷剂的迟沸。油和制冷剂在蒸发器中相互分离。蒸发器的热传导会受制冷机用油影响而削弱，至压缩机的回油会变差。

氨与制冷机用油在液相中不相容。

典型故障问题

船上运行采用特殊的检漏器用于探测泄漏。由火焰的颜色变化可以证明制冷剂是否泄漏。有关制冷剂循环设备的运行问题请参见第 6 章。

1.16.5 饮用水

海船上的饮用水是食物，从港口的饮用水设备注入储水罐或者通过船载海水处理设备产生。饮用水性质必须符合与商船船员的住宿规定①以及船舶与海上技术规范——海船与海上建筑物饮用水给水设备相关②的饮用水规定③。另外要注意中央饮用水给水的水质——对饮用水、供应设备④的规划、建造、运行和维护的最基本要求。

每年要对给水供应设备进行一次细菌学抽样检测。若水质的检测结果不理想，则必须再进行额外的检测。检测结果要记录在航海日志上。以下的各项参数⑤可用于水质的评价：22℃与 36℃时的菌落数是细菌污染的指标，特别是军团菌的检测——饮用水中的致病菌、绿脓杆菌——水中的致病菌、产气荚膜梭菌——证明受海面水与/或海水净化处理设备功能不充分、有机碳水质作为例如水舱涂层的有机物释放、pH 值是金属溶解性能的指标。

饮用水与饮用水舱的化学消毒杀菌方法可以采用无机氯化物。只有出现细菌学缺陷、对健康有害的怀疑或者出现饮用水与船员生病有关联时需要采取这种方法。在终段管道中加入浓度为 0.1～0.3 mg/L 的自由活性氯对人体无害，也几乎不影响饮用水的味道。高氯化处理可以排除整个饮用水系统中的微生物污染。接下来要多次冲洗并用无污染的饮用水注满系统。在终段管道上安装的紫外线杀菌设备无法替代氯的杀菌消毒作用。流程指南由沿海国家船

① 2001 版饮用水管理条例。

② 联邦法律公报 1973 年第 1 期第 66 页/2000 年修订版第 1163 页。

③ EN ISO 15748-1。

④ DIN2000-10——DVGW 德国水气技术与科学协会的技术规范。

⑤ 沿海国家船舶卫生工作小组。

舶卫生工作小组经过德国远洋航运同业协会的同意出版①。

水的化学物理数据

不溶物质：不溶物质指颗粒直径大于 1 mm 的液态和固态物质。这些物质必须在净化处理前施行机械分离。

天然水中的溶质可能是盐、硅酸、气体和其他物质。例如，渗碳盐、碱金属盐、重金属盐；碳酸氢化、氯化、硫酸化与硝化；来自空气中的二氧化碳与氧气、碱性或酸性物质。

pH 值：以化学反应确定的 pH 值范围在 0～14 之间(见表 1.16.17)，指 25℃时的水溶液。pH 值与温度的相关性如图 1.16.17 所示。

表 1.16.17　水的 pH 值范围

pH 值	化学反应
0～3	强酸
4～6	弱酸
7	中性
8～10	弱碱
11～14	强碱

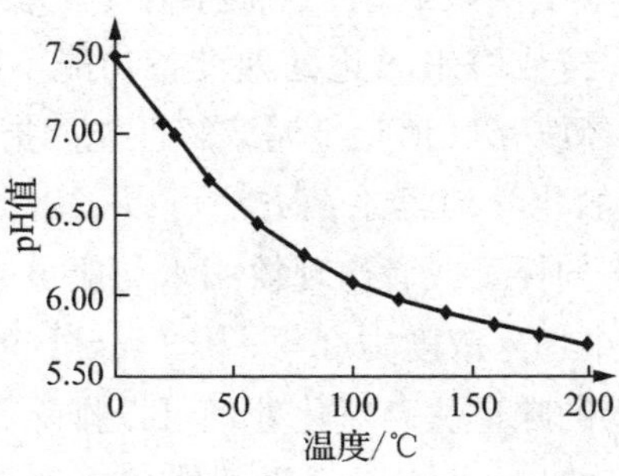

图 1.16.17　pH 值与温度的关系

几乎所有的金属材料暴露在强酸与弱酸或者氧气的条件下都会发生腐蚀。锅炉制造用钢在强碱性条件下同样会腐蚀。

① 2003 年 3 月 25 日的第 5 号指令：海船饮用水与船舶饮用水给水设备的化学消毒，以及水上交通工具供应设备的检查职责与监控备忘录。

水的硬度:评价自然水的一个主要参数是硬度。根据硬度有软水(硬度至1.5 mmol/L)和硬水(硬度至5.3 mmol/L)之分。溶解在水中的钙盐和镁盐被称为硬盐。其中还有碳酸盐硬度(KH,又称暂时硬度)和非碳酸盐硬度(NKH,又称永久硬度)之分。溶解在水中的碳酸盐硬盐物质加热分解并形成不溶于水的物质。

$$\underset{\text{KH}}{Ca(HCO_3)_2} \xrightarrow{\text{温度}} \underset{\text{水垢}}{CaCO_3} + \underset{\text{水}}{H_2O} + \underset{\text{二氧化碳}}{CO_2} \tag{1.16.15}$$

二氧化碳遇水会形成碳酸。在有氧条件下对金属材料有腐蚀作用。随着水的蒸发,非碳酸盐硬度的盐类浓度上升。超过溶解度,非碳酸盐硬度的盐类就会析出,这样就会产生石膏锅炉垢。

$$CaSO_4\text{溶解} \xrightarrow{\text{锅炉水的蒸发}} \underset{\text{锅炉垢}}{CaSO_4\text{不溶解}} \tag{1.16.16}$$

水的电导率 $\kappa/(\mu S/cm)$ 传达了所溶解的离子化合物如钠、钙、重金属、硬盐与所溶解的酸或碱的信息。食盐(氯化钠 NaCl)经常作为基数使用。对最高至1 000 ppm 的弱性溶液,将电导率换算成氯化钠的浓度则近似适用:

$$\kappa \approx 2 \cdot c \tag{1.16.17}$$

其中,电导率 κ 的单位为 $\mu S/cm$,氯化钠浓度 c 的单位为 mg/L 或 ppm。

盐在水中的溶解度与温度有关,一般温度越高溶解度越大。但是硫酸钙 $CaSO_4$(石膏)是个例外,其溶解度随温度升高反而下降。这一认知对海水蒸发器与蒸汽锅炉生产企业特别重要。海水中的 $CaSO_4$ 溶解度一般已接近临界值。

不同气体在水中的溶解度不同并且随温度升高而下降。沸点时(有足够的停留时间)溶解度为零。空气气体的溶解度对锅炉运转很重要。空气本质上由氧气(体积分数为21.0%)、氮气(78.1%)与二氧化碳(0.03%)组成。这些气体都会主动溶于液体中,这也就意味着,在常压下它们已经处于溶解状态。

表 1.16.18 20℃时一些盐在水中的溶解度

物质	20℃时的溶解度/(g/L)
NaCl	316
KCl	300
$MgCl_2$	470
$MgSO_4$	393
$CaSO_4$	2.98

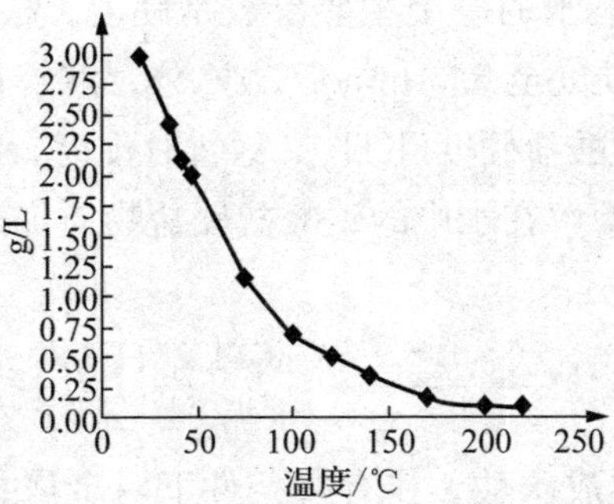

图 1.16.18　$CaSO_4$ 的溶解度与温度相关

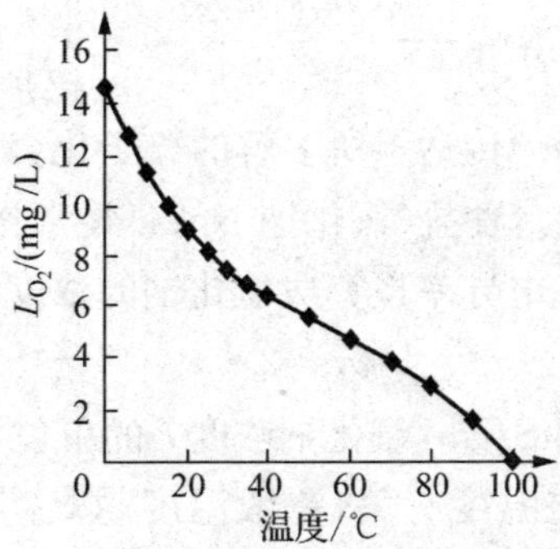

图 1.16.19　O_2 在水中的溶解度(气压 1 bar)

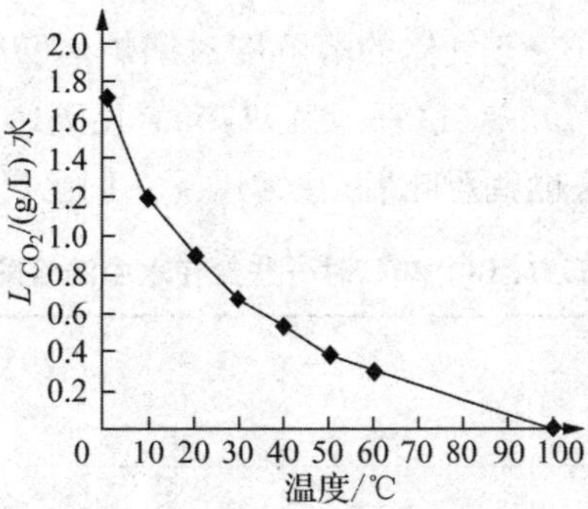

图 1.16.20　CO_2 在水中的溶解度(气压 1 bar)

水的种类

海水的平均总含盐量为3.5%。蒸发一吨海水，留下总共约35 kg盐；电导率约为50 mS/cm(50 000 μS/cm)。海水盐的化学成分平均为：氯化钠($NaCl$ 78%)、氯化钾(KCl 2%)、氯化镁($MgCl_2$ 9%)、硫酸镁($MgSO_4$ 6.5%)与硫酸钙($CaSO_4$ 4%)。

补给水(陆地水)：与海水相比在自然水(补给水)中只溶解了少量的盐。总盐含量根据补给地有所不同，最高为1 500 ppm，电导率最高可达2 500 μS/cm①。

船上的水处理

目前船上使用海水(真空)蒸发器与反渗透设备(RO设备)。在陆地上广泛使用的离子交换设备由于海水的高盐含量而不能在海水处理中使用。

海水蒸发器：海水蒸发既简单又高效。海水作为原水进入蒸发器并在约为0.05 bar(95%真空)的绝对压力下蒸发(另外，沸腾温度约为40℃)。蒸馏水不含硬盐，正常运转条件下总盐含量不超过10 ppm，因此非常适合蒸汽锅炉用水(见图1.16.21)。

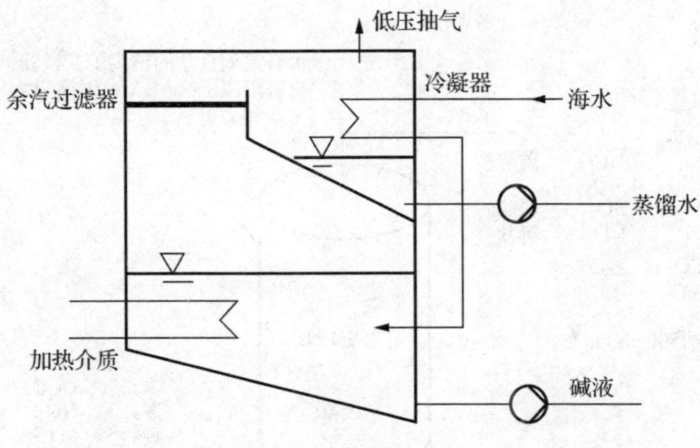

图1.16.21 海水蒸发器原理图

(海水电导率约为50 mS/cm，蒸馏水电导率为10 mS/cm)

采用反渗透设备(RO设备)可以将99%的溶质(包括所有离子化合物)像过滤器一样的拦截(见图1.16.22)。当海水作为原水加入(含盐量约

① 饮用水管理条例，2005年5月21日。

35 000 ppm)反渗透设备,后面产生的渗透水的含盐量小于 1 000 ppm NaCl,电导率小于 2 000 μS/cm。

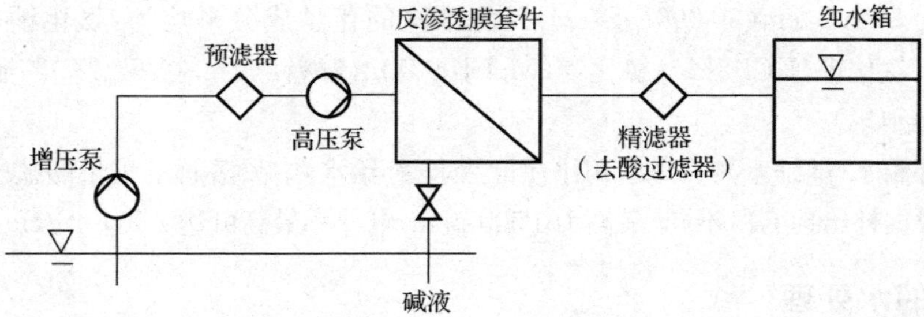

图 1.16.22　反渗透设备示意图

离子交换器(见图 1.16.23):与以上设备相比较,钠离子交换器用于陆上硬水的软化。原水含有溶解的盐,其中包括硬盐。电导率为 500 μS/cm 。由于离子只是得到了交换,因此软化后水虽然不含硬盐,但是电导率仍然约为 500 μS/cm 。图示为通过钠离子形式的酸性离子交换器实现软化。此类反应通常称为钠离子交换器、碱交换器、中性交换器或软化过滤器。

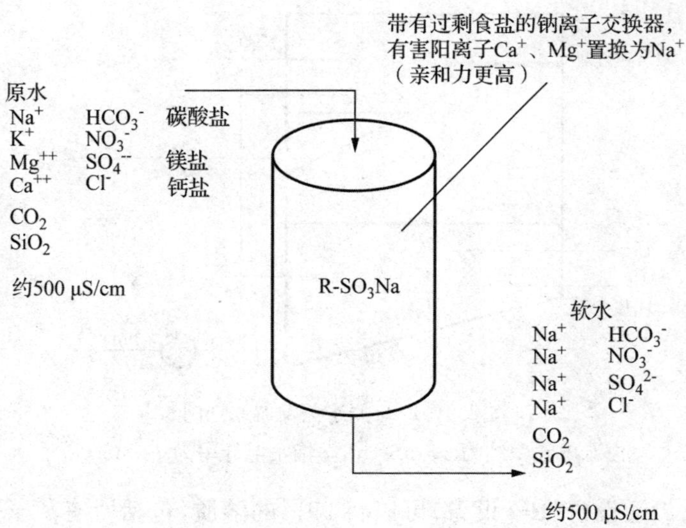

图 1.16.23　钠离子交换器

水的硬化装置同样不可缺少。海水在通过 RO 设备(反渗透设备)或者蒸发器生成饮用水的同时会产生弱酸性的缓冲不良的水。这种水并不处于所谓的石灰-碳酸平衡状态,对管路材料有腐蚀的作用。

不同水处理工艺的化学/物理数据比较如表 1.16.19 所示。

表 1.16.19 不同水处理工艺的化学/物理数据比较

参数	单位	蒸馏水	渗透水	钠交换器
pH 值		6.0～6.5	5.0～6.8	5.0～8.0
电导率	μS/cm	< 10	300～1 000	< 1 000
碳酸氢盐	mg/L	< 1.0	2～5	< 1.0
自由碳酸	mg/L	< 1.0	酸化时约 30	< 30
总硬度	°dH	< 1.0	< 1.0	< 1.0
钠	mg/L	< 1.0	50～85	< 300
镁	mg/L	< 0.2	< 4	< 1.0

1.16.6 蒸汽锅炉水

锅炉水的处理并不是由制造商而是由蒸汽设备运营商负责的。在给造船厂下订单时就要同时将未来的锅炉水处理列入计划,因为蒸汽锅炉的第一次试运行就必须使用制备完成的给水。

几乎所有船上可见的各种水都可以通过一定的方法获得理想的锅炉给水/锅炉水。起决定性作用的是在处理前后对水的化学成分和物理数据的了解[1.16.19～1.16.22]。

锅炉制造用钢(包括冷凝管和冷凝器)的腐蚀主要以酸和氧气的存在为前提条件。即使 pH 值很高(强碱水)也可能有腐蚀作用。锅炉水的含氯量也不应过高。

为了尽量减少蒸汽锅炉金属的腐蚀,对锅炉给水有一定的要求:不含固体杂质、中和所有酸性成分、去除氧气、将含氯量减少到最小值、不含形成硬盐物质、不含油(见表 1.16.20)。这些要求可以借助不含杂质低盐无油的给水以及以下添加剂来达到:

1) 用来中和酸的碱性物质(例如,磷酸三钠与氢氧化钠)。

表 1.16.20　锅炉给水建议

参数	单位		监控
外观	-	澄清,不含悬浮物	可见
25℃时电导率	μS/cm		每天 1 次(非连续)
25℃时 pH 值	-	> 9.2	每周 1 次(非连续)
总硬度	mmol/L	< 0.01	1)
氯 Cl^-	mg/L	< 15	每天 1 次(非连续)
CO_2	mg/L	< 5	-
铁 (Fe)	mg/L	< 0.03	-
铜 (Cu)	mg/L	< 0.005	-
硅酸 (SiO_2)	mg/L	< 1.0	-
氧 (O_2)	mg/L	< 0.02	2)
油/脂	mg/L	< 1.0	连续
有机物	-	< 1.0	-

1) 若磷酸盐足量,给水不含硬盐

2) 若除氧剂过量表示足够

-:无参数控制

2）除氧剂(如联氨、二乙基羟胺或类似物)。可选择加入亚硫酸钠来提高盐含量和电导率(必须经常通过船底阀去盐)。

3）锅炉水的化学软化物质,例如磷酸三钠。

这些要求在对所有蒸汽设备的给水或锅炉水所制订的规定与标准中都得到了确定(TRD 611、EN 12953-10 与 EN 12952-12、VdTÜV、德国联邦交通部船用蒸汽锅炉指南)并通过制造商说明详细列出(例如 Aalborg 公司、VKK 公司等)。以下表格对其做了摘录并给出了船上常用的 20 bar 以下辅助锅炉与废气锅炉的特性。

表 1.16.21　锅炉水的推荐数据[1.16.25~1.16.34]

参数	单位		监控
外观	-	澄清,不含稳定泡沫	每天 1 次(非连续)
电导率 (25℃)	μS/cm	< 2500	每天 1 次(非连续)

（续表）

参数	单位		监控
pH 值（25℃）	-	10.5～12.0	每天 1 次（非连续）
酸容量 8.2（p 值）	mmol/L	1～15	每天 1 次[1]（非连续）
酸容量 4.3（T 值）		$2p > T$	每天 1 次（非连续）
硅酸 SiO_2	mg/L	＜50	-
磷酸 PO_4	mg/L	7.5～15	每天 1 次（非连续）
亚硫酸钠 Na_2SO_3	mg/L	10～20	每天 1 次[2]（非连续）
联氨	mg/L	0.2～0.5	每天 1 次[2]（非连续）
有机物	mg/L	-	-
$KMNO_4$ 消耗量	mg/L	-	-
氯	mg/L	＜100	每天 1 次（非连续）
密度（20℃）	kg/m^3	＜1003	每周 1 次（非连续）
油	mg/L	＜1	—

1）目的：$2p > T$。

2）联氨、亚硫酸钠或其他合适物质可以用于除氧 。这里没有列举浓度及其监控情况的数据。

锅炉给水与锅炉水的处理

在给水泵前后一般都持续为给水加入一定剂量的给水和锅炉水用化学试剂。可调节的化学试剂泵注入事先设定的剂量。每天对锅炉水进行检测分析后通过泵的设定值来调整化学试剂的剂量。

主要采用催化联氨(N_2H_4)与氧反应。在与氧气的化学反应中产生的物质对锅炉水无害。

$$\underset{\text{联氨}}{N_2H_4}+\underset{\text{氧}}{O_2}\longrightarrow \underset{\text{水}}{H_2O}+\underset{\text{氮}}{N_2} \quad (1.16.18)$$

联氨是一种有害健康的危险物质，只允许在密闭容器中加工①。其他对健康危害较小的除氧剂有亚硫酸钠与二乙基羟胺。

给水与锅炉水的软化：一般情况下若使用海水蒸发器的蒸馏水作为锅炉给水以及补充水时并不存在硬盐。只有由于外来水混入例如掺入海水才会使其变为硬水。为避免锅炉垢产生，要添加一种物质使硬盐软化为可清除的泥渣。给水与锅炉水的软化采用磷酸盐。磷酸三钠有软化和碱化作用。

$$\underset{\text{磷酸三钠}}{2Na_3PO_4}+\underset{\text{钙离子}}{3\ Ca^{++}}\longrightarrow \underset{\text{不溶磷酸钙}}{Ca_3(PO_4)_2}+\underset{\text{钠离子}}{6\ Na^{+}} \quad (1.16.19)$$

提高 pH 值：给水与锅炉水应该呈碱性。倘若前文所提及的添加磷酸盐无法达到设定的 pH 值范围，就必须添加以氢氧化钠溶液为基础的强碱性物质。碱性物质可以中和水中的酸性物质。

$$\underset{\text{碳酸}}{H_2CO_3}+\underset{\text{氢氧化钠溶液}}{NaOH}\longrightarrow \underset{\text{碳酸氢钠}}{NaHCO_3}+\underset{\text{水}}{H_2O} \quad (1.16.20)$$

冷凝槽中会添加一定剂量的胺类以提高凝水的 pH 值，从而防止由于冷凝蒸汽中的自由二氧化碳(CO_2)在凝水管路中产生酸性腐蚀。

给水与锅炉水检测分析

取样：大多数蒸汽锅炉设备的取样器是集成一体的。因此可以从系统取得少量的冷却水用以分析目的。冷却器同检测管路与截止阀一起安装在系统的不同位置。

pH 值：测量 pH 值时试样温度应在 25℃左右；参见表 1.16.17 的 pH 值范围。pH 值可以由一个电子 pH 值测量仪确定。测量仪并没有温度平衡功能，因此必须先测量试样温度然后将测量值换算至 25℃。采用校准液定期对仪器进行校准很有必要。pH 值同样可以用指示剂-试纸或在比较仪中通过比较颜色获得。

电导率：试样应该在 25℃左右。电导率只能由电子电导率测量仪测得。同样需要定期校准，必要时需要平衡温度。

① 参见：危险品技术规定(TRGS 608)与事故防范条例(UVV-See)。

酸容量：$K_{S8.2}$值[旧称：p 值(酚酞值)]是指水中所有对碱反应的成分(见图 1.16.24)。$K_{S4.3}$值(旧称：T 值)是指所有除了对碱反应的成分之外的碳酸氢盐与磷酸氢盐。

50 ml 锅炉水试样置于合适的烧杯中，滴入几滴酚酞指示剂。变红表示有碱性物质存在。一边搅拌一边用 0.05 mol/L 浓度的无色盐酸滴定直至红色突然变成无色。到变色瞬间所消耗的盐酸量 mL 就是 $K_{S8.2}$值。这一过程被称为滴定法；滴定曲线如图 1.16.25 所示。

之后在同一试样中添加几滴 Total 石蕊指示剂。在搅拌的同时滴入适量盐酸直至颜色从蓝绿变成红色。所消耗的盐酸总量为 $K_{S4.3}$值。

若锅炉水中含有氢氧化物、碳酸盐与碳酸氢盐，可以根据表 1.16.22 计算不同物质。

表 1.16.22 滴定法计算锅炉水成分

情况	滴定结果	水试样含有		
		氢氧化物	碳酸盐	碳酸氢盐
Ⅰ	$K_{S8.2}=0$	0	0	$K_{S4.3}$
Ⅱ	$2\times K_{S8.2}<K_{S4.3}$	0	$2\times K_{S8.2}$	$K_{S4.3}-2\times K_{S8.2}$
Ⅲ	$2\times K_{S8.2}=K_{S4.3}$	0	$2\times K_{S8.2}$	0
Ⅳ	$2\times K_{S8.2}>K_{S4.3}$ 船上建议	$2\times K_{S8.2}-K_{S4.3}$	$2\times(K_{S4.3}-K_{S8.2})$	0
Ⅴ	$K_{S8.2}=K_{S4.3}$	$K_{S4.3}$	0	0

氢氧化物为氢氧化钠 NaOH： mL 酸×40＝mg NaOH/L
碳酸盐为碳酸钠 Na_2CO_3： mL 酸×53＝mg Na_2CO_3/L
碳酸氢盐为碳酸氢钠 $NaHCO_3$：mL 酸×61＝mg $NaHCO_3$/L

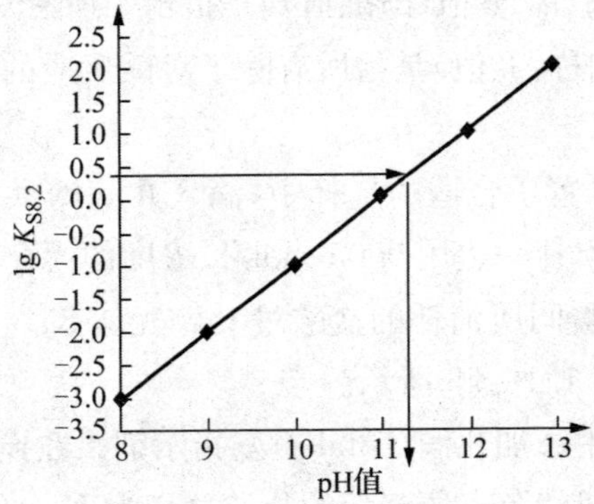

图 1.16.24 $K_{S8.2}$与 pH 值的关系

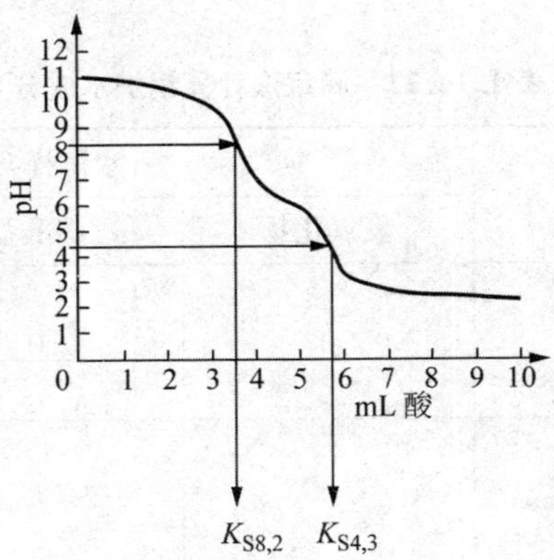

图 1.16.25 滴定曲线

假设为Ⅳ情况的成分计算实例(参见:滴定曲线):

$K_{S8.2}$值:3.7 mL 酸 ≈ 3.7 mmol/L

$K_{S4.3}$值:5.7 mL 酸 ≈ 5.7 mmol/L→$2\times K_{S8.2} > K_{S4.3}$

NaOH:$(2\times 3\ K_{S8.2}-K_{S4.3})\times 40=(2\times 3.7-5.7)\times 40=68$ mg NaOH/L

$NaHCO_3$:=0 mg $NaHCO_3$/L

Na_2CO_3:$2\times(K_{S4.3}-K_{S8.2})\times 61=2\times(5.7-3.7)\times 61=244$ mg Na_2CO_3/L

水样含氯量和硬度的测定同样采用滴定法。船上备有相关的测定方法和必要的解释。

磷酸盐与联氨含量采用颜色比较法测定。水样由特定的试剂染色,在比较仪中根据比色卡读出磷酸盐或联氨的含量。并以纯净水为参考。

运行

在蒸汽锅炉设备的连续运行中锅炉水的处理主要须做到以下几点：

- 制备足量的电导率小于 10 μS/cm 的蒸馏水，若船上使用反渗透设备，不允许使用渗透水作为蒸汽锅炉设备用水；
- 准备调节用的化学试剂[除氧剂、软化剂(硬度转化剂)、酸性中和剂]；
- 通过计量泵对锅炉给水及给水容器持续注入化学试剂；
- 通过锅炉水与给水容器的 pH 值以及电导率的化学分析与测定对加入的化学试剂进行持续控制，检测数据是调整化学试剂剂量的基础；
- 根据分析结果调整化学试剂剂量；
- 不断检查给水容器的含油量；
- 给水容器/冷凝槽的温度调节至 90℃以上(排气)。

蒸汽锅炉设备运行期间由于蒸发作用锅炉水中的盐含量持续上升。达到临界值时必须将一部分锅炉水经由排污阀排出。一些蒸汽锅炉设备会根据电导率持续测量盐含量。一旦达到临界值就自动排盐。

锅炉水处理错误与分析监控不足会导致锅炉损坏，造成水管、冷凝器以及蒸汽导管部件内由于腐蚀的材料开裂。腐蚀速度与温度有很大关系。每升高 10℃反应速度加快一倍[范特霍夫(Van't Hoff)定律]。这就意味着，假设处理不充分的锅炉水在 100℃时每天的腐蚀率为 1 mg Fe/L，温度上升到 110℃时每天的腐蚀率就已经达到 2 mgFe/L。若锅炉压力为 8 bar 绝对压力(=7 bar 指示压力，沸腾温度约 170℃)，那么腐蚀率上升到 128 mg Fe 每升每天！这一估算中还没有将 pH 值、盐含量以及其他会造成腐蚀的因素考虑在内。

蒸汽锅炉的湿法保养：若蒸汽锅炉设备要停炉一段时间，例如在厂修理一段较长时间，则必须将锅炉、冷凝器以及整个管路用碱性水灌满，也可以是锅炉水。水中有过量的酸性中和剂。例如停炉一个月水中可以含有 100 ppm 联氨。以此确保不会发生停炉腐蚀现象。每周必须检测一次水中的酸性中和剂的浓度，倘若必要可以追加剂量。

记录

检测结果必须记录在案；一般都有蒸汽锅炉档案，记录着所有的结果并且使得趋势分析成为可能。只有趋势分析可以给出所做处理工作的质量信息。通过分析监控而持续遵章处理锅炉给水与锅炉水的结果是可以使设备无障碍运行。

典型故障问题

1）锅炉水在取样时染成褐色

这一褐色物质是均匀分布的氢氧化铁胶体。它是钢材的腐蚀产物。热排气不足与/或化学试剂浓度过低则会造成锅炉给水中含有氧气与/或二氧化碳(反应生成碳酸)。这会导致材料腐蚀。

补救方法：凝水集水箱温度升高至90℃以上；提高特定化学试剂的剂量。

2）锅炉水样有持续泡沫

锅炉水含有过多碱性物质。pH值超过12。

补救方法：排盐并且减少碱性化学物质的剂量。

3）锅炉停炉期间磷酸盐含量上升

锅炉运行期间进行锅炉水样分析时测得磷酸盐含量比停炉后含量低。碱性磷酸盐聚集在热流密度大的锅炉水附近，因此降低了热传导，由于碱性高出现腐蚀。这一过程被称为“隐藏”现象。此现象主要出现在水管锅炉中，可以通过控制氢氧化钠的浓度来监控。NaOH的浓度应该低于200 ppm。蒸汽压力越高，温度就越高，锅炉水的碱性就应该越低。

4）剂量增加的情况下磷酸盐含量却下降

锅炉水进水表面形成锅炉垢。磷酸盐慢慢转化成不溶的钙镁磷酸盐。磷酸盐含量也就持续下降。

原因也可能是海水通过冷却器混入。

补救方法：检测补加水中所含的硬盐，需要时解决海水混入问题(氯含量在此情况下会增加)、增加磷酸盐试剂的剂量。

5）锅炉水浑浊并混有白色颗粒

此情况下没有腐蚀物质存在。这些白色颗粒是锅炉水的化学试剂与钙盐、镁盐的反应产物，一般是钙镁磷酸盐。对锅炉水检测分析时必须先将其过滤掉。

补救方法：检测补加水中所含的硬盐，解决海水混入问题(氯含量在此情况下会增加)。

6）开放式冷凝槽中水的pH值低于8

由于空气进入使二氧化碳溶解，从而形成碳酸。与氧气同时存在时有腐蚀作用。

补救方法：冷凝槽中的温度升高至 90℃ 以上，从而较少吸收空气中的二氧化碳和氧气。气体的溶解度随温度升高而下降。之后在冷凝槽中加入较大剂量的凝水化学试剂进行中和，使 pH 值升高。

7）锅炉水的电导率明显升高至临界值

排盐量过少或者没有排盐、排污阀关闭、补加水盐含量过高。

补救方法：检查排污阀，控制自动排盐（电导率探针）。检查补加水中的盐含量，测得值过高则寻找盐源（海水蒸发器）。

8）严格观察单一成分化学试剂

溶液中含有软化剂、中和剂与除氧剂。倘若含氧量上升而碱性储备足够或者处于上限，那就要提高除氧剂的剂量。同时增加磷酸盐与碱的剂量。很有可能在分析中得到确定，即磷酸盐与碱含量过高，而除氧剂则正好足量。在此必须权衡分析数据、化学试剂剂量与排盐量/排污量。

1.16.7 发动机冷却水

在当今的航海中船用设备的冷却几乎无一例外地采用淡水冷却。典型的实例：内燃机构件（主机、辅助柴油发动机）、润滑油冷却器、辅助蒸汽系统中的冷凝器、循环冷却器（海水/冷却用淡水）等。冷却水不允许损伤冷却水系统管路的热交换设备与材料或形成锅炉垢。损伤与锅炉垢形成的类型：

- 化学腐蚀：溶解在水中的酸、碱液、各种盐类、气体与热交换设备和管路中的金属表面相互作用，并通过化学过程磨损表面；
- 空泡现象：由于冷却水在高流速下在弯道与横截面变化处形成的气泡以及震荡会在冷却水系统表面产生空泡损伤；
- 锅炉垢的形成：溶于冷却水中的硬盐会在某个参数超标时在冷却水系统表面析出不溶于水的盐。生成硫酸钙或碳酸盐层则视冷却水的成分而定。

由于腐蚀与空泡作用会减少冷却水系统金属材料的使用寿命。锅炉垢的形成减弱了热传导，并且不能再保障正常冷却。减少腐蚀、空泡作用与锅炉垢形成的措施：

- 添加碱性成分的化学腐蚀抑制剂可以将化学腐蚀降低到最小；
- 通过抑制剂形成稳定的金属氧化物膜从而减少空泡损伤；
- 合适的原水质量可避免形成锅炉垢；
- 持续控制特定化学参数包括抗腐蚀剂含量应在操作中强制规定。

冷却水质量

要冷却水系统正常运行并且各构件无腐蚀表面、无锅炉垢，生产淡水冷却水的原水质量至关重要。来自海水蒸发器的蒸馏水或硬度过滤[①]后的蒸馏水适合作为淡水冷却水使用。避免了内燃机气缸套与气缸盖的冷却槽表面形成锅炉垢。热传导从而不受负面影响，各构件温度不会过高。只有在例外情况下，才使用补给的饮用水作为淡水冷却水。不应使用雨水，因为它可能受到严重污染。使用前应检测作为淡水冷却水的原水并与建议的参数相比较。不允许使用反渗透设备生产的水作为淡水冷却水原水。

原水建议化学与物理参数：pH 值 20℃时为 6.5～8.0，硬盐小于 0.6 mmol/L，氯化物小于 50 mg/L，硫酸盐小于 50 mg/L，硅酸盐小于 25 mg/L，铁、铜小于 1 mg/L。不允许含有以下物质：硫化物、氯、二氧化氯等无机物或其他消毒剂、氨及有机污染物。

腐蚀抑制剂

有很多不同的腐蚀抑制剂。内燃机制造商建议为了冷却水槽的防腐蚀应在冷却水中使用以亚硝酸盐/硼酸盐为基础含有碱性物质的抑制剂。亚硝酸盐是阳极抑制剂，起到在金属表面被动形成一层膜的作用。硼酸盐是 pH 值缓冲剂，用于稳定 pH 值。倘若冷却水槽采用铝制材料，就不允许使用这些产品了。

不建议使用以铬酸盐、硅酸盐、苯甲酸盐或膦酸盐为基础的抑制剂或者防腐油。

淡水冷却水的检测

船上检测：

1）例如亚硝酸盐含量可借助一种试剂即添加药片试剂后发生色带变换来测得并代表抑制剂[②]浓度。亚硝酸盐应在的区域由抑制剂生产商或发动机制造商确定，其参考值为 1 000～2 500 ppm。为防止腐蚀，亚硝酸盐含量不应低于建议的最小剂量值。

---

① 过滤后硬度小于 0.6 mmol/L。

② 例如 UNITOR 公司的 SPECTRAPACK 产品。

2) pH 值由试纸或电子 pH 测量仪确定，参考值：20℃时 pH 值范围在 8.3～10 之间。pH 值小于 8.0 可能表明由于泄漏造成的燃气污染。为了不造成腐蚀，此情况下必须添加抑制剂直至 pH 值大于 8.3。同时要注意亚硝酸盐含量不能超过上限值。

3) 例如氯化物含量可借助一种试剂即添加药片试剂后发生色带变换来测得。参考值：小于 50 mg/L。若氯化物含量上升，则表明有海水泄漏至淡水冷却水中。

4) 倘若船上备有电导率测量仪，也应该定期检查电导率值。淡水冷却水的电导率及其变化表明了其中电解质含量。通过电导率的大幅度上升可以很快发现海水污染。

5) 建议船上每周对淡水冷却水进行一次检测。在循环系统中抽取均样，平衡柜中的试样不具代表性，因此不应检查。试剂检测根据说明操作容易。检测结果必须存档直至系统换水。这样就可以由淡水冷却水质量预测其趋势发展。

陆上检测：

建议每 3 个月送一次水样至抑制剂供应商或化学实验室。要从循环中取样并检测以下参数：以亚硝酸盐含量代表抑制剂含量、pH 值、氯化物/硫酸盐/硅酸盐含量、总盐含量与铁/铜含量。分析记录表明了所检测淡水冷却水的质量。倘若分析值超出额定参考值，船上就必须采取相应修正措施。若无法修正，就必须清空系统并注入新的淡水冷却水。

系统第一次注入淡水冷却水或者重新换水

淡水冷却水的处理并非是发动机制造商而是发动机设备运营商的责任。在给造船厂下订单时就要同时把未来的淡水冷却水处理列入计划，因为主、辅机的第一次试运行就必须使用制备完成的淡水冷却水。第一次注水必须采用船上合适的水，这对在造船厂新造设备极为重要。采用不合适的原水生产淡水冷却水会造成腐蚀、形成锅炉垢并由此导致动力设备故障。所谓合适的原水就是以上所描述的。

原水中会添加以亚硝酸盐/硼酸盐为基础的含有碱性添加剂的抑制剂。一般由发动机制造商注明处理用化学试剂的浓度。例外情况下可以参考化学试剂生产商的建议。

例如：

淡水冷却水总含量：　　　5 m^3

液体腐蚀抑制剂(LCI)①：9 L LCI/m^3 水≈1 000 mg 亚硝酸盐/L

初始添加：9 L LCI/m^3 ×5 m^3 = 45 L

初始浓度：1 000 mg 亚硝酸盐/L

45 L 液体腐蚀抑制剂逐份在容器中用蒸馏水稀释，并在有循环流量处添加至淡水冷却水中。

经过 24 小时循环后测量亚硝酸盐含量与 pH 值，然后添加液体腐蚀抑制剂直至亚硝酸盐含量在 1 500～2 400 mg/L 之间，20℃ 时 pH 值在 8.3～10 之间。

亚硝酸盐含量在 1 400～2 400 mg/L 之间，见下表：

亚硝酸盐量/(mg/L)	0	180	360	540	720	900	1 080	1 260	1 400～2 400
LCI 添加剂量/(L/m^3)	13	11.3	9.7	8.1	6.5	4.9	3.3	1.7	0

危险：船员接触化学试剂过程中为避免事故发生与危害健康必须遵守安全说明书中的指示或者危险品管理条例第 14 条的操作说明。机舱轮机长在其责任范围内有对其他工作人员告知的义务。

淡水冷却水每年需要排空一次并重新换入合适的淡水原水。之后用化学试剂对水进行处理，方法与第一次的相同。

运行期间的漏水由海水蒸发器生产的蒸馏水代替。

冷却水槽的清洁

建议运行约 5 年后对冷却水舱进行一次清洁。

- 去锅炉垢：抑制酸剂、氨基磺酸、柠檬酸、酒石酸；
- 中和；
- 换水。

表 1.16.23 为一个实例。

① Fa. Unitor 公司的 Rocor NB 液剂。

表 1.16.23　以亚硝酸盐/硼酸盐为基础的腐蚀抑制剂实例

制造商	品名 名称	供应形态	剂量
Drew 公司 Ameroid 公司	DEWT NC Liquidewt Maxigard	固体粉末 液体 液体	3.2 kg/m^3 8 L/m^3 16 L/m^3
Unitor 公司	Dieselguard NB Rocor NB Liquid	固体粉末 液体	3 kg/m^3 10 L/m^3
Castrol 公司 Vecom 公司	Castrol Solvex WT4 CWT Diesel QC2	固体粉末 液体	3 kg/m^3 12 L/m^3

1.16.8　蓄电池液

海船上供电设备有辅助柴油发电机、主轴驱动发电机(主电源)、应急发电机(应急电源)与可充电电池(蓄电池/替代电源①)。

含有害物质的电池或其他电池都是由一个或多个不可充电原电池或可充电二级电池(蓄电池)组成的电源,它们通过间接转化化学能获得能量。

含有害物质的电池有②:

- 含汞超过 0.0005 重量百分比的电池;
- 除碱锰电池外每组含汞超过 25 mg 的电池;
- 含汞超过 0.025 重量百分比的碱锰电池;
- 含铬超过 0.025 重量百分比的电池;
- 含铅超过 0.4 重量百分比的电池。

起动蓄电池是指普遍用于机动车起动、点火与照明的蓄电池。它们同样也

① 容量必须符合 SOLAS Ⅱ-1/R42 或 R43 的要求,例如 36 小时(客船)。确切说根据不同船型的 1 小时电池容量(电报与无线电的供电参看 SOLAS 第Ⅳ章第 C/R 13 部分:6 小时)。

② 电池管理条例(Batt V)1998 年 3 月 27 日(联邦法律公报Ⅰ第 658 页);2001 年 6 月 26 日,RL91/157/EWG 于 1991 年 3 月 18 日的改编版。

在航海中使用。每组蓄电池的额定电压根据不同型号在 1.2～2.0 V 之间。电池容量以 Ah 为单位。例如一个容量为 200 Ah 的蓄电池可以 20 A 的电流消耗对一个无线电台供电超过 10 个小时。

铅蓄电池(铅电池)

铅蓄电池(铅电池)由格栅形铅电极组成。格形板间空隙填满活性物质。正极活性物质为二氧化铅,负极为均匀分布的多孔铅(海绵状铅),电解液为硫酸(H_2SO_4)。电极名称:阴极＝电子过剩,阳极＝电子缺少(见图 1.16.26)。

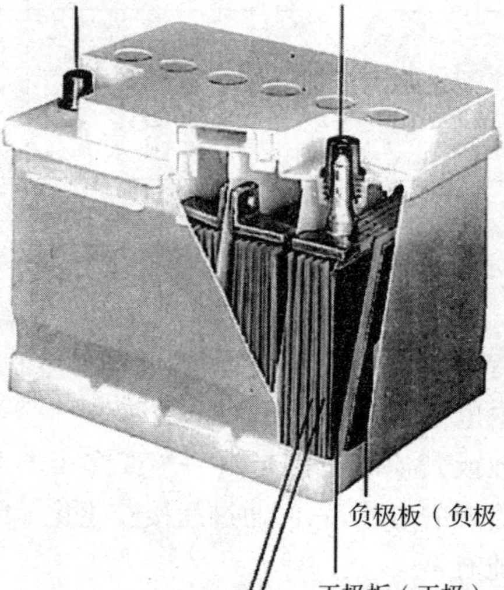

图 1.16.26　铅蓄电池

负极板:铅或铅钙合金的铠装板;正极板:铅及二氧化铅的格形板;中间层:内电阻很小的隔离板,PP(聚丙烯);电解液:硫酸;容器:SAN,ABS;PP(苯乙烯/丙烯腈;丙烯腈/丁二烯/苯乙烯;聚丙烯)(资料来源:R. Blume GFT Uni Bielefeld,2004 年 4 月 28 日;EXIDE,Technical Support,2003 年)

铅蓄电池内的化学反应

放电过程:铅正离子与硫酸根负离子结合形成硫酸铅,并生成水以及 348 kJ/mol 的反应能。电池组放电电压约为 2 V,此时硫酸浓度为 1.28 g/cm^3。浓度随放电过程逐渐下降。

总反应

$$\underset{\text{(负极板)}}{Pb} + \underset{\text{(正极板)}}{PbO_2} + \underset{\text{(电解液)}}{2H_2SO_4} \underset{\text{充电}}{\overset{\text{放电}}{\rightleftharpoons}} \underset{\text{(负极板)}}{PbSO_4} + \underset{\text{(正极板)}}{PbSO_4} + 2H_2O \tag{1.16.21}$$

放电过程中负极(活性物质)的铅与正极的二氧化铅转化为硫酸铅,硫酸转化为硫酸铅和水。此时硫酸浓度下降。充电过程中反应朝反方向进行,硫酸的浓度上升。

充电过程(简化方程):　(1.16.22)

正极:$Pb^{+2}-2e^{-}\longrightarrow Pb^{+4}$　电能

负极:$Pb^{+2}+2e^{-}\longrightarrow Pb^{\pm 0}$　转化为化学能

放电过程(简化方程):　(1.16.23)

正极:$Pb^{+4}+2e^{-}\longrightarrow Pb^{+2}$　化学能

负极:$Pb^{\pm 0}-2e^{-}\longrightarrow Pb^{+2}$　转化为电能

电子流决定了电势。电势可以由 Nernst 方程计算。Pb、PbO_2 与 $PbSO_4$ 呈固态,与浓度无关。可以得出电势为:

$$\Delta E=\Delta E_0+59\cdot\log 59\quad(H_2SO_4) \tag{1.16.24}$$

铅蓄电池的电势取决于硫酸 H_2SO_4 的浓度①。船上用液体比重计②测量非气密蓄电池的硫酸浓度。硫酸的浓度与充电状态之间的关系可以从图 1.16.27 中看出。

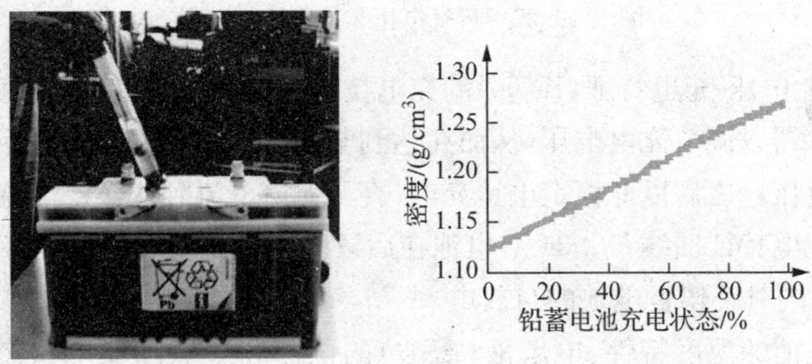

图 1.16.27　液体比重计与铅蓄电池的充电状态曲线

充电状态(%)也可以由下式计算得出:

---

① 受水的影响小,这里不考虑电极状态对电势的影响。

② 密度比重计、垂直式比重计。

$$充电状态=\rho_{20}\times 625-700\ (\pm 10\ \%) \qquad (1.16.25)$$

其中，ρ_{20} 为硫酸在 20℃ 时的浓度（kg/dm³），校正指数为 0.000 7 kg/(dm³·℃)。

充电过程中的气体：在充电过程中电能转化为化学能。若每个电池组的充电电压大于 2.4 V，那么在后续充电中由于水的电解生成氢气和氧气。析气电压与温度关系紧密。

$$2\ H_2O + 电能 \longrightarrow 2\ H_2\nearrow + O_2\nearrow \qquad (1.16.26)$$

氢气是爆炸性气体，与空气中的氧结合后形成氢氧气。氢气的性质可以总结如下：点火温度 560℃；爆炸极限——下限(UEG)为空气的 4%(体积分数)，上限(OEG)为空气的 77.0%(体积分数①)；最小点火能量为 11 Ws；根据防爆电气设备(ICE)的温度等级为 T1(见图 1.16.28)。

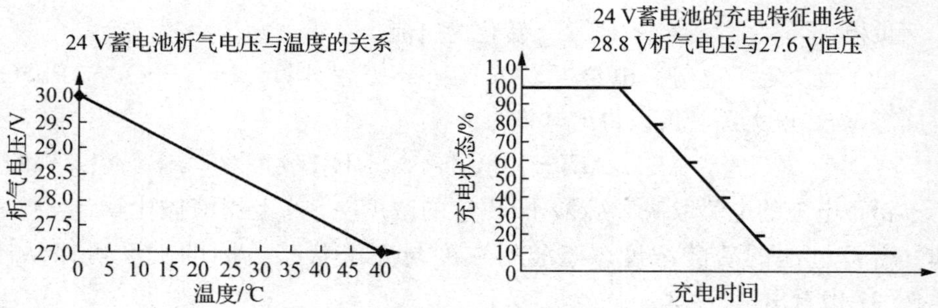

图 1.16.28　析气电压与充电特征曲线

以电流-电压-充电特征(IU-U)的充电技术为例：充电期间通过蓄电池内部的温度传感器以调节充电电压，从而在达到与温度相关的析气电压后能够持续保持这一电压。之后以此恒定电压充电，直至充电电流到达额定电流的 10%以下(参见“充电特征曲线”)。24 V 电池在后续的涓流充电中电压维持在 20℃ 时的 27.6 V，同时补偿蓄电池的自放电。

铅蓄电池的温度特性：电解液(硫酸)的浓度和凝点随充电状态变化而变化。蓄电池不允许超过其运行能力的极限(与系统相关)。例如电解液的初始浓度为 $\rho_{20}=1.28$ kg/dm³ 在 −30℃时完全凝固②。这一根据实验测定的电解

---

① Naber/Schön：摘自《可燃气体和蒸汽的安全技术特征值》增补版 6。

② Varta 电池词典：www.varta.com

液凝固点值比纯硫酸的−68℃的凝固点高。若蓄电池放电后的浓度小于1.12 kg/dm³，那么凝固点就大于−11℃。

蓄电池中的硫酸会由于冷却而凝固。这就经常造成蓄电池壳开裂，电解液一旦溶解就从裂缝中漏出。泄漏的硫酸会腐蚀所有碰到的金属零部件。

容量同样与温度有关。温度越低，容量也就越小。容量(Ah)取决于电池温度与放电电流。因此除了说明容量外必须说明放电电流与温度。温度超过55℃会增加磨损并加快老化过程。

铅酸电池①是采用稳定电解液的免维护蓄电池，其电解液固定在凝胶或者微玻璃纤维(吸收性玻璃簇AGM)中。蓄电池为密封式并安装有阀门(安全阀在过量充电时通过排气防止电池槽损坏。并装配了一个防火装置避免电池内部爆炸的可能)。由于电池的不翻倒性(滚动与纵摇时)与循环性使其性能更为优越。因为在一般使用条件下不需要加水，因此电池是免维护的。

析气与再化合：密封铅蓄电池②的一个重要特点是充电过程中的氧再化合(取代上述的析气)。水被电解成气态氧气与(溶解在电解液中的)氢离子。氧气通过稠密的充满电解液的多孔玻璃纤维或凝胶介质送至负极。氧气在此氧化铅，氢离子也参与反应。硫酸与二氧化铅生成硫酸铅。氧气这一个过程中再化合，同时又生成水。

生成的硫酸铅通过不断流动的电流在负极上重新转化为铅。负极以此方式始终处于充电过程中。从而氢分子无法获得自由电子也就无法生成氢气。

由于不利的运行条件如充电电压过高、过度放电、温度过高或过低、内部腐蚀及其他原因，会导致负极析氢或正极板腐蚀以及正极析氧③。

正极生成的氧气在电池内部造成一定的过压。在过压较小时不能打开阀门，因为氧气排出后无法供应再化合反应。只有当过压达到0.1～0.15 bar时才短暂开启阀门减压，气体会逃逸。

电池壳与电池盖的变形：过压会造成蓄电池壳与蓄电池盖的轻微膨胀。而收缩则表明过度放电的情况。

过度放电：凝胶蓄电池可以安全地过度放电④。由于电解液足量以及所采用的微孔分隔板，它比AGM蓄电池更能经受住过度放电。放电特别是过度放

① VRLA电池(Valve Regulated Lead Acid 阀控铅酸)。

② 例如，OPzV——固定式铠装板蓄电池，密封式。

③ 按照IEC 896-2析气。

④ 密封凝胶铅电池手册Exide 12/2003以及DIN 43539第5部分。

电的过程如下：

- 由于生成硫酸铅，硫酸浓度下降；
- 生成水，因此硫酸密度迅速下降；
- 硫酸铅更易溶解于浓度低的硫酸中；
- 铅离子在充电过程中转化为金属铅并可能形成大块枝状结晶体（晶体结构），从而可能造成电极板之间的软短路①。

散热：由于环境温度高、充电电压、空调或温度补偿不足会造成蓄电池内温度过高。因此必须进行有效的散热以避免密封蓄电池的热损伤。

凝胶蓄电池由于电解液量较多，因此热生成与散热情况比 AGM 蓄电池好。

非免维护铅蓄电池（铅电池）：密封式非免维护蓄电池②是指其电解液硫酸并不吸附于凝胶或者玻璃纤维中。因此在充电过程中若大于析气电压就会生成氢气和氧气。这些气体通过打开的阀门进入蓄电池舱。由此损失的水分必须通过定期加入蒸馏水得以平衡。

镍镉蓄电池

镍镉蓄电池（船舶动力中很少使用）的结构与铅蓄电池相似。正极的活性物质为羟基氧化镍 NiO(OH)，负极为多孔海绵状镉。电解液为氢氧化钾溶液 KOH。

放电过程：阳极上镉氧化为氢氧化镉。形成的自由电子通过消耗设备流动到阴极。阴极上羟基氧化镍被还原为氢氧化镍。放电电压约为 1.2V。其间氢氧化钾溶液的密度基本不变。20℃时的密度约为 1.2 kg/dm^3，相应的浓度为水中含 20%的 KOH。因此无法通过测量密度了解镍镉蓄电池的充电状态，而是要通过一个电负荷来测量电压。

充电过程：反应朝反方向进行。

充电过程中的析气：充电过程接近结束时充电电压升高。1.55～1.6 V 以上就超过水在此系统中的分解电压。从而生成氢气和氧气。

非免维护镍镉蓄电池：在密封非免维护蓄电池中电解液氢氧化钾溶液并不吸附于凝胶或玻璃纤维中。因此在充电中超过析气电压就会生成氢气和氧气。这些气体通过打开的阀门进入蓄电池舱。由此损失的水必须通过定期加入蒸

① 英语：soft shorts。

② OPzS——固定式铠装板蓄电池，电解液为酸。

馏水得到平衡。免维护镍镉蓄电池以与铅蓄电池同样的方式将生成的氢进行再复合。

对人员的危害与对设备的损坏

在海船上安装电气设施要符合特殊要求①。对于蓄电池特别要注意:不允许由于蓄电池气体或电解液泄漏造成对人员的危害与对设备的损坏。氢气具有爆炸性。硫酸呈强烈腐蚀性并且不可以接触人的眼睛与皮肤。必须使用个人防护用品如防护眼镜与防护服。

对于充电功率大于 0.2 kW 的蓄电池要符合以下要求:

1) 在生活区域与货舱内不允许安装蓄电池,只有用于应急照明的气密电池例外。这里一般在充电中不会形成有害气体。

2) 蓄电池不允许暴露在过高或过低的温度下以及喷淋水中。作为防接触与防异物以及防水的最低防护办法参见 IP 12(电气防爆)②。

3) 蓄电池舱中的电器设备只允许在防爆条件下安装。要遵守以下最低要求:

- 爆炸级别 II C③:爆炸性气体、蒸汽与烟雾,高危;
- 温度级别 T1④:最高表面温度,按照点火温度分级。

4) 蓄电池舱必须以避免可燃气体-空气混合来建造并通风⑤。

5) 密封铅蓄电池与镍镉蓄电池不应该安装在同一舱中。

6) 在蓄电池舱、柜或箱的门或盖子上应标明警示标志,在此区域或附近禁止出现明火、高温表面并禁烟。

1.16.9 压载水

问题所在与条件义务

大多数海船为平稳航行或由于稳性原因需要压载水。所运载的压载水占

① 见 GL 第 3 章第二段;船用蓄电池 DNV 管理条例。

② IEC 529。

③ 根据 RL94/9/EG/ATEX100A 按照 MEGS(最大试验间隙)分级。

④ T1(<450℃);T2(<300℃);T3(<200℃);T4(135℃);T6(<85℃)。

⑤ 充电过程中生成氢气。爆炸极限:下限为空气的 4%(体积分数),上限为空气的 75.6(77)%(体积分数)。

船舶总负载能力的25%～40%。国际海事组织(IMO)估计每年全球压载水量达到30亿～40亿吨。同时显示,有小型海洋生物在压载水中同行(包括以卵、蛹或孢子的形式),它们可能使新的生活区域的生态系统遭受持续破坏(通过爆炸性、侵略性的繁殖、对其他生物的排挤等)。因此通过IMO制订了“压载水管理”总则来避免这样的危害(IMO A. 868(20):船舶压载水控制与管理总则,以使最小化有害水生物或细菌的转移)。航行中旧船与新造船一视同仁。

这一协定同样规定了船舶允许在哪里更换压载水:这一地点必须离海岸至少有200海里并且200 m深。必要时国家也可以根据相应的水流情况指定海岸区间。在海中(不同于迄今为止在港口)更换压载水隐藏着特别的危险,以下提及的较为典型:

- 纵强度损失;
- 由于开放表面而造成的稳性不足(思考:尤其是集装箱船经常要处理稳性限制问题);
- 船前体部分由于吃水不足与波浪应力不足造成的结构性损伤;
- 部分注满的液舱在共振情况下由于溅水而造成结构性损伤;
- 由于船尾部分吃水不足使机动性受限;
- 纵倾角变化使驾驶台视野受限;
- 由于通风换气不足(度量错误、堵塞、霜冻或其他)与可能的额外泵压造成舱内压力过高或过低。

港口与海中的压载水置换,因此无法相互比较。它要求船员作好特别准备与实现安全要求。

由于这些危险,IMO要求制订压载水管理计划(BWMP),其中应探讨特殊的危险并给出处理建议[1.16.35～1.16.41]。

压载水处理设备

目前有不同的应用或试验方法用于压载水置换与处理。对于较老的船舶(无特殊处理设备/方法)目前只能采用换水的方法(D1置换标准):

1) 一次性尽量完全清空压载水舱并重新注满的顺序法。目前由于老的船舶吨数占大多数,因此主要采用这种方法。同时要定期清洁沉淀物。

2) 采用溢流法时在水舱的一边持续泵水并从另一边流出。要达到所规定的至少置换95%的水,则必须根据稀释作用至少置换3倍的体积。这一方法的优点在于不会改变船舶的载重状态。但是必须另外设置管路、溢流点且需要较大的泵送功率。

3）压载水在港口由岸上的驳船舱或收集舱接收。

对于新造船舶，采用用于压载水处理的工艺设备（方法）可以将上述危险与限制降到最小。这些设备与相应的 D2 性能标准目前正处在发展与试验阶段：

- 机械分离法（过滤、分离，例如在倾注洗涤器中的机械破坏）；
- 物理分离法（紫外线、超声波、热处理、电场）；
- 化学法（臭氧、过氧化氢、氯、消毒剂、杀菌剂）。

同样也可以多种方法并用。

压载水管理

当前大多数采用置换法。其中必须考虑船舶特点与载重情况特点，这些应该记录在给船员使用的操作手册（压载水置换计划——BEP）中，同时船级社也会提供建议。特别是在以下情况下不应进行或应中断顺序置换法：

- 强浪（$Bf>4$）或者置换结束前天气变坏；
- 有龙卷风与飓风等危害天气的地区；
- 船用技术设备可用性受限（发电机、泵、液位指示器）；
- 温度低于 0℃（霜冻危险）；
- 船员培训水平不足；
- 其他不正常或不清楚的运行或框架条件。

为监控在港口国检查下的压载水管理，船上必须有详细记录。

展望

国际海事组织的技术委员会（MEPC——海洋环境保护委员会）与船级社以及国家监督机关（德国远洋航运同业协会、船用与海洋技术标准局）合作起草压载水处理的各项指令与标准，并在不久的将来生效：

1）压载水管理系统批准导则（G8）

2）使用活性物质批准程序（G9）

3）压载水采样及港口国检查分析导则（G2）

4）压载水管理计划（G4）

5）压载水置换导则（G6）

6）压载水置换设计与建造标准（G11）

7）沉淀物接受设施导则（G1）

8）船上沉淀物控制导则（G12）

9）风险评估导则（G7）

10）附加措施包括紧急情况导则(G13)

11）压载水原型处理技术的批准程序(G10)

12）压载水管理等效符合导则(G3)

13）压载水接受设施导则(G5)

14）公约D5标准设定的压载水管理技术回顾

1.16.10 惰性气体

应用范围

液化天然气运输船一般都拥有一个大型的惰性气体装置用于冲洗液货管路、液货舱与泵井并在空舱内充惰性气体以防止爆炸危险。通过分子筛(79%的环境空气由反应惰性气体氮气 N_2 组成)与燃烧过程(CO_2 与 N_2)获得环境空气中的惰性气体。

要获得更大量的惰性气体,可以通过燃烧贫硫燃料去除空气中的氧(21% O_2 与 79% N_2)。燃烧可以在一个特殊的燃烧室或通过柴油机废气的后燃进行:

$$C_nH_n + (O_2 + N_2) \longrightarrow CO_2 + N_2 + H_2O \qquad (1.16.27)$$

二氧化碳 CO_2 与氮气 N_2 形成惰性气体。燃烧产物应尽可能少地含有 O_2、H_2、CO、NO_2、SO_2 与 SO_3 的残量。经过后续处理产生的反应惰性气体,应不含氧化硫与炭黑并且残余氧气含量小于0.2%(体积分数)。为避免形成冷凝水,获得尽可能干燥的惰性气体极为重要。因此还采用冷却与干燥设备[1.16.42~1.16.47]。

燃烧技术

普通燃烧设备运行时空气稍微过量。惰性气体燃烧室则以完全燃烧为目的进行优化,也就是说,多级导入燃烧空气以在完全燃烧中保有尽可能少量的氧气。借助多级空气导入,可以实现再循环以及充分的混合,反应温度在1 300℃左右,从而达到完全燃烧而且 NO_x 值较低(见图1.16.29)。

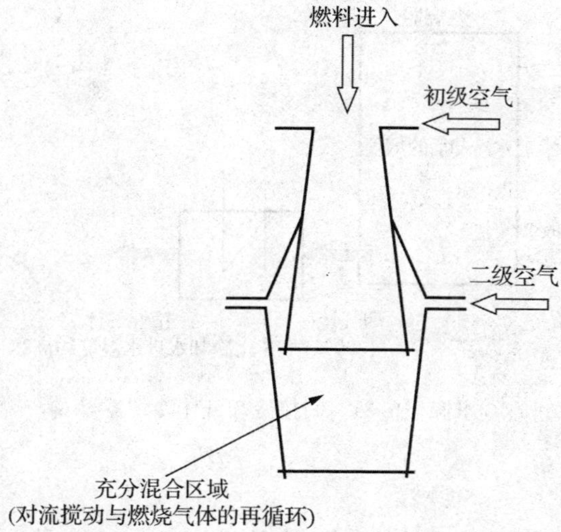

图 1.16.29　惰性气体装置燃烧室(根据 Babcock)

涤气器/气体冷却

在带有直接冷却功能的涤气器中通过对流冲洗可以洗掉不理想的成分(氧化硫、炭黑、燃烧气体中的凝水部分)。另外降温起部分干燥作用,因为湿润的气体处于饱和状态(相对湿度 100%)(见图 1.16.30)。

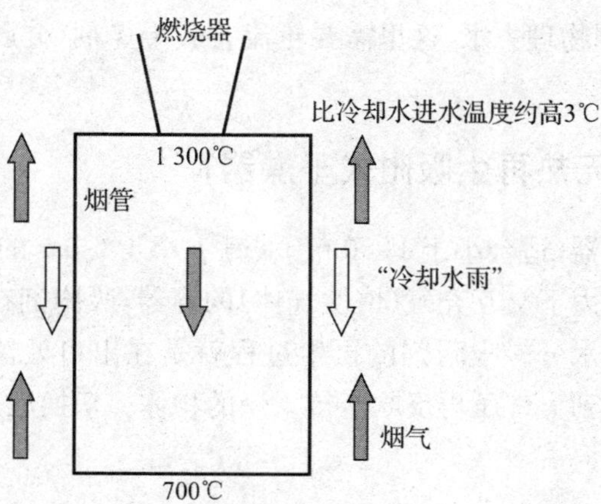

图 1.16.30　直接冷却的涤气器

采用间接冷却的气体冷却器通过后续冷却可使气体达到饱和状态并分离凝水(见图 1.16.31)。

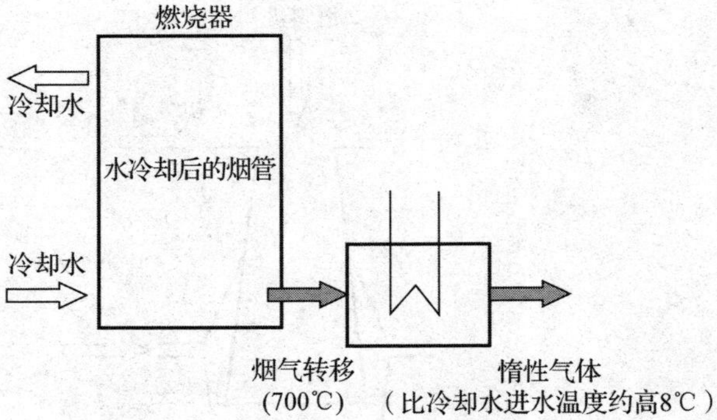

图 1.16.31　间接冷却气体冷却器

气体干燥

通过部分冷凝而预干燥的惰性气体呈湿饱和。气体干燥一般有以下方案可供选择：

- 通过气体的机械密封及后续冷却与减压以机械方式去水(用于小于 1000m³/h 的小型装置)；
- 采用制冷设备通过冷却去水(用于较大型装置)；
- 采用吸附式干燥法去水，这里必须定期更换新的干燥剂($CaCl_2$、Na_2CO_3 或 K_2CO_3)；
- 采用再生吸附剂物理去水，这里需要轮流装载干燥剂(硅胶、三氧化二铝、分子筛)并干燥。

变压吸附设备(无热再生吸附式干燥器)

无热再生干燥器(适合小于 1000 m³/h 且 p 小于 6 bar 的小型装置)应用最广。它有两个在压力下交互充气(惰性气体)的容器，吸附剂在高压下吸收水分在低压下重新释放水分。吸附剂的再生过程就是在出口处留出一小部分已干燥的惰性气体膨胀到大气压再反吹至待干燥的物体。切换周期约为 5～15 min (见图 1.16.32)。

有热再生吸附式干燥器

这一方法用于大于 1000 m³/h 且 p 小于 0.8 bar 的较大型设备。其中两个容器交替充气(惰性气体)。通过高温干燥气体实现再生(再生气体)。再生气体被导入循环中并借助脱水器降到低于－50℃的露点并干燥(见图 1.16.33)。

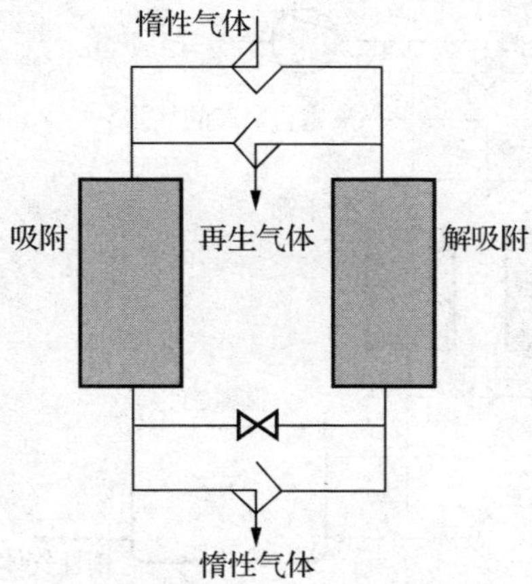

图 1.16.32 无热再生吸附式干燥器

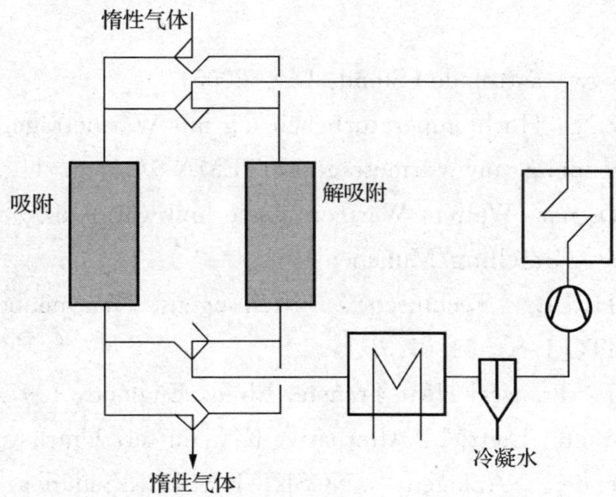

图 1.16.33 热再生

采用分子筛制氮

空气中现存 79%的氮气同样可以采用分子筛获得。分子筛由晶体结构的无机聚合物(碱金属-硅铝酸盐)组成。根据不同组成可以产生以纳米范围定义的细孔[1.16.48](见图 1.16.34)。

选择分子筛与合适的工作条件可以去除水(H_2O)与二氧化碳(CO_2)。出氮量较小的设备用变压方式驱动。

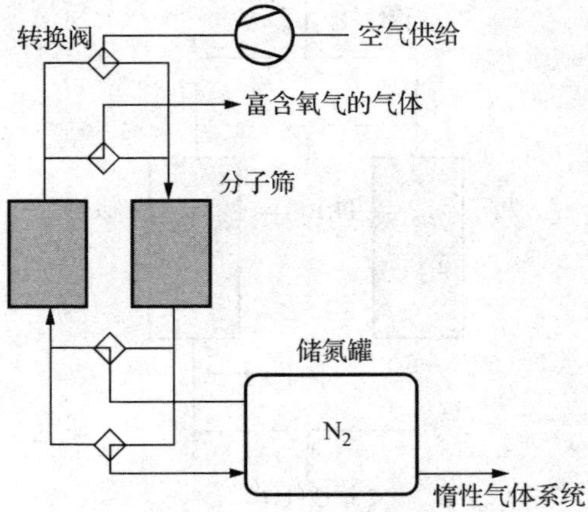

图 1.16.34 制氮用分子筛

参考文献

[1.16.1] www.castrol.de (Stand: Dez. 2005).

[1.16.2] N. N.: Hochtemperaturbeheizung mit Wärmeträgerölanlagen-Anwendung von Wärmeträgern, TEMA 6/95, S. 11...14.

[1.16.3] Wagner, Walter: Wärmeträgertechnik (4. Aufl.), RESCH-Verlag, Gräfelfing/München 1986.

[1.16.4] SHELL: Technische Mitteilungen: Wärmeübertragungsöle, MTO 1/Sz, 01.07.70.

[1.16.5] BP: Transcal Heat-Transfer Fluid, England, 1997.

[1.16.6] Graefe, Dietrich: Alternative Kältemittel: Umrüstung von bestehenden Anlagen, NOSKE-KAESER-Seminar, Alternative Kältemittel für den Schiffsbetrieb, Hamburg, 1997.

[1.16.7] Breidenbach, Karl: Der Kälteanlagenbauer (3. Aufl.), Verlag C. F. Müller GmbH, Karlsruhe (1990).

[1.16.8] Rodermund, Siegmund: Schiffskälteanlagen nach der FCKW-Verordnung, STG-Sprechtag „Seetransport von Kühlcontainern“, Bremerhaven, 25.02.97.

[1.16.9] N. N.: SOLKANE 134a (Produktinformation Nr.: 1296. TH. R134A. D), Solvay Fluor und Derivate GmbH, Hannover (1996).

[1.16.10] N. N.: Übersicht zu Ersatzkältemitteln von SOLVAY (Produktinformation Nr.: SFD-AK 1096.07), Solvay Fluor und Derivate GmbH, Hannover (1996).

[1.16.11] Strobel, Christian: Kühlschiffe der Zukunft, STG-Sprechtag „Seetransport von Kühlcontainern", Bremerhaven, 25.02.97.

[1.16.12] Renk, Bernhard: Kühlcontainer: Prinzip, Betrieb und landseitiger Service, STG-Sprechtag „Seetransport von Kühlcontainern", Bremerhaven, 25.02.97.

[1.16.13] Schröter; Lautenschläger, Bibrack: Taschenbuch der Chemie (17. Auflage), Verlag Harri Deutsch, Thun und Frankfurt a. M. (1995).

[1.16.14] Hochhaus, K.-H.: Kontrollierte Atmosphäre setzt sich durch, Schiff & Hafen 12/97, Seite 14-17.

[1.16.15] Hochhaus, K.-H.; Wild, Y.: Kühlcontainerschiffahrt mit Porthole- und CA-Kühlcontainern, STG-Sprechtag „Seetransport von Kühlcontainern", Bremerhaven, 25.03.97.

[1.16.16] Wild, Yves: Kühltransport und Kühllagerung unter Einsatz von Kontrollierter Atmosphäre (CA) und modifizierter Atmosphäre (MA), Gesamtverband der Deutschen Versicherungswirtschaft e. V., Schadensverhütungstagung 1997.

[1.16.17] Hochhaus, K.-H.: Kühlschiffe, Analyse der derzeitigen weltweiten Kühlschiffsflotte, STG-Sprechtag„ Seetransport von Kühlcontainern", Bremerhaven, 25.03.97.

[1.16.18] BITZER-Kältemittel Report, 13. Aufl., Sindelfingen, www.bitzer.de.

[1.16.19] F. Mayr; Kesselbetriebstechnik; 10. Auflage 2003.

[1.16.20] J. Frenzel; Taschebuch Wasserchemie; 12. Auflage 1999.

[1.16.21] Wasserrohrkessel und Anlagenkomponenten Teil 12: Anforderungen an Speisewasser- und Kesselwasserqualität DIN EN 121 952-12; 2003.

[1.16.22] Großwasserraumkessel Teil 10: Anforderungen an Speisewasser- und Kesselwasserqualität DIN EN 121 953-10; 2003.

[1.16.23] H. Keil; Handbuch der Werften; 2003.

[1.16.24] D. L. Lide; Handbook of Chemistry and Physics; 71. Ed. 1990/91.

[1.16.25] R. Freier; Chemie des Wassers in Thermischen Kraftanlagen; 1984.

[1.16.26] VKK Marine Boilers GmbH; Water chemical operating instructions for marine boilers; 2003.

[1.16.27] Drew Marine; Shipboard Water Treatment Manual; TM-WT-1 (10/01) R7.

[1.16.28] Aalborg; Instructions for Feed and Boiler Water; Instruction K. 7420.1.

[1.16.29] Unitor; Product Guide; 2003.

[1.16.30] Drew Marine; MSDS Product Data sheets; CD update January 2003 Releese 2.1.

[1.16.31] TRGS 608; Technische Regel Gefahrstoffe Hydrazin Verwendungsbeschränkungen ff; 1991.

[1.16.32] TRD 611; Speisewasser und Kesselwasser von Dampferzeugern der Gruppe 4; 1996.

[1.16.33] VdTüV-Richtlinien für Speisewasser, Kesselwasser und Dampf von Dampf; 1983.

[1.16.34] Clayton; Kesselspeisewasseraufbereitung für CLAYTON-Dampferzeuger; 2005.

[1.16.35] Bossow, Günter: Die Kontrolle und Behandlung von Ballastwasser und Sedimenten, SCHIFF & HAFEN 5/2004, S. 15-17.

[1.16.36] Peickert, Christoph: Ballastwassermanagagement für den maritimen Umweltschutz, SCHIFF & HAFEN 11/2004, S. 34-35.

[1.16.37] Bossow, Günter: Verfahren zur Behandlung von Ballastwasser, SCHIFF & HAFEN 2/2005, S. 47-49.

[1.16.38] Zettelmaier, Ramona/Karaminas, Lefteris: Ballast Water Management-Accumulated Experience of Exchange Methods, 26. Informationstagung des Instituts für Schiffsbetriebsforschung an der FH Flensburg, 2004.

[1.16.39] Jendrossek, Jens Uwe (Normenstelle für Schiffs- und Meerestechnik im DIN: www.nsmt.de: persönliche Mitteilungen, April 2005.

[1.16.40] Petersen, Olaf (SeeBG): Überwachung der Behandlung von Ballastwasser, Seeberufsgenossenschaft, Hamburg, 2004.

[1.16.41] Päper, Marcus: Eine Bewertungsmatrix für Ballastwasser-Anlagen, Studienarbeit, HAW-Hamburg, 2005.

[1.16.42] GL I/1/2/12 (1992) S. 12—29, Abschn. O (Inertgasanlagen für Tankschiffe).

[1.16.43] BABCOCK-Firmenbroschüre: Inertgas-Generatoren, Babcock AG, Oberhausen (1986).

[1.16.44] McGuire and White: Liquefied Gas Handling Principles on Ships and in Terminals, Witherby & Co. Ltd., London (1986) S. 56-58.

[1.16.45] Moeck, Strickert, Begemann (Hrsg.): Schiffsmaschinenbetrieb (5. Auflage), Verlag Technik GmbH, Berlin (1990), S. 482.

[1.16.46] Kehm, Wagner, Radke: Gastanker-Einführungslehrgang (Liquefied Gas-Tanker Familiariation Course), Fachschule für Seefahrt, Flensburg, 1995 (unveröffentlicht).

[1.16.47] Bothe, Kaps, Schoppmeyer: Gastanker (Abschn. 3.7 Inertgasanlagen S. 31), Schriftenreihe „up to date".

[1.16.48] Dreyhaupt, F. J.: VDI-Lexikon Umwelttechnik, VDI-Verlag, Düsseldorf (1994).